Ḥesed Concordance

חסד

David P. Quinton

Email: dpquinton@proton.me

ISBN: 978-1-7391344-7-1

Cover image: Storm clouds, 2010
Front cover Hebrew text: Psalm 103:17-19

Contents

Preface i
Directions And Explanations iii
Concordance Key vii

The Parts Of the Concordance

I Ḥesed | Kindness, Goodness, Truth, Remember 1
II Tsur | Rock, Refuge, King, Anointed 16
III Pala | Wonders, Glory, Majesty, Light 32
IV Gibbor | Mighty, Strength, Riches, Great 44
V Yasha | Save, Deliver, Help, Life 59
VI Shalom | Peace, Establish, Dwell, Rest 77
VII Davar | Word, Commandment, Testimony, Declare 102
VIII Ḥoḵmah | Wisdom, Understanding 112
IX Tsedaqah | Justice, Holiness, Purify, Fear 120
X Ḥata | Sin, Iniquity, Evil, Idols, Judgment 130
XI Yire | Fear, Weak, Poor, Weep, Curse, Destroy 150
XII Vo | Come, Return, Hear, Observe, Serve 170
XIII Bataḥ | Trust, Believe, Joy, Rejoice 184
XIV Yadah | Praise, Bless, Worship, Pray 189
XV Mishkan | Temple, Altar, Feasts, Offerings 195

Indexes

Index of Hebrew words 205
Index of Greek words 221

Preface

What started out with a search for the Hebrew word Hesed, covenant loving-kindness, throughout the 'Old Testament' (or the Tenach) in the winter of 1997 (for reasons I give below), has now turned into a complete reference work containing every vital Hebrew and Greek word in the Bible. My intention has been to arrange an accurate list for each word regardless of its English rendering, so that one may easily make a search for every occurrence without straining to look up its every English word in a standard concordance.

I continued this work until the winter of 2003, when I did an extensive checking of verses (up to Part VI, Shalom). I then left it alone, as other studies took priority and I also found myself with the Senoi peoples of Malaysia, from 2007 onward. In 2020, I took it up again and revamped the work, omitting the full verse text that I originally compiled, turning it into a compact list of chapter and verse numbers only. Heaps of new words were added throughout and the entire work grew considerably.

The work does not aspire to be exhaustive of every Hebrew or Greek word that is used in the Bible. The words for 'God' and 'Lord', those being, Elohim (2249 occurrences), Elahh (78), Adonay (419), Yehuwah (5821), and their Greek equivalents, Theos (1171) and Kuriou (6748), and also Kristos (539) and Iesou (1088), have purposely been left out due to the immense number of verse references they would make. I did include words such as El, Eloahh and Elyon, which occur less frequently, but the others are easily looked up using a normal concordance. Words that are menial every-day actions, things, places, names, are also left out—it is the relationship between Yehuwah and humanity that I am considering mostly in this compendium. Secondly, for some Hebrew words, and a few Greek words also, not every single verse is listed that carries that word, especially where only common meanings are implied in many occurances. For example, Shûv, which has many common usages, such as, 'Reuben *returned* to the pit'—only the verses where *restore, return* (as to deliver) and *return* (as to repent) were collated.

There are also many words I have yet to find and add to the headers at some stage, such as those derived from a root word I already have that occur very rarely, or other rarely occurring words. When I have the time and patience I will work through the whole of Strong's concordance to find those words I missed on my previous searches—but there is the danger of making this work an obsession!

I also note that this work is not faultless! There do remain errors yet to be found and corrected, such as a verse marked for the wrong header word or a verse omitted. Over time these minute errors could be whittled out quite effectively, although parts I-VI are now very clear of such mishaps. Good computer software, such as Xiphos/eSword has also performed very reliably, running searches for Strong's numbers. However, as it stands this day it is an ideal and trustworthy tool for reference, quite indispensable to lovers of the Word.

The concordance is divided into some 15 parts and each of these is listed below, in the Concordance Key, showing briefly and categorically by an English word which Hebrew and (Greek) words they contain. Please make use of the instructions below for help in understanding the format and use of the concordance.

The reason why I searched for the word Hesed in the first place is because I saw that the entire Bible is founded on the concept of kindness, which is the nature of Yehuwah, who fulfills what he speaks in the earth, when people set their hearts to walk in his ways. From the ancient Hebrew script, made of pictorial glyphs, the word means to bow the head. The Greek equivalent word is Charis, or grace, which was most likely Hesed in the Aramaic that the apostles spoke in that day. In John, we see that the word became flesh and dwelt among us, full of Hesed and Emet—grace and truth, the same Hesed and Emet that had been waiting patiently all through the time of the prophets (the word pair occurs 26 times). The fullness of Hesed can be seen as the true fulfilling of the promise to restore an entrance to the tree of life, through the Seed of Abraham, the one who was spotless and could cover the sin of Adam. Psalm 103, verses 17-19, tells us that the Hesed of Yehuwah has no beginning or end, and it extends to those who fear and love him, and who do his commands. Verses 20-21 tell us that Yehuwah is seated above the heavens (what we call the sky) and his Malak Gibbor, messengers who are mighty, listen to the voice of his word, ready to do it.

Strong's Dictionary describes the name Jehovah as "the Jewish national name of God", which may well be true in recent times, but the description seems to neglect earlier knowledge of this name. The Patriarchs, from Adam to Abraham, knew their Sovereign Ruler by this name, long before there were Jews, or a tribe of Judah. The name is found in the Biblical text as YHWH and its true pronunciation is actually unknown today (it could have been spoken Yahwah, Yahuwah etc.). I use this name in this concordance as I do not want to replace it (as the English Bible does) with a generic term such as Lord. Its replacement throughout the Bible, literature, worship and prayer in a ritual avoidance has led the world to become ignorant of the name of the Creator and Saviour!

Error reporting and suggestions

If you find errors in the work, either what may be an incorrect reference, a typo, spelling error of the Heb/Gk, or wrong Strong's no. etc, please send me an email, noting briefly the error, Part no. and header word, to the emal address in the front of this book. New word suggestions are welcome also.

Directions And Explanations

1. The concordance is built of main headers that stand for a Hebrew or Greek word, in their basic root forms (sometimes the commonly occurring form is given in parentheses), shown first in transliterated English (similar to that used in Strong's Concise Dictionary). Then secondly it is shown in its original letters, whether Hebrew or Greek, though only in simple (root) form here.* Following the word header come the words it is commonly rendered as in King James English. It should be noted that the English renderings are not the definitions of the word but the common English translation of it in the Bible, and therefore as an aid to locate the word in the scriptures. The Strong's Dictionary number is given after each Hebrew or Greek word.

> * However, when the word commonly occurs in a special form in the Hebrew/Greek text, then that form will be given in parentheses after the root form, e.g. Pele' (wonder) often occurs in its plural form pele'otey. If only one form of a word is in interest, then that form will be shown and not the root, e.g. rhusetai is the common form of the verb rhuomai (to deliver). I hope this doesn't complicate your referencing!

2. Headers for Greek words often will not display the English rendering from the Bible, as they will be positioned beneath a Hebrew word header of that rendering. One must find the Hebrew header above it to know its approximate rendering.

3. Directly below the header word are often found words closely related to the header (derived from the same root word) which usually occur less frequently in the Bible than the header word. I have grouped these words together under the same header to enable searching for them at the same time, as quite often they are the noun, or a similar verb, from the same root word. The second word listed will be marked with a (♦) before it, then the third with a (♣), the fourth with a (†), the fifth with a (‡), sixth with a (Δ), seventh with a (+), eighth with a (^), ninth with a (>) and tenth (rarely) with a (=).

4. Following each word header is the block of references containing every verse wherein the header word occurs. If the verse is unmarked, it belongs to the first word in the header, and if it is marked by any of the above symbols it belongs to that word from the header. If however, a verse contains the first word from the header as well as a word further down on the header, a symbol will follow the verse reference directly after it to show which secondary word will also be found there, for example: **2Ki 17**:13♣♦.

5. In the verse block, all those verses where the header word is heaven-ward (i.e. used by, or to describe the Almighty) are brought to the forefront and all those verses where the word is human-ward (i.e. used by, or to describe man, or physical things, and also evil) are separated by a ———— line, to the end of the heaven-ward verses.

6. Whenever the Scripture block is not exhaustive (i.e. not all verses are given wherein the header word occurs) a note on exceptions is given below the word header. For example, Nâsâ', forgive:

> [Except broad meanings *bear (the ark), lift up, carry, armour bearer*; for lift up of Yehuwah/the righteous go to p64; for *bear their iniquity, sin* look under Ḥêt' (sin) on p131 and 'Awon (iniquity) on p132]

shows that with this word the verses are excluded from the list where meaning is less important or away from the header rendering—here the word looked for is 'forgive' and so the verses with more literal usage, an action of lifting, are not included here in Part I.

7. Sometimes the verses for a certain word have been put in different places in the concordance, especially where heaven-ward or man-ward meaning is implied and they fit into different topics. For example, yad, hand : those verses with yad of Yehuwah are placed with the Part II attributes of Yehuwah, and those with yad of man are placed with Part III strength of man. Explanations are given under the header where needed, for example,

> [Only *hand* of Yehuwah; for man's *hand* go to p49]

8. Some words commonly occur together with another particular word and make for a typical pair. To save listing the same verse with this pair under both word headers, I have cross-correlated them and marked the one in the verses of the more important (or first occurring in the concordance) of the two and made a note in braces beneath the header of both words. For example, Gâdôl *great* will be marked under Shêm *name* in PART II where they occur together.

Other pairs are: *mercy ~ truth; gracious ~ compassionate; strong ~ courageous; grace ~ peace; covenant ~ cut; covenant ~ everlasting; life ~ eternal; be glad ~ rejoice* etc.

9. Where it is of interest that the word Ḥeçed and other love type words occur in verses of other word headers (e.g. in Rav, *great*) these verses are marked with a (◊) and a note is given under the header in braces.

Example Of Concordance Use

To look up a Hebrew or Greek word, say, Ḥânan 'be gracious', you must first determine the Part it is located in. You can scan through she English words in the The Parts of the Concordance, to help, or you can look it up in the index of Hebrew and Greek words in the back for its page number. Finding the header you will be able to make a search for specific verses in the Psalms or in another book where it occurs. If you have the verse to begin with containing 'mercy', 'merciful' or 'gracious' and you want to know which Hebrew word it might be, you must look under each header for Ḥânan, Ḥeçed, Raḥam etc. But this method is not ideal, you would be better off with an interlinear view of the verse—and there are many online tools or even mobile apps to help with this.

The more studious person is recommended to take a word and look up all its occurrences in the Bible, highlight each English rendering and write the word in the margin. Or, even better, find these words in an interlinear Bible and colour them. For example, all the love and truth words in blue, covennant in red, rock and fortress in brown, wonders and glory in amber, strenght and power in purple, peace and life in green, word and precept in dark blue, holiness in gold, and so forth.

In doing this over a period of time you will find greater depth of meaning springing up from the Scriptures as you read, with the original language becoming more visible. You may prefer to do this with just one book of the Bible, say, the Psalms, or perhaps you could highlight all the life, love, Father, Spirit words in John's Gospel.

Of course the most precise method is to first look up these verses in an interlinear Bible, where the desired word can be easily located in the verse, as sometimes this is difficult or ambiguous when looking at the verse in English. (This is the method employed to thoroughly check the accuracy of this concordance, by which parts I to V have been completed to date.)

A good Hebrew and Greek lexicon should be used as a companion to this concordance, so that much more of the meaning of words and their roots can be appreciated. Strong's is useful but also very limited in its description of the Hebrew thought and tends to only give you what is found in the English Bible. To greatly help one's understanding of Hebrew thought, one should look into the Paleo Hebrew so that the origins of words, which are made up of individual pictorial glyphs with concrete meaning, can be discovered. Studying all the occurrences of words will no doubt give the best insight into the depth of use and thought implied through the Scriptures.

A Brief Guide To Symbols

Hebrew Transliterated Letters

â = a as in saw

ê = a as in *hay*

ô = o as in *sow* = וֹ

û = u as in *tool* = וּ

î = ee as in *see* = י

ç = c as in placid

ḥ = hard 'h'

ḵ = aspirated final k = ך

ʿ = gutteral breath = ע

Greek Transliterated Letters

ō = ω = o as in *know*

ē = η = ae as in *may*

A Greek letter with accent gives the stress on the word, e.g. ζώη - the ω is stressed.

Concordance Key

I Ḥesed Love, truth and attitudes of the heart

lovingkindness, (grace), have mercy, gracious, compassion, merciful, pity, longsuffering, grace, love, beloved, friend, (brethren, meekness, kindness, gentleness), favor, delight, good, goodness, desires, (will, earnest desire, fervent), jealousy, zeal, (diligence, liberality, sincerity), forgive, atonement, faithfulness, truth, covenant, cut, remember, know, thoughts, intents, account, consider, hear, attend, incline, give ear, not forsake, not forget, forget, turn, not turn away, not despise, not hide, not withhold, not cast off, not cut off

II Tsur Attributes of Yehuwah in the nature of His covenant

rock, refuge, secret place, stronghold, fortress, shield, sword, wing, face, hand, right hand, arm, deliverer, eyes, ear, heart, name, Savior, God, God of gods, God of Abraham, God of Jacob, God of Israel, Yahuwah God of Israel, Yahuwah Our God, Yah, I AM, Almighty, Mighty One, Most High, Holy One, chief, head, King, kingdom, reign, dominion, (authority), throne, rod, scepter, (crown), standard, Father, only begotten, Son of Man, Son of God, Son of David, branch, anointed, (High Priest, Author, Mediator, lamb), Spirit, (spiritual), Helper, day, heaven, (heavenly), heights, firmament, sun, moon, star, angel, cherubim

III Pala The awesome manifestation of these attributes

wonders, (marvel), sign, works, awesome, terror, glory, beauty, blessed, majesty, honor, beauty, high, exalted, magnify, go up, (above, coming down), beginning, (first, divine), victory, precious, (invisible, incorruptible, immutable), gold, silver, bronze, diamond, sardius, topaz, emerald, crystal, beryl, onyx, sapphire, treasure, light, shine, brightness, rise, cloud, fire, whirlwind, thunder, lightning, hail

IV Gibbor The might of Yehuwah and might of man

mighty acts, might, (power, able, effective, works, <u>impossible</u>, beginning), courage, valiant, strengthen, uphold, might, strength, (able, apprehend, take hold), first-born, horn, oaks, cedar, lion, eagle, deer, hand, arm, head, forehead, bow, arrows, enemy, (fight, warfare, overcome), not fear, (not troubled), not ashamed, prosper, (profitable, excellent), riches, wealth, substance, (abound, multiply), great, (greater), greatness, forever, (eternal)

V Yasha The work of deliverance of Yehuwah

save, salvation, ransom, deliver, escape, remnant, bring out, go up, (took), answer, awake, arise, come, (coming, to come), near, go out, came down, not keep silence, not delay, redeem, avenge, recompense, roar, plead, fight, strike, battle, (warfare, struggle), drive out, atonement, (liberty, make free, loose), gather, defend, cover, keep, lead, shepherd, help, bear, (comfort, supply), heal, comfort, restore, renew, create, life, revive, (raise up, resurrection)

VI Shalom **The sure benefits of Yehuwah's covenant**

peace, (whole, reconcile), establish, (steadfast, stand), plant, not moved, not cut off, (patience), appoint, (elect, chosen), foundation, build, (knit together), accomplish, (perfect, complete, fulfill, fullness), give, receive, inherit, inheritance, possess, subdue, plunder, break through, dwell, (abide, communion, fruit), lift up, exalt, increase, enlarge, proud, blessing, blessed, reward, good, pleasant, rest, quiet, still, delight, Eden, satisfy, fill, fatness, (feast, feed, eat, drink), spring, fountain, river, rain, (water), pasture, forest, garden, sow, seed, flourish, firstfruits, reap, harvest, glean, fruit, milk, honey, wheat, barley, threshing floor, bread, manna, wine, wine press, vine, grape, pomegranate, olive tree, fig tree, oil, ointment, frankincense, myrrh, spice

VII Davar **The word, commandment and counsel of Yehuwah**

word, (gospel, promise, scripture), counsel, (will. purpose, predestined), law, commandment, statute, precept, ordinance, judgment, testimony, (witness, testify), proclaim, (preach, declare, report, said before, show, dispute, fame), voice, vision, dream, prophet, seer, (prophecy), oath, swear, (confess), call, (calling, sent, apostle)

VIII Ḥokmah **Wisdom of Yehuwah; enlightenment through discernment**

wisdom, understanding, prudence, knowledge, know, (make known, discern, reveal, appear, manifest, attested), meditation, instruction, rebuke, chastise, (convict), teach, (doctrine, make disciples), fool, foolish, falsehood, lying, liar, (false witness, false prophet), vanity, vain

IX Tsedaqah **The holiness of Yehuwah and His work in man to renew him**

righteousness, righteous, justice, justify, (impute), judgment, just, upright, holy, sanctify, consecrate, separate, pure, (undefiled, harmless, unspotted), guiltless, innocent, (blameless, acceptable, worthy), purify, purge, (salt, wash, blot out, new, transform, baptize, born, son, children, firstfruits), circumcise, fear, (reverent), afraid, tremble, humble, meek, contrite, (least, self control)

X Ḥata **The dark side; the sinful, wicked nature of fallen man**

sin, leaven, trespass, transgress, iniquity, wicked, (disobedience), ungodly, belial, (uncircumcision), wickedness, devious, shrewd, (guilty, unseemly, excess), evil, defile, uncleanness, filth, dross, corrupt, (flesh), lust, profane, abomination, swine, darkness, world, Babylon, snare, temptation, deceive, deceit, (defraud, hypocrite), envy, break, annul, rebel, backsliding, forget, forsake, turn away, refuse, cast, loathe, despise, (deny), hate, revile, blaspheme, proud, adultery, harlotry, steal, thief, wolves, murder, idols, wooden image, molded image, high places, Ashtaroth, Baal, Molech, Chemosh, (Artemis), Dagon, host of heaven, queen of heaven, divination, (witchcraft), anger, provoke to anger, wrath, judge, judgment, (accuse, condemn)

XI Yire **The consequences of sin: fear, sorrow and death**

fear, afraid, tremble, ashamed, stumble, hunger, thirst, weak, sick, plague, disease, poor, lack, strive, pain, groan, sorrow, grieve, weep, mourn, bitter, afflict, (affliction, suffer), trouble, violence, strife, tumult, persecute, bite, oppression, cruel, (reproach), yoke, burden, bondage, captivity, chains, curse, reviling, (revile, speak against), mock, hate, enemy, adversary, Satan, antichrist, accuser, demons, serpent, beast, dog, teeth, woe, desolate, wilderness, wasteland, thorn, heat, (without fruit, barren), break, cast down, thresh, cut off, destroy, lay waste, blot out, consume, destruction, smoke, calamity, pit, the grave, (hell), death

XII Vo **Coming before Yehuwah, to know him and walk in His ways**

come, return, repent, go up, before, see, behold, look, seek, attend, incline, heed, obey, (submit, follow), keep, do, remember, (mindful, abstain), walk, (run, exercise), way, path, acts, deeds, work, (labor), serve, service, (servant, ministry, stewardship), willingly, vow, cling, heart, inward parts, soul, mind, intents, imagination, account

XIII Bataḥ **Trust and Joy in Yehuwah**

trust, believe, (faith, little faith, unbelieving, persuade, confidence, full assurance), hope, wait, joy, gladness, be glad, rejoice, dance, clap, shout, blow, boast, laugh, cry aloud

XIV Yadah **Praise and Prayer to Yehuwah**

praise, thanksgiving, hands, sing praises, singers, (hymn), psalm, harp, lyre, bless, worship, kiss, prayer, (watch), pray, entreat, supplication, (intercession), call, (tongue), inquire, (ask), fast, wait

XV Mishkan **The Tabernacle, the Feasts and the Offerings**

tabernacle, temple, house, altar, sanctuary, veil, ark, mercy seat, Zion, mountain, mountains of Israel, My people, Hebrew, special treasure, congregation, (church, body), host, sabbaths, feast, set time, third, seventh, eighth, tenth, solemn assembly, Passover, atonement, booths, trumpets, Jubilee, offer, sacrifice, sin offering, trespass offering, peace offering, grain offering, burnt offering, offering made by fire, freewill offering, tithe, heave offering, wave offering, incense, sweet aroma, heave offering, wave offering, blood, hyssop, (cross, crucify), lamb, dove, raven

I Ḥesed

Kindness, Goodness, Truth, Remember

Ḥeçed חסד /Ḥeçedey חסדי

2617
Lovingkindness(es), Mercy(ies), Kindness, Goodness, Favour, Kindly
♦Ḥaçad חסד 2616
{◊ group of words Ḥannûn, Raḥûm, Arek Apayîm and Emet (all see below) together with Ḥeçed}
{♣Emet אמת 571 Truth
†Raḥamey רחמי 7356 Tender Mercies
‡Râḥam רחם 7355 Mercy
ΔEmûnâh אמונה 530 Faithfulness
+Berît ברית 1285 Covenant
^'Ôlâm עלם 5769 Everlasting}
Gen 19:19, **24**:12, 14, 27♣, **32**:10♣, **39**:21, **Exd 15**:13, 20:6, ◊**34**:6, 7, **Nu** ◊**14**:18, 19, **Deu 5**:10, **7**:9+, 12+, **Ru** 1:8, **2**:20, **1Sa 20**:14, **2Sa 2**:6♣, **7**:15, 9:1, 3, 7, **15**:20♣, ♦**22**:26, 51†, **1Ki** †3:6, **8**:23+, **1Ch 16**:34^, 41^, **17**:13, **2Ch** 1:8, **5**:13^, **6**:14+, **7**:3^, 6^, **20**:21^, **Ezr 3**:11^, **7**:28, 9:9, **Neh 1**:5+, ◊**9**:17, 32+, **13**:22, **Job 10**:12, **37**:13, **Ps** 5:7, 6:4, **13**:5, **17**:7, ♦**18**:25, 50^, **21**:7, 23:6, **25**:6†, 7, 10+, ♣**26**:3♣, **31**:7, 16, 21, **32**:10, **33**:5, 18, 22, **36**:5Δ, 7, 10, **40**:10♣, 11♣, †42:8, **44**:26, **48**:9, **51**:1†, 52:1, 8^, **57**:3♣, 10♣, **59**:10, 16, 17, **61**:7♣, **62**:12^, **63**:3, **66**:20, **69**:13♣, 16†, 19, 77:8, **85**:7, 10♣, **86**:5, 13, ◊15♣, **88**:11, **89**:1, 2Δ, **14**♣^, 24Δ, 28+, 33, 49^, **90**:14, **92**:2, **94**:18, **98**:3Δ, **100**:5^, **101**:1, **103**:4†, 8, 11, ◊17^, **106**:1^, 7, 45+, **107**:1^, 8, 43, **108**:4♣, **109**:12, 21, 26, **115**:1♣, **117**:2♣, **118**:1^, 2^, 3^, 4^, 29^, **119**:41, 64, 76, 88, 124, 149, 159, **130**:7, **136**:**1**-26^, **138**:2♣, 8^, **141**:5, **143**:8, 12, **144**:2, ◊**145**:8, **147**:11, **Pro 3**:3♣, **11**:17, **14**:22♣, **16**:6♣, **20**:28♣, **21**:21, **Isa 16**:5♣, **54**:8‡, 10‡^, **55**:3+, **63**:7†, **Jer 9**:24, **16**:5†, **31**:3, **32**:18, **33**:11^, **La 3**:22†, 32‡, **Dan** 9:4, **Hos 2**:19†, ^**4**:1♣, 6:6, **10**:12, 12:6, **Joe** ◊**2**:13, **Jon** ◊4:2, **Mic** 6:8, **7**:18, 20♣, **Zec 7**:**9**†

Gen 19:19, **20**:13, **21**:23, **24**:49♣, **40**:14, **47**:29♣, **Jos 2**:12♣, 14♣, **Jdg 1**:24, **8**:35, **Ru 3**:10, **1Sa 15**:6, **20**:8+, 15, **2Sa 2**:5, **3**:8, **9**:1, 7, **10**:2, **15**:20♣, **16**:17, **1Ki 2**:7, **20**:31, **1Ch 19**:2, **2Ch 6**:42, **24**:22, **32**:32, **35**:26, **Neh 13**:14, **Est 2**:9, 17, **Job 6**:14, **11**:17, **19**:22, **20**:6, **31**:26, **Isa 40**:6, **57**:1, **Jer 2**:2, **Dan 1**:9, **Hos 6**:4, **Jon 2**:8

Charis χαρις *5485*

Grace
♦Charitōmenē χαριτωμένη *5487*
{♣Eirēnē ειρήνη *1515* Peace}
Luk ♦**1**:28, 30, **2**:40, 52, **4**:22, **Joh 1**:14, 16, 17, **Act 2**:47, **4**:33, **7**:10, 46, **11**:23, **13**:43, **14**:3, 26, **15**:11, 40, **18**:27, **20**:24, 32, **Ro 1**:5, 7♣, **3**:24, **4**:4, 16, **5**:2, 15, 17, 20, 21, **6**:1, 14, 15, **11**:5, 6, **12**:3, 6, **15**:15, **16**:20♣, 24, **1Co 1**:3♣, 4, **3**:10, **10**:30, **15**:10, **16**:3, 23, **2Co 1**:2♣, 12, 15, **4**:15, **6**:1, **8**:1, 4, 6, 7, 9, 16, 19, **9**:8, 14, 15, **12**:9, **13**:14, **Gal 1**:3♣, 6, 15, **2**:9, 21, **5**:4, **6**:18, **Eph 1**:2♣, 6♦, 7, **2**:5, 7, 8, **3**:2, 7, 8, **4**:7, 29, **6**:24, **Php 1**:2♣, 7, **4**:23, **Col 1**:2♣, 6, **3**:16, **4**:6, 18, **1Th 1**:1♣, **5**:28, **2Th 1**:2♣, 12, **2**:16, **3**:18, **1Ti 1**:2♣, 14, **6**:21, **2Ti 1**:2♣, 9, **2**:1, **4**:22, **Tit 1**:4♣, **2**:11, **3**:7, 15, **Phm** 3♣, 25, **Heb 2**:9, **4**:16, **10**:29, **12**:15, 28, **13**:9, 25, **Jas 4**:6, **1Pe 1**:2♣, 10, 13, **3**:7, **4**:10, **5**:5, 10, 12, **2Pe 1**:2♣, **3**:18, **2Jn** 3♣, **Jud** 4, **Rev 1**:4♣, **22**:21

Ḥânan חנן 2603/2604

Have Mercy, Be Merciful, Gracious
{♦Râḥam רחם 7355 Compassion}
Gen 33:5, 11, **43**:29, **Exd 33**:19♦♦, **Nu 6**:25, **2Sa 12**:22, **2Ki 13**:23♦, **Job 33**:24, **Ps 4**:1, **6**:2, **9**:13, **25**:16, **26**:11, **27**:7, **30**:10, **31**:9, 26, **41**:4, 10, **51**:1,

56:1, **57**:1, **59**:5, **67**:1, **86**:3, 16, **102**:13, **116**:5♦, **119**:29, 58, 132, **123**:2, 3, **Isa 26**:10, **27**:11, **30**:18♦, 19, **33**:2, **Mal 1**:9

Deu 7:2, **28**:50, **Jdg 21**:22, **Job 19**:21, **Ps 37**:21, **102**:14, **112**:5, **109**:12, **Pro 14**:21, 31, **21**:10, **19**:17, **28**:8, **Jer 22**:23, **La 4**:16, **Dan 4**:27

Râḥam רחם 7355

Mercy(ies), Compassion

♦Raḥam רחם /Raḥamey רחמי 7356

[Also look under Ḥeçed (Lovingkindness) on p1 and Ḥânan (Gracious) above]

Deu 13:17♦, **30**:3, **2Sa** ♦**24**:14, **1Ki 8**:50♦, **1Ch** ♦**21**:13, **2Ch** ♦**30**:9, **Neh** ♦**1**:11, ♦**9**:19, ♦27, ♦28, ♦31, **Ps** ♦**77**:9, **78**:38, ♦**79**:8, ♦**102**:13, ♦**103**:13, ♦**119**:77, ♦156, ♦**145**:9, **Pro 28**:13, **Isa 9**:17, **14**:1, **27**:11, **49**:10, 13, ♦**54**:7, 55:7, **60**:10, ♦**63**:15, **Jer 12**:15, **13**:14, **30**:18, **31**:20, **33**:26, **42**:12♦, **Eze 39**:25, **Dan 2**:18, ♦**9**:9, ♦18, **Hos 1**:6, 7, **2**:1, 4, 23, **14**:3, **Hab 3**:2, **Mic 7**:19, **Zec 1**:12, ♦16, **10**:6

Ps 18:1, **Pro** ♦**12**:10, **Jer 6**:23, **21**:7, **50**:42

Eleos έλεος *1656*

♦Eleēson ελέησον /Eleēthen ελεήθεν *1653* Obtain Mercy

♣Eleēmones ελεήμονες *1655*

†Anileōs ανίλεως *448*

Mat ♦**5**:7♣, **9**:13, ♦27, **12**:7, ♦**15**:22, ♦**17**:15, ♦**18**:33, ♦**20**:30, ♦31, **23**:23, **Mar** ♦**5**:19, ♦**10**:47, ♦48, **Luk 1**:50, 54, 58, 72, 78, **10**:37, ♦**16**:24, ♦**17**:13, ♦**18**:38, ♦39, **Ro** ♦**9**:15, ♦16, ♦18, 23, ♦**11**:30, 31♦, ♦32, ♦**12**:8, ♦**15**:9, **1Co** ♦**7**:25, **2Co** ♦**4**:1, **Gal 6**:16, **Eph 2**:4, **Php** ♦**2**:27, **1Ti 1**:2, ♦13, ♦16, **2Ti 1**:2, 16, 18, **Tit 1**:4, **3**:5, **Heb** ♣**2**:17, **4**:16, **Jas 2**:13†, **3**:17, **1Pe 1**:3, ♦**2**:10, **2Jn** 3, **Jud** 2, 21, ♦22

Eleēmosunē ελεημοσύνη *1654*

Charitable Deed, Alms

Mat 6:2, 3, 4, **Luk 11**:41, **12**:33, **Act 3**:2, 3, 10, **9**:36, **10**:2, 4, 31, **24**:17

Oiktirmos οικτιρμός *3628*

Mercy, Merciful

♦Oiktirmōn οικτίρμον *3629*

♣Oikteirō οικτείρω *3627*

Luk ♦**6**:36, **Ro** ♣**9**:15, **12**:1, **2Co 1**:3, **Php 2**:1, **Col 3**:12, **Heb 10**:28, **Jas** ♦**5**:11

Hilasmos ιλασμός *2434*

♦Hilastērion ιλαστήριον *2435*

♣Hilaskomai ιλάσκομαι *2433*

†Hileōs ίλεως *2436*

Mat †**16**:22, **Luk** ♣**18**:13, **Ro** ♦**3**:25, **Heb** ♣**2**:17, †, †**8**:12, ♦**9**:5, **1Jn 2**:2, **4**:10

Ḥannûn חנון 2587

Gracious

♦Ḥannôt חנות 2589

{♣Râḥûm רחום 7349 Full of compassion}

[Also look under Ḥeçed (Lovingkindness) on p1]

Exd 22:27, **2Ch 30**:9♣, **Neh 9**:31♣, **Ps** ♦**77**:9, **111**:4♣, **112**:4♣, **116**:5, **Am 5**:15

Râḥûm רחום 7349

Full Of Compassion, Merciful

[Also look under Ḥeçed (Lovingkindness) on p1, and Ḥannûn (Merciful) above]

Gen 43:14, **Deu 4**:31, **Ps 78**:38

Splangchnidzomai σπλαγχνίζομαι *4697*

Mat 9:36, **14**:14, **15**:32, **18**:27, **20**:34, **Mar 1**:41, **6**:34, **8**:2, **9**:22, **Luk 7**:13, **10**:33, **15**:20

Splangchnon σπλάγχνον *4698*

♦Eusplangchnos εύσπλαγχνος *2155*

♣Polusplangchnos πολύσπλαγχνος *4184*

Luk 1:78, **2Co 6**:12, **7**:15, **Eph** ♦**4**:32, **Php 1**:8, **2**:1, **Col 3**:12, **Phm** 7, 12, 20, **Jas** ♣**5**:11, **1Pe** ♦**3**:8, **1Jn 3**:17

Sumpatheō συμπαθέω *4834*

♦Metriopatheō μετριοπαθέω *3356*

♣Sumpathēs συμπαθής *4835*

Heb 4:15, ♦**5**:2, **10**:34, **1Pe** ♣**3**:8

Ḥâmal חמל /Eḥmôl אחמול

2550 Pity, Spare

♦Ḥemlâh חמלה 2551

{♣Tâḥôs תחוס 2347 Spare}

Gen ♦**19**:16, **2Ch 36**:15, **Job 6**:10, 13, **Isa** ♦**63**:9, **Jer 13**:14♣, **La 2**:2, 17, 21, **3**:43, **Eze 5**:11♣, **7**:4♣, 9♣, **8**:18♣, **9**:5♣, 10♣, **16**:5, **36**:21, **Joe 2**:18, **Zec 11**:6, **Mal 3**:17

Deu 13:8, **1Sa 15**:3, 9, 15, **2Sa 12**:4,6, **21**:7, **Job 20**:13, **27**:22, **Pro 6**:34, **Isa 9**:19, **30**:14, **Jer 15**:5, **21**:7♣, **50**:14, **51**:3, **Eze 9**:5, **Hab 1**:17, **Zec 11**:5

Ḥûs חוּס /Tâḥôs תחוֹס 2347

Pity, Spare

[Also look under Ḥâmal (Pity) above]

Neh 13:22, **Ps 72**:13, **Eze 20**:17, **24**:14, **Joe 2**:17, **Jon 4**:11

Deu 7:16, **13**:8, **19**:13, 21, **25**:12, **1Sa 24**:10, **Isa 13**:18, **Eze 16**:5, **Jon 4**:10

Pheídomai φείδομαι *5339*

Act 20:29, **Ro 8**:32, **11**:21, **1Co 7**:28, **2Co 1**:23, **12**:6, **13**:2, **2Pe 2**:4, 5

Ârek̲ Apayîm ארך־אפים

750- 639 Longsuffering (Slow to wrath)

[Also look under Ḥeçed (Lovingkindness) on p1; for *anger* go to Aph on p147]

Jer 15:15, **Nah 1**:3

Pro 14:29, **15**:18, **16**:32, **19**:11, **25**:15

Makrōthumia μακροθυμία *3115*

♦Makrothumeō μακροθυμέω *3114*

♣Anochē ανοχή *463*

Luk ♦18:7, **Ro 2**:4♣, ♣**3**:25, **9**:22, **1Co ♦13**:4, **2Co 6**:6, **Gal 5**:22, **Eph 4**:2, **Col 1**:11, **1Th ♦5**:14, **1Ti 1**:16, **2Ti 3**:10, **4**:2, **Heb 6**:12, ♦**15**, **Jas ♦5**:7, ♦**8**, 10, **1Pe 3**:20, **2Pe ♦3**:9, 15

Ḥên חן 2580

Grace, Favour

{♦ʿAyin עַיִן 5869 Sight}

Gen 6:8♦, **18**:3♦, **19**:19♦, **39**:21♦, **Exd 3**:21♦, **11**:3♦♦♦, **33**:12♦, 13♦♦, 16♦, 17♦, **34**:9♦, **Nu 11**:11♦, 15♦, **Jdg 6**:17♦, **1Sa 15**:25♦, **Ezr 9**:8, **Ps 45**:2, **84**:11, **Pro 1**:9, **3**:4♦, 22, 34, **4**:9, **13**:15, **22**:1, **28**:23, **Jer 31**:2, **Zec 4**:7, **12**:10

Gen 30:27, **32**:5♦, **33**:8♦, 10♦, 15♦, **34**:11, **39**:4♦, **47**:25♦, 29♦♣, **50**:4, **Ex 12**:36♦, **Nu 32**:5♦, **Ru 2**:2♦, 10, **1Sa 1**:18♦, **20**:3, 29, **27**:5♦, **2Sa 14**:22♦, **16**:4♦, **Est 2**:15♦, 17♦, **5**:2♦, 8♦, **7**:3♦, **8**:5♦, **Pro 11**:16, **22**:11

Charisma χάρισμα /Charismata χαρίσματα *5486*

Gift(s)

Ro 1:11, **5**:15, 16, **6**:23, **11**:29, **12**:6, **1Co 1**:7, **12**:4, 9, 28, 30, 31, **2Co 1**:11, **1Ti 4**:14, **2Ti 1**:6, **1Pe 4**:10

Dōrea δωρεά *1431*

Gift

♦Dōrean δωρεάν 1432 Freely, In Vain

Mat ♦10:8, Joh 4:10, ♦**15**:25, **Act 2**:38, **8**:20, **10**:45, **11**:17, **Ro ♦3:24,** **5**:15, 16, 17, **2Co 9**:15,♦**11**:7, **Eph 3**:7, **4**:7, **Gal ♦2**:21, **2Th ♦3**:8, **Heb 6**:4, **Rev ♦21**:6, ♦**22**:17

Âhav אהב 157

Love

♦Ahavâh אהבה 160

†Ahav אהב 158

‡Ḥâvav חבב 2245

Of Yehuwah

Deu 4:37, **7**:13, ♦**8**, **10**:15, 18, **23**:5, ‡**33**:3, **2Sa 12**:24, **1Ki ♦10**:9, **2Ch ♦2**:11, **2Ch ♦9**:8, **Neh 13**:26, **Ps 33**:5, **37**:28, **45**:7, **47**:4, **78**:68, **87**:2, **99**:4, **146**:8, **Pro 3**:12, ♦**10**:12, **15**:9, **Sng 1**:2, 4, ♦**2**:4, **8**:6, 7, **Isa 43**:4, **48**:14, **61**:8, ♦**63**:9, **Jer 31**:3♦, **Hos ♦3**:1, ♦**9**:15, **11**:1, ♦4, **14**:4, **Zep ♦3**:17, **Mal 1**:2, **2**:11

Of Man toward Yehuwah

Exd 20:6, **Lev 19**:18, **Deu 5**:10, **6**:5, **7**:9, **10**:12, **11**:1, 13, 22, **13**:3, **19**:9, **30**:6, 16, 20, **Jos 22**:5, **23**:11, **Jdg 5**:31, **1Ki 3**:3, **2Ch 20**:7, **Neh 1**:5, **Ps 5**:11, **26**:8, **31**:23, **40**:16, **69**:36, **70**:4, **97**:10, **116**:1, **119**:97, 47, 48, 113, 119, 127, 132, 159, 163, 165, 167, **122**:6, **145**:20, **Pro 4**:6, **8**:17, 21, **12**:1, **22**:11, **29**:3, **Sng 1**:3, 7, ♦**2**:5, ♦7, ♦**3**:5, 1, 2, 3, 4, 10, ♦**5**:8, ♦**7**:6, ♦**8**:4, ♦6, ♦7, **Isa 41**:8, **56**:6, **Jer ♦2**:2, **Dan 9**:4, **Am 5**:15, **Mic ♦6**:8

[Except *love* for women, *lovers*]

Gen 22:2, **24**:67, **25**:28, **27**:4, 9, 14, **29**:18, 20, 30, 32, **34**:3, **37**:3, 4, **44**:20, **Exd 21**:5, **Lev 19**:18, 34, **Deu 10**:19, **15**:16, **21**:15, 16, **Jdg 14**:16, **16**:4, 15, **Ru 4**:15, **1Sa 1**:5, **2Sa 13**:1, 4, 15, **16**:21, **18**:1, ♦3, 16, 20, 22, 28, **20**:17♦♦, **2Sa 1**:23, ♦26, **19**:6, **1Ki 5**:1, **11**:1, 21, **2Ch 19**:2, **26**:10, **Est 2**:17, **5**:10, 14, **6**:13, **Job 19**:19, **Ps 4**:2, **11**:5, **34**:12, **38**:11, **52**:3, 4, **88**:18, ♦**109**:4, ♦5, 17, **Pro 1**:22, **4**:6, †**5**:19, **8**:36, **9**:8, **13**:24, **14**:20, **15**:12, ♦17, **16**:13, ♦**17**:9, 17, 19, **18**:21, 24, **19**:8, **20**:13, **21**:17, ♦**27**:5, 6, **Ecc 3**:8, **5**:10, ♦**9**:1, ♦6, **Isa 1**:23, **56**:10, **57**:8, **66**:10, **Jer 2**:25, ♦33, **5**:31, **8**:2, **14**:10, **20**:4, 6, **22**:20, 22,

30:14, **La 1**:2, 19, **Eze 16**:33, 36, 37, **23**:5, 9, 22, **Hos 2**:5, 7, 10, 12, 13, **3**:1, **4**:18, **†8**:9, **9**:10, **10**:11, **12**:7, **Am 4**:5, **Mic 3**:2, **Zec 8**:17, 19, **13**:6, **Mal 2**:11

Ḥâshaq חָשַׁק 2836

Love

Deu 7:7, **10**:15

1Ki 9:19, **2Ch 8**:6, **Ps 91**:14, **Isa 38**:17

Agapē αγαπη *26*

Mat 24:12, **Mar 12**:33, **Luk 11**:42, **Joh 5**:42, **13**:35, **15**:9, 10, 13, **Ro 5**:5, 8, **8**:35, 39, **12**:9, **13**:10, **14**:15, **15**:30, **1Co 4**:21, **8**:1, **13**:1, 2, 3, 4, 8, 13, **14**:1, **16**:14, 24, **2Co 2**:4, 8, **5**:14, **6**:6, **8**:7, 8, 24, **13**:11, 14, **Gal 5**:6, 13, 22, **Eph 1**:4, 15, **2**:4, **3**:17, 19, **4**:2, 15, 16, **5**:2, **6**:23, **Php 1**:9, 17, **2**:1, 2, **Col 1**:4, 8, 13, **2**:2, **3**:14, **1Th 1**:3, **3**:6, 12, **5**:8, 13, **2Th 1**:3, **2**:10, **3**:5, **1Ti 1**:5, 14, **2**:15, **4**:12, **6**:11, **2Ti 1**:7, 13, **2**:22, **3**:10, **Tit 2**:2, **Phm** 5, 7, 9, **Heb 6**:10, **10**:24, **1Pe 4**:8, **5**:14, **2Pe 1**:7, **1Jn 2**:5, 15, **3**:1, 16, 17, **4**:7, 8, 9, 10, 12, 16, 17, 18, **5**:3, **2Jn** 3, 6, **3Jn** 6, **Jud** 2, 12, 21, **Rev 2**:4, 19

Agapaō αγαπάω *25*

Mat 5:43, 44, 46, **6**:24, **19**:19, **22**:37, 39, **Mar 10**:21, **12**:30, 31, 33, **Luk 6**:27, 32, 35, **7**:5, 42, 47, **10**:27, **11**:43, **16**:13, **Joh 3**:16, 19, 35, **8**:42, **10**:17, **11**:5, **12**:43, **13**:1, 23, 34, **14**:15, 21, 23, 24, 28, 31, **15**:9, 12, 17, **17**:23, 24, 26, **19**:26, **21**:7, 15, 16, 20, **Ro 8**:28, 37, **9**:13, 25, **13**:8, 9, **1Co 2**:9, **8**:3, **2Co 9**:7, **11**:11, **12**:15, **Gal 2**:20, 5:14, **Eph 1**:6, **2**:4, **5**:2, 25, 33, **6**:24, **Col 3**:12, 19, **1Th 1**:4, **4**:9, **2Th 2**:13, 16, **2Ti 4**:8, 10, **Heb 1**:9, **12**:6, **Jas 1**:12, **2**:5, 8, **1Pe 1**:8, 22, **2**:17, **3**:10, **2Pe 2**:15, **1Jn 2**:10, 15, **3**:10, 11, 14, 18, 23, **4**:7, 8, 10, 11, 12, 19, 20, 21, **5**:1, 2, **2Jn** 1, 5, **3Jn** 1, **Jud** 2, **Rev 1**:5, **3**:9, **12**:11, **20**:9

Phileō φιλέω *5368*

♦Philadelphia φιλαδελφία *5360*

♣Philadelphos φιλάδελφος *5361*

†Philostorgos φιλόστοργος *5387*

‡Philantrōpia φιλαντρωπία *5363*

Love, Kiss

Joh 5:20, **11**:3, 36, **16**:27, **20**:2, **1Th ♦4**:9, **Tit ‡3**:4, **Heb ♦13**:1, **1Pe ♦1**:22, **♣3**:8, **2Pe ♦1**:7

Mat 6:5, **10**:37, **23**:6, **26**:48, **Mar 14**:44, **Luk 20**:46, **22**:47, **Joh 12**:25, **15**:19, **21**:15, 16, 17, **‡Acts 28**:2, **Ro ♦12**:10**†**, **1Co 16**:22, **Tit 3**:15, **Rev 3**:19, **22**:15

Philoxenon φιλόξενος *5382*

Hospitable

♦Philonexia φιλονεξία *5381*

Ro ♦12:13, **1Ti 3**:2, **Tit 1**:8, **Heb ♦13**:2, **1Pe 4**:9

Dôd דּוֹד 1730

Beloved

♦Y^e^dîd יְדִיד 3039

[Except *uncle* for 1730]

Deu ♦33:12, **Ps ♦60**:5, **♦84**:1, **♦108**:6, **♦127**:2, **Sng 1**:2, 4, 13, 14, 16, **2**:3, 8, 9, 10, 16, 17, **4**:10, 16, **5**:1, 2, 4, 5, 6, 8, 9, 10, 16, **6**:1, 2, 3, **7**:9, 10, 11, 12, 13, **8**:5, 14, **Isa 5**:1**♦**, **Jer ♦11**:15

Agapētos αγαπητός *27*

Mat 3:17, **12**:18, **17**:5, **Mar 1**:11, **9**:7, **12**:6, **Luk 3**:22, **20**:13, **Act 15**:25, **Ro 1**:7, **11**:28, **12**:19, **16**:5, 8, 9, 12, **1Co 4**:14, 17, **10**:14, **15**:58, **2Co 7**:1, **12**:19, **Eph 5**:1, **6**:21, **Php 2**:12, **4**:1, **Col 1**:7, **4**:7, 9, 14, **1Th 2**:8, **1Ti 6**:2, **2Ti 1**:2, **Phm** 1, 16, **Heb 6**:9, **Jas 1**:16, 19, **2**:5, **1Pe 2**:11, **4**:12, **2Pe 1**:17, **3**:1, 8, 14, 15, 17, **1Jn 3**:2, 21, **4**:1, 7, 11, **3Jn** 1, 2, 5, 11, **Jud** 3, 17, 20

Raʿyâtî רַעְיָתִי 7474

My Love

Sng 1:9, 15, **2**:2, 10, 13, **4**:1, 7, **5**:2, **6**:4

Reaʿ רֵעַ 7453

Friend, Neighbour

♦Mêrêaʿ מֵרֵעַ 4828

Gen 11:3, 7, **15**:10, **♦26**:26, **31**:49, **38**:12, 20, **43**:33, **Exd 2**:13, **11**:2, **18**:7, 16, **20**:16, 17, **21**:14, 18, 35, **22**:7, 8, 9, 10, 11, 14, 26, **32**:27, **33**:11, **Lev 19**:13, 16, 18, **20**:10, **Deu 4**:42, **5**:20, 21, **13**:6, **15**:2, **19**:4, 5, 11, 14, **22**:24, 26, **23**:24, 25, **24**:10, **27**:17, 24, **Jos 20**:5, **Jdg 6**:29, **7**:13, 14, 22, **10**:18, **♦14**:11, **♦**20, **♦15**:2, **♦**6, **Ru 3**:14, **4**:7, **1Sa 10**:11, **14**:20, **15**:28, **20**:41, **28**:17, **30**:26, **2Sa 2**:16, **♦3**:8, **12**:11, **13**:3, **16**:17, **1Ki 8**:31, **16**:11, **20**:35, **2Ki 3**:23, **7**:3, 9, **1Ch 27**:33, **2Ch 6**:22, **20**:23, **Est 9**:19, 22, **Job 2**:11, **6**:14, 27, **12**:4, **16**:20, 21, **17**:5, **19**:21, **30**:29, **31**:9, **32**:3, **35**:4, **42**:7, 10, **Ps 12**:2, **15**:3, **28**:3, **35**:14, **38**:11, **88**:18, **101**:5, **122**:8, **Pro 3**:28, 29, **6**:1, 3, 29, **11**:9, 12, **12**:26, **14**:20, 21, **16**:29, **17**:17, 18, **18**:17, 24, **19**:4, 6, **♦**7, **21**:10, **22**:11, **24**:28, **25**:8, 9, 17, 18, **26**:19, **27**:9, 10, 14,

17, **29**:5, **Ecc 4**:4, **Sng 5**:1, 16, **Isa 3**:5, **13**:8, **19**:2, **34**:14, **41**:6, **Jer 3**:1, 20, 5:8, **6**:21, **7**:5, **9**:4, 5, 8, **19**:9, **22**:8, 13, **23**:27, 30, 35, **29**:23, **31**:34, **34**:15, 17, **36**:16, **46**:16, **La 1**:2, **Eze 18**:6, 11, 15, **22**:11, 12, **33**:26, **Hos 3**:1, **Jon 1**:7, **Mic 7**:5, **Hab 2**:15, **Zec 3**:8, 10, **8**:10, 17, **11**:6, **14**:13, **Mal 3**:16

Philos φίλος *5384*

Mat 11:19, **Luk 7**:6, 34, **11**:5, 6, 8, **12**:4, **14**:10, 12, **15**:6, 9, 29, **16**:9, **21**:16, **23**:12, **Joh 3**:29, **11**:11, **15**:13, 14, 15, **19**:12, **Act 10**:24, **19**:31, **27**:3, **Jas 2**:23, **4**:4, **3Jn** 14

Adelphoi αδελφοί /Adolphos αδελφός *80*

Brethren, Brother

♦Adelphotēs ἀδελφότης *81*

Mat 1:2, 11, **4**:18, 21, **5**:22, 23, 24, 47, **7**:3, 4, 5, **10**:2, 21, **12**:46, 47, 48, 49, 50, **13**:55, **14**:3, **17**:1, **18**:15, 21, 35, **19**:29, **20**:24, **22**:24, 25, **23**:8, **25**:40, **28**:10, **Mar 1**:16, 19, **3**:17, 31, 32, 33, 34, 35, **5**:37, **6**:3, 17, 18, **10**:29, 30, **12**:19, 20, **13**:12, **Luk 3**:1, 19, **6**:14, 41, 42, **8**:19, 20, 21, **12**:13, **14**:12, 26, **15**:27, 32, **16**:28, **17**:3, **18**:29, **20**:28, 29, **21**:16, **22**:32, **Joh 1**:40, 41, **2**:12, **6**:8, **7**:3, 5, 10, **11**:2, 19, 21, 23, 32, **20**:17, **21**:23, **Act 1**:14, 15, 16, **2**:29, 37, **3**:17, 22, **6**:3, **7**:2, 13, 23, 25, 26, 37, **9**:17, 30, **10**:23, **11**:1, 12, 29, **12**:2, 17, **13**:15, 26, 38, **14**:2, **15**:1, 3, 7, 13, 22, 23, 32, 33, 36, 40, **16**:2, 40, **17**:6, 10, 14, **18**:18, 27, **21**:7, 17, 20, **22**:1, 5, 13, **23**:1, 5, 6, **28**:14, 15, 17, 21, **Ro 1**:13, **7**:1, 4, **8**:12, 29, **9**:3, **10**:1, **11**:25, **12**:1, **14**:10, 13, 15, 21, **15**:14, 30, **16**:14, 17, 23, **1Co 1**:1, 10, 11, 26, **2**:1, **3**:1, **4**:6, **5**:11, **6**:5, 6, 8, **7**:12, 14, 15, 24, 29, **8**:11, 12, 13, **9**:5, **10**:1, **11**:33, **12**:1, **14**:6, 20, 26, 39, **15**:1, 6, 50, 58, **16**:11, 12, 15, 20, **2Co 1**:1, 8, **2**:13, **8**:1, 18, 22, 23, **9**:3, 5, **11**:9, **12**:18, **13**:11, **Gal 1**:2, 11, 19, **3**:15, **4**:12, 28, 31, **5**:11, 13, **6**:1, 18, **Eph 6**:21, 23, **Php 1**:12, 14, **2**:25, **3**:1, 13, 17, **4**:1, 8, 21, **Col 1**:1, 2, **4**:7, 9, 15, **1Th 1**:4, **2**:1, 9, 14, 17, **3**:2, 7, **4**:1, 6, 10, 13, **5**:1, 4, 12, 14, 25, 26, 27, **2Th 1**:3, **2**:1, 13, 15, **3**:1, 6, 13, 15, **1Ti 4**:6, **5**:1, **6**:2, **2Ti 4**:21, **Phm** 1, 7, 16, 20, **Heb 2**:11, 12, 17, **3**:1, 12, **7**:5, **8**:11, **10**:19, **13**:22, 23, **Jas 1**:2, 9, 16, 19, **2**:1, 5, 14, 15, **3**:1, 10, 12, **4**:11, **5**:7, 9, 10, 12, 19, **1Pe ♦2**:17, **♦5**:9, 12, **2Pe 1**:10, **3**:15, **1Jn 2**:9, 10, 11, **3**:10, 12, 13, 14, 15, 16, 17, **4**:20, 21, **5**:16, **3Jn** 3, 5, 10, **Jud** 1, **Rev 1**:9, **6**:11, **12**:10, **19**:10, **22**:9

Adelphē ἀδελφή *79*

Sister

Mat 12:50, **13**:56, **19**:29, **Mar 3**:35, **6**:3, **10**:29, 30, **Luk 10**:39, 40, **14**:26, **Joh 11**:1, 3, 5, 28, 39, **19**:25, **Act 23**:16, **Ro 16**:1, 15, **1Co 7**:15, **9**:5, **1Ti 5**:2, **Jas 2**:15, **2Jn** 13

Praütēs πραΰτης *4240*

Meekness, Gentleness

♦Praüs πραΰς *4239*

Mat ♦5:5, **♦11**:29, **♦21**:5, **1Co 4**:21, **2Co 10**:1, **Gal 5**:23, **6**:1, **Eph 4**:2, **Col 3**:12, **1Ti 6**:11, **2Ti 2**:25, **Tit 3**:2, **Jas 1**:21, **3**:13, **1Pe ♦3**:4, 15

Epieikēs επιείκης *1933*

Gentle, Gentleness

♦Epieikeia επιείκεια *1932*

†Eupeithēs ευπειθής *2138*

‡Adiakritos αδιάκριτος *87*

ΔĒpios ήπιος *2261*

Act ♦24:4, **2Co ♦10**:1, **Php 4**:5, **1Ti 3**:3, **Δ2Ti 2**:24, **Tit 3**:2, **Jas 3**:17†‡, **1Pe 2**:18

Râtsôn רצון /Ratsôt רצות

7522 Favour(able), Accept, Delight

♦Râtsâh רצה 7521

[Only of Yehuwah, of men for Yehuwah, for others, e.g. not *their pleasure*]

Exd 28:38, **Lev ♦1**:4, **♦7**:18, **♦19**:7, **22**:20, 21, **♦23**, **♦25**, **♦27**, **23**:11, **Deu ♦33**:11, 16, 23, **2Sa ♦24**:23, **1Ch ♦29**:17, **Ezr 10**:11, **Job ♦33**:26, **Ps 5**:12, **19**:14, **30**:5, 7, **40**:8, **♦13**, **♦44**:3, **♦51**:16, 18, **69**:13, **♦77**:7, **♦85**:1, **89**:17, **103**:21, **106**:4, **♦119**:108, **♦147**:10, **143**:10, **♦149**:4, **Pro ♦3**:12, **8**:35, **10**:32, **11**:1, 20, 27, **12**:2, 22, **14**:9, 35, **15**:8, **♦16**:7, 15, 13, **18**:22, **19**:12, **Ecc ♦9**:7, **Isa ♦40**:2, **♦42**:1, **49**:8, **56**:7, **58**:5, **60**:7, 10, **61**:2, **Jer 6**:20, **♦14**:10, **♦12**, **Eze ♦20**:40, **♦41**, **♦43**:27, **Hos ♦8**:13, **Am ♦5**:22, **Mic ♦6**:7, **Hag ♦1**:8, **Mal ♦1**:8, **2**:13

Gen ♦33:10, **Lev 1**:3, **19**:5, **22**:19, 29, **Deu ♦33**:24, **1Ch ♦29**:3, **2Ch ♦10**:7, **15**:15, **Est ♦10**:3, **Job ♦20**:10, **♦34**:9, **Ps ♦49**:13, **♦50**:18, **♦62**:4, **♦102**:14, **Pro ♦23**:26

Ḥâphêts חפץ 2654

Delight, Please

♦Ḥêphets חפץ 2656

♣Ḥâphets חפץ 2655

[Only *delight* of Yehuwah, of men for Yehuwah]

Nu 14:8, **Jdg 13**:23, **1Sa 2**:25, **♦15**:22, **2Sa 15**:2622:20, **1Ki 10**:9, **2Ch 9**:8, **Job ♦22**:3, **Ps ♣5**:4, **18**:19, **22**:8, **♣35**:27, **37**:23, **40**:6, **41**:11,

51:6, 16, 19, **115**:3, **135**:6, **147**:10, **Pro 21**:1, **Ecc** ♦**5**:4, **8**:3, **Sng 2**:7, **3**:5, **8**:4, **Isa 1**:11, **42**:21, ♦**44**:28, ♦**46**:10, ♦**48**:14, **53**:10♦, **55**:11, **56**:4, **62**:4, **65**:12, **66**:4, **Jer 9**:24, **Eze 18**:23, 32, **33**:11, **Hos 6**:6, **Jon 1**:14, **Mic 7**:18, **Mal** ♦**1**:10, **2**:17, ♦**3**:12

Gen 34:19, **Deu 21**:14, **25**:7, 8, **Ru 3**:13, **1Sa 18**:22, ♦25, **19**:2, **2Sa 15**:26, **20**:11, ♦**23**:5, **24**:3, **1Ki** ♦**5**:8, ♦9, ♦10, **9**:1, ♦11, ♦**10**:13, ♣**13**:33, ♣**21**:6, **1Ch** ♣**28**:9, **2Ch** ♦**9**:12, **Neh** ♣**1**:11, **Est 2**:14, **6**:6, 7, 9, 11, **Job 9**:3, **13**:3, **21**:14, ♦21, ♦**31**:16, **33**:32, **Ps** ♦**1**:2, ♦**16**:3, ♣**34**:12, **40**:8, ♣14, **68**:30, ♣**70**:2, **73**:25, ♦**107**:30, **109**:17, ♦**111**:2, **112**:1, **119**:35, **Pro** ♦**3**:15, ♦**8**:11, **18**:2, ♦**31**:13, **Ecc** ♦**3**:17, ♦**5**:8, ♦**8**:6, ♦**12**:1, 10, **Isa 13**:17, **54**:12, **58**:2, ♦3, ♦13, **66**:3, **Jer 6**:10, ♦**22**:28, **42**:22, ♦**48**:38, **Hos** ♦**8**:8, **Mal** ♣**3**:1

Eudokeō ευδοκέω *2106*

♦Eudokia ευδοκία *2107*

Mat 3:17, ♦**11**:26, **12**:18, **17**:5, **Mar 1**:11, **Luk** ♦**2**:14, **3**:22, ♦**10**:21, **12**:32, **1Co 1**:21, **10**:5, **Gal 1**:15, **Eph** ♦**1**:5, ♦9, **Php** ♦**2**:13, **Col 1**:19, **2Th** ♦**1**:11, **Heb 10**:6, 8, 38, **2Pe 1**:17

Ro ♦**10**:1, **15**:26, 27, **Php** ♦**1**:15

Areskō αρέσκω *700*

Please, Pleasing

♦Areskeia αρέσκεια *699*

Ro 8:8, **Col** ♦**1**:10, **1Th 2**:4, 15, **4**:1, **2Ti 2**:4

Mat 14:6, **Mar 6**:22, **Act 6**:5, **Ro 15**:1, 2, 3, **1Co 7**:32, 33, 34, **10**:33, **Gal 1**:10

Shâʿaʿ שׁעע 8173

Delight

♦Shaʿashûaʿ שַׁעֲשׁוּע 8191

♣Mish'âlôt מִשְׁאלת 4862

†Teshûkâh תְּשׁוּקָה 8669

Pro ♦**8**:30, ♦31, **Sng** †**7**:10, **Isa** ♦**5**:7, **6**:10, **11**:8, **Jer** ♦**31**:20

Gen †**3**:16, †**4**:7, **Ps** ♣**20**:5, ♣**37**:4, **94**:19, **119**:16, ♦24, 47, 70, ♦77, ♦92, ♦143, ♦174, **Isa 6**:10, **11**:8, **29**:9, **66**:12

Tôv טוֹב /Tôvâh טוֹבָה 2896

Good, Goodness

♦Tov טוֹב 2895

[Not all *well, please* for 2895]

Exd 18:9, **33**:19, **Nu 10**:29, 32, ♦**24**:1, ♦5, **Deu** ♦**5**:33, **6**:18, 24, **10**:13, **12**:28, **19**:13, **26**:11, **28**:11, 12, **30**:9, 15, **Jos 21**:45, **23**:14, 15, **Jdg 10**:15, **1Sa 2**:26, **12**:23, **25**:30, **2Sa 2**:6, **7**:28, **10**:12, **16**:12, **1Ki 8**:36, 56, 66, **2Ki 20**:19, **1Ch 16**:34, **17**:26, **19**:13, **2Ch 5**:13, **6**:27, 41, **7**:3, 10, **30**:18, 22, **Ezr 3**:11, **7**:9, **8**:18, 22, **Neh 2**:8, 18, **5**:19, **9**:13, 20, 25, 35, **13**:31, **Job 2**:10, **22**:18, 21, **36**:11, **Ps 4**:6, **16**:2, **21**:3, **23**:6, **25**:8, **34**:8, 12, **45**:1, **52**:9, **54**:6, **63**:3, **65**:11, **68**:10, **69**:16, **73**:1, 28, **84**:10, 11, **85**:12, **86**:5, 17, **100**:5, **103**:5, **104**:28, **106**:1, 5, **107**:1, 9, **109**:21, **118**:1, 8, 9, 29, **119**:39, 65, 68♦, 72, 122, **122**:9, **125**:4♦, **128**:2, **133**:1, 2, **135**:3, **136**:1, **143**:10, **145**:7, 9, **Pro 2**:9, **3**:14, **4**:2, **8**:11, 19, **11**:27, **12**:14, **13**:2, 21, **16**:16, **22**:1, **24**:25, **28**:10, **Ecc 7**:11, **8**:12, **9**:16, 18, **Sng 1**:2, 3, ♦**4**:10, **7**:9, **Isa 3**:10, **39**:8, **52**:7, **55**:2, **63**:7, **Jer 5**:25, **6**:16, 8:15, **14**:19, **15**:11, **17**:6, **18**:10, **21**:10, **24**:5, 6, **29**:10, 32, **32**:39, ♦41, 42, **33**:9, 11, 14, **39**:16, **44**:27, **La 3**:17, 25, **Eze** ♦**36**:11, **Hos 8**:3, **14**:2, **Am 9**:4, **Mic 6**:8, **Nah 1**:7, **Zec 1**:13

[Except *good land, houses* etc.]

Gen 1:4, 10, 12, 18, 21, 25, 31, **2**:9, 17, **3**:5, 22, **Deu 1**:14, 39, **Jos 9**:25, **1Sa 25**:15, 21, **29**:6, 9, **2Sa 19**:35, **2Ki 20**:3, **2Ch 14**:2, **24**:16, **31**:20, **Neh** 5:9, **Job 30**:26, **34**:4, **Ps 14**:1, 3, **34**:14, **35**:12, **37**:3, 27, **38**:20, **39**:2, **52**:3, **53**:1, **111**:10, **112**:5, **119**:71, **147**:1, **Pro 2**:20, **3**:4, 27, **11**:23, **12**:2, 9, 25, **13**:15, 22, **14**:14, 19, 22, **15**:3, 15, 16, 17, 23, 30, **16**:8, 19, 20, 29, 32, **17**:13, 20, 26, **18**:5, 22, **19**:1, 2, 8, 22, **20**:23, **21**:19, **22**:9, **24**:13, 23, **25**:25, 27, **28**:21, **31**:12, **Ecc 2**:3, 26, **3**:12, **5**:18, **6**:3, 6, 12, **7**:18, 20, **9**:2, 18, **11**:7, **12**:14, **Isa 5**:20, **7**:15, **38**:3, **65**:2, **Jer 18**:10, 20, **24**:3, 5, **42**:6, **44**:17, **La 3**:26, 27, 38, **Eze 18**:18, **20**:25, **36**:31, **Joe 3**:5, **Am 5**:14, 15, **6**:2, **Mic 1**:12, **3**:2, **7**:4, **Mal 2**:17

Tûv טוּב 2898

Goodness

Exd 33:19, **Deu 28**:47, **Neh 9**:35, **Ps 25**:7, **27**:13, **31**:19, **65**:4, **119**:66, **128**:5, **145**:7, **Pro 11**:10, **Isa 63**:7, **65**:14, **Jer 31**:12, 14, **Hos 3**:5, **Zec 9**:17

Gen 24:10, **45**:18, 20, 23, **Deu 6**:11, **2Ki 8**:9, **Ezr 9**:12, **Neh 9**:25, 36, **Job 20**:21, **21**:16, **Isa 1**:19, **Jer 2**:7

Chrēstos κρηστός *5543*

Goodness, Kindness

♦Chrēstotēs χρηστότης *5544*

♣Chrēsteuetai χρηστεύεται *5541*

Mat 11:30, **Luk 6**:35, **Ro** 2:4♦, ♦**3**:12, ♦**11**:22, **1Co** ♣**13**:4, **15**:33, **2Co 6**:6, **Gal** 5:22, **Eph** ♦**2**:7, **4**:32, **Col** ♦**3**:12, **Tit** ♦**3**:4, **1Pe 2**:3

Agathos αγαθός *18*

♦Agathōsunē αγαθωσύνη *19*
♣Agathoergeō αγαθοεργέω *14*
†Agathopoieō αγαθοποιέω *15*
‡Agathopoiïa ἀγαθοποιΐα *16*
ΔAgathopoios ἀγαθοποιός *17*

Mat 5:45, **7**:11, 17, 18, **12**:34, 35, **19**:16, 17, **20**:15, **22**:10, **25**:21, 23, **Mar 3**:4, **10**:17, 18, **Luk 1**:53, †**6**:9, †**33**, †**35**, 45, **8**:8, 15, **10**:42, **11**:13, **12**:18, 19, **16**:25, **18**:18, 19, **19**:17, **23**:50, **Joh 1**:46, **5**:29, **7**:12, **Act 9**:36, **11**:24, ♣**14**:17, **23**:1, **Ro 2**:7, 10, **3**:8, **5**:7, **7**:12, 13, 18, 19, **8**:28, **9**:11, **10**:15, **12**:2, 9, 21, **13**:3, 4, **14**:16, **15**:2, ♦**14**, **16**:19, **2Co 5**:10, **9**:8, **Gal 5**:22, **6**:6, 10, **Eph 2**:10, **4**:28, 29, ♦**5**:9, **6**:8, **Php 1**:6, **Col 1**:10, **1Th 3**:6, **5**:15, **2Th** ♦**1**:11, **2**:16, 17, **1Ti 1**:5, 19, **2**:10, **5**:10, ♣**6**:18, **2Ti 2**:21, **3**:17, **Tit 1**:16, **2**:5, 10, **3**:1, **Phm** 6, 14, **Heb 9**:11, **10**:1, **13**:21, **Jas 1**:17, **3**:17, **1Pe** Δ**2**:14, †**15**, **18**, †**20**, †**3**:6, **3**:10, 11, 13, 16, †**17**, 21, ‡**4**:19, **3Jn 11**†

Euergesia ευεργεσία *2108*

♦Euergeteō ευεργετέω *2109*
♣Euergetēs ευεργέτης *2110*
†Eupoiia ευποιία *2140*

Luk ♣**22**:25, **Act 4**:9, ♦**10**:38, **1Ti 6**:2, **Heb** †**13**:16

Euphemia ευφεμία *2162*

Good report
♦Euphēmos ευφημος *2163*

2Co 6:8, **Php** ♦**4**:8

Yâ'al יאל /Hô'êl הואל 2974

Please, Willingly

1Sa 12:22, **2Sa 7**:29, **1Ch 17**:27, **Job 6**:9

Gen 18:27, 31, **Exd 2**:21, **Deu 1**:5, **Jos 7**:7, **17**:12, **Jdg 1**:27, 35, **17**:11, **19**:6, **1Sa 17**:39, **2Ki 5**:23, **6**:3, **Job 6**:28, **Hos 5**:11

M^ezimmâh מזמה 4209

Intents, Thoughts
[Only of Yehuwah; for that of men, go to p182]
Jer 23:20, 30:24, 51:11

Ta'avah תאוה 8378

Desire
♦Âvâh אוה 183
♣Avâh אוה 185
[Only *desire*; for *lusting* go to p**136**]

Ps ♦**132**:13, ♦**14**, **Hos** ♣**10**:10

Gen 3:6, **1Sa 2**:16, ♣**23**:20, **2Sa** ♦**3**:21, ♦**23**:15, **1Ki** ♦**11**:37, **1Ch** ♦**11**:17, **Job** ♦**23**:13, **33**:20, **Ps 10**:3, 17, **21**:2, **38**:9, ♦**45**:11, **78**:29, **112**:10, **Pro 10**:24, **11**:23, **13**:12, 19, **18**:1, **19**:22, **21**:25, **Isa 26**:8, ♦**9**, **Jer** ♣**2**:24, ♦**17**:16, **Am** ♦**5**:18, **Mic** ♦**7**:1

Ḥâmad חמד 2530

Desire
[Only *desire*; for *lust* go to p**136**]

Ps 68:16,

Gen 2:9, **3**:6, **Deu 5**:21, **7**:25, **Ezr 8**:27, **Ps 19**:10, **39**:11, **Sng 2**:3, **Isa 53**:2, **Dan 9**:23, **10**:3, 11, 19, **11**:38, 43,

Epithumia επιθυμία *1939*

♦Epithumeō ἐπιθυμέω *1937*
[Only *desire*; for *lust* go to p**136**]

Mat ♦**13**:17, **Luk** ♦**17**:22, **22**:15♦

Act ♦**20**:33, **Ro** ♦**7**:7, **Ro** ♦**13**:9, **1Ti** ♦**3**:1, **Php 1**:23, **1Th 2**:17, **Heb** ♦**6**:11, **1Pe** ♦**1**:12, **Rev** ♦**9**:6

Epipotheō επιποθέω *1971*

♦Epipothesis επιπόθεσις *1972*
♣Epipothetos επιπόθετος *1973*
†Epipothia επιποθία *1974*

Ro 1:11, †**15**:23, **2Co 5**:2, ♦**7**:7, ♦**11**, **9**:14, **Php 1**:8, **2**:26, ♣**4**:1, **1Th 3**:6, **2Ti 1**:4, **Jas 4**:5, **1Pe 2**:2

Orekomai ορέγομαι *3713*

1Ti 3:1, **6**:10, **Heb 11**:16

Ektenē εκτενή *1618*

Fervent
♦Ektenos εκτενός *1619*
♣Ekteneia εκτενεια *1616*
†Ektenesteron εκτενέστερον *1617*

Luk †**22**:44, **Act** ♦**12**:5, ♣**26**:7, **1Pe** ♦**1**:22, **4**:8

Thelō θέλω /Ēthelen ηθέλεν

2309 Desire(ed), Willing, Will

Mat 8:2, 3, **9**:13, **12**:7, **Mar 1**:41, **3**:13, **9**:30, **Luk 5**:12, 13, **9**:54, **12**:49, **13**:34, **Joh 3**:8, **5**:21, **17**:24, **21**:22, **Ro 9**:18, 22, **1Co 4**:19, **12**:18, **15**:38, **Col 1**:27, **1Ti 2**:4, **Heb 10**:5, 8, **Jas 4**:15, **1Pe 3**:17

Mat 11:14, **15**:28, **16**:24, **19**:17, 21, **20**:14, 15, 26, 27, 32, **21**:29, **22**:3, **23**:37, **26**:39, **Mar 1**:40, **8**:34, 35, **9**:35, **10**:35, 36, 43, 51, **14**:36, **Luk 5**:39, **6**:31, **8**:20, **9**:23, **10**:24, **18**:41, **19**:14, 27, **23**:8, **Joh 5**:6, 35, 40, **6**:11, 21, 67, **7**:17, **8**:44, **12**:21, **15**:7, **16**:19, **21**:18, **Ro 1**:13, **7**:15, 16, 18, 19, 20, 21, **9**:16, **11**:25, **16**:19, **1Co 4**:21, **7**:7, 32, **10**:1, 20, **11**:3, **12**:1, **14**:5, 19, 35, **2Co 1**:8, **5**:4, **8**:11, **12**:6, 20, **Gal 3**:2, **4**:9, 20, 21, **5**:17, **Php 2**:13, **Col 2**:1, **1Th 2**:18, **4**:13, **2Ti 3**:12, **Phm** 14, **Heb 12**:17, **13**:18, **1Pe 3**:10, **2Pe 3**:5, **Rev 22**:17

Hekousa εκουσα *1635*

Willingly

♦Hekousion εκουσιον *1595*

♣Asmenōs ἀσμένως *780*

Act ♣2:41, **♣21**:17, **Ro 8**:20, **1Co 9**:17, **Phm ♦**14

Prothumia προθυμία *4288*

Willing Mind

♦Prothumos πρόθυμος *4289*

♣Prothumōs προθύμως *4290*

Mat ♦26:41, **Mar ♦14**:38, **Act 17**:11, **2Co 8**:11, 12, 19, **9**:2, **Ro ♦1**:15, **1Pe ♣5**:2

Haplotēs απλότης *572*

Liberality, Simplicity

♦Haploûs ἁπλοῦς *573*

♣Haplōs απλώς *574*

†Aphelotēs ἀφελότης *858*

Mat ♦6:22, **Luk ♦11**:34, **Act †2**:46, **Ro 12**:8, **2Co 1**:12, **8**:2, **9**:11, 13, **11**:3, **Eph 6**:5, **Col 3**:22, **Jas ♣1**:5

Qânâ קנא 7065

Jealous, Zealous

♦Qânâh קנה 7067

♣Qannô' קנוא 7072

[Only of Yehuwah and of man for him; for *envy* go to p139]

Exd ♦20:5, **♦34**:14, **Deu ♦4**:24, **♦5**:9, **♦6**:15, **32**:16, 21, **Jos ♣24**:19, **1Ki 14**:22, **Ps 78**:58, **Eze 39**:25, **Joe 2**:18, **Nah ♣1**:2, **Zec 1**:14, **8**:2

Nu 25:11, 13, **1Ki 19**:10, 14

Qin'âh קנאה 7068

Jealousy, Zeal

[Only of Yehuwah and of man for him; for *jealousy* of man go to p140]

Deu 29:20, **2Ki 19**:31, **Ps 69**:9, **79**:5, **Sng 8**:6, **Isa 9**:7, **37**:32, **42**:13, **59**:17, **63**:15, **Eze 5**:13, **8**:3, 5, **16**:38, 42, **23**:25, **36**:5, 6, **38**:19, **Zep 1**:18, **3**:8, **Zec 1**:14, **8**:2

Nu 25:11, **2Ki 10**:16, **Ps 119**:139

Zēloō ζηλόω *2206*

Zealous

♦Zēlōtēs ζηλωτής *2207*

♣Zēlos ζήλος *2205*

†Zeō ζέω *2204*

[Only righteous zeal for *2205*, for *envy*, go to p140]

Luk ♦6:15, **Joh ♣2**:17, ***Act* ♦1**:13, **7**:9, **17**:5, **†18**:25, **♦21**:20, **♦22**:3, **Ro ♣10**:2, **†12**:11, **1Co 12**:31, **13**:4, **14**:1, **♦**12, 39, **2Co ♣7**:7, **♣**11, **♣9**:2, **11**:2**♣**, **Gal ♦1**:14, **4**:17, 18, **Php ♣3**:6, **Col ♣4**:13, **Tit ♦2**:14, **Jas 4**:2, **1Pe ♦3**:13, **Rev 3**:19

Mâhîyr מהיר 4106

Diligent

Ezr 7:6, **Ps 45**:1, **Pro 22**:29, **Isa 16**:5

Spoudē σπουδή *4710*

Diligence

♦Spoudadzō σπουδάζω *4704*

†Spoudaios σπουδαίος *4705*

‡Spoudaioteron σπουδαιότερον *4706*

ΔEpimelos επιμελός *1960*

Mar 6:25, **Luk 1**:39, **Δ15**:8, **Ro 12**:8, 11, **2Co 7**:11, 12, **8**:7, 8, 16, **†22‡**, **Gal ♦2**:10, **Eph ♦4**:3, **1Th ♦2**:17, **2Ti ♦2**:15, **♦4**:9, **♦**21, **Tit ♦3**:12, **Heb ♦4**:11, **6**:11, **2Pe 1**:5, **♦**10, **♦**15, **♦3**:14, **Jud** 3

Akribōs ἀκριβῶς *199*

Diligently, Perfectly

♦Akribeia ἀκρίβεια *195*

♣Akribestatos ἀκριβέστατος *196*

Mat 2:8, **Luk 1**:3, **Act 18**:25, **18**:26, **♦22**:3, **23**:15, 20, **24**:22, **♣26**:5, **Eph 5**:15, **1Th 5**:2

Eilikrineia ειλικρίνεια *1505*

Sincerity

♦Eilikrinēs ειλικρινής *1506*

1Co 5:8, **2Co 1**:12, **2**:17, **Php ♦1**:10, **2Pe ♦3**:1

Anupokritos ανυπόκριτος *505*

Sincere, Without Hypocrisy

♦Adolos ἄδολος *97*

♣Hagnōs ἁγνῶς *55*

†Aphilarguros ἀφιλάργυρος *866*

Ro 12:9, **2Co 6**:6, **Php ♣1**:16, **1Ti 1**:5, †**3**:3, **2Ti 1**:5, **Jas 3**:17, **Heb** †**13**:5, **1Pe 1**:22, ♦**2**:2

Homothumadon ὁμοθυμαδόν

3661 One Accord (Mind)

Act 1:14, **2**:46, **4**:24, **5**:12, **7**:57, **8**:6, **12**:20, **15**:25, **18**:12, **19**:29, **Ro 15**:6

Phroneō φρονέω *5426*

Mind

♦Homophrōnes ομόφρωνες *3675*

Mat 16:23, **Mar 8**:33, **Act 28**:22, **Ro 8**:5, **11**:20, **12**:3, 16, **14**:6, **15**:5, **1Co 13**:11, **Gal 5**:10, **Php 1**:7, **2**:2, 5, **3**:15, 19, **4**:2, 10, **Col 3**:2, 8

Sumphōneō συμφωνεώ *4856*

Agree

Mat 18:19, **20**:2, 13, **Luk 5**:36, **Act 5**:9, **15**:15

Sâlaḥ סלח /Salîḥôt סליחות

5545 Forgive, Pardon, (Ready to)

♦Sallâḥ סלח 5546

♣Selîḥâh סליחה 5547

{†Kapêr כפר 3722 Make Atonement}

Exd 34:9, **Lev 4**:20†, 26†, 31†, 35†, **5**:10†, 13†, 16†, 18†, **6**:7†, **19**:22†, **Nu 14**:19♦, 20, **15**:25†, 26, 28††, **30**:5, 8, 12, **Deu 29**:20, **1Ki 8**:30, 34, 36, 39, 50, **2Ki 5**:18, **24**:4, **2Ch 6**:21, 25, 27, 30, 39, **7**:14, **Neh ♣9**:17, **Ps 25**:11, ♦**86**:5, **103**:3, ♣**130**:4, **Isa 55**:7, **Jer 5**:1, 7, **31**:34, **33**:8, **36**:3, **50**:20, **La 3**:42, **Dan ♣9**:9, 19, **Am 7**:2

Nâsâ' נשׂא /Yisa' ישׂא 5375

Forgive

[Except broad meanings *bear (the ark), lift up, carry, armorbearer*; for lift up of Yehuwah/the righteous go to p64; for *bear their iniquity, sin* look under Ḥêt' (sin) on p131 and 'Awon (iniquity) on p132]

Gen 18:24, 26, **19**:21, **Exd 23**:21, **32**:32, **34**:7, **Nu 14**:18, **Jos 24**:19, **Job 7**:21, **22**:26, **42**:8, 9, **Ps 25**:18, **32**:1, 5, **85**:2, **99**:8, **Isa 1**:14, **2**:9, **33**:24, **53**:4, 12, **Jer 44**:22, **Hos 14**:2, **Mic 7**:18, **Mal 1**:9

Gen 32:20, **50**:17, **Exd 10**:17, **1Sa 15**:25, **25**:28, **Est 2**:9, 15, 17, **5**:2, **Pro 6**:35, **Mal 1**:8

Aphiēmi αφίημι *863*

♦Apoluō απολύω *630*

[Except *leave, forsake, sent away, let*]

Mat 6:12, 14, 15, **9**:2, 5, 6, **12**:31, 32, **18**:27, 32, 35, **Mar 2**:5, 7, 9, 10, **3**:28, **4**:12, **11**:25, 26, **Luk 5**:20, 21, 23, 24, ♦**6**:37, **7**:47, 48, 49, **11**:4, **12**:10, **17**:3, 4, **23**:34, **Joh 20**:23, **Act 8**:22, **Ro 4**:7, **Jas 5**:15, **1Jn 1**:9, **2**:12

Aphesis ἄφεσις *859*

Forgiveness, Remission

Mat 26:28, **18**:21, **Mar 1**:4, **3**:29, **Luk 1**:77, **3**:3, **4**:18, **24**:47, **Act 2**:38, **5**:31, **10**:43, **13**:38, **26**:18, **Eph 1**:7, **Col 1**:14, **Heb 9**:22, **10**:18

Charidzomai χαρίζομαι *5483*

Luk 7:42, 43, **Ro 8**:32, **1Co 2**:12, **2Co 2**:7, 10, **12**:13, **Gal 3**:18, **Eph 4**:32, **Php 1**:29, **2**:9, **Col 2**:13, **3**:13, **Phm** 22

Anexomai ανέξομαι *430*

Bear With

♦Anexikakos ανεξίκακος *420*

♣Anochē ἀνοχή *463*

Mat 17:17, **Mar 9**:19, **Luk 9**:41, **Act 18**:14, **Ro ♣2**:4, **1Co 4**:12, **2Co 11**:1, 4, 19, 20, **Eph 4**:2, **Col 3**:13, **2Th 1**:4, **2Ti ♦2**:24, **4**:3, **Heb 13**:22

Kâphar כפר /Kapêr כפר 3722

Atonement (Make Atonement)

[Also look under Sâlaḥ (Forgive) above]

Exd 29:33, 36, 37, **30**:10, 15, 16, **32**:30, **Lev 1**:4, **5**:6, **6**:30, **7**:7, **8**:15, 34, **9**:7, **10**:17, **12**:7, 8, **14**:18, 19, 20, 21, 29, 31, 53, **15**:15, 30, **16**:6, 10, 11, 16, 17, 18, 20, 24, 27, 30, 32, 33, 34, **17**:11, **23**:28, **Nu 5**:8, **6**:11, **8**:12, 19, 21, **15**:28, **16**:46, 47, **25**:13, **28**:22, 30, **29**:5, **31**:50, **35**:33, **Deu 21**:8, **32**:43, **1Sa 3**:14, **2Sa 21**:3, **1Ch 6**:49, **2Ch 29**:24, **30**:18, **Neh 10**:33, **Ps 65**:3, **78**:38, **79**:9, **Pro 16**:6, **Isa 6**:7, **22**:14, **27**:9, **Jer 18**:23, **Eze 16**:63, **43**:20, **45**:15, 17, 20, **Dan 9**:24

Emûnâh אמוּנה 530

Faithfulness, Truth

♦Âman אמן 539

♣Êmûn אמוּן 529

†Amânâh אמנה 548

‡Ômen אמן 544[Except *establish, believe* for 539: go to p79 and p184; also look under Ḥeçed (Loving-kindness) on p1]

Deu ♦**7**:9, **32**:4, **Ps** ♦**19**:7, **33**:4, **37**:3, **40**:10, **88**:11, **89**:1, 5, 8, 33, 49, **92**:2, ♦**93**:5, **96**:13, ♦**111**:7, **119**:30, 75, 86, 90, 138, **143**:1, **Isa 11**:5, **25**:1‡, **33**:6, ♦**49**:7, ♦**55**:3, **59**:4, **Jer 5**:1, 3, **7**:28, **9**:3, **La 3**:23, **Hos 2**:20, ♦**11**:12

Exd 17:12, **Nu** ♦**12**:7, **Deu** ♣**32**:20, **1Sa** ♦**22**:14, **26**:23, **2Sa** ♦**20**:19, **2Ki 12**:15, **22**:7, **1Ch 9**:22, **2Ch 19**:9, **31**:12, **34**:12, **Neh** ♦**9**:8, †38, ♦**13**:13, **Ps** ♦**12**:1, ♦**31**:23, ♦**78**:8, 37, ♦**89**:37, ♦**101**:6, **Pro** ♦**11**:13, **12**:17, 22, ♣**13**:17, ♣**14**:5, ♣**20**:6, ♦**25**:13, ♦**27**:6, **28**:20, **Isa** ♦**1**:21, ♦26, ♦**8**:2, ♣**26**:2, ♦**33**:16, **Jer** ♦**42**:5, **Dan** ♦**2**:45, ♦**6**:4, ♦23, **Hab 2**:4

Pistos πιστος *4103*

Act13:34, **1Co 1**:9, **10**:13, **2Co 1**:18, **1Th 5**:24, **2Th 3**:3, **2Ti 2**:13, **Tit 1**:9, **Heb 2**:17, **3**:2, **10**:23, **11**:11, **1Pe 4**:19, **1Jn 1**:9, **Rev 1**:5, **3**:14, **19**:11, **22**:6

Mat 24:45, **25**:21, 23, **Luk 12**:42, **16**:10, 11, 12, **19**:17, **Act 16**:15, **1Co 4**:2, 17, **7**:25, **Gal 3**:9, **Eph 1**:1, **6**:21, **Col 1**:2, 7, **4**:7, 9, **1Ti 1**:12, 15, **3**:1, 11, **4**:9, **6**:2, **2Ti 2**:2, 11, **Tit 1**:6, **3**:8, **Heb 3**:5, **1Pe 5**:12, **3Jn** 5, **Rev 2**:10, 13, **17**:14, **21**:5

Amên אמן 543

Amen

Nu 5:22, **Deu 27**:15, **1Ki 1**:36, **1Ch 16**:36, **Neh 5**:13, **8**:6, **Ps 41**:13, **72**:19, **89**:52, **106**:48, **Isa 65**:16, **Jer 11**:5, **28**:6

Amēn αμήν *281*

Assuredly, Amen

Mat 5:18, 26, **6**:2, 5, 16, **8**:10, **10**:15, 23, 42, **11**:11, **13**:17, **16**:28, **17**:20, **18**:3, 13, 18, **19**:23, 28, **21**:21, 31, **23**:36, **24**:2, 34, 47, **25**:12, 40, 45, **26**:13, 21, 34, **28**:20, **Mar 3**:28, **8**:12, **9**:1, 41, **10**:15, 29, **11**:23, **12**:43, **13**:30, **14**:9, 18, 25, 30, **16**:20, **Luk 4**:24, **12**:37, **13**:35, **18**:17, 29, **21**:32, **23**:43, **Joh 1**:51, **3**:3, 5, 11, **5**:19, 24, 25, **6**:26, 32, 47, 53, **8**:34, 51, 58, **10**:1, 7, **12**:24, **13**:16, 20, 21, 38, **14**:12, **16**:20, 23, **21**:18, **Ro 1**:25, **9**:5, **11**:36, **15**:33, **16**:27, **1Co 14**:16, **2Co 1**:20, **Gal 1**:5, **6**:18, **Eph 3**:21, **Php 4**:20, **1Th 5**:28, **2Th 3**:18, **1Ti 1**:17, **6**:16, 21, **2Ti 4**:18, 22, **Heb 13**:21, 25, **1Pe 4**:11, **5**:11, **2Pe 3**:18, **Jud** 25, **Rev 1**:6, 7, **3**:14, **5**:14, **7**:12, **19**:4, **22**:20

Asphalēs ἀσφαλής *804*

Certain, Safe, Sure

♦Asphaleia ἀσφάλεια *803*

♣Asphalizō ἀσφαλίζω *805*

†Asphalōs ἀσφαλῶς *806*

Mat ♣**27**:64, ♣65, ♣66, **Mar** †**14**:44, **Luk** ♦**1**:4, **Act** †**2**:36, ♦**5**:23, †**16**:23, ♣24, **21**:34, **22**:30, **25**:26, **Php 3**:1, **1Th** ♦**5**:3, **Heb 6**:19

Emet אמת 571

Truth

♦Qôshet קשׁט 7189

[Also look under Ḥeçed (Lovingkindness) on p1]

2Sa 7:28, **1Ki 17**:24, **22**:16, **2Ki 20**:19, **2Ch 15**:3, **18**:15, **31**:20, **Neh 9**:13, 33, **Ps 19**:9, **25**:5, **30**:9, **31**:5, **43**:3, **45**:4, **51**:6, **54**:5, ♦**60**:4, **69**:13, **71**:22, **85**:11, **86**:11, **91**:4, **111**:7, 8, **119**:43, 142, 151, 160, **132**:11, **145**:18, **146**:6, **Pro 8**:7, **11**:18, **22**:21♦, **23**:23, **Ecc 12**:10, **Isa 10**:20, **38**:18, 19, **39**:8, **42**:3, **43**:9, **48**:1, **59**:14, 15, **61**:8, **Jer 4**:2, **9**:5, **10**:10, **23**:28, **26**:15, **28**:9, **32**:41, **33**:6, **42**:5, **Eze 18**:8, 9, **Dan 8**:12, **9**:13, **10**:1, 21, **11**:2, **Zec 7**:9, **8**:3, 8, 16, 19, **Mal 2**:6

Exd 18:21, **Jos 24**:14, **Jdg 9**:19, **1Sa 12**:24, **1Ki 2**:4, **3**:6, **2Ki 20**:3, **Neh 7**:2, **Est 9**:30, **Ps 15**:2, **Pro 12**:19, **14**:25, **29**:14, **Isa 38**:3

Alētheia αλήθεια *225*

♦Alētheuō αληθεύω *226*

Mat 22:16, **Mar 5**:33, **12**:14, 32, **Luk 4**:25, **20**:21, **22**:59, **Joh 1**:14, 17, **3**:21, **4**:23, 24, **5**:33, **8**:32, 40, 44, 45, 46, **14**:6, 17, **15**:26, **16**:7, 13, **17**:17, 19, **18**:37, 38, **Act 4**:27, **10**:34, **26**:25, **Ro 1**:18, 25, **2**:2, 8, 20, **3**:7, **9**:1, **15**:8, **1Co 5**:8, **13**:6, **2Co 4**:2, **6**:7, **7**:14, **11**:10, **12**:6, **13**:8, **Gal 2**:5, 14, **3**:1, ♦**4**:16, **5**:7, **Eph 1**:13, ♦**4**:15, 21, 24, 25, **5**:9, **6**:14, **Php 1**:18, **Col 1**:5, 6, **2Th 2**:10, 12, 13, **1Ti 2**:4, 7, **3**:15, **4**:3, **6**:5, **2Ti 2**:15, 18, 25, **3**:7, 8, **4**:4, **Tit 1**:1, 14, **Heb 10**:26, **Jas 1**:18, **3**:14, **5**:19, **1Pe 1**:22, **2Pe 1**:12, **2**:2, **1Jn 1**:6, 8, **2**:4, 21, **3**:18, 19, **4**:6, **5**:6, **2Jn** 1, 2, 3, 4, **3Jn** 1, 3, 4, 8, 12

Ômnâm אמנם 552

Truly

♦Ômnam אמנם 551

1Ki 8:27, **2Ch 6**:18, **Job ♦34**:12

Gen 18:13, **Nu 22**:37, **Ru ♦3**:12, **2Ki ♦19**:17, **Job ♦9**:2, **♦12**:2, **♦19**:4, ♦5, **♦36**:4, **Ps 58**:1, **Isa ♦37**:18

Alēthēs ἀληθής *227*

♦Alēthōs ἀληθως *230*

♣Apseudēs ἀψευδής *893*

Mat ♦14:33, **22**:16, **♦26**:73, **♦27**:54, **Mar 12**:14, **♦14**:70, **♦15**:39, **Luk ♦9**:27, **♦12**:44, **♦21**:3, **Joh ♦1**:47, **3**:33, **4**:18, ♦42, **5**:31, 32, **♦6**:14, 55, **7**:18, ♦26, ♦40, **8**:13, 14, 17, 26, ♦31, **10**:41, **♦17**:8, **19**:35, **21**:24, **Act 12**:9, ♦11, **Ro 3**:4, **2Co 6**:8, **Php 4**:8, **1Th ♦2**:13, **Tit ♣1**:2, **1**:13, **1Pe 5**:12, **2Pe 2**:22, **1Jn ♦2**:5, 8, 27, **3Jn** 12

Alēthinos αληθινός *228*

♦Gnēsios γνήσιος *1103*

Luk 16:11, **Joh 1**:9, **4**:23, 37, **6**:32, **7**:28, **8**:16, **15**:1, **17**:3, **19**:35, **2Co ♦8**:8, **Php ♦4**:3, **1Th 1**:9, **1Ti ♦1**:2, **Tit ♦1**:4, **Heb 8**:2, **9**:24, **10**:22, **1Jn 2**:8, **5**:20, **Rev 3**:7, 14, **6**:10, **15**:3, **16**:7, **19**:2, 9, 11, **21**:5, **22**:6

Berît ברית 1285

Covenant

{♦'Ôlâm עלם 5769 Everlasting

♣Haqîmôt הקימת 6965 Will Establish

†Kârat כרת 3772 Cut, Make

ΔZâkar זכר 2142 Remember}

[For *ark of the covenant,* go to Arôn (Ark) on p196; for *tables of the covenant,* go to Lûwaḥ (Tables) on p107; also look under Ḥeçed (Lovingkindness) on p1]

Gen 6:18♣, **9**:9♣, 11♣, 12♦, 13, 15Δ, 16Δ♦, 17♣, **15**:18†, **17**:2, 4, 7♣♦, 9, 10, 11, 13♦, 14, 19♣♦, 21♣, **Exd 2**:24Δ, **6**:4♣, 5Δ, **19**:5, **24**:7, 8†, **31**:16♦, **34**:10†, 27†, 28, **Lev 2**:13, **24**:8♦, **26**:9♣, 15, 25, 42Δ, 44, 45Δ, **Nu 18**:19♦, **25**:12, 13♦, **Deu 4**:13, 23†, 31, **5**:2†, 3†, **8**:18♣, **9**:9†, **10**:8, **17**:2, **29**:1††, 9, 12†, 14†, 21, 25†, **31**:16†, 20, **33**:9, **Jos 7**:11, 15, **23**:16, **24**:25†, **Jdg 2**:1♦, 20, **2Sa 23**:5♦, **1Ki 8**:21†, **11**:11, **19**:10, 14, **2Ki 11**:4†, 17†, **13**:23, **17**:15†, 35†, 38†, **18**:12, **23**:2, 3†, 21, **1Ch 16**:15♦, 17♦, **2Ch 6**:11†, **13**:5♦, **15**:12, **29**:10†, **34**:30, 31†, 32, **Ezr 10**:3†, **Neh 9**:8†, **13**:29, **Ps 25**:14, **44**:17, **50**:5†, 16, **55**:20, **74**:20, **78**:10, 37, **89**:3†, 34, 39, **103**:18, **105**:8Δ♦, 10♦, **106**:45Δ, **111**:5♦Δ, 9♦, **132**:12, **Pro 2**:17, **Isa 24**:5♦, **33**:8, **42**:6, **49**:8, **55**:3†♦, **56**:4, 6, **59**:21♦, **61**:8†♦, **Jer 11**:2, 3, 6, 8, 10†, **14**:21Δ, **22**:9, **31**:31†, 32†, 33†, **32**:40†♦, **33**:20, 21, 25, **34**:13†, 15†, 18†, **50**:5♦, **Eze 16**:8, 59, 60Δ♣♦, 61, 62♣, **17**:19, **20**:37, **34**:25†, **37**:26†♦♦, **44**:7, **Dan 9**:4, **11**:28, 30, 32, **Hos 2**:18†, **6**:7, **8**:1, **Zec 9**:11, **11**:10†, **Mal 2**:4, 5, 8, 10, 14, **3**:1

Gen 14:13, **21**:27, 32, **26**:28, **31**:44, **Exd 23**:32, **34**:12, 15, **Deu 7**:2, **Jos 9**:6†, 7†, 11†, 15†, 16†, **Jdg 2**:2†, **1Sa 11**:1†, **18**:3†, **23**:18†, **2Sa 3**:12†, 13†, 21†, **5**:3†, **1Ki 5**:12†, **15**:19, **20**:34†, **1Ch 11**:3†, **2Ch 16**:3, **23**:1, 3†, 16†, **Job 5**:23, **31**:1†, **41**:4†, **Ps 83**:5†, **Isa 28**:15†, 18, **Jer 11**:8, **33**:25, **34**:8†, 10, **37**:26, **Eze 17**:13†, 14, 15, 16, 18, **30**:5, **Dan 9**:27, **11**:22, **Hos 10**:4†, **12**:1†, **Obd** 7, **Am 1**:9

Diathēkē διαθήκη *1242*

♦Diatithemai διατίθεμαι *1303*

Mat 26:28, **Mar 14**:24, **Luk 1**:72, **22**:20, ♦29, **Act 3**:25♦, **7**:8, **Ro 9**:4, **11**:27, **1Co 11**:25, **2Co 3**:6, 14, **Gal 3**:15, 17, **4**:24, **Eph 2**:12, **Heb 7**:22, **8**:6, 8, 9, 10♦, **9**:4, 15, 16♦, 17♦, 20, **10**:16♦, 29, **12**:24, **13**:20, **Rev 11**:19

Kârat כרת 3772

Cut, Make

[Only of cutting covenant, no berît 1285 present – also look under Berît (Covenant) above; for *not cut off* go to Lo' Yikerat on p80; for cut off go to Karat on p165]

1Sa 11:2, **20**:16, **22**:8, **1Ki 8**:9, **1Ch 16**:16, **2Ch 5**:10, **7**:18, **21**:7, **Neh 9**:38, **Ps 105**:9, **Isa 57**:8, **Hag 2**:5

Âras ארשׂ 781

Betrothe

[Only of Yehuwah]

Hos 2:19, 20

Harmozō ἁρμόζω *718*

2Co 11:2

Zâkar זכר 2142

Remember

[Only of Yehuwah; for remember of the commandments etc, go to p176; also look under Berît (Covenant) on p11]

Gen 8:1, **19**:29, **30**:22, **Exd 20**:24, **32**:13, **Nu 10**:9, **Deu 9**:27, **Jdg 16**:28, **1Sa 1**:19, **2Ki 20**:3, **2Ch 6**:42, **Neh 1**:8, **5**:19, **6**:14, **13**:14, 22, 29, 31, **Job 14**:13, **Ps 8**:4, **9**:12, **20**:3, **25**:6, 7, **74**:2, 18, 22, **78**:39, **79**:8, **88**:5, **89**:47, 50, **98**:3, **103**:14, **105**:42,

106:4, **115**:12, **119**:49, **132**:1, **136**:23, **137**:7, **Isa 38**:3, **43**:25, 26, **64**:9, **Jer 2**:2, **14**:10, **15**:15, **18**:20, **31**:20, 34, **44**:21, **La 5**:1, **Eze 21**:23, 32, **Hos 7**:2, **8**:13, **9**:9, **Hab 3**:2

Emnēsthē εμνήσθη *3415*

♦Memnēsthe μέμνησθε *3403*

[Only of Yehuwah; for remember of the commandments etc, go to p176]

Luk 1:54, 72, **23**:42, **Act 10**:31, **Heb** ♦**2**:6, **8**:12, **10**:17

Ḥâshav חשׁב /Ḥashveâh חשׁבה 2803

Imputed, (Accounted), Regard, Think

♦Maḥashebôt מחשׁבת 4284

[Only of Yehuwah; for that of man go to p182]

Gen 15:6, **50**:20, **Lev 7**:18, **17**:4, **2Sa 14**:14♦, **Job 13**:24, **19**:11, **33**:10, **Ps 32**:2, ♦**40**:5, 17, ♦**92**:5, **106**:31, **144**:3, **Isa 40**:15, 17, ♦**55**:8, 9, **Jer 18**:8, 11♦, **26**:3, **29**:11♦, **36**:3, 49:20♦, ♦**50**:45, ♦**51**:29, **La 2**:8, **Mic 2**:3, ♦**4**:12

Yâda' ידא 3045

Know

[Only of Yehuwah knowing His people, men's ways etc.; of men knowing Yehuwah, go to p114]

Exd 2:25, **3**:7, **4**:14, **32**:22, **33**:17, **Deu 2**:7, **13**:3, **31**:21, **34**:10, **2Sa 7**:20, **1Ki 8**:39, **1Ch 17**:18, **2Ch 6**:30, **Neh 9**:10, **Job 11**:11, **22**:13, **31**:6, **Ps 1**:6, **31**:7, **37**:18, **40**:9, **44**:21, **50**:11, **69**:5, 19, **73**:11, **94**:11, **103**:14, **138**:6, **139**:1, 2, 4, 23, **142**:3, **144**:3, **Isa 37**:28, **40**:13, 14, **44**:8, **53**:3, **58**:3, **Jer 1**:5, **6**:27, **10**:25, **12**:3, **15**:15, **18**:23, **29**:11, 23, **48**:30, **Eze 11**:5, **37**:3, **Hos 5**:3, **Am 5**:12, **Nah 1**:7, **Zec 14**:7

Shâmaʿ שׁמע /Shᵉmaʿh שׁמעה 8085

Hear

{♦Shâmayîm שׁמים 8064 Heaven

♣Yâshav ישׁב 3427 Dwelling Place, also go to p89}

[Only of Yehuwah hearing prayer; for *hear, obey* the voice, word etc of Yehuwah, go to p174]

Gen 16:11, **17**:20, **21**:17, **29**:33, **30**:6, 17, 22, **Exd 2**:24, **3**:7, **6**:5, **16**:8, 9, 12, **22**:23, 27, **Nu 11**:1, **12**:2, **14**:27, **20**:16, **21**:3, **Deu 1**:34, 45, **3**:26, **5**:28, **9**:19, **10**:10, **26**:7, **33**:7, **Jos 10**:14, **Jdg 9**:7, **11**:10, **2Sa 22**:7, **1Ki 8**:28, 29, 30♦♣, 32♦, 34♦, 36♦, 39♦♣, 43♦♣, 45♦, 49♦♣, 52, **9**:3, **17**:22, **2Ki 13**:4, **19**:4, 16, 20, **20**:5, **2Ch 6**:19, 20, 21♦♣, 23♦, 25♦, 27♦, 30♦♣, 33♦♣, 35♦, 39♦♣, **7**:12, 14♦, **20**:9, **30**:20, 27♣♦, **33**:13, **Neh 1**:6, **4**:4, **9**:27♦, 28♦, **Job 27**:9, **34**:28, **35**:13, **42**:4, **Ps 4**:1, 3, **5**:3, **6**:8, 9, **10**:17, **17**:1, 6, **18**:6, **22**:24, **27**:7, **28**:2, 6, **30**:10, **31**:22, **34**:6, 17, **39**:12, **40**:1, **54**:2, **55**:17, 19, **61**:1, 5, **64**:1, **65**:2, **66**:18, 19, **69**:33, **78**:21, 59, **84**:8, **94**:9, **102**:1, 20, **106**:44, **116**:1, **119**:149, **130**:2, **143**:1, **145**:19, **Pro 15**:29, **Sng 2**:14, **Isa 1**:15, **30**:19, **37**:4, 17, **38**:5, **59**:1, 2, **65**:24, **Jer 7**:16, **11**:11, 14, **14**:12, **18**:19, **29**:12, **31**:18, **La 3**:56, 61, **Eze 8**:18, **35**:12, 13, **Dan 9**:17, 18, 19, **10**:12, **Am 5**:23, **Jon 2**:2, **Mic 7**:7, **Zec 7**:13, **Mal 3**:16

Qâshav קשׁב /Haqshîvâh הקשׁיבה 7181

Attend, Give Heed

♦Qashshâv קשׁב 7183

{♣Âzen אזן 241 Ears}

[Only of Yehuwah hearing prayer; for *attend* of the law, commandment etc of Yehuwah, go to p174]

2Ch ♦**6**:40♣, ♦**7**:15♣, **Neh** ♦**1**:6♣, ♦11♣, **Ps 5**:2, **10**:17, **17**:1, **55**:2, **61**:1, **66**:19, **86**:6, ♦**130**:2♣, **142**:6, **Jer 18**:19, **Dan 9**:19, **Mal 3**:16

Eisachouō εισαχουω *1522*

♦Akouō ακούω *191*

♣Epēkousa επήκουσά *1873*

†Eisdexomai εισδέξομαι *1523*

[Only of Yehuwah]

Mat 6:7, **Luk 1**:13, **Joh** ♦**11**:41, ♦42, **Act 10**:31, **1Co 14**:21, **2Co** ♣**6**:2, †17, **Heb 5**:7, **1Jn** ♦**5**:14, ♦15

Nâtâh נטה /Hatêh הטה 5186

Incline

{♦Âzen אזן 241 Ear}

[Only of Yehuwah inclining to show mercy, hear; for *incline* of the ear to the word etc, go to p174]

Gen 39:21, **2Sa 22**:10, **2Ki 19**:16♦, **Ezr 7**:28, **9**:9, **Ps 17**:6♦, **18**:9, **31**:2♦, **40**:1, **71**:2♦, **86**:1♦, **88**:2♦, **102**:2♦, **116**:2♦, **144**:5, **Pro 1**:24, **Isa 37**:17♦, **66**:12, **Dan 9**:18♦

Âzan אזן /Ha'azînâh האזינה

238 Give Ear

[Only of Yehuwah giving ear to prayer; for *give ear* of the voice etc of Yehuwah, go to p174]

Deu 1:45, **32**:1, **Ps 5**:1, **17**:1, **39**:12, **54**:2, **55**:1, **77**:1, **80**:1, **84**:8, **86**:6, **140**:6, **141**:1, **143**:1

Râ’âh ראה /Yârê’ ירא 7200

See, Seen

♦Rô’î ראי 7210

[Only of Yehuwah seeing; for that of men seeing Yehuwah, go to p172; also look under Nâvat (Look) below]

Gen 1:4, 10, 12, 18, 21, 25, 31, **6**:5, 12, **7**:1, ♦**16**:13, **22**:8, **29**:31, 32, **31**:12, 42, **Exd 2**:25, **3**:4, 7, 9, **4**:31, **12**:13, 23, **23**:15, 17, **32**:9, **33**:12, 13, **34**:20, 23, 24, **Deu 9**:13, **16**:16, **31**:11, **32**:19, 20, 36, **1Sa 1**:11, 22, **9**:16, **16**:7, **2Sa 16**:12, **2Ki 13**:4, **14**:26, **20**:5, **1Ch 21**:15, **2Ch 12**:7, **24**:22, **Job 28**:27, **31**:4, **Ps 9**:13, **10**:11, **14**:2, **16**:10, **25**:18, 19, **31**:7, **35**:17, 22, **37**:13, **42**:2, **59**:4, **84**:7, **94**:7, **106**:44, **113**:6, **119**:153, 159, **138**:6, **139**:16, 24, **Sng 2**:14, **Isa 1**:12, **37**:17, **38**:5, **41**:28, **53**:10, 11, **57**:18, **58**:3, **59**:15, 16, **Jer 7**:11, **La 1**:9, 20, **3**:50, 59, 60, **5**:1, **Eze 9**:9, **Jon 3**:10, **Zec 9**:8

Blepō βλέπω *991*

♦Epiblepsen επιβλέψεν *1914*

♣Problepō προβλέπω *4265*

[Only of Yehuwah; for that of man, go to p173]

Mat 6:4, 6, 18, **22**:16, **Mar 12**:14, **Luk** ♦**1**:48, **9**:38, **Heb** ♣**11**:40

Nâvat נבט /Habîtâh הביטה

5027 Look, Consider

{♦Râ’âh ראה 7200 See}

[Only of Yehuwah; for that of man, go to p173]

Nu 23:21, **Job 28**:24♦, **Ps 10**:14♦, **13**:3, **33**:13♦, **74**:20, **80**:14♦, **84**:9♦, **94**:9, **102**:19, **104**:32, **Isa 63**:5, 15♦, **64**:9, **66**:2, **La 1**:11♦, **2**:20♦, **3**:63, **5**:1, **Am 5**:22, **Hab 1**:13♦

Shâqaph שקף /Hâshqîpâh השקיפה 8259

Look Down

[Only of Yehuwah]

Gen 18:16, **Exd 14**:24, **Deu 26**:15, **Ps 14**:2, **53**:2, **85**:11, **102**:19, **La 3**:50

Ḥâzâh חזה 2372

Behold

[Only of Yehuwah; for that of men go to p172]

Ps 11:4, 7, **17**:2

Epeidon επειδον *1896*

Look on

[Only of Yehuwah]

Luk 1:25, **Act 4**:29

Shâ‘âh שעה 8159

Look, Respect

♦Massô’ משׂא 4856

[Only of Yehuwah; for man, go to p173]

Gen 4:4, 5, **2Ch** ♦**19**:7, **Job 7**:19, **Ps 39**:13, **Isa 22**:4

Penêh פנה /Tipên תפן 6437

Turn, Regard

[Only of Yehuwah]

Nu 16:15, **Jdg 6**:14, **Ps 25**:16, **86**:16, **102**:17, **119**:132, **Mal 2**:13

Lô-Bâzâh לא־בזה 3808-959

Not Despise

[Only of Yehuwah; for that of man despising the word of Yehuwah, go to p141]

Ps 22:24, **51**:17, **69**:33, **73**:20, **102**:17

Lô’ Mâ’as לא־מאס 3808-3988

Not Despise

[Only of Yehuwah]

Lev 26:44, Job 36:5, Isa 41:9

{Mâ'as מאס 3988 Despise}

[Only of Yehuwah; of His people despising the word, commands, knowledge, waters etc. of Yehuwah, go to p141]

1Sa 16:1, 7, **2Ki 17**:20, **23**:27, **Job 8**:20, **Ps 53**:5, **78**:59, 67, **89**:38, **Jer 2**:37, **6**:30, 7:29, **14**:19, **31**:37, **33**:24, 26, **La 5**:22, **Eze 21**:10, 13, **Hos 9**:17, **Am 5**:**21**

Al-Tishkaḥ אל־תשכח /Lô’-Shâkaḥ לא־שכח 408{3808}-7911

Not Forget

[Only of Yehuwah]

1Sa 1:11, **Ps 9**:12, 18, **10**:12, **74**:19, 23, **Isa 49**:15, **Am 8**:7

{Shâkaḥ שכח 7911 Forget}

[Only of Yehuwah; of His people forgetting the word and covenant of Yehuwah, go to p140]

Ps 10:11, **13**:1, **31**:12, **42**:9, **44**:24, **74**:23, 77:9, **Isa 65**:16, **La 5**:20, **Hos 4**:6

Lô-Ḥâshak̲ לא־חשך 3808-2820

Not Withhold

Gen 22:12, 16, **Ps 78**:50, **Pro 21**:26, **Isa 54**:2, **58**:1

---{

Ḥâshak̲ חשך 2820 Withhold}

1Sa 25:39, **2Sa 18**:16, **2Ki 5**:20, **Ezr 9**:13, **Job 7**:11, **21**:30, **33**:18, **38**:23, **Ps 19**:13, **Pro 10**:19, **11**:24, **13**:24, **17**:27, **24**:11, **Jer 14**:10

Lô-Yitesh לא־יתש 3808-5203

Not Forsake

1Sa 12:22, **1Ki 8**:57, **Ps 27**:9, **94**:14

{Nâtash נתש 5203 Forsake}

2Ki 21:14, **Ps 78**:60, **Isa 2**:6, **32**:14, **Jer 7**:29, **12**:7, **23**:33, 39, **Eze 29**:5, **32**:4, **Hos 12**:14, **Am 5**:2

Lô-Taʿazov לא־תעזב 3808-5800 Not Forsake

♦Al-Tereph אל־תרף 3808-7503 Not Leave (Fail)

[Only of Yehuwah toward His people; for 5800 of man forsaking Yehuwah, go to p141; for 7503 of *feeble* of man go to p153]

Gen 28:15, **Deu 31**:6♦, 8♦, **Jos 1**:5♦, **Ru 2**:20, **1Ki 6**:13, **8**:57, **1Ch 28**:20♦, **Ezr 9**:9, **Neh 9**:17, 19, 31, **Ps 9**:10, **16**:10, **27**:9, **37**:28, 33, **38**:21, **71**:9, 18, **94**:14, **119**:8, ♦**138**:8, **Pro 3**:3, **Isa 41**:17, **42**:16, **62**:12

{ʿAzov עזב 5800 Forsake; ♦Râphâh רפה 7503 Leave}

Deu 31:17, **1Ch** ♦**21**:15, **2Ch 12**:5, **15**:2, **24**:20, **Ps 22**:1, **37**:25, **71**:11, **Pro 3**:3, **Isa 49**:14, **54**:7, **Jer 9**:2, **12**:7, **51**:9, **La 5**:20, **Eze 8**:12, **9**:9, **36**:4, **Zep 2**:4, **Zec 11**:17

———

Nu 10:31, **Deu 12**:19, **14**:27, **Job 20**:13

Ouk Engkataleipseis οὐκ εγκαταλείψεις *3756/1459*

Act 2:27, 31, **2Co 4**:9, **Heb 10**:25, **13**:5

{Engkataleipō εγκαταλείπω *1459* Forsake}

Mat 27:46, **Mar 15**:34, **Ro 9**:29, **2Ti 4**:10, 16

Al-Tashlîk̲ אל־תשליך 408-7993 Not Cast Off

Ps 51:11, **71**:9

{Shâlak̲ שלך 7993 Cast Off}

[Only of Yehuwah; for that of man *casting*, go to p141]

Deut 29:28, **Josh 10**:11, **2Ki 13**:23, **24**:20, **2Ch 7**:20, **Ps 102**:10, **Isa 38**:17, **Jer 7**:15, 29, **52**:3, **La 2**:1, **Eze 28**:17, **Jon 2**:3, **Mic 7**:19

Lô-Hêçîr לא־הסיר 3808-5493

Not Turn (Take) Away

[Only of Yehuwah]

Gen 49:10, **1Ch 17**:13, **2Ch 30**:9, **33**:8, **Neh 9**:19, **66**:20, **Isa 31**:2

{Sûr סור 5493 Turn Away}

[Only of Yehuwah]

Deu 7:15, **Jdg 16**:20, **1Sa 16**:14, **18**:12, **28**:15, 16, **2Ki 17**:18, 23, **23**:27, **24**:3, **Job 12**:24, **21**:14, **22**:17, **27**:2, **34**:5, **39**:10, **Isa 6**:7, **14**:25, **18**:5, **25**:8, **27**:9, **Jer 32**:31, **Eze 11**:19, **16**:42, 50, **36**:26, **Hos 7**:14, **9**:12, **Zep 3**:15, 4, **Zec 9**:7

Al-Tâshêv אל־תשב 408-7725

Not Turn Away

1Ch 6:42, **2Ch 30**:9, **Ps 132**:10, **Am 1**:3, 6, 9, 11, 13, 2:1, 4, 6

———

Pro 25:10, **Jer 3**:19, **8**:4, **32**:40

Al-Tâmush אל־תמש 408-4185

Not Depart

Exd 13:22, **Jos 1**:8, **Jdg 6**:18, **Isa 54**:10, **59**:21, **Jer 17**:8

———

Pro 17:13, **Ps 55**:11, **Mic 2**:3, **Nah 3**:1

Al-Tat אל־תט 408-5186

Not Turn Away

Ps 27:9

———

Ps 119:51, 157, **Pro 4**:5, 27

Al-Taçtêr אל־תסתר 408-5641

Not Hide

Ps 22:24, **27**:9, **69**:17, **102**:2, **119**:19, **143**:7, **Jer 16**:17

{Sâtar סתר /Âçtîr אסתיר 5641 Hide}

[Only of Yehuwah]

Gen 4:14, **Deu 29**:29, **31**:17, 18, **32**:20, **Job 13**:24, **28**:21, **34**:29, **Ps 10**:11, **13**:1, **30**:7, **38**:9, **44**:24, **51**:9, **88**:14, **89**:46, **104**:29, **Pro 25**:2, **Isa 8**:17, **45**:15, **54**:8, **57**:17, **59**:2, **64**:7, **65**:16, **Jer 33**:5, **Eze 39**:23, 24, 29, **Hos 13**:14, **Mic 3**:4

Lô-Yim^{e}nâʿ לֹא־יִמְנַע 3808-4513 Not Withhold

Ps 21:2, **84**:11

{Yim^{e}nâʿ יִמְנַע 4513 Withhold}

Gen 30:2, **Nu 24**:11, **1Sa 25**:26, 34, **Neh 9**:20, **Job 38**:15, **Jer 5**:25, **Eze 31**:15, **Joe 1**:13, **Am 4**:7

Al-Tiznaḥ אַל־תִּזְנַח 408-2186

Not Cast Off

Ps 44:23, **La 3**:31, **Zec 10**:6

{Zânaḥ זָנַח 2186 Cast Off}

[Only of Yehuwah]}

1Ch 28:9, **Ps 43**:2, **44**:9, **60**:1, 10, **74**:1, **77**:7, **88**:14, **89**:38, **108**:11, **La 2**:7, **3**:17

Lô-Kilîtî לֹא־כִלִּיתִי 3808-3615

Not Consume

Nu 25:11, **Mal 3**:6

{Kâlôt כָּלוֹת 3615 Consume}

[for *cease*, *finish*, go to p82]

Exd 32:10, 12, **33**:3, 5, **Lev 26**:44, **Nu 16**:21, 45, **Deu 7**:22, **28**:21, **1Sa 15**:18, **2Sa 21**:5, **22**:38, **1Ki 22**:11, **2Ki 13**:17, 19, **2Ch 8**:8, **18**:10, **Ezr 9**:14, **Job 4**:9, **9**:22, **Ps 18**:37, **37**:20, **39**:10, **59**:13, **71**:13, **78**:33, **90**:7, **102**:3, **119**:87, **Pro 5**:11, **Isa 1**:28, **10**:18, **27**:10, **29**:20, **Jer 5**:3, **9**:16, **10**:25, **14**:12, **16**:4, **20**:18, **49**:37, **La 2**:22, **Eze 5**:12, **20**:13, **22**:31, **Dan 11**:16, **Hos 11**:6, **Zec 5**:4

II Tsur

Rock, Refuge, King, Anointed

Tsûr צוּר 6697

Rock, Strength
{♦Selaʿ סלע 5553 Rock
♣Misgâv מִשְׂגּב 4869 Stronghold
†Mâtsûd מצוּד 4686 Fortress
‡Mâgen מגן 4043 Shield
ΔPâlat פלט 6403 Deliverer}
[Except common *rock*]
Exd 17:6, **33**:21, 22, **Deu 8**:15, **32**:4, 13♦, 15, 18, 30, 31, 37, **Jdg 6**:21, **13**:19, **1Sa 2**:2, **2Sa 22**:3†♣, 32, 47, **23**:3, **1Ch 11**:15, **Neh 9**:15, **Job 29**:6, **39**:28, **Ps 18**:2♦†Δ‡♣, 31, 46, **19**:14, **27**:5, **28**:1, **31**:2†, **61**:2, **62**:2♣, 6♣, 7, **71**:3♦+, **73**:26, **78**:15, 20, 35, **81**:16, **89**:26, **92**:15, **94**:22♣, **95**:1, **105**:41, **114**:8, **144**:1, **Isa 8**:14, **17**:10, **26**:4, **30**:29, **44**:8, **48**:21, **51**:1, **Hab 1**:12

Selaʿ סלע 5553

Rock
[Except common *rock*; also look under Tsûr (Rock) above and Mâtsûd (Fortress) below]
Nu 20:8, **1Sa 23**:28, **Job 39**:28, **Ps 40**:2, **42**:9, **78**:16, **Sng 2**:14, **Isa 32**:2, **33**:16, **42**:11, **Obd** 3

Nu 20:10, 11, **24**:21, **Jdg 1**:36, **6**:20, **15**:8, 11, 13, **20**:45, 47, **21**:13, **1Sa 13**:6, **14**:4, **23**:25, **1Ki 19**:11, **2Ch 25**:12, **Neh 9**:15, **Job 39**:1, 28, **Ps 104**:18, **Pro 30**:26, **Isa 2**:21, **7**:19, **22**:16, **31**:9, **57**:5, **Jer 5**:3, **13**:4, **16**:16, **23**:29, **48**:28, **49**:16, **51**:25, **Eze 24**:7, 8, **26**:4, 14, **Am 6**:12

Petra πετρα *4073*

Mat 7:24, 25, **Luk** 6:48, **16**:18, **Ro 9**:33, **1Co 10**:4, **1Pe 2**:8

Akrogōniaios ακρογωνιαίος *204*

Chief Cornerstone
Eph 2:20, **1Pe 2**:6

Ḥallâmîsh חלמיש 2496

Flint
Deu 8:15, **32**:13, **Job 28**:9, **Ps 114**:8, **Isa 50**:7

Maḥaçeh מחסה 4268

Refuge, Habitation
♦Mâʿôn מעון 4583
♣Meʿonâh מעונה 4585
†Mânôç מנוס 4498
Deu ♦26:15, **2Ch ♦30**:27, **♦36**:15, **Ps ♦26**:8, **♣76**:2, **Jer ♦25**:30, **Zec ♦2**:13

Deu ♦33:27, **2Sa †22**:3, **Job †11**:20, **†25**:35, **†46**:5, **Ps 14**:6, **46**:1, **†59**:16, **61**:3, **62**:7, 8, **♦68**:5, **♦71**:3, 7, **73**:28, **♦90**:1, **91**:2, 9♦, **†142**:4, 5, **Pro 14**:26, **Isa 4**:6, **25**:4, **Jer †16**:19, **17**:17, **†25**:35, **Joe 3**:16, **Am †2**:14, **Zep ♣3**:7

Sêter סתר 5643

Secret Place, Hiding Place
♦Kâçâh כסה 3680
[Not all for çêter, *secret, secretly*]
Deu 32:38, **1Sa 19**:2, **25**:20, **Ps 18**:11, **27**:5, **31**:20, **32**:7, **61**:4, **81**:7, **91**:1, **119**:114, **139**:15, **♦143**:9, **Sng 2**:14, **Isa 16**:4, **28**:17, **32**:2, **♦51**:16, **♦58**:7, **Eze ♦16**:8, **Hab ♦3**:3

Misgâv מִשְׂגּב 4869

Stronghold, Defense
[Also look under Tsûr (Rock) above]

Ps 9:9, **46**:7, **48**:3, **59**:9, 16, 17, **144**:2, **Isa 33**:16

Isa 25:12, **Jer 48**:1

Mâtsûd מצוּד 4686

Fortress

♦Mâtsôr מצוֹר 4692

♣Mᵉtsâd מצד 4679

{†Sela' סלע 5553 Rock

‡Pâlat פלט 6403 Deliverer}

[Also look under Tsûr (Rock) above]

2Sa 22:2†‡**, Ps 31**:3†**,** ♦21, ‡**40**:17, ‡**70**:5, **91**:2, **144**:2‡**, Isa** ♦**33**:16, **Hab** ♦**2**:1

Jdg ♣**6**:2, **1Sa 22**:4, 5, ♣**23**:14, ♣19, ♣29, **24**:22, **2Sa 5**:7, 9, 17, **23**:14, **1Ch 11**:5, ♣7, 16, ♣**12**:8, ♣16, **Job 39**:28, **Isa** ♣**33**:16, **Jer** ♣**48**:41, ♣**51**:30

Migdâl מגדל 4026

Tower

♦Migdôl מגדל 4024

[Except the city *Migdal* for 4024]

2Sa ♦**22**:51, **Ps 61**:3, **Pro 18**:10

Gen 11:4, 5, **35**:21, **Jdg 8**:9, 17, **9**:46, 47, 49, 51, 52, **2Ki 9**:17, **17**:9, **18**:8, **1Ch 27**:25, **2Ch 14**:7, **26**:9, 10, 15, **27**:4, **32**:5, **Neh 3**:11, 25, 26, 27, **12**:38, 39, **Ps 48**:12, **Sng 4**:4, **5**:13, **7**:4, **8**:10, **Isa 2**:15, **5**:2, **30**:25, **33**:18, **Jer 31**:38, **Eze 26**:4, 9, **27**:11, ♦**29**:10, ♦**30**:6, **Mic 4**:8, **Zec 14**:10

Pterugas πτέρυγας *4420*

♦Ochurōma Ὀχύρωμα 3794

Mat 23:37, **Luk 13**:34, **2Co** ♦**10**:4, **Rev 4**:8, **9**:9, **12**:14

Mâgen מגן 4043

Shield

♦Tsinnâh צנה 6793

♣Mâgan מגן 4042

†Sôḥêrâh סחרה 5507

{‡'Êzer עזר 5828 Help}

[Except common *shield, buckler*, e.g. Solomon's bronze shields; also look under Tsûr (Rock) above]

Gen ♣**14**:20, **15**:1, **Deu 33**:29‡**, 2Sa 22**:31, 36, **Ps 3**:3, ♦**5**:12, **7**:10, **18**:30, 35, **28**:7, **33**:20+‡, **35**:2♦, **47**:9, **59**:11, **84**:9, 11, **89**:18, ♦**91**:4†**, 115**:9‡, 10‡, 11‡**, 119**:114, **144**:2, **Pro 2**:7, ♣**4**:9, **30**:5, **Sng 4**:4, **Isa 21**:5, **Jer 46**:3♦**, Hos** †11:8

1Ch ♦**12**:8, ♦24, ♦34, **2Ch** ♦**25**:5, **Pro 6**:11

Ḥerev חרב 2719

Sword

[Only *sword* of Yehuwah]

Gen 3:24, **Exd 5**:3, **Nu 22**:23, 29, 31, **Deu 32**:41, 42, **33**:29, **Jdg 7**:20, **1Ch 21**:12, 16, 27, 30, **Ps 7**:12, **17**:13, **45**:3, **149**:6, **Isa 27**:1, **31**:8, **34**:5, 6, **49**:2, **66**:16, **Jer 12**:12, **47**:6, **Eze 14**:17, **21**:3, 4, 5, 9, 28, **30**:24, 25, **32**:10, **Zep 2**:12, **Zec 9**:13

Rhomphaia ρομφαία *4501*

♦Makaira μάκαιρα *3162*

[Only of the spiritual sense]

Luk 2:35, **Eph** ♦**6**:17, **Heb** ♦**4**:12, **Rev 1**:16, **2**:12, 16, **19**:15, 21

Kânâph כנף 3671

Wings

Exd 19:4, **25**:20, **37**:9, **Ps 17**:8, **18**:10, **36**:7, **57**:1, **61**:4, **63**:7, **91**:4, **Mal 4**:2

Pânêy פני 6440

Face, Presence

[Except common *face* (of men), *before* (i.e. in front of), *because*; for *before* Yehuwah and the tabernacle etc. go to p171]

Gen 3:8, **4**:14, 16, **32**:30, **33**:10, **Exd 33**:11, 14, 15, 20, 23, **Lev 17**:10, **20**:3, 5, 6, **22**:3, **26**:17, **Nu 6**:25, 26, **Deu 4**:37, **5**:4, **31**:17, 18, **32**:20, **34**:10, **Jdg 6**:22, **1Sa 26**:20, **2Ki 13**:23, **23**:27, **24**:20, **1Ch 16**:11, 27, **21**:30, **2Ch 17**:14, **20**:9, **30**:9, **Job 1**:11, **2**:5, **13**:24, **26**:9, **33**:26, **34**:29, **Ps 4**:6, **9**:3, 19, **10**:11, **11**:7, **13**:1, **16**:11, **17**:2, 15, **21**:6, 9, **22**:24, **24**:6, **27**:8, 9, **30**:7, **31**:16, 20, **34**:16, **41**:12, **42**:5, 11, **43**:5, **44**:3, 24, **45**:12, **51**:9, 11, **67**:1, **68**:2, 8, **69**:17, **80**:3, 7, 16, 19, **88**:14, **89**:15, **90**:8, **95**:2, **97**:5, **100**:2, **102**:2, **104**:29, **105**:4, **114**:7, **119**:58, 135, **139**:7, **140**:13, **143**:7, **Pro 16**:15, **19**:6, **29**:26, **Sng 2**:14, **Isa 8**:17, **19**:1, **54**:8, **59**:2, **63**:9, **64**:1, 2, 3, 7, **65**:3, **Jer 3**:12, **4**:26, **5**:22, **15**:1, **16**:17, **18**:23, **21**:10, **23**:39, **32**:31, **33**:5, **44**:11, **La 2**:19, **3**:35, **4**:16, **Eze 7**:22, **14**:8, **15**:7, **20**:35, **38**:20, **39**:23, 24, 29, **Dan 9**:17, **Hos 5**:15, **7**:2, **Jon 1**:3, 10, **Mic 3**:4, **Nah 1**:5, **Zep 1**:7, **Mal 1**:9

Prosopon προσόπον *4383*

Mat 17:2, **18**:10, **Mar 1**:2, **Luk 9**:29, **Act 2**:28, **3**:19, **1Co 13**:12, **2Co 2**:10, **4**:6, **2Th 1**:9, **Heb 9**:24, **1Pe 3**:12, **Rev 6**:16, **20**:11, **22**:4

Yâd יד /Yâdây ידי 3027

Hand(s)

{♦Ḥâzâq חזק 2389 Mighty, ♦Ḥôzeq חזק 2392, ♦Ḥezqâh חזקה 2393 Strength
♣Zerôʿah זרוֹעה 2220 Arm
†Nâtûyâh נטויה / Nâtîtî נטיתי 5186 Outstretched/I Will Stretch Out
‡Shalaḥ שׁלח 7971 Outstretched
ΔNâsâ' נשׂא 5375 Raised (Swore)}

[Only *hand* of Yehuwah; for man's *hand* go to p49]

Exd 3:3♦[1], 19♦, 20, **6**:8Δ, **7**:4, 5†, 17, **9**:3, 15‡, **13**:9♦, 14♦[1], 16♦[1], **14**:31, **15**:17, **17**:16, **24**:11, **32**:11♦, **Nu 14**:30Δ, **Deu 3**:24♦♦, **4**:34♦†♣, **5**:15♦†♣, **6**:21♦, **7**:8♦, 19♦†♣, **9**:26♦, **11**:2♦†♣, **26**:8♦†♣, **32**:39, 40Δ, 41, **33**:3, **34**:12♦, **Jos 4**:24♦, **22**:31, **1Sa 5**:6, 7, 9, 11, **6**:3, 5, 9, **7**:13, **12**:15, **2Sa 24**:14, 16, 17, **1Ki 8**:15, 24, 42♦†♣, **18**:46, **1Ch 4**:10, **21**:15, 16, **28**:19, **29**:12, 14, 16, **2Ch 6**:4, 15, 32♦†♣, **30**:12, **Ezr 7**:6, 9, 28♦, **8**:18, 22, 31, **Neh 1**:10♦, **2**:8, 18, **9**:15Δ, **Job 1**:11, **2**:5, **5**:18, **10**:7, 8, **12**:6, 9, 10, **14**:15, **19**:21, **26**:13, **27**:11, **30**:21, **34**:19, **Ps 8**:6, **10**:12, 14, **17**:14, **21**:8, **28**:5, **31**:5, 15, **32**:4, **37**:24, **38**:2, **39**:10, **44**:2, **74**:11, **75**:8, **78**:42, **80**:17, **81**:14, **88**:5, **89**:13♣♦, 21♣, **92**:4, **95**:4, 5, 7, **102**:25, **104**:28, **106**:26Δ, **109**:27, **111**:7, **119**:73, 173, **123**:2, **136**:12♦†♣, **138**:7‡, 8, **139**:5, 10, **143**:5, **144**:7†, **145**:16, **Pro 1**:24†, **21**:1, **Ecc 2**:24, **9**:1, **Isa 1**:25, **5**:12, 25††, **8**:11♦[2], **9**:12†, 17, 21†, **10**:4†, 10, **11**:11, 15, **14**:26†, 27†, **19**:16, 25, **23**:11†, **25**:10, 11, **26**:11, **28**:2♦, **29**:23, **31**:3†, **34**:17, **40**:2, **41**:20, **43**:13, **45**:9, 11, 12, **48**:13†, **49**:2, 22Δ, **50**:2, 11, **51**:16, 17, **53**:10, **59**:1, **60**:21, **62**:3, **64**:8, **66**:2, 14, **Jer 1**:9, **6**:12†, **15**:6†, 17, **16**:21, **21**:5†♦♣, **22**:24, **25**:17, **32**:21♦†♣, **51**:7, 25, **La 2**:8, **3**:3, **Eze 1**:3, **3**:14♦, 22, **6**:14†, **8**:1, **14**:9†, 13†, **16**:27†, **20**:5ΔΔ, 6Δ, 15Δ, 22, 23Δ, 28Δ, 33♦†♣, 34♦†♣, 42Δ, **25**:7†, 13†, 16†, **32**:21♦†, **33**:22, **35**:3†, **36**:7Δ, **37**:1, **40**:1, **44**:12, **47**:14Δ, **Dan 5**:23, **9**:15♦, **Hos 2**:10, **Am 1**:8, **9**:2, **Zep 1**:4†, **2**:13†, **Zec 2**:9, **13**:7

Kaph כפ 3709

Hand

[Only *hand* of Yehuwah; for man's go to p190]

Exd 33:22, 23, **Job 10**:3, **13**:21, **Ps 139**:5, **Isa 62**:3, **Eze 21**:17, **22**:13

Cheir χείρ *5495*

[Only of Yehuwah]

Mat 3:12, **8**:3, **9**:18, **19**:13, 15, **Mar 1**:41, **5**:23, **6**:2, 5, **7**:32, **8**:23, 25, **10**:16, **16**:18, **Luk 1**:66, **3**:17, **4**:40, **5**:13, **13**:13, **23**:46, **24**:50, **Joh 3**:35, **10**:28, 29, **13**:3, **20**:20, 25, 27, **Act 4**:28, 30, **7**:35, 50, **11**:21, **13**:11, **Heb 1**:10, **Heb 10**:31, **1Pe 5**:6, **Rev 1**:16, **14**:14

Yâmîyn ימין 3225

Right Hand

{♦Nâtûwâh נטויה 5186 Outstretched}

[Only *right hand* of Yehuwah; for man's *right hand* go to p50]

Exd 15:6, 12♦, **Deu 33**:2, **1Ki 22**:19, **2Ch 18**:18, **Ps 16**:11, **17**:7, **18**:35, **20**:6, **21**:8, **44**:3, **45**:4, 9, **48**:10, **60**:5, **63**:8, **74**:11, **77**:10, **78**:54, **80**:15, 17, **89**:13, **98**:1, **108**:6, **110**:1, **118**:15, 16, **138**:7, **139**:10, **Pro 3**:16, **Sng 2**:6, **8**:3, **Isa 41**:10, **48**:13, **62**:8, **Jer 22**:24, **La 2**:3, 4, **Hab 2**:16

Dexian δεξιάν *1188*

[Only of Yehuwah]

Mat 20:21, 23, **22**:44, **25**:33, 34, **26**:64, **27**:29, **Mar 10**:37, 40, **12**:36, **14**:62, **16**:19, **Luk 20**:42, **22**:69, **Act 2**:25, 33, 34, **5**:31, **7**:55, 56, **Ro 8**:34, **Eph 1**:20, **Col 3**:1, **Heb 1**:3, 13, **8**:1, **10**:12, **12**:2, **1Pe 3**:22, **Rev 1**:16, 17, 20, **2**:1, **5**:1, 7

Zerôʿah זרוֹעה 2220

Arm

♦Ezrôwaʿ אזרוֹע 248

[Only of Yehuwah; for arm of the man, go to p50; also look under Yâd (Hand) above]

{♣Nâtûyâh יהונט 5186 Outstretched}

Exd 6:6♣, **15**:16, **Deu 9**:29♣, **33**:27, **2Ki 17**:36♦, **Job 40**:9, **Ps 71**:18, **77**:15, **79**:11, **89**:10, **98**:1, **Sng 8**:6, **Isa 33**:2, **40**:11, **48**:14, **51**:5, 9, **52**:10, **53**:1, **59**:16, **62**:8, **63**:5, 12, **Jer 27**:5, **32**:17♣, ♦21

Brachiōn βραχίων *1023*

♦Ankalē ἀγκάλη *43*

Luk 1:51, ♦28, **Joh 12**:38, **Act 13**:17

ʿAyin עין 5869

Eyes, Sight, Pleasing

{♦Pâqaḥ פקח 6491 Open
♣Bâvâh בבה 892 Apple}

[Only of Yehuwah; also look under Ḥên (Grace) on p3; for *evil/wicked in the sight of* go to Raʿ (Evil) on p134; for *right in the sight of* go to Yâshar (Upright) on p122]

Gen 38:10, **Exd 34**:9, **Lev 10**:19, **Nu 14**:14, **23**:27, **24**:1, **Deu 32**:10, **Jdg 10**:15, **1Sa 26**:24, **2Sa 7**:19, **11**:27, **1Ki 8**:29, **9**:3 **2Ki 3**:18, **19**:16♦, **1Ch 17**:17, **19**:13, **21**:7, **2Ch 6**:20, 40, **7**:15, 16,

16:9, **Job 14**:3♦, **15**:15, **16**:9, **34**:21, **36**:7, **Ps 5**:5, **11**:4, **17**:2, 8, **18**:24, **32**:8, **33**:18, **34**:15, **66**:7, **72**:14, **90**:4, **116**:15, **Pro 5**:21, **22**:12, **Sng 8**:10, **Isa 1**:15, 16, **3**:8, **37**:17♦, **43**:4, **49**:5, **65**:16, **Jer 16**:17, **24**:6, **32**:19♦, **Eze 5**:11, **7**:4, 9, **8**:18, **9**:10, **20**:17, **Dan 9**:18♦, **Hos 13**:14, **Am 9**:4, 8, **Jon 2**:4, **Zec 2**:8♣, **3**:9, **4**:10, **8**:6, **9**:8, **12**:4♦

Âzen אזן 241

Ears, Hear

[Only of Yehuwah. Also look under Qâshab (Hear) on p12 and Nâtâh (Incline) on p12]

Nu 11:1, 18, **Nu 14**:28, **1Sa 8**:21, **2Sa 22**:7, **Ps 10**:17, **18**:6, **34**:15, **Isa 37**:29

Lêv לב 3820

Heart

♦Mê'âh מעה 4578

[For *heart* of man, go to p180]

Gen 6:6, **8**:21, **Isa ♦63**:15

Shêm שׁם 8034

Name

{♦Qâdesh קדשׁ 6944 Holy

♣'Ôlâm עלם 5769/5957 For ever

†Bârak̲ ברך 1288 / B^e^rak̲ ברך 1289 (in Daniel) Blessed

‡Gâdôl גדול 1419 Great

ΔYigdôl יגדל 1431 Magnified

+Shâkan שׁכן 7931 Abide/Set}

[Only of Yehuwah]

Gen 4:26, **12**:8, **13**:4, **16**:13, **21**:33, **26**:25, **32**:29, **Exd 3**:13, 15♣, **5**:23, **6**:3, **9**:16, **15**:3, **17**:15, **20**:7, 24, **23**:21, **33**:19, **34**:5, 14, **Lev 18**:21, **19**:12, **20**:3♦, **21**:6, **22**:2♦, 32♦, **24**:11, 16, **Deu 5**:11, **6**:13, **10**:8, 20, **12**:5, 11+, 21, **14**:23+, 24, **16**:2+, 6+, 11+, **18**:5, 7, 19, 20, 22, **21**:5, **26**:2, **28**:10, 58, **32**:3, **Jos 7**:9‡, **9**:9, **1Sa 12**:22‡, **17**:45, **20**:42, **2Sa 6**:2, 18, **7**:13, 23, 26Δ♣, **22**:50, **1Ki 3**:2, **5**:3, 5, **8**:16, 17, 18, 19, 20, 29, 33, 35, 41, 42‡, 43, 44, 48, **9**:3♣, 7, **10**:1, **11**:36, **18**:24, 32, **22**:16, **2Ki 2**:24, **5**:11, **21**:4, 7♣, **23**:27, **1Ch 16**:2, 8, 10♦, 29, 35♦, **17**:21, 24Δ♣, **21**:19, **22**:7, 8, 10, 19, **23**:13♣, **28**:3, **29**:13, 16♦, **2Ch 2**:1, 4, **6**:5, 6, 7, 8, 9, 10, 20, 24, 26, 32‡, 33, 34, **7**:14, 16♣♣, 20, **12**:13, **14**:11, **18**:15, **20**:8, 9, **33**:4, 7♣, 18, **Neh 1**:9+, 11, **9**:5†, 10, **Job 1**:21†, **Ps 5**:11, **7**:17, **8**:1, 9, **9**:2, 10, **18**:49, **20**:1, 5, 7, **22**:22, **23**:3, **25**:11, **29**:2, **31**:3, **33**:21♦, **34**:3, **44**:5, 8♣, 20, **45**:17♣, **48**:10, **52**:9, **54**:1, 6, **61**:5, 8, **63**:4, **66**:2, 4, **68**:4, **69**:30, 36, **72**:17♣, 19†♣, **74**:7, 10, 18, 21, **75**:1, **76**:1‡, **79**:6, 9, **83**:16, 18, **86**:9, 11, 12♣, **89**:12, 16, 24, **91**:14, **92**:1, **96**:2, 8, **99**:3‡, 6, **100**:4, **102**:12♣, 15, 21, **103**:1♦, **105**:1, 3♦, **106**:8, 47♦, **109**:21, **111**:9, **113**:1, 2†♣, 3, **115**:1, **116**:4, 13, 17, **118**:10, 11, 12, 26†, **119**:55, 132, **122**:4, **124**:8, **129**:8, **135**:1, 3, 13♣, **138**:2, **140**:13, **142**:7, **143**:11, **145**:1♣, 2♣, 21♦♣, **148**:5, 13, **149**:3, **Pro 18**:10, **30**:9, **Sng 1**:3, **Isa 7**:14, **9**:6, **12**:4, **18**:7, **24**:15, **25**:1, **26**:8, 13, **29**:23, **30**:27, **41**:25, **42**:8, **43**:7, **47**:4, **48**:1, 2, 9, **49**:1, **50**:10, **51**:15, **52**:5, 6, **54**:5, **55**:13♣, **56**:5♣, 6, **57**:15, **59**:19, **60**:9, **63**:12♣, 14, 16♣, 19, **64**:2, 7, **65**:1, **66**:5, 19, **Jer 3**:17, **7**:10, 11, 12+, 14, 30, **10**:6‡‡, 16, 25, **11**:21, **12**:16, **14**:7, 9, 14, 15, 21, **15**:16, **16**:21, **20**:9, **23**:6, 25, 27, **25**:29, **26**:9, 16, 20, **27**:15, **29**:9, 21, 23, **31**:35, **32**:18, 20, 34, **33**:2, **34**:15, 16, **44**:16, 26‡, **46**:18, **48**:15, **50**:34, **51**:19, 57, **La 3**:55, **Eze 20**:9, 14, 22, 39♦, 44, **36**:20♦, 21♦, 22♦, 23‡, **39**:7♦♦, 25♦, **43**:7♦, 8♦, **Dan 2**:20†♣, **9**:15, 18, 19, **Joe 2**:26, 32, **Am 2**:7♦, **4**:13, **5**:8, 27, **6**:10, **9**:6, 12, **Mic 4**:5♣, **5**:4, **6**:9, **Zep 3**:9, 12, **Zec 5**:4, **6**:12, **10**:12, **13**:3, 9, **Mal 1**:6, 11‡‡, 14‡, **2**:2, 5, **3**:16, **4**:2

Onoma όνομα *3686*

[Only of Yehuwah]

Mat 1:21, 23, 25, **6**:9, **7**:22, **10**:22, **18**:5, 20, **19**:29, **21**:9, **23**:39, **24**:5, 9, **28**:19, **6**:14, **Mar 9**:37, 38, 39, 41, **11**:9, **13**:6, 13, **16**:17, **Luk 1**:31, 49, **2**:21, **9**:48, 49, **10**:17, **11**:2, **13**:35, **19**:38, **21**:8, 12, 17, **Joh 1**:12, **2**:23, **3**:18, **5**:43, **10**:25, **12**:13, 28, **14**:13, 14, 26, **15**:16, 21, **16**:23, 24, 26, **17**:6, 11, 12, 26, **20**:31, **Act 2**:21, 38, **3**:6, 16, **4**:7, 10, 12, 17, 18, 30, **5**:28, 40, 41, **8**:12, 16, **9**:14, 15, 16, 21, 27, 29, **10**:43, 48, **15**:14, 17, 26, **16**:18, **19**:5, 13, 17, **21**:13, **22**:16, **26**:9, **Ro 1**:5, **2**:24, **9**:17, **10**:13, **15**:9, **1Co 1**:2, 10, **5**:4, **6**:11, **Eph 5**:20, **Php 2**:9, 10, **Col 3**:17, **2Th 1**:12, **3**:6, **1Ti 6**:1, **2Ti 2**:19, **Heb 1**:4, **2**:12, **6**:10, **13**:15, **Jas 2**:7, **5**:10, 14, **1Pe 4**:14, **1Jn 2**:12, **3**:23, **5**:13, **3Jn** 7, **Rev 2**:3, 13, 17, **3**:8, 12, **11**:18, **13**:6, **14**:1, **15**:4, **16**:9, **19**:12, 13, 16, **22**:4

Gô'al גאל 1350

Redeemer

[For *redeem* go to p66]

Job 19:25, **Ps 19**:14, **78**:35, **Pro 23**:11, **Isa 41**:14, **43**:14, **44**:6, 24, **47**:4, **48**:17, **49**:7, 26, **54**:5, 8, **59**:20, **60**:16, **63**:16, **Jer 50**:34

Yâsha' ישׁע 3467

Saviour

[For *save*, *saving* go to p59]

2Sa 22:3, **Isa 19**:20, **43**:3, **45**:15, 21, **49**:26, **60**:16, **Hos 13**:4, **Obd** 21

Sōtēr σωτήρ *4990*

Luk 1:47, **2**:11, **Joh 4**:42, **Act 5**:31, **13**:23, **Eph** 5:23, **Php** 3:20, **1Ti 1**:1, **2**:3, **4**:10, **2Ti 1**:10, **Tit** **1**:3, 4, **2**:10, 13, **3**:4, 6, **2Pe 1**:1, 11, **2**:20, **3**:2, 18, **1Jn 4**:14, **Jud** 25

Êl אל 410

God

Gen 14:18, 19, 20, 22, **16**:13, **17**:1, **21**:33, **28**:3, **31**:13, 29, **35**:1, 3, 11, **43**:14, **46**:3, **48**:3, **49**:25, **Exd 6**:3, **15**:2, 11, **20**:5, **34**:6, 14, **Nu 12**:13, **16**:22, **23**:8, 19, 22, 23, **24**:4, 8, 16, 23, **Deu 3**:24, **4**:24, 31, **5**:9, **6**:15, **7**:9, 21, **10**:17, **28**:32, **32**:4, 12, 18, 21, **33**:26, **Jos 3**:10, **22**:22, **24**:19, **Jdg 9**:46, **1Sa 2**:3, **2Sa 22**:31, 32, 33, 48, **23**:5, **Neh 1**:5, **5**:5, **9**:31, 32, **Job 5**:8, **8**:3, 5, 13, 20, **9**:2, **12**:6, **13**:3, 7, 8, **15**:4, 11, 13, 25, **16**:11, **18**:21, **19**:22, **20**:15, 29, **21**:14, 22, **22**:2, 13, 17, **23**:16, **25**:4, **27**:2, 9, 11, 13, **31**:14, 23, 28, **32**:13, **33**:4, 6, 14, 29, **34**:5, 10, 12, 23, 31, 37, **35**:2, 13, **36**:5, 22, 26, **37**:5, 10, 14, **38**:41, **40**:9, 19, **Ps 5**:4, **7**:11, **10**:11, 12, **16**:1, **17**:6, **18**:2, 30, 32, 47, **19**:1, **22**:1, 10, **29**:1, 3, **31**:5, **36**:6, **42**:2, 8, 9, **43**:4, **44**:20, **50**:1, **52**:1, 5, **55**:19, **57**:2, **63**:1, **68**:19, 20, 24, 35, **73**:11, 17, **74**:8, **77**:9, 13, 14, **78**:7, 8, 18, 19, 34, 35, 41, **80**:10, **81**:9, **82**:1, **83**:1, **84**:2, **85**:8, **86**:15, **89**:6, 7, 26, **90**:2, **94**:1, **95**:3, **99**:8, **102**:24, **104**:21, **106**:14, 21, **107**:11, **118**:27, 28, **136**:26, **139**:17, 23, **140**:6, **146**:5, **149**:6, **150**:1, **Pro 3**:27, **Isa 5**:16, **7**:14, **8**:8, 10, **9**:6, **10**:21, **12**:2, **14**:13, **31**:3, **40**:18, **42**:5, **43**:10, 12, **44**:10, 15, 17, **45**:14, 15, 20, 21, 22, **46**:6, 9, **57**:5, **Jer 32**:18, **51**:56, **La 3**:41, **Eze 10**:5, **28**:2, 9, **31**:11, **32**:21, **Dan 9**:4, **11**:36, **Hos 1**:10, **11**:9, 12, **Jon 4**:2, **Mic 2**:1, **7**:18, **Na 1**:2, **Zec 7**:2, **Mal 1**:9, **2**:10, 11

ʿElyôn עליון 5945/5946

Most High

♦ʿIllay עלי 5943

Gen 14:18, 19, 20, 22, **Nu 24**:16, **Deu 32**:8, **2Sa 22**:14, **Ps 7**:17, **9**:2, **18**:13, **21**:7, **46**:4, **47**:2, **50**:14, **57**:2, **73**:11, **77**:10, **78**:17, 35, 56, **82**:6, **83**:18, **87**:5, **89**:27, **91**:1, 9, **92**:1, **97**:9, **107**:11, **Isa 14**:14, **Dan ♦3**:26, **♦4**:2, ♦17, ♦24, ♦25, ♦32, ♦34, **♦5**:18, ♦21, **7**:18, 22, 25♦, 27, **La 3**:35, 38

Gen 40:17, **Deu 26**:19, **28**:1, **Jos 16**:5, **1Ki 9**:8, **2Ki 15**:35, **18**:17, **1Ch 7**:24, **2Ch 7**:21, **8**:5, **23**:20, **27**:3, **32**:30, **Neh 3**:25, **Isa 7**:3, **36**:2, **Jer 20**:2, **36**:10, **Eze 9**:2, **41**:7, **42**:5

Hupsistos ὕψιστος *5310*

Mat 21:9, **Mar 5**:7, **11**:10, **Luk 1**:32, 35, 76, **2**:14, **6**:35, **8**:28, **19**:38, **Act 7**:48, **16**:17, **Heb 7**:1

Elôahh אלהּ 433

God

Deu 32:15, 17, **2Ch 32**:15, **Neh 9**:17, **Job 3**:4, 23, **4**:9, 17, **5**:17, **6**:4, 8, 9, **9**:13, **10**:2, **11**:5, 6, 7, **12**:4, 6, **15**:8, **16**:20, 21, **19**:6, 21, 26, **21**:9, 19, **22**:12, 26, **24**:12, **27**:3, 8, 10, **29**:2, 4, **31**:2, 6, **33**:12, 26, **35**:10, **36**:2, **37**:15, 22, **39**:17, **40**:2, **Ps 18**:31, **50**:22, **114**:7, **139**:19, **Pro 30**:5, **Isa 44**:8, **Dan 11**:37, 38, 39, **Hab 1**:11, **3**:3

Elohêy Elohîm אלהי האלהים

430/430 God Of Gods

Eloahh Elahîn אלה אלהין 426/426 (In Daniel)

Deu 10:17**, Jos 22**:22**, Ps 136**:2**, Dan 2**:47**, 11**:36

Êlohêy Avrâhâm אלהי אברהם 430/85 God Of Abraham

♦Êlohêy Yitsḥaq אלהי יצחק 430/3327

Gen 26:24, **28**:13♦, **31**:42, **31**:53, **Exd 3**:6♦, 15♦, 16, **4**:5♦, **1Ki 18**:36, **1Ch 29**:18, **2Ch 30**:6, **Ps** 47:9,

Theos Abraam θεὸς Ἀβραὰμ

2316/11

Mat 22:32; **Mar 12**:26; **Luk 20**:37; **Act 3**:13; **7**:32

Elôhêy Yaʿaqôv אלהי יעקב

430/3290 God of Jacob

[Except *God* for 430]

Gen 49:24, **Exd 3**:6, 15, **4**:5, **2Sa 23**:1, **Ps 20**:1, **46**:7, 11, **75**:9, **76**:6, **81**:1, 4, **84**:8, **94**:7, **114**:7, **132**:2, 5, **146**:5, **Isa 2**:3, **Mic 4**:2

Elohêy Avotêkêm אלהי אבותיכם 430/1

God Of Your Fathers

♦Elohêy Avotênû אלהי אבתינו 430/1 God Of Our Fathers

Exd 3:13, 15, 16, **Deu 1**:11, **4**:1, **♦26**:7, **Jos 18**:3, **1Ch ♦12**:!7, **2Ch 13**:12, **♦20**:6, **28**:9, **29**:5, **Ezr ♦7**:27, **8**:28**, 10**:11

Êlohêy Yisra'êl אלהי ישׂראל

430/3478 God Of Israel

Exd 24:10, **34**:23, **Nu 16**:9, **Jos 22**:16, **1Sa 1**:17, **5**:7, 8, 10, 11, **6**:3, 5, **2Sa 7**:27, **23**:3, **1Ki 8**:26, **11**:31, **1Ch 4**:10, **5**:26, **17**:24, **2Ch 29**:7, **Ezr 3**:2, **5**:1, **6**:14, 22, **7**:15, **8**:35, **9**:4, **Ps 59**:5, **68**:8, 35, **69**:6, **72**:18, **Isa 21**:10, **29**:23, **37**:16, **41**:17, **45**:3, 15, **48**:1, 2, **52**:12, **Jer 7**:3, 21, **9**:15, **16**:9, **19**:3, 15, **24**:5, **25**:27, **27**:4, 21, **28**:2, 14, **29**:4, 8, 21, 25, **31**:23, **32**:14, 15, 36, **33**:4, **34**:2, 13, **35**:13, 17, 18, 19, **37**:7, **38**:17, **39**:16, **42**:9, 15, 18, **43**:10, **44**:2, 7, 11, 25, **45**:2, **46**:25, **48**:1, **50**:18, **51**:33, **Eze 8**:4, **9**:3, **10**:19, 20, **11**:22, **43**:2, **44**:2, **Zep 2**:9, **Mal 2**:16

Yahuwah Êlohêy Yisra'êl יהוה אלהי ישׂראל 3068/430/3478

Yahuwah God Of Israel

♦Yahuwah Êlohêy Haʿivrîyîm יהוה אלהי העבריים 3068/430/5680 Yahuwah God Of The Hebrews

Exd ♦**3**:18, **5**:1, ♦**7**:16, ♦**9**:1, ♦13, ♦**10**:3, **32**:27, **Jos 7**:13, 19, 20, **8**:30, **9**:18, 19, **10**:40, 42, **13**:14, 33, **14**:14, **22**:24, **24**:2, 23, **Jdg 4**:6, **5**:3, 5, **6**:8, **11**:21, 23, **21**:3, **Ru 2**:12, **1Sa 2**:30, **10**:18, **14**:41, **20**:12, **23**:10, 11, **25**:32, 34, **2Sa 12**:7, **1Ki 1**:30, 48, **8**:15, 17, 20, 23, 25, **11**:9, **14**:7, 13, **15**:30, **16**:13, 26, 33, **17**:1, 14, **22**:53, **2Ki 9**:6, **10**:31, **14**:25, **18**:5, **19**:15, 20, **21**:12, **22**:15, 18, **1Ch 15**:12, 14, **16**:4, 36, **22**:6, **23**:25, **24**:19, **28**:4, **29**:10, **2Ch 2**:12, **6**:4, 7, 10, 14, 16, 17, **11**:16, **13**:5, **15**:4, 13, **20**:19, **29**:10, **30**:1, 5, **32**:17, **33**:16, 18, **34**:23, 6, **36**:13, **Ezr 1**:3, **4**:1, 3, **6**:21, **7**:6, **9**:15, **Ps 41**:13, **106**:48, **Isa 17**:6, **21**:17, **24**:15, **37**:21, **Jer 11**:3, **13**:12, **21**:4, **23**:2, **25**:15, **30**:2

Yehuwah Elohênû יהוה אלהינו

3068/430 Yahuwah Our God

♦Êl Yahuwah אל־יהוה 413/3068

♣Yahuwah Adônêy יהוה אדנינו 3068/136

†Adônêy Elohênû אדני אלהינו 136/430

Exd 3:18, **5**:3, ♦**8**:10, ♦26, ♦27, **10**:25, 26, **Deu 1**:6, 19, 20, 25, 41, **2**:29, 33, 36, 37, **3**:3, **4**:7, **5**:2, 24, 25, 27, **6**:4, 20, 24, 25, **29**:15, 18, 29, **Jos 18**:6, **22**:19, 29, **24**:17, 24, **Jdg 11**:24, **1Sa 7**:8, **1Ki 8**:57, 59, 61, 65, **2Ki 18**:22, **19**:19, **1Ch 13**:2, **15**:13, **16**:14, **29**:16, **2Ch 2**:4, **13**:11, **14**:7, 11, **19**:7, **29**:6, **32**:8, 11, **Ezr 9**:8, **Neh** ♣10:29, 34, **Ps** ♣8:1, ♣9, **20**:7, †**90**:17, **94**:23, **99**:5, 8, 9, **105**:7, **106**:47, **113**:5, **122**:9, **123**:2, **Isa 26**:13, **36**:7, **37**:20, **Jer 3**:22, 23, 25, **5**:19, 24, **8**:14, **14**:22, **16**:10, **26**:16, **31**:6, **37**:3, **42**:6, 20, **43**:2, **50**:28, **51**:10, **Dan** ♦**9**:9, 10, 13, 14, †15, **Mic 4**:5, 7:17**Neh**

Theos hēmōn kurios θεὸς ἡμῶν κύριος *2316/2249/2962*

Mar 12:29, **Act** 2:39, **Rev** 19:1

Yehuwah Tsevâ'ôt יהוה צבאות 3068/6635

Yehuwah Of Hosts

♦Yehuwah Êlohêy Tsevâ'ôt יהוה אלהי צבאות 3068/430/6635 Yehuwah God Of Hosts

[For hosts as in armies, go to p199]

Exd 12:41, **1Sa 1**:3, 11, **4**:4, **15**:2, **17**:45, **2Sa** ♦**5**:10, **6**:2, 18, **7**:8, 26, 27, **1Ki 18**:15, ♦**19**:10, ♦14, **2Ki 3**:14, **19**:31, **1Ch 11**:9, **17**:7, 24, **Ps 24**:10, **46**:7, 11, **48**:8, ♦**59**:5, ♦**69**:6, ♦**80**:4, ♦19, **84**:1, 3, ♦8, 12, ♦**89**:8, **103**:21, **Isa 1**:9, 24, **2**:12, **3**:1, ♦15, **5**:7, 9, 16, 24, **6**:3, 5, **8**:13, 18, **9**:7, 13, 19, **10**:16, ♦23, ♦24, 26, 33, **13**:4, 13, **14**:22, 23, 24, 27, **17**:3, **18**:7, **19**:4, 12, 16, 17, 18, 20, 25, **21**:10, ♦**22**:5, ♦12, ♦14, ♦15, 25, **23**:9, **24**:23, **25**:6, **28**:5, ♦22, 29, **29**:6, **31**:4, 5, **37**:16, 32, **39**:5, **44**:6, **45**:13, **47**:4, **48**:2, **51**:15, **54**:5, **Jer** ♦**2**:19, ♦**5**:14, **6**:6, 9, **7**:3, 21, **8**:3, **9**:7, 15, 17, **10**:16, **11**:17, 20, 22, ♦**15**:16, **16**:9, **19**:3, 11, 15, **20**:12, **23**:15, 16, 36, **25**:8, 27, 28, 29, 32, **26**:18, **27**:4, 18, 19, 21, **28**:2, 14, **29**:4, 8, 17, 21, 25, **30**:8, **31**:23, 35, **32**:14, 15, 18, **33**:11, 12, **35**:13, ♦17, 18, 19, **38**:17, **39**:16, **42**:15, 18, **43**:10, **44**:2, 7, 11, 25, ♦**46**:10, 18, 25, **48**:1, 15, ♦**49**:5, 7, 26, 35, **50**:18, ♦25, ♦31, 33, 34, **51**:5, 14, 19, 33, 57, 58, **Hos** ♦**12**:5, **Am 3**:13, **4**:13, **5**:14, ♦15, 16, 27, **6**:8, 14, ♦**9**:5, **Mic 4**:4, **Nah 2**:13, **3**:5, **Hab 2**:13, **Zep 2**:9, 10, **Hag 1**:2, 5, 7, 9, 14, **2**:4, 6, 7, 8, 9, 11, 23, **Zec 1**:3, 4, 6, :12, 14, 16, 17, **2**:8, 9, 11, **3**:7, 9, 10, **4**:6, 9, **5**:4, **6**:12, 15, **7**:3, 4, 9, 12, 13, **8**:1, 2, 3, 4, 6, 7, 9, 11, 14, 18, 19, 20, 21, 22, 23, **9**:15, **10**:3, **12**:5, **13**:2, 7, **14**:16, 17, 21, **Mal 1**:4, 6, 8, 9, 10, 11, 13, 14, **2**:2, 4, 7, 8, 12, 16, **3**:1, 5, 7, 10, 11, 12, 14, 17, **4**:1, 3

Yâhh יה 3050

Yah

Exd 15:2, **17**:16, **Ps 68**:4, 18, **77**:11, **89**:8, **94**:7, 12, **102**:18, **104**:35, **105**:45, **106**:1, 48, **111**:1, **112**:1, **113**:1, 9, **115**:17, 18, **116**:19, **117**:2, **118**:5, 14, 17, 18, 19, **122**:4, **130**:3, **135**:1, 3, 4, 21, **146**:1, 10, **147**:1,

20, **148**:1, 14, **149**:1, 9, **150**:1, 6, **Isa 12**:2, **26**:4, **38**:11

Âdôn אדן 113

Lord

♦Adonêy Ha'adonîm אדני האדנים

113/113 Lord Of Lords

[Only of Yehuwah]

Deu ♦10:17, **Neh** *3*:5, **8**:10, **10**:29, **Ps 8**:1, **8**:9, **45**:11, **97**:5, **110**:1, **114**:7, **135**:5, **♦136**:3, **147**:5, **Isa 1**:24, **3**:1, **10**:16, **10**:33, **19**:4, **51**:22, **Jer 34**:5, **Mic 4**:13, **Zec 4**:14, **6**:4, **6**:5, **Mal 3**:1

Kurios Tōn Kurieuontōn κύριος τῶν κυριευόντων *2962/2962*

1Ti 6:15, **Rev 17**:14, **19**:16

Eh^e^yeh אהיה 1961

I AM

Exd 3:14

Egō Eimi εγώ είμι *1473/1510*

Mar 13:6, **14**:62, **Luk 22**:70, **Joh 6**:35, 41, 48, 51, **7**:28, 29, **8**:12, 23, 24, 28, 58, **9**:5, **10**:7, 9, 11, 14, **11**:25, **12**:26, **13**:13, 19, **14**:3, 6, **15**:1, 5, **16**:32, **17**:14, 16, 24, **18**:5, 6, 8, **Rev 1**:8, 17, 18, **2**:23, **21**:6, **22**:13, 16

Shadday שׁדי 7706

Almighty

Gen 17:1, **28**:3, **35**:11, **43**:14, **48**:3, **49**:25, **Exd 6**:3, **Nu 24**:4, 16, **Ru 1**:20, 21, **Job 5**:17, **6**:4, 14, **8**:3, 5, **11**:7, **13**:3, **15**:25, **21**:15, 20, **22**:3, 17, 23, 25, 26, **23**:16, **24**:1, **27**:2, 10, 11, 13, **29**:5, **31**:2, 35, **32**:8, **33**:4, **34**:10, 12, **35**:13, **37**:23, **40**:2, **Ps 68**:14, **91**:1, **Isa 13**:6, **Eze 1**:24, **10**:5, **Joe 1**:15

Pantokratōr παντοκράτωρ *3841*

2Co 6:18, **Rev 1**:8, **4**:8, **11**:17, **15**:3, **16**:7, 14, **19**:6, 15, **21**:22

Âvîr אביר 46

Mighty One

Gen 49:24, **Ps 132**:2, 5, **Isa 1**:24, **49**:26, **60**:16

Gibbôr גבור 1368

Mighty One

[For *mighty* of Yehuwah and man go to p44]

Deu 10:17, **Job 16**:14, **Ps 24**:8, **45**:3, **78**:65, **Isa 9**:6, **10**:21, **42**:13, **Jer 14**:9, **20**:11, **32**:18, **Zep 3**:17

Q^e^dôsh קדושׁ 6918

Holy One

[For *holy* go to p123]

2Ki 19:22, **Job 6**:10, **Ps 16**:10, **71**:22, **78**:41, **89**:18, **Pro 9**:10, **30**:3, **Isa 1**:4, **5**:19, 24, **10**:17, 20, **12**:6, **17**:7, **29**:19, 23, **30**:11, 12, 15, **31**:1, **37**:23, **40**:25, **41**:14, 16, 20, **43**:3, 14, 15, **45**:11, **47**:4, **48**:17, **49**:7, **54**:5, **55**:5, **60**:9, 14, **Jer 50**:29, **51**:5, **Eze 39**:7, **Hos 11**:9, 12, **Hab 1**:12, **3**:3

Hagios ἅγιος *40*

♦Hosios ὅσιος *3741*

Mar 1:24, **Luk 1**:35, 49, **4**:34, **Act ♦2**:27, **3**:14, **4**:27, 30, **♦13**:35, **1Pe 1**:15, 16, **1Jn 2**:20, **Rev 3**:7, **4**:8, **6**:10

Melek̲ מלך 4428

King

[Except *king, kings* of the nations]

Nu 23:21, **Deu 33**:5, **1Sa 12**:12, **Ps 2**:6, **5**:2, **10**:16, **20**:9, **24**:7, 8, 9, 10, **44**:4, **45**:1, 5, 11, 13, 14, 15, **47**:2, 6, 7, **48**:2, **68**:24, **74**:12, **84**:3, **89**:18, **95**:3, **98**:6, 4, **145**:1, **149**:2, **Isa 6**:5, **33**:17, 22, **41**:21, **43**:15, **44**:6, **Jer 8**:19, **10**:7, 10, **23**:5♦, **46**:18, **48**:15, **51**:57, **Dan 4**:37, **Hos 13**:10, **Zep 3**:15, **Zec 9**:9, **14**:9, 16, 17, **Mal 1**:14

[Messianic types; except titles of kings and narrative]

Nu 24:7, **Deu 17**:14, 15, **28**:36, **Jdg 17**:6, **18**:1, **19**:1, **21**:25, **1Sa 2**:10, **8**:5, 6, 9, 10, 11, 18, 19, 20, 22, **10**:19, 24, **12**:1, 2, 13, **2Sa 2**:4, 7, 11, **3**:17, 21, 39, **5**:3, 12, 17, **12**:7, **19**:9, 10, 12, 22, 27, 28, 30, 34, **24**:20, 21, 23, **1Ki 1**:31, 34, 36, 37, **2**:12, **2Ki 9**:3, 6, 12, **1Ch 11**:3, **14**:2, 8, **28**:4, **29**:9, 20, 23, **2Ch 2**:11, 12, **4**:11, 16, **8**:11, 15, 18, **9**:8, 9, 12, 15, 16, 17, 20, 21, 22, 25, 27, **23**:9, 13, 20, 27, **Job 29**:25, **36**:7, **41**:34, **Ps 18**:50, **21**:1, 7, **33**:16, **61**:6, **63**:11, **72**:1, **Pro 8**:15, **14**:28, 35, **16**:10, 12, 13, 14, 15, **19**:12, **20**:2, 8, 26, 28, **21**:1, **22**:11, **24**:21, **25**:2, 3, 5, 6, **29**:4, 14, **30**:31, **Ecc 8**:2, 4, **10**:17, 20, **Sng 1**:4, 12, **7**:5, **Isa 19**:4, **Jer 13**:13, **22**:4, **30**:9, **La 2**:6, 9, **Eze 37**:22, 24, **Dan 9**:6, 8, **Hos 3**:4, 5, **5**:1, **10**:3, **13**:11, **Mic 2**:13, **4**:9

Basileus βασιλευς *935*

[Except *King Herod* etc.]

Mat 2:2, **5**:35, **21**:5, **25**:34, 40, **27**:11, 29, 37, 42, **Mar 15**:2, 9, 12, 18, 26, 32, **Luk 19**:38, **23**:2, 3, 37, 38, **Joh 1**:49, **6**:15, **12**:13, 15, **18**:33, 37, **19**:14, 15, 19, 21, **1Ti 1**:17, **6**:15, **Heb 7**:2, **15**:3, **17**:14, **19**:16

Sar שׂר 8269

Prince, Captain

Jos 5:15, **Isa 9**:6, **Dan 8**:25, 10:21, **12**:1

Gen 12:15, **21**:22, 32, **26**:26, **37**:36, **39**:1, 21, 22, 23, **40**:2, 3, 4, 9, 16, 20, 21, 22, 23, **41**:9, 10, 12, **47**:6, **Exd 1**:11, **2**:14, **18**:21, 25, **Nu 21**:18, **22**:8, 13, 14, 15, 21, 35, 40, **23**:6, 17, **31**:14, 48, 52, 54, **Deu 1**:15, **20**:9, **Jos 5**:14, 15, **Jdg 4**:2, 7, **5**:15, **7**:25, **8**:3, 6, 14, **9**:30, **10**:18, **1Sa 8**:12, 9, **14**:50, **17**:18, 55, **18**:13, 30, **22**:2, 7, **26**:5, **29**:3, 4, 9, **2Sa 2**:8, **3**:38, **4**:2, **10**:3, 16, 18, **18**:1, 5, **19**:6, 13, **23**:19, **24**:2, 4, **1Ki 1**:19, 25, **2**:5, 32, **4**:2, **5**:16, **9**:22, 23, **11**:15, 21, 24, **14**:27, **15**:20, **16**:9, 16, **20**:14, 15, 17, 19, **22**:26, 31, 32, 33, **2Ki 1**:9, 10, 11, 13, 14, **4**:13, **5**:1, **8**:21, **9**:5, **10**:1, **11**:4, 9, 10, 14, 15, 19, **23**:8, **24**:12, 14, **25**:19, 23, 26, **1Ch 11**:6, 21, **12**:21, 28, 34, **13**:1, **15**:5, 6, 7, 8, 9, 10, 16, 22, 25, 27, **19**:3, 16, 18, **21**:2, **22**:17, **23**:2, **24**:5, 6, **25**:1, **26**:26, **27**:1, 3, 5, 8, 22, 31, 34, **28**:1, 21, **29**:6, 24, **2Ch 1**:2, **8**:9, 10, **12**:5, 6, 10, **16**:4, **17**:7, 14, 15, **18**:25, 30, 31, 32, **21**:4, 9, **22**:8, **23**:1, 9, 13, 14, 20, **24**:10, 17, 23, **25**:5, **26**:11, **28**:14, 21, **29**:20, 30, **30**:2, 6, 12, 24, **31**:8, **32**:3, 6, 21, 31, **33**:11, 14, **34**:8, **35**:8, 9, **36**:14, 18, **Ezr 7**:28, **8**:20, 24, 25, 29, **9**:1, 2, **10**:5, 8, 14, **Neh 2**:9, **3**:9, 12, 14, 15, 16, 17, 18, 19, **4**:16, **7**:2, **9**:32, 34, 38, **11**:1, **12**:31, 32, **Est 1**:3, 11, 14, 16, 18, 21, **2**:18, **3**:12, **5**:11, **6**:9, **8**:9, **9**:3, **Job 3**:15, **29**:9, **34**:19, **39**:25, **Ps 45**:16, **68**:27, **82**:7, **105**:22, **119**:23, 161, **148**:11, **Pro 8**:16, **19**:10, **28**:2, **Ecc 10**:7, 16, 17, **Isa 1**:23, **3**:3, 4, 14, **10**:8, **19**:11, 13, **21**:5, **23**:8, **30**:4, **31**:9, **32**:1, **34**:12, **43**:28, **49**:7, **Jer 1**:18, **2**:26, **4**:9, **8**:1, **17**:25, **24**:1, 8, **25**:18, 19, **26**:10, 11, 12, 16, 21, **29**:2, **32**:32, **34**:10, 19, 21, **35**:4, **36**:12, 14, 19, 21, **37**:14, 15, **38**:4, 17, 18, 22, 25, 27, **39**:3, **40**:7, 13, **41**:11, 13, 16, **42**:1, 8, **43**:4, 5, **44**:17, 21, **48**:7, **49**:3, 38, **50**:35, **51**:57, 59, **52**:10, 25, **La 1**:6, **2**:2, 9, **5**:12, **Eze 11**:1, **17**:12, **22**:27, **Dan 1**:7, 8, 9, 10, 11, 18, **8**:11, **9**:6, 8, **10**:13, 20, **11**:5, **Hos 3**:4, **5**:10, **7**:3, 5, 16, **8**:10, **9**:15, **13**:10, **Am 1**:15, **2**:3, **Mic 7**:3, **Zep 1**:8, **3**:3

Nâgîd נגיד 5057

Ruler, Captain

1Sa 9:16, **10**:1, **13**:14, **25**:30, **2Sa 5**:2, **6**:21, **7**:8, **1Ki 1**:35, **14**:7, **16**:2, **2Ki 20**:5, **1Ch 5**:2, **9**:11, 20, **11**:2, **12**:27, **13**:1, **17**:7, **26**:24, **27**:4, 16, **28**:4, **29**:22, **2Ch 6**:5, **11**:11, 22, **19**:11, **28**:7, **31**:12, 13, **32**:21, **35**:8, **Neh 11**:11, **Job 29**:10, **Job 31**:37, **Ps 76**:12, **Pro 8**:6, **28**:16, **Isa 55**:4, **Jer 20**:1, **Eze 28**:2, **Dan 9**:25, 26, **11**:22

Rôʼsh ראשׁ 7218

Head, Chief

[Except literal *head* (of man or animal), *the top, sum of*; for meaning of strength go to p50]

1Ch 29:11, **Ps 18**:43, **60**:7, **108**:8, **118**:22, **119**:160, **Mic 2**:13

Gen 3:15, **11**:4, **Exd 6**:14, 25, **12**:2, **18**:25, **Nu 7**:2, **10**:4, 10, **13**:3, **14**:4, **25**:4, 15, **28**:11, **36**:1, **Deu 1**:13, 15, **5**:23, **20**:9, **28**:44, **33**:5, **Jos 11**:10, **14**:1, **19**:51, **21**:1, **22**:14, 21, 30, **23**:2, **24**:1, **Jdg 10**:18, **11**:8, 9, 11, **1Sa 15**:17, **2Sa 23**:8, 13, 18, **1Ki 8**:1, **1Ch 5**:7, 12, 24, **7**:2, 3, 7, 9, 11, 40, **8**:6, 10, 13, 28, **9**:9, 13, 17, 33, 34, **11**:6, 10, 11, 15, 20, 42, **12**:3, 14, 18, 20, 32, **15**:12, **16**:5, **23**:8, 9, 11, 16, 17, 18, 24, **24**:4, 6, 31, **26**:10, 12, 21, 26, 31, 32, **27**:1, 3, 5, **2Ch 1**:2, **5**:2, **11**:22, **13**:12, **19**:8, 11, **23**:2, **24**:6, 11, **26**:12, 20, **28**:12, **31**:10, **Ezr 1**:5, **2**:68, **3**:12, **4**:2, 3, **7**:5, 28, **8**:1, 16, 17, **10**:16, **Neh 7**:70, 71, **8**:13, **9**:17, **10**:14, **11**:3, 13, 16, 17, **12**:7, 12, 22, 23, 24, 46, **Job 29**:25, **Ps 110**:6, **137**:6, **Pro 1**:9, **Isa 7**:8, 9, **9**:15, **29**:10, **40**:21, **41**:4, 26, **48**:16, **Jer 13**:21, **22**:6, **52**:24, **Eze 38**:2, 3, **39**:1, **Mic 3**:1, 9, 11, **Hab 3**:13, 14

Kephalē κεφαλή *2776*

♦Anakephalaiomai ανακεφαλαίομαι *346*

[Only of Yehuwah, the *Head* of the church]

Mat 21:42, **Mar 12**:10, **Luk 20**:17, **Ro ♦13**:9, **Act 4**:11, **1Co 11**:3, **Eph ♦1**:10, 22, **4**:15, **5**:23, **Col 1**:18, **2**:10, 19, **1Pe 2**:7

Nâsîʼ נשׂיא 5387

Leader, Head, Prince

♦Neçîk̲ נסך 5257

Gen 17:20, **23**:6, **25**:16, **34**:2, **Exd 16**:22, **22**:28, **34**:31, **35**:27, **Lev 4**:22, **Nu 1**:16, 44, **2**:3, 5, 7, 10, 12, 14, 18, 20, 22, 25, 27, 29, **3**:24, 30, 32, 35, **4**:34, 46, **7**:2, 3, 10, 11, 18, 24, 30, 36, 42, 48, 54, 60, 66, 72, 78, 84, **10**:4, **13**:2, **16**:2, **17**:2, 6, **25**:14, 18, **27**:2, **31**:13, **32**:2, **34**:18, 22, 23, 24, 25, 26, 27, 28, **36**:1, **Jos 9**:15, 18, 19, 21, **13**:21♦, **17**:4, **22**:14, 30, 32, **1Ki 8**:1, **11**:34, **1Ch 2**:10, **4**:38, **5**:6, **7**:40, **2Ch 1**:2, 5:2, **Ezr 1**:8, **Ps ♦83**:11, **135**:7, **Pro 25**:14, **Jer 10**:13, **51**:16, **Eze 7**:27, **12**:10, 12, **19**:1, **21**:12, 25, **22**:6, **26**:16, **27**:21, **30**:13, **32**:29, ♦30, **34**:24, **37**:25, **38**:2, **39**:18, **44**:3, **45**:7, 8, 9, 16, 17, 22, **46**:2, 4, 8, 10, 12, 16, 17, 18, **48**:21, 22, **Dan ♦11**:8

Arkōn άρκων *758*

Prince, Author

♦Archēgon αρχηγόν *747*

♣Aitios αίτιος *159*

Mat 9:18, 23, 34, **12**:24, **20**:25, **Mar 3**:22, **Luk 8**:41, **11**:15, **12**:58, **14**:1, **18**:18, **23**:13, 35, **24**:20, **Joh 3**:1, **7**:26, 48, **12**:31, 42, **14**:30, **16**:11, **Act ♦3:15,** 17, **4**:5, 8, 26, **♦5**:31, **7**:27, 35, **13**:27, **14**:5, **16**:19, **23**:5, **Ro 13**:3, **1Co 2**:6, 8, **Eph 2**:2, **Heb ♦2**:10, **♣5**:9, **♦12**:2, **Rev 1**:5

Hēgeomai ηγέομαι *2233*

Governor

Mat 2:6, **Luk 22**:26, **Act 7**:10, **14**:12, **15**:22, **26**:2, **2Co 9**:5, **Php 2**:3, 6, 25, **3**:7, 8, **1Th 5**:13, **2Th 3**:15, **1Ti 1**:12, **6**:1, **Heb 10**:29, **11**:11, 26, **13**:7, 17, 24, **Jas 1**:2, **2Pe 1**:13, **2**:13, **3**:9, 15

Despotēs δεσπότης *1204*

Master, Lord

Luk 2:29, **Act 4**:24, **1Ti 6**:1, 2, **2Ti 2**:21, **Tit 2**:9, **1Pe 2**:18, **2Pe 2**:1, **Jud 1**:4, **Rev 6**:10

Didaskale διδάσκαλε *1320*

Master

♦Epistata επιστάτα *1988*

Mat 8:19, **9**:11, **10**:24, 25, **12**:38, **17**:24, **19**:16, **22**:16, 24, 36, **23**:8, **26**:18, **Mar 4**:38, **5**:35, **9**:17, 38, **10**:17, 20, 35, **12**:14, 19, 32, **13**:1, **14**:14, **Luk 2**:46, **3**:12, **♦5**:5, **6**:40, **7**:40, **♦8**:24, **♦33**, **♦45**, 49, **9**:38, **♦49**, **10**:25, **11**:45, **12**:13, **♦17**:13, **18**:18, **19**:39, **20**:21, 28, 39, **21**:7, **22**:11, **Joh 1**:38, **3**:2, 10, **8**:4, **11**:28, **13**:13, 14, **20**:16, **Act 13**:1, **Ro 2**:20, **1Co 12**:28, 29, **Eph 4**:11, **1Ti 2**:7, **2Ti 1**:11, **4**:3, **Heb 5**:12, **Jas 3**:1

Malkût מלכות 4438

Kingdom

♦M^e^lûkâh מלוכה 4410

♣Malkû מלכו 4437

{†'Ôlâm עלם 5769/5957 Forever}

[Only *kingdom* of Yehuwah and righteous kings]

Nu 24:7, **1Ch 11**:10, **12**:23, **14**:2, **17**:11, 14**†**, **22**:10**†**, **28**:5, 7**†**, **29**:25, 30, **2Ch 1**:1, **2**:1, 12, **3**:2, **7**:18, **Ps ♦22**:28, **45**:6**†**, **103**:19, **145**:11, 12, 13**†**, **Isa ♦62**:3, **Dan ♣2**:44**†**, **♣4**:3**†**, **♣6**:26**†**, **♣7**:14**†**, **♣18††**, **♣22†**, **♣27†**, **Obd ♦21**

Nu 24:7, **1Sa ♦10**:16, **♦25**, **♦11**:14, **♦14**:47, **♦18**:8, **20**:31, **2Sa ♦12**:26, **♦16**:8, **1Ki ♦1**:46, **♦2**:15, **♦22**, **♦11**:35, **♦12**:21, **♦21**:7, **2Ki ♦25**:25, **1Ch ♦10**:14, **11**:10, **12**:23, **14**:2, **17**:11, 14, **22**:10, **26**:31, **28**:5, 7, **29**:25, 30, **2Ch 1**:1, **2**:12, **3**:2, **7**:18, **11**:17, **12**:1, **15**:10, 19, **16**:12, **20**:30, **29**:19, **33**:13, **35**:19, **36**:20, 22, **Ezr 1**:1, **4**:5, 6, **7**:1, **8**:1, **Neh 9**:35, **12**:22, **Est 1**:2, 4, 7, 9, 11, 14, 19, 20, **2**:3, 16, 17, **3**:6, 8, **4**:14, **5**:1, 3, 6, **6**:8, **7**:2, **8**:15, **9**:30, **Ecc 4**:14, **Isa ♦34**:12, **Jer 10**:7, **♦41**:1, **49**:34, **52**:31, **Eze ♦16**:13, **♦17**:13, **Dan 1**:1, 20, **♦3**, **2**:1, **8**:1, 22, 23, **9**:1, **10**:13, **11**:2, 4, 9, 17, 20, 21

Mamlâkâh ממלכה 4467

Kingdom

[Of the nations]

Gen 10:10, **20**:9, **Exd 19**:6, **Nu 32**:33, **Deu 3**:4, 10, 13, 21, **17**:18, 20, **28**:25, **Jos 10**:2, **11**:10, **1Sa 10**:18, **13**:13, 14, **24**:20, **27**:5, **28**:17, **2Sa 3**:10, 28, **5**:12, **7**:12, 13, 16, **1Ki 2**:46, **4**:21, **9**:5, **10**:20, **11**:11, 13, 31, 34, **12**:26, **14**:8, **18**:10, **2Ki 11**:1, **14**:5, **15**:19, **19**:15, 19, **1Ch 16**:20, **29**:11, 30, **2Ch 9**:19, **11**:1, **12**:8, **13**:5, 8, **14**:5, **17**:5, 10, **20**:6, 29, **21**:3, 4, **22**:9, 10, **23**:20, **25**:3, **29**:21, **32**:15, **36**:23, **Ezr 1**:2, **Neh 9**:22, **Ps 46**:6, **68**:32, **79**:6, **102**:22, **105**:13, **135**:11, **Isa 9**:7, **10**:10, **13**:4, 19, **14**:16, **17**:3, **19**:2, **23**:11, 17, **37**:16, 20, **47**:5, **60**:12, **Jer 1**:10, 15, **15**:4, **18**:7, 9, **24**:9, **25**:26, **27**:1, 8, **28**:1, 8, **29**:18, **34**:17, **49**:28, **51**:20, 27, **La 2**:2, **Eze 17**:14, **29**:14, 15, **37**:22, **Am 6**:2, **7**:13, **9**:8, **Mic 4**:8, **Nah 3**:5, **Zep 3**:8, **Hag 2**:22

Basileia βασιλεία *932*

♦Basileios βasίλειος *934*

{♣Ouranos ουρανός 3772 Heaven}

[Only *kingdom* of Yehuwah]

Mat 3:2**♣**, **4**:17**♣**, 23, **5**:3**♣**, 10**♣**, 19**♣♣**, 20**♣**, **6**:10**♣**, 33, **7**:21**♣♣**, **8**:11**♣**, 12, **9**:35, **10**:7**♣**, **11**:11**♣**, 12**♣**, **12**:28, **13**:11**♣**, 19, 24**♣**, 31**♣**, 33**♣**, 38, 41, 43, 44**♣**, 45**♣**, 47**♣**, 52**♣**, **16**:19**♣♣♣**, 28, **18**:1**♣**, 3**♣**, 4**♣**, 23**♣**, **19**:12**♣**, 14**♣**, 23**♣**, 24, **20**:1**♣**, 21, **21**:31, 43, **22**:2**♣**, **23**:13**♣**, **24**:14, **25**:1**♣**, 34, **26**:29, **Mar 1**:15, **4**:11, 26, 30, **9**:1, 47, **10**:14, 15, 23, 24, 25, **11**:10, **12**:34, **14**:25, **15**:43, **Luk 1**:33, **4**:43, **6**:20, **7**:28, **8**:1, 10, **9**:2, 11, 27, 60, 62, **10**:9, 11, **11**:2**♣♣**, 20, **12**:31, 32, **13**:18, 20, 28, 29, **14**:15, **16**:16, **17**:20, 21, **18**:16, 17, 24, 25, 29, **19**:11, 12, 15, **21**:31, **22**:16, 18, 29, 30, **23**:42, 51, **Joh 3**:3, 5, **18**:36, **Act 1**:3, 6, **8**:12, **14**:22, **19**:8, **20**:25, **28**:23, 31, **Ro 14**:17, **1Co 4**:20, **6**:9, 10, **15**:24, 50, **Gal 5**:21, **Eph 5**:5, **Col 1**:13, **4**:11, **1Th 2**:12, **2Th 1**:5, **2Ti 4**:1, 18, **Heb 1**:8, **11**:33, **12**:28, **Jas 2**:5, **1Pe ♦2**:9, **2Pe 1**:11, **Rev 1**:9, **12**:10**♣**

Mâlak̲ מלך /Yimlôk̲ ימלך 4427

Reign

Exd 15:18, **1Ch 16**:31, **Ps 47**:8, **93**:1, **96**:10, **97**:1, **99**:1, **146**:10, **Isa 24**:23, **32**:1, **52**:7, **Jer 33**:21, **Eze 20**:33, **Mic 4**:7

Gen 36:31, 32, 33, 34, 35, 36, 37, 38, 39, **37**:8, **Jos 13**:10, 12, 21, **Jdg 4**:2, **9**:6, 8, 10, 12, 14, 16, 18, **1Sa 8**:7, 9, 11, 22, **11**:12, 15, **12**:12, 14, **13**:1, **15**:11, 35, **16**:1, **23**:17, **24**:20, **2Sa 2**:9, 10, **3**:21, **5**:4, 5, **8**:15, **10**:1, **15**:10, **16**:8, **1Ki 1**:5, 11, 13, 17, 18, 24, 30, 35, 43, **2**:11, 15, **3**:7, **6**:1, **11**:24, 25, 37, 42, 43, **12**:17, 20, **14**:19, 20, 21, 31, **15**:1, 2, 8, 9, 10, 24, 25, 28, 29, 33, **16**:6, 8, 10, 11, 15, 16, 21, 22, 23, 28, 29, **22**:40, 41, 42, 50, 51, **2Ki 1**:17, **3**:1, 27, **8**:15, 16, 17, 20, 24, 25, 26, **9**:13, 29, **10**:5, 35, 36, **11**:3, 12, 21, **12**:1, 21, **13**:1, 9, 10, 24, **14**:1, 2, 16, 21, 23, 29, **15**:1, 2, 7, 8, 10, 13, 14, 17, 22, 23, 25, 27, 30, 32, 33, 38, **16**:1, 2, 20, **17**:1, 21, **18**:1, 2, **19**:37, **20**:21, **21**:18, 19, 24, 26, **22**:1, **23**:30, 31, 33, 34, 36, **24**:6, 8, 12, 17, 18, **25**:1, 27, **1Ch 1**:43, 44, 45, 46, 47, 48, 49, 50, **3**:4, **4**:31, **11**:10, **12**:31, 38, **18**:14, **19**:1, **23**:1, **28**:4, **29**:22, 26, 27, 28, **2Ch 1**:8, 9, 11, 13, **9**:30, 31, **10**:17, **11**:22, **12**:13, 16, **13**:1, 2, **14**:1, **16**:13, **17**:1, 7, **20**:31, **21**:1, 5, 8, 20, **22**:1, 2, 12, **23**:3, 11, **24**:1, 27, **25**:1, **26**:1, 3, 23, **27**:1, 8, 9, **28**:1, 27, **29**:1, 3, **32**:33, **33**:1, 20, 21, 25, **34**:1, 3, 8, **36**:1, 2, 4, 5, 8, 9, 10, 11, 20, **Neh 5**:7, **Est 1**:1, 3, **2**:4, 17, **Job 34**:30, **Pro 8**:15, **30**:22, **Ecc 4**:14, **Isa 7**:6, **37**:38, **52**:7, **Jer 1**:2, **22**:11, 15, **23**:5, **37**:1, **51**:59, **52**:1, 4, **Eze 17**:16, **Dan 9**:1, 2, **Hos 8**:4

Basileuō βασιλεύω *936*

♦Sumbasileuō συμβασιλεύω *4821*

♣Brabeuetō βραβευέτω *1018*

[Only of Yehuwah]

Luk 1:33, **19**:14, 27, **Ro 5**:14, 17, 21, **6**:12, **1Co 4**:8♦, **15**:25, **Col ♣3**:15, **2Ti ♦2**:12, **Rev 5**:10, **11**:15, 17, **19**:6, **20**:4, 6, **22**:5

Mâshal משׁל /Môshel משׁל

4910 Reign(s), Rule

♦Memshâlah ממשׁלה 4475

Gen ♦1:16, **4**:7, **37**:8, **45**:8, 26, **Deu 15**:6, **2Sa 23**:3, **1Ki 4**:21, **1Ch 29**:12, **2Ch 7**:18, **9**:26, **20**:6, **Job 25**:2, **Ps 8**:6, **22**:28, **59**:13, **66**:7, **89**:9, **103**:19, ♦22, ♦**114**:2, ♦**136**:8, ♦9, ♦**145**:13, **Isa ♦22**:21, **40**:10, **Mic 5**:2, **Zec 6**:13

Gen 1:18, **3**:16, **24**:2, **Exd 21**:8, **Jos 12**:2, **Jdg 8**:22, 23, **9**:2, **14**:4, **15**:11, **1Ki ♦9**:19, **2Ch 23**:20, ♦**32**:9, **Neh 9**:37, **Ps 19**:13, **105**:20, 21, **106**:41, **Pro 6**:7, **12**:24, **16**:32, **17**:2, **19**:10, **22**:7, **23**:1, **28**:15, **29**:2, 12, 26, **Ecc 9**:17, **10**:4, **Isa 3**:4, 12, **14**:5, **16**:1, **19**:4, **28**:14, **49**:7, **52**:5, **63**:19, **Jer 22**:30, **30**:21, **33**:26, ♦**34**:1, **51**:♦28, 46, **La 5**:8, **Eze 19**:11, 14, **Dan 11**:3, 4, 5♦, 39, 43, **Joe 2**:17, **Mic ♦4**:8, **Hab 1**:14

Proistēmi προίστημι *4291*

Rules, Leads

♣Archō ἄρχω *757*

Mar ♣10:42, **Ro 12**:8, ♣**15**:12, **1Th 5**:12, **1Ti 3**:4, 5, 12, **5**:17, **Tit 3**:8, 14

Sholtân שׁלטן 7985

Dominion

Dan 4:3, 34, **6**:26, **7**:14, 27

Râdâh רדה 7287

Dominion, Reign

Gen 1:26, 28, **Nu 24**:19, **Jdg 5**:13, **1Ki 4**:24, **Ps 49**:14, **68**:27, **72**:8, **110**:2, **Isa 14**:2

Lev 25:43, 46, 53, **26**:17, **Jdg 14**:9, **1Ki 5**:16, **9**:23, **2Ch 8**:10, **Neh 9**:28, **Isa 41**:2, **Jer 5**:31, **La 1**:13, **Eze 29**:15, **34**:4

Exousia εξουσία *1849*

Authority

♦Exousiadzo εξουσιάζω *1850*

♣Huperochē ὑπεροχή *5247*

[Also look under Dunamis (Power) above]

Mat 7:29, **9**:6, 8, **10**:1, **21**:23, 24, 27, **28**:18, **Mar 1**:22, 27, **2**:10, **3**:15, **6**:7, **11**:28, 29, 33, **Luk 4**:32, **5**:24, **12**:5, **20**:2, 8, **Joh 1**:12, **5**:27, **10**:18, **17**:2, **Act 1**:7, **Ro 9**:21, **Jud** 25, **Rev 2**:26, **12**:10, **16**:9, **18**:1, **20**:6, **22**:14

Mat 8:9, **Mar 13**:34, **Luk 4**:6, **7**:8, **12**:11, **19**:17, **20**:20, ♦**22**:25, 53, **23**:7, **Joh 19**:10, 11, **Act 5**:4, **9**:14, **26**:10, 12, 18, **Ro 13**:1, 2, 3, **1Co ♣2**:1, ♦♦**6**:12, ♦**7**:4, 37, **8**:9, **9**:4, 5, 6, 12, 18, **11**:10, **2Co 10**:8, **13**:10, **Eph 1**:21, **2**:2, **3**:10, **6**:12, **Col 1**:13, 16, **2**:10, 15, **1Ti ♣2**:2, **Tit 3**:1, **1Pe 3**:22, **Rev 6**:8, **9**:3, 10, **11**:6, **13**:4, 5, 7, 12, **14**:18, **17**:12, **20**:6

Kurieuō κυριεύω *2961*

Have Dominion

♦Kuriotētos κυριότητος *2963*

Luk 22:25, **Ro 6**:9, 14, **7**:1, **14**:9, **2Co 1**:24, **Eph ♦1**:21, **Col ♦1**:16, **1Ti 6**:15, **2Pe ♦2**:10, **Jud ♦**8

Kiççê' כסא 3678

Throne

[Only of Yehuwah, David and righteous kings]

Deu 17:18, **1Sa 2**:8, **2Sa 3**:10, **7**:13, 16, **14**:9, **1Ki 1**:13, 17, 20, 24, 27, 30, 35, 37, 46, 47, 48, **2**:4, 12, 24, 33, 45, **3**:6, **5**:5, **8**:20, 25, **9**:5, **10**:9, **16**:11, **2Ki 10**:30, **15**:12, **1Ch 17**:12, 14, **22**:10, **28**:5, **29**:23, **2Ch 6**:10, 16, **7**:18, **9**:8, **18**:18, **23**:20, **Job 26**:9, **36**:7, **Ps 9**:4, 7, **11**:4, **45**:6, **47**:8, **89**:4, 14, 29, 36, 44, **93**:2, **94**:20, **97**:2, **103**:19, **122**:5, **132**:11, 12, **Pro 16**:12, **20**:8, 28, **25**:5, **29**:14, **Isa 6**:1, **9**:7, **16**:5, **22**:23, **66**:1, **Jer 3**:17, **13**:13, **14**:21, **17**:12, 25, **22**:2, 4, 30, **33**:17, 21, **36**:30, **La 5**:19, **Eze 1**:26, **10**:1, **43**:7, **Zec 6**:13

Thronou θρόνου *2362*

Mat 5:34, **19**:28, **23**:22, **25**:31, **Luk 1**:32, **22**:30, **Act 2**:30, 7:49, **Heb 1**:8, **4**:16, **8**:1, **12**:2, **Rev 1**:4, **3**:21, **4**:2, 3, 4, 5, 6, 9, 10, **5**:1, 6, 7, 11, 13, **6**:16, **7**:9, 10, 11, 15, 17, **8**:3, **11**:16, **12**:5, **14**:3, **16**:17, **19**:4, 5, **20**:4, 11, **21**:5, **22**:1, 3

Luk 1:52, **Col 1**:16, **Rev 2**:13, **13**:2, **16**:10

ʿAtârâh עתרה 5850

Crown

♦ʿÂtar עטר /Tʿatrêh תעתרה 5849

1Sa ♦23:26, **2Sa 12**:30, **1Ch 20**:2, **Est 8**:15, **Job 19**:9, **31**:36, **Ps ♦5**:12, **♦8**:5, **21**:3, **♦65**:11, **♦103**:4, **Pro 4**:9, **12**:4, **14**:24, **16**:31, **17**:6, **Sng 3**:11♦, **Isa ♦23**:8, **28**:1, 3, 5, **62**:3, **Jer 13**:18, **La 5**:16, **Eze 16**:12, **21**:26, **23**:42, **Zec 6**:11, 14

Stephanon στέφανον *4735*

♦Diadēma διάδημα *1238*

Mat 27:29, **Mar 15**:17, **Joh 19**:2, 5, **1Co 9**:25, **Php 4**:1, **1Th 2**:19, **2Ti 4**:8, **Jas 1**:12, **1Pe** 5:4, **Rev 2**:10, **3**:11, **4**:4, 10, **6**:2, **9**:7, **12**:1, ♦3, ♦**13**:1, **14**:14, ♦**19**:12

Nezer נזר 5145

Crown, Separation

Exd 29:6, **39**:30, **Lev 8**:9, **21**:12, **Nu 6**:4, 5, 7, 8, 9, 12, 13, 18, 19, 21, **2Sa 1**:10, **2Ki 11**:12, **2Ch 23**:11, **Ps 89**:39, **132**:18, **Pro 27**:24, **Jer 7**:29, **Zec 9**:16

Mitsnephet מצנפת 4701

Turban

Exd 28:4, 37, 39, **29**:6, **39**:28, 31, **Lev 8**:9, **16**:4, **Eze 21**:26

Matteh מטה 4294

Rod, Staff

{♦Shêbet שׁבט 7626 Rod, Scepter}

[Except *tribe(s), supply of bread*]

Ps 110:2, **Isa 10**:5♦, 26, **Mic 6**:9

Exd 4:17, 20, **7**:9, 10, 12, 15, 17, 19, 20, **8**:5, 16, 17, **9**:23, **10**:13, **14**:16, **17**:5, 9, **Nu 17**:2, 3, 5, 6, 7, 8, 9, 10, **20**:8, 9, 11, **1Sa 14**:27, 43, **Isa 9**:4♦, **10**:24♦, **14**:5♦, **Jer 48**:17, **Eze 7**:10, 11, **19**:11♦, 12, 14♦, **Hab 3**:14

Mishʿênâh משׁענה 4938

Staff

Exd 21:19, **Nu 21**:18, **Jdg 6**:21, **2Ki 4**:29, 31, **18**:21, **Ps 23**:4, **Isa 3**:1, **36**:6, **Eze 29**:6, **Zec 8**:4

Shêvet שׁבט 7626

Scepter, Staff, Rod

[Except *tribe(s)*; also look under Matteh (Rod) above]

Gen 49:10, **Nu 24**:17, **Job 9**:34, **21**:9, **37**:13, **Ps 2**:9, **23**:4, **45**:6, **74**:2, **89**:32, **Isa 11**:4, **30**:31, **Jer 10**:16, **51**:19, **La 3**:1, **Eze 20**:37, **21**:10, **Mic 7**:14

Ps 125:3, **Pro 10**:13, **13**:24, **22**:8, 15, **23**:13, 14, **26**:3, **29**:15, **Isa 14**:29, **Eze 21**:13, **Am 1**:5, 8, **Mic 5**:1, **Zec 10**:11

Rhabdos ῥάβδος *4464*

Mat 10:10, **Mar 6**:8, **Luk 9**:3, **1Co 4**:21, **Heb 1**:8, **9**:4, **11**:21, **Rev 2**:27, **11**:1, **12**:5, **19**:15

Nêtser נצר 5342

Branch

♦Ḥôter חטר 2415

Isa 11:1♦, **14**:19, **60**:21, **Dan 11**:7

Tsemaḥ צמח 6780

Branch

Gen 19:25, **Ps 65**:10, **Isa 4**:2, **61**:11, **Jer 23**:5, **33**:15, **Eze 16**:7, **17**:9, 10, **Hos 8**:7, **Zec 3**:8, **6**:12

Yôneqet יונקת 3127

Young Twig

♦Yônêq יונק 3126
Job 8:16, **14**:7, **15**:30, **Ps 80**:11, **Isa ♦53**:2, **Eze 17**:22, **Hos 14**:6

Degel דגל 1714
Standard, Banners
♦Dâgal דגל 1713
Nu 1:52, **2**:2, 3, 10, 17, 18, 25, 31, 34, **10**:14, 18, 22, 25, **Ps ♦20**:5, **Sng 2**:4, **♦5**:10, **♦6**:4, ♦10

Nês נס 5251
Standard
Nu 21:8, 9, **26**:10, **Ps 60**:4, **Isa 5**:26, **11**:10, 12, **13**:2, **18**:3, **30**:17, **31**:9, **33**:23, **49**:22, **62**:10, **Jer 4**:6, 21, **50**:2, **51**:12, 27, **Eze 27**:7

Av אב 1
Father
[Only of Yehuwah]
2Sa 7:14, **1Ch 17**:13, **22**:10, **28**:6, **29**:10, **Ps 68**:5, **89**:26, **103**:13, **Pro 1**:8, **3**:12, **4**:1, **6**:20, **Isa 9**:6, **63**:16, **64**:8, **Jer 3**:4, 19, **Mal 1**:6, **2**:10

Abba Ἀββᾶ *5*
Abba
Mar 14:36, **Ro 8**:15, **Gal 4**:6

Patēr πατήρ /Patros πατρός
3962
{♦Ouranos ουρανός 3772 Heaven
♣Ouranios ουράνιος *3770* Heavenly}
[Only of Yehuwah]
Mat 5:16♦, 45♦, 48♦, **6**:1♦, 4, 6, 8, 9♦, 14♣, 15, 18, 26♣, 32♣, **7**:11♦, 21♦♦, **10**:20, 29, 32♦, 33♦, **11**:25♦, 26, 27, **12**:50♦, **13**:43, **15**:13♣, **16**:17♦, 27, **18**:10♦♦, 14♦, 19♦, 35†, **20**:23, **23**:9♦, **24**:36♦, **25**:34, **26**:29, 39, 42, 53, **28**:19, **Mar 8**:38, **11**:25♦, **13**:32♦, **14**:36, **Luk 2**:49, **6**:36, **9**:26, **10**:21♦, 22, **11**:2♦♦, 13♣, **12**:30, 32, **15**:12, 18♦, 21♦, **22**:29, 42, **23**:34, 46, **24**:49, **Joh 1**:14, 18, **2**:16, **3**:35, **4**:21, 23, **5**:17, 18, 19, 20, 21, 22, 23, 26, 36, 37, 43, 45, **6**:27, 32♦♦, 37, 39, 44, 45, 46, 57, 65, **8**:16, 18, 19, 27, 29, 28, 38, 41, 42, 49, 54, **10**:15, 17, 18, 25, 29, 30, 32, 36, 37, 38, 41, **12**:26, 27, 28♦, 49, 50, **13**:1, 3, **14**:2, 6, 7, 8, 9, 10, 11, 12, 13, 16, 20, 21, 23, 24, 26, 28, 31, **15**:1, 8, 9, 10, 15, 16, 23, 24, 26, **16**:3, 10, 15, 17, 23, 25, 26, 27, 28, 32, **17**:1♦, 5, 11, 21, 24, 25, **18**:11, **20**:17, 21, **Act 1**:4, 7, **2**:33, **Ro 1**:7, **6**:4, **8**:15, **1Co 1**:3, **8**:6, **15**:24, **2Co 1**:2, 3, **6**:18, **11**:31, **Gal 1**:1, 3, 4, **4**:6, **Eph 1**:2, 3†, 17, **2**:18, **3**:14, **4**:6, **5**:20, **6**:23, **Php 1**:2, **2**:11, **4**:20, **Col 1**:2, 3, 12, **2**:2, **3**:17, **1Th 1**:1, 3, **3**:11, 13, **2Th 1**:1, 2, **2**:16, **1Ti 1**:2, **2Ti 1**:2, **Tit 1**:4, **Phm** 3, **Heb 1**:5, **12**:9, **Jas 1**:17, 27, **3**:9, **1Pe 1**:2, 3, 17, **2Pe 1**:17, **1Jn 1**:2, 3, **2**:1, 13, 15, 16, 22, 23, 24, **3**:1, **4**:14, **5**:7, **2Jn** 3, 4, 9, **Jud** 1, **Rev 1**:6, **2**:27, **3**:5, 21, **14**:1

Monogenēs μονογενής *3439*
Only Begotten
Luk 7:12, **8**:42, **9**:38, **Joh 1**:14, 18, **3**:16, 18, **Heb 11**:17, **1Jn 4**:9

Huios Tou Anthrōpou υἱός του ανθρώπου
5207/444 Son of Man
Mat 8:20, **9**:6, **10**:23, **11**:19, **12**:8, 32, 40, **13**:37, 41, **16**:13, 27, 28, **17**:9, 12, 22, **18**:11, **19**:28, **20**:18, 28, **24**:27, 30, 37, 39, 44, **25**:13, 31, **26**:2, 24, 45, 64, **Mar 2**:10, 28, **8**:31, 38, **9**:9, 12, 31, **10**:33, 45, **13**:26, **14**:21, 41, 62, **Luk 5**:24, **6**:5, **7**:34, **9**:22, 26, 44, 56, 58, **11**:30, **12**:8, 10, 40, **17**:22, 24, 26, 30, **18**:8, 31, **19**:10, **21**:27, 36, **22**:22, 48, 69, **24**:7, **Joh 1**:51, **3**:13, 14, **5**:27, **6**:27, 53, 62, **8**:28, **12**:23, 34, **13**:31, **Act 7**:56, **Rev 1**:13, **14**:14

Huios Theou υἱός θεου
5207/2316 Son of God
Mat 4:3, 6, **8**:29, **14**:33, **26**:63, **27**:40, 43, 54, **Mar 1**:1, **5**:7, **3**:11, **15**:39, **Luk 1**:35, **4**:3, 9, 41, **8**:28, **22**:70, **Joh 1**:34, 49, **3**:18, **5**:25, **9**:35, **10**:36, **11**:4, 27, **19**:7, **20**:31, **Act 8**:37, **9**:20, **Ro 1**:4, **2Co 1**:19, **Gal 2**:20, **Eph 4**:13, **Heb 4**:14, **6**:6, **7**:3, **10**:29, **1Jn 3**:8, **4**:15, **5**:5, 10, 12, 13, 20, **Rev 2**:18

Huios Dabid υἱός Δαβιδ
5207/1138 Son of David
Mat 9:27, **12**:23, **15**:22, **20**:30, 31, **21**:9, 15, **Mar 10**:47, 48, **12**:35, **Luk 18**:38, 39, **20**:41

Huios υἱός *5207*
Son
[Only of Yehuwah; except *Son of Man; for Son of God, Son of David* see above; *for* sons of God, as in the believers, go to p127]
Mat 3:17, **11**:27, **17**:5, **21**:37, 38, **22**:2, 42, 45, **28**:19, **Mar 1**:11, **9**:7, **12**:6, 37, **13**:32, **14**:61, **Luk 1**:31, 32, **2**:7, **3**:22, **9**:35, **10**:22, **15**:13, **16**:8, **19**:9, **20**:13, 36, 44, **Joh 3**:16, 17, 35, 36, **5**:19,

20, 21, 22, 23, 26, **6**:40, **8**:35, 36, **17**:1, **Act 13**:33, **Ro 1**:3, 9, **5**:10, **8**:3, 29, 32, **1Co 1**:9, **15**:28, **Gal 1**:16, **4**:4, 6, 7, **Col 1**:13, **1Th 1**:10, **Heb 1**:2, 5, 8, **3**:6, **5**:5, 8, **7**:28, **2Pe 1**:17, **1Jn 1**:3, 7, **2**:22, 23, 24, **3**:23, **4**:9, 10, 14, **5**:9, 10, 11, 12, **2Jn** 3, 9

Pais παίς *3816*

Child, Servant

Luk 2:43, **Act 3**:13, 26, **4**:27, 30

Mat 2:16, **8**:6, 8, 13, **12**:18, **14**:2, **17**:18, **21**:15, **Luk 1**:54, 69, **7**:7, **8**:51, 54, **9**:42, **12**:45, **15**:26, **Joh 4**:51, **Act 4**:25, **20**:12

Mâshîyaḥ מָשִׁיחַ 4899

Anointed

Lev 4:3, 5, 16, **6**:22, **1Sa 2**:10, 35, **12**:3, 5, **16**:6, **24**:6, 10, **26**:9, 11, 16, 23, **2Sa 1**:14, 16, 21, **19**:21, **22**:51, **23**:1, **1Ch 16**:22, **2Ch 6**:42, **Ps 2**:2, **18**:50, **20**:6, **28**:8, **84**:9, **89**:38, 51, **105**:15, **132**:10, 17, **Isa 45**:1, **La 4**:20, **Dan 9**:25, **Hab 3**:13, **Zec 4**:14

Mâshaḥ מָשַׁח 4886

Anoint

Gen 31:13, **Exd 28**:41, **29**:2, 7, 36, **30**:26, 30, **40**:9, 10, 11, 13, 15, **Lev 2**:4, **6**:20, **7**:12, 36, **8**:10, 11, 12, **16**:32, **Nu 3**:3, **6**:15, **7**:1, 10, 84, 88, **35**:25, **Jdg 9**:8, 15, **1Sa 9**:16, **10**:1, **15**:1, 17, **16**:3, 12, 13, **2Sa 2**:4, 7, **3**:39, **5**:3, 17, **12**:7, **1Ki 1**:34, 39, 45, **5**:1, **19**:15, 16, **2Ki 9**:3, 6, 12, **11**:12, **23**:30, **1Ch 11**:3, **14**:8, **29**:22, **2Ch 22**:7, **23**:11, **Ps 45**:7, **89**:20, **92**:10, **Isa 21**:5, **61**:1, **Jer 22**:14, **Dan 9**:24, **Am 6**:6

Chriō χρίω *5548*

♦Epichriō επιχρίω *2025*

♣Chrisma χρίσμα *5545*

Luk 4:18, **Joh ♦9**:6, ♦11, **Act 4**:27, **10**:38, **2Co 1**:21, **Heb 1**:9, **1Jn ♣2**:20, ♣27

Aleiphō αλείφω *218*

Anoint

♦Muridzō μυρίζω *3462*

Mat 6:17, **Mar 6**:13, **♦14**:8, **16**:1, **Luk 7**:38, 46, **Joh 11**:2, **12**:3, **Jas 5**:14

Archiereus αρχιερεύς *749*

High Priest

[Only of Yehuwah]

Heb 2:17, **3**:1, **4**:14, 15, **5**:5, 10, **6**:20, **7**:26, **8**:1, **9**:11

Mesitēs μεσίτης *3316*

Mediator

Gal 3:19, 20, **1Ti 2**:5, **Heb 8**:6, **9**:15, **12**:24

Rûwaḥ רוּחַ 7307/7308

Spirit

[Except natural *wind, breath*]

Gen 1:2, **6**:3, **41**:38, **Exd 15**:10, **28**:3, **31**:3, **35**:31, **Nu 11**:17, 25, 26, 29, 31, **24**:2, **27**:18, **Deu 34**:9, **Jdg 3**:10, **6**:34, **11**:29, **13**:25, **14**:6, 19, **15**:14, **1Sa 10**:6, 10, **16**:13, 14, **19**:20, 23, **2Sa 22**:11, 16, **23**:2, **1Ki 18**:12, **22**:24, **2Ch 15**:1, **20**:14, **24**:20, **Neh 9**:20, **Job 33**:4, **37**:21, **Ps 18**:10, 15, **51**:11, 12, **104**:3, 30, **106**:33, **139**:7, **143**:10, **Pro 1**:23, **Isa 11**:2, 4, **30**:1, **32**:15, **40**:7, **42**:1, **44**:3, **48**:16, **59**:19, **61**:1, **63**:10, 14, **Eze 2**:2, **3**:12, 14, 24, **8**:3, **11**:1, 5, 24, **36**:27, **37**:1, 5, 6, 8, 9, 10, 14, **39**:29, **43**:5, **Dan 4**:8, 9, 18, **5**:11, 12, 14, **6**:3, **Joe 2**:28, 29, **Mic 2**:7, **3**:8, **Hag 2**:5, **Zec 4**:6, **6**:8, **7**:12, **12**:10, **Mal 2**:15

Pneuma πνευμα *4151*

[Except *spirits*]

Mat 1:18, 20, **3**:11, 16, **4**:1, **10**:20, **12**:28, 31, 32, **28**:19, **Mar 1**:8, 10, 12, **3**:29, **12**:36, **13**:11, **Luk 1**:15, 17, 35, 41, 67, 80, **2**:25, 26, 27, **3**:16, 22, **4**:1, 14, 18, **10**:21, **12**:10, 12, **Joh 1**:32, 33, **3**:5, 6, 8, 34, **4**:24, **7**:39, **14**:17, 26, **15**:26, **16**:13, **20**:22, **Act 1**:2, 5, 8, 16, **2**:4, 17, 18, 33, 38, **4**:8, 31, **5**:3, 9, 32, **6**:3, 5, 10, **7**:51, 55, **8**:15, 17, 18, 19, 29, 39, **9**:17, 31, **10**:19, 38, 44, 45, 47, **11**:12, 15, 16, 24, 28, **13**:2, 4, 9, 52, **15**:8, 28, **16**:6, 7, **19**:2, 6, 21, **20**:22, 23, 28, **21**:4, 11, **28**:25, **Ro 1**:4, 9, **2**:29, **5**:5, **7**:6, **8**:2, 4, 5, 6, 9, 10, 11, 13, 14, 15, 16, 23, 26, 27, **9**:1, **11**:8, **14**:17, **15**:13, 16, 19, 30, **1Co 2**:4, 10, 11, 12, 13, 14, **3**:16, **6**:11, 17, 19, **7**:40, **12**:3, 4, 7, 8, 9, 10, 11, 13, **14**:2, **15**:45, **2Co 1**:22, **3**:3, 6, 8, 17, 18, **4**:13, **5**:5, **6**:6, **12**:18, **13**:14, **Gal 3**:2, 3, 5, 14, **4**:6, 29, **5**:5, 16, 17, 18, 22, 25, **6**:1, 8, **Eph 1**:13, 17, **2**:18, 22, **3**:5, 16, **4**:3, 4, 30, **5**:9, 18, **6**:17, 18, **Php 1**:19, **2**:1, **3**:3, **Col 1**:8, **1Th 1**:5, 6, **4**:8, **5**:19, 8, 13, **1Ti 3**:16, **4**:1, **2Ti 1**:7, 14, **Tit 3**:5, **Heb 2**:4, **3**:7, **6**:4, **9**:8, 14, **10**:15, 29, **Jas 4**:5, **1Pe 1**:2, 11, 12, **3**:18, **4**:6, 14, **2Pe 1**:21, **1Jn 3**:24, **4**:2, 6, 13, **5**:6, 7, 8, **Jud** 19, 20, **Rev 1**:4, 10, **2**:7, 11, 17, 29, **3**:1, 6, **4**:2, 5, **5**:6, **11**:11, **14**:13, **17**:3, **19**:10, **21**:10, **22**:17

Act 7:59, **17**:16, **18**:25, **23**:8, 9, **Ro 12**:11, **1Co 4**:21, **5**:3, 4, 5, **7**:34, **14**:14, 15, 16, 32, **16**:18, **2Co**

2:13, **7**:1, 13, **11**:4, **Gal 6**:18, **Eph 2**:2, **4**:23, **Php 1**:27, **Col 2**:5, **1Th 5**:23, **2Th 2**:2, **2Ti 4**:22, **Phm** 25, **Heb 4**:12, **12**:9, 23, **Jas 2**:26, **1Pe 3**:4, **1Jn 4**:1, 3

Pneumatikos πνευματικός *4152*

Spiritual

♦Pneumatikōs πνευματικως *4153*

Mat 22:43, **Ro 1**:11, **7**:14, **15**:27, **1Co 2**:13, ♦14, 15, **3**:1, **9**:11, **10**:3, 4, **12**:1, **14**:1, 12, 37, **15**:44, 46, **Gal 6**:1, **Eph 1**:3, **Eph 5**:19, **6**:12, **Col 1**:9, **2**:5, **3**:16, **1Pe 2**:5, **Rev ♦11**:8

N^e^shâmâh נשׁמה 5397

Breath, Spirit

[For *breath* of man, go to p182]

2Sa 22:16, **Job 4**:9, **32**:8, **33**:4, **37**:10, **Ps 18**:15, **Isa 30**:33

Paraklētos παράκλητος *3875*

Helper, Advocate

Joh 14:16, 26, **15**:26, **16**:7, **1Jn 2**:1

Yôm יום 3117

Day

[Only the day of Yehuwah, day of Yehuwah's judgment, work etc]

Ps 110:3, 5, **Pro 6**:34, **11**:4, **16**:4, **Isa 2**:11, 12, 17, 20, **3**:18, **4**:2, **7**:18, **10**:3, 20, 27, **11**:10, 11, **12**:1, 4, **13**:6, 9, 13, **17**:4, 7, 11, **19**:19, 21, 23, 24, **22**:5, 12, 20, 25, **24**:21, **25**:9, **26**:1, **27**:1, 2, 12, 13, **28**:5, **29**:18, **30**:23, 25, 26, **31**:7, **34**:8, **37**:3, **49**:8, **52**:6, **58**:13, **61**:2, **63**:4, **Jer 4**:9, **16**:19, **17**:17, 18, **18**:17, **25**:33, **30**:7, 8, **39**:16, 17, **46**:10, 21, **48**:41, **49**:22, 26, **50**:30, **51**:2, **La 1**:12, **2**:1, 21, 22, **Eze 7**:7, 19, **13**:5, **20**:6, **22**:24, **24**:26, 27, **29**:21, **30**:3, 9, **38**:10, 14, 19, **39**:8, 11, 22, **45**:22, **48**:35, **Hos 1**:5, **2**:16, 18, 21, **5**:9, **9**:5, **Joe 1**:15, **2**:1, 2, 11, 31, **3**:14, 18, **Am 1**:14, **2**:16, **5**:18, 20, **6**:3, **8**:3, 9, 13, **9**:11, **Obd** 8, 12, 13, 14, 15, **Mic 2**:4, **4**:6, **5**:10, **7**:4, 11, 12, **Nah 1**:7, **2**:3, **Hab 3**:16, **Zep 1**:7, 8, 10, 14, 15, 16, 18, **2**:2, 3, **3**:11, 16, **Hag 2**:23, **Zec 2**:11, **3**:10, **9**:16, **11**:11, **12**:3, 4, 6, 8, 9, 11, **13**:1, 2, 4, **14**:1, 3, 4, 6, 8, 9, 13, 20, 21, **Mal 3**:2, **4**:5

Hēmera ημέρα *2250*

[Only of Yehuwah]

Mat 7:22, **10**:15, **11**:22, 24, **12**:36, **24**:36, 42, **25**:13, **26**:29, **28**:20, **Mar 6**:11, **13**:32, **14**:25, **Luk 1**:80, **4**:25, **10**:12, **17**:24, 26, 30, 31, **21**:22, 34, **Joh 6**:39, 40, 44, 54, **8**:56, **11**:9, **12**:48, **14**:20, **16**:23, 26, **Act 2**:17, 18, 20, **Ro 2**:5, 16, **13**:12, 13, **14**:6, **1Co 1**:8, **3**:13, 5:5, **2Co 1**:14, **6**:2, **Eph 4**:30, **Php 1**:6, 10, **2**:16, **1Th 5**:2, 4, 5, **2Th 1**:10, **2**:2, **2Ti 1**:12, 18, **3**:1, **4**:8, **Heb 1**:2, **4**:7, 8, **8**:8, 10, **10**:16, **12**:10, **Jas 5**:3, **1Pe 2**:12, 9, **2Pe 1**:19, **3**:3, 7, 8, 10, 12, **1Jn 4**:17, **Jud** 6, **Rev 1**:10, **6**:17, **16**:14, **18**:8

Shâmayîm שׁמים 8064

Heavens

[Except the meaning of skies above the earth, *birds of heaven*; for *host of heaven* (idols), *queen of heaven* go to p146; Yehuwah's heaven first (i.e. His dwelling) and, the lesser heavens placed after]

Gen 14:19, 22, **22**:11, 15, **24**:3, 7, **28**:12, 17, **20**:22, **24**:10, **Deu 3**:24, 36, 39, **26**:15, **Jos 2**:11, **1Ki 8**:23, 27, 35, **2Ch 20**:6, **32**:20, **36**:23, **Ezr 1**:2, **Neh 1**:4, 5, **2**:4, 20, **9**:6, 13, **Job 16**:19, **Ps 2**:4, **11**:4, **14**:2, **20**:6, **33**:13, **53**:2, **57**:3, **73**:25, **76**:8, **80**:14, **85**:11, **102**:19, **103**:19, **115**:3, **119**:89, **123**:1, **136**:26, **139**:8, **144**:5, **Pro 30**:4, **Ecc 5**:2, **63**:15, **66**:1, **La 3**:41, 50

Gen 1:1, 7, **2**:1, 4, **6**:17, **15**:5, **19**:24, **21**:17, **22**:17, **26**:4, **27**:28, 39, **49**:25, **Exd 9**:8, 10, 22, 23, **10**:21, 22, **16**:4, **17**:14, **20**:4, 11, **31**:17, **32**:13, **Lev 26**:19, **Deu 1**:10, 28, **2**:25, **4**:11, 26, 32, **5**:8, **7**:24, **9**:1, 14, **10**:14, 22, **11**:11, 17, 21, **25**:19, **28**:12, 23, 24, 62, **29**:20, **30**:4, 12, 19, **31**:28, **32**:1, 40, **33**:13, 26, 28, **Jos 8**:20, **10**:11, 13, **Jdg 5**:4, 20, **13**:20, **20**:40, **1Sa 2**:10, **5**:12, **2Sa 22**:8, 10, 14, **1Ki 8**:22, 54, **2Ki 1**:10, 12, 14, **2**:1, 11, **7**:2, 19, **14**:27, **19**:15, **1Ch 16**:26, 31, **21**:16, 26, **27**:23, **29**:11, **2Ch 2**:6, 12, **6**:13, 14, 18, 26, **7**:1, 13, 14, **18**:18, **28**:9, **Ezr 9**:6, **Neh 1**:9, **9**:15, 23, **Job 1**:16, **2**:12, **9**:8, **11**:8, **14**:12, **15**:15, **20**:6, 27, **22**:12, 14, **26**:11, 13, **28**:24, **35**:5, **37**:3, **38**:29, 33, 37, **41**:11, **Ps 8**:1, 3, **18**:9, 13, **19**:1, 6, **33**:6, **36**:5, **50**:4, 6, **57**:5, 10, 11, **68**:8, 33, **69**:34, **73**:9, **78**:23, 24, 26, **89**:2, 5, 11, 29, **96**:5, 11, **97**:6, **102**:25, **103**:11, **104**:2, **105**:40, **107**:26, **108**:4, 5, **113**:4, 6, **115**:15, 16, **121**:2, **124**:8, **134**:3, **135**:6, **136**:5, **146**:6, **147**:8, **148**:1, 4, 13, **Pro 3**:19, **8**:27, **23**:5, **25**:3, **Ecc 1**:13, **2**:3, **3**:1, **Isa 1**:2, **13**:5, 10, 13, **14**:12, 13, **34**:4, 5, **37**:16, **40**:12, 22, **42**:5, **44**:23, 24, **45**:8, 12, 18, **48**:13, **49**:13, **50**:3, **51**:6, 13, 16, **55**:9, 10, **64**:1, **65**:17, **66**:22, **Jer 2**:12, **4**:23, 28, **10**:2, 12, 13, **14**:22, **23**:24, **31**:37, **32**:17, **33**:25, **49**:36, **51**:9, 15, 16, 48, 53, **La 2**:1, **3**:66, **4**:19, **Eze 1**:1, **8**:3, **32**:7, 8, **Dan 9**:12, **11**:4, **12**:7, **Hos 2**:21, **Joe 2**:10, 30, **3**:16, **Am 9**:2, 6, **Jon 1**:9, **Nah 3**:16, **Hab 3**:3, **Hag 1**:10, **2**:6, 21, **Zec 2**:6, **5**:9, **6**:5, **8**:12, **12**:1, **Mal 3**:10

Ouranos ουρανός *3772*

♦Epouranios επουράνιος *2032*

Heavenly

♣Ouranios ουράνος *3770*

[Except *birds of the air, sky*; for *kingdom of heaven*, go to Basileia on p24; for *Father in heaven, heavenly Father*, look under Patēr on p27]

Mat 3:16, 17, **5**:12, 18, 34, **6**:10, 20, **11**:23, **14**:19, **16**:1, **18**:18, **19**: 21, **21**:25, **22**:30, **23**:22, **24**:29, 30, 31, 35, **26**:64, **28**:2, 18, **Mar 1**:10, 11, **6**:41, **7**:34, **8**:11, **10**:21, **11**:30, 31, **12**:25, **13**:25, 27, 31, 32, **14**:62, **16**:19, **Luk ♦2**:13, 15, **3**:21, 22, **4**:25, **6**:23, **9**:16, 54, 58, **10**:15, 18, 20, 21, **11**:13, 16, **12**:33, **15**:7, **16**:17, **17**:24, 29, **18**:13, 22, **19**:38, **20**:4, 5, **21**:11, 26, 33, **22**:43, **24**:51, **Joh 1**:32, 51, **♦3**:12, 13, 27, 31, **6**:31, 33, 38, 41, 42, 50, 51, 58, **12**:28, **Act 1**:10, 11, **2**:2, 5, 19, 34, **4**:12, 24, **7**:42, 49, 55, 56, **9**:3, **10**:11, 16, **11**:5, 9, 10, **14**:15, **17**:24, **22**:6, **♣26**:19, **Ro 1**:18, **10**:6, **1Co 8**:5, **♦15**:40, 47, **♦48**, **♦49**, **2Co 5**:1, 2, **12**:2, **Gal 1**:8, **Eph 1**:10, **♦20**, **♦2**:6, **♦3**:10, 15, **4**:10, **6**:9, **♦12**, **Php ♦2**:10, **3**:20, **Col 1**:5, 16, 20, 23, **4**:1, **1Th 1**:10, **4**:16, **2Th 1**:7, **♦4**:18, **Heb 1**:10, **♦3**:1, **4**:14, **♦6**:4, **7**:26, **8**:1, **♦5**, **9**:23**♦**, 24, **10**:34, **11**:12, **♦** 16, **♦12**:22, 23, 25, 26, **Jas 5**:12, 18, **1Pe 1**:4, 12, **3**:22, **2Pe 1**:18, **3**:5, 7, 10, 12, 13, **Rev 3**:12, **4**:1, 2, **5**:3, 13, **6**:13, 14, **8**:1, 10, **9**:1, **10**:1, 4, 5, 6, 8, **11**:6, 12, 13, 15, 19, **12**:1, 3, 4, 7, 8, 10, 12, **13**:6, 13, **14**:2, 7, 13, 17, **15**:1, 5, **16**:11, 17, 21, **18**:1, 4, 5, 20, **19**:1, 11, 14, **20**:1, 9, 11, **21**:1, 2, 10

Mârôm מרום 4791

Heights, On High

Job 16:19, **25**:2, **31**:2, **Ps 7**:7, **18**:16, **68**:18, **71**:19, **92**:8, **93**:4, **102**:19, **144**:7, **Isa 32**:15, **33**:5, **57**:15, **Jer 17**:12, **25**:30, **La 1**:13, **Mic 6**:6

Jdg 5:18, **2Sa 22**:17, **2Ki 19**:22, 23, **Job 5**:11, **39**:18, **Ps 10**:5, **56**:2, **73**:8, **75**:5, **148**:1, **Pro 8**:2, **9**:3, 14, **Ecc 10**:6, **Isa 22**:16, **24**:4, 18, 21, **26**:5, **33**:16, **37**:23, 24, **38**:14, **40**:26, **58**:4, **Jer 31**:12, **49**:16, **51**:53, **Eze 17**:23, **20**:40, **34**:14, **Obd** 3, **Hab 2**:9

Râqîyaʿ רקיע 7549

Firmament

Gen 1:6, 7, 8, 14, 15, 17, 20, **Ps 19**:1, **150**:1, **Eze 1**:22, 23, 25, 26, **10**:1, **Dan 12**:3

Shemesh שׁמשׁ 8121/8122

Sun

♦Ḥammâh חמה 2535

Gen 15:12, 17, **19**:23, **28**:11, **32**:31, **37**:9, **Exd 16**:21, **17**:12, **22**:3, 26, **Lev 22**:7, **Nu 21**:11, **25**:4, **Deu 4**:19, 41, 47, **11**:30, **16**:6, **17**:3, **23**:11, **24**:13, 15, **33**:14, **Jos 1**:4, 15, **8**:29, **10**:12, 13, 27, **12**:1, **13**:5, **19**:12, 27, 34, **23**:4, **Jdg 5**:31, **9**:33, **11**:18, **19**:14, **20**:43, **21**:19, **1Sa 11**:9, **2Sa 2**:24, **3**:35, **12**:11, 12, **23**:4, 1**Ki 22**:36, **2Ki 3**:22, **10**:33, **23**:5, 11, **2Ch 18**:34, **Neh 7**:3, **Job 8**:16, **♦30**:28, **Ps 19**:4, **♦6**, **50**:1, **58**:8, **72**:5, 17, **74**:16, **84**:11, **89**:36, **104**:19, 22, **113**:3, **121**:6, **136**:8, **148**:3, **Ecc 1**:3, 5, 9, 14, **2**:11, 17, 18, 19, 20, 22, **3**:16, **4**:1, 3, 7, 15, **5**:13, 18, **6**:1, 5, 12, **7**:11, **8**:9, 15, 17, **9**:3, 6, 9, 11, 13, **10**:5, **11**:7, **12**:2, **Sng 1**:6, **♦6**:10, **Isa 13**:10, **♦24**:23, **♦30**:26, **38**:8, **41**:25, **45**:6, **49**:10, **54**:12, **59**:19, **60**:19, 20, **Jer 8**:2, **15**:9, **31**:35, **Eze 8**:16, **32**:7, **Dan 6**:14, **Joe 2**:10, 31, **3**:15, **Am 8**:9, **Jon 4**:8, **Mic 3**:6, **Nah 3**:17, **Hab 3**:11, **Zec 8**:7, **Mal 1**:11, **4**:2

Yârêaḥ ירח 3394

Moon

Gen 37:9, **Deu 4**:19, **17**:3, **Jos 10**:12, 13, **2Ki 23**:5, **Job 25**:5, **31**:26, **Ps 8**:3, **72**:5, 7, **89**:37, **104**:19, **121**:6, **136**:9, **148**:3, **Ecc 12**:2, **Isa 13**:10, **60**:19, **Jer 8**:2, **31**:35, **Eze 32**:7, **Joe 2**:10, 31, **3**:15, **Hab 3**:11

Kôkâv כוכב /Kôkâvîm כוכבים

3556 Star(s)

Gen 1:16, **15**:5, **22**:17, **26**:4, **37**:9, **Exd 32**:13, **Nu 24**:17, **Deu 1**:10, **4**:19, **10**:22, **28**:62, **Jdg 5**:20, **1Ch 27**:23, **Neh 4**:21, **9**:23, **Job 3**:9, **9**:7, **22**:12, **25**:5, **38**:7, **Ps 8**:3, **136**:9, **147**:4, **148**:3, **Ecc 12**:2, **Isa 13**:10, **14**:13, **47**:13, **Jer 31**:35, **Eze 32**:7, **Dan 8**:10, **12**:3, **Joe 2**:10, **3**:15, **Am 5**:26, **Obd** 4, **Nah 3**:16

Astēr ἀστήρ *792*

♦Astron ἄστρον 798

Mat 2:2, 7, 9, 10, **24**:29, **Mar 13**:25, **Luk ♦21**:25, **Act ♦7**:43, **♦27**:20, **1Co 15**:41, **Heb ♦11**:12, **Jud** 13, **Rev 1**:16, 20, **2**:1, 28, **3**:1, **6**:13, **8**:10, 11, 12, **9**:1, **12**:1, 4, **22**:16

Anatolē ἀνατολή *395*

Dayspring, East, Rising

Mat 2:1, 2, 9, **8**:11, **24**:27, **Luk 1**:78, **13**:29, **Rev 7**:2, **16**:12, **21**:13

Mal'âḵ מלאך 4397

Angel

[Except *messenger(s)*]

Gen 16:7, 9, 10, 11, **19**:1, 15, **21**:17, **22**:11, 15, **24**:7, 40, **28**:12, **31**:11, **32**:1, **48**:16, **Exd 3**:2, **14**:19, **23**:20, 23, **32**:34, **33**:2, **Nu 20**:16, **22**:22, 23, 24, 25, 26, 27, 31, 32, 34, 35, **Jdg 2**:1, 4, **5**:23, **6**:11, 12, 20, 21, 22, **13**:3, 6, 9, 13, 15, 16, 17, 18, 20, 21, **1Sa 29**:9, **2Sa 14**:17, 20, **19**:27, **24**:16, 17, **1Ki 13**:18, **19**:5, 7, **2Ki 1**:15, **19**:35, **1Ch 21**:12, 15, 16, 18, 20, 27, 30, **2Ch 32**:21, **36**:15, 16, **Job 4**:18, **Ps 34**:7, **35**:5, 6, **78**:49, **91**:11, **103**:20, **104**:4, **148**:2, **Isa 37**:36, **63**:9, **Hos 12**:4, **Zec 1**:9, 11, 12, 13, 14, 19, **2**:3, **3**:1, 3, 5, 6, **4**:1, 4, 5, **5**:5, 10, **6**:4, 5, **12**:8, **Mal 3**:1

Angelos αγγελος *32*

♦Archangelos ἀρχάγγελος *743*

Mat 1:20, 24, **2**:13, 19, **4**:6, 11, **11**:10, **13**:39, 41, 49, **16**:27, **18**:10, **22**:30, **24**:31, 36, **25**:31, 41, **26**:53, **28**:2, 5, **Mar 1**:2, 13, **8**:38, **12**:25, **13**:27, 32, **Luk 1**:11, 13, 18, 19, 26, 30, 34, 35, 38, **2**:9, 10, 13, 15, 21, **4**:10, **7**:24, 27, **9**:26, 52, **12**:8, 9, **15**:10, **16**:22, **22**:43, **24**:23, **Joh 1**:51, **12**:29, **20**:12, **Act 5**:19, **6**:15, **7**:30, 35, 38, 53, **8**:26, **10**:3, 7, 22, **11**:13, **12**:7, 8, 9, 10, 11, 15, 23, **23**:8, 9, **27**:23, **Ro 8**:38, **1Co 4**:9, **6**:3, **11**:10, **13**:1, **2Co 11**:14, **12**:7, **Gal 1**:8, **3**:19, **4**:14, **Col 2**:18, **1Th** ♦**4**:16, **2Th 1**:7, **1Ti 3**:16, **5**:21, **Heb 1**:4, 5, 6, 7, 13, **2**:2, 5, 7, 9, 16, **12**:22, **13**:2, **Jas 2**:25, **1Pe 1**:12, **3**:22, **2Pe 2**:4, 11, **Jud** 6, ♦9, **Rev 1**:1, 20, **2**:1, 8, 12, 18, **3**:1, 5, 7, 14, **5**:2, 11, **7**:1, 2, 11, **8**:2, 3, 4, 5, 6, 8, 10, 12, 13, **9**:1, 11, 13, 14, 15, **10**:1, 5, 7, 8, 9, 10, **11**:15, **12**:7, 9, **14**:6, 8, 9, 10, 15, 17, 18, 19, **15**:1, 6, 7, 8, **16**:1, 5, **17**:1, 7, **18**:1, 21, **19**:17, **20**:1, **21**:9, 12, 17, **22**:6, 8, 16

K̲ᵉrûb כרוּב /K̲ᵉrubîm כרבים

3742 Cherub, Cherubim

Gen 3:24, **Exd 25**:18, 19, 20, 22, **26**:1, 31, **36**:8, 35, **37**:7, 8, 9, **Nu 7**:89, **1Sa 4**:4, **2Sa 6**:2, **22**:11, **1Ki 6**:23, 24, 26, 27, 28, 29, 32, 35, **7**:29, 36, **8**:6, 7, **2Ki 19**:15, **1Ch 13**:6, **28**:18, **2Ch 3**:7, 10, 11, 12, 13, 14, **5**:7, 8, **Ps 18**:10, **80**:1, **Isa 37**:16, **Eze 9**:3, **10**:1, 2, 3, 4, 5, 6, 7, 8, 9, 14, 15, 16, 18, 19, 20, **11**:22, **28**:14, 16, **41**:18, 20, 25

III Pala

Wonders, Glory, Majesty, Light

Pâlâ’ פלא /Niphlâ’ôt נפלאות

6381 Wonderful, Marvelous (Works), Wonders

♦Pele’ פלא 6382

♣Pâlî פלי 6383

†Pâlâh פלה 6395

‡Tᵉmahh תמה 8540

ΔMiphlâ’ôt מפלאות 4652

{+Ôt אות /Ôtôt אתות 226 Sign(s)}

Exd 3:20, †**9**:4, †**11**:7, ♦**15**:11, †**33**:16, **34**:10, **Deu 28**:59, **30**:11, **Jos 3**:5, **Jdg 6**:13, ♣**13**:18, 19, **2Sa 1**:26, **1Ch 16**:9, 12, 24, **2Ch 2**:9, **26**:15, **Neh 9**:17, **Job 5**:9, **9**:10, **10**:16, **37**:5, 14, Δ16, **42**:3, **Ps** †**4**:3, **9**:1, †**17**:7, **26**:7, **31**:21, **40**:5, **71**:17, **72**:18, **75**:1, ♦**77**:11, ♦14, **78**:4, 11, ♦12, 32, **86**:10, ♦**88**:10, ♦12, ♦**89**:5, **96**:3, **98**:1, **105**:2, 5, **106**:7, 22, **107**:8, 24, **111**:4, **118**:23, **119**:18, 27, ♦129, **131**:1, **136**:4, ♣**139**:6, 14♣, **145**:5, **Pro 30**:18, **Isa** ♦**9**:6, ♦**25**:1, **28**:29, **29**:14♦, **Jer 21**:2, **La** ♦**1**:9, **Dan** ‡**4**:2+, ‡3+, ‡**6**:27+, **8**:24, **11**:36, ♦**12**:6, **Joe 2**:26, **Mic 7**:15, **Zec 8**:6

Môphet מופת 4159

Wonders, Sign

{♦Ôt אות /Ôtôt אתות 226 Sign(s)}

Exd 4:21, **7**:3♦, 9, **11**:9, 10, **Deu 4**:34♦, **6**:22♦, **7**:19♦, **13**:1♦, 2♦, **26**:8♦, **28**:46♦, **29**:3♦, **34**:11♦, **1Ki 13**:3, 5, **1Ch 16**:12, **2Ch 32**:24, 31, **Neh 9**:10♦, **Ps 71**:7, **78**:43♦, **105**:5, 27♦, **135**:9♦, **Isa 8**:18♦, **20**:3♦, **Jer 32**:20♦, 21♦, **Eze 12**:6, 11, **24**:24, 27, **Joe 2**:30, **Zec 3**:8

Teras τέρας /Terata τέρατα *5059*

{♦Semeion σεμειον /Sēmeia σημεία *4592* Sign(s)}

Joh 4:48♦, **Act 2**:19♦, 22♦, 43♦, **4**:30♦, **5**:12♦, **6**:8♦, **7**:36♦, **14**:3♦, **15**:12, **Ro 15**:19♦, **2Co 12**:12♦♦, **Heb 2**:4♦

Mat 24:24♦, **Mar 13**:22♦, **2Th 2**:9♦

Thaumastos θαυμαστός *2298*

♦Thaumasios θαυμάσιος *2297*

Mat ♦**21**:15, 42, **Mar 12**:11, **Joh 9**:30, **1Pe 2**:9, **Rev 15**:1, 3

Thaumadzō θαυμάζω *2296*

Marvel

Mat 8:10, 27, **9**:33, **15**:31, **21**:20, **22**:22, **27**:14, **Mar 5**:20, **6**:6, **15**:5, 44, **Luk 1**:21, 63, **2**:18, 33, **4**:22, **7**:9, **8**:25, **9**:43, **11**:14, 38, **20**:26, **24**:12, 41, **Joh 3**:7, **4**:27, **5**:20, 28, **7**:15, 21, **Act 2**:7, **3**:12, **4**:13, **7**:31, **13**:41, **Gal 1**:6, **2Th 1**:10, **1Jn 3**:13, **Jud** 16, **Rev 13**:3, **17**:6, 7, 8

Tâmah תמה 8539

Astonished, Wonder

♦Timmâhôn תמהון 8541

Gen 43:33, **Deu** ♦**28**:28, **Job 26**:11, **Ps 48**:5, **Ecc 5**:8, **Isa 13**:8, **29**:9, **Jer 4**:9, **Hab 1**:5, **Zec** ♦**12**:4

Ekthambeiste εκθαμβείτε *1568*

Amazed, Alarmed

♦Ekthamboi ἐκθαμβοι *1569*

Mar 9:15, **14**:33, **16**:5, 6, **Act** ♦**3**:11

Exestēsan εξέστησεν /Existantō εξίσταντω *1839*

Amazed, Astonished

♦Ekstasei εκστάσει *1611*
Mat 12:23, **Mar 2**:12, **3**:21, 5:42♦, **6**:51, ♦**16**:8, **Luk 2**:47, ♦**5**:26, **8**:56, **24**:22, **Act 2**:7, 12, ♦**3**:10, **8**:9, 11, 13, **9**:21, ♦**10**:10, 45, ♦**11**:5, **12**:16, ♦**22**:17, **2Co 5**:13

Exeplēssonto εξεπλήσσοντο

1605 Astonished

Mat 7:28, **13**:54, **19**:25, **22**:33, **Mar 1**:22, **6**:2, **7**:37, **10**:26, **11**:18, **Luk 2**:48, **4**:32, **9**:43, **Act 13**:12

Euthos ευθος *2117*

Immediately

♦Eutheōs ευθέως *2112*

Mat 3:16, ♦**4**:20, ♦22, ♦**8**:3, ♦**13**:5, 20, 21, ♦**14**:22, 27, ♦31, ♦**20**:34, ♦**21**:2, 3, ♦**24**:29, ♦**25**:16, ♦**26**:49, ♦74, ♦**27**:48, **Mar 1**:3, 10, 12, 18, 20, 21, 28, 29, 30, 42, 43, **2**:8, 12, **3**:6, **4**:5, 15, 16, 17, 29, **5**:2, 29, 30, 42, **6**:25, 27, 45, 50, 54, **7**:25, 35, **8**:10, **9**:15, 20, 24, **10**:52, **11**:2, 3, **14**:43, 45, **15**:1, **Luk 3**:5, ♦**5**:13, **6**:49, ♦**12**:36, ♦54, ♦**14**:5, ♦**17**:7, ♦**21**:9, **Joh** ♦**5**:9, ♦**6**:21, **13**:30, 32, ♦**18**:27, **19**:34, **Act 8**:21, ♦**9**:18, ♦20, 34, **10**:16, ♦**12**:10, **13**:10, ♦**16**:10, ♦**17**:10, ♦14, ♦**21**:30, ♦**22**:29, **Gal** ♦**1**:16, **Jas** ♦**1**:24, **2Pe 2**:15, ♦**3Jn** 14, **Rev** ♦**4**:2

Exaiphnēs εξαίφνης *1810*

Suddenly

♦Exautes εξαυτες *1824*

♣Exapina εξάπινα *1819*

Mar ♦**6**:25, ♣**9**:8, **13**:36, **Luk 2**:13, **9**:39, **Act 9**:3, ♦**10**:33, ♦**11**:11, ♦**21**:32, **22**:6, ♦**23**:30, **Php** ♦**2**:23

Ôt אוֹת /Ôtôt אוֹתוֹת 226

Sign(s)

[Also see under Pâlâ' (Wonder) and Môphet (Wonders) above]

Gen 1:14, **4**:15, **9**:12, 13, 17, **17**:11, **Exd 3**:12, **4**:8, 9, 17, 28, 30, **8**:23, **10**:1, 2, **12**:13, **13**:9, 16, **31**:13, 17, **Nu 2**:2, **14**:11, 22, **16**:38, **17**:10, **Deu 6**:8, **11**:3, 18, **Jos 2**:12, **4**:6, **24**:17, **Jdg 6**:17, **1Sa 2**:34, **10**:7, 9, **14**:10, **2Ki 19**:29, **20**:8, 9, **Ps 65**:8, **74**:4, 9, **86**:17, **Isa 7**:11, 14, **19**:20, **37**:30, **38**:7, 22, **44**:25, **55**:13, **66**:19, **Jer 10**:2, **44**:29, **Eze 4**:3, **14**:8, **20**:12, 20

Semeion σεμειον /Sēmeia σημεία *4592* Sign(s), Miracle

♦Sēmainō σημαίνω *4591*

[Also see under Teras above]

Mat 12:38, 39, **16**:1, 3, 4, **24**:3, 30, **26**:48, **Mar 8**:11, 12, **13**:4, **16**:17, 20, **Luk 2**:12, 34, **11**:16, 29, 30, **21**:7, 11, 25, **23**:8, **Joh 2**:11, 18, 23, **3**:2, **4**:48, 54, **6**:2, 14, 26, 30, **7**:31, **9**:16, **10**:41, **11**:47, **12**:18, ♦33, 37, ♦**18**:32, **20**:30, ♦**21**:19, **Act 4**:16, 22, **8**:6, 13, ♦**11**:28, ♦**25**:27, **Ro 4**:11, **1Co 1**:22, **14**:22, **2Th 3**:17, **Rev** ♦**1**:1, **12**:1, 3, **13**:13, 14, **15**:1, **16**:14, **19**:20

Pô'al פֹּעַל /Pâ'âlêy פְּעָלֵי 6467

Act, Deed, Work(s)

♦Pᵉùllôt פְּעֻלּוֹת 6468

♣Miph'âlôt מִפְעָלוֹת 4659

{†Ma'aseh מַעֲשֶׂה 4637 Work}

[Only of Yehuwah; for works, deeds of man, go to p178]

Deu 32:4, **Job 36**:24, **Ps** ♦**28**:5†, **44**:1, ♣**46**:8, **64**:9†, ♣**66**:5, **77**:12, **90**:16, **92**:4†, **95**:9, **104**:23, **111**:3, **143**:5†, **Pro** ♣**8**:22, **Isa 5**:12†, ♦**40**:10, **41**:24, **45**:9, 11, **62**:11, **Hab 1**:5, **3**:2

'Alîlôt עֲלִילוֹת 5949

Acts, Deeds

♦'Alîlîyâh עֲלִילִיָּה 5950

♣Ma'allêy מַעַלְלֵי 4611

[Only of Yehuwah; for works, deeds of man, go to 'Alîlâh on p178]

1Ch 16:8, **Ps 9**:11, **66**:5, ♣**77**:11, 12, ♣**78**:7, 11, **103**:7, **105**:1, **Isa 12**:4, **Jer** ♦**32**:19, **Mic** ♣**2**:7

Ma'aseh מַעֲשֶׂה /Ma'asêy מַעֲשֵׂי 4637

Work(s)

[Only of Yehuwah; for works, deeds of man, go to p178; also see under Pô'al (Work) above]

Exd 32:16, **34**:10, **Deu 11**:3, 7, **Jos 24**:31, **Jdg 2**:7, 10, **Job 14**:15, **34**:19, **37**:7, **Ps 8**:3, 6, **33**:4, **66**:3, **86**:8, **92**:5, **102**:25, **103**:22, **104**:13, 24, 31, **106**:13, **107**:22, 24, **111**:2, 6, 7, **118**:17, **138**:8, **139**:14, **145**:4, 9, 10, 17, **Pro 16**:11, **Ecc 3**:11, **7**:13, **8**:17, **11**:5, **Isa 5**:19, **10**:12, **19**:25, **28**:21, **29**:23, **32**:17, **60**:21, **64**:8, **Jer 51**:10

'Âsâh עָשָׂה 6213

Work, Show, Make, Perform, Execute

Yêʽâseh יַעֲשֶׂה Will Perform

[Only of Yehuwah; for doing of man, go to p178]

Gen 1:7, 16, 25, 26, 31, **2**:2, 3, 4, 18, **3**:1, 21, **5**:1, **6**:6, 7, **7**:4, **8**:21, **9**:6, **12**:2, **18**:25, 29, 30, **19**:19, 22, **21**:1, 6, **24**:12, 14, **41**:25, 28, 32, **42**:28, **Exd 3**:20, **4**:17, 21, 30, **8**:13, 24, 31, **9**:5, 6, **11**:10, **12**:12, **13**:8, **14**:13, 31, **15**:11, **17**:4, **18**:1, 8, 9, **19**:4, **20**:6, 11, **31**:17, **32**:14, **33**:17, **34**:10, **Lev 26**:16, **Nu 33**:4, 56, **Deu 1**:30, **3**:21, **4**:3, 34, **5**:10, **7**:18, 19, **9**:14, **10**:18, 21, **11**:3, 4, 5, 6, 7, **29**:9, 24, **31**:4, **32**:6, 15, **34**:11, 12, **Jos 3**:5, **4**:23, **10**:25, **23**:3, **24**:5, 7, 17, 31, **2**:7, 10, **Jdg 6**:40, **11**:36, **13**:19, **21**:15, **Ru 1**:8, 17, **1Sa 3**:11, 17, 18, **6**:9, **11**:13, **12**:6, 7, 16, 22, **14**:6, 44, 45, **19**:5, **20**:13, **22**:3, **25**:22, 28, **28**:17, 18, **2Sa 2**:6, **3**:9, 35, **7**:3, 9, 11, 21, 23, 25, **10**:12, **22**:51, **23**:10, 12, **24**:12, **1Ki 2**:23, **8**:66, **9**:8, **13**:11, **2Ki 6**:31, **7**:2, 19, **10**:10, **19**:15, 25, 31, **20**:9, **1Ch 19**:13, **21**:10, **2Ch 1**:8, **2**:3, **7**:10, 21, **Neh 9**:6, 10, 31, **Job 5**:9, **9**:9, 10, 12, **10**:8, 9, 12, **12**:9, **14**:5, **23**:9, 13, **25**:2, **28**:26, **31**:15, **32**:22, **33**:4, **35**:10, **37**:5, **40**:15, 19, **41**:33, **42**:8, **Ps 9**:4, 16, **18**:50, **22**:31, **33**:6, **37**:5, **39**:9, **40**:5, **52**:9, **66**:16, **71**:19, **72**:18, **77**:14, **78**:4, 12, **83**:9, **86**:9, 10, 17, **88**:10, **95**:5, 6, **98**:1, **99**:4, **100**:3, **103**:6, 10, **104**:4, 19, 24, **105**:5, **106**:21, **109**:21, 27, **111**:4, 8, **115**:3, 15, **118**:15, 16, 24, **119**:65, 73, 84, 124, 126, **121**:2, **124**:8, **126**:2, 3, **135**:6, 7, **136**:4, 5, 7, **139**:15, **140**:12, **145**:19, **146**:6, 7, **147**:20, **148**:8, **149**:2, 7, 9, **Pro 14**:31, **17**:5, **20**:12, **22**:2, **Ecc 3**:11, 14, **7**:14, 29, **8**:3, 4, **11**:5, **Isa 5**:4, 5, **9**:7, **10**:11, 23, **12**:5, **17**:7, **25**:1, 6, **28**:21, **33**:13, **37**:16, 26, 32, **38**:7, 15, **40**:23, **41**:4, 20, **42**:16, **43**:7, 19, **44**:2, 23, 24, **45**:7, 9, 12, 18, **46**:4, 10, 11, **48**:3, 5, 11, 14, **51**:13, **53**:9, **54**:5, **55**:11, **57**:16, **63**:12, 14, **64**:3, 4, **65**:8, **66**:2, 22, **Jer 1**:12, **4**:27, **5**:18, 19, **7**:14, **9**:7, 24, **10**:12, 13, **11**:4, 6, 8, **14**:7, 22, **18**:6, 8, **19**:12, **21**:2, **22**:8, 15, **23**:5, **36**:3, **42**:10, **46**:28, **51**:12, 15, 16, **Eze 5**:8, 9, 10, 15, **6**:10, **7**:27, **8**:18, **11**:9, 13, **12**:25, 28, **14**:23, **17**:24, **20**:9, 14, 17, 22, 44, **22**:14, **23**:30, **25**:11, 17, **28**:22, 26, **30**:14, 19, **31**:9, **33**:19, **35**:6, 11, 14, 15, **36**:22, 27, 32, 36, 37, **37**:14, 19, 22, **39**:21, 24, **Dan 9**:14, 15, 19, **Hos 6**:4, **8**:14, **11**:9, **Joe 2**:11, 20, 21, 26, **Am 3**:6, 7, **4**:12, 13, **5**:8, **9**:12, **Jon 1**:9, 14, **3**:10, **Mic 5**:15, **6**:3, **7**:9, **Nah 1**:8, 9, **Zep 1**:18, **3**:19, **Zec 1**:6, **10**:1, **Mal 2**:15, **3**:17, **4**:3

Ergon έργον /Erga έργα *2041*

Work(s)

♦Ergadzetai εργάζεται *2038*

♣Energema ενέργημα *1755*

†Poiēma ποιημα *4161*

[Only of Yehuwah; for works, deeds of man, go to p178]

Mat 11:2, **Luk 24**:19, **Joh 4**:34, ♦**5**:17, 20, 36, **6**:28♦, 29, **7**:3, 21, **9**:3, 4♦, **10**:25, 32, 33, 37, 38, **14**:10, 11, 12, **15**:24, **17**:4, **Act 13**:2, 41♦, **14**:26, **15**:38, **Ro** †**1**:20, ♦**13**:10, **15**:18, **1Co** ♣**12**:**6**, ♣10, **15**:58, **16**:10, **Eph** †**2**:10, **Php 1**:6, **Heb 1**:10, **3**:9, **4**:3, 4

Yâtsar יָצַר /Yôtser יוֹצֵר 3335

Form, Make(r)

Gen 2:7, 8, 19, **Exd 32**:4, **2Sa 17**:28, **2Ki 19**:25, **1Ch 4**:23, **Ps 2**:9, **33**:15, **74**:17, **94**:9, **95**:5, **104**:26, **139**:16, **Isa 22**:11, **27**:11, **29**:16, **30**:14, **37**:26, **41**:25, **43**:1, 7, 10, 21, **44**:2, 9, 10, 12, 21, 24, **45**:7, 9, 11, 18, **46**:11, **49**:5, **54**:17, **64**:8, **Jer 1**:5, **10**:16, **18**:2, 3, 4, 6, 11, **19**:1, 11, **33**:2, **51**:19, **La 4**:2, **Am 4**:13, **7**:1, **Hab 2**:18, **Zec 11**:13, **12**:1

Râqam רקם 7551

Curiously Work

Ps 139:15

Exd 26:36, **27**:16, **28**:39, **35**:35, **36**:37, **38**:18, 23, **39**:29

Nôrâ’ נוֹרא /Nôwrâ’ôt נוראות

3372 Awesome (Deeds)

[Except common *fear, afraid* etc.; for *fear* of Yehuwah, go to Yirâ’ on p127]

Gen 28:17, **Exd 15**:11, **34**:10, **Deu 7**:21, **8**:15, **10**:17, 21, **28**:58, **Jdg 13**:6, **2Sa 7**:23, **1Ch 17**:21, **Neh 1**:5, **4**:14, **9**:32, **Job 37**:22, **Ps 45**:4, **47**:2, **65**:5, **66**:3, 5, **68**:35, **76**:7, 12, **89**:7, **96**:4, **99**:3, **106**:22, **111**:9, **139**:14, **145**:6, **Isa 64**:3, **Eze 1**:22, **Dan 9**:4, **Joe 2**:11, 31, **Zep 2**:11, **Mal 1**:14, **4**:5

Môrâ’ מוֹרא 4172

Terror

Gen 9:2, **Deu 4**:34, **11**:25, **26**:8, **34**:12, **Ps 9**:20, **76**:11, **Isa 8**:12, 13, **Jer 32**:21, **Mal 1**:6, **2**:5

Phoberos φοβερός *5398*

[Only fearfulness; for *fear* of Yehuwah, go to p128]

Heb 10:27, 31, **12**:21

Kâvôd כבוֹד 3519

Glory, Honor

Nikbad נִכְבָּד Honorable

Exd 16:7, 10, **24**:16, 17, **29**:43, **33**:18, 22, **40**:34, 35, **Lev 9**:6, 23, **Nu 14**:10, 21, 22, **16**:19, 42, **20**:6, **Deu 5**:24, **Jos 7**:19, **1Sa 4**:21, 22, **6**:5, **1Ki 8**:11, **1Ch 16**:24, 28, 29, **29**:12, **2Ch 5**:14, **7**:1, 2, 3, **Neh 9**:5, **Ps 3**:3, **8**:5, **19**:1, **21**:5, **24**:7, 8, 9, 10, **26**:8, **29**:1, 2, 3, 9, **57**:5, 11, **62**:7, **63**:2, **66**:2, **72**:19, **73**:24, **79**:9, **84**:11, **85**:9, **96**:3, 7, 8, **97**:6, **102**:15, 16, **104**:31, **106**:20, **108**:5, **113**:4, **115**:1, **138**:5, **145**:5, 11, 12, **149**:5, **Pro 25**:2, **Isa 3**:8, **4**:2, 5, **6**:3, **11**:10, **24**:23, **35**:2, **40**:5, **42**:8, 12, **43**:7, **48**:11, **58**:8, **59**:19, **60**:1, 2, 13, **62**:2, **66**:18, 19, **Jer 2**:11, **13**:16, **14**:21, **17**:12, **Eze 1**:28, **3**:12, 23, **8**:4, **9**:3, **10**:4. 18, 19, **11**:22, 23, **39**:21, **43**:2, 4, 5, **44**:4, **Hab 2**:14, **Hag 2**:3, 7, 9, **Zec 2**:5, 8, **Mal 1**:6, **2**:2

Gen 31:1, **45**:13, **49**:6, **Exd 28**:2, 40, **Nu 24**:11, **1Sa 2**:8, **1Ki 3**:13, **1Ch 17**:18, **29**:28, **2Ch 1**:11, 12, **17**:5, **18**:1, **26**:18, **32**:27, 33, **Est 1**:4, **5**:11, **Job 19**:9, **29**:20, **Ps 4**:2, **7**:5, **16**:9, **30**:12, **49**:16, 17, **57**:8, **108**:1, **112**:9, **Pro 3**:16, 35, **4**:8, **8**:18, **11**:16, **15**:33, **18**:12, **20**:3, **21**:21, **22**:4, **25**:27, **26**:1, 8, **29**:23, **Ecc 6**:2, **10**:1, **Isa 5**:13, **8**:7, **10**:3, 16, 18, **14**:18, **16**:14, **17**:3, 4, **21**:16, **22**:18, 23, 24, **61**:6, **66**:11, 12, **Jer 48**:18, **Eze 31**:18, **Dan 11**:39, **Hos 4**:7, **9**:11, **10**:5, **Mic 1**:15, **Nah 2**:9, **Hab 2**:16

Kâvad כבד 3513

Glorify, Honor

Exd 14:4, 17, 18, **Lev 10**:3, **Deu 28**:58, **Jdg 13**:17, **1Sa 2**:30, **Ps 22**:23, **45**:13, **50**:15, 23, **86**:9, 12, **87**:3, **Pro 3**:9, **4**:8, **14**:31, **Isa 24**:15, **25**:3, **26**:15, **29**:13, **43**:20, 23, **49**:5, **58**:13, **60**:13, **66**:5, **Eze 28**:22, **39**:13, **Hag 1**:8, **Mal 1**:6

Gen 13:2, **34**:19, **Exd 20**:12, **Nu 22**:15, 17, 37, **24**:11, **Deu 5**:16, **Jdg 1**:35, **9**:9, **♦18**:21, **1Sa 2**:29, **15**:30, **22**:14, **2Sa 6**:20, 22, **10**:3, **23**:19, 23, **1Ch 4**:9, **11**:21, 25, **19**:3, **Ps 15**:4, **87**:3, **91**:15, **149**:8, **Pro 8**:24, **12**:9, **13**:18, **27**:18, **Isa 3**:5, **23**:8, 9, **43**:4, **Jer 30**:19, **La 1**:8, **Eze ♦23**:41, **27**:25, **Dan 11**:38, **Nah 3**:10

Tiph'eret תפארת 8597

Glory

1Ch 29:11, 13, **Ps 71**:8, **89**:17, **96**:6, **Isa 28**:5, **46**:13, **60**:7, 19, **62**:3, **63**:12, 14, 15, **Jer 13**:11, **33**:9, **Zec 12**:7

Exd 28:2, 40, **Deu 26**:19, **Jdg 4**:9, **2Ch 3**:6, **Est 1**:4, **Ps 78**:61, **Pro 4**:9, **16**:31, **17**:6, **19**:11, **20**:29, **28**:12, **Isa 3**:18, **10**:12, **13**:19, **20**:5, **28**:1, 4, **44**:13, **52**:1, **64**:11, **Jer 13**:18, 20, **48**:17, **La 2**:1, **Eze 16**:12, 17, 39, **23**:26, 42, **24**:25

Doxa δόξα *1391*

♦Kleos κλέος *2811*

{♦Dunamis δύναμις *1411* Power}

Mat 6:13♣, **16**:27, **19**:28, **24**:30♣, **25**:31, **Mar 8**:38, **10**:37, **13**:26♣, **Luk 2**:9, 32, **9**:26, 31, 32, **12**:27, **14**:10, **17**:18, 19:38, **21**:27♣, **24**:26, **Joh 1**:14, **2**:11, **5**:41, 44, **7**:18, **8**:50, 54, **9**:24, **11**:4, 40, **12**:41, 43, **17**:5, 22, 24, **Act 7**:2, 55, **12**:23, **22**:11, **Ro 1**:23, **2**:7, 10, **3**:7, 23, **4**:20, **5**:2, **6**:4, **8**:18, 21, **9**:4, 23, **11**:36, **15**:7, **16**:27, **1Co 2**:7, 8, **10**:31, **11**:7, **15**:41, 43♣, **2Co 1**:20, **3**:7, 8, 9, 11, 18, **4**:4, 6, 15, 17, **6**:8, **8**:19, 23, **Gal 1**:5, **Eph 1**:6, 12, 17, 18, **3**:13, 16, 21, **Php 1**:11, **2**:11, **3**:19, 21, **4**:19, 20, **Col 1**:11♣, 27, **3**:4, **1Th 2**:6, 12, 20, **2Th 1**:9, 2:14, **1Ti 1**:11, 17, **3**:16, **2Ti 2**:10, **4**:18, **Tit 2**:13, **Heb 1**:3♣, **2**:7, 9, 10, **3**:3, **9**:5, **13**:21, **Jas 2**:1, **1Pe 1**:7, 11, **4**:11, 13, 14, **5**:1, 4, 10, 11, **2Pe 1**:3♣, 17, 3:18, **Jud** 24, 25, **Rev 1**:6, **4**:9, 11♣, **5**:12♣, 13, 7:12♣, **11**:13, **15**:8♣, **16**:9, **18**:1, **19**:1♣, 7, **21**:11, 23, 24, 26

Mat 4:8, **6**:29, **Luk 4**:6, **1Co 11**:15, **15**:40, 41, **1Pe 1**:24, **♦2**:20, **2Pe 2**:10, **Jud** 8

Doxadzō δοξάζω /Doxadzetai δοξάζεται *1392*

Glorify, Honor, (Glorified)

♦Endoxadzō ενδοξάζω *1740*

♣Endoxos ένδοξος *1741*

†Sundoxadzō συνδοξάζω *4888*

‡Paradoxos παράδοξας *3861*

Mat 5:16, **6**:2, **9**:8, **15**:31, **Mar 2**:12, **Luk 2**:20, **4**:15, **5**:25, 26‡, **7**:16, **♣25**, **13**:13, **♣17**, **17**:15, **18**:43, **23**:47, **Joh 7**:39, **8**:54, **11**:4, **12**:16, 23, 28, **13**:31, 32, **14**:13, **15**:8, **16**:14, **17**:1, 4, 5, 10, **21**:19, **Act 3**:13, **4**:21, **11**:18, **13**:48, **21**:20, **Ro 1**:21, **†8**:17, 30, **11**:13, **15**:6, 9, **1Co ♣4**:10, **6**:20, **12**:26, **2Co 3**:10, **9**:13, **Gal 1**:24, **Eph ♣5**:27, **2Th ♦1**:10, **♦12**, **3**:1, **Heb 5**:5, **1Pe 1**:8, **2**:12, **4**:11, 14, 16, **Rev 15**:4, **18**:7

Pâ'ar פאר 6286

Beautify, Boast, Glorify

Isa 44:23, **49**:3, **55**:5, **60**:7, 9, 13, 21, **61**:3

Exd 8:9, **Deu 24**:20, **Jdg 7**:2, **Ezr 7**:27, **Ps 149**:4, **Isa 10**:15

No'am נעם 5278

Beauty

Ps 27:4, **90**:17, **Pro 3**:17, **15**:26, **16**:24, **Zec 11**:7, 10

Yâpheh יפה 3303

Fair, Beautiful, Well

♦Yophîy יפי 3308 Beauty

♣Yâphâh יפה 3302

†Y^e^phêh-Phîyâh יפה־פיה 3304

Gen 12:11, 14, **29**:17, **39**:6, **41**:2, 4, 18, **Deu 21**:11, **1Sa 16**:12, **17**:42, **25**:3, **2Sa 13**:1, **14**:25, 27, **1Ki 1**:3, 4, **Est ♦1**:11, **2**:7, **Job 42**:15, **Ps ♣45:3,** ♦11, **48**:2, ♦**50**:2, **Pro ♦6**:25, **11**:22, ♦**31**:30, **Ecc 3**:11, 5:18, **Sng 1**:8, 15, 6, **2**:10, 13, **4**:1, 7, ♣10, **5**:9, **6**:1, 4, 10, **7**:1, ♣7, **Isa ♦3**:24, ♦**33**:17, **Jer ♣4**:30, ♣**10**:4, **11**:16, †**46**:20, **La ♦2**:15, **Eze ♣16**:13, ♦14, ♦15, ♦25, ♦**27**:3, ♦4, ♦11, ♦**28**:7, ♦12, ♦17, **31**:3, ♣7, ♦8, 9, **33**:32, **Am 8**:13, **Zec ♦9**:17

Asteîos ἀστεῖος *791*

Act 7:20, **Heb 11**:23

Bâra<u>k</u> ברך 1288

Blessed

♦B^e^ra<u>k</u> ברך 1289

[Only of Yehuwah; for Yehuwah's name *blessed* go to Shêm (Name) on p19; blessing from Yehuwah, of man, go to p91; for *bless* as worship go to p191]

Gen 9:26, **14**:20, **24**:27, **Exd 18**:10, **Ru 4**:14, **1Sa 25**:32, 39, **2Sa 18**:28, **22**:47, **1Ki 1**:48, **5**:7, **8**:15, 56, **10**:9, **1Ch 16**:36, **2Ch 2**:12, **6**:4, **9**:8, **Ezr 7**:27, **Ps 18**:46, **28**:6, **31**:21, **41**:13, **45**:2, **66**:20, **68**:19, 35, **72**:17, 18, **89**:52, **106**:48, **118**:26, **119**:12, **124**:6, **135**:21, **144**:1, **Eze 3**:12, **Dan ♦3**:28, **Zec 11**:5

Eulogētos ευλογητός *2128*

Mar 14:61, **Luk 1**:68, **Ro 1**:25, **9**:5, **2Co 1**:3, **11**:31, **Eph 1**:3, **1Pe 1**:3

Makarios μακάριος *3107*

[Only of Yehuwah; blessing from Yehuwah, of man, go to p92]

1Ti 1:11, **6**:15, **Tit 2**:13

Hôd הוד 1935

Honor, Majesty

{♦Hâdâr הדר 1926 Majesty}

1Ch 16:27♦, **29**:11, **Job 37**:22, **40**:10♦, **Ps 8**:1, **21**:5♦, **45**:3♦, **96**:6♦, **104**:1♦, **111**:3♦, **145**:5♦, **148**:13, **Isa 30**:30, **Hab 3**:3, **Zec 6**:13

Nu 27:20, **1Ch 29**:25, **Job 39**:20, **Pro 5**:9, **Jer 22**:18, **Dan 10**:8, **11**:21, **Hos 14**:6, **Zec 10**:3

Hâdâr הדר 1926

Majesty, Honor, Glory

♦Hâdar הדר 1921

[Also look under Hôd (Honor) above]

Ps 8:5, **29**:4, **45**:4, **90**:16, **96**:9, **110**:3, **145**:12, **149**:9, **Isa 2**:10, 19, 21, **35**:2, **53**:2, ♦**63**:1, **Eze 16**:14, **Mic 2**:9

Exd ♦23:3, **Lev ♦19**:15, ♦32, **23**:40, **Deu 33**:17, **Pro 20**:29, ♦**25**:6, **31**:25, **Isa 5**:14, **La 1**:6, ♦**5**:12, **Eze 27**:10

Addîr אדיר 117

Excellent, Mighty, Noble

♦Âdar אדר 142

Exd ♦15:6, ♦11, **1Sa 4**:8, **Ps 8**:1, 9, **16**:3, **76**:4, **93**:4, **Isa 10**:34, **33**:21, ♦**42**:21

Exd 15:10, **Jdg 5**:13, 25, **2Ch** 23:20, **Neh 3**:5, **10**:29, **Ps 136**:18, **Jer 14**:3, **25**:34, 35, 36, **30**:21, **Eze 17**:23, **32**:18, **Nah 2**:5, **3**:18, **Zec 11**:2

Ga'avâh גאוה 1346

Majesty, Excellence

♦Gâ'âh גאה 1342

[Except *pride* of man, go to p143]

Exd ♦15:1, ♦21, **Deu 33**:26, 29, **Ps 68**:34, **Isa 13**:3

Job ♦8:11, ♦**10**:16, **Eze ♦47**:5

Ga'ôn גאון 1347

Majesty, Excellence

♦Gê'ût גאות 1348

♣Sâggî' שגיא 7689

[Except *pride* of man, go to p143]

Exd 15:7, **Job ♣36:26, 37**:4, **♣23, Ps ♦93**:1, **Isa 2**:10, 19, 21, ♦**12**:5, **13**:19, **24**:14, ♦**26**:10, **Mic 5**:4

Job 40:10, **Ps 47**:4, **Isa 4**:2, **13**:19, **60**:15, **Eze 7**:20, **24**:21, **Am 6**:8, **8**:7, **Nah 2**:2

Gâvahh גבה 1361

High, Lifted Up

♦Gâvôahh גבה 1364

†Gavhût גבהות 1365

[Except nominal *high* for 1364; for *lifted up* of men, go to p143]

Ps 113:5, **Isa 5**:16, **52**:13, **55**:9

(Of the righteous)

2Ch 17:6, Job 36:7, Eze 24♦, **21**:26♣

(Natural)

1Sa 10:23, **Job 5**:7, **35**:5, **39**:27, **Ps 103**:11, **Isa 7**:11, **Jer 49**:16

She'êt שׂאת 7613

Highness

[Not *swelling*]

Gen 4:7, **49**:3, **Job 13**:11, **31**:23, **41**:25, **Ps 62**:4, **Hab 1**:7

Euschēmon ευσχήμον *2158*

Honorable

Mar 15:43, **Act 13**:50, **17**:12, **1Co 7**:35, **12**:24

Phēmē φήμη *5345*

Fame

Mat 9:26, **Luk 4**:14

'Âleh עלה 5927

Come Up, Ascended, Exalted

[Only of Yehuwah; for *Yehuwah brought you up*, go to p62; for *go up, offer* to Yehuwah, go to p201]

Exd 33:3, 5, **Nu 9**:17, 21, 22, **10**:11, **Jdg 2**:1, **Ps 47**:5, 9, **68**:18, **78**:21, 31, **97**:9, **Eze 9**:3, **11**:23, 24

'Âl על 5920

High

2Sa 23:1, **Ps 50**:4, **Hos 7**:16, **11**:7

Hupsēlos ὑψηλος *5308*

♦Hupsos ύψος *5311*

Luk ♦1:78, **♦24**:49, **Eph ♦3**:18, **♦4**:8, **Heb 1**:3, **7**:26, **Act 13**:17

Mat 4:8, **17**:1, **Mar 9**:2, **Luk 16**:15, **Ro 11**:20, **12**:16, **Jas ♦1**:9, **Rev 21**:10, 12, **♦16**

Rûm רום /Rômam רומם 7311

Exalt(ed), Lift Up /Rômemâh רוממה

Magnify

♦Râmam רמם 7426Katabainon

[Only of Yehuwah; for *90* of man, go to p90]

Exd 15:2, **Nu 24**:7, **1Sa 2**:1, **2Sa 22**:47, **Neh 9**:5, **Ps 18**:46, **21**:13, **30**:1, **34**:3, **46**:10, **57**:5, 11, **78**:69, **89**:13, **99**:2, 5, 9, **107**:32, **108**:5, **113**:4, **♦118**:16, 28, **138**:6, **145**:1, **Isa ♦25**:1, **26**:11, **30**:18, **33**:10, **49**:22, **52**:13, **57**:15, **Hos 11**:7, **Mic 5**:9

Megalunō μεγαλύνω *3170*

Magnify, Majesty

♦Megaleiotēs μεγαλειότης *3168*

♣Megalōsunē μεγάλωσύνη *3172*

†Megaloprepēs μεγαλοπρεπής *3169*

†Megaleios παγαλειος *3167*

Luk 1:46, 58, **♦9**:43, **Act †2**:11, **10**:46, **19**:17, **Php 1**:20, **Heb ♣1**:3, **♣8**:1, **2Pe ♦1**:16, **†**17, **Jud ♣**25

Mat 23:5, **Act 5**:13, **♦19**:27, **2Co 10**:15

Hupsōse ύψσωσε *5312*

♦Huperupsōsen ὑπερύψωσεν *5251*

[Only of Yehuwah; for lift up of man, go to p91]

Joh 3:14, **8**:28, **12**:32, 34, **Act 2**:33, **5**:31, **Php ♦2**:9

Anō άνω *507*

Above

♦Anōthen άνω *509*

♣Epanō επάνω *1883*

†Huperanō ὑπεράνω *5231*

[Only of Yehuwah]

Luk ♦1:3, **Joh ♦3**:3, **♦**7, 31**♦**, **8**:23, **♦19**:11, **Act 2**:19, **Gal 4**:26, **Eph †1**:21, **†4**:10, **Php 3**:14, **Col 3**:1, 2, **Heb †9**:5, **Jas ♦1**:17, **♦3**:15, **♦**17

Mat ♣2:9, **♣5**:14, **Mar ♦15**:38, **Luk ♣4**:39, **♣10**:19, **♣19**:17, 19, **Joh 2**:7, **11**:41, **♦19**:23, **Act ♦26**:5, **Gal ♦4**:9, **Heb 12**:15, **Rev ♣20**:3

Katabainon καταβαίνον /Katabas καταβάς *2597*

Coming (Came) Down

[Only of Yehuwah]

Mat 3:16, **28**:2, **Mar 1**:10, **Luk 3**:22, **9**:54, **Joh 1**:32, 33, 51, **3**:13, **4**:47, **6**:33, 38, 41, 42, 50, 51,

58, **Ro 10**:7, **Eph 4**:9, 10, **1Th 4**:16, **Jas 1**:17, **Rev 3**:12, **10**:1, **12**:12, **13**:13, **18**:1, **20**:1, 9, **21**:2, 10

Rê'shît ראשׁית 7225

Beginning, Firstfruits

♦Mar'âshâh מראשׁה 4761

Gen 1:1, **Ps 111**:10, **Pro 1**:7, **4**:7, **8**:22, **Isa 46**:10, **Jer 2**:3

Gen 10:10, **49**:3, **Exd 23**:19, **34**:26, **Lev 2**:12, **23**:10, **Nu 15**:20, 21, **18**:12, **24**:20, **Deu 11**:12, **18**:4, **21**:17, **26**:2, 10, **33**:21, **1Sa 2**:29, **15**:21, **2Ch 31**:5, **Neh 10**:37, **12**:44, **Job 8**:7, **40**:19, **42**:12, **Ps 78**:51, **105**:36, **Pro 3**:9, **17**:14, **Ecc 7**:8, **Jer ♦13**:18, **26**:1, **27**:1, **28**:1, **49**:34, 35, **Eze 20**:40, **44**:30, **48**:14, **Dan 11**:41, **Hos 9**:10, **Am 6**:1, 6, **Mic 1**:13

Archē αρχή *746*

Beginning, Principality

♦Prōteuō πρωτεύω *4409*

Mar 1:1, **Joh 1**:1, 2, **2**:11, **6**:64, **8**:25, **15**:27, **16**:4, **Php 4**:15, **Col 1**:18♦, **Heb 3**:14, **♦12**:2, **1Jn 1**:1, **2**:7, 13, 14, 24, **3**:11, **2Jn** 5, 6, **Rev 3**:14, **21**:6, **22**:13

Mat 19:4, 8, **24**:8, 21, **Mar 10**:6, **13**:8, 19, **Luk 1**:2, **12**:11, **20**:20, **Joh 8**:44, **Act 10**:11, **11**:5, 15, **26**:4, **Ro 8**:38, **1Co 15**:24, **Eph 1**:21, **3**:10, **6**:12, **Col 1**:16, **2**:10, 15, **Tit 3**:1, **Heb 1**:10, **2**:3, **5**:12, **6**:1, **7**:3, **2Pe 3**:4, **1Jn 3**:8, **Jud** 6

Prōtos πρωτός *4413*

First, Before

[Only meanings of 'chiefest']

Mat 22:38, **Mar 12**:28, 29, **Joh 1**:15, 30, **Eph 6**:2, **1Ti 5**:12, **1Jn 4**:19, **Rev 1**:17, **2**:4, 5, 8, **22**:13

Mat 19:30, **20**:16, 27, **26**:17, **Mar 9**:35, **10**:31, 44, **14**:12, **16**:9, **Luk 13**:30, **19**:47, **Act 13**:50, **16**:12, **17**:4, **25**:2, **26**:23, **28**:7, 17, **Php 1**:5, **1Ti 1**:15, 16

Theios θειος *2304*

Divine

Act 17:29, **2Pe 1**:3, 4

Nêtsaḥ נצח 5331

Victory, Strength, Ever

[Except *forever, evermore, perpetual, always*]

1Sa 15:29, **2Sa 2**:26, **1Ch 29**:11, **Job 4**:20, **14**:20, **20**:7, **23**:7, **34**:36, **36**:7, **Ps 9**:6, 18, **10**:11, **13**:1, **16**:11, **44**:23, **49**:9, 19, **52**:5, **68**:16, **74**:1, 3, 10, 19, **77**:8, **79**:5, **89**:46, **103**:9, **Pro 21**:28, **Isa 13**:20, **25**:8, **28**:28, **33**:20, **34**:10, **57**:16, **Jer 3**:5, **8**:5, **15**:18, **50**:39, **La 3**:18, **5**:20, **Am 1**:11, **8**:7, **Hab 1**:4

Nikaō νικάω *3528*

Overcome, Victory

♦Nikos νίκος *3534*

♣Nikē νίκη *3529*

†Thriambeuō θριαμβεύω *2358*

Mat ♦12:20, **Luk 11**:22, **Joh 16**:33, **Ro 3**:4, **12**:21, **1Co ♦15**:54, ♦55, ♦57, **2Co †2**:14, **Col †2**:15, **1Jn 2**:13, 14, **4**:4, **5**:4♣, 5, **Rev 2**:7, 11, 17, 26, **3**:5, 12, 21, **5**:5, **6**:2, **11**:7, **12**:11, **13**:7, **15**:2, **17**:14, **21**:7

Mē Parelthē μή παρέλθη

3364/3928 Not Pass Away

Mat 5:18, **24**:34, 35, **Mar 13**:30, 31, **Luk 15**:29, **21**:32, 33

Yâqâr יקר 3368

Precious

♦Yâqar יקר 3365

♣Y^e^qâr יקר 3366

1Sa 3:1, **Job 28**:16, **Ps 36**:7, **♦139**:17, **Pro 3**:15, **♣20**:15, **Isa 28**:16

1Sa ♦18:30, **♦26**:21, **2Sa 12**:30, **1Ki 5**:17, **7**:9, 10, 11, **10**:2, 10, 11, **2Ki ♦1**:13, ♦14, **1Ch 20**:2, **29**:2, **2Ch 3**:6, **9**:1, 9, 10, **32**:27, **Est ♣1**:4, ♣20, **♣6**:3, ♣6, ♣7, ♣9, ♣11, **♣8**:16, **Job ♣28**:10, **31**:26, **Ps 37**:20, **45**:9, **♦49**:8, ♣12, ♣20, **♦72**:14, **116**:15, **Pro 1**:13, **6**:26, **12**:27, **24**:4, **♦25**:17, **Ecc 10**:1, **Isa ♦13**:12, **♦43**:4, **Jer 15**:19, **♣20**:5, **La 4**:2, **Eze ♣22**:25, **27**:22, **28**:13, **Dan 11**:38, **Zec ♦11**:13♣, **14**:6

Timios τίμιος *5093*

♦Entimos έντιμος *1784*

♣Isotimos ισότιμος *2472*

Luk ♦7:2, **♦14**:8, **Act 5**:34, **20**:24, **1Co 3**:12, **Php ♦2**:29, **Heb 13**:4, **Jas 5**:7, **1Pe 1**:19, **♦2**:4, ♦6, **2Pe ♣1**:1, 4, **Rev 17**:4, **18**:12, 16, **21**:11, 19

Timē τιμή *5092*

♦Timēsate τιμήσατε *5091*

Mat ♦**15**:8, ***Mar*** ♦**7**:6, **Joh** ♦**5**:23, ♦**8**:49, **1Co 6**:20, **1Ti 1**:17, **6**:16, **Heb 2**:7, 9, **3**:3, **1Pe 2**:7, **2Pe 1**:17, **Rev 4**:9, 11, **5**:12, 13, **7**:12

Mat ♦**15**:4, ♦6, ♦**19**:19, ♦**27**:9, **Mar** ♦**7**:10, ♦**10**:19, **Luk** ♦**18**:20, **Joh** ♦**12**:26, **Act 28**:10♦, **Ro 2**:7, 10, **9**:21, **12**:10, **13**:7, **1Co 7**:23, **12**:23, 24, **Eph** ♦**6**:2, **Col 2**:23, **1Th 4**:4, **1Ti** ♦**5**:3, 17, **6**:1, **2Ti 2**:20, 21, **Heb 5**:4, **1Pe 1**:7, ♦**2**:17, **3**:7, **Rev 21**:26

Polutimou πολυτίμου *4186*

Costly

Mat 13:46, **Joh 12**:3, **1Pe 1**:7

Brabeion βραβείον *1017*

Prize

1Co 9:24, **Php 3**:14

Anexichniastos ανεξιχνίαστος

419 Unsearchable

♦Anexereunēta ανεξερεύνητα *421*

♣Anekdiēgētos ἀνεκδιήγητος *411* Unspeakable

†Aneklalētos ἀνεκλάλητος *412*

‡Alalētos ἀλάλητος *215*

ΔArrhētos ἄῤῥητος *731*

Ro ‡**8**:26, **11**:33♦, **2Co** ♣**9**:15, Δ**12**:4, **Eph 3**:8, **1Pe** †**1**:8

Aoratos αόρατος /Aorata αόρατα *517* Invisible

♦Aprositos ἀπρόσιτος *676*

Ro 1:20, **Col 1**:15, 16, **1Ti 1**:17, ♦**6**:16, **Heb 11**:27

Aphtharsia αφθαρσία *861*

Incorruptible, Immortal

♦Aphthartos ἄφθαρτος *862*

♣Adiaphthoria αδιαφθορία *90*

†Athanasia αθανασία *110*

‡Aparabatos απαράβατος *531*

ΔAkataluton ακατάλυτον *179*

+Amarantos αμάραντος *263*

^Ametatheton αμετάθετον *276*

>Apseudēs ἀψευδής *893*

Ro ♦**1**:23, **2**:7, **1Co** ♦**9**:25, **15**:42, 50, 52, 53†, 54†, **Eph 6**:24, **1Ti** ♦**1**:17, †**6**:16, **2Ti 1**:10, **Tit** >**1**:2, ♣**2**:7, **Heb** ^**6**:**17**, ^**18**, Δ**7**:16, ‡24, **1Pe** ♦**1**:4+, 23, ♦**3**:4

Acheiropoiētos ἀχειροποίητος

886 Not Made With Hands

♦Amarantinos ἀμαράντινος *262* That Fadeth Not

♣Amarantos ἀμάραντος *263*

†Anekleiptos ἀνέκλειπτος *413* That Faileth Not

‡Asaleutos ἀσάλευτος *761*

ΔAsbestos ἄσβεστος *762* Unquenchable

Mat Δ**3**:12, **Mar** Δ**9**:45, **14**:58, **Luk** Δ**3**:17, †**12**:33, **Act** ‡**27**:41, **2Co 5**:1, **Col 2**:11, **Heb** ‡**12**:28, **1Pe** ♣**1**:4, ♦**5**:4

Zâhâv זהב 2091

Gold

Gen 2:11, 12, **13**:2, **24**:22, 35, 53, **41**:42, **44**:8, **Exd 3**:22, **11**:2, **12**:35, **20**:23, **25**:3, 11, 12, 13, 17, 18, 24, 25, 26, 28, 29, 31, 36, 38, 39, **26**:6, 29, 32, 37, **28**:5, 6, 8, 11, 13, 14, 15, 20, 22, 23, 24, 26, 27, 33, 34, 36, **30**:3, 4, 5, **31**:4, **32**:2, 3, 24, 31, **35**:5, 22, **36**:13, 34, 36, 38, **37**:2, 3, 4, 6, 7, 11, 12, 13, 15, 16, 17, 22, 23, 24, 26, 27, 28, **38**:24, **39**:2, 3, 5, 6, 8, 13, 15, 16, 17, 19, 20, 25, 30, 38, **40**:5, 26, **Lev 8**:9, **Nu 4**:11, **7**:14, 84, 86, **8**:4, **22**:18, **24**:13, **31**:22, 50, 51, 52, 54, Deu **7**:25, **8**:13, **17**:17, **29**:17, **Jos 6**:19, 24, **7**:21, 24, **22**:8, **8**:24, 26, **1Sa 6**:4, 8, 11, 15, 17, 18, **2Sa 1**:24, **8**:7, 10, 11, **12**:30, **21**:4, **1Ki 6**:20, 21, 22, 28, 30, 32, 35, **7**:48, 49, 50, 51, **9**:11, 14, 28, **10**:2, 10, 11, 14, 16, 17, 18, 21, 22, 25, **12**:28, **14**:26, **15**:15, 18, 19, **20**:3, 5, 7, **22**:48, **2Ki 5**:5, **7**:8, **10**:29, **12**:13, 18, **14**:14, **16**:8, **18**:14, **20**:13, **23**:33, 35, **24**:13, **25**:15, **1Ch 18**:7, 10, 11, **20**:2, **21**:25, **22**:14, 16, **28**:14, 15, 16, 17, 18, **29**:2, 3, 4, 5, 7, **2Ch 1**:15, **2**:7, 14, **3**:4, 5, 6, 7, 8, 9, 10, **4**:7, 8, 19, 20, 21, 22, **5**:1, **8**:18, **9**:1, 9, 10, 13, 14, 15, 16, 17, 18, 20, 21, 24, **12**:9, **13**:8, 11, **15**:18, **16**:2, 3, **21**:3, **24**:14, **25**:24, **32**:27, **36**:3, **Ezr 1**:4, 6, 9, 10, 11, **2**:69, **8**:25, 26, 27, 28, 30, 33, **Neh 7**:70, 71, 72, **Est 1**:6, 7, **4**:11, **5**:2, **8**:4, 15, **Job 3**:15, **23**:10, **28**:1, 6, 17, **31**:24, **37**:22, **42**:11, **Ps 19**:10, **45**:13, **72**:15, **105**:37, **115**:4, **119**:72, 127, **135**:15, **Pro 11**:22, **17**:3, **20**:15, **22**:1, **25**:11, 12, **27**:21, **Ecc 2**:8, **12**:6, **Sng 1**:11, **3**:10, **5**:14, **Isa 2**:7, 20, **13**:17, **30**:22, **31**:7, **39**:2, **40**:19, **46**:6, **60**:6, 9, 17, **Jer 4**:30, **10**:4, 9, **51**:7, **52**:19, **La 4**:1, **Eze 7**:19, **16**:13, 17, **27**:22, **28**:4, 13, **38**:13, **Dan 11**:8, 38, 43, **Hos 2**:8, **8**:4, **Joe 3**:5, **Nah 2**:9, **Hab 2**:19, **Zep 1**:18, **Hag 2**:8, **Zec 4**:2, 12, **6**:11, **13**:9, **14**:14, **Mal 3**:3

Kethem כתם 3800

Pure Gold

Job 28:16, 19, **31**:24, **Ps 45**:10, **Pro** 25:12, **Sng** 5:11, **Isa 13**:12, **La 4**:1, **Dan 10**:5

Chruseos χρύσεος *5552*

2Ti 2:20, **Heb 9**:4, **Rev 1**:12, 13, 20, **2**:1, **4**:4, **5**:8, **8**:3, **9**:13, 20, **14**:14, **15**:6, 7, **17**:4, **21**:15

Keçeph כסף 3701

Silver

Gen 13:2, **17**:12, 13, 23, 27, **20**:16, **23**:9, 13, 15, 16, **24**:35, 53, **31**:15, **37**:28, **42**:25, 27, 28, 35, **43**:12, 15, 18, 21, 22, 23, **44**:1, 2, 8, **45**:22, **47**:14, 15, 16, 18, **Exd 3**:22, **11**:2, **12**:35, 44, **20**:23, **21**:11, 21, 32, 34, 35, **22**:7, 17, 25, **25**:3, **26**:19, 21, 25, 32, **27**:10, 11, 17, **30**:16, **31**:4, **35**:5, 24, 32, **36**:24, 26, 30, 36, **38**:10, 11, 12, 17, 19, 25, 27, **Lev 5**:15, **22**:11, **25**:37, 50, 51, **27**:3, 6, 15, 16, 18, 19, **Nu 3**:48, 49, 50, 51, **7**:13, 84, 85, **10**:2, **18**:16, **22**:18, **24**:13, **31**:22, **Deu 2**:6, 28, **7**:25, **8**:13, **14**:25, 26, **17**:17, **21**:14, **22**:19, 29, **23**:19, **29**:17, **Jos 6**:19, 24, **7**:21, 22, 24, **22**:8, **Jdg 5**:19, **9**:4, **16**:5, 18, **17**:2, 3, 4, 10, **1Sa 2**:36, **9**:8, **2Sa 8**:10, 11, **18**:11, 12, **21**:4, **24**:24, **1Ki 7**:51, **10**:21, 22, 25, 27, 29, **15**:15, 18, 19, **16**:24, **20**:3, 5, 7, 39, **21**:2, 6, 15, **2Ki 5**:5, 22, 23, 26, **6**:25, **7**:8, **12**:4, 7, 8, 9, 10, 11, 13, 15, 16, **14**:14, **15**:19, 20, **16**:8, **18**:14, **20**:13, **22**:4, 7, 9, **23**:33, 35, **25**:15, **1Ch 18**:10, 11, **19**:6, **21**:22, 24, **22**:14, 16, **28**:14, 15, 16, 17, **29**:2, 3, 4, 5, 7, **2Ch 1**:15, 17, **2**:7, 14, **5**:1, **9**:14, 20, 21, 24, 27, **15**:18, **16**:2, 3, **17**:11, **21**:3, **24**:5, 11, 14, **25**:6, 24, **27**:5, **32**:27, **34**:9, 14, 17, **36**:3, **Ezr 1**:4, 6, 9, 10, 11, **2**:69, **3**:7, **8**:25, 26, 28, 30, 33, **Neh** 5:4, 10, 11, 15, **7**:71, 72, **Est 1**:6, **3**:9, 11, **4**:7, **Job 3**:15, **22**:25, **27**:16, 17, **28**:1, 15, **31**:39, **Ps 12**:6, **15**:5, **66**:10, **68**:13, 30, **105**:37, **115**:4, **119**:72, **135**:15, **Pro 2**:4, **3**:14, **7**:20, **8**:10, 19, **10**:20, **16**:16, **17**:3, **22**:1, **25**:4, 11, **26**:23, **27**:21, **Ecc 2**:8, 5:10, **7**:12, **10**:19, **12**:6, **Sng 1**:11, **3**:10, **8**:9, 11, **Isa 1**:22, **2**:7, 20, **7**:23, **13**:17, **30**:22, **31**:7, **39**:2, **40**:19, **43**:24, **46**:6, **48**:10, **52**:3, **55**:1, 2, **60**:9, 17, **Jer 6**:30, **10**:4, 9, **32**:9, 10, 25, 44, **52**:19, **La 5**:4, **Eze 7**:19, **16**:13, 17, **22**:18, 20, 22, **27**:12, **28**:4, **38**:13, **Dan 11**:8, 38, 43, **Hos 2**:8, **3**:2, **8**:4, **9**:6, **13**:2, **Joe 3**:5, **Am 2**:6, **8**:6, **Mic 3**:11, **Nah 2**:9, **Hab 2**:19, **Zep 1**:11, 18, **Hag 2**:8, **Zec 6**:11, **9**:3, **11**:12, 13, **13**:9, **14**:14, **Mal 3**:3

Argurion αργύριον *694*

♦Arguros άργθρος *696*

♣Argureos ἀργύρεος *693*

Mat ♦10:9, **25**:18, 27, **26**:15, **27**:3, 5, 6, 9, **28**:12, 15, **Mar 14**:11, **Luk 9**:3, **19**:15, 23, **22**:5, **Act** 3:6, **7**:16, **8**:20, **♦17**:29, **19**:19, **♣**24, **20**:33, **1Co ♦3**:12, **2Ti ♣2**:20, **Jas ♦5**:3, **1Pe 1**:18, **Rev ♣9**:20

N^e^ḥôshet נחשת 5178

Brass

Gen 4:22, **Exd 25**:3, **26**:11, 37, **27**:2, 3, 4, 6, 10, 11, 17, 18, 19, **30**:18, **31**:4, **35**:5, 16, 24, 32, **36**:18, 38, **38**:2, 3, 4, 5, 6, 8, 10, 11, 17, 19, 20, 29, 30, **39**:39, **Lev 6**:28, **Nu 16**:39, **21**:9, **31**:22, **Deu 8**:9, **28**:23, **33**:25, **Jos 6**:19, 24, **22**:8, **Jdg 16**:21, **1Sa 17**:5, 6, 38, **2Sa 3**:34, **8**:8, 10, **21**:16, **1Ki 4**:13, **7**:14, 15, 16, 27, 30, 38, 45, 47, **8**:64, **14**:27, **2Ki 16**:14, **16**:15, 17, **18**:4, **25**:7, 13, 14, 16, 17, **1Ch 15**:19, **18**:8, 10, **22**:3, 14, 16, **29**:2, 7, **2Ch 1**:5, 6, **2**:7, 14, **4**:1, 9, 16, 18, **6**:13, **7**:7, **12**:10, **24**:12, **33**:11, **36**:6, **Ezr 8**:27, **Ps 107**:16, **Isa 60**:17, **Jer 1**:18, **6**:28, **15**:12, 20, **39**:7, **52**:11, 17, 18, 20, 22, **La 3**:7, **Eze 1**:7, **9**:2, **16**:36, **22**:18, 20, **24**:11, **27**:13, **40**:3, **Dan 10**:6, **Zec 6**:1

Shên שׁן 8127

Ivory

[For *tooth*, *teeth*, go to p163]

1Ki 10:18, **22**:39, **2Ch 9**:17, **Ps 45**:8, **Sng** 5:14, 7:4, **Eze 27**:6, 15, **Am 3**:15, **6**:4,

---

Nezem נזם 5141

Earring, Jewel

♦Ḥalîy חלי 2481

Gen 24:22, 30, 47, **35**:4, **Exd 32**:2, 3, **35**:22, **Jdg 8**:24, 25, 26, **Job 42**:11, **Pro 11**:22, 25:12♦, **Sng ♦7**:1, **Isa 3**:21, **Eze 16**:12, **Hos 2**:13

Râvîyd רביד 7242

Chain, Necklace

♦ʽAnâq ענק 6060

♣Ḥârûz חרוז 2737

†R^e^thûqâh רתקה 7577

Gen 41:42, **Jdg ♦8**:26, **Pro ♦1**:9, **Sng ♣1**:10, **♦4**:9, **Isa †40**:19, **Eze 16**:11

Yahalôm יהלם 3095

Diamond

♦Ôdem אדם 124 Sardius

♣Piṭdâh פטדה 6357 Topaz

†Yâshphêh ישפה 3471 Jasper

‡Nôphek̲ נפך 5306 Emerald
ΔBâr^e^qat ברקת 1304 Carbuncle
+Z^e^kûkît זכוכית 2137 Crystal
^Gâvîsh גביש 1378 Pearls
{◊All the above words plus:
Tarshîsh תרשיש 8658 Beryl
Shôham שהם 7718 Onyx
Sappîr ספיר 5601 Sapphire}
Exd ♦**28**:17♣Δ, 18‡, †20, ♦**39**:10♣Δ, 11‡, †13, **Job** +**28**:17, ^18, ♣19, **Eze** ‡**27**:16, ◊**28**:13

Margarítēs μαργαρίτης *3135*

Pearl
Mat 7:6, **Mat 13**:45, **Mat 13**:46, **1Ti 2**:9, **Rev 17**:4, **Rev 18**:12, **Rev 18**:16, **Rev 21**:21

Qeraḥ קרח 7140

Frost, Crystal
Gen 31:40, **Job 6**:16, **37**:10, **38**:29, **Ps 147**:17, **Jer 36**:30, **Eze 1**:22

Krustallos κρύσταλλος *2930*

♦Krustallizō κρυσταλλίζω *2929*
♣Smaragdinos σμαράγδινος *4664*
Emerald
†Amethustos ἀμέθυστος *271* Amethyst
Rev ♣**4**:3, 6, ♦**21**:11, †20, **22**:1

Tarshîsh תרשיש 8658

Beryl
[Also look under Yahălôm (Diamond) above]
Exd 28:20, **39**:13, **Sng 5**:14, **Eze 1**:16, **10**:9, **Dan 10**:6

Shôham שהם 7718

Onyx
[Also look under Yahălôm (Diamond) above]
Gen 2:12, **Exd 25**:7, **28**:9, 20, **35**:9, 27, **39**:6, 13, **1Ch 29**:2, **Job 28**:16

Sappîr ספיר 5601

Sapphire
[Also look under Yahălôm (Diamond) above]
Exd 24:10, **28**:18, **39**:11, **Job 28**:6, 16, **Sng 5**:14, **Isa 54**:11, **La 4**:7, **Eze 1**:26, **10**:1

Pânîn פנין / Pânînîm פנינים

6443 Ruby(ies)
Job 28:18; Pro 3:15; 8:11; 20:15; 31:10; La 4:7

Ôtsâh אוצה 214

Treasure
Deu 28:12, **32**:34, **Jos 6**:19, 24, 1Ki **7**:51, **14**:26, **15**:18, **2Ki 12**:18, **14**:14, **16**:8, **18**:15, **20**:13, 15, **24**:13, **1Ch 9**:26, **26**:20, 22, 24, 26, **27**:25, 27, 28, **28**:12, **29**:8, **2Ch 5**:1, **8**:15, **11**:11, **12**:9, **16**:2, **25**:24, **32**:27, **36**:18, **Ezr 2**:69, **Neh 7**:70, 71, **10**:38, **12**:44, **13**:12, 13, **Job 38**:22, **Ps 33**:7, **135**:7, **Pro 8**:21, **10**:2, **15**:16, **21**:6, 20, **Isa 2**:7, **30**:6, **33**:6, **39**:2, 4, **45**:3, **Jer 10**:13, **15**:13, **17**:3, **20**:5, **38**:11, **48**:7, **49**:4, **50**:25, 37, **51**:13, 16, **Eze 28**:4, **Dan 1**:2, **Hos 13**:15, **Joe 1**:17, **Mic 6**:10, **Mal 3**:10

Thēsauros θησαυρός *2344*

♦Thēsauridzō θησαυρίζω *2343*
♣Apothēsauridzō αποθησαυρίζω *597*
†Apokeimai απόκειμαι *606*
Mat 2:11, **6**:19♦, 20♦, 21, **12**:35, **13**:44, 52, **19**:21, **Mar 10**:21, **Luk 6**:45, **12**:21♦, 33, 34, **18**:22, **Rom** ♦**2**:5, **1Co** ♦**16**:2, **2Co 4**:7, ♦**12**:14, **Col** †**1**:5, **2**:3, **1Ti** ♣**6**:19, **2Ti** †**4**:8, **Heb 11**:26, **Jas** ♦**5**:3, **2Pe** ♦**3**:7

Ôr אור 216

Light
♦Ôr אוֹר 215
♣Ûr אוּר 217
†Ôrâh אורה 219
[Only of Yehuwah; except *herbs* for 219]
Gen 1:3, 4, 5, ♦15, ♦17, 18, **Exd 10**:23, ♦**13**:21, ♦**14**:20, ♦**25**:37, **Nu** ♦**6**:25, ♦**8**:2, **1Sa** ♦**14**:27, ♦29, **2Sa 23**:4, **Ezr** ♦**9**:8, **Neh** ♦**9**:12, ♦19, **Est** †**8**:16, **Job 3**:9, 20, **12**:22, 25, **17**:12, **18**:5, 6, 18, **22**:28, **24**:13, 16, **25**:3, **28**:11, **29**:3, 24, **30**:26, **33**:28, 30♦, **36**:32, **37**:3, 11, 15, 21, **38**:15, 19, 24, **41**:18, ♦32, **Ps 4**:6, ♦**13**:3, ♦**18**:28, ♦**19**:8, **27**:1, ♦**31**:16, **36**:9, **37**:6, **38**:10, **43**:3, **44**:3, **49**:19, **56**:13, ♦**67**:1, ♦**76**:4, ♦**77**:18, **78**:14, ♦**80**:3, ♦7, ♦19, **89**:15, ♦**97**:4, 11, **104**:2, ♦**105**:39, **112**:4, **118**:27, **119**:105, ♦130, ♦135, **136**:7, **139**:11, ♦12†, **148**:3, **Pro 4**:18♦, **6**:23, **13**:9, **16**:15, ♦**29**:13, **Ecc 2**:13, ♦**8**:1, **11**:7, **Isa 2**:5, **5**:20, 30, **9**:2, **10**:17, **13**:10, ♣**24**:15, ♣**31**:9, **42**:6, 16, **45**:7, **49**:6, **51**:4, **58**:8, 10, **59**:9, **60**:1♦, 3, 19♦, 20, **Jer 4**:23, **13**:16, **La 3**:2, **Eze** ♦**43**:2, **Dan** ♦**9**:17, **Am 5**:18, 20, **Mic 7**:8, 9, **Hab 3**:4, 11, **Zep 3**:5, **Zec 14**:6, 7

Mâ'ôr מאור 3974

Light

Gen 1:14, 15, 16, **Exd 25**:6, **27**:20, **35**:8, 14, 28, **39**:37, **Lev 24**:2, **Nu 4**:9, 16, **Ps 74**:16, **90**:8, **Pro 15**:30, **Eze 32**:8

Phōs φως *5457*

♦Phōtidzō φωτίζω *5461*

♣Phōtismos φωτισμός *5462*

†Phōteinos φωτεινός *5460*

‡Phōsphoros φωσφόρος *5459*

ΔPhōstēr φωστήρ *5458*

+Apaugasma απαύγασμα *541*

^Phengos φέγγος *5338*

>Augadzo αυγάζω *826*

Mat 4:16, **5**:14, 16, †**6**:22, 23, **10**:27, **17**:2, †5, ^**24**:29, **Mar** ^**13:24, 14**:54, **Luk 2**:32, **8**:16, ^**11**:33, 35, ♦36††, **12**:3, **16**:8, **22**:56, **Joh 1**:4, 5, 7, 8, 9♦, **3**:19, 20, 21, **5**:35, **8**:12, **9**:5, **11**:9, 10, **12**:35, 36, 46, **Act 9**:3, **12**:7, **13**:47, **16**:29, **22**:6, 9, 11, **26**:13, 18, 23, **Ro 2**:19, **13**:12, **1Co** ♦**4**:5, **2Co** ♣**4**:4>, 6♣, **6**:14, **11**:14, **Eph** ♦**1**:18, ♦**3**:9, **5**:8, 9, 13, **Php** Δ**2**:15, **Col 1**:12, **1Th** 5:5, **1Ti 6**:16, **2Ti** ♦**1**:10, **Heb** +**1**:3, ♦**6**:4, ♦**10**:32, **Jas 1**:17, **1Pe 2**:9, **2Pe** ‡**1**:19, **1Jn 1**:5, 7, **2**:8, 9, 10, **Rev** ♦**18**:1, 23, Δ**21**:11, ♦23, 24, **22**:5♦

Elaphron ελαφρόν *1645*

Light

♦Elaphria ελαφρία *1644*

Mat 11:30, **2Co** ♦**1**:17, **4**:17

Yâpha' יפע 3313

Shine

Deu 33:2, **Job 3**:4, **10**:3, 22, **37**:15, **Ps 50**:2, **80**:1, **94**:1

Lampō λάμπω *2989*

♦Perielampsen περιέλαμψεν *4034*

♣Eklampsousin εκλάμψοθσιν *1584*

Mat 5:15, 16, ♣**13**:43, **17**:2, 24, **Luk** ♦**2**:9, **Act 12**:7, **Act** ♦**26**:13, **2Co 4**:6

Phainetai φαίνεται *5316*

Shines, Appear

♦Astraptō ἀστράπτω *797*

♣Exastraptō εξαστράπτω *1823*

Mat 1:20, **2**:7, 13, 19, **24**:27, 30, **Mar 16**:9, **Luk** ♣**9**:29, ♦**24**:4, **Joh 1**:5, **5**:35, **Php 2**:15, **2Pe 1**:19, **1Jn 2**:8, **Rev 1**:16

Mat 6:5, 16, 18, **9**:33, **13**:26, **23**:27, 28, **Mar 14**:64, **Luk 9**:8, ♦**17**:24, **24**:11, **Ro 7**:13, **2Co 13**:7, **Heb 11**:3, **Jas 4**:14, **1Pe 4**:18, **Rev 8**:12, **18**:23, **21**:23

Nôgahh נגה 5051

Brightness, Shining

♦Nâgahh נגה /Yagîahh יגיה 5050

Enlighten

♣N^e^gôhôt נגהות 5054

2Sa 22:13, ♦29, **23**:4, **Job** ♦**18**:5, ♦**22**:28, **Ps 18**:12, ♦**28**, **Pro 4**:18, **Isa 4**:5, ♦**9**:2, ♦**13**:10, **50**:10, ♣**59**:9, **60**:3, 19, **62**:1, **Eze 1**:4, 13, 27, 28, **10**:4, **Joe 2**:10, **3**:15, **Am 5**:20, **Hab 3**:4, 11

Zâraḥ זרח 2224

Rise

♦Zeraḥ זרח 2225

♣Shô' שׁוא 7721

Deu 33:2, **2Sa 23**:4, **Ps 112**:4, **Isa 58**:10, **60**:1, 2, **Mal 4**:2

Gen 32:31, **Exd 22**:3, **Jdg 9**:33, **2Ki 3**:22, **2Ch 26**:19, **Job 9**:7, **Ps** ♣**89**:9, **104**:22, **Ecc 1**:5, **Isa** ♦**60**:3, **Jon 4**:8, **Nah 3**:17

Êsh אשׁ 784

Fire

{♦'Ânân ענן 6051 Cloud

♣Nâshaq נשׂק 5400 Kindle}

[Only that from Yehuwah]

Gen 15:17, **19**:24, **Exd 3**:2, **9**:23, 24, **13**:21♦, 22♦, **14**:24♦, **19**:18, **24**:17, **40**:38♦, **Lev 9**:24, **10**:2, **16**:13♦, **Nu 9**:15♦, 16♦, **11**:1, 2, 3, **14**:14♦♦, **16**:35, **Deu 1**:33♦, **4**:11♦, 12, 15, 24, 33, 36, **5**:4, 5, 22♦, 23, 24, 25, 26, **9**:3, 10, 15, **10**:4, **18**:16, **32**:22, **33**:2, **Jdg 6**:21, **1Ki 18**:24, 38, **19**:12, **2Ki 1**:10, 12, **2**:11, **6**:17, **1Ch 21**:26, **2Ch 7**:1, 3, **Neh 9**:19♦, **Job 15**:34, **22**:20, **Ps 11**:6, **18**:8, 12, 13, **21**:9, **29**:7, **39**:3, **46**:9, **50**:3, **66**:12, **68**:2, **78**:14♦, 21♣, **79**:5, **80**:16, **83**:14, **89**:46, **97**:3, **104**:4, **105**:32, 39♦, **106**:18, **118**:12, **140**:10, **Isa 4**:5♦, **5**:24, **9**:19, **10**:16, 17, **26**:11, **29**:6, **30**:27, 30, 33, **33**:11, 12, 14, **43**:2, ♣**44**:15, **47**:14, **64**:2, **66**:15, 16, **Jer 4**:4, **5**:14, **11**:16, **15**:14, **17**:4, 27, **20**:9, **21**:12, 14, **23**:29, **49**:27, **50**:32, **43**:12, **La 2**:3, 4, **4**:11, **Eze 1**:4♦, 13 27, **5**:4, **8**:2, **10**:2, 6, 7, **15**:7, **20**:47, **21**:31, 32, **22**:20, 21, 31, **28**:18, **30**:8, 14, 16, **36**:5,

38:19, 22, **39**:6, ♣9, **Hos 8**:14, **Joe 2**:3, 5, 30, **Am 1**:4, 14, **2**:2, 5, **5**:6, **7**:4, **Obd** 18, **Mic 1**:4, **Nah 1**:6, **2**:3, **Zep 1**:18, **3**:8, **Zec 2**:5, **3**:2, **9**:4, **12**:6, **13**:9, **Mal 3**:2

Pur πυρ /Puros πυρος *4442*

♦Pepurōmenēs πεπυρωμένης *4448*

♣Anaptō ἀνάπτω *381* Kindle

Mat 3:11, 12, **Mar 9**:49, **Luk 3**:16, 17, **12**:49♣, **Act 2**:3, 19, **7**:30, ♣**28**:2, **Ro 12**:20, **1Co 3**:13, 15, **2Th 1**:8, **Heb 1**:7, **10**:27, **12**:18, 29, **Jas** ♣**3**:5, **1Pe 1**:7, **Rev 1**:14, ♦15, **2**:18, **3**:18♦, **4**:5, **8**:5, **10**:1, **15**:2, **18**:8, **19**:12, **20**:9

Shalhebet שַׁלהבת 7957

Flame

Job 15:30, **Sng 8**:6, **Eze 20**:47

ʿÂnân ענן 6051

Cloud

[Also look under Esh (Fire) above]

Exd 14:19, 20, **16**:10, **19**:9, 16, **24**:15, 16, 18, **33**:9, 10, **34**:5, **40**:34, 35, 36, 37, **Lev 16**:2, **Nu 9**:17, 18, 19, 20, 21, 22, **10**:11, 12, 34, **11**:25, **12**:5, 10, **16**:42, **Deu 31**:15, **1Ki 8**:10, 11, **2Ch 5**:13, 14, **Neh 9**:12, **Job 26**:8, 9, **37**:11, 15, **38**:9, **Ps 97**:2, **99**:7, **La 3**:44, **Eze 10**:3, 4, **Joe 2**:2, **Nah 1**:3, **Zeph 1**:15

Gen 9:13, 14, 16, **Job 7**:9, **Isa 44**:22, **Jer 4**:13, **Eze 1**:28, **8**:11, **30**:3, 18, **32**:7, **34**:12, **38**:9, 16, **Hos 6**:4, **13**:3

Nephelē νεφέλη /Nephelōn νεφελων *3507*

Mat 17:5, **24**:30, **26**:64, **Mar 9**:7, **13**:26, **14**:62, **Luk 9**:34, 35, **12**:54, **21**:27, **Act 1**:9, **1Co 10**:1, 2, **1Th 4**:17, **Jud** 12, **Rev 1**:7, **10**:1, **11**:12, **14**:14, 15, 16

Bârâq ברק 1300

Lightning

♦Ḥăzîz חזיז 2385

Exd 19:16, **Deu 32**:41, **2Sa 22**:15, **Job 20**:25, ♦**28**:26, ♦**38**:25, 35, **Ps 18**:14, **77**:18, **97**:4, **135**:7, **144**:6, **Jer 10**:13, **51**:16, **Eze 1**:13, 14, **21**:10, 15, 28, **Dan 10**:6, **Nah 2**:4, **3**:3, **Hab 3**:11, **Zec 9**:14, ♦**10**:1

Astrapē αστραπή *796*

Mat 24:27, **28**:3, **Luk 10**:18, **11**:36, **17**:24, **Rev 4**:5, **8**:5, **11**:19, **16**:18

Râʿam רעם 7481

Thunder

1Sa 2:10, **7**:10, **2Sa 22**:14, **1Ch 16**:32, **Job 37**:4, 5, **40**:9, **Ps 18**:13, **29**:3, **96**:11, **98**:7

Brontē βροντή *1027*

Mar 3:17, **Joh 12**:29, **Rev 4**:5, **6**:1, **8**:5, **10**:3, 4, **11**:19, **14**:2, **16**:18, **19**:6

Bârâd ברד 1259

Hail (Stones)

♦Elgâvish אלגביש 417

Exd 9:18, 19, 22, 23, 24, 25, 26, 28, 29, 33, 34, **10**:5, 12, 15, **Jos 10**:11, **Job 38**:22, **Ps 18**:12, 13, **78**:47, 48, **105**:32, **148**:8, **Isa 28**:2, 17, **30**:30, **Eze** ♦**13**:11, ♦13, ♦**38**:22, **Hag 2**:17

Saʿar סער 5591

Whirlwind, Storm

♦Sâʿar סער 5590

2Ki 2:1, 11, ♦**6**:11, **Job 38**:1, **40**:6, **Ps 55**:8, **83**:15, **107**:25, 29, **148**:8, **Isa 29**:6, **40**:24, **41**:16, ♦**54**:11, **Jer 23**:19, **25**:32, **30**:23, **Eze 1**:4, **13**:11, 13, **Hos** ♦**13**:3, **Am 1**:14, **Jon 1**:4, ♦11, 12, ♦13, **Hab** ♦**3**:14, **Zec** ♦**7**:14, **9**:14

Sûphâh סופה 5492

Whirlwind, Storm

Nu 21:14, **Job 21**:18, **27**:20, **37**:9, **Ps 83**:15, **Pro 1**:27, **10**:25, **Isa 5**:28, **17**:13, **21**:1, **29**:6, **66**:15, **Jer 4**:13, **Hos 8**:7, **Am 1**:14, **Nah 1**:3

Laîlaps λαῖλαψ *2978*

Storm, Tempest

Mar 4:37, **Luk 8**:23, **2Pe 2**:17

Zerem זרם 2230

Flood, Storm, Tempest

Job 24:8, **Isa 4**:6, **Isa 25**:4, **Isa 28**:2, **Isa 30**:30, **Isa 32**:2, **Hab 3**:10

IV Gibbor

Mighty, Strength, Riches, Great

Gibbôr גִּבּוֹר 1368

Mighty (Man)

♦Gibbâr גִּבָּר 1401

♣Gebîr גְּבִיר 1376

{†Ḥayîl חַיִל 2428 Valiant, Valor}

[For *Mighty One* go to p22]

Gen 6:4, **10**:8, 9, **♣27**:29, **♣**37, **Jos 1**:14**†**, **6**:2**†**, **8**:3**†**, **10**:2, 7**†**, **Jdg 5**:13, 23, **6**:12**†**, **11**:1**†**, **Ru 2**:1, **1Sa 2**:4**†**, **9**:1, **14**:52**†**, **16**:18**†**, **17**:51, **2Sa 1**:19, 21, 22, 25, 27, **10**:7, **16**:6, **17**:8, 10**††**, **20**:7, **22**:26, **23**:8, 9, 16, 17, 22, **1Ki 1**:8, 10, **11**:28**†**, **2Ki 5**:1**†**, **15**:20**†**, **24**:14**†**, 16**†**, **1Ch 1**:10, **5**:24**†**, **7**:2**†**, 5**†**, 7**†**, 9**†**, 11**†**, 40**†**, **8**:40**†**, **9**:13**†**, 26, **11**:10, 11, 12, 19, 24, 26**†**, **12**:1, 4, 8**†**, 21**†**, 25**†**, 28**†**, 30**†**, **19**:8, **26**:6**†**, 31**†**, **27**:6, **28**:1**†**, **29**:24, **2Ch 13**:3**††**, **14**:8**†**, **17**:13**†**, 14**†**, 16**†**, 17**†**, **25**:6**†**, **26**:12**†**, **28**:7, **32**:3, 21**†**, **Ezr 7**:28, **Neh 3**:16, **9**:32, **11**:14**†**, **Ps 19**:5, **33**:16, **52**:1, **89**:19, **103**:20, **112**:2, **120**:4, **127**:4, **Pro 16**:32, **21**:22, **30**:30, **Ecc 9**:11, **Sng 3**:7, **4**:4, **Isa 3**:2, **5**:22**†**, **13**:3, **21**:17, **49**:24, 25, **Jer 5**:16, **9**:23, **26**:21, **46**:5, 6, 9, 12, **48**:14**†**, 41, **49**:22, **50**:9, 36, **51**:30, 56, 57, **Eze 32**:12, 21, 27, **39**:18, 20, **Dan ♦3**:20**†**, **11**:3, **Hos 10**:13, **Joe 2**:7, **3**:9, 10, 11, **Am 2**:14, 16, **Obd** 9, **Nah 2**:3**†**, **Zep 1**:14, **Zec 9**:13, **10**:5, 7

G^{e}bûrâh גְּבוּרָה /G^{e}bûrôt גְּבוּרוֹת 1369/1370 Might, (Mighty Acts)

Deu 3:24, **Jdg 5**:31, **1Ch 29**:11, 12, **2Ch 20**:6, **Job 12**:13, **26**:14, **Ps 20**:6, **21**:13, **54**:1, **65**:6, **66**:7, **71**:16, 18, **80**:2, **89**:13, **90**:10, **106**:2, 8, **145**:4, 11, 12, **150**:2, **Pro 8**:14, **Ecc 9**:16, **Isa 11**:2, **28**:6, **30**:15, **33**:13, **63**:15, **Jer 10**:6, **16**:21, **Dan 2**:20, 23, **Mic 3**:8

Exd 32:18, **Jdg 8**:21, **1Ki 15**:23, **16**:5, 27, **22**:45, **2Ki 10**:34, **13**:8, 12, **14**:15, 28, **18**:20, **20**:20, **Est 10**:2, **Job 39**:19, **41**:12, **Ps 147**:10, **Ecc 10**:17, **Isa 3**:25, **36**:5, **Jer 9**:23, **23**:10, **49**:35, **51**:30, **Eze 32**:29, 30, **Mic 7**:16

Gâvar גָּבַר 1396

Great, Mighty, Prevail

Ps 103:11, **117**:2, **Isa 42**:13

Gen 7:18, 19, 20, 24, **49**:26, **Exd 17**:11, **1Sa 2**:9, **2Sa 1**:23, **11**:23, **1Ch 5**:2, **Job 15**:25, **21**:7, **36**:9, **Ps 12**:4, **65**:3, **Ecc 10**:10, **Jer 9**:3, **La 1**:16, **Dan 9**:27, **Zec 10**:6, 12

Abbîr אַבִּיר 47

Mighty, Bulls

[For *Mighty One* go to p22]

Jdg 5:22, **1Sa 21**:7, **Job 24**:22, **34**:20, **Ps 22**:12, **50**:13, **68**:30, **76**:5, **78**:25, **Isa 34**:7, **46**:12, **Jer 8**:16, **46**:15, **47**:3, **50**:11, **La 1**:15

Kabbîr כַּבִּיר 3524

Mighty, Much, Most

Job 36:5, **Isa 28**:2

Job 8:2, **15**:10, **31**:25, **34**:17, 24, **Isa 10**:13, **16**:14, **17**:12

ʿÂtsûm עָצוּם 6099

Mighty, Strong

♦ʿÂtsâm עָצַם 6105

♣ʿOtsmâh עָצְמָה 6109

†ʿOtsem עֹצֶם 6108

Job †30:21, **Ps ♦40**:5, **♦139**:17, **Joe 2**:11

Gen 18:18, **♦26**:16, **Exd ♦1**:7, 9, **♦**20, **Nu 14**:12, **22**:6, **32**:1, **Deu 4**:38, **7**:1, **†8**:17, **9**:1, 14, **11**:23,

26:5, **Jos 23**:9, **Ps 10**:10, **35**:18, ♦**38**:19, ♦12, ♦**69**:4, ♦**105**:24, **135**:10, †**139**:15, **Pro 7**:26, **18**:18, **30**:26, **Isa 8**:7, ♦**29**:10, ♦**31**:1, ♦**33**:15, ♣**40**:29, ♣**47**:9, **53**:12, **60**:22, **Jer** ♦**5**:6, ♦**15**:8, ♦**30**:14, ♦15, ♦**50**:17, **Dan** ♦**8**:8, 24♦, ♦**11**:23, 25, **Joe 1**:6, **2**:2, 5, **Am 5**:12, **Mic 4**:3, 7, **Nah** ♣**3**:9, **Zec 8**:22

Dunamis δύναμις /Dunameōn δυνάμεων *1411*

Power, Strengthen, (Mighty Works)
♦Endunamō ενδυναμώ *1743*
♣Dunamō δυναμώ *1412*
{†Exousia εξουσία *1849* Authority}
[Also look under Doxa (Glory) on p35]

Mat 5:45, **7**:22, **11**:20, 21, 23, **13**:54, 58, **14**:2, **22**:29, **26**:64, **Mar 5**:30, **6**:2, 5, 14, **9**:1, 39, **12**:24, **14**:62, **Luk 1**:17, 35, **4**:14, 36†, **5**:17, **6**:19, **8**:46, **9**:1†, **10**:13, 19†, **19**:37, **21**:26, **22**:69, **24**:49, **Act 1**:8, **2**:22, **4**:33, **6**:8, **8**:10, 13, ♦**9**:22, **10**:38, **19**:11, **Ro 1**:4, 16, 20, ♦**4**:20, **9**:17, **15**:13, 19, **1Co 1**:18, 24, **2**:4, 5, **4**:19, 20, **5**:4, **6**:14, **12**:10, 28, 29, **2Co 4**:7, **6**:7, **12**:9, 12, **13**:4, **Gal 3**:5, **Eph 1**:19, **3**:7, 16, 20, ♦**6**:10, **Php 3**:10, ♦**4**:13, **Col 1**:11♣, 29, **1Th 1**:5, **2Th 1**:7, 11, **1Ti** ♦**1**:12, **2Ti 1**:7, 8, ♦**2**:1, **3**:5, ♦**4**:17, **Heb 2**:4, **6**:5, **7**:16, **11**:11, **1Pe 1**:5, **2Pe 1**:16, **2**:11, **Rev 1**:16, **3**:8, **11**:17, ♣34, **12**:10

Mat 24:29, **Mar 13**:25, **Luk 21**:26, **Ro 8**:38, **1Co 15**:24†, 56, **2Co 1**:8, **Eph 1**:21, **Heb 11**:34, **1Pe 3**:22, **Rev 13**:2†, **17**:13†, **18**:3

Dunatos δυνατός *1415*

Mighty, Possible, Able
♦Dunastēs δυνάστης *1413*
♣Dunateō δυνατέω *1414*

Mat 19:26, **26**:39, **Mar 9**:23, **10**:27, **14**:35, 36, **Luk 1**:49, ♦52, **18**:27, **24**:19, **Ro 4**:21, **9**:22, **11**:23, **12**:18, ♣**14**:4, **15**:1, **2Co** ♣**9**:8, **10**:4, **12**:10, ♣**13**:3, 9, **1Ti** ♦**6**:15, **2Ti 1**:12, **Tit 1**:9, **Heb 11**:19, **Jas 3**:2

Mat 24:24, **Mar 13**:22, **Luk 14**:31, **Act 2**:24, **7**:22, ♦**8**:27, **11**:17, **18**:24, **20**:16, **25**:5, **1Co 1**:26, **Gal 4**:15

Dunatai δύναται /Dunamenon δυνάμενον 1410 Able, Can, Cannot

♦Ouk{Ouden} Adunatēsei ούκ{ουδέν} αδυνατήσει *3756{3762}/101* Not Impossible

Mat 3:9, **9**:28, **10**:28, ♦**17**:20, **26**:42, 53, 61, **27**:42, **Mar 1**:40, 45, **6**:5, **9**:22, **Luk** ♦**1**:37, **3**:8, **5**:12, **Joh 5**:19, 30, **9**:16, 33, **11**:37, **Ro 16**:25, **Eph 3**:20, **Php 3**:21, **2Ti 2**:13, **3**:15, **Heb 2**:18, **4**:15, **5**:2, 7, **7**:25, **Jas 1**:21, **4**:12, **Jud** 24

Mat 12:29, 34, **16**:3, **17**:16, 19, **19**:12, 25, **20**:22, **22**:46, **Mar 2**:4, 7, 19, **3**:23, 24, 25, 26, 27, **4**:32, 33, **5**:3, **7**:15, 18, 24, **8**:4, **9**:3, 23, 28, 29, 39, **10**:26, 38, 39, **14**:7, **15**:31, **Luk 1**:20, 22, **5**:21, 34, **6**:39, 42, **8**:19, **9**:40, **11**:7, **12**:25, 26, **13**:11, **14**:20, 26, 27, 33, **16**:2, 13, 26, **18**:26, **19**:3, **20**:36, **21**:15, **Joh 1**:46, **3**:2, 3, 4, 5, 9, 27, **5**:44, **6**:44, 52, 60, 65, **7**:7, 34, 36, **8**:21, 22, 43, **9**:4, **10**:21, 29, 35, **12**:39, **13**:33, 36, 37, **14**:5, 17, **15**:4, 5, **16**:12, **Act 4**:16, 20, **5**:39, **8**:31, **13**:39, **15**:1, **20**:32, **24**:13, **27**:31, **Ro 8**:7, 8, 39, **15**:14, **1Co 2**:14, **3**:1, 2, 11, **6**:5, **7**:21, **10**:13, 21, **12**:3, 21, **14**:31, **15**:50, **2Co 1**:4, **3**:7, **13**:8, **Gal 3**:21, **Eph 3**:4, **6**:11, 13, 16, **1Th 2**:6, **3**:9, **1Ti 5**:25, **6**:7, 16, **2Ti 3**:7, **Heb 3**:19, **9**:9, **10**:1, 11, **Jas 2**:14, **3**:8, **4**:2, **1Jn 3**:9, **4**:20, **Rev 2**:2, **3**:8, **5**:3, **6**:17, **7**:9, **9**:20, **13**:4, **14**:3, **15**:8

Energeō ενεργέω /Energousin ενεργουσιν *1754*

Works, Effective (Working)
♦Energeia ενέργεια *1753*
♣Energes ενεργής *1756*

Mat 14:2, **Mar 6**:14, **1Co 12**:6, 11, ♣**16**:9, **2Co 1**:6, **4**:12, **Gal 2**:8, **3**:5, **5**:6, **Eph 1**:11, ♦19, 20, ♦**3**:7, 20, ♦**4**:16, **Php 2**:13, ♦**3**:21, **Col** ♦**1**:29♣, ♦**2**:12, **1Th 2**:13, **2Th** ♦**2**:11, **Phm** ♣6, **Heb** ♣**4**:12, **Jas** ♣**5**:16

Ro 7:5, **Eph 2**:2, **2Th 2**:7, ♦9

Katergadzomai κατεργάζομαι /Kateirgasthē κατειργάσθη *2716*

Produces, Works
♦Apokueō άποκυέω *616*

Ro 15:18, **2Co 5**:5, **9**:11 ,**Jas** ♦**1**:18

Ro 1:27, **2**:9, **4**:15, **5**:3, **7**:8, 13, 15, 17, 18, 20, **1Co 5**:3, **2Co 4**:17, **7**:10, 11, **12**:12, **Eph 6**:13, **Php 2**:12, **Jas 1**:3, ♦15, **1Pe 4**:3

Bâtsar בצר /Batsrôt בצרות

1219 Mighty (Things), Fortified
[Except *gather, grapegatherers*]

Jer 33:3

Nu 13:28, **Deu 1**:28, **3**:5, **9**:1, **28**:52, **Jos 14**:12, **2Sa 20**:6, **2Ki 18**:13, **19**:25, **2Ch 17**:2, **19**:5, **32**:1, **33**:14, **Neh 9**:25, **Job 42**:2, **Ps 76**:12, **Isa 2**:15,

22:10, **25**:2, **27**:10, **36**:1, **37**:26, **Jer 15**:20, **51**:53, **Eze 21**:20, **36**:35, **Hos 8**:14, **Zep 1**:16

Ḥayîl חיל 2428

Strong, Valiant, Valor, Wealth, Riches

♦Ayil איל 352

[Except *army, armies, forces* for 2428; also see under Gibbôr (Mighty) above; except *ram* for 352, and for *oaks* see p48]

Ps 59:11, **110**:3, **118**:15, 16

Gen 34:29, **47**:6, **Exd ♦15**:15, **18**:21, 25, **Nu 24**:18, **31**:9, **Deu 3**:18, **8**:17, 18, **33**:11, **Jdg 3**:29, **18**:2, **20**:44, 46, **21**:10, **Ru 2**:1, **3**:11, **4**:11, **1Sa 9**:1, **10**:26, **14**:48, **18**:17, **31**:12, **2Sa 2**:7, **11**:16, **13**:28, **2Sa 22**:33, 40, **23**:20, **24**:9, **1Ki 1**:42, 52, **2Ki 2**:16, **♦24**:15, **1Ch 5**:18, **10**:12, **11**:22, **26**:7, 8, 9, 30, 31, 32, **2Ch 17**:2, **26**:13, 17, **28**:6, **33**:14, **Ezr 8**:22, **Neh 11**:6, **Job 5**:5, **15**:29, **20**:15, 18, **21**:7, **31**:25, **♦41**:25, **Ps 18**:32, 39, **33**:16, 17, **49**:6, 10, **60**:12, **62**:10, **73**:12, **76**:5, **84**:7, **108**:13, **Pro 12**:4, **13**:22, **31**:3, 10, 29, **Ecc 10**:10, **12**:3, **Isa 8**:4, **10**:14, **30**:6, **60**:5, 11, **61**:6, **Jer 15**:13, **17**:3, **Eze ♦17**:13, **26**:12, **28**:4, 5, **Obd** 13, **Mic 4**:13, **Hab 3**:19, **Zep 1**:13, **Zec 4**:6, **9**:4, **14**:14

Ḥâzâq חזק /Ḥazâqâh חזקה

2389 Mighty, Strong, (Strengthen)

[For *mighty hand* look under Yâd on p18]

Pro 23:11, **Isa 27**:1, **28**:2, **Jer 50**:34

Exd 6:1, **10**:19, **19**:16, **Nu 13**:18, 31, **20**:20, **Jos 14**:11, **17**:18, **1Sa 14**:52, **2Sa 11**:15, **1Ki 17**:17, **18**:2, **19**:11, **Job 5**:15, **37**:18, **Ps 35**:10, **Jer 31**:11, **Eze 2**:4, **3**:7, 8, **26**:17, **30**:22, **34**:16, **Am 2**:14

Ḥâzaq חזק /Ḥâz^e^qâh חזקה

2388 Strong (Strengthen, Repair)

♦Ḥêzeq חזק 2391

♣Ḥôzeq חזק 2392

†Ḥâzêq חזק 2390

‡Ḥozqâh חזקה 2394

ΔḤezqâh חזקה 2393

{+Âmats אמץ 553 Courageous}

[Except *laid hold on, seized, detained, support*; for more occurrences of 2392 and 2393 look under Yâd (Hand) on p18]

2Ch 16:9, **Ps ♦18**:1, **Jer 20**:7, **Eze 3**:14, **Mic 7**:18

Gen 41:56, 57, **47**:20, **48**:2, **Exd 12**:33, **†19**:19, **Lev 25**:35, **Nu 13**:20, **Deu 1**:38, **3**:28+, **11**:8, **12**:23, **22**:25, **31**:6+, 7+, 23+, **Jos 1**:6+, 7+, 9+, 18+, **10**:25, **17**:13, **23**:6, **Jdg 1**:28, **3**:12, **‡4**:3, **7**:11, **‡8**:1, **16**:28, **20**:22, **1Sa ‡2**:16, **4**:9, **17**:50, **23**:16, **30**:6, **2Sa 2**:7, **†3**:1, **3**:6, **10**:11, 12, **11**:25, **13**:14, 28, **24**:4, **1Ki 2**:2, **16**:22, **20**:22, 23, 25, **2Ki 3**:26, **12**:5, 6, 7, 8, 12‡, 14, **14**:5, **15**:19, **22**:5, 6, **25**:3, **1Ch 11**:10, **19**:12, 13, **21**:4, **22**:13+, **26**:27, **28**:7, 10, 20, **29**:12, **2Ch 1**:1, **11**:11, 12, 17+, **Δ12**:1, 13, **13**:7+, 8, 21, **15**:7, 8, **17**:1, **19**:11, **21**:4, **23**:1, **24**:5, 12, **25**:3, 8, 11, **26**:8, 9, 15, **Δ16**, **27**:5, 6, **28**:20, **29**:3, 34, **31**:4, **32**:5, 7+, **34**:8, 10, **35**:2, **Ezr 1**:6, **6**:22, **7**:28, **9**:12, **10**:4, **Neh 2**:18, **3**:4, 5, 6, 7, 8, 9, 10, 11, 12, 13, 14, 15, 16, 17, 18, 19, 20, 21, 22, 23, 24, 27, 28, 29, 30, 31, 32, **5**:16, **6**:9, **10**:29, **Job 4**:3, **8**:15, 20, **18**:9, **27**:6, **Ps 27**:14+, **♦18**:1, **31**:24+, **64**:5, **147**:13, **Isa 27**:5, **28**:22, **33**:23, **35**:3+, 4, **39**:1, **41**:6, 7, 9, 13, **42**:6, **45**:1, **51**:18, **54**:2, **56**:2, 4, 6, **64**:7, **Jer 5**:3, **10**:4, **23**:14, **31**:32, **51**:12, **52**:6, **Eze 7**:13, **13**:22, **16**:49, **22**:14, **27**:9, 27, **30**:21, 24, 25, **34**:4‡, 16, **Dan 10**:18, 19, 21, **11**:1, Δ2, 5, 6, 7, 32, **Hos 7**:15, **Am ♣6**:13, **Jon ‡3**:8, **Nah 2**:1+, **3**:14, **Hag 2**:4, **♣**22, **Zec 8**:9, 13, **Mal 3**:13

Âmats אמץ 553

Courage, Strengthen

♦Ammîyts אמיץ 533

♣Amstâh אמצה 556

[Also look under Ḥâzaq (Strong) above]

Job ♦9:4, **♦**19, **Isa ♦28**:2, **♦40**:26

Gen 25:23, **Deu 2**:30, **15**:7, **Ru 1**:18, **2Sa ♦15**:12, **22**:18, **1Ki 12**:18, **2Ch 10**:18, **13**:18, **24**:13, **Job 4**:4, **16**:5, **Ps 18**:17, **80**:15, 17, **89**:21, **142**:6, **Pro 8**:28, **24**:5, **31**:17, **Isa 41**:10, **44**:14, **Am ♦2**:16, **Nah 2**:1, **Zec ♣12**:5

Shâ'ag שאג /Yish'âg ישאג

7580 Roar

♦Sh'âgâh שאגה 7581

Job 37:4, **Jer 25**:30

Jdg 14:5, **Job ♦3**:24, **♦4**:10, **Ps ♦22**:1, 13, **♦32**:3, **38**:8, **74**:4, **104**:21, **Isa 5**:29♦, **Jer 2**:15, **51**:38, **Eze ♦19**:7, **22**:25, **Hos 11**:10, **Joe 3**:16, **Am 1**:2, **3**:4, 8, **Zep 3**:3, **Zec ♦11**:3

Sâmaḵ סמך /Sômêḵ סומך

5564 Uphold, Sustain

♦Sâ'ad סאד 5582

♣Yâtsag יצג 3322

†Zâqaph זקף 2210

[Except *lay, laid* for samaḵ]

Ps 3:5, **18**:35, ♦**20**:2, **37**:17, 24, ♦**41**:3, **51**:12, **54**:4, **71**:6, ♦**94**:18, ♦**104**:15, **111**:8, **112**:8, **119**:116, ♦117, **145**:14†, †**146**:8, **Pro** ♦**20**:28, **Sng 2**:5, **Isa** ♦**9**:7, **26**:3, **36**:6, **48**:2, **59**:16, **63**:5, **Eze 30**:6, **Am** ♣**5**:15

Tâmak̲ תמך /Tâmkâh תמכה

8551 Uphold, Sustain

Ps 16:5, **17**:5, **41**:12, **63**:8, **Isa 1**:19, **41**:10, **42**:1, **Jer 2**:7,

---

Gen 48:17, **Job 36**:17, **Pro 3**:18, **4**:4, **5**:5, 22, **11**:16, **28**:17, **29**:23, **31**:19, **Isa 33**:15

Kôaḥ כח 3581

Might, Power, Wealth

♦Ta'atsumôt תעצמות 8592

Exd 9:16, **15**:6, **32**:11, **Nu 14**:13, 17, **Deu 4**:37, **8**:17, **9**:29, **2Ki 17**:36, **1Ch 29**:12, **2Ch 20**:6, **25**:8, **Neh 1**:10, **Job 9**:4, 19, **23**:6, **24**:22, **26**:12, **36**:5, 22, **37**:23, **Ps 29**:4, **65**:6, ♦**68**:35, **111**:6, **147**:5, **Isa 40**:26, 29, **50**:2, **63**:1, **Jer 10**:12, **27**:5, **32**:17, **51**:15, **Mic 3**:8, **Nah 1**:3

Gen 4:12, **31**:6, **49**:3, **Lev 11**:30, **26**:20, **Deu 8**:17, 18, **Jos 14**:11, **17**:17, **Jdg 6**:14, **16**:5, 6, 9, 15, 17, 19, 30, **1Sa 2**:9, **28**:20, 22, **30**:4, **1Ki 19**:8, **2Ki 19**:3, **1Ch 26**:8, **29**:2, 14, **2Ch 2**:6, **13**:20, **14**:11, **20**:12, **22**:9, **26**:13, **Ezr 2**:69, **10**:13, **Neh 4**:10, **Job 3**:17, **6**:11, 12, 22, **26**:2, **30**:2, 18, **31**:39, **36**:19, **39**:11, 21, **40**:16, **Ps 22**:15, **31**:10, **33**:16, **38**:10, **71**:9, **102**:23, **103**:20, **Pro 5**:10, **14**:4, **20**:29, **24**:5, 10, **Ecc 4**:1, **9**:10, **Isa 10**:13, **37**:3, **40**:9, 31, **41**:1, **44**:12, **49**:4, **Jer 48**:45, **La 1**:6, 14, **Dan 1**:4, **8**:6, 7, 22, 24, **10**:8, 16, 17, **11**:6, 15, 25, **Hos 7**:9, **Am 2**:14, **Nah 2**:1, **Hab 1**:11, **Zec 4**:6

Kratos κράτος *2904*

♦Krataiō κραταιώ *2901*

♣Krataios κραταιος *2900*

†Kosmokratōr κοσμοκράτωρ *2888*

‡Anazōnnumi ἀναζώννυμι *328*

Luk 1:51, ♦80, ♦**2**:40, **Act 19**:20, **1Co** ♦**16**:13, **Eph 1**:19, ♦**3**:16, **6**:10, **Col 1**:11, **1Ti 6**:16, **1Pe** ‡**1**:13, **4**:11, ♣**5**:6, 11, **Jud** 25, **Rev 1**:6, **5**:13

Eph †**6**:12, **Heb 2**:14

Râhav רהב 7292

Overcome, Made Bold

Ps 138:3, **Pro 6**:3, **Sng 6**:5, **Isa 3**:5

ʿÔz עז /Uz עז 5797

Strength

♦Mâʿôz מעוז 4581

♣ʿAz עז 5794

†ʿÂzaz עזז 5810

‡ʿEzûz עזוז 5807

ΔʿIzzûz עזוז 5808

+Mâzîyaḥ מזיח 4206

^Eyâlût אילות 360

>Eyâl איל 353

=Ûl אול 193

Exd 15:2, 13, **Jdg 5**:21, ♦**6**:26, **1Sa 2**:10, **2Sa 6**:14, ♦**22**:33, **1Ch 13**:8, **16**:11, 27, 28, **2Ch 6**:41, **30**:21, **Ezr 8**:22, **Neh** ♦**8**:10, **Job 12**:16, **37**:6, **Ps 8**:2, **21**:1, 13, ^**22**:19, Δ**24**:8, ♦**27**:1, **28**:7, 8♦, **29**:1, 11, **30**:7, ♦**31**:2, ♦4, ♦**37**:39, ♦**43**:2, **46**:1, ♦**52**:7‡, **59**:9, 16, 17, ♦**60**:7, **61**:3, **62**:7, 11, **63**:2, **66**:3, **68**:28†, 33, 34, 35, **71**:7, **74**:13, **77**:14, ‡**78**:4, 26, 61, **81**:1, **84**:5, **86**:16, **89**:10, †13, 17, **90**:11, **93**:1, **96**:6, 7, **99**:4, **105**:4, ♦**108**:8, **110**:2, **118**:14, **132**:8, **138**:3, **140**:7, ‡**145**:6, **150**:1, **Pro** ♦**10**:29, **14**:26, **18**:10, **24**:5, **31**:17, 25, **Ecc 8**:1, **Sng** ♣**8**:6, **Isa 12**:2, ♦**17**:10, ♦**25**:4, ♣**26**:1, ♦**27**:5, **45**:24, **49**:5, **51**:9, **52**:1, **62**:8, **Jer 16**:19♦, **Joe** ♦**3**:16, **Mic 5**:4, **Hab 3**:4, **Nah** ♦**1**:7

Gen ♣**49**:3, ♣7, **Exd** ♣**14**:21, **Nu** ♣**13**:28, ♣**21**:24, **Deu** ♣**28**:50, **Lev 26**:19, **Jdg** †**3**:10, †**6**:2, **9**:51, ♣**14**:14, ♣18, **2Sa** ♣**22**:18, **2Ki** >**24**:15, **Neh** ♣**9**:11, **Job** +**12**:21, **26**:2, **41**:22, **Ps** †**9**:19, ♣**18**:17, ♣**59**:3, =**73**:4, >**88**:4, +**109**:19, **Pro** ‡**7**:13, ‡**8**:28, **10**:15, **18**:11, ♣23, ♣**21**:14, 22, †29, ♣**30**:25, **Ecc 7**:19, **Isa** ♦**17**:9, ♣**19**:4, ♦**23**:4, +10, ♦11, ♦14, ♣**25**:3, ♦**30**:2‡, ♦3, ‡**42**:25, ♣**43**:16, Δ17, ♣**56**:11, **Jer 48**:17, **51**:53, **Eze** ♣**7**:24, **19**:11, 12, 14, **24**:21, ♦25, **26**:11, **30**:6, ♦15, 18, **33**:28, **Dan** ♣**8**:23, ♦**11**:1, ♦7, ♦10, †12, ♦19, ♦31, ♦38, ♦39, **Am 3**:11, ♣**5**:9, **Nah** ♦**3**:12

Ischuros ισχυρός /Ischuroteros ισχυρότερος *2478* Might(ier), Power, Ability

♦Ischus ισχύς *2479*

♣Katischuō κατισχύω *2729*

†Eutonos ευτόνος *2159*

Mat 3:11, **Mar 1**:7, ♦**12**:30, ♦33, **Luk 3**:16, ♦**10**:27, **1Co 1**:25, **4**:10, **1Co 10**:22, **2Co 10**:10, **Eph** ♦**1**:19, ♦**6**:10, **2Th 1**:9, **Heb 5**:7, **6**:18, **11**:34, **1Pe** ♦**4**:11, **2Pe** ♦**2**:11, **1Jn 2**:14, **Rev 5**:2, ♦12, ♦**7**:12, **10**:1, **18**:2, 8, 21, **19**:6

Mat 12:29, **14**:30, ♣**16**:18, **Mar 3**:27, **Luk 11**:21, 22, **15**:14, †**23**:10, ♣23, **Act** †**18**:28, **1Co 1**:27, **Rev 18**:10, **19**:18

Ischuō ισχύω /Ischuen ίσχυεν

2480 Able, Could, Well

♦Enischuōn ενισχύων *1765*

♣Exischusēte εξισχύωσητε *1840*

Act 19:20, **Gal 5**:6, **Php 4**:13, **Jas 5**:16

Mat 5:13, **8**:28, **9**:12, **26**:40, **Mar 2**:17, **5**:4, **9**:18, **14**:37, **Luk 6**:48, **8**:43, **13**:24, **14**:6, 29, 30, **16**:3, **20**:26, ♦**22**:43, **Joh 21**:6, **Act 6**:10, ♦**9**:19, **15**:10, **19**:16, **25**:7, **27**:16, **Eph** ♣**3**:18, **Heb 9**:17, **Rev 12**:8

Euprosdektos ευπρόσδεκτος

2144 Ability

♦Euporeo ευπορέο *2141*

Act ♦**11**:29, **Ro 15**:16, 31, **2Co 6**:2, **8**:12, **1Pe 2**:5

Katalambanō καταλαμβάνω /Katalabō καταλάβω *2638*

Comprehend, Apprehend, Overtake

♦Apekteinomenos απεκτεινόμενος *1901*

Ro 9:30, **1Co 9**:24, **Eph 3**:18, **Php 3**:12, 13♦, **1Th 5**:4

Mar 9:18, **Joh 1**:5, **8**:3, 4, **12**:35, **Act 4**:13, **10**:34, **25**:25

Epilambanomai επιλαμβάνομαι

1949 Take hold

Mat 14:31, **Mar 8**:23, **Luk 9**:47, **14**:4, **20**:20, 26, **23**:26, **Act 9**:27, **16**:19, **17**:19, **18**:17, **21**:30, 33, **23**:19, **1Ti 6**:12, 19, **Heb 2**:16, **8**:9

Krateō κρατέω *2902*

Hold

Mat 9:25, **12**:11, **14**:3, **18**:28, **21**:46, **22**:6, **26**:4, 48, 50, 55, 57, **28**:9, **Mar 1**:31, **3**:21, **5**:41, **6**:17, **7**:3, 4, 8, **9**:10, 27, **12**:12, **14**:1, 44, 46, 49, 51, 54, **Luk 24**:16, **Joh 20**:23, **Acts 2**:24, **3**:11, **24**:6, **27**:13, **Col 2**:19, **2Th 2**:15, **Heb 4**:14, **6**:18, **Rev 2**:1, 13, 14, 15, 25, **3**:11, **7**:1, **20**:2

Sunechō συνέχω *4912*

Held, Compel

♦Agreuō ἀγρεύω *64*

Mat 4:24, **Mar** ♦**12**:13, **Luk 4**:38, **8**:37, 45, **12**:50, **19**:43, **22**:63, **Act 7**:57, **18**:5, **28**:8, **2Co 5**:14, **Php 1**:23

B^{e}kôr בכור 1060

First-Born

♦Bâkar בכר 1069

Gen 10:15, **22**:21, **25**:13, **27**:19, 32, **35**:23, **36**:15, **38**:6, 7, **41**:51, **43**:33, **46**:8, **48**:14, 18, **49**:3, **Exd 4**:22, 23, **6**:14, **11**:5, **12**:12, 29, **13**:2, 13, 15, **22**:29, **34**:20, **Lev 27**:26♦, **Nu 1**:20, **3**:2, 12, 13, 40, 41, 42, 43, 45, 46, 50, **8**:16, 17, 18, **18**:15, **18**:17, **26**:5, **33**:4, **Deu 15**:19, **21**:15, 16♦, 17, **25**:6, **33**:17, **Jos 6**:26, **17**:1, **Jdg 8**:20, **1Sa 8**:2, **17**:13, **2Sa 3**:2, **1Ki 16**:34, **2Ki 3**:27, **1Ch 1**:13, 29, **2**:3, 13, 25, 27, 42, 50, **3**:1, 15, **4**:4, **5**:1, 3, **6**:28, **8**:1, 30, 39, **9**:5, 31, 36, **26**:2, 4, 10, **2Ch 21**:3, **Neh 10**:36, **Job 1**:13, 18, **18**:13, **Ps 78**:51, **89**:27, **105**:36, **135**:8, **136**:10, **Isa 14**:30, **Jer** ♦**4**:31, **31**:9, **Eze** ♦**47**:12, **Mic 6**:7, **Zec 12**:10

Prototokos προτοτόκος *4416*

Luk 2:7, **Ro 8**:29, **Col 1**:15, 18, **Heb 1**:6, **11**:28, **12**:23, **Rev 1**:5

Qeren קרן 7161

Horn

[Except *horns (of the altar), ram's horn*]

Deu 33:17, **1Sa 2**:1, 10, **2Sa 22**:3, **1Ch 25**:5, **Job 16**:15, **Ps 18**:2, **75**:4, 5, 10, **89**:17, 24, **92**:10, **112**:9, **132**:17, **148**:14, **Jer 48**:25, **La 2**:3, 17, **Eze 29**:21, **Am 6**:13, **Mic 4**:13, **Zec 1**:18, 19, 21

Ayil איל 352

Oaks, Lintel

[Except *ram*; for *mighty men*, see under Ḥayîl, see p46]

1Ki 6:31, **Isa 1**:29, **61**:3, **Eze 31**:14, **40**:9, 10, 14, 16, 21, 24, 26, 29, 31, 33, 34, 36, 37, 38, 48, 49, **41**:1

Êlâh אלה 424

Oak Tree

♦Allâh אלה 427

♣Allôn אלון 437

Gen 35:4, ♣8, **Jdg 6**:11, 19, **Jos** ♦**24**:26, **2Sa 18**:9, 10, 14, **1Ki 13**:14, **1Ch 10**:12, **Isa 1**:30, ♣**2**:13, **6**:13♣ ♣**44**:14, **Eze 6**:13, ♣**27**:6, **Hos 4**:13♣, **Am** ♣**2**:9, **Zec** ♣**11**:2

Erez ארז 730

Cedar

Lev 14:4, 6, 49, 51, 52, **Nu 19**:6, **24**:6, **Jdg 9**:15, **2Sa 5**:11, **7**:2, 7, **1Ki 4**:33, **5**:6, 8, 10, **6**:9, 10, 15, 16, 18, 20, 36, **7**:2, 3, 7, 11, 12, **9**:11, **10**:27, **2Ki 14**:9, **19**:23, **1Ch 14**:1, **17**:1, 6, 4, **2Ch 1**:15, **2**:3, 8, **9**:27, **25**:18, **Ezr 3**:7, **Job 40**:17, **Ps 29**:5, **80**:10, **92**:12, **104**:16, **148**:9, **Sng 1**:17, **5**:15, **8**:9, **Isa 2**:13, **9**:10, **14**:8, **37**:24, **41**:19, **44**:14, **Jer 22**:7, 14, 15, 23, **Eze 17**:3, 22, 23, **27**:5, **31**:3, 8, **Am 2**:9, **Zec 11**:1, 2

Arî ארי 738

Lion

♦Lâvî' לביא 3833

♣Shaḥal שחל 7826

[Not all literal *lion*]

1Ki 7:29, 36, **Job ♣10**:16, **Isa 31**:4, **38**:13, **La 3**:10, **Eze 1**:10, **10**:14, **Hos ♣5**:14, **11**:10, **♣13**:7, **Am 3**:8

Gen 49:9♦, **Nu 23**:24♦, **24**:9♦, **Deu 33**:22, **1Sa 17**:37, **2Sa 1**:23, **17**:10, **23**:20, **1Ki 10**:19, 20, **2Ki 17**:25, 26, **1Ch 11**:22, **12**:8, **2Ch 9**:18, 19, **Job 4**:10♣, **♣28**:8, **Ps 7**:2, **10**:9, **17**:12, **22**:13, 21, **♣91**:13, **Pro ♣26**:13, **Ecc 9**:4, **Sng 4**:8, **Isa 11**:7, **15**:9, **35**:9, **65**:25, **Jer 2**:30, **4**:7, **5**:6, **12**:8, **49**:19, **50**:17, **51**:38, **Eze 19**:2, 6, **22**:25, **Joe 1**:6, **Mic 5**:8, **Nah 2**:11, 12, **Zep 3**:3

Leōn λέων 3023

2Ti 4:17, **Heb 11**:33, **1Pe 5**:8, **Rev 4**:7, **5**:5, **9**:8, 17, **10**:3, **13**:2

Nesher נשׁר 5404

Eagle

♦N^{e}shar נשׁר 5403

Exd 19:4, **Lev 11**:13, **Deu 14**:12, **28**:49, **32**:11, **2Sa 1**:23, **Job 9**:26, **39**:27, **Ps 103**:5, **Pro 23**:5, **30**:17, 19, **Isa 40**:31, **Jer 4**:13, **48**:40, **49**:16, 22, **La 4**:19, **Eze 1**:10, **10**:14, **17**:3, 7, **Dan ♦4**:33, **♦7**:4, **Hos 8**:1, **Obd** 4, **Mic 1**:16, **Hab 1**:8

Aetos αετός *105*

Mat 24:28, **Luk 17**:37, **Rev 4**:7, **8**:13, **12**:14

Ayâl איל 354

Deer

Deu 12:15, 22, **14**:5, **15**:22, **1Ki 4**:23, **Ps 42**:1, **Sng 2**:9, 17, **8**:14, **Isa 35**:6, **La 1**:6

Yâd יד 3027

Hand, Authority

{♦Nâtêh נטה 5186 Stretch Out}

[Only of man, as in strength and performing feats, Yehuwah speaking *by* (the hand of) His prophets; for *delivered from his* (etc.) *hand* look under Nâtsal (Deliver) on p60; *into their (his, my, our* etc.*) hand*, look under Nâtan (Give) on p83; for *blessed in the work of your hands*, go to Baruḵ (Blessed) on p91; for *hand* of Yehuwah, go to p18]

Gen 49:8, 24, **Exd 4**:13, **7**:15, 19♦, **8**:5♦, 6♦, 17♦, **9**:22♦, 35, **10**:12♦, 21♦, 22♦, **13**:9, **14**:16♦, 21♦, 26♦, 27♦, **15**:9, **17**:5, 9, 11, 12, **23**:1, **Lev 26**:46, **Nu 4**:28, 33, 37, 45, 49, **7**:8, **9**:23, **10**:13, **15**:23, **16**:40, **22**:23, 31, **27**:23, **31**:49, **33**:1, **36**:13, **Deu 2**:7, 25, **6**:8, **8**:17, **11**:18, **12**:6, 11, 17, **28**:32, **32**:27, 36, **33**:7, **Jos 8**:20, 26, **14**:2, **20**:2, **21**:2, 8, **22**:9, **Jdg 1**:35, **3**:4, 30, **4**:24, **6**:2, 36, 37, **7**:11, **15**:14, 15, **1Sa 23**:16, 17, **2Sa 2**:7, **3**:12, **21**:22, **22**:21, 35, **23**:10, **1Ki 8**:53, 56, **12**:15, **14**:18, **15**:29, **16**:7, 12, 34, **17**:16, **2Ki 9**:36, **10**:10, **13**:16, **17**:13, 23, **21**:10, **24**:2, **1Ch 11**:3, **14**:11, **18**:3, **19**:11, **20**:8, **24**:19, **25**:2, 3, 6, **26**:28, **2Ch 10**:15, **15**:7, **23**:18, **24**:11, **26**:11, 13, **29**:25, 27, **30**:12, **33**:8, **34**:14, **35**:6, **36**:15, **Ezr 1**:6, **3**:10, **6**:22, **9**:11, **Neh 5**:5, **6**:9, **8**:6, 14, **9**:14, 30, **10**:29, **Job 17**:9, **Ps 18**:20, 24, 34, **22**:16, **28**:2, **68**:31, **71**:4, **73**:23, **76**:5, **77**:20, **89**:25, **90**:17, **106**:10, 42, **107**:2, **121**:5, **127**:4, **134**:2, **140**:4, **143**:6, **144**:1, **149**:6, **Pro 3**:27, **10**:4, **12**:14, 24, **13**:11, **18**:21, **31**:20, **Isa 3**:11, **11**:14, **13**:2, 7, **20**:2, **35**:3, **42**:6, **Jer 5**:31, **6**:24, **11**:21, **23**:14, **50**:1, 43, **Eze 7**:17, **13**:22, 23, **21**:7, **22**:14, **33**:6, 8, **34**:10, **Dan 12**:7, **Hos 12**:10, **Zep 3**:16, **Hag 1**:1, 3, **2**:1, **Zec 4**:9, 10, **7**:7, 12, **8**:9, 13

Cheir χείρ *5495*

[Only *hand* of the apostles etc.; for *hand* of Yehuwah go to p18]

Act 5:12, **8**:18, **9**:12, 17, 41, **11**:30, **13**:3, **14**:3, **19**:6, 11, **28**:8, **Gal 3**:19, **1Ti 2**:8, **4**:14, 5:22, **2Ti 1**:6, **Heb 6**:2, **12**:12, **Jas 4**:8, **1Jn 1**:1, **Rev 10**:5

Ekteinō εκτεινω *1614*

Stretch Forth

Mat 8:3, **12**:13, 49, **14**:31, **Mar 1**:41, **Luk 5**:13, **Act 4**:30

Mat 12:13, **26**:51, **Mar 3**:5, **Luk 6**:10, **22**:53, **Joh 21**:18, **Act 26**:1, **27**:30

Yâmîn ימין 3225

Right Hand

[For that of Yehuwah go to p18]

2Sa 16:6, **Neh 8**:4, **12**:31, **Job 23**:9, **30**:12, **40**:14, **Ps 16**:8, **20**:6, **73**:23, **89**:25, 42, **91**:7, **109**:6, 31, **110**:5, **121**:5, **137**:5, **142**:4, **144**:8, 11, **Ecc 10**:2, **Isa 41**:13, **44**:20, **45**:1, **54**:3, **63**:12, **Eze 39**:3, **Zec 3**:1

[*On the right hand* etc]

Gen 13:9, **24**:49, **48**:13, 14, 17, 18, **Exd 14**:22, 29, **29**:22, **Lev 7**:32, 33, **8**:25, 26, **9**:21, **Nu 18**:18, **20**:17, **22**:26, **Deu 2**:27, **5**:32, **17**:11, 20, **28**:14, **Jos 1**:7, **17**:7, **23**:6, **Jdg 3**:15, 16, 21, **5**:26, **7**:20, **16**:29, **20**:16, **1Sa 6**:12, **11**:2, **23**:19, 24, **2Sa 2**:19, 21, **20**:9, **24**:5, **1Ki 2**:19, **7**:39, 49, **2Ki 12**:9, **22**:2, **23**:13, **1Ch 6**:39, **2Ch 3**:17, **4**:6, 7, 8, **34**:2, **Ps 26**:10, **89**:12, **Pro 4**:27, **27**:16, **Isa 9**:20, **Eze 1**:10, **10**:3, **16**:46, **21**:22, **Dan 12**:7, **Jon 4**:11, **Zec 4**:3, 11, **11**:17, **12**:6

Zerôʿah זרועה 2220

Arm

♦Ezrôwaʿ אזרוע 248

[Only of man; for *arm* of Yehuwah, go to p18

Gen 49:24, **Deu 33**:20, **1Sa 2**:31, **2Sa 22**:35, **Job 22**:8, 9, **26**:2, ♦**31**:22, **35**:9, **38**:15, **10**:15, **Ps 18**:34, **37**:17, **44**:3, **83**:8, **Pro 31**:17, **Jer 17**:5, **48**:25, **Eze 17**:9, **22**:6, **30**:21, 22, 24, 25, **31**:17, **Hos 7**:15, **11**:3, **Zec 11**:17

Kâthêph כתף 3802

Shoulder

[Not *side*]

Job 31:22, Isa 46:7, Eze 12:7, 12, 24:4, 29:7, 18, 34:21, Zec 7:11

Shᵉḵem שׁכם 7926

Shoulder, Back

Gen 21:14, 24:15, 45, 48:22, 49:15, Exd 12:34, Jos 4:5, Jdg 9:48, 1Sa 9:2, 10:9, 23, Job 31:36, Ps 21:12, 81:6, Isa 9:4, 6, 10:27, 14:25, 22:22, Hos 6:9, Zep 3:9

Rô’sh ראשׁ 7218

Head

[Only of the strength of man; for that of Yehuwah go to p23]

Ps 3:3, **7**:16, **21**:3, **23**:5, **27**:6, **38**:4, **44**:14, **66**:12, **68**:21, **83**:2, **110**:7, **133**:2, **140**:7, 9, **141**:5, **Isa 59**:17, **Jer 2**:37, **14**:3, 4, **23**:19, **30**:23, **31**:7, **48**:37, **52**:31, **Eze 7**:18, **9**:10, **11**:21, **16**:12, 43, **17**:19, **22**:31, **Zec 3**:5, **6**:11

Mêtsaḥ מצח 4696

Forehead

Exd 28:38, **1Sa 17**:49, **2Ch 26**:19, 20, **Isa 48**:4, **Jer 3**:3, **Eze 3**:7, 8, 9, **9**:4

Raqqâh רקה 7541

Temple

Jdg 4:21, 22, **5**:26, **Sng 4**:3, **6**:7

Ḥâlâts חלץ 2504

Loins

Gen 35:11, **2Ki 8**:19, **I1Ch 6**:9, **Job 31**:20, **Job 38**:3, **Job 40**:7, **Isa 5**:27, **Isa 11**:5, **Isa 32**:11, **Jer 30**:6

Qeshet קשׁת 7198

Bow

Gen 9:13, 14, 16, **Ps 7**:12, **La 2**:4, **3**:12, **Hab 3**:9, **Zec 9**:13

Gen 21:16, 20, **27**:3, **48**:22, **49**:24, **Jos 24**:12, **1Sa 2**:4, **18**:4, **31**:3, **2Sa 1**:18, 22, **22**:35, **1Ki 22**:34, **2Ki 6**:22, **9**:24, **13**:15, 16, **1Ch 5**:18, **8**:40, **10**:3, **12**:2, **2Ch 14**:8, **17**:17, **18**:33, **26**:14, **Neh 4**:13, 16, **Job 20**:24, **29**:20, **41**:28, **Ps 11**:2, **18**:34, **37**:14, 15, **44**:6, **46**:9, **76**:3, **78**:9, 57, **Isa 5**:28, **7**:24, **13**:18, **21**:15, 17, **22**:3, **41**:2, **66**:19, **Jer 4**:29, **6**:23, **9**:3, **46**:9, **49**:35, **50**:14, 29, 42, **51**:3, 56, **Eze 1**:28, **39**:3, 9, **Hos 1**:5, 7, **2**:18, **7**:16, **Am 2**:15, **Zec 9**:10, **10**:4

Ḥêts חץ /Ḥitsîm חצים 2671

Arrow(s)

Ps 7:13, **18**:14, **38**:2, **45**:5, **64**:7, **144**:6, **Isa 49**:2, **Hab 3**:11, **Zec 9**:14, **La 3**:12

Gen 49:23, **Nu 24**:8, **Deu 32**:23, 42, **2Sa 22**:15, **2Ki 13**:15, 17, **19**:32, **1Ch 12**:2, **Job 6**:4, **34**:6, **Ps 11**:2, **57**:4, **58**:7, **64**:3, **91**:5, **120**:4, **127**:4, **Pro 7**:23, **25**:18, **26**:18, **Isa 5**:28, **37**:33, **Jer 9**:8, **50**:9, 14, **51**:11, **Eze 5**:16, **21**:21, **39**:3, 9

Panoplia πανοπλία *3833*

Armour

Luk 11:22, **Eph 6**:11, 13

Hoplon ὁπλον *3696*

Weapons, Instruments

Joh 18:3, **Ro 6**:13, **13**:12, **2Co 6**:7, **10**:4

Stratiotes στρατιότες *4757*

Soldier

Mat 8:9, **27**:27, **28**:12, **Mar 15**:16, **Luk 7**:8, **23**:36, **Joh 19**:2, 23, 24, 32, 34, **Act 10**:7, **12**:4, 6, 18, **21**:32, 35, **23**:23, 31, **27**:31, 32, 42, **28**:16, **2Ti 2**:3

Al-Tîrâ' אל־תירא /Lô-Ira' לא־ארא 408{3808}-3372 Not Fear

♦Al-Têḥat אל־תחת 408-2865 Not Dismayed

♣Al-Ta'arots אל־תערץ 408-6206 Not Be Terrified

†Ên-Maḥarîd אין־מחריד 369-2729 None Make Afraid

‡Al-Taḥphezû אל־תחפזו 408-2648 Not Tremble

ΔAl-Yêrak̲ Lêvâv אל־ירך לבב 408-7401-3824 Not Be Faint-Hearted

+Lô-Yid'âg לא־ידאג 3808-1672 Not Fear

^Lô-Epḥâd לא־אפחד 3808-6342 Not Fear

>Al-Tirah אל־תרה 408-7297 Not Be Afraid

[For *awesome*, *fearful* of Yehuwah, go to Nôra' (Awesome) on p34; for *fear* toward Yehuwah go to Yira' (Fear) on p127; for *fear* of men see Yira' (Fear) on p150]

Gen 15:1, **21**:17, **26**:24, **35**:17, **43**:23, **46**:3, **50**:19, 21, **Exd 14**:13, **20**:20, **Lev †26**:6, **Nu 14**:9, **21**:34, **Deu 1**:21♦, 29♣, **3**:2, 22, **7**:18, ♣21, **20**:1, 3Δ‡♣, **†28**:26, **31**:6♣, 8♦, **Jos ♣1**:9♦, **8**:1♦, **10**:8, 25♦, **11**:6, **Jdg 4**:18, **6**:10, 23, **Ru 3**:11, **1Sa 4**:20, **12**:20, **22**:23, **23**:17, **28**:13, **2Sa 9**:7, **13**:28, **1Ki 17**:13, **2Ki 1**:15, **6**:16, **17**:35, 37, **25**:24, **1Ch 22**:13♦, **28**:20♦, **2Ch 20**:15♦, 17♦, **32**:7♦, **Neh 4**:14, **Job 9**:35, **11**:15, **Ps 3**:6, **27**:3, **46**:2, **49**:16, **56**:4, 11, **64**:4, ^**78**:53, **91**:5, **112**:7, 8, **118**:6, **Pro ^3**:24, 25, **31**:21, **Isa 7**:4Δ, 8:12♣, **10**:24, ^**12**:2, **†17**:2, ♦**31**:4, **35**:4, **37**:6, **40**:9, **41**:10, 13, 14, **43**:1, 5, **44**:2+, ^8>, ♦**51**:6, 7♦, **54**:4, 14, **Jer 1**:8, ♦17, ♦**10**:2, 5, +**17**:8, ♦18, **23**:4♦, **30**:10♦†, ^**36**:24, **40**:9, **42**:11, **46**:27♦+, 28, **La 3**:57, **Eze 2**:6♦, **3**:9♦, **†34**:28, **†39**:26, **Dan 10**:12, 19, **Joe 2**:21, 22, **Mic †4**:4, **Nah †2**:11, **Zep †3**:13, 15, 16, **Hag 2**:5, **Zec 8**:13, 15

Mē Phobou μή φοβου *3361/5399*

Not Fear

♦Mē Phobēthēte μή φοβηθητε

♣Mē Phobeisthe μή φοβεισθε Do Not Be Afraid

†Mē Pturomenoi μή πτυρόμενοι *3361/4426*

Mat ♣1:20, ♦**10**:26, ♦28, ♦31, ♣**14**:27, ♣**17**:7, ♣**28**:5, ♣10, **Mar 5**:36, ♣**6**:50, **Luk 1**:13, 30, ♣**2**:10, **5**:10, **8**:50, ♦**12**:4, ♣7, 32, **23**:40, **Joh ♣6**:20, **12**:15, **Act 18**:9, **27**:24, **Ro ♣13**:3, **Php †1**:28, **Heb ♦11**:23, ♦27, ♦**13**:6, **1Pe 3**:6, ♦14, **Rev 1**:17, **2**:10

Aphobos αφόβος *870*

Without Fear

Luk 1:74, **1Co 16**:10, **Php 1**:14, **Jud** 12

Mē Tarassesthō μή ταρασσέσθω *3361/5015* Not Be Troubled

♦Mē Tarachthēte μή ταραχθήτε

♣Mē Throeisthe μή θροείσθε *2360*

†Deiliaō δειλιάω *1168*

‡Deilia δειλία *1167*

Mat ♣24:6, **Mar ♣13**:7, **Joh 14**:1, 27†, **2Th ♣2**:2, **2Ti ‡ 1**:7, **1Pe ♦3**:14

Mē Enkakein μή εκκακείν *3361/1573* Not Lose Heart

◊Ouk Enkakoumen ούκ εκκακουμεν *3756/1573*

Luk 18:1, **2Co 4**:1, 16, **Gal ◊6**:9, **Eph 3**:13, **2Th 3**:13

Lô-Abûsh לא־אבוש /Lô-Êbôsh לא־אבוש 3808-954 Not Ashamed

♦Lô-Tikâshêl לא־תכשל 408-3782

♣Lô-Tikalmî לא־תכלמי 3808-3637

†Lô-Taḥphîrî לא־תחפירי 3808-2659

‡Lô-Yûmâl לא־יומל 3808-2904 Not Cast Down

Gen 2:25, **Ps 22**:5, **25**:2, **31**:1, 17, **†34**:5, **37**:19, ‡24, **71**:1, **119**:6, 31, 46, 80, 116, **127**:5, **Pro ♦4**:12, **Isa ♦5**:27, **29**:22, **45**:17, **49**:23, **50**:7♣, **54**:4♣†, **♦63**:13, **Jer ♦31**:9, **Joe 2**:26, 27, **Zep 3**:11

Mē Aischunomai μή αισχύνομαι *3361/153*

♦Ou Kataischunei ου καταισχύνει *2617*

♣Ou Epaischunthēs ου επαισχυνθής *1870*

†Anepaischunton ανεπαίσχυντον *422*

Ro ♣1:16, **♦5**:5, **♦9**:33, **♦10**:11, **2Co ♦7**:14, **10**:8, **Php 1**:20, **2Ti ♣1**:8, **♣**12, **♣**16, **†2**:15, **Heb ♣2**:11, **♣11**:16, **1Pe ♦2**:6, **4**:16, **1Jn 2**:28

Tharseite θαρσείτε *2293*

Good Cheer

♦Tharsos θάρσος *2294*

♣Euthumeō ευθυμέω *2114*

†Euthumos ευθυμος *2115*

Mat 9:2, 22, **14**:27, **Mar 6**:50, **10**:49, **Joh 16**:33, **Act 23**:11, **Act ♣27**:22, **♣**25, †36, **♦28**:15, **Jas ♣5**:13

Tsâlaḥ צלח /Titslîaḥ תצליח

6743 Prosper, Come Upon

Gen 24:21, 40, 42, 56, **39**:2, 3, **Nu 14**:41, **Deu 28**:29, **Jos 1**:8, **Jdg 14**:6, 19, **15**:14, **18**:5, **1Sa 10**:6, 10, **11**:6, **16**:13, **18**:10, **2Sa 19**:17, **1Ki 22**:12, 15, **1Ch 22**:11, 13, **29**:23, **2Ch 7**:11, **13**:12, **14**:7, **18**:11, 14, **20**:20, **24**:20, **26**:5, **31**:21, **32**:30, **Neh 1**:11, **2**:20, **Ps 1**:3, **37**:7, **45**:4, **118**:25, **Pro 28**:13, **Isa 48**:15, **53**:10, **54**:17, **55**:11, **Jer 2**:37, **5**:28, **12**:1, **13**:7, 10, **22**:30, **32**:5, **Eze 15**:4, **16**:13, **17**:9, 10, 15, **Dan 8**:12, 24, 25, **11**:27, 36, **Am 5**:6

Shâlâh שלה 7951

Prosper

♦Shalwâh שלוה 7962

Job 3:26, **12**:6, **Ps 122**:6, **♦**7, **Pro ♦1**:32, **♦17**:1, **Jer 12**:1, **♦22**:21, **La 1**:5, **Eze ♦16**:49, **Dan ♦8**:25, **♦11**:21, **♦**24

Eudoutai ευδούται *2137*

Ro 1:10, **1Co 16**:2, **3Jn** 2

Yôtêr יותר 3148

Better, Profit

♦Môtâr מותר 4195

Est 6:6, **Pro ♦14**:23, **♦21**:5, **Ecc 2**:15, **♦3**:19, **6**:8, 11, **7**:11, 16, **12**:9, 12

†1:14, 1Pe ♣2:13

Kreittōn κρείττων *2909*

Better

♦Kreissōn κρεισσων *2908*

♣Proechometha προεχόμεθα *4284*

†Proēgoumenoi προηομενοι *4285*

Ro ♣3:9, **†12**:10, **1Co 7**:9, **♦**38, **11**:17, **Php ♦1**:23, **Heb 1**:4, **6**:9, **7**:7, 19, 22, **8**:6, **9**:23, **10**:34, **11**:16, 35, 40, **12**:24, **1Pe 3**:17, **2Pe 2**:21

Sâkan סכן 5532

Profit, Cherish

Nu 22:30, **1K11**:2, 4, **Job 15**:3, **22**:2, 21, **34**:9, **35**:3, **Ps 139**:3, **Isa 22**:15

Ōphelei ωφελεί *5623*

♦Ōphelimos ωφέλιμος *5624*

♣Ōpheliea ωφέλιεα *5622*

†Ophelos όφελος *3786*

Mat 15:5, **16**:26, **27**:24, **Mar 5**:26, **7**:11, **8**:36, **Luk 9**:25, **Joh 6**:63, **12**:19, **Ro 2**:25, **♣3**:1, **1Co 13**:3, **14**:6, **†15**:32. **Gal 5**:2, **1Ti ♦4**:8, **2Ti ♦3**:16, **Tit ♦3**:8, **Heb 4**:2, **13**:9, **Jas †2**:14, †16, **Jud ♣**16

Sumpherei συμφέρει *4851*

Profitable, Helpful

Mat 5:29, 30, **18**:6, **19**:10, **Joh 11**:50, **16**:7, **18**:14, **Act 19**:19, **20**:20, **1Co 6**:12, **10**:23, **12**:7, **2Co 8**:10, **12**:1, **Heb 12**:10

Euchrestos εύχρεστος *2173*

2Ti 2:21, **4**:11, **Phm** 11

Diapherete διαφέρετε *1308*

More Value, Excellent, Differ

♦Diaphoros διάφορος *1313*

♣Diairesis διαίρεσις *1243*

Act 13:49, **Ro 2**:18, **Ro ♦12**:6, **1Co ♣12**:4, **♣**5, **♣**6, **Php 1**:10, **Heb ♦1**:4, **♦8**:6

Mat 6:26, **10**:31, **12**:12, **Luk 12**:7, 24, **1Co 15**:41, **Gal 2**:6, **4**:1, **Heb ♦9**:10

Arkeō αρκέω *714*

Sufficient

♦Autarkeia αὐτάρκεια *841*

♣Autarkēs αὐτάρκης *842*

Mat 25:9, **Luk 3**:14, **Joh 6**:7, **14**:8, **2Co ♦9**:8, **12**:9, **Php ♣4**:11, **1Ti ♦6**:6, 8, **Heb 13**:5, **3Jn 1**:10

Betsa' בֶּצַע 1215

Gain, Covetousness

♦Bâtsa' בָּצַע 1214

Gen 37:26, **Exd 18**:21, **Jdg 5**:19, **1Sa 8**:3, **Job ♦6**:9, **22**:3, **♦27**:8, **Ps ♦10**:3, **30**:9, **119**:36, **Pro 1**:19♦, **15**:27♦, **28**:16, **Isa ♦10**:12, **33**:15, **♦38**:12, **56**:11, **57**:17, **Jer 6**:13♦, **8**:10♦, **22**:17, **51**:13, **La ♦2**:17, **Eze ♦22**:12, 13, 27♦, **33**:31, **Joe ♦2**:8, **Am ♦9**:1, **Mic 4**:13, **Hab 2**:9♦, **Zec ♦4**:9, **Mal 3**:14

Kerdēsē κερδήση *2770*

Mat 16:26, **18**:15, **25**:16, 17, 20, 22, **Mar 8**:36, **Luk 9**:25, **Act 27**:21, **1Co 9**:19, 20, 21, 22, **Php 3**:8, **Jas 4**:13, **1Pe 3**:1

Hikanos ικανός *2425*

Worthy, Sufficient

♦Hikanō ικανώ *2427*

♣Hikanotēs ικανότης *2426*

[Except *many, much (words, people), long while, good* as in 'enough']

Mat 3:11, **8**:8, **Luk 3**:16, 7:6, **1Co 15**:9, **2**:6, **2Co 2**:16, **3**:5♣, ♦6, **Col ♦1**:12, **2Ti 2**:2

Huperbolē ὑπερβωλή *5236*

Exceedingly, Excellent

♦Huperballō ὑπερβάλλω *5235*

♣Huperechō ὑπερέχω *5242*

†Huperpleonadzō ὑπερπλεονάζω *5250*

‡Huperauxanō ὑπεραυξάνω *5232*

ΔHupernikaō ὑπερνικάω *5245*

Ro 7:13, Δ**8**:37, ♣**13**:1, **1Co 12**:31, **2Co 1**:8, ♦**3**:10, **4**:17, ♦**9**:14, **12**:7, **Gal 1**:13, **Eph ♦1**:19, ♦**2**:7, ♦**3**:19, **Php ♣2**:3, ♣**3**:8, ♣**4**:7, **2Th ‡1**:3, **1Ti**

'Ôsher עֹשֶׁר /'Ashîr עָשִׁיר

6239 Riches

♦'Âshar עָשַׁר 6238

Gen ♦14:23, **31**:16, **1Sa ♦2**:7, **17**:25♦, **1Ki 3**:11, 13, **10**:23, **1Ch 29**:12, 28, **2Ch 1**:11, 12, **9**:22, **17**:5, **18**:1, **32**:27, **Est 1**:4, **5**:11, **Job ♦15**:29, **Ps 49**:6, ♦16, **52**:7, ♦**65**:9, **112**:3, **Pro 3**:16, **8**:18, ♦**10**:4, ♦22, **11**:16, 28, ♦**13**:7, 8, **14**:24, ♦**21**:17, **22**:1, 4, ♦**23**:4, ♦**28**:20, **30**:8, **Ecc 4**:8, **5**:13, 14, 19, **6**:2, **9**:11, **Jer ♦5**:27, **9**:23, **17**:11, **Eze ♦27**:33, **Dan 11**:2♦, **Hos ♦12**:8, **Zec ♦11**:5

Ploutos πλουτος *4149*

♦Ploutidzō πλουτίζω *4148*

♣Plousiōs πλουσίως *4146*

Ro 2:4, **9**:23, **11**:12, 33, **1Co ♦1**:5, **2Co ♦6**:10, **8**:2, ♦**9**:11, **Eph 1**:7, 18, **2**:7, **3**:8, 16, **Php 4**:19, **Col 1**:27, **2**:2, ♣**3**:16, **1Ti 6**:17♣, **Tit ♣3**:6, **Heb 11**:26, **2Pe ♣1**:11, **Rev 5**:12

Mat 13:22, **Mar 4**:19, **Luk 8**:14, **Jas 5**:2, **Rev 18**:17

'Âshîr עָשִׁיר 6223

Rich

Exd 30:15, **Ru 3**:10, **2Sa 12**:1, 2, 4, **Job 27**:19, **Ps 45**:12, **49**:2, **Pro 10**:15, **14**:20, **18**:11, 23, **22**:2, 7, 16, **28**:6, 11, **Ecc 5**:12, **10**:6, 20, **Isa 53**:9, **Jer 9**:23, **Mic 6**:12

Plousios πλούσιος *4145*

2Co 8:9, **Eph 2**:4

Mat 19:23, 24, **27**:57, **Mar 10**:25, **12**:41, **Luk 6**:24, **12**:16, **14**:12, **16**:1, 19, 21, 22, **18**:23, 25, **19**:2, **21**:1, **Jas 1**:10, 11, **2**:5, 6, **5**:1, **Rev 2**:9, **3**:17, **6**:15, **13**:16

Ôn אוֹן 202

Might, Substance

Gen 49:3, **Deu 21**:17, **Job 18**:7, 12, **20**:10, **40**:16, **Ps 78**:51, **105**:36, **Isa 40**:26, 29, **Hos 12**:3, 8

Hôn הוֹן 1952

Riches, Wealth

Ps 44:12, **112**:3, **119**:14, **Pro 1**:13, **3**:9, **6**:31, **8**:18, **10**:15, **11**:4, **12**:27, **13**:7, 11, **18**:11, **19**:4, 14, **24**:4, **28**:8, 22, **29**:3, **30**:15, 16, **Sng 8**:7, **Eze 27**:12, 18, 27, 33

Nekeç נכס 5233

Riches, Wealth

Jos 22:8, **2Ch 1**:11, 12, **Ecc 5**:19, **6**:2

Ḥemdâh חמדה 2532

Pleasant, Precious

♦Ḥemed חמד 2531

Hag 2:7

Gen 27:15, **1Sa 9**:20, **21**:20, **32**:27, **36**:10, **Ps 106**:24, **Isa 2**:16, ♦**27**:2, ♦**32**:12, **Jer 3**:19, **12**:10, **25**:34, **Eze** ♦**23**:6, ♦12, ♦23, **26**:12, **Dan 11**:8, 37, **Hos 13**:15, **Am** ♦**5**:11, **Nah 2**:9, **Zec 7**:14

Maḥmâd מחמד 4261

Pleasant, Desire

♦Maḥmûd מחמוד 4262

♣Maḥmâl מחמל 4263

1Ki 20:6, **2Ch 36**:19, **Sng 5**:16, **Isa 64**:11, **La** ♦**1**:7, 10, **11**♦, **2**:4, **Eze 24**:16, **21**♣, 25, **Hos 9**:6, 16, **Joe 3**:5

Ḥaçîn חסין 2626

Strong, Treasure

♦Ḥêçen חסן 2632

♣Ḥoçen חסן 2633

†Ḥâçon חסן 2634

Ps 89:8

Pro ♣**15**:6, ♣**27**:24, **Isa** †**1**:31, ♣**33**:6, **Jer** ♣**20**:5, **Eze** ♣**22**:25, **Dan** ♦**2**:37, ♦**4**:30, **Am** †**2**:9

Gâdôl גדול /G^edôlâh גדלה

1419 Great

{◊ denotes those verses containing Ḥeçed חסד 2617 or another love word}

[Except *older, elder, oldest, Great Sea, Great River*; for *great name* look under Shêm (Name) on p19]

Exd 3:3, **6**:6, **7**:4, **14**:31, **15**:16, **18**:11, **32**:11, **Deu 4**:32, 34, 36, 37, **5**:22, 25, **6**:22, **7**:19, 21, **9**:29, **10**:17, 21, **11**:7, **18**:16, **26**:8, **29**:3, 24, 28, **34**:12, **Jos 24**:17, **1Sa 7**:10, **12**:16, **1Ki** ◊**3**:6, **2Ki 17**:36, **22**:13, **23**:26, **1Ch 16**:25, **17**:19, **2Ch** ◊**1**:8, **2**:5, **34**:21, **Neh 1**:5, 10, **4**:14, **8**:6, ◊**9**:25, 32, **Job 5**:9, **9**:10, **37**:5, **Ps 21**:5, **47**:2, **48**:1, ◊**57**:10, **71**:19, **77**:13, **86**:10, ◊13, **95**:3, **96**:4, **99**:2, **106**:21, ◊**108**:4, **111**:2, **135**:5, **136**:4, **138**:5, **145**:3, ◊8, **147**:5, **Isa 9**:2, **12**:6, **27**:1, 13, **29**:6, ◊**54**:7, **Jer 21**:5, **32**:17, 18, 19, 21, 37, **33**:3, **36**:7, **Eze 1**:4, **3**:12, 13, **25**:17, **Dan** ◊**9**:4, **Joe 2**:11, 25, 31, **Nah 1**:3, **Zep 1**:14, **Hag 2**:9, **Zec 1**:14, 15, **7**:12, **8**:2, **Mal 1**:14, **4**:5

[Except *little or much, great and small, loud voice*]

Gen 1:16, 21, **4**:13, **10**:12, **12**:2, 17, **15**:12, 14, **17**:20, **18**:18, **20**:9, **21**:8, 18, **27**:33, 34, **29**:2, 7, **39**:9, **41**:29, **45**:7, **46**:3, **50**:10, **Exd 11**:3, 6, **12**:30, **18**:22, **32**:10, 21, 30, 31, **Lev 19**:15, **21**:10, **Nu 13**:28, **14**:12, **22**:18, **35**:25, 28, **Deu 1**:17, 19, 28, **2**:7, 10, 21, **4**:6, 7, 8, 38, **6**:10, **7**:23, **8**:15, **9**:1, 2, **11**:23, **25**:13, 14, **26**:5, **27**:2, **28**:59, **Jos 6**:5, 20, **7**:9, 26, **8**:29, **10**:2, 10, 11, 18, 20, 27, **14**:12, 15, **17**:17, **20**:6, **22**:10, **23**:9, **24**:26, **Jdg 5**:15, 16, **11**:33, **15**:8, 18, **16**:5, 6, 15, 23, **21**:2, 5, **1Sa 2**:17, **4**:5, 6, 10, 17, **6**:9, 14, 15, 18, 19, **14**:20, 33, 45, **17**:25, **19**:5, 8, 22, **20**:2, **23**:5, **25**:2, **30**:2, 16, 19, **2Sa 3**:38, **5**:10, **7**:9, **13**:15, 16, 36, **18**:7, 9, 17, 29, **19**:4, 32, **20**:8, **23**:10, 12, **1Ki 1**:40, **3**:4, **4**:13, **5**:17, **7**:9, 10, 12, **8**:65, **10**:18, **19**:11, **20**:13, 21, 28, **22**:31, **2Ki 3**:27, **4**:8, 38, **5**:1, 13, **6**:23, 25, **7**:6, **8**:4, 13, **10**:6, 11, 19, **12**:10, **16**:15, **17**:21, **18**:19, **20**:3, **22**:4, 8, **23**:4, **25**:9, **1Ch 11**:9, 14, **12**:14, 22, **17**:8, **22**:8, **25**:8, **26**:13, **29**:1, 9, 22, **2Ch 1**:10, **2**:9, **3**:5, **4**:9, **6**:32, **7**:8, **9**:17, **15**:13, **16**:14, **18**:30, **21**:14, **26**:15, **28**:5, **30**:26, **31**:15, **Ezr 3**:11, 12, 13, **9**:7, 13, **Neh 1**:3, **2**:10, **3**:1, 20, 27, **5**:1, 7, **6**:3, **7**:4, **8**:12, 17, **9**:18, 26, **11**:14, **12**:31, 43, **13**:5, 27, 28, **Est 2**:18, **4**:3, **8**:15, **9**:4, **10**:3, **Job 1**:3, 19, **Ps 12**:3, **131**:1, **136**:7, 17, **Pro 18**:16, **25**:6, **Ecc 9**:13, 14, **10**:4, **Isa 5**:9, **8**:1, **34**:6, **36**:4, **38**:3, **56**:12, **Jer 4**:6, **5**:5, **6**:1, 13, 22, **8**:10, **10**:22, **11**:16, **14**:17, **16**:6, 10, **21**:6, **22**:8, **25**:14, 32, **26**:19, **27**:5, 7, **28**:8, **30**:7, **31**:8, 34, **32**:42, **42**:1, 8, **43**:9, **44**:7, 12, 15, **45**:5, **48**:3, **50**:9, 22, 41, **51**:54, **52**:13, **La 2**:13, **Eze 8**:6, 13, 15, **9**:1, 9, **17**:3, 7, 9, 17, **21**:14, **29**:3, 18, **37**:10, **38**:13, 15, 19, **39**:17, **43**:14, **Dan 8**:8, 21, **9**:12, **10**:1, 7, 8, **11**:2, 13, 25, 28, 44, **12**:1, **Hos 1**:11, **Am 6**:11, **Jon 1**:2, 4, 10, 12, 16, 17, **3**:2, 3, 5, 7, **4**:1, 6, 11, **Mic 7**:3, **Nah 3**:10, **Zep 1**:10, **Hag 1**:1, 12, 14, **2**:2, 4, **Zec 3**:1, 8, **4**:7, **6**:11, **14**:4

G^edûlâh גדולה 1420

Great, Greatness

2Sa 7:21, 22, 23, **1Ch 17**:19, 21, **29**:11, **Ps 145**:3, 6

Est 1:4, **6**:3, **10**:2, **Ps 71**:21

Gâdal גדל /Yigdôl יגדל 1431

Great, Magnify, (Be Magnified), Riches, Prosper

{◊ denotes those verses containing Ḥeçed 2617 or other love word}

[Except *grow, grew, grown* (as of *he, the boy* etc.); for *magnified* look under Shêm (Name) on p19]

Gen ◊**19**:19, **Nu 14**:17, **1Sa 12**:24, **2Sa 7**:26, **1Ch 17**:24, **29**:12, **Ps 18**:50, **34**:3, **35**:27, **40**:16, **69**:30,

70:4, **92**:5, **104**:1, **126**:2, 3, **138**:2, **Isa 28**:29, **42**:21, **Eze 38**:23, **Joe 2**:21, **Mic 5**:4, **Mal 1**:5

Gen 12:2, **19**:13, **24**:35, **26**:13, **41**:40, **48**:19, **Jos 3**:7, **4**:14, **1Sa 20**:41, **26**:24, **1Ki 1**:37, 47, **10**:23, **1Ch 22**:5, **29**:25, **2Ch 1**:1, **9**:22, **Ezr 9**:6, **Est 3**:1, **5**:11, **10**:2, **Job 2**:13, **7**:17, **19**:5, **31**:18, **Ps 35**:26, **38**:16, **41**:9, **55**:12, **144**:12, **Ecc 1**:16, **2**:4, 9, **Isa 1**:2, **9**:3, **10**:15, **23**:4, **44**:14, **49**:21, **51**:18, **Jer 5**:27, **48**:26, 42, **La 1**:9, **4**:6, **Eze 24**:9, **35**:13, **Dan 1**:5, **8**:4, 8, 9, 10, 11, 25, **11**:36, 37, **Hos 9**:12, **Joe 2**:20, **Am 8**:5, **Obd** 12, **Zep 2**:8, 10, **Zec 12**:7, 11

Gôdel גדל 1433

Greatness

{◊ denotes those verses containing Ḥeçed 2617 or other love word}

Nu ◊**14**:19, **Deu 3**:24, 5:24, **9**:26, **11**:2, **32**:3, **Ps 79**:11, **150**:2

Isa 9:9, **10**:12, **Eze 31**:2, 7, 18

Megas μέγας /Megalou μεγάλου /Megaleia μεγαλεια *3173*

Great, Great Things

♦Megethos μέγεθος *3174*

♣Megistos μέγιστος *3176*

†Megalōs μεγάλως *3171*

[Except *small and great, loud voice*]

Mat 4:16, **5**:19, 35, **22**:36, 38, **24**:31, **Luk 1**:15, 32, 49, **2**:10, **7**:16, **24**:52, **Act 2**:20, **4**:33, **5**:5, 11, **6**:8, **8**:8, **15**:3, **Eph** ♦**1**:19, 5:32, **Php** †**4**:10, **1Ti 3**:16, **Tit 2**:13, **Heb 4**:14, **10**:21, 35, **13**:20, **2Pe** ♣**1**:4, **Jud** 6, **Rev 11**:17, **15**:1, 3, **20**:11

[Except *small and great, loud voice*]

Mat 2:10, **7**:27, **8**:24, 26, **15**:28, **20**:25, 26, **24**:21, 24, **27**:60, **28**:2, 8, **Mar 4**:32, 37, 39, 41, **5**:11, 42, **10**:42, 43, **13**:2, **14**:15, **16**:4, **Luk 2**:9, **4**:25, 38, **5**:29, **6**:49, **8**:37, **9**:48, **14**:16, **16**:26, **21**:11, 23, **22**:12, **Joh 6**:18, **7**:37, **19**:31, **21**:11, **Act 7**:11, **8**:1, 2, 9, 10, **10**:11, **11**:5, 28, **16**:26, **19**:27, 28, 34, 35, **23**:9, **Ro 9**:2, **1Co 9**:11, **16**:9, **2Co 11**:15, **1Ti 6**:6, **2Ti 2**:20, **Heb 8**:11, **11**:24, **Jas 3**:5, **Rev 2**:22, **6**:4, 12, 13, 17, **7**:14, **8**:8, 10, **9**:2, 14, **11**:8, 11, 13, 19, **12**:1, 3, 9, 12, 14, **13**:2, 5, 13, **14**:8, 19, **16**:9, 12, 14, 18, 19, 21, **17**:1, 5, 6, 18, **18**:1, 10, 16, 18, 19, 21, **19**:2, **20**:1, **21**:10, 12

Meidzōn μείζων *3187*

Greater

♦Meidzoteros μειζότερος *3186*

Mat 12:6, **Joh 1**:50, **4**:12, **5**:36, **8**:53, **10**:29, **14**:28, **1Co 13**:13, **Heb 9**:11, **11**:26, **Jas 4**:6, **1Jn 3**:20, **4**:4, 5:9, ♦**3Jn** 4

Mat 11:11, **18**:1, 4, **23**:11, 17, **Mar 9**:34, **Luk 7**:28, **9**:46, **12**:18, **22**:24, 26, 27, **Joh 13**:16, **15**:20, **Ro 9**:12, **1Co 14**:5, **6**:13, 16, **2Pe 2**:11

Bathos βάθος *899*

Deep, Depth

♦Abussos ἄβυσσος *12* Bottomless

Mat 13:5, **Mar 4**:5, **Luk 5**:4, ♦**8**:31, **Ro 8**:39, ♦**10**:7, **11**:33, **1Co 2**:10, **2Co 8**:2, **Eph 3**:18, **Rev 2**:24, ♦**9**:1, ♦2, ♦11, ♦**11**:7, ♦**20**:1, ♦3

Rav רב 7227/7229

Abundant, Manifold, Great

♦R^e^vû רִבּוֹ 7238

♣Makbîr מַכְבִּיר 4342

{◊ denotes those verses containing Ḥeçed 2617 or other love word}

[Except *many (peoples, waters* etc.*), multitude (of people), long (time), enough, captains*]

Exd ◊**34**:6, **Nu** ◊**14**:18, **20**:11, **1Ch** ◊**21**:13, **Ezr 5**:8, **Neh** ◊**9**:17, ◊19, ◊27, ◊31, ◊35, **Ps** ◊**31**:19, **36**:6, **40**:5, **48**:2, **65**:9, **68**:11, ◊**86**:5, ◊15, **89**:7, ◊**103**:8, **109**:30, ◊**119**:156, 162, 165, ◊**145**:7, **147**:5, **Pro 14**:29, **26**:10, **28**:12, 20, **Isa 19**:20, **63**:1, ◊7, **Jer 32**:19, **La** ◊**3**:23, **Dan** ◊**9**:18, **Joe 2**:11, ◊13, **Jon** ◊**4**:2

Gen 6:5, **7**:11, **13**:6, **18**:20, **25**:23, **26**:14, **30**:43, **36**:7, **Exd 1**:9, **Nu 11**:33, **Deu 2**:10, 21, **7**:1, 17, **9**:14, **20**:1, **26**:5, **31**:17, 21, **33**:7, **Jos 17**:14, 15, 17, **1Sa 12**:17, **26**:13, **2Sa 23**:20, **24**:14, **1Ki 3**:8, 5:7, **19**:7, **2Ki 6**:16, **1Ch 11**:22, **2Ch 13**:8, 17, **14**:14, **15**:5, **20**:2, 12, **21**:3, **28**:13, **32**:7, **Ezr 4**:10, 5:11, **Est 1**:20, **Job 1**:3, **22**:5, **23**:6, 14, **30**:18, **31**:25, 34, **32**:9, **35**:9, **36**:18, 28, ♣31, **38**:21, **39**:11, **Ps 3**:1, 2, **19**:10, 11, 13, **22**:25, **25**:11, **32**:6, 10, **34**:19, **35**:18, **40**:9, 10, **62**:2, **71**:20, **77**:19, **78**:15, **107**:23, **123**:3, 4, **144**:7, **Pro 13**:7, **15**:6, 16, **22**:1, **28**:16, 27, **29**:22, **Ecc 1**:18, **2**:21, **6**:1, **8**:6, **10**:6, **Sng 8**:7, **Isa 2**:3, **8**:7, **21**:7, **23**:3, **30**:25, **51**:10, 12, **54**:1, 13, **Jer 13**:9, **41**:12, **51**:55, **La 1**:1, 22, **Eze 24**:12, **26**:19, **31**:6, **Dan 2**:10, 14, 31, 35, 45, 48, **4**:9, ♦22, 30, ♦36, **5**:1, 11, ♦18, ♦19, **7**:2, 20, ♦27, **11**:3, 5, 10, 13, 44, **Hos 9**:7, **Joe 2**:2, **3**:13, **Am 3**:9, 15, **5**:12, **6**:2, **7**:4, **Hab 3**:15, **Zec 14**:13

Rôv רב 7230

Greatness, Abundance

{◊ denotes verses containing Ḥeçed חסד 2617 or other love word}

[Only of Yehuwah]

Exd 15:7, **Neh 9**:25, ◊**13**:22, **Ps 5**:7, **37**:11, ◊**51**:1, **66**:3, ◊**69**:13, ◊16, **72**:7, ◊**106**:7, ◊45, **150**:2, **Isa** ◊**63**:1, 7, **La** ◊**3**:32

Pleonadzō πλεονάζω *4121*

Abound, Abundant

♦Hadrotēs ἁδρότης *100*

Ro 5:20, **6**:1, **2Co 4**:15, **8**:15, ♦20, **Php 4**:17, **1Th 3**:12, **2Th 1**:3, **2Pe 1**:8

Perisseuō περισσεύω *4052*

Abundance, Abound

Perisseuthēsetai περισσευθήσεται Will Have Abundance

♦Perissos περισσός *4053*

♣Perisseuma περήσσευμα *4051*

†Huperepërisseusen ὑπερεπερίσσευσεν *5248*

Mat 5:20, ♦37, ♦47, ♣12:**34, 13**:12, **14**:20, **15**:37, **25**:29, **Mar** ♦**6**:51, ♣**8**:8, **12**:44, **Luk** ♣**6**:45, **9**:17, **12**:15, **15**:17, **21**:4, **Joh 6**:12, 13, ♦**10**:10, **Act 16**:5, **Ro** ♦**3**:1, 7, **5**:15, †20, **15**:13, **1Co 8**:8, **14**:12, **15**:58, **2Co 1**:5, **3**:9, **4**:15, †**7**:4, **8**:2, ♣14, 7, ♦**9**:1, 8, 12, **Eph 1**:8, **Php 1**:9, 26, **4**:12, 18, **Col 2**:7, **1Th 3**:10, 12, **4**:1, 10

Perissoteron περισσότερον *4054*

More, Abundantly

♦Perissoterōs περισσοτέρως *4056*

♣Perissoteros περισσότερος *4055*

†Peristera περιστέρα *4057*

Mat 11:9, †**27**:23, **Mar 7**:36, †**10**:26, **12**:33, 40, †**15**:14, **Luk 7**:26, **12**:4, 48, ♣**20**:47, †**Acts 26**:11, **1Co** ♣**12**:23, ♣24, **15**:10, **2Co** ♦**1**:12, ♣**2**:7, ♣**10**:8, ♣**2**:4, ♦**7**:13, ♦15, ♦**11**:23, ♦**12**:15, **Gal** ♦**1**:14, **Php** ♦**1**:14, **1Th** ♦**2**:17, **Heb** ♦**2**:1, **6**:17, **7**:15, ♦**13**:19

Ravah רבה 7235

Multiply, Increase

♦Marbît מרבית 4768

Gen 1:22, 28, **3**:16, **7**:17, 18, **8**:17, **9**:1, 7, **15**:1, **16**:10, **17**:2, 20, **22**:17, **26**:4, 24, **28**:3, **34**:12, **35**:11, **38**:12, **41**:49, **43**:34, **47**:27, **48**:4, **Exd 1**:7, 10, 12, 20, **7**:3, **11**:9, **16**:17, 18, **30**:15, **32**:13, **36**:5, **Lev 11**:42, **25**:16, ♦37, **26**:9, 54, **Nu 33**:54, **35**:8, **Deu 1**:10, **3**:5, **6**:3, **7**:13, 22, **8**:1, 13, **11**:21, **13**:17, **14**:24, **17**:16, 17, **19**:6, **28**:63, **30**:5, 16, **Jos 13**:1, **22**:8, **24**:3, **Jdg 9**:29, **16**:24, **20**:38, **1Sa 1**:12, **2**:3, ♦33, **7**:2, **14**:30, **25**:10, **26**:21, **2Sa 1**:4, **8**:8, **12**:2, 30, **14**:11, **18**:8, **22**:36, **1Ki 4**:29, 30, **10**:10, 11, 18, **2Ki 21**:6, **1Ch 4**:10, 27, **5**:9, 23, **7**:4, **8**:40, ♦**12**:29, **20**:2, **23**:11, 17, **27**:23, **2Ch** ♦**9**:6, **11**:12, **14**:13, **16**:8, **24**:27, **25**:9, ♦**30**:18, **31**:5, **32**:27, **33**:6, 23, **36**:14, **Ezr 9**:6, **10**:1, 13, **Neh 2**:2, **4**:1, 10, 19, **5**:18, **6**:17, **9**:23, 37, **Job 9**:17, **10**:17, **27**:14, **29**:18, **33**:12, **34**:37, **39**:4, **41**:3, **Ps 16**:4, **18**:35, **44**:12, **49**:16, **51**:2, **71**:21, **78**:38, **107**:38, **130**:7, **139**:18, **Pro 4**:10, **6**:35, **9**:11, **13**:11, **22**:16, **25**:27, **28**:8, 28, **29**:2, 16, **Ecc 1**:16, **2**:7, **5**:7, 11, 12, 17, 20, **6**:11, **7**:16, 17, **9**:18, **10**:14, **11**:8, **12**:9, 12, **Isa 1**:15, **9**:3, **22**:9, **23**:16, **30**:33, **40**:29, **51**:2, **55**:7, **57**:9, **59**:12, **Jer 2**:22, **3**:16, **23**:3, **29**:6, **30**:19, **33**:22, **40**:12, **42**:2, **46**:11, 16, **La 2**:5, 22, **Eze 11**:6, **16**:7, 25, 26, 29, 51, **19**:2, **21**:15, **22**:25, **23**:19, **24**:10, **28**:5, **31**:5, **36**:10, 11, 29, 30, 37, **37**:26, **Dan 11**:39, **12**:4, **Hos 2**:8, **4**:7, **8**:11, 14, **10**:1, **12**:1, 10, **Am 4**:4, 9, **Jon 4**:11, **Nah 3**:16, **Hab 2**:6, **Hag 1**:6, 9, **Zec 10**:8

T^e^nûvâh תנובה 8570

Fruit, Increase

♦Zîz זיז 2123

Deu 32:13, **Jdg 9**:11, **Ps** ♦**50**:11, ♦**80**:13, **Isa 27**:6, ♦**66**:11, **La 4**:9, **Eze 36**:30

Plēthunō πληθύνω *4129*

Multiply

Mat 24:12, **Act 6**:1, 7, **7**:17, **9**:31, **12**:24, **2Co 9**:10, **Heb 6**:14, **1Pe 1**:2, **2Pe 1**:2, **Jud** 2

Prokoptō προκόπτω *4298*

Increase

♦Prokopēn προκοπήν *4297*

Luk 2:52, **Ro 13**:12, **Gal 1**:14, **Php** ♦**1**:12, ♦25, **1Ti** ♦**4**:15, **2Ti 2**:16, **3**:9, 13

Polus πολύς /Polla πολλά *4183*

Much, Many (Things)

[Except *many (people*; for *great (multitude)* look under Ochlos (Multitude) below]

Mat 24:30, **Mar 13**:26, **Luk 6**:23, 35, **21**:27, **Joh 15**:5, 8, **Act 5**:12, **Ro 5**:9, 10, 15, 17, **9**:22, **2Co 3**:9, 11, **Eph 2**:4, **1Th 1**:5, **1Pe 1**:3

Mar 5:10, 23, 38, **8**:31, **9**:12, **12**:27, **Luk 7**:47, **10**:2, **12**:19, 48, **16**:10, **17**:25, **18**:39, **Act 2**:43,

14:22, **21**:40, **23**:10, **24**:2, **25**:23, **27**:10, **1Co 2**:3, **12**:22, **16**:12, 19, **2Co 2**:4, **3**:12, **6**:4, **7**:4, **8**:2, 4, 15, 22, **Php 2**:12, **Col 4**:13, **1Th 1**:6, **2**:2, 17, **1Ti 3**:13, **2Ti 4**:14, **Phm** 7, 8, **Heb 10**:32, **12**:9, 25, **Jas 5**:16

Posos πόσος *4214*

Much More

[Except *how many* (baskets)]

Mat 6:23, **7**:11, **10**:25, **12**:12, **15**:34, **16**:9, 10, **27**:13, **Mar 6**:38, **8**:5, 19, 20, **9**:21, **15**:4, **Luk 11**:13, **12**:24, 28, **15**:17, **16**:5, 7, **Act 21**:20, **Ro 11**:12, 24, **2Co 7**:11, **Phm** 16, **Heb 9**:14, **10**:29

Hosos όσος /Hosa όσα *3745*

So Much, Many Things

♦Tosoutos τοσουτος *5118*

♣Anarithmētos ἀναρίθμητος *382*

[Except *as many as, whatsoever*]

Mat ♦8:10, **Mar 3**:8, 5:19, 20, **Luk ♦7**:9, **8**:39, **Joh ♦12**:37, **Act 9**:16, **14**:27, **15**:4, **Heb ♦1**:4, **♦7**:22, **♦10**:25, **♣11**:12, **♦12**:1, **Rev ♦18**:7, 17

Ochlos όχλος /Ochloi όχλοι

3793 Multitude

{♦Polun πολύν *4183* Great}

Mat 4:25♦, **5**:1, **7**:28, **8**:1♦, 18♦, **9**:8, 23, 25, 33, 36, **11**:7, **12**:15♦, 23, 46, **13**:2♦, 34, 36, **14**:5, 13, 14♦, 15, 19, 22, 23, **15**:10, 30♦, 31, 32, 33♦, 35, 36, 39, **17**:14, **19**:2♦, **20**:29♦, 31, **21**:8♦, 9, 11, 26, 46, **22**:33, **23**:1, **26**:47♦, 55, **27**:15, 20, 24, **Mar 2**:4, 13, **3**:9, 20, 32, **4**:1♦, 36, **5**:21♦, 24♦, 27, 30, 31, **6**:34♦, 45, **7**:14, 17, 33, **8**:1♦, 2, 6, 34, **9**:14♦, 15, 17, 25, **10**:1, 46♦, **11**:18, 32, **12**:12, 37, 41, **14**:43♦, **15**:8, 11, 15, **Luk 3**:7, 10, **4**:42, **5**:1, 3, 15♦, 19, 29♦, **6**:17♦, 19, **7**:9, 11, 12, 24, **8**:4♦, 19, 40, 42, 45, **9**:11, 12, 16, 18, 37♦, 38, **11**:14, 27, 29, **12**:1, 13, 54, **13**:14, 17, **14**:25♦, **18**:36, **19**:3, 39, **22**:6, 47, **23**:4, 48, **Joh 5**:13, **6**:2♦, 5♦, 22, 24, **7**:12, 20, 31, 32, 40, 43, 49, **11**:42, **12**:9♦, 12♦, 17, 18, 29, 34, **Act 1**:15, **6**:7♦, **8**:6, **11**:24♦, 26♦, **13**:45, **14**:11, 13, 14, 18, 19, **16**:22, **17**:8, 13, **19**:26, 33, 35, **21**:27, 34, 35, **24**:12, 18, **Rev 7**:9♦, **17**:15, **19**:1♦, 6♦

Plēthos πληθος *4128*

Multitude

Mar 3:7, 8, **Luk 1**:10, **2**:13, 5:6, **6**:17, **8**:37, **19**:37, **23**:1, 27, **Joh 5**:3, **21**:6, **Act 2**:6, **4**:32, **5**:14, 16, **6**:2, 5, **14**:1, 4, **15**:12, 30, **17**:4, **19**:9, **21**:36, **23**:7, **25**:24, **28**:3, **Heb 11**:12, **Jas 5**:20, **1Pe 4**:8

ʿÔlâm עלם 5769

Forever, Everlasting, Perpetual, Days Of Old

(ʿÂlam עלם 5957 In Ezra, Daniel)

[Also look under Ḥeçed (Lovingkindness) on p1, and Berît (Covenant) on p11, and Shêm (Name) on p19, and Malkût (Kingdom) on p24]

Gen 3:22, **6**:3, 4, **13**:15, **17**:8, **21**:33, **48**:4, **49**:26, **Exd 12**:14, 17, 24, **14**:13, **15**:18, **19**:9, **21**:6, **27**:21, **28**:43, **29**:9, 28, **30**:21, **31**:17, **32**:13, **40**:15, **Lev 3**:17, **6**:18, 22, **7**:34, 36, **10**:9, 15, **16**:29, 31, 34, **17**:7, **23**:14, 21, 31, 41, **24**:3, 9, **25**:32, 34, 46, **Nu 10**:8, **15**:15, **18**:8, 11, 23, **19**:10, 21, **Deu 5**:29, **12**:28, **13**:16, **15**:17, **23**:3, 6, **28**:46, **29**:29, **32**:7, 40, **33**:15, 27, **Jos 4**:7, **8**:28, **14**:9, **24**:2, **1Sa 1**:22, **2**:30, **3**:13, 14, **20**:15, 23, 42, **27**:8, 12, **2Sa 7**:24, 25, 29, **12**:10, **1Ki 1**:31, **2**:33, 45, **8**:13, **10**:9, **2Ki 5**:27, **1Ch 15**:2, **16**: 36, **17**:12, 22, 23, 27, **23**:25, **28**:4, 8, **29**:10, 18, **2Ch 2**:4, **6**:2, **9**:8, **20**:7, **30**:8, **Ezr 9**:12, **Neh 2**:3, **9**:5, **13**:1, **Job 7**:16, **22**:15, **41**:4, **Ps 5**:11, **9**:5, 7, **10**:16, **12**:7, **15**:5, **21**:4, **24**:7, 9, **25**:6, **28**:9, **29**:10, **30**:6, 12, **33**:11, **37**:18, 27, 28, **41**:12, 13, **45**:2, **48**:8, 14, **49**:8, 11, **52**:9, **55**:22, **61**:4, **66**:7, **71**:1, **73**:12, 26, **75**:9, **77**:5, 7, **78**:66, 69, **79**:13, **81**:15, **85**:5, **89**:1, 4, 36, 37, 52, **90**:2, **92**:8, **93**:2, **103**:9, **104**:5, 31, **106**:31, 48, **110**:4, **111**:8, **112**:6, **115**:18, **117**:2, **119**:44, 52, 89, 93, 98, 111, 112, 142, 144, 152, 160, **121**:8, **125**:1, 2, **131**:3, **133**:3, **139**:24, **143**:3, **146**:6, 10, **148**:6, **Pro 8**:23, **10**:25, 30, **22**:28, **23**:10, **27**:24, **Ecc 1**:4, 10, **2**:16, **3**:11, 14, **9**:6, **12**:5, **Isa 14**:20, **25**:2, **26**:4, **30**:8, **32**:14, 17, **33**:14, **34**:10, 17, **35**:10, **40**:8, 28, **42**:14, **44**:7, **45**:17, **46**:9, **47**:7, **51**:6, 8, 9, 11, **57**:11, 16, **58**:12, **60**:15, 19, 20, 21, **61**:4, 7, **63**:9, 11, 19, **64**:4, 5, **Jer 2**:20, **3**:5, 12, **5**:15, 22, **6**:16, **7**:7, **10**:10, **17**:4, 25, **18**:15, 16, **20**:11, 17, **23**:40, **25**:5, 9, 12, **28**:8, **31**:3, 40, **35**:6, **49**:13, 33, **51**:26, 39, 57, 62, **La 3**:6, 31, **5**:19, **Eze 25**:15, **26**:20, 21, **27**:36, **28**:19, **35**:5, 9, **36**:2, **37**:25, 28, **43**:7, 9, **46**:14, **Dan 4**:34, **9**:24, **12**:2, 3, 7, **Joe 2**:2, 26, 27, **3**:20, **Am 9**:11, **Obd** 10, **Jon 2**:6, **Mic 2**:9, 7, 5:2, 7:14, **Hab 3**:6, **Zep 2**:9, **Zec 1**:5, **Mal 1**:4, **3**:4

Aiōn αιών *165*

Forever, Never

[For *live forever, everlasting life* look under Zōē (Life) on p75; for *world,* go to p138]

Mat 21:19, **Mar 3**:29, **11**:14, **Luk 1**:33, 55, 70, **Joh 4**:14, **8**:35, 51, 52, **12**:34, **14**:16, **Act 3**:21, **15**:18, **Ro 1**:25, **9**:5, **11**:36, **16**:27, **1Co 2**:7, **2Co 9**:9, **11**:31, **Gal 1**:5, **Eph 2**:7, **3**:9, 11, 21, **Php 4**:20, **1Ti 1**:17, **2Ti 4**:18, **Heb 1**:8, **5**:6, **6**:20, **7**:17, 21, 24, 28, **13**:8, 21, **1Pe 1**:25, **4**:11, **5**:11, **2Pe**

3:18, **1Jn 2**:17, **2Jn 1**:2, **Jud** 13, 25, **Rev 1**:6, 18, **4**:9, 10, **5**:13, **7**:12, **10**:6, **11**:15, **14**:11, **15**:7, **19**:3, **20**:10, **22**:5

Aiōnios αιώνιος *166*

Eternal, Everlasting

♦Aïdios αΐδιος *126*

[For *eternal life, everlasting life* look under Zōē (Life) on p75]

Mat 18:8, **25**:41, **Mar 3**:29, **Luk 16**:9, **Ro ♦1**:20, 25, 26, **2Co 4**:17, 18, **5**:1, **2Th 1**:9, **2**:16, **1Ti 6**: 16, **2Ti 1**:9, **2**:10, **Phm** 15, **Heb 5**:9, **6**:2, **9**:12, 14, 15, **13**:20, **1Pe 5**:10, **2Pe 1**:11, **Jud ♦**6, 7, **Rev 14**:6

Aei ἀεί *104*

Always, Ever

♦Adialeiptōs ἀδιαλείπτως *89*

♣Adialeiptos ἀδιάλειπτος *88*

Mar 15:8, **Act 7**:51, **Ro ♦1**:9, **♣9**:2, **2Co 4**:11, **6**:10, **1Th ♦1**:3, **♦2**:13, **♦5**:17, **Tit 1**:12, **2Ti ♣1**:3, **Heb 3**:10, **1Pe 3**:15, **2Pe 1**:12

Pantote πάντοτε *3842*

Always

♦Pantos πάντος *3843*

♣Ekastote εκάstote *1539*

Mat 26:11, **Mar 14**:7, **Luk ♦4**:23, **15**:31, **18**:1, **Joh 6**:34, **7**:6, **8**:29, **11**:42, **12**:8, **18**:20, **Act ♦21**:22, **♦28**:4, **Ro 1**:9, **♦3**:9, **1Co 1**:4, **♦5**:10, **♦9**:10, **♦**22, **15**:58, **♦16**:12, **2Co 2**:14, **4**:10, **5**:6, **9**:8, **Gal 4**:18, **Eph 5**:20, **Php 1**:4, 20, **2**:12, **4**:4, **Col 1**:3, **4**:6, 12, **1Th 1**:2, **2**:16, **3**:6, **4**:17, **5**:15, 16, **2Th 1**:3, 11, **2**:13, **2Ti 3**:7, **Phm** 4, **Heb 7**:25, **2Pe 1**:15

V Yasha

Save, Deliver, Help, Life

Yâsha' ישׁע /Hôshî'a הוֹשִׁיע

3467 Save

{†Yâd יד 3027 Hand –as in *delivered out of the hand of*}

[Except *Saviour*, go to p19]

Exd 14:30, **Nu 10**:9, **Deu 20**:4, **33**:29, **Jdg 2**:16†, 18†, **6**:14, 36, 37, **7**:7, **10**:12, 13, **1Sa 7**:8, **10**:19, **14**:6, 23, **17**:47, **23**:2, 5, **2Sa 3**:18, **8**:6, 14, **22**:4, 28, **2Ki 14**:27, **19**:19, 34, **1Ch 11**:14, **16**:35, **18**:6, 13, **2Ch 20**:9, **32**:22, **Neh 9**:27, **Job 5**:15, **22**:29, **Ps 3**:7, **6**:4, **7**:1, 10, **17**:7, **18**:3, 27, 41, **20**:6, 9, **22**:21, **28**:9, **31**:2, 16, **34**:6, 18, **36**:6, **37**:40, **44**:3, 6, 7, **54**:1, **55**:16, **57**:3, **59**:2, **60**:5, **69**:1, 35, **71**:2, 3, **72**:4, 13, **76**:9, **80**:3, 7, 19, **86**:2, 16, **98**:1, **106**:8, 10, 21, 47, **107**:13, 19, **108**:6, **109**:26, 31, **116**:6, **118**:25, **119**:94, 117, 146, **138**:7, **145**:19, **Pro 20**:22, **28**:18, **Isa 25**:9, **30**:15, **33**:22, **35**:4, **37**:20, 35, **38**:20, **43**:11, 12, **45**:17, 22, **49**:25, **59**:1, 16, **63**:1, 5, 8, 9, **64**:5, **Jer 2**:27, **4**:14, **14**:8, 9, **15**:20, **17**:14, **23**:6, **30**:7, 10, 11, **31**:7, **33**:16, **42**:11, **46**:27, **Eze 34**:22, **36**:29, **37**:23, **Hos 1**:7, **Hab 1**:2, **Zep 3**:17, 19, **Zec 8**:7, 13, **9**:9, 16, **10**:6, **12**:7

Deu 28:29, 31, **Jos 10**:6, **22**:22, **Jdg 3**:9, 15, 31, **6**:15, **7**:2, **8**:22, **10**:1, 14, **12**:2, 3, **13**:5, **1Sa 4**:3, **9**:16, **10**:27, **11**:3, **25**:26, 31, 33, **10**:11, 19, **14**:4, **22**:42, **2Ki 6**:26, 27, **13**:5, **16**:7, **1Ch 19**:12, 19, **Job 26**:2, **40**:14, **Isa 45**:20, **46**:7, **47**:13, 15, **Jer 2**:28, **8**:20, **11**:12, **La 4**:17, **Hos 13**:10, **14**:3

Sōzō σώζω /Sōzai σώζαι *4982*

Sōthēsetai σωθήσεται Will Be Saved

♦Diasōzō διασώζω *1295*

Mat 1:21, **8**:25, **9**:21, 22, **10**:22, **14**:30, ♦36, **16**:25, **19**:25, **24**:13, 22, **Mar 3**:4, **5**:23, 28, 34, **6**:56, **8**:35, **10**:26, 52, **13**:13, 20, **16**:16, **Luk 6**:9, ♦**7**:3, 50, **8**:12, 36, 48, 50, **9**:24, 56, **13**:23, **17**:19, 33, **18**:26, 42, **19**:10, **Joh 3**:17, **5**:34, **10**:9, **12**:27, 47, **Act 2**:21, 40, 47, **4**:9, 12, **11**:14, **14**:9, **16**:30, 31, ♦**23**:24, **27**:20, 31, ♦43, ♦44, ♦**28**:1, ♦4, **Ro 5**:9, 10, **8**:24, **9**:27, **10**:9, 13, **11**:14, 26, **1Co 1**:18, 21, **3**:15, **5**:5, **7**:16, **9**:22, **10**:33, **15**:2, **2Co 2**:15, **Eph 2**:5, 8, **1Th 2**:16, **2Th 2**:10, **1Ti 1**:15, **2**:4, 15, **4**:16, **2Ti 1**:9, **4**:18, **Tit 3**:5, **Heb 5**:7, **7**:25, **Jas 1**:21, **2**:14, **4**:12, **5**:15, 20, **1Pe** ♦**3**:20, 21, **4**:18, **Jud** 5, 23

Hōsanna ωσαννά *5614*

Hosanna [Save now]

Mat 21:9, 15, **Mar 11**:9, 10, **Joh 12**:13

Yesha' ישׁע 3468

Salvation, Saving

2Sa 22:3, 36, 47, **23**:5, **1Ch 16**:35, **Job 5**:4, 11, **Ps 12**:5, **18**:2, 35, 46, **20**:6, **24**:5, **25**:5, **27**:1, 9, **50**:23, **51**:12, **62**:7, **65**:5, **69**:13, **79**:9, **85**:4, 7, 9, **95**:1, **132**:16, **Isa 17**:10, **45**:8, **51**:5, **61**:10, **62**:11, **Mic 7**:7, **Hab 3**:13, 18

Y^e^shû'âh ישׁוּע /Yeshû'ôt ישׁוּעוֹת 3444

Salvation, (Deliverances)

♦Môwshâ'ôt מוֹשָׁעוֹת 4190

Gen 49:18, **Exd 14**:13, **15**:2, **Deu 32**:15, **1Sa 2**:1, **14**:45, **2Sa 22**:51, **1Ch 16**:23, **2Ch 20**:17, **Job 13**:16, **30**:15, **Ps 3**:2, 8, **9**:14, **13**:5, **14**:7, **18**:50, **20**:5, **21**:1, 5, **22**:1, **28**:8, **35**:3, 9, **42**:5, 11, **43**:5, **44**:4, **53**:6, **62**:1, 2, 6, **67**:2, **68**:19, ♦20, **69**:29, **70**:4, **74**:12, **78**:22, **80**:2, **88**:1, **89**:26, **91**:16, **96**:2, **98**:2, 3, **106**:4, **116**:13, **118**:14, 15, 21, **119**:123, 155, 166, 174, **140**:7, **149**:4, **Isa 12**:2, 3, **25**:9, **26**:1, 18, **33**:2, 6, **49**:6, 8, **51**:6, 8, **52**:7, 10, **56**:1, **59**:11, 17, **60**:18, **62**:1, **Jon 2**:9, **Hab 3**:8

T^{e}shû'âh תְּשׁוּעָה 8668

Salvation, Victory

Jdg 15:18, **1Sa 11**:9, 13, **19**:5, 2, **23**:10, 12, **2Ki 5**:1, **13**:17, **1Ch 11**:14, **19**:12, **2Ch 6**:41, **Ps 33**:17, **37**:39, **38**:22, **40**:10, 16, **51**:14, **60**:11, **71**:15, **108**:12, **119**:41, 81, **144**:10, **146**:3, **Pro 11**:14, **21**:31, **24**:6, **Isa 45**:17, **46**:13, **Jer 3**:23, **La 3**:26

Sōtēria σωτηρία *4991*

♦Sōtērion σωτήριον *4992*

Luk 1:69, 71, 77, ♦**2**:30, ♦**3**:6, **19**:9, **Joh 4**:22, **Act 4**:12, **13**:26, 47, **16**:17, **27**:34, ♦**28**:28, **Ro 1**:16, **10**:1, 10, **11**:11, **13**:11, **2Co 1**:6, **6**:2, **7**:10, **Eph 1**:13, ♦**6**:17, **Php 1**:19, 28, **2**:12, **1Th 5**:8, 9, **2Th 2**:13, **2Ti 2**:10, **3**:15, **Tit** ♦**2**:11, **Heb 1**:14, **2**:3, 10, 5:9, **6**:9, **9**:28, **11**:7, **1Pe 1**:5, 9, 10, **2Pe 3**:15, **Jud** 3, **Rev 7**:10, **12**:10, **19**:1

Kôpher כפר 3724

Ransom

Gen 6:14, **Exd 21**:30, **30**:12, **Nu 35**:31, 32, **1Sa 6**:18, **12**:3, **Job 33**:24, **36**:18, **Ps 49**:7, **Pro 6**:35, **13**:8, **21**:18, **Sng 1**:14, **4**:13, **Isa 43**:3, **Am 5**:12

Pâlat פלט 6403

Deliver

♦Pâllêt פלט 6405

[Except *Deliverer*: go to Tsûr on p16 and Mâtsûd on p17]

2Sa 22:44, **Job 23**:7, **Ps 17**:13, **18**:43, 48, **22**:4, 8, **31**:1, ♦**32**:7, **37**:40, **43**:1, ♦**56**:7, **71**:2, 4, **82**:4, **91**:14, **Eze 7**:16, **Mic 6**:14

Exaireō ἐξαιρέω *1807*

Mat 5:29, **18**:9, **Act 7**:10, 34, **12**:11, **23**:27, **26**:17, **Gal 1**:4

Pâlît פלט 6412

Escape

♦Miphlât מפלט 4655

Ps ♦**55**:8, **Isa 45**:20, **66**:19, **Jer 42**:17, **44**:14 28, **50**:28, **51**:50, **La 2**:22, **Eze 6**:8, 9, **7**:16, **24**:26, 27, **33**:21, 22, **Am 9**:1, **Obd** 14

Gen 14:13, **Nu 21**:29, **Jos 8**:22, **Jdg 12**:4, 5, **2Ki 9**:15

Nâtsal נצל /Hatsîl הציל 5337

Deliver

♦N^{e}tsal נצל 5338

♣Hatstsâlâh הצלה 2020

†Revaḥ רוח 7305

{‡Yâd יד 3027 Hand –as in *delivered out of the hand of*}

Gen 32:11‡‡, †16, 30, **Exd 3**:8‡, **5**:23, **6**:6, **12**:27, **18**:4, 8, 9‡, 10‡‡‡, **Deu 23**:14, **Jos 24**:10‡, **Jdg 6**:9‡‡, **8**:34‡, **10**:15, **1Sa 7**:3, **10**:18‡‡, **12**:10‡, 11‡, **17**:37‡, **26**:24, **2Sa 12**:7‡, **22**:1‡‡, 18, 49, **2Ki 17**:39‡, **18**:29‡, 30‡, 32, **20**:6‡, **1Ch 16**:35, **2Ch 32**:11‡, 14‡, 15‡‡‡, 17‡‡, **Ezr 8**:31‡, **Neh 9**:28‡, **Est** ♣**4**:14†, **Job 5**:19, **Ps 7**:1, **18**:17, 48, **22**:8, 20, **25**:20, **31**:2, 15‡, **33**:19, **34**:4, 17, 19, **35**:10, **39**:8, **40**:13, **51**:14, **54**:7, **56**:13, **59**:1, 2, **69**:14, **70**:1, **71**:2, 11, **72**:12, **79**:9, **82**:4‡, **86**:13, **91**:3, **97**:10‡, **106**:43, **107**:6, **109**:21, **119**:170, **120**:2, **142**:6, **143**:9, **144**:7‡, 11‡, **Pro 2**:12, 16, **10**:2, **11**:4, 6, **12**:6, **14**:25, **Isa 19**:20, **31**:5, **36**:14, 15, 18‡, 20‡‡, **37**:11, **38**:6‡, **50**:2, **Jer 1**:8, 19, **15**:20, 21‡, **20**:13‡, **39**:17, **42**:11‡, **Eze 3**:19, 21, **13**:21‡, 23‡, **34**:10, 12, 27‡, **Dan** ♦**3**:29, ♦**6**:14, ♦27, **Am 4**:11, **Mic 4**:10‡, 5:6, **Zec 3**:2, **11**:6‡

Gen 31:9, 16, †, †**32**:16, **37**:21, 22, **Exd 2**:19, **3**:22, **12**:36, **33**:6, **Nu 35**:25, **Deu 23**:15, **25**:11, **32**:39, **Jos 2**:13, **9**:26, **22**:31, **Jdg 9**:17, **11**:26, **18**:28, **1Sa 4**:8, 7:14, **12**:21, **14**:48, **17**:35, **30**:8, 18, 22, **2Sa 14**:6, 16, **19**:9, **20**:6, **23**:12, **2Ki 18**:33, 34, 35, **19**:11, 12, **1Ch 11**:14, **2Ch 20**:25, **25**:15, **32**:13, **Job 5**:4, **10**:7, **Ps 7**:2, **33**:16, **50**:22, **119**:43, **Pro 6**:3, 5, **19**:19, **23**:14, **24**:11, **Isa 5**:29, **20**:6, **36**:19, **37**:12, **42**:22, **43**:13, **44**:17, 20, **47**:14, **57**:13, **Jer 7**:10, **21**:12, **22**:3, **Eze 3**:19, 21, **7**:19, **14**:14, 16, 18, 20, **33**:9, 12, **Dan 8**:4, 7, **Hos 2**:9, 10, **5**:14, **Am 3**:12, **Jon 4**:6, **Mic** 5:8, **Hab 2**:9, **Zep 1**:18

Ḥâlâts חלץ 2502

Deliver

[Except *armed (men of war etc.), taken (away)*]

2Sa 22:20, **Job 36**:15, **Ps 6**:4, **18**:19, **34**:7, **50**:15, **60**:5, **81**:7, **91**:15, **108**:6, **116**:8, **119**:153, **140**:1, **Pro 11**:8, 9, **Isa 58**:11

Lev 14:40, 43, **Nu 31**:3, 5, **32**:17, 20, 21, 27, 29, 30, 32, **Deu 3**:18, **25**:9, 10, **Jos 4**:13, **6**:7, 9, 13, **1Ch 12**:23, 24, **2Ch 17**:18, **20**:21, **28**:14, **Ps 7**:4, **Isa 15**:4, **20**:2, **La 4**:3, **Hos 5**:6

Sh^e^zav שֵׁזַב 7804

Deliver

Dan 3:15, 17, 28, **6**:14, 20, 27

Rhusetai ρύσεται 4506

♦Rhuomenos ρυόμενος

♣Apallassō απαλλάσσω *525*

†Rhōnnumi ρώννυμι *4517*

Mat 6:13, **27**:43, **Luk 1**:74, **11**:4, **♣12**:58, **Act †15**:29, **♣19**:12, **Ro 7**:24, **♦11**:26, **15**:31, **2Co 1**:10, **Col 1**:13, **1Th 1**:10, **2Th 3**:2, **2Ti 3**:11, **4**:17, 18, **Heb ♣2**:15, **2Pe 2**:7, 9

P^e^lêtâh פְּלֵטָה 6413

Escape, Deliverance, Remnant

Gen 45:7, **2Ki 19**:30, 31, **2Ch 12**:7, **30**:6, **Ezr 9**:8, 13, 14, 15, **Neh 1**:2, **Isa 4**:2, **10**:20, **37**:31, 32, **Eze 14**:22, **Joe 2**:32, **Obd** 17

Gen 32:8, **Exd 10**:5, **Jdg 21**:17, **2Sa 15**:14, **1Ch 4**:43, **2Ch 20**:24, **Isa 15**:9, **Jer 25**:35, **50**:29, **Dan 11**:42, **Joe 2**:3

Sh^e^'êrît שְׁאֵרִית 7611

Posterity, Remnant

Gen 45:7, **2Sa 14**:7, **2Ki 19**:4, 31, **21**:14, **1Ch 4**:43, **12**:38, **2Ch 34**:9, **36**:20, **Ezr 9**:14, **Neh 7**:72, **Ps 76**:10, **Isa 14**:30, **15**:9, **37**:4, 32, **44**:17, **46**:3, **Jer 6**:9, **8**:3, **11**:23, **15**:9, **23**:3, **24**:8, **25**:20, **31**:7, **39**:3, **40**:11, 15, **41**:10, 16, **42**:2, 15, 19, **43**:5, **44**:7, 12, 14, 28, **47**:4, 5, **50**:26, **Eze 5**:10, **9**:8, **11**:13, **25**:16, **36**:3, 4, 5, **Am 1**:8, **5**:15, **9**:12, **Mic 2**:12, **4**:7, **5**:7, 8, **7**:18, **Zep 2**:7, 9, **3**:13, **Hag 1**:12, 14, **2**:2, **Zec 8**:6, 11, 12

Mâlat מָלַט /Himmâlêt הִמָּלֵט

4422 Escape, Delivered

Ps 22:5, **41**:1, **107**:20, **116**:4, **124**:7, **Pro 11**:21, **28**:26, **Isa 31**:5, **46**:4, **49**:24, 25, **Jer 39**:18, **Dan 12**:1, **Joe 2**:32

Gen 19:17, 19, 20, 22, **Jdg 3**:26, 29, **1Sa 19**:10, 11, 12, 17, 18, **20**:29, **22**:1, 20, **23**:13, **27**:1, **30**:17, **2Sa 1**:3, **4**:6, **19**:5, 9, **1Ki 1**:12, **18**:40, **19**:17, **20**:20, **2Ki 10**:24, **19**:37, **23**:18, **2Ch 16**:7, **Est 4**:13, **Job 1**:15, 16, 17, 19, **6**:23, **19**:20, **20**:20, **22**:30, **29**:12, **41**:19, **Ps 33**:17, **89**:48, **Pro 19**:5, **Ecc 7**:26, **8**:8, **9**:15, **Isa 20**:6, **34**:15, **37**:38, **46**:2, **66**:7, **Jer 32**:4, **34**:3, **38**:18, 23, **41**:15, **46**:6, **48**:6, 8, 19, **51**:6, 45, **Eze 17**:15, 18, **33**:5, **Dan 11**:41, **Am 2**:14, 15, **9**:1, **Zec 2**:7, **Mal 3**:15

'Ûz עוּז 5756

Fled

Exd 9:19, **Isa 10**:31, **Jer 4**:6, **6**:1

Nûç נוּס 5127

Flee

Gen 14:10, **19**:20, **39**:12, 13, 15, 18, **Exd 4**:3, **9**:20, **14**:25, 27, **21**:13, **Lev 26**:17, 36, **Nu 10**:35, **16**:34, **35**:6, 11, 15, 25, 26, 32, **Deu 4**:42, **19**:3, 4, 5, 11, **28**:7, 25, **32**:30, **34**:7, **Jos 7**:4, **8**:5, 6, 15, 20, **10**:11, 16, **20**:3, 4, 6, 9, **Jdg 1**:6, **4**:15, 17, **6**:11, **7**:21, 22, **8**:12, **9**:21, 40, 51, **20**:32, 45, 47, **1Sa 4**:10, 16, 17, **14**:22, **17**:24, 51, **19**:8, 10, **30**:17, **31**:1, 7, **2Sa 1**:4, **4**:4, **10**:13, 14, 18, **13**:29, **17**:2, **18**:3, 17, **19**:3, 8, **23**:11, **24**:13, **1Ki 2**:28, 29, **12**:18, **20**:20, 30, **2Ki 3**:24, **7**:7, **8**:21, **9**:3, 10, 23, 27, **14**:12, 19, **1Ch 10**:1, 7, **11**:13, **19**:14, 15, 18, **2Ch 10**:18, **13**:16, **14**:12, **25**:22, 27, **Ps 60**:4, **68**:1, **104**:7, **114**:3, 5, **Pro 28**:1, 17, **Sng 2**:17, **4**:6, **Isa 10**:3, 29, **13**:14, **17**:13, **20**:6, **24**:18, **30**:16, 17, **31**:8, **35**:10, **51**:11, **59**:19, **Jer 46**:5, 6, 21, **48**:6, 19, 44, 45, **49**:8, 24, 30, **50**:16, 28, **51**:6, **Am 2**:16, **5**:19, **9**:1, **Nah 2**:8, **Zec 2**:6, **14**:5

Pheugō φεύγω *5343*

Flee, Escape

♦Ekpheugō εκφευγω *1628*

♣Apopheugō αποφεύγω *668*

†Kataphugontes καταφύγοντες *2703*

‡Ekbasis έκβασις *1545*

Mat 2:13, **3**:7, **8**:33, **10**:23, **23**:33, **24**:16, **26**:56, **Mar 5**:14, **13**:14, **14**:50, 52, **16**:8, **Luk 3**:7, **8**:34, **21**:21, **♦**36, **Joh 10**:5, 12, **Act 7**:29, **†14**:6, **♦16**:27, **♦19**:16, **27**:30, **Ro ♦2**:3, **1Co 6**:18, **‡10**:13, 14, **2Co ♦11**:33, **1Th ♦5**:3, **1Ti 6**:11, **2Ti 2**:22, **Heb ♦2**:3, **†6**:18, **11**:34, **♦12**:25, **‡13**:7, **Jas 4**:7, **2Pe ♣1**:4, **♣2**:18, **♣**20, **Rev 9**:6, **12**:6, **16**:20, **20**:11

Anabainō αναβάινω *305*

Mat 3:16, **5**:1, **13**:7, **14**:23, 32, **15**:29, **17**:27, **20**:17, 18, **Mar 1**:10, **3**:13, **4**:7, 8, 32, **6**:51, **10**:32, 33, **15**:8, **Luk 2**:4, 42, **5**:19, **9**:28, **18**:10, 31, **19**:4, 28, **24**:38, **Joh 1**:51, **2**:13, **3**:13, **5**:1, **6**:62, **7**:8, 10, 14, **10**:1, **11**:55, **12**:20, **20**:17, **21**:11, **Act 1**:13, **2**:34, **3**:1, **7**:23, **8**:31, 39, **10**:4, 9, **11**:2, **15**:2, **18**:22, **20**:11, **21**:6, 12, 15, 31, **24**:11, **25**:1, 9, **Ro 10**:6, **1Co 2**:9, **Gal 2**:1, 2, **Eph 4**:8, 9, 10, **Rev 4**:1, **7**:2, **8**:4, **9**:2, **11**:7, 12, **13**:1, 11, **14**:11, **17**:8, **19**:3, **20**:9

Hôtsî' הוֹצִיא /Tôtsê' תֵּצֵא 3318

Bring Out, Brought Out

♦Yâtsê' יָצָא Went/Go Out

[Only meanings of deliverance from bondage, i.e. *bring/brought out of Egypt*, *go out* of a servant, *be released* at the Jubilee; for *go out* of Yehuwah go to Yâtsâ' on p65]

Gen 15:7, **19**:12, 14, 16, 17, **24**:5, **Exd 3**:10, **6**:6, 7, 13, 26, **7**:4, 5, **11**:8, **12**:17, 31, 39, 41, 42, 51, **13**:3, 4, ♦8, 9, 14, 16, ♦**14**:8, 11, **16**:6, 32, **18**:1, ♦**19**:1, **20**:2, ♦**21**:2, ♦3, ♦4, ♦5, ♦7, ♦11, ♦**23**:15, **29**:46, **32**:11, 12, ♦**34**:18, **Lev 19**:36, **22**:33, **23**:43, ♦**25**:28, ♦30, ♦31, ♦33, 38, ♦41, 42, ♦54, 55, **26**:13, 45, **27**:21, **Nu 1**:1, **9**:1, ♦**11**:20, **15**:41, **20**:16, ♦**22**:5, ♦11, **23**:22, **24**:8, ♦**26**:4, ♦**33**:1, ♦38, **Deu 1**:27, **4**:20, 37, ♦45, ♦46, **5**:6, 15, **6**:12, ♦21, 23, **7**:8, 19, **8**:14, 15, **9**:12, 26, 28, 29, **13**:5, 10, **16**:1, ♦3, ♦6, ♦**23**:4, ♦**24**:9, ♦**25**:17, **26**:8, **29**:25, ♦**33**:18, **Jos** ♦**2**:10, ♦**5**:4, ♦5, ♦6, **24**:5, 6, **Jdg 2**:12, **6**:8, **Ru** ♦**1**:7, **1Sa** ♦**12**:8, **23**:13, **2Sa 22**:49, **1Ki** ♦**6**:1, ♦**8**:9, 16, 21, 53, **9**:9, **2Ki** ♦**21**:15, **2Ch** ♦**5**:10, **6**:5, **7**:22, **Ezr 1**:7, 8, **Job** ♦**12**:22, ♦**28**:11, **Ps 25**:15, 17, **31**:4, **66**:12, **68**:6, ♦**88**:8, **105**:37, ♦38, 43, **107**:14, 28, ♦**114**:1, ♦**121**:8, **136**:11, **142**:7, **143**:11, **Pro** ♦**12**:13, ♦**25**:4, **Isa 40**:26, **42**:7, **43**:8, ♦**48**:1, 20, ♦**49**:9, ♦**52**:11, ♦12, ♦**55**:12, **Jer 7**:22, ♦25, **11**:4, ♦11, **31**:32, **32**:21, **34**:13, ♦**50**:8, ♦**51**:45, ♦**52**:31, **La** ♦**3**:7, **Eze 15**:7, **20**:10, 14, 22, 34, 38, 41, **34**:13, **38**:8, **Dan 9**:15, **Mic 7**:9, ♦15, **Hag** ♦**2**:5, **Mal** ♦**4**:2

Nûv נוּב 5107

Bring Forth

♦**Nôv** נוֹב 5108

♣Nûts נוּץ 5132

Ps 62:10, **92**:14, **Pro 10**:31, **Sng** ♣**6**:11, ♣**7**:12, **Isa** ♦**57**:19, **La** ♣**4**:15, **Zec 9**:17, **Mal** ♦**1**:12

Mâshâh מָשָׁה 4871

Drew Out

Exd 2:10, **2Sa 22**:17, **Ps 18**:16

Epilambomenos επιλαμβόμενος

1949 Took

[Only meanings of deliverance]

Mat 14:31, **Mar 8**:23, **Luk 14**:4, **1Ti 6**:12, **Heb 2**:16, **8**:9

Harpadzō αρπάζω *726*

Take, Catch Away, Pluck

Harpagēsomena αρπαγησόμενα Caught Up

Mat 11:12, **12**:29, **13**:19, **Joh 6**:15, **10**:12, 28, 29, **Act 8**:39, **23**:10, **2Co 12**:2, 4, **1Th 4**:17, **Jud** 23, **Rev 12**:5

Analambanō ἀναλαμβάνω *353*

Take Up

♦Analēpsis ἀνάληψις *354*

Mar 16:19, **Luk** ♦**9**:51, **Act 1**:2, 11, 22, **7**:43, **10**:16, **20**:13, 14, **23**:31, **Eph 6**:13, 16, **1Ti 3**:16, **2Ti 4**:11

Exagō εξάγω *1806*

Lead Out

Mar 15:20, **Luk 24**:50, **Joh 10**:3, **Act 5**:19, **7**:36, 40, **12**:17, **13**:17, **16**:37, 39, **21**:38, **Heb 8**:9

Agō αγώ /Egagen αγάγεν *71*

Led (Brought)

Mat 10:18, **21**:2, 7, **26**:46, **Mar 1**:38, **13**:11, **14**:42, **Luk 4**:1, 9, 29, 40, **10**:34, **18**:40, **19**:27, 30, 35, **22**:54, **23**:1, 32, **24**:21, **Joh 1**:42, **7**:45, **8**:3, **9**:13, **10**:16, **11**:7, 15, 16, **14**:31, **18**:13, 28, **19**:4, 13, **Act 5**:21, 26, 27, **6**:12, **8**:32, **9**:2, 21, 27, **11**:26, **13**:23, **17**:15, 19, **18**:12, **19**:37, 38, **20**:12, **21**:16, 34, **22**:5, **23**:10, 18, 31, **25**:6, 17, 23, **Ro 2**:4, **8**:14, **1Co 12**:2, **Gal 5**:18, **1Th 4**:14, **2Ti 3**:6, **4**:11, **Heb 2**:10

Hodēgēsei οδηγήσει *3594*

Lead

Mat 15:14, **Luk 6**:39, **Joh 16**:13, **Act 8**:31, **Rev 7**:17

ʽÂleh עָלָה /Heʽelîtî הֶעֱלִיתִי

5927 Bring (Brought) Up, Go Up, Come Back

[Only coming up from Egypt, going up to the land etc.; for that of Yehuwah, go to p37; for *go up* to Yehuwah, go to p171; for *bring up the ark*, go to Arôn (Ark) on p196 and for *offer* (an offering), go to ʽOlâh (Burnt Offering) on p202]

Exd 32:1, 4, 7, 8, 23, **33**:12, 15, **Lev 11**:45, **Nu 13**:17, 21, 22, 30, 31, **14**:13, 40, 42, 44, **16**:13, **20**:5, **21**:17, **32**:11, **Deu 1**:21, 22, 24, 26, 28, 41, 42, 43, **9**:23, **20**:1, **Jos 4**:17, 19, **6**:5, 20, **8**:1, 3, 10, 11, **10**:6, 7, 9, 36, **24**:17, 32, **Jdg 1**:1, 2, 3, 4, 22,

2:1, **6**:8, 13, **11**:13, 16, **19**:30, **20**:18, 23, 28, 30, **1Sa 2**:6, **8**:8, **10**:18, **12**:6, **14**:9, 10, 12, 13, **15**:2, 6, **23**:29, **24**:22, **27**:8, **2Sa 2**:1, 2, 3, **5**:19, 23, **7**:6, **15**:30, **19**:34, **1Ki 12**:24, 28, **2Ki 2**:1, 11, **17**:7, 36, **1Ch 17**:5, **2Ch 11**:4, **Ezr 1**:3, 5, 11, **2**:1, 59, **7**:6, 7, 28, **8**:1, **Neh 7**:5, 6, 61, **9**:18, **12**:1, **Ps 30**:3, **40**:2, **71**:20, **81**:10, **137**:6, **Pro 21**:22, **31**:29, **Sng 8**:5, **Isa 11**:16, **63**:11, **Jer 2**:6, **8**:22, **11**:7, **16**:14, 15, **23**:7, 8, **27**:22, **30**:17, **33**:6, **Eze 37**:12, 13, **Hos 1**:11, **2**:15, **12**:13, **Joe 3**:9, **Am 2**:10, **3**:1, **9**:7, **Mic 6**:4

[Except of smoke]
Gen 2:6, **13**:1, **17**:22, 15, **19**:28, 30, **24**:16, **26**:23, **28**:12, **31**:10, 12, **32**:24, 26, **35**:1, 3, 13, **37**:28, **38**:12, 13, **40**:10, **41**:2, 3, 5, 18, 19, 22, 27, **44**:17, 24, 33, 34, **45**:9, 25, **46**:4, 29, 31, **49**:4, 9, **50**:5, 6, 7, 9, 14, 24, 25, **Exd 1**:10, **2**:23, **3**:8, 17, **8**:3, 4, 5, 6, 7, **10**:12, 14, **12**:38, **13**:18, 19, **16**:13, 14, **17**:3, 10, **19**:3, 12, 13, 18, **25**:37, **27**:20, **30**:8, **33**:1, **40**:4, 25, 36, 37, **Lev 11**:3, 4, 5, 6, 26, **19**:19, **24**:2, **Nu 8**:2, 3, **16**:12, 14, 24, 27, **19**:2, **20**:19, 25, 27, **21**:5, 33, **22**:41, **32**:9, 11, **33**:38, **Deu 3**:1, 27, **17**:8, **25**:7, **28**:43, 61, **29**:23, **32**:49, 50, **34**:1, **Jos 2**:6, 8, **7**:2, 3, 4, 6, 24, **10**:4, 5, 33, **11**:17, **12**:7, **14**:8, **15**:3, 6, 7, 8, 15, **16**:1, **17**:15, **18**:11, 12, **19**:10, 11, 12, 47, **22**:12, 33, **Jdg 1**:16, **4**:5, 10, 12, **6**:3, 5, 21, 35, **8**:8, 11, **9**:48, 51, **12**:3, **13**:5, **14**:2, 19, **15**:6, 9, 10, 13, **16**:3, 5, 8, 17, 18, 31, **18**:9, 12, 17, **19**:25, **20**:3, 31, **21**:4, 19, **Ru 4**:1, **1Sa 1**:3, 11, **2**:6, 14, **5**:12, **6**:7, 9, 20, 21, **7**:1, 7, **9**:11, 13, 14, 19, 26, **10**:3, **11**:1, **13**:5, **14**:9, 21, 46, 34, **17**:23, 25, **19**:15, **23**:19, **25**:5, 13, 35, **28**:8, 11, 13, 14, 15, **29**:9, 11, **2Sa 1**:24, **2**:1, 27, **5**:17, 22, **11**:20, **17**:21, **18**:33, **20**:2, **21**:13, **22**:9, **23**:9, **1Ki 1**:35, 40, 45, **2**:34, **5**:13, **6**:8, **9**:15, 16, 21, 24, **10**:5, 16, 17, 29, **11**:15, **12**:18, **14**:25, **15**:17, 19, **16**:17, **17**:19, 41, 42, 43, **18**:43, 44, **20**:1, 22, 26, 33, **22**:6, 12, 15, 20, 29, 35, **2Ki 1**:3, 4, 6, 7, 9, 13, 16, 23, **3**:7, 8, 21, **4**:21, 34, 35, **6**:24, **10**:15, **12**:4, 10, 17, 18, **14**:11, **15**:14, **16**:5, 7, 9, **17**:3, 4, 5, 7, **18**:9, 13, 17, 25, **19**:14, 23, 28, **20**:5, 8, **22**:4, **23**:2, 9, 29, **24**:1, 10, **25**:6, **1Ch 11**:6, **14**:8, 10, 11, 14, **26**:16, **27**:24, **2Ch 1**:17, **2**:16, **3**:5, 14, **5**:2, 5, **8**:8, 11, **9**:4, 15, 16, **10**:18, **12**:2, 9, **16**:1, 3, **18**:2, 5, 11, 14, 19, 28, 34, **20**:16, 34, **21**:17, **24**:13, 23, **25**:21, **29**:7, 20, **32**:5, **34**:30, **35**:20, **36**:6, 16, 17, 23, **Ezr 4**:2, **Neh 2**:15, **3**:19, **4**:3, 7, 21, **10**:38, **12**:1, 31, 37, **Job 5**:26, **6**:18, **7**:9, **20**:6, **36**:20, 33, **Ps 18**:8, **62**:9, **74**:23, **102**:24, **104**:8, **107**:26, **132**:3, **135**:7, 6, **Pro 15**:1, **24**:31, **26**:9, **31**:29, **Ecc 3**:21, **10**:4, **Sng 3**:6, **4**:2, **6**:6, **7**:8, **Isa 5**:6, 24, **7**:1, 6, **8**:7, **14**:8, 13, 14, **15**:2, 5, **21**:2, **22**:1, **24**:18, **32**:13, **34**:3, 10, 13, **35**:9, **36**:1, 10, **37**:14, 24, 29, **38**:22, **53**:2, 55:13, 57:8, **65**:17, **Jer 3**:16, **4**:7, 13, 29, **5**:10, **6**:4, 5, **7**:31, **9**:21, **10**:13, **14**:2, **19**:5, **21**:2, **22**:20, **26**:10, **32**:35, **34**:21, **35**:11, **37**:5, 11, **38**:10, 13, **39**:5, **44**:21, **46**:4, 7, 8, 9, 11, **47**:2, **48**:5, 15, 18, 44, **49**:19, 22, 28, 31, **50**:3, 9, 21, **Eze 38**:9, 10, 11, 16, 18, **39**:2, **40**:6, 22, 40, 49, **41**:7, **44**:17, **47**:12, **Dan 8**:3, 8, **11**:23, **Hos 4**:15, **8**:9, **10**:8, **13**:15, **Joe 1**:6, **2**:7, 9, 20, **3**:9, 12, **Am 3**:1, 5, **4**:10, **7**:1, **8**:8, 10, **9**:2, 5, **Jon 1**:2, **2**:6, **4**:6, 7, **Mic 2**:13, **Nah 2**:1, 7, **3**:3, **Hab 1**:15, **3**:16, **Hag 1**:8

Exēlthen εξεήλθεν *1831*

Come Out, Get Out
[Only meanings of salvation, coming out of bondage, evil]
Act 7:3, 4, 7, **16**:40, **22**:18, **2Co 6**:17, **Heb 3**:16, **11**:8, **13**:13, **Rev 18**:4

Âçaph אסף /Ôçphâh אספה

622 Gather
{♦Aqabêts אקבצ 6908 Gather}
[Only of Israel and meanings of healing/ deliverance]
Gen 30:23, **2Ki 5**:3, 6, 7, 11, **Ps 27**:10, **85**:3, **Isa 11**:12♦, **49**:5, **52**:12, **57**:1, **58**:8, **Jer 16**:5, **Eze 11**:17♦, **38**:12, **Mic 2**:12♦, **4**:6♦, **Zep 3**:8♦, 18

Exd 3:16, **4**:29, **32**:26, **Lev 23**:39, **25**:3, **26**:25, **Nu 11**:16, 24, **21**:16, **Deu 11**:14, **16**:13, **22**:2, **28**:38, **33**:5, **Jos 24**:1, **Jdg 20**:11, **Ru 2**:7, **2Sa 10**:17, **12**:28, 29, **2Ki 22**:4, **23**:1, **1Ch 15**:4, **19**:17, **23**:2, **2Ch 12**:5, **29**:4, 15, 20, **30**:3, 13, **34**:9, 29, **Ezr 3**:1, **9**:4, **Neh 8**:1, **9**:1, **12**:28, **Ps 47**:9, **50**:5, **Isa 4**:1, **10**:14, **24**:22, **33**:4, **62**:9♦, **Jer 4**:5, **8**:2, 14, **9**:22, **10**:17, **25**:33, **40**:10, **Eze 29**:5♦, **Joe 1**:14, **2**:16♦, **Zec 14**:14

ʿÂnâh ענה 6030

Answer, Hear
[Only of Yehuwah hearing prayer, answering with help]
1Sa 7:9, **8**:18, **14**:37, **23**:4, **28**:6, **1Ki 18**:37, **1Ch 21**:26, 28, **Job 9**:16, **19**:7, **23**:5, **31**:35, **Ps 3**:4, **4**:1, **13**:3, **17**:6, **18**:41, **20**:1, 6, 9, **22**:2, 21, **27**:7, **34**:4, **38**:15, **55**:2, **60**:5, **65**:5, **69**:13, 16, 17, **81**:7, **86**:1, 7, **91**:15, **99**:6, 8, **102**:2, **108**:6, **118**:5, 21, **119**:26, 145, **120**:1, **138**:3, **143**:1, 7, **Pro 1**:28, **Isa 30**:19, **41**:17, **49**:8, **58**:9, **65**:24, **Jer 25**:30, **33**:3, **42**:4, **Hos 2**:21, **Joe 2**:19, **Jon 2**:2, **Mic 3**:4, **Zec 10**:6, **13**:9

ʿÛr עוּר /Hâʿîrâh העירה 5782

Awake, Stirred Up
♦Qûts קוּצ /Hâqîtsâh הקיצה 6974

Deu 32:11, **Job 8**:6, **Ps 7**:6, **35**:23♦, **44**:23♦, ♦**59**:5, 4, **73**:20, **78**:38, **80**:2, **Sng 4**:16, **Isa 10**:26, **42**:13, **51**:9, **Zec 2**:13

Jdg 5:12, **2Sa 23**:18, **1Ch 5**:26, **11**:11, 20, **2Ch 21**:16, **36**:22, **Ezr 1**:1, 5, **Job** ♦**14**:12, **17**:8, **31**:29, **41**:10, **Ps 57**:8, **108**:2, **Pro 10**:12, **Sng 2**:7, **3**:5, **5**:2, **8**:4, 5, **Isa 13**:17, **14**:9, **15**:5, ♦**26**:19, **41**:2, 25, **45**:13, **50**:4, **51**:17, **52**:1, **64**:7, **Jer 6**:22, **25**:32, **50**:9, 41, **51**:1, 11, ♦39, ♦57, **Eze 23**:22, **Dan 11**:2, 25, ♦**12**:2, **Hos 7**:4, **Joe** ♦**1**:5, **3**:7, 9, 12, **Hab** ♦**2**:7, 19♦, **Hag 1**:14, **Zec 4**:1, **9**:13, **13**:7, **Mal 2**:12

Diegeirō διεγείρω *1326*

♦Anazōpureō ἀναζωπυρέω *329*

Mar 4:39, **Luk 8**:24, **Joh 6**:18, **2Ti** ♦**1**:6 ,**2Pe 1**:13, **3**:1

Qûm קוּם /Qûmâh קוּמָה 6965

Arise

[Only of Yehuwah; for that of man and establish, confirm etc. go to p78]

Nu 10:35, **2Ch 6**:41, **Job 19**:25, **25**:3, **31**:14, **Ps 3**:7, 7:6, **9**:19, **10**:12, **12**:5, **17**:13, **35**:2, **44**:26, **68**:1, **74**:22, **76**:9, **82**:8, **102**:13, **132**:8, **Isa 2**:19, 21, **28**:21, **31**:2, **33**:10, **Jer 2**:27, **23**:5, **30**:9, **Am 7**:9, **Zep 3**:8

Nâsâ' נָשָׂא 5375

Lift Up, Exalt

[Only meanings of arising of Yehuwah; for *lift up my hand* go to Yâd (Hand) on p18; for bearing the children of Israel etc. go to p90; for *forgive* go to p9]

Nu 6:26, **1Ch 29**:11, **Ps 4**:6, **7**:6, **10**:12, **94**:2, **Isa 2**:2, **6**:1, **10**:26, **33**:10, **42**:2, **52**:13, **57**:15, **Mic 4**:1, **Zec 6**:13

Vô' בּוֹא 935

Come

[Only of Yehuwah; of man coming to Yehuwah and before His courts etc. go to p170]

Gen 20:3, **Nu 24**:17, **Exd 19**:9, **20**:20, 24, **Deu 33**:2, **Jos 5**:14, **1Sa 3**:10, **Ps 24**:7, 9, **40**:7, **50**:3, **96**:13, **98**:9, **101**:2, **105**:19, **118**:26, **119**:41, 77, **121**:1, **Pro 2**:10, **Sng 2**:8, **4**:16, 5:1, **8**:2, **Isa 13**:9, **5**:19, **19**:1, **30**:27, **35**:4, **40**:10, **50**:2, **59**:20, **60**:1, **62**:11, **63**:1, 4, **66**:15, **Jer 9**:25, **16**:14, **23**:5, 7, **30**:3, **31**:27, 31, 38, **32**:42, **33**:14, **39**:16, **48**:12, **49**:2, **51**:47, 52, **Eze 37**:5, 9, 10, **43**:4, **44**:2, **47**:8, 9, **Dan 9**:24, **Hos 6**:3, **10**:12, **11**:9, **13**:15, **Joe 1**:15, **2**:1, 31, **Am 8**:11, **9**:13, **Mic 4**:8, **Hab 2**:3, **3**:3, **Zep 2**:2, **Hag 2**:7, **Zec 2**:10, **3**:8, **9**:9, **14**:1, 5, **Mal 3**:1, **4**:1, 5, 6

Âtâh אתה 857

Come

[Only of Yehuwah]

Deu 33:2, **Isa 41**:23, 25, **44**:7, **45**:11, **Mic 4**:8

Erchomai ἐρχομαι /Erchomenos ερχόμενος *2064*

Come, Coming

♦Elthetō ελθέτω /Ēlthon ἤλθον

♣Prosēlthon προσῆλθον *4334*

†Eisodos εἴσοδος *1529*

‡Eleuseōs ελευσεως *1660*

[Only of Yehuwah, Spirit coming into this world, to the believer and *hour, age* coming; of the believer coming to Yehuwah, go to p170]

Mat 3:11, ♣**4**:11, ♦**5**:17, ♦**6**:10, ♦**8**:29, ♦**9**:13, ♦**10**:13, ♦23, ♣**17**:7, ♣**28**:18, ♦34, ♦35, **11**:3, 14, ♦19, **16**:27, 28, ♦**17**:10, 11, ♦12, **21**:5, 9, ♦32, **24**:30, 42, 44, ♦46, ♦**25**:31, **Mar 1**:7, ♦24, ♦**2**:17, **4**:22, ♦**8**:38, ♦**9**:1, ♦11, ♦12, ♦13, **10**:30, **11**:9, 10, **13**:26, 35, ♦36, **14**:62, **Luk 3**:16, ♦**4**:34, ♦**5**:32, ♣**7**:14, 19, 20, ♦34, **10**:1, ♦**11**:2, **12**:40, ♦43, 45, ♦49, **13**:35, **17**:20, ♦**18**:8, 30, ♦**19**:10, 38, **21**:27, ♦**22**:18, **Joh** ♦**1**:7, ♦11, 15, 27, 30, 31, ♦**3**:2, 8, ♦19, 31, **4**:21, 23, 25♦, **5**:25, 28, ♦43, **6**:14, **7**:27, ♦28, 31, 41, 42, ♦**8**:42, ♦**9**:39, **10**:10, **11**:27, **12**:13, 15, ♦23, ♦27, ♦28, ♦46, ♦47, ♦**13**:1, **14**:3, 18, 28, ♦**15**:26, ♦**16**:7, ♦8, 13, 25, ♦28, ♦**17**:1, **21**:22, 23, **Act** ♦**1**:11, ♦**2**:20, ♦**3**:19, ‡**7**:52, †**13**:24, ♦**19**:6, **Ro** ♦**7**:9, ♦**9**:9, **1Co** ♦**4**:5, ♦**13**:10, **Gal** ♦**3**:19, 23, 25, ♦**4**:4, **Eph 5**:6, **Col 3**:6, **1Th** †**1**:9, 10, †**2**:1, **5**:2, **2Th** ♦**1**:10, **1Ti** ♦**1**:15, **Heb 8**:8, **10**:37, **1Jn** ♦**4**:2, ♦**5**:6, **2Jn** 7, **Jud** ♦14, **Rev 1**:4, 7, **2**:5, 16, **3**:11, **4**:8, ♦**11**:18, ♦**14**:7, ♦15, **16**:15, ♦**18**:10, ♦**19**:7, **22**:7, 12, ♦17, 20

Exēlthen εξῆλθεν *1831*

Come Forth, Spread

♦Exēchētai εξήχηται *1837*

[Only of Yehuwah coming forth into the world and His Word, fame; not nominal meanings *departed, went out* etc]

Mat 9:26, **13**:49, **Mar 1**:28, 38, **6**:12, **16**:20, **Luk 6**:19, **7**:17, **8**:46, **Joh 8**:42, **13**:3, **16**:27, 28, 30, **17**:8, **Ro 10**:18, **1Co 14**:36, **1Th 1**:8♦

Hēkō ἥκω /Hēxei ἥξει *2240*

Come

Mat 23:36, **24**:14, 50, **Luk 12**:46, **19**:43, **Joh 2**:4, **4**:47, **8**:42, **Ro 11**:26, **Heb 10**:7, 9, 37, **2Pe 3**:10, **1Jn 5**:20, **Rev 2**:25, **3**:3, **18**:8

Parousia παρουσία *3952*

Coming, Presence

Mat 24:3, 27, 37, 39, **1Co 15**:23, **1Th 2**:19, **3**:13, **4**:15, **5**:23, **2Th 2**:1, 8, 9, **Jas 5**:7, 8, **2Pe 1**:16, **3**:4, 12, **1Jn 2**:28

Epelthē επέλθη *1904*

Come Upon

Luk 1:35, **11**:22, **21**:26, **Act 1**:8, **8**:24, **13**:40, **14**:19, **Eph 2**:7, **Jas 5**:1

Mellei μέλλει /Meloutōn μελόυτων *3195*

Shall, Would, To Come

[Only of Yehuwah and the *wrath*, *world* etc. that are to come]

Mat 11:14, **12**:32, **16**:27, **17**:22, **20**:22, **24**:6, **Mar 10**:32, **13**:4, **Luk 3**:7, **9**:31, 44, **10**:1, **19**:4, 11, **21**:7, 36, **24**:21, **Joh 6**:6, **7**:39, **11**:51, **12**:33, **14**:22, **18**:32, **Act 17**:31, **23**:3, **24**:15, 25, **Ro 4**:24, **5**:14, **8**:18, 38, **1Co 3**:22, **Gal 3**:23, **Eph 1**:21, **Col 2**:17, **1Th 3**:4, **1Ti 1**:16, **4**:8, **6**:19, **2Ti 4**:1, **Heb 1**:14, **2**:5, **6**:5, **10**:1, **11**:20, **13**:14, **Jas 2**:12, **1Pe 5**:1, **Rev 1**:19, **2**:10, **3**:10, **6**:11, **8**:13, **10**:7, **12**:5

Eiserchomai εισέρχομαι *1525*

Enter

♦Eisodon είσοδον *1529*

[Only of Yehuwah; of man entering the kingdom, go to p171]

Act ♦13:24, **Heb 10**:5, **Rev 3**:20, **11**:11

Shûv שׁוּב /Shîvah שִׁיבָה 7725

Return, Turn

[Only of Yehuwah turning to save etc.; for *not turn away* go to Al-Tashêv on p14; for return, restore see Shûv below; for *return* of man to Yehuwah go to p170]

Exd 32:12, **Nu 10**:36, **25**:4, 11, **Deu 13**:17, **23**:14, **30**:9, **Jos 7**:26, **24**:20, **1Ki 19**:7, **2Ki 23**:26, **2Ch 29**:10, **30**:8, **Ezr 10**:14, **Job 9**:13, **14**:13, **23**:13, **Ps 6**:4, **7**:7, **74**:11, **78**:38, **80**:14, **81**:14, **85**:3, **90**:13, **106**:23, **132**:11, **Pro 12**:14, **17**:13, **24**:18, **Isa 1**:25, **5**:25, **9**:12, 17, 21, **10**:4, **12**:1, **14**:27, **45**:23, **55**:11, **Jer 2**:35, **4**:8, 28, **12**:15, **18**:20, **22**:27, **24**:6, **23**:20, **30**:24, **32**:40, **La 2**:3, 8, **3**:3, **Eze 20**:22, **21**:5, **Dan 9**:16, **Hos 2**:9, **5**:15, **11**:9, **14**:4, **Mic 5**:3, **7**:19, **Jon 3**:8, 9, **Zec 1**:16, **8**:3, 15, **13**:7

Qârôv קרב 7138

Near, Ready

♦Qârav קרב 7126

[Only of Yehuwah, the day of Yehuwah etc; of coming near to Yehuwah, offering, go to p170]

Deu 4:7, **30**:14, **Ps 34**:18, **♦69**:18, **75**:1, **85**:9, **119**:151, **145**:18, **Isa 13**:6, **♦41**:1, **♦46**:13, **50**:8, **51**:5, **55**:6, **56**:1, **Jer 12**:2, **23**:23, **Eze 7**:8, **30**:3, **Joe 1**:15, **2**:1, **3**:14, **Obd** 15, **Zep 1**:7, 14, **Mal ♦3:5**

Yâtsâ’ יצאה /Têtsê’ תצא 3318

Go (Went) Out, Bring Forth

[Only of Yehuwah; for *go out*, *came out* etc., deliverance of Yehuwah’s people, see above]

Gen 24:50, **Exd 11**:4, **Lev 9**:24, **10**:2, **Nu 16**:35, 46, **Jdg 4**:14, **2Sa 5**:24, **2Ki 19**:35, **Ps 17**:2, **37**:6, **44**:9, **60**:10, **81**:5, **108**:11, **Isa 2**:3, **11**:1, **26**:21, **28**:29, **37**:36, **42**:1, 3, 13, **45**:23, **48**:3, **51**:4, 5, **55**:11, **62**:1, **Jer 4**:4, **21**:12, **23**:19, **25**:32, **30**:23, **50**:25, **51**:10, 16, **Eze 1**:13, **10**:18, **21**:3, 4, 5, **33**:30, **Joe 2**:16, **Mic 1**:3, **4**:2, **5**:2, **Hab 3**:5, 13, **Zec 4**:7, **5**:3, 4, **6**:1, 5, **9**:14, **10**:4, **14**:3, 8

Yârad /Yêred ירד 3381

Came Down, Descended, Go Out

[Only of Yehuwah]

Gen 11:5, 7, **24**:50, **Exd 3**:8, **11**:4, **19**:18, 20, **33**:9, **34**:5, **Lev 9**:24, **10**:2, **Nu 11**:25, **12**:5, **16**:35, 46, **2Sa 22**:10, **2Ki 1**:10, 12, 14, **Ps 18**:9, **72**:6, **133**:3, **144**:5, **Isa 31**:4, **64**:1, 3, **Joe 2**:23, **Mic 1**:12

Al-Teḥerash אל־תחרשׁ 408-2790 Not Keep Silence

♦Al-Damî אל־דּמי 3808-1824

1Sa 7:8, **Job 41**:12, **Ps 28**:1, **35**:22, **39**:12, **50**:3, **83**:1♦♣, **109**:1, **Isa ♦62**:6, ♦7, **Jer 4**:19

Lô-Eḥesheh לא־אחשׁה 3808-2814 Not Hold Peace

♦Lô-Eshqôt לא־אשׁקוֹת 3808-8252 Not Be Still

Ps ♦83:1, **Isa 62**:1♦, 6, **65**:6

{Heḥ^{e}sheh החשׁה 2814 Hold Peace}

Isa 42:14, **57**:11, **64**:12

Al-Tahar אַל־תְּאַחַר /Lo-Y'ahêr לֹא־יְאַחֵר 408-309 Not Delay

Deu 7:10, **Ps 40**:17, **70**:5, **Isa 46**:13, **Dan 9**:19, **Hab 2**:3

Exd 22:29, **Gen 24**:56, **Deu 23**:21, **Ecc 5**:4

Ou Chroniei ου χρονιει *5549*

Heb 10:37

Mat 24:48, **25**:5, **Luk 12**:45

Ḥûshâh חוּשָׁה 2363

Make Haste

{♦'Ezrât עֶזְרָת 5833

♣'Âzar עָזַר 5826 Help}

Ps 22:19♦, **38**:22♦, **40**:13♦, **70**:1♦, 5♣, **71**:12♦, **141**:1, **Isa 5**:19, **60**:22

Nu 32:17, **Deu 32**:35, **Jdg 20**:37, **1Sa 20**:38, **Job 20**:2, **31**:5, **Ps 55**:8, **119**:60, **Ecc 2**:25, **Isa 28**:16, **Hab 1**:8

Ḥâphaz חָפַז 2648

Make Haste

[For *not tremble* see under Al-Tîrâ' on p51]

1Sa 23:26, **2Sa 4**:4, **2Ki 7**:15, **Job 40**:23, **Ps 31**:22, **48**:5, **104**:7, **116**:11

Al-Terḥaq אַל־תִּרְחַק 408-7368

Not Be Far

Ps 22:11, 19, **35**:22, **38**:21, **71**:12

Gâ'al גָּאַל 1350

Redeem

♦G^{e}'ûlâh גְּאֻלָּה 1353

[Except *avenger of blood* etc; *Redeemer*, go to p19]

Gen 48:16, **Exd 6**:6, **15**:13, **Ps 69**:18, **72**:14, **74**:2, **77**:15, **103**:4, **106**:10, **107**:2, **119**:154, **Isa 35**:9, **43**:1, **44**:22, 23, **48**:20, **51**:10, **52**:3, 9, **62**:12, **63**:4, 9, **Jer 31**:11, **La 3**:58, **Hos 13**:14, **Mic 4**:10

Lev ♦25:24, 25, 26♦, ♦29, 30, ♦31, ♦32, 33, 48♦, 49, ♦51, ♦52, 54, **27**:13, 15, 19, 20, 27, 28, 31, 33, **Nu 5**:8, **Ru 2**:20, **3**:9, 12, 13, **4**:1, 3, 4, 6♦, ♦7, 8, 14, **1Ki 16**:11, **Jer ♦32**:7, ♦8, **Eze ♦11**:15

Pâdâh פָּדָה 6299

Redeem

♦P^{e}dût פְּדוּת 6304

♣Pâda' פָּדָא 6308

Exd ♦8:23, **Deu 7**:8, **9**:26, **13**:5, **15**:15, **21**:8, **24**:18, **2Sa 4**:9, 7:23, **1Ki 1**:29, **1Ch 17**:21, **Neh 1**:10, **Job 5**:20, **♣33**:24, 28, **Ps 25**:22, **26**:11, **31**:5, **34**:22, **44**:26, **49**:15, **55**:18, **69**:18, **71**:23, **78**:42, **♦111**:9, **119**:134, **♦130**:7, 8, **Isa 1**:27, **29**:22, **35**:10, **♦50**:2, **51**:11, **Jer 15**:21, **31**:11, **Hos 7**:13, **13**:14, **Mic 6**:4, **Zec 10**:8

Exd 13:13, 15, **21**:8, **34**:20, **Lev 19**:20, **27**:27, 29, **Nu 18**:15, 16, 17, **1Sa 14**:45, **Job 6**:23, **Ps 49**:7, **Dan †6**:14

Apolutrōsis απολύτρωσις *629*

Redeem, Redemption

♦Lutrōsis λύτρωσις *3085*

♣Lutrō λυτρώ *3084*

†Lutrōtēs λυτρωτής *3086*

‡Apolousai απολούσαι *628*

ΔLutron λύτρον *3083*

+Antilutron αντίλυτρον *487*

^Arrhabōn ἀρραβών *728*

Mat Δ20:28, **Mar Δ10**:45, **Luk ♦1**:68, **♦2**:38, **21**:28, **♣24**:21, **Act †7**:35, **‡22**:16, **Ro 3**:24, **8**:23, **1Co 1**:30, **‡6**:11, **2Co ^1**:22, **^5**:5, **Eph 1**:7, 14^, **4**:30, **Col 1**:14, **Tit ♣2**:14, **1Ti +2**:6, **Heb ♦9**:12, 15, **11**:35, **1Pe ♣1**:18

Exelētai εξέληται *1807*

Act 7:10, 34, **12**:11, **23**:27, **26**:17, **Gal 1**:4

Agoradzō αγοράζω *59*

Redeem, Buy

♦Exagoradzō εξαγοράζω *1805*

♣Athetēsis ἀθέτησις *115* Disannulling

Mat 13:44, 46, **1Co 6**:20, **7**:23, **Gal ♦3**:13, **♦4**:5, **Eph ♦5**:16, **Col ♦4**:5, **2Pe 2**:1, **Rev 5**:9, **14**:3, 4

Mat 14:15, **21**:12, **25**:9, 10, **27**:7, **Mar 6**:36, 37, **11**:15, **15**:46, **16**:1, **Luk 9**:13, **14**:18, 19, **17**:28, **22**:36, **Joh 4**:8, **6**:5, **13**:29, **1Co 7**:30, **Heb ♣7**:18, **♣9**:26, **Rev 3**:18, **13**:17, **18**:11

Nâqam נקם 5358

Avenge, Vengeance

♦Nâqâm נקם 5359

♣N^e^qâmâh נחמה 5360

{†G^e^mûl גמול 1576 Recompense}

Gen 4:15, 24, **Lev 26**:25♦, **Nu 31**:2♣, ♣3, **Deu** ♦**32**:35, ♦41, 43♦, **Jdg** ♣**11**:36, **1Sa 24**:12, **2Sa** ♦**4**:8, **2Sa** ♦**22**:48, **2Ki 9**:7, **Ps** ♣**18**:47, ♦**58**:10, ♣**79**:10, ♣**94**:1, **99**:8, ♣**149**:7, **Isa 1**:24, ♦**34**:8, ♦**35**:4†, ♦**47**:3, ♦**59**:17, ♦**61**:2, ♦**63**:4, **Jer** 5:9, **9**:9, ♣**11**:20, **15**:15, ♣**20**:12, **46**:10♣, **50**:15♣, ♣28, ♣**51**:6†, ♣11, 36♣, **Eze 24**:8, ♣**25**:14, ♣17, **Mic** ♦**5**:15, **Nah 1**:2

Exd 21:20, 21, **Lev 19**:18, **Jos 10**:13, **Jdg 15**:7, **16**:28♦, **1Sa 14**:24, **18**:25, **Est 8**:13, **Ps 8**:2, **44**:16, **Pro** ♦**6**:34, **Jer** ♣**20**:10, **La** ♣**3**:60, **Eze 25**:12, 15♣♦

Ekdikeō εκδικέω *1556*

♦Ekdikēsis εκδίκησις *1557*

♣Ekdikos έκδικος *1558*

Luk 18:3, 5, ♦7, ♦8, ♦**21**:22, **Act** ♦**7**:24, **Ro 12**:19♦, ***2Co*** ♦**7**:11, **10**:6, **1Th** ♣**4**:6, **2Th** ♦**1**:8, **Heb** ♦**10**:30, **Rev 6**:10, **19**:2

Ro ♣**13**:4, **1Pe** ♦**2**:14

G^e^mûl גמול 1576

Recompense

[Also see under Nâqam (Avenge) above]

Ps 28:4, **94**:2, **103**:2, **Pro 12**:14, **19**:17, **Isa 3**:11, **59**:18, **66**:6, **La 3**:64

Jdg 9:16, **2Ch 32**:25, **Joe 3**:4, 7, **Obd** 15

Antapodounai ανταποδουναι *467*

♦Antapodoma ανταπόδομα *468*

♣Antapodosis ανταπόδοσις *469*

Luk ♦**14**:12, 14, **Ro** ♦**11**:9, 35, **12**:19, ***Col*** ♣**3**:24, **1Th 3**:9, **2Th 1**:6, **Heb 10**:30

Pâqad פקד 6485

Visit, Punish

[Only of Yehuwah]

Gen 21:1, **50**:24, 25, **Exd 3**:16, **4**:31, **13**:19, **20**:5, **32**:34, **34**:7, **Lev 18**:25, **26**:16, **Nu 14**:18, **Deu** 5:9, **Ru 1**:6, **1Sa 2**:21, **Job 7**:18, **31**:14, **34**:13, **35**:15, **Ps 8**:4, **17**:3, **59**:5, **65**:9, **80**:14, **89**:32, **106**:4, **Isa 10**:12, **13**:4, 11, **23**:17, **24**:21, 22, **26**:14, 21, **27**:1, **29**:6, **62**:6, **Jer 1**:10, **5**:9, 29, **6**:6, 15, **9**:9, 25, **11**:22, **13**:21, **14**:10, **15**:3, 15, **21**:14, **23**:2, 34, **25**:12, **27**:8, 22, **29**:10, 32, **30**:20, **32**:5, **36**:31, **44**:13, 29, **46**:25, **49**:8, 19, **50**:18, 31, 44, **51**:44, 47, 52, **La 4**:22, **Hos 1**:4, **2**:13, **4**:9, 14, **8**:13, **12**:2, **Am 3**:2, 14, **Zep 1**:8, 9, 12, **2**:7, **3**:7, **Zec 10**:3

P^e^quddâh פקדה 6486

Oversight, Punishment, Care

Nu 3:32, 36, **4**:16, **16**:29, **2Ki 11**:18, **1Ch 23**:11, **24**:3, 19, **26**:30, **2Ch 17**:14, **23**:18, **24**:11, **26**:11, **Job 10**:12, **Ps 109**:8, **Isa 10**:3, **15**:7, **60**:17, **Jer 8**:12, **10**:15, **11**:23, **23**:12, **46**:21, **48**:44, **50**:27, **51**:18, **52**:11, **Eze 9**:1, **44**:11, **Hos 9**:7, **Mic 7**:4

Rîv ריב /Rîvâh ריבה 7378

Plead

1Sa 24:15, **25**:39, **Ps 35**:1, **43**:1, **74**:22, **103**:9, **119**:154, **Pro 22**:23, **23**:11, **Isa 3**:13, **49**:25, **51**:22, **57**:16, **Jer 2**:9, **50**:34, **51**:36, **La 3**:58, **Am 7**:4, **Mic 7**:9

Gen 26:20, 21, 22, **31**:36, **Exd 17**:2, **21**:18, **Nu 20**:3, 13, **Deu 33**:8, **Jdg 6**:31, 32, **8**:1, **11**:25, **21**:22, **1Sa 2**:10, **15**:5, **Neh 5**:7, **13**:11, 17, 25, **Job 9**:3, **10**:2, **13**:8, 19, **23**:6, **31**:13, **33**:13, **40**:2, **Pro 3**:30, **25**:8, 9, **Isa 1**:17, **27**:8, **45**:9, **50**:8, **Jer 2**:9, 29, **12**:1, **Hos 2**:2, **4**:4, **Mic 6**:1

Hâmâh המה 1993

Roar, Rage, Disquieted, Make Noise

1Ki 1:41, **Ps 39**:6, **42**:5, 11, **43**:5, **46**:3, 6, **55**:17, **59**:6, 14, **77**:3, **83**:2, **Pro 1**:21, **7**:11, **9**:13, **20**:1, **Sng 5**:4, **Isa16**:11, **17**:12, **22**:2, **51**:15, **59**:11, **Jer 4**:19, **5**:22, **6**:23, **31**:20, 35, **48**:36, **50**:42, **51**:55, **Eze 7**:16, **Zec 9**:15

Agrios ἄγριος *66*

Mat ♣**3**:4, **Mar** ♣**1**:6, **Jud** ♣13

Lâḥam לחם /Nilḥâm נלחם 3898 Fight

[Only of Yehuwah]

Exd 14:14, 25, **Deu 1**:30, **3**:22, **20**:4, **Jos 10**:14, 42, **23**:3, 10, **Jdg 5**:20, **2Ch 20**:29, **Neh 4**:14, 20, **Ps 35**:1, **Jer 21**:5, **Zec 10**:5, **14**:3, 14

Exd 1:10, **17**:8, **9, 10, Nu 21**:1, **23, 26, 22**:11, **Deu 1**:41, **42, 20**:10, **19, 32**:24, **Jos 9**:2, **10**:5, **25, 29,**

31, 34, 36, 38, 11:5, **19**:47, **24**:8, **9, 11, Jdg 1**:1, **3, 5, 8, 9, 5**:19, **8**:1, **9**:17, **38, 39, 45, 52, 10**:9, **18, 11**:4, **5, 6, 8, 9, 12, 20, 25, 27, 32, 12**:1, **3, 4, 1Sa 4**:9, **10, 8**:20, **12**:9, **13**:5, **14**:47, **15**:18, **17**:9, **10, 19, 32, 33, 18**:17, **19**:8, **23**:1, **5, 25**:28, **28**:1, **15, 29**:8, **31**:1, **2Sa 2**:28, **8**:10, **10**:17, **11**:17, **20, 12**:26, **27, 29, 21**:15, **1Ki 12**:21, **24, 14**:19, **20**:1, **23, 25, 22**:31, **32, 45, 2Ki 3**:21, **6**:8, **8**:29, **9**:15, **10**:3, **12**:17, **13**:12, **14**:15, **28, 16**:5, **19**:8, **9, 1Ch 10**:1, **18**:10, **19**:17, **2Ch 11**:1, **4, 13**:12, **17**:10, **18**:30, **31, 20**:17, **29, 22**:6, **27**:5, **32**:8, **35**:20, **22, Neh 4**:8, **14, Ps 56**:1, **2,** 109:3, **141**:4, **Pro 4**:17, **9**:5, **23**:1, **6, Isa 7**:1, **19**:2, **20**:1, **30**:32, **37**:8, **9, 63**:10, **Jer 1**:19, **15**:20, **21**:2, **4, 32**:5, **24, 29, 33**:5, **34**:1, **7, 22, 37**:8, **10, 41**:12, **51**:30, **Dan 10**:20, **11**:11, **Zec 10**:5, **14**:14

Agonidzomai αγονίζομαι *75*

Strive, Fight

♦Agōn αγών *73*

♣Agōnia αγωνία *74*

†Epagonidzomai επαγονίζομαι *1864*

‡Pukteuō πυκτεύω *4438*

ΔAthleō ἀθλέω *118*

+Athlēsis ἄθλησις *119*

^Antagōnidzomai ἀνταγωνίζομαι *464*

>Antistrateuomai ἀντιστρατεύομαι *497*

Luk 13:24, **♣22**:44, **Joh 18**:36, **Ro** >**7**:23, **1Co 9**:25, ‡26, **Php ♦1**:30, **Col 1**:29, **♦2**:1, **4**:12, **1Th ♦2**:2, **1Ti 4**:10, **6**:12♦, **2Ti** Δ**2**:5, **4**:7♦, **Heb** +**10**:32, **♦12**:1, ^4, **Jud** †3

Athistemi ανθίστεμι *436*

Resist

♦Antikeimai ἀντίκειμαι *480*

♣Antikathistēmi ἀντικαθίστημι *478*

†Antithesis ἀντίθεσις *477*

‡Antitassomai ἀντιτάσσομαι *498*

ΔAntipiptō ἀντιπίπτω *496*

Mat 5:39, **Luk ♦13**:17, **21**:15♦, **Act 6**:10, Δ**7**:51, **13**:8, ‡**18**:6, **Ro 9**:19, **13**:2‡, **1Co ♦16**:9, **Gal 2**:11, **♦5**:17, **Eph 6**:13, **Php ♦1**:28, **2Th ♦2**:4, **1Ti ♦1**:10, **♦5**:14, **1Ti** †**6**:20, **2Ti 3**:8, **4**:15, **Heb ♣12**:4, **Jas** ‡**4**:6, 7, ‡**5**:6, **1Pe** ‡**5**:5, 9

Nâkâh נכה 5221

Strike, Killed

[Only of Yehuwah and Israel]

Gen 8:21, **19**:11, **Exd 3**:20, **7**:17, 25, **9**:15, **12**:12, 13, 29, **Lev 26**:24, **Nu 3**:13, **8**:17, **11**:33, **14**:12, **32**:4, **33**:4, **Deu 28**:22, 27, 28, 35, **1Sa 4**:8, **6**:19, 2Sa 5:24, **1Ki 14**:15, **2Ki 6**:18, **19**:35, **1Ch 13**:10, **14**:15, **21**:7, **Ps 3**:7, **69**:26, **78**:20, 51, 66, **105**:33, 36, **135**:8, 10, **136**:10, 17, **Isa 1**:5, **5**:25, **9**:13, **11**:4, 15, **27**:7, **37**:36, **53**:4, **57**:17, **60**:10, **Jer 2**:30, **5**:3, **14**:19, **21**:6, **30**:14, **33**:5, **Eze 7**:9, **9**:5, 7, 8, **21**:17, **22**:13, **32**:15, **39**:3, **Hos 6**:1, **9**:16, **Am 3**:15, **4**:9, **6**:11, **9**:1, **Mic 6**:13, **Hag 2**:17, **Zec 9**:4, **10**:11, **12**:4, **13**:7, **Mal 4**:6

Gen 14:15, **Exd 2**:12, **7**:20, **8**:16, 17, **17**:5, 6, **Nu 20**:11, **21**:24, 35, **25**:17, **Deu 1**:4, **2**:33, **3**:3, **4**:46, **7**:2, **13**:15, **20**:13, **29**:7, **Jos 7**:3, **8**:21, 22, 24, **9**:18, **10**:10, 20, 26, 28, 30, 32, 33, 35, 37, 39, 40, 41, **11**:8, 10, 11, 12, 14, 17, **12**:1, 6, 7, **13**:12, 21, **15**:16, **19**:47, **Jdg 1**:4, 5, 8, 10, 12, 17, 25, **3**:29, 31, **6**:16, **7**:13, **8**:11, **11**:21, 33, **14**:19, **15**:8, 15, 16, **21**:10, **1Sa 5**:6, 9, **7**:11, **11**:11, **13**:3, 4, **14**:14, 31, 48, **15**:3, 7, **17**:35, 36, 46, 49, 50, 57, **18**:6, 7, 27, **19**:5, 8, **21**:9, 11, **23**:2, 5, **27**:9, **29**:5, **30**:17, **2Sa 1**:1, **2**:31, **5**:8, 20, 24, 25, **8**:1, 2, 3, 5, 9, 10, 13, **10**:18, **21**:17, 18, 19, 21, **23**:10, 12, 20, 21, **24**:17, **1Ki 11**:15, **16**:11, **20**:20, 21, 29, **2Ki 2**:8, 14, **3**:19, 24, 25, **6**:18, **8**:21, **9**:7, 24, 27, **10**:9, 11, 17, **13**:17, 18, 19, 25, **14**:7, **18**:8, **1Ch 4**:41, 43, **11**:6, 14, 22, 23, **14**:11, 15, 16, **18**:1, 2, 3, 5, 9, 10, 12, **20**:1, 4, 5, 7, **21**:7, **2Ch 13**:17, **25**:14, **Est 9**:5, **Job 13**:4, **Ps 121**:6, **Pro 17**:10, **19**:25, **23**:13, 14, **Isa 10**:20, 24, **14**:6, 29, **49**:10, **50**:6, **Mic 5**:1

Mâḥats מחץ 4272

Strike

Deu 32:39, **Job 5**:18, **26**:12, **Ps 68**:21, **110**:5, 6, **Hab 3**:13

Nu 24:8, 17, **Deu 33**:11, **Jdg 5**:26, **2Sa 22**:39, **Ps 18**:38, **68**:23

Patassō πατάσσω *3960*

♦Paiō παίω *3817*

♣Rhapisma ῥάπισμα *4475*

†Rhapizō ῥαπίζω *4474*

Mat †**5**:39, **♣14**:65, **26**:31, 51, †67, ♦68, **Mar 14**:27, ♦47, **Luk 22**:49, 50, ♦64, **Joh ♦18**:10, ♣22, **♣19**:3, **Act 7**:24, **12**:7, 23, **Rev ♦9**:5, **11**:6, **19**:15

Tuptō τύπτω *5180*

Mat 24:49, **27**:30, **Mar 15**:19, **Luk 6**:29, **12**:45, **18**:13, **22**:64, **23**:48, **Act 18**:17, **21**:32, **23**:2, 3, **1Co 8**:12

Milḥâmâh מלחמה 4421

Battle, War

Gen 14:2, 8, **Exd 1**:10, **13**:17, **15**:3, **17**:16, **32**:17, **Nu 10**:9, **21**:14, 33, **31**:14, 21, 27, 28, 49, **32**:6, 20, 27, 29, **Deu 1**:41, **2**:9, 14, 16, 25, 32, **3**:1, **4**:34, **20**:1, 2, 3, 5, 6, 7, 12, 20, **21**:10, **29**:7, **Jos 4**:13, **5**:4, 6, **6**:3, **8**:1, 3, 11, 14, **10**:7, 24, **11**:7, 18, 19, 20, 23, **14**:11, 15, **17**:1, **Jdg 3**:1, 2, 10, **8**:13, **18**:11, 16, 17, **20**:14, 17, 18, 20, 22, 23, 28, 34, 39, 42, **21**:22, **1Sa 4**:1, 2, **7**:10, **8**:12, 20, **13**:22, **14**:20, 22, 23, 52, **16**:18, **17**:1, 2, 8, 13, 20, 28, 33, 47, **18**:5, 17, **19**:8, **23**:8, **25**:28, **26**:10, **29**:4, 9, **30**:24, **31**:3, **2Sa 1**:4, 25, 27, **2**:17, **3**:1, 6, 30, **8**:10, **10**:8, 9, 13, **11**:7, 15, 18, 19, 25, **17**:8, **18**:6, 8, **19**:3, 10, **21**:15, 17, 18, 19, 20, **22**:35, 40, **23**:9, **1Ki 2**:5, **5**:3, **8**:44, **9**:22, **12**:21, **14**:30, **15**:6, 7, 16, 32, **20**:14, 18, 26, 29, 39, **22**:1, 4, 6, 15, 30, 35, **2Ki 3**:7, 26, **8**:28, **13**:25, **14**:7, **16**:5, **18**:20, **24**:16, **25**:4, 19, **1Ch 5**:10, 18, 19, 20, 22, **7**:4, 11, 40, **10**:3, **11**:13, **12**:1, 8, 19, 33, 35, 36, 37, 38, **14**:15, **18**:10, **19**:7, 9, 10, 14, 17, **20**:4, 5, 6, **22**:8, **26**:27, **28**:3, **2Ch 6**:34, **8**:9, **11**:1, **12**:15, **13**:2, 3, 14, **14**:6, 10, **15**:19, **16**:9, **17**:13, **18**:3, 5, 14, 29, 34, **20**:1, 15, **22**:5, **25**:8, 13, **26**:11, 13, **27**:7, **32**:2, 6, 8, **35**:21, **Job 5**:20, **38**:23, **39**:25, **41**:8, **Ps 18**:34, 39, **24**:8, **27**:3, **46**:9, **76**:3, **89**:43, **120**:7, **140**:2, **144**:1, **Pro 20**:18, **21**:31, **24**:6, **Ecc 3**:8, **8**:8, **9**:11, **Sng 3**:8, **Isa 2**:4, **3**:2, 25, **7**:1, **13**:4, **21**:15, **22**:2, **27**:4, **28**:6, **30**:32, **36**:5, **41**:12, **42**:13, 25, **Jer 4**:19, **6**:4, 23, **8**:6, **18**:21, **21**:4, **28**:8, **38**:4, **39**:4, **41**:3, 16, **42**:14, **46**:3, **48**:14, **49**:2, 14, 26, **50**:22, 30, 42, **51**:20, 32, **52**:7, 25, **Eze 7**:14, **13**:5, **17**:17, **27**:10, 27, **32**:27, **39**:20, **Dan 9**:26, **11**:20, 25, **Hos 1**:7, **2**:18, **10**:9, 14, **Joe 2**:5, 7, **3**:9, **Am 1**:14, **Obd** 1, **Mic 2**:8, **3**:5, **4**:3, **Zec 9**:10, **10**:3, 4, 5, **14**:2

Strateuomai στράτευμα *4754*

Warfare

♦Strateuma στράτευμα *4753*

♣Strateia στρατεία *4752*

♣Stratia στρατία *4756*

†Stratologēsanti στρατολογήσαντι *4758*

Mat ♦22:7, **Luk †2**:13, **3**:14, **♦23**:11, **Act †7**:42, **♦23**:10, ♦27, **1Co 9**:7, **2Co 10**:3, ♣4, **1Ti 1**:18♣, **2Ti 2**:4†, **Jas 4**:1, **1Pe 2**:11, **Rev ♦9**:16, **♦19**:14, ♦19

Agōna αγωνα *73*

Struggle, Conflict

Php 1:30, **Col 2**:1, **1Th 2**:2, **1Ti 6**:12, **2Ti 4**:7, **Heb 12**:1

Gârash גרשׁ 1644

Drive Out

♦Hâdaph הדף 1920

♣Nâshal נשׁל 5394

Gen 3:24, **4**:14, **21**:10, **Exd 2**:17, **6**:1, **10**:11, **11**:1, **12**:39, **23**:28, 29, 30, 31, **33**:2, **34**:11, **Nu 30**:9, **♦35**:20, ♦22, **Lev 21**:7, 14, **22**:13, 6, 11, **Deu ♦6**:19, **♣7**:1, ♣22, **♦9**:4, **33**:27, **Jos ♦23**:5, **24**:12, 18, **Jdg 2**:3, **6**:9, **9**:41, **11**:2, 7, **1Sa 26**:19, **1Ki 2**:27, **2Ki ♦4**:27, **♣16**:6, **1Ch 17**:21, **2Ch 20**:11, **Job ♦18**:18, **30**:5, **Ps 78**:55, **80**:8, **Pro ♦10**:3, **22**:10, **Isa ♦22**:19, **57**:20, **Jer ♦46**:15, **Eze 31**:11, **♦34**:21, **44**:22, **Hos 9**:15, **Am 8**:8, **Jon 2**:4, **Mic 2**:9, **Zep 2**:4

D^e^rôr דּרוֹר 1865

Liberty

Lev 25:10, **Isa 61**:1, **Jer 34**:8, 15, 17, **Eze 46**:17

Nâtar נתר 5425

Release, Free

2Sa 22:33, **Ps 105**:20, **146**:7, **Isa 58**:6

Eleutheros ελεύθερος *1658*

♦Eleutherō ελευθερώ *1659*

♣Eleutheria ελευθερία *1657*

†Apeleutheros απελεύθερος *558*

Mat 17:26, **Joh ♦8**:32, 33, 36♣, **Ro ♦6**:18, 20, ♦22, **7**:3, **♦8**:2, ♦21♣, **1Co 7**:21, 22†, 39, **9**:1, 19, **♣10**:29, **12**:13, **2Co ♣3**:17, **Gal ♣2**:4, **4**:22, 23, 26, 30, *31*, **♣5**:1♣, ♣13, **Jas ♣1**:25, **♣2**:12, **1Pe 2**:16♦, **2Pe ♣2**:19

Gal 3:28, **Eph 6**:8, **Col 3**:11, **Rev 6**:15, **13**:16, **19**:18

Luō λύω /Lusēte λύσητε *3089*

Loose

Lelumena λελυμένα Will Be Loosed

♦Lusis λύσις *3080*

♣Aniēmi ἀνίημι *447*

Mat 16:19, **18**:18, **Luk 13**:15, 16, **Joh 5**:18, **7**:23, **10**:35, **11**:44, **Act 2**:24, **♣16**:26, **22**:30, **Eph 2**:14, **Heb ♣13**:5, **2Pe 3**:10, 11, 12, **1Jn 3**:8, **Rev 1**:5, **5**:2, **9**:14, 15, **20**:3, 7

Mat 21:2, **Mar 7**:35, **11**:2, 4, 5, **Luk 19**:30, 31, 33, **Act ♣27**:40, **1Co ♦7**:27, **Eph ♣6**:9

Qâvats קבץ /Aqavêts אקבצ

6908 Gather

{♦Shivôtî שבותי 7725 Will Return}

[Also look under Âçaph (Gather) on p63]

Gen 30:3, 4, **1Ch 16**:35, **Neh 1**:9, **Ps 106**:47, **107**:3, **Isa 43**:5, **54**:7, **56**:8, **66**:18, **Jer 23**:3♦, **29**:14♦, **31**:8♦, 10, **32**:37♦, **Eze 20**:34, 41, **22**:19, 20, **28**:25, **29**:13, **36**:24, **37**:21, **Hos 8**:10, **Joe 3**:2, **Mic 4**:12, **Zep 3**:19, 20, **Zec 10**:8, 10

Gen 49:2, **Deu 13**:16, **Jdg 12**:4, **1Sa 7**:5, 6, 7, **8**:4, **22**:2, **25**:1, **28**:4, **2Sa 2**:25, 30, **3**:21, **1Ki 18**:19, **1Ch 11**:1, **13**:2, **2Ch 15**:9, 10, **20**:4, **23**:2, **24**:5, **32**:6, **Ezr 7**:28, **8**:15, **10**:1, 7, 9, **Neh 5**:16, **7**:5, **13**:11, **Ps 102**:22, **Isa 45**:20, **48**:14, **49**:18, **60**:4, 7, **Jer 40**:15, **49**:5, 14, **Eze 38**:8, **Hos 1**:11, **Joe 3**:11

Sunagō συνάγω /Sunēchthē συνήχθη *4863*

♦Episunagō επισυνάγω *1996*

♣Episunagogē επισυναγογή *1997*

†Epeisagōgē επεισαγωγή *1898*

‡Anakephalaiomai ἀνακεφαλαίομαι *346*

[Only of spiritual sense, and of the church]

Mat 3:12, **12**:30, **13**:30, 47, **18**:20, ♦**23**:37, **24**:28, ♦31, **25**:32, 35, 38, 43, **Mar** ♦**1**:33, **2**:2, **4**:1, **5**:21, **6**:30, ♦**13**:27, **Luk 3**:17, **11**:23, ♦**12**:1, ♦**13**:34, ♦**17**:37, **Joh 4**:36, **15**:6, **Act 4**:31, **11**:26, **13**:44, **14**:27, **15**:6, 30, **20**:7, 8, **Ro** ‡**13**:9, **1Co 5**:4, **Eph** ‡**1**:10, **2Th** ♣**2**:1, **Heb** †**7**:19, ♣**10**:25

Gânan גנן /Yâgên יגן 1598

Defend

2Ki 19:34, **20**:6, **Isa 31**:5, **37**:35, **38**:6, **Zec 9**:15, **12**:8

Sâgav שׂגב 7682

Defend, Set on high

Deu 2:36, **Job 5**:11, **36**:22, **Ps 20**:1, **59**:1, **69**:29, **91**:14, **107**:41, **139**:6, **148**:13, **Pro 18**:10, 11, **29**:25, **Isa 2**:11, 17, **12**:4, **33**:5

Isa 9:11, **26**:5, **30**:13

Sâkak̲ סכך 5526

Cover

Exd 25:20, **33**:22, **40**:3, **21**, **Job 3**:23, **10**:11, **38**:8, **40**:22, **Ps 5**:11, **91**:4, **139**:13, **140**:7 **Isa 9**:11, **19**:2, **La 3**:43, 44, **Nah 2**:5

1Ch 28:18, **Exd 37**:9, **1Ki 8**:7, **Eze 28**:14, 16

Kâçâh כסה 3680

Cover

♦Kânaph כנף 3670

[Not all nominal meanings]

Gen 18:17, **Exd 15**:5, 10, **24**:15, 16, **40**:34, **Lev 16**:13, **Nu 9**:15, 16, **16**:42, **Jos 24**:7, **Neh 4**:5, **Job 23**:17, **36**:30, 32, **Ps 32**:1, **44**:19, **85**:2, **104**:6, **143**:9, **Isa 29**:10, **51**:16, **Eze 16**:8, 10, **Hos 2**:9, **Hab 3**:3

Exd 14:28, **26**:13, **28**:42, **Nu 4**:5, 8, 9, 11, 12, 15, **16**:33, **Deu 22**:12, **2Ki 19**:1, 2, **1Ch 21**:16, **2Ch 5**:8, **Job 9**:24, **15**:27, **16**:18, **22**:11, **31**:33, **33**:17, **38**:34, **Ps 32**:5, **40**:10, **44**:15, **55**:5, **69**:7, **78**:53, **104**:9, **106**:11, 17, **140**:9, **147**:8, **Pro 10**:6, 11, 12, 18, **11**:13, **12**:16, 23, 17:**9**, 24:31, 26:2**6**, 28:13, **Ecc 6**:4, **Isa 6**:2, **11**:9, **26**:21, ♦**30**:20, **37**:1, 2, **58**:7, **59**:6, **60**:2, **Jer 3**:25, **51**:42, 51, **Eze 1**:11, 23, **7**:18, **12**:6, 12, **16**:18, **18**:7, 16, **24**:7, 8, **26**:10, 19, **30**:18, **31**:15, **32**:7, **Hos 10**:8, **Obd** 10, **Jon 3**:6, 8, **Mic 7**:10, **Hab 2**:14, 17, **Mal 2**:13, 16

Tsêl צל 6738

Shadow, Defense

♦Ḥuppâh חפה 2646

[Except common *shadow*]

Ps 17:8, **36**:7, **57**:1, **63**:7, **91**:1, **121**:5, **Ecc 7**:12, **Isa** ♦**4**:5, 6, **25**:4, 5, **49**:2, **51**:16, **Eze 17**:23

Nu 14:9, **Isa 16**:3, **30**:2, 3, **Hos 14**:7, **Jon 4**:6

Shâmar שמר 8104

Keep, Preserve

{◊ denotes verses containing Ḥeçed חסד 2617 and/or Berît ברית 1285; †verses containing Dâvâr דבר 1697}

[Only of Yehuwah; not all *keep, observe, take heed, beware* (of the commandments and covenant), go to p175]

Gen 28:15, 20, **Ex 23**:20, **Deu** ◊**7**:9, ◊12, **Jos 24**:17, **1Sa 2**:9, **30**:23, **2Sa 22**:44, ◊**23**:5, **1Ki 3**:6, **8**:23, †24, **1Ch 29**:18, **2Ch** ◊**6**:14, †15, †16, **Neh** ◊**1**:5, ◊**9**:32, **Job 10**:12, 14, **13**:27, **14**:16, **29**:2, **33**:11, **Ps 12**:7, **16**:1, **17**:8, **25**:20, **34**:20, **37**:28, **41**:2, **86**:2, ◊**89**:28, **91**:11, **97**:10, **116**:6, **121**:3, 4, 5, 7, 8, **127**:1, **140**:4, **145**:20, **146**:6, 9, **Pro 2**:8, 11, **3**:26, **4**:6, **6**:22, 24, **7**:5, **13**:3, **14**:3, **16**:17, **Jer 3**:5, **31**:10, **Dan** ◊**9**:4, **Hos 12**:13

Gen 2:15, **3**:24, **4**:9, **24**:6, **30**:31, **31**:24, 29, **41**:35, **Exd 10**:28, **19**:12, **21**:29, 36, **22**:7, 10, **23**:13, **34**:12, **Nu 1**:53, **3**:7, 8, 10, 28, 32, 38, **8**:26, **18**:3, 4, 5, 7, **28**:2, **31**:30, **Jos 6**:18, **10**:18, **Jdg 1**:24, **7**:19, **1Sa 1**:12, **9**:24, **17**:20, 22, **19**:2, 11, **21**:4, **25**:21, **26**:15, 16, **28**:2, **2Sa 11**:16, **15**:16, **16**:21, **18**:12, **20**:3, 10, **1Ki 14**:27, **20**:39, **2Ki 6**:9, 10, **9**:14, **11**:5, 6, 7, **12**:9, **22**:4, 14, **23**:4, **25**:18, **1Ch 9**:19, **12**:29, **23**:32, **2Ch 5**:11, **12**:10, **13**:11, **23**:6, **34**:9, 22, **Ezr 8**:29, **Neh 2**:8, **3**:29, **11**:19, **12**:25, 45, **13**:22, **Est 2**:3, 8, 14, 15, 21, **6**:2, **Job 2**:6, **24**:15, **39**:1, **Ps 17**:4, **31**:6, **37**:37, **56**:6, **71**:10, **Pro 21**:23, **22**:5, **Ecc 3**:6, **5**:1, 8, 13, **11**:4, **12**:3, **Sng 3**:3, **5**:7, **Isa 7**:4, **21**:11, 12, **62**:6, **Jer 4**:17, **5**:24, **8**:7, **9**:4, **20**:10, **35**:4, **51**:12, **52**:24, **Eze 40**:45, 46, **Hos 12**:12, **Am 1**:11, **Mic 7**:5, **Mal 2**:15, 16

Nâtsar נצר /Yitser יצר 5341

Keep, Preserve

♦Nâtsîr נציר 5336

[Only the preservation of Yehuwah's people; for *keep* the law, wisdom, the tongue etc, go to p176]

Exd 34:7, **Deu 32**:10, **Job 7**:20, **Ps 12**:7, **25**:21, **31**:23, **32**:7, **40**:11, **61**:7, **64**:1, **140**:1, 4, **141**:3, **Pro 2**:8, 11, **4**:6, **13**:6, **20**:28, **22**:12, **24**:12, **Isa 26**:3, **27**:3, **42**:6, **48**:6, ♦**49**:6, 8

2Ki 17:9, **18**:8, **Isa 1**:8, **48**:6, **65**:4, **Jer 4**:16, **31**:6, **Eze 6**:12, **Nah 2**:1

Tērēsei τηρήσει *5083*

♦Phulassō φυλάσσω *5442*

♣Phroureō φρουρέω *5432*

†Aptaistos ἄπταιστος *679*

[For *keep* of the word, commandments etc. go to p176]

Mat 23:3, **28**:20, **Joh 9**:16, **17**:11, 12♦, 15, **Gal** ♣**3**:23, **Php** ♣**4**:7, **1Th 5**:23, **2Th** ♦**3**:3, **2Ti** ♦**1**:12, **1Pe** ♣**1**:4, 5, **2Pe** ♦**2**:5, **Jud** 1, ♦24†

Mat 27:36, 54, **28**:4, **Mar 7**:9, **Luk** ♦**2**:8, ♦**8**:29, ♦**11**:21, **Joh 2**:10, **12**:7, ♦25, **Act** ♦**12**:4, 5, 6, **16**:23, ♦**22**:20, ♦**23**:35, **24**:23, **25**:4, 21, ♦**28**:16, **1Co 7**:37, **2Co 11**:9, ♣32, **Eph 4**:3, **1Ti 5**:22, **2Ti** ♦**4**:15, **2Pe 2**:4, **Jas 1**:27, **1Jn 5**:18, ♦21, **Jud** 6, 21, **Rev 3**:10, **16**:15

Episkopon επίσκοπον *1985*

Overseer, Bishop

Act 20:28, **Php 1**:1, **1Ti 3**:2, **Tit 1**:7, **1Pe 2**:25

Episkopos επίσκοπος *1985*

Bishop

♦Episkopē επισκοπή *1984*

♣Episkopeō επισκοπέω *1983*

Luk ♦**19**:44, **Act** ♦**1**:20, **20**:28, **Php 1**:1, **1Ti** ♦**3**:1, 2, **Tit 1**:7, **Heb** ♣**12**:15, **1Pe** ♦**2**:12, 25, ♣**5**:2

Sâtar סתר /Taçtêr תסתר 5641

Hide

[Only of preservation; for that of Yehuwah hiding His face etc. go to Al-Taçtêr on p14]

Job 14:13, **Ps 17**:8, **27**:5, **31**:20, **64**:2, **Jer 36**:26, **Zep 2**:3

Exd 3:6, **Deu 7**:20, **1Sa 20**:5, 19, 24, **1Sa 23**:19, **26**:1, **1Ki 17**:3, **2Ki 11**:2, **2Ch 22**:11, **Job 3**:23, **13**:20, **34**:22, **Ps 19**:6, 12, **38**:9, **55**:12, **Pro 22**:3, **27**:5, 12, **28**:28, **Isa 16**:3, **28**:15, **29**:14, 15, **40**:27, **49**:2, **50**:6, **Jer 16**:17, **23**:24, **36**:19, **Am 9**:3

Tsâphan צפן /Tatspin תצפן

6845 Hide, Secret

Job 10:13, **14**:13, **17**:4, **21**:19, **Ps 27**:5, **31**:20, **83**:3, **Eze 7**:22

Exd 2:2, 3, **Jos 2**:4, **Job 15**:20, **20**:26, **23**:12, **24**:1, **Ps 10**:8, **31**:19, **56**:6, **119**:11, **Pro 1**:11, 18, **2**:1, 7, **7**:1, **10**:14, **13**:22, **27**:16, **Sng 7**:13, **Jer 16**:17, **Hos 13**:12

Rôʿêh רעה /Lirʿôt לרעות 7462

Shepherd, Feed

♦Rôʿî רעי 7473

Gen 47:3, **48**:15, **49**:24, **2Sa 5**:2, **7**:7, **1Ki 22**:17, **1Ch 11**:2, **17**:6, **Ps 23**:1, **28**:9, **37**:3, **78**:71, 72, **80**:1, **Ecc 12**:11, **Sng 1**:7, 8, **2**:16, **4**:5, **6**:2, **Isa 40**:11, **63**:11, **Jer 3**:15, **31**:10, **Eze 34**:12, 13, 14, 15, 16, 23, **Mic 5**:4, 5, **7**:14, **Zec 13**:7♦

Gen 4:2, ♦**13**:7, ♦8, ♦**26**:20, **29**:7, 9, **30**:31, 36, **36**:24, **37**:2, 12, 13, 16, **41**:2, 18, **46**:32, 34, **Exd 2**:17, 19, **3**:1, **34**:3, **Nu 14**:33, **27**:17, **Jdg 14**:20, **1Sa 16**:11, **17**:15, 34, 40, ♦**21**:7, **25**:7, 16, **2Ki 10**:12, **1Ch 27**:29, **2Ch 18**:16, **Job 1**:14, **24**:2, 21, **Ps 49**:14, **80**:13, **Pro 10**:21, **13**:20, **15**:14, **22**:24, **28**:7, **29**:3, **Isa 5**:17, **11**:7, **13**:20, **14**:30, **27**:10, **30**:23, **31**:4, ♦**38**:12, **44**:20, ♦**28**, **49**:9, **56**:11, **61**:5, **65**:25, **Jer 2**:8, 16, **6**:3, **10**:21, **12**:10, **17**:16, **22**:22, **23**:1, 2, 4, **25**:34, 35, 36, **33**:12, **43**:12, **49**:19, **50**:6, 19, 44, **51**:23, **Eze 34**:2, 3, 5, 7, 8, 9, 10, 18, 19, **37**:24, **Hos 4**:16, **9**:2, **12**:1, **Am 1**:2, **3**:12, **Jon 3**:7,

Nah 3:18, **Zep 2**:6, 7, **3**:13, **Zec 10**:2, 3, **11**:3, 4, 5, 7, 8, 9, 15, 16, ♦17

Poimena ποιμένα *4166*

♦Poimanei ποιμάνει *4165*

♣Archipoimēn ἀρχιποίμην *750*

Mat ♦2:6, **9**:36, **25**:32, **26**:31, **Mar 6**:34, **14**:27, **Joh 10**:2, 11, 12, 14, 16, ♦**21**:16, **Act ♦20**:28, **1Co ♦9**:7, **Eph 4**:11, **Heb 13**:20, **1Pe 2**:25, ♦**5**:2, **1Pe ♣5**:4, **Rev ♦2**:27, **7**:17, ♦**12**:5, ♦**19**:15

Luk 2:8, 15, 18, 20, ♦**17**:7, **Jud** ♦12

Nâhal נהל 5095

Lead, Guide

Exd 15:13, **2Ch 32**:22, **Ps 23**:2, **31**:3, **Isa 40**:11, **49**:10

Gen 33:14, **47**:17, **Isa 51**:18, **Deu 4**:27

Nâḥâh נחה 5148

Lead, Guide, Brought

[Only of Yehuwah leading]

Gen 24:27, 48, **Exd 13**:17, 21, **15**:13, **32**:34, **Deu 32**:12, **Neh 9**:12, 19, **Job 12**:23, **31**:18, **Ps 5**:8, **23**:3, **27**:11, **31**:3, **43**:3, **60**:9, **61**:2, **67**:4, **73**:24, **77**:20, **78**:14, 53, 72, **107**:30, **108**:10, **139**:10, 24, **143**:10, **Pro 6**:22, **11**:3, **Isa 57**:18, **58**:11

Nâhag נהג 5090

Guide

[Only of Yehuwah leading]

Deu 28:37, **Ps 48**:14, **78**:52, **80**:1, **Isa 49**:10, **60**:11, **63**:14, **La 3**:2

Kûl כול 3557

Provide, Guide

Gen 45:11, **47**:12, **50**:21, **Ru 4**:15, **2Sa 19**:32, 33, **2Sa 20**:3, **1Ki 4**:7, 27, **7**:26, 38, **8**:27, 64, **17**:4, 9, **18**:4, 13, **20**:27, **2Ch 2**:6, **4**:5, **6**:18, **7**:7, **Neh 9**:21, **Ps 55**:22, **112**:5, **Pro 18**:14, **Isa 40**:12, **Jer 2**:13, **6**:11, **10**:10, **20**:9, **Eze 23**:32, **Joe 2**:11, **Am 7**:10, **Zec 11**:16, **Mal 3**:2

ʿÂzar עזר 5826

Help

♦ʿÊzer עזר 5828

♣ʿEzrât עזרת 5833

[Also look under Mâgen (Shield) on p17 and Ḥûshah (Make Haste) on p66]

Gen 49:25, **Exd ♦18**:4, **Deu ♦33**:7, ♦26, **Jdg ♣5**:23, **1Sa 7**:12, **1Ch 5**:20, **12**:18, **15**:26, **2Ch 14**:11, **18**:31, **25**:8, **26**:15, **32**:8, **Ps 10**:14, ♦**20**:2, ♣**27**:9, **28**:7, **30**:10, ♣**35**:2, **37**:40, ♣**40**:17, **44**:26, ♣**46**:1, 5, **54**:4, ♣**60**:11, ♣**63**:7, **79**:9, **86**:17, ♦**89**:19, ♣**94**:17, ♣**108**:12, **109**:26, **118**:7, 13, **119**:86, 173, 175, ♦**121**:1, ♦2, ♦**124**:8, ♦**146**:5, **Isa 41**:10, 13, 14, **44**:2, **49**:8, **50**:7, 9, **Hos ♦13**:9

Gen ♦2:18, ♦20, **Deu 32**:38, **Jos 1**:14, **10**:4, 6, 33, **Jdg ♣5**:23, **2Sa 8**:5, **18**:3, **21**:17, **1Ki 1**:7, **20**:16, **2Ki 14**:26, **1Ch 12**:1, 17, 19, 21, 22, **18**:5, **22**:17, **2Ch 19**:2, **20**:23, **26**:7, 13, ♣**28**:21, 16, 23, **32**:3, **Ezr 8**:22, **10**:15, **Job ♣6**:13, **9**:13, **26**:2, **29**:12, **30**:13, ♣**31**:21, **Ps 22**:11, **72**:12, **107**:12, **Isa ♣10**:3, ♣**20**:6, **30**:7, ♣**31**:1, ♣2, 3, **41**:6, ♦**30**:5, **63**:5, **Jer ♣37**:7, **47**:4, **La 1**:7, ♣**4**:17, **Eze ♦12**:14, **30**:8, **32**:21, **Dan 10**:13, **11**:34♦, 45, **Nah ♣3**:9, **Zec 1**:15

Boētheō βοηθέω *997*

♦Boētheia βοήθεια *996*

♣Boēthos βοηθός *998*

†Epikouria επικουρία *1947*

Mat 15:25, **Mar 9**:22, 24, **Act 16**:9, **21**:28, †**26**:22, ♦**27**:17, **2Co 6**:2, **Heb 2**:18, ♦**4**:16, ♣**13**:6, **Rev 12**:16

Sunantilambanomai συναντιλαμβάνομαι *4878*

♦Antilambanomai αντιλαμβάνομαι *482*

♣Sunergeō συνεργέω *4903*

†Sunupourgeō συνυπουργέω *4943*

‡Antilēpsis ἀντίληψις *484*

Mar ♣16:20, **Luk ♦1**:54, **10**:40, **Act ♦20**:35, **Ro 8**:26, ♣28, **1Co ‡12**:28, ♣**16**:16, **2Co †1**:11, ♣**6**:1, **1Ti ♦6**:2, **Jas ♣2**:22

Nâḥam נחם 5162

Pity, Comfort

♦Niḥûm נחום 5150

♣Tanḥûm תנחותם 8575

[Not man's *repent*, *comfort*; for man's *repent*, go to p171]

Gen 5:29, **Deu 32**:36, **Job ♣15**:11, ♣**21**:2, **Ps 23**:4, **71**:21, **77**:2, **86**:17, **90**:13, ♣**94**:19, **106**:45, **119**:52, 76, 82, **Isa 1**:24, **12**:1, **22**:4, **40**:1, **49**:13, **51**:3, 12, 19, **52**:9, **54**:11, **57**:6, ♦18, **61**:2, **66**:13, ♣11, **Jer 16**:7♣, **31**:13, 15, **La 1**:2, 9, 16, 17, 21,

2:13, **Eze 14**:22, 23, **Hos ♦11**:8, **Nah 3**:7, **Zec ♦1**:13, 17

———————————————————————————(

Relent)

2Sa 24:16, **1Ch 21**:15, **Ps 106**:45, **Jer 15**:6, **18**:8, **20**:16, **26**:3, 13, 19, **31**:19, **42**:10, **Eze 24**:14, **Hos 13**:14, **Joe 2**:14, **Am 7**:3, 6, **Jon 3**:9, 10, **4**:2, **Zec 8**:14

Gen 27:42, **37**:35, **2Sa 10**:2, **1Ch 7**:22, **19**:2, 3, **Job 2**:11, **7**:13, **16**:2, **21**:34, **29**:25, **42**:11, **Zec 10**:2

Parakaleō παρακαλέω *3870*

Comfort, Exhort, Urge

♦Sumparakaleō συμπαρακαλέω *4837*

♣Paramutheomai παραμυθέομαι *3888*

†Protrepomai προτρέπομαι *4389*

[Except *besought, pray* for *3870*]

Mat 2:18, **5**:4, **Luk 16**:25, **1Co 16**:12, **2Co 1**:4, 6, **7**:6, **8**:6, **12**:18, **13**:11, **Col 2**:2, **2Th 2**:17, **1Ti 1**:3, **5**:1

Mat 8:5, **31, 34, 14**:36, **18**:29, **32, 26**:53, **Mar 1**:40, **5**:10, **12, 17, 18, 23, 6**:56, **7**:32, **8**:22, **Luk 3**:18, **7**:4, **8**:31, 32, 41, **15**:28, **Joh ♣11**:19, ♣31, **Act 2**:40, **8**:31, **9**:38, **11**:23, **14**:22, **15**:32, **16**:40, **†18**:27, **20**:2, 12, **Ro ♦1**:12, **12**:1, 8, **13**:42, **15**:30, **16**:9, 15, 17, 39, **19**:31, **24**:4, **25**:2, **27**:33, 34, **28**:14, 20, **1Co 1**:10, **4**:13, 16, **14**:31, **16**:15, **2Co 2**:7, 8, **5**:20, **6**:1, **7**:7, 13, **9**:5, **10**:1, **12**:8, **Eph 4**:1, **6**:22, **Php 4**:2, **Col 4**:8, **1Th 2**:11**♣**, **3**:2, 7, **4**:1, 10, 18, **5**:11, 14**♣, 2Th 3**:12, **1Ti 2**:1, **6**:2, **2Ti 4**:2, **Tit 1**:9, **2**:6, 15, **Phm** 9, 10, **Heb 3**:13, **10**:25, **13**:19, 22, **1Pe 2**:11, **5**:1, 12, **Jud** 3

Paraklēsis παράκλησις *3874*

Exhortation, Comfort, Consolation

♦Paramuthia παραμυθία *3889*

†Paramuthion παραμύθιον *3890*

Luk 2:25, **6**:24, **Act 4**:36, **9**:31, **13**:15, **15**:31, **Ro 12**:8, **15**:4, 5, **1Co 14**:3♦, **2Co 1**:3, 4, 5, 6, 7, **7**:4, 7, 13, **8**:4, 17, **Php 2**:1**†**, **1Th 2**:3, **2Th 2**:16, **1Ti 4**:13, **Phm** 7, **Heb 6**:18, **12**:5, **13**:22

Epichorēgeō επιχορηγέω *2023*

Supply

♦Epichorēgia επιχορηγία *2024*

♣Eupsucheo ευψυχέο *2174*

2Co 9:10, **Gal 3**:5, **Eph ♦4**:16, **Php ♦1**:19, ♣**2**:19, **Col 2**:19, **2Pe 1**:5, 11

Melei μέλει *3199*

Care

♦Epemelēthē επεμελήθη *1959*

♣Epimeleia επιμέλεια *1958*

Mat 22:16, **Mar 4**:38, **12**:14, **Luk ♦10**:34, ♦35, 40, **Joh 10**:13, **12**:6, **Act 18**:17, **♣27**:3, **1Co 7**:21, **9**:9, **1Ti ♦3**:5, **1Pe 5**:7

Antechomenon αντέχομενον

/♦Anthexetai ανθέξεται *472*

Hold

Mat ♦6:24, **Luk ♦16**:13, **1Th 5**:14, **Tit 1**:9

Sâval סבל 5445

Bear, Carry

Isa 46:4, **53**:4, 11

Gen 49:15, **La 5**:7

Bastasei βαστάσει *941*

Bear

Mat 3:11, **8**:17, **20**:12, **Mar 14**:13, **Luk 7**:14, **10**:4, **11**:27, **14**:27, **22**:10, **Joh 10**:31, **12**:6, **16**:12, **19**:17, **20**:15, **Act 3**:2, **9**:15, **15**:10, **21**:35, **Ro 11**:18, **15**:1, **Gal 5**:10, **6**:2, 5, 17, **Rev 2**:2, 3, **17**:7

Anapherō ἀναφέρω *399*

Carry, Lead Up, Offer Up

♦Hupopherō ὑποφέρω *5297*

Mat 17:1, **Mar 9**:2, **Luk 24**:51, **1Co ♦10**:13, **2Ti ♦3**:11, **Heb 7**:27, **9**:28, **13**:15, **Jas 2**:21, **1Pe 2**:5, **♦2**:19, 24

Mishʽân מִשְׁעָן 4937

Support

2Sa 22:19, **Ps 18**:18, **Isa 3**:1

Râphâ’ רפא 7495

Heal, Repair, Recover

♦Marpê’ מרפא 4832

[Except *physicians* for 7495]

Gen 20:17, **Exd 15**:26, **Nu 12**:13, **Deu 32**:39, **2Ki 2**:21, 22, **20**:5, 8, **2Ch 7**:14, **30**:20, **♦36**:16, **Job 5**:18, **Ps 6**:2, **30**:2, **41**:4, **60**:2, **103**:3, **107**:20, **147**:3, **Pro 3**:8, **♦4**:22, **♦6**:15, **♦12**:18, **♦13**:17, **♦14**:30, **♦15**:4, **♦16**:24, **♦29**:1, **Ecc 3**:3, **♦10**:4, **Isa 6**:10, **19**:22, **30**:26, **53**:5, **57**:18, 19, **Jer 3**:22,

♦**8**:15, ♦**14**:19, **30**:17♣, **33**:6♣♦, **Eze 47**:8, 11, **Hos 6**:1, **7**:1, **11**:3, **14**:4, **Mal** ♦**4**:2

Exd 21:19, **Lev 13**:18, 37, **14**:3, 48, **Deu 28**:27, 35, **1Sa 6**:3, **1Ki 18**:30, **2Ki 8**:29, **9**:15, **2Ch** ♦**21**:18, 22:6, **Jer 6**:14, **8**:11, 22, **14**:19, **15**:18, **19**:11, **51**:8, 9, **La 2**:13, **Eze 34**:4, **Hos 5**:13, **Zec 11**:16

Arûkâh ארוכה 724

Health

2Ch 24:13, **Neh 4**:7, **Isa 58**:8, **Jer 8**:22, **30**:17, **33**:6

Therapeuse θεράπευσε *2323*

♦Therapeia θεραπεία *2322*

Mat 4:23, 24, **8**:7, 16, **9**:35, **10**:1, 8, **12**:10, 15, 22, **14**:14, **15**:30, **17**:16, 18, **19**:2, **21**:14, **Mar 1**:34, 3:2, 10, **6**:5, 13, **Luk 4**:23, 40, **5**:15, **6**:7, 18, **7**:21, **8**:2, 43, **9**:1, 6, ♦**11**, **10**:9, **13**:14, **14**:3, **Joh 5**:10, **Act 4**:14, **5**:16, **8**:7, **28**:9, **Rev 13**:3, 12, ♦**22**:2

Iaomai ιάομαι /Iasasthai ιάσαθαι *2390*

♦Iasis ίασις *2392*

♣Iama ίαμα *2386*

Mat 8:8, 13, **13**:15, **15**:28, **Mar 5**:29, **Luk 4**:18, **5**:17, **6**:17, 19, **7**:7, **8**:47, **9**:2, 11, 42, ♦**13**:32, **14**:4, **17**:15, **22**:51, **Joh 4**:47, **5**:13, **12**:40, **Act** ♦**4**:22, ♦30, **9**:34, **10**:38, **28**:8, **1Co** ♣**12**:9, ♣28, ♣30, **Heb 12**:13, **Jas 5**:16, **1Pe 2**:24

Ḥâvash חבשׁ 2280

Bind Up

[Except *bind* of wood and *saddle*]

Exd 29:9, **Lev 8**:13, **Job 5**:18, **28**:11, **34**:17, **40**:13, **Ps 147**:3, **Isa 1**:6, **3**:7, **30**:26, **61**:1, **Eze 16**:10, **24**:17, **30**:21, **34**:4, 16, **Hos 6**:1, **Jon 2**:5

Shûv שׁוּב /Shîvah שׁיבה 7725

Return, Turned, Restore

♦Shûvâh שׁוּבה 7729

♣Ḥâlam חלם 2492

[Not all *return, again* of natural actions; for *turn* of Yehuwah to save go to p65; for *return* of man to Yehuwah go to p170; also look under Qâvats (Gather) above; except *dream* for 2492]

Gen 18:10, 14, **28**:15, 21, **31**:3, 13, **48**:21, **32**:9, **Deu 28**:60, **30**:3, **32**:41, 43, **Jdg 9**:56, 57, **Ru 1**:21, **1Sa 25**:39, **26**:23, **2Sa 15**:8, **16**:8, 12, **22**:21, 25, **1Ki 2**:32, 44, **2Ki 8**:6, **2Ch 6**:23, 25, **12**:12, **Neh 4**:4, **Job 42**:10, **Ps 14**:7, **18**:20, 24, **19**:7, **23**:3, **35**:17, **51**:12, **53**:6, **54**:5, **60**:1, **68**:22, **71**:20, **79**:12, **80**:3, 7, 19, **85**:1, 4, 6, **94**:2, 15, 23, **116**:7, **126**:1, 4, **Pro 24**:12, **Isa 1**:26, **10**:22, ♦**30**:15, **35**:10, ♣**38**:16, **42**:22, **49**:5, 6, **51**:11, **52**:8, **58**:12, **63**:17, **66**:15, **Jer 16**:15, **22**:10, 11, **27**:16, 22, **28**:3, 4, 6, **29**:10, **30**:3, 10, 18, **31**:8, 16, 17, 23, **32**:44, **33**:7, 11, 26, **40**:12, **42**:12, **43**:5, **44**:14, 28, **46**:27, **48**:47, **49**:6, 39, **50**:19, **La 2**:14, **3**:64, **Eze 16**:53, 55, **29**:14, **34**:16, **38**:8, **39**:25, 27, **Dan 9**:25, **Hos 2**:7, **4**:9, **6**:11, **12**:2, 14, **Joe 3**:1, 4, 7, **Obd** 15, **Zep 2**:7, **3**:20, **Zec 7**:14, **9**:12, **10**:9, 10

Gen 14:16, **20**:7, 14, **37**:22, **40**:13, 21, **41**:13, **42**:25, 28, 37, **43**:18, **44**:8, **50**:15, **Exd 4**:19, 20, 21, **14**:26, 27, 28, **15**:19, **21**:34, **22**:26, **23**:4, **Lev 6**:4, **13**:16, **14**:43, **22**:13, **25**:10, 13, 27, 28, 41, 51, 52, **27**:24, **Nu 5**:7, 8, **18**:9, **32**:18, 22, **35**:25, 28, 32, **Deu 3**:20, **20**:5, 6, 7, 8, **22**:1, 2, **24**:13, **28**:31, **Jos 1**:15, **4**:18, **20**:6, **22**:8, **Jdg 11**:9, 13, 31, **17**:3, 4, **21**:23, **Ru 1**:6, 7, 8, 10, 22, **4**:15, **1Sa 6**:3, 4, 8, 17, 21, **7**:14, **12**:3, **25**:21, **30**:19, **2Sa 8**:3, **9**:7, **12**:23, **14**:13, **16**:3, **19**:11, 12, 43, **1Ki 2**:33, **12**:21, 26, **13**:6, **17**:21, 22, **20**:34, **22**:28, **2Ki 5**:14, **14**:25, 28, **16**:6, **2Ch 11**:1, **18**:27, **19**:8, **20**:27, **26**:2, **27**:5, **28**:11, **32**:25, **Ezr 2**:1, **6**:21, **Neh 5**:11, 12, **7**:6, **8**:17, **13**:9, **Est 9**:25, **Job 20**:10, 18, **33**:30, **Ps 7**:16, **28**:4, **69**:4, **72**:10, **116**:12, **Pro 24**:29, **25**:13, **Isa 6**:13, **29**:17, **La 1**:11, 16, 19, **Eze 18**:7, 12, 21, **27**:15, **33**:15, **34**:4, **35**:9

Apokathistēmi αποκαθίστημι *600*

Mat 12:13, **17**:11, **Mar 3**:5, **8**:25, **9**:12, **Luk 6**:10, **Act 1**:6, **Heb 13**:19

Ḥâdash חדשׁ 2318

Renew, Repair

1Sa 11:14, **2Ch 15**:8, **24**:4, 12, **Job 10**:17, **Ps 51**:10, **103**:5, **104**:30, **Isa 61**:4, **La 5**:21

Ḥâlaph חלף 2498

Renew, Grow

[Except *change, alter, pass*; for *cut off* go to p165]

Job 29:20, **Ps 90**:5, **90**:6, **Isa 40**:31, **41**:1

Anakainō ανακαινώ *341*

♦Anakainōsei ανακαίνωσει *342*

♣Anakainidzō ἀνακαινίζω *340*

†Ananeousthai ανανεούσθαι *365*

‡Anapsychō ἀναψύχω *404*

Ro ♦**12**:2, **2Co 4**:16, **Eph** †**4**:23, **Col 3**:10, **2Ti** ‡**1**:16, **Tit** ♦**3**:5, **Heb** ♣**6**:6

Bârâ' ברא /Yibrâ' יברא 1254

Create

Bôrê' בּוֹרא Creator

Gen 1:1, 21, 27, **2**:3, 4, **5**:1, 2, **6**:7, **Exd 34**:10, **Nu 16**:30, **Deu 4**:32, **Ps 51**:10, **89**:12, 47, **102**:18, **104**:30, **148**:5, **Ecc 12**:1, **Isa 4**:5, **40**:26, 28, **41**:20, **42**:5, **43**:1, 7, 15, **45**:7, 8, 12, 18, **48**:7, **54**:16, **57**:19, **65**:17, 18, **Jer 31**:22, **Eze 28**:13, 15, **Am 4**:13, **Mal 2**:10

Jos 17:15, 18, **1Sa 2**:29, **Eze 21**:19, 30, **23**:47

Ktidzō κτίζω /Ktisthenta κτίσθεντα *2936*

Create

♦Ktisis κτίσις *2937*

[Only of the new *creation* for 2937]

Mat 19:4, **Mar 13**:19, **Ro 1**:25, **1Co 11**:9, **2Co** ♦**5**:17, **Gal** ♦**6**:15, **Eph 2**:10, 15, **3**:9, **4**:24, **Col** ♦**1**:15, 16, **3**:10, **1Ti 4**:3, **Rev** ♦**3**:14, **4**:11, **10**:6

Ḥûl חוּל 2342

Formed

[For *pain* go to p155; for *fear* of Yehuwah go to p127]

Deu 32:18, **Job 15**:7, **26**:5, 13, **39**:1, **Ps 29**:9, **51**:5, **90**:2, **114**:7, **Pro 8**:24, 25, **25**:23, **26**:10, **Isa 45**:10, **51**:2

Ḥay חי /Ḥayîm חים 2416

Live, (Life)

[Except *beasts, living thing, alive, days of his life, running water*; not 'his' life but the life Yehuwah gives]

Gen 2:7, 9, **3**:22, 24, **6**:17, **7**:15, 22, **Nu 14**:21, 28, **Deu 4**:4, **30**:6, 15, 19, 20, **31**:13, **32**:40, 47, **1Sa 17**:26, 36, **25**:29, **2Ki 19**:16, **2Ch 6**:31, **Ps 16**:11, **18**:46, **21**:4, **30**:5, **34**:12, **36**:9, **42**:2, **63**:3, **66**:9, **69**:28, **84**:2, **104**:33, **133**:3, **146**:2, **Pro 1**:12, **2**:19, **3**:2, 18, 22, **4**:10, 13, 22, 23, **5**:6, **6**:23, **8**:35, **9**:11, **10**:11, 16, 17, **11**:19, 30, **12**:28, **13**:12, 14, **14**:27, **15**:4, 24, 31, **16**:15, 22, **18**:21, **19**:23, **21**:21, **22**:4, **Sng 4**:15, **Isa 37**:4, 17, **38**:16, **49**:18, **Jer 2**:13, **4**:2, **5**:2, **10**:10, **17**:13, **21**:8, **23**:36, **Eze 33**:15, **47**:9, **Hos 1**:10, **Zec 14**:8, **Mal 2**:5

---(

Living)

Gen 1:20, 21, 24, 28, **2**:7, 19, **3**:20, **6**:19, **7**:4, 23, **8**:1, 17, 21, **9**:10, 12, 15, 16, **25**:6, **Lev 11**:10, 46, **14**:4, 6, 7, 51, 52, 53, **20**:25, **Nu 16**:48, **Deu 5**:26, **24**:6, **Jos 3**:10, **8**:35, **Ru 2**:20, **1Sa 17**:26, 36, **25**:29, **2Sa 20**:3, **1Ki 3**:22, 23, 25, 26, 27, **2Ki 19**:4, 16, **Job 12**:10, **28**:13, 21, **30**:23, **Ps 27**:13, **42**:2, **52**:5, **56**:13, **58**:9, **66**:9, **69**:28, **84**:2, **104**:25, **116**:9, **142**:5, **143**:2, **145**:16, **Ecc 4**:2, 15, **6**:8, **7**:2, **9**:4, 5, **Sng 4**:15, **Isa 4**:3, **8**:19, **37**:4, 17, **38**:11, 19, **53**:8, **Jer 2**:13, **10**:10, **11**:19, **17**:13, **23**:36, **La 3**:39, **Eze 1**:5, 13, 14, 15, 19, 20, 21, 22, **3**:13, **10**:15, 17, 20, **26**:20, **32**:23, 24, 25, 26, 27, 32, **47**:9, **Dan 2**:30, **4**:17, **6**:20, 26, **Hos 1**:10, **Zec 14**:8

Ḥâyâh חיה 2421

Keep Alive, Given Life, Revive

♦Ḥâyay חיי 2425

♣Ḥay חי 2417

†Miḥyâh מחיה 4241

[Except common *live, lived*]

Gen ♦**3**:22, **6**:19, 20, **7**:3, **19**:19, †**45**:5, 27, **47**:25, **50**:20, **Exd 1**:17, 18, **Lev** ♦**18**:5, **Nu** ♦**21**:8, ♦**9**, **Deu 4**:1, 33, ♦**42**, ♦**5**:24, 26, 33, **6**:24, **8**:1, 3, **16**:20, **30**:16, 19, **32**:39, **33**:6, **Jos 2**:13, **6**:25, **14**:10, **Jdg** †**6**:4, †**17**:10, **1Sa 2**:6, **1Ki 17**:22, **2Ki 5**:7, **8**:1, 5, **13**:21, **20**:7, **2Ch** †**14**:13, **Ezr** †**9**:8, †9, **Neh** ♦**6**:11, **9**:29, **Job 33**:4, **36**:6, **Ps 22**:26, **30**:3, **33**:19, **41**:2, **49**:9, **69**:32, **71**:20, **72**:15, **80**:18, **85**:6, **118**:17, **119**:17, 25, 37, 40, 50, 77, 88, 93, 107, 116, 144, 149, 154, 156, 159, 175, **138**:7, **143**:11, **Pro 4**:4, **7**:2, **9**:6, **15**:27, **Ecc 7**:12, **Isa 26**:14, 19, **38**:16, 21, **55**:3, **57**:15, **Jer 49**:11, **Eze 3**:18, 21, **16**:6, **18**:9, 17, 19, 21, 22, 23, 27, 28, 32, ♦**20**:11, ♦13, ♦21, **33**:13, 15, 16, 19, **37**:3, 5, 6, 9, 10, 14, **47**:9♦, **Dan** ♣**4**:34, ♣**6**:20, ♣26, **Hos 6**:2, **14**:7, **Am 5**:4, 6, 14, **Hab 2**:4, **3**:2, **Zec 10**:9

Zōē ζωή *2222*

Life

♦Zōopoiei ζωοποιέι *2227*

♣Zōogonēsei ζωογονήσει *2225*

‡Sunedzōopoiēse συνεζωοποίησε *4806*

{†Aiōnion αιώνιον *166* Eternal, Everlasting}

Mat 7:14, **18**:8, 9, **19**:16†, 17, 29†, **25**:46†, **Mar 9**:43, 45, **10**:17†, 30†, **Luk 10**:25†, **12**:15, ♣**17**:33, **18**:18†, 30†, **Joh 1**:4, **3**:15†, 16†, 36†, **4**:14†, 36†, ♦**5**:21, 24†, 26, 29, 39†, 40, **6**:27†, 33, 35, 40†, 47†, 48, 51, 53, 54†, 63♦, 68†, **8**:12, **10**:10, 28†‡, **11**:25, **12**:25†, 50†, **14**:6, **17**:2†, 3†, **20**:31, **Act 2**:28, **3**:15, **5**:20, ♣**7**:19, **8**:33, **11**:18, **13**:46†, 48†, **17**:25, **Ro 2**:7†, ♦**4**:17, **5**:10, 17, 18, 21†, **6**:4, 22†, 23†, **7**:10, **8**:2, 6, 10, ♦11, 38, **11**:15, **1Co 3**:22,

15:19, ♦22, ♦36, ♦45, **2Co 2**:16, ♦**3**:6, **4**:10, 11, 12, **5**:4, **Gal** ♦**3**:21, **6**:8†, **Eph** ‡**2**:5, **4**:18, **Php 1**:20, **2**:16, **4**:3, **Col** ‡**2**:13, **3**:3, 4, **1Ti 1**:16†, **4**:8, **6**:12†, ♦13, 19†, **2Ti 1**:1, 10, **Tit 1**:2†, **3**:7†, **Heb 7**:16, **Jas 1**:12, **1Pe 3**:7, 10, ♦18, **2Pe 1**:3, **1Jn 1**:1, 2†, **2**:25†, **3**:14, 15†, **5**:11†, 12, 13†, 16, 20†, **Jud** 21†, **Rev 2**:7, 10, **3**:5, **7**:17, **11**:11, **13**:8, **16**:3, **17**:8, **20**:12, 15, **21**:6, 27, **22**:1, 2, 14, 17, 19

Zaô ζάω *2198*

Live

♦Anadzaô ανάζαω *326*

♣Suzaô συζάω *4800*

†Anapsuxis ανάψυχις *403*

{‡Aiōn αιών *165* Forever}

Mat 4:4, **9**:18, **16**:16, **22**:32, **26**:63, **Mar 5**:23, **12**:27, **16**:11, **Luk 4**:4, **10**:28, ♦**15**:32, **20**:38, **24**:5, 23, **Joh 4**:10, 11, 50, 51, 53, **5**:25, **6**:51‡, 57, 58‡, **7**:38, **11**:25, 26‡, **14**:19, **Act 1**:3, †**3**:19, **7**:38, **9**:41, **10**:42, **14**:15, **17**:28, **20**:12, **25**:19, **Ro 1**:17, **6**:2, ♣8, 10, 11, 13, **8**:12, 13, **9**:26, **10**:5, **12**:1, **14**:7, 8, 9, 11, **1Co 7**:39, **9**:14, **15**:45, **2Co 1**:8, **3**:3, **4**:11, **5**:15, **6**:9, 16, ♣**7**:3, **13**:4, **Gal 2**:19, 20, **3**:11, 12, **5**:25, **Php 1**:21, 22, **Col 2**:20, **1Th 1**:9, **3**:8, **4**:15, 17, **5**:10, **1Ti 3**:15, **4**:10, **6**:17, **2Ti 2**:11, **3**:12, **4**:1, **Tit 2**:12, **Heb 2**:15, **3**:12, **4**:12, **7**:8, 25, **9**:14, **10**:20, 31, 38, **12**:9, 22, **Jas 4**:15, **1Pe 1**:3, 23, **2**:4, 5, 24, **4**:5, 6, **1Jn 4**:9, **Rev 1**:18, **2**:8, **3**:1, **4**:9, 10, **7**:2, **10**:6, **15**:7♦, **20**:4

Mat 27:63, **Luk 2**:36, **15**:13, **Act 22**:22, **25**:24, **26**:5, **28**:4, **Ro 7**:1, 2, 3, 9, **Gal 2**:14, **Col 3**:7, **1Ti 5**:6, **Heb 9**:17, **Rev 13**:14, **19**:20, ♦**20**:5

Egeirō εγείρω /Egerthē εγέρθη

1453 Rise, Raised Up, (Rose)

♦Sunegeirō συνεγείρω *4891*

♣Exegeirō εξεγείρω *1825*

Mat 8:26, **16**:21, **17**:9, 23, **20**:19, **26**:32, **27**:63, **28**:6, 7, **Mar 12**:26, **14**:28, **16**:6, 14, **Luk 1**:69, **7**:16, **9**:22, **24**:6, 34, **Joh 2**:19, 22, **5**:21, **12**:1, 17, **21**:14, **Act 3**:15, **4**:10, **5**:30, **10**:40, **13**:30, 37, **26**:8, **Ro 4**:24, 25, **6**:4, 9, **7**:4, **8**:11, 34, **10**:9, **1Co 6**:14♣, **15**:4, 12, 13, 14, 15, 16, 17, 20, **2Co 1**:9, **4**:14, **5**:15, **Gal 1**:1, **Eph 1**:20, ♦**2**:6, **Col 2**:12♦, ♦**3**:1, **1Th 1**:10, **2Ti 2**:8, **1Pe 1**:21

Mat 2:13, 14, 20, 21, **3**:9, **8**:15, **9**:5, 6, 25, **10**:8, **11**:5, 11, **12**:42, **17**:7, **24**:7, 11, 24, **25**:7, **26**:46, **27**:52, **Mar 1**:31, **2**:9, 11, 12, **3**:3, **5**:41, **6**:14, 16, **9**:27, **10**:49, **12**:26, **13**:8, 22, **14**:42, **Luk 3**:8, **5**:23, 24, **6**:8, **7**:14, 22, **8**:54, **9**:7, **11**:31, **13**:25, **20**:37, **21**:10, **Joh 5**:8, 21, **7**:52, **11**:29, **12**:1, 9, 17, **14**:31, **Act 3**:6, 7, **10**:26, **12**:7, **13**:22, **26**:8, **Ro 9**:17, **13**:11, **1Co 15**:29, 32, 35, 42, 43, 44, 52, **2Co 1**:9, **Eph 5**:14, **Heb 11**:19, **Jas 5**:15, **Rev 11**:1

Anastēnai αναστήναι *450*

Rise Again, Raise

♦Exanistēmi εξανίστημι *1817*

♣Exupnidzō εξυπνίζω *1851*

Mat 9:9, **12**:41, **22**:24, **26**:62, **Mar 1**:35, **2**:14, **3**:26, **5**:42, **7**:24, **8**:31, **9**:9, 10, 27, 31, **10**:1, 34, ♦**12**:19, 23, 25, **14**:57, 60, **16**:9, **Luk 1**:39, **4**:16, 29, 38, 39, **5**:25, 28, **6**:8, **8**:55, **9**:8, 19, **10**:25, **11**:7, 8, 32, **15**:18, 20, **16**:31, **17**:19, **18**:33, ♦**20**:28, **22**:45, 46, **23**:1, **24**:7, 12, 33, 46, **Joh 6**:39, 40, 44, 54, ♣**11**:11, 23, 24, 31, **20**:9, **Act 1**:15, **2**:24, 30, 32, **3**:22, 26, **5**:6, 17, 34, 37, **6**:9, **7**:18, 37, **8**:26, 27, **9**:6, 11, 18, 34, 39, 40, 41, **10**:13, 20, 26, 41, **11**:7, 28, **12**:7, **13**:16, 33, 34, **14**:10, 20, ♦**15**:5, 7, **17**:3, 31, **20**:30, **22**:10, 16, **23**:9, **26**:16, 30, **Ro 15**:12, **1Co 10**:7, **Eph 5**:14, **1Th 4**:14, 16, **Heb 7**:11, 15

Anastasis ανάστασις *386*

Resurrection

♦Exanastasis εξανάστασις *1815*

♣Apokatastasis αποκατάστασις *605*

Mat 22:23, 28, 30, 31, **Mar 12**:18, 23, **Luk 2**:34, **14**:14, **20**:27, 33, 35, 36, **Joh 5**:29, **11**:24, 25, **Act 1**:22, **2**:31, ♣**3**:21, **4**:2, 33, **17**:18, 32, **23**:6, 8, **24**:15, 21, **26**:23, **Ro 1**:4, **6**:5, **1Co 15**:12, 13, 21, 42, **Php 3**:10, ♦11, **2Ti 2**:18, **Heb 6**:2, **11**:35, **1Pe 1**:3, **3**:21, **Rev 20**:5, 6

VI Shalom

Peace, Establish, Dwell, Rest

Shâlôm שׁלוֹם 7965

Peace

Gen 15:15, **26**:29, 31, **28**:21, **29**:6, **37**:4, 14, **41**:16, **43**:23, 27, 28, **44**:17, **Exd 4**:18, **18**:7, 23, **Lev 26**:6, **Nu 6**:26, **25**:12, **Deu 2**:26, **20**:10, 11, **23**:6, **29**:19, **Jos 9**:15, **10**:21, **Jdg 4**:17, **6**:23, **8**:9, **11**:13, 31, **18**:6, 15, **19**:20, **21**:13, **1Sa 1**:17, **7**:14, **10**:4, **16**:4, 5, **17**:18, 22, **20**:7, 13, 21, 42, **25**:5, 6, 35, **29**:7, **30**:21, **2Sa 3**:21, 22, 23, **8**:10, **11**:7, **15**:9, 27, **17**:3, **18**:28, 29, 32, **19**:24, 30, **20**:9, **1Ki 2**:5, 6, 13, 33, **4**:24, **5**:12, **20**:18, **22**:17, 27, 28, **2Ki 4**:23, 26, **5**:19, 21, 22, **9**:11, 17, 18, 19, 22, 31, **10**:13, **20**:19, **22**:20, **1Ch 12**:17, 18, **18**:10, **22**:9, **2Ch 15**:5, **18**:16, 26, 27, **19**:1, **34**:28, **Ezr 9**:12, **Est 2**:11, **9**:30, **10**:3, **Job 5**:24, **15**:21, **21**:9, **25**:2, **Ps 4**:8, **28**:3, **29**:11, **34**:14, **35**:20, 27, **37**:11, 37, **38**:3, **41**:9, **55**:18, 20, **69**:22, **72**:3, 7, **73**:3, **85**:8, 10, **119**:165, **120**:6, 7, **122**:6, 7, 8, **125**:5, **128**:6, **147**:14, **Pro 3**:2, 17, **12**:20, **Ecc 3**:8, **Sng 8**:10, **Isa 9**:6, 7, **26**:3, 12, **27**:5, **32**:17, 18, **33**:7, **38**:17, **39**:8, **41**:3, **45**:7, **48**:18, 22, **52**:7, **53**:5, **54**:10, 13, **55**:12, **57**:2, 19, 21, **59**:8, **60**:17, **66**:12, **Jer 4**:10, **6**:14, **8**:11, 15, **9**:8, **12**:5, 12, **13**:19, **14**:13, 19, **15**:5, **16**:5, **20**:10, **23**:17, **25**:37, **28**:9, **29**:7, 11, **30**:5, **33**:6, 9, **34**:5, **38**:4, 22, **43**:12, **La 3**:17, **Eze 7**:25, **13**:10, 16, **34**:25, **37**:26, **Dan 10**:19, **Obd** 7, **Mic 3**:5, 5:5, **Nah 1**:15, **Hag 2**:9, **Zec 6**:13, **8**:10, 12, 16, 19, **9**:10, **Mal 2**:5, 6

Shâlem שׁלם 8003

Whole, Complete, Loyal

Gen 15:16, **33**:18, **34**:21, **Deu 25**:15, **27**:6, **Jos 8**:31, **Ru 2**:12, **1Ki 6**:7, **8**:61, **11**:4, **15**:3, 14, **2Ki 20**:3, **1Ch 12**:38, **28**:9, **29**:9, 19, **2Ch 8**:16, **15**:17, **16**:9, **19**:9, **25**:2, **Pro 11**:1, **Isa 38**:3, **Am 1**:6, 9, **Nah 1**:12

Shâlam שׁלם /♦Tashlîm תשׁלים 7999

Pay, Make Good, (Make Peace)

Ashallêm אשׁלם Will Pay, Repay

†Shillûm שׁלוּם 7966

‡Shillumâh שׁלוּמה 8011

Deu 7:10, **32**:41, **Job 21**:19, **23**:14, **34**:11, 33, **41**:11, **Ps 31**:23, **62**:12, **Pro 11**:31, **13**:13, **19**:17, **25**:22, **Isa †34**:8, **38**:12, 13, **♦44**:26, **57**:18, **59**:18, **65**:6, **66**:6, **Jer 16**:18, **25**:14, **32**:18, **51**:6, 24, 56, **Joe ♦2**:25

Gen 44:4, **Exd 21**:34, 36, **22**:1, 3, 4, 5, 6, 7, 9, 11, 12, 13, 14, 15, **Lev 5**:16, **6**:5, **24**:18, 21, **Deu 20**:12, **23**:21, **Jos 10**:1, 4, **11**:19, **Jdg 1**:7, **Ru 2**:12, **1Sa 24**:19, **2Sa 3**:39, **10**:19, **12**:6, **15**:7, **20**:19, **1Ki 7**:51, **9**:25, **♦22**:44, **2Ki 4**:7, **9**:26, **1Ch ♦19**:19, **2Ch 5**:1, **Neh 6**:15, **Job ♦5**:23, **♦8**:6, **9**:4, **21**:31, **♦22**:21, 27, **Ps 7**:4, **22**:25, **35**:12, **37**:21, **38**:20, **41**:10, **50**:14, **56**:12, **61**:8, **65**:1, **66**:13, **76**:11, **‡91**:8, **116**:14, **137**:8, **Pro 6**:31, **7**:14, **13**:21, **♦16**:7, **20**:22, **22**:27, **Ecc 5**:4, 5, **Isa 19**:21, **42**:19, **44**:28, **60**:20, **Jer 18**:20, **50**:29, **Eze 33**:15, **Hos †9**:7, **14**:2, **Joe 3**:4, **Jon 2**:9, **Mic †7**:3, **Nah 1**:15

Eirēnē ειρήνη *1515*

♦Eirēneuō ειρηνεύω *1514*

♣Eirēnikos ειρηνικός *1516*

†Eirēnopoieō ειρηνοποιέω *1517*

‡Eirēnopoios ειρηνοποιός *1518*

[Also look under Charis (Grace) on p1]

Mat ‡5:9, **10**:13, 34, **Mar 5**:34, **♦9**:50, **Luk 1**:79, **2**:14, 29, **7**:50, **8**:48, **10**:5, 6, **11**:21, **12**:51, **14**:32, **19**:38, 42, **24**:36, **Joh 14**:27, **16**:33, **20**:19, 21, 26, **Act 9**:31, **10**:36, **15**:33, **Ro 2**:10, **3**:17, **5**:1, **8**:6, **♦12**:18, **14**:17, 19, **15**:13, 33, **1Co 7**:15, **14**:33, **16**:11, **2Co 13**:11♦, **Gal 5**:22, **6**:16, **Eph 2**:14, 15,

17, **4**:3, **6**:15, 23, **Php 4**:7, 9, **Col †1**:20, **3**:15, **1Th 5**:3, **♦**13, 23, **2Th 3**:16, **2Ti 2**:22, **Heb 7**:2, **♣12**:11, 14, **13**:20, **Jas 2**:16, **♣3**:17, 18, **1Pe 3**:11, **5**:14, **2Pe 3**:14, **3Jn 14, Jud** 2

Act 7:26, **12**:20, **16**:36, **24**:2, **Heb 11**:31, **Rev 6**:4

Hugiainō ὑγιαίνω *5198*

Whole, Sound

♦Hugiēs ὑγιής *5199*

Mat ♦12:13, **♦15**:31, **Mar ♦5**:34, **Luk 5**:31, **7**:10, **15**:27, **Joh ♦5**:6, **♦**9, **♦**11, **♦**14, **♦**15, **♦7**:23, **Act ♦4**:10, **1Ti 1**:10, **6**:3, **2Ti 1**:13, **4**:3, **Tit 1**:9, 13, **2**:1, 2, **♦**8, **3Jn 2**

Katallagē καταλλαγή *2643*

Reconciliation

♦Katallassō καταλλάσσω *2644*

♣Apokatallaxē αποκαταλλάξη *604*

†Diallassō διαλλάσσω *1259*

Mat †5:24, **Ro ♦5**:10, 11, **11**:15, **1Co ♦7**:11, **2Co 5:18♦,** 19♦, **♦**20, **Eph ♣2**:16, **Col ♣1**:20, **♣21**

Kûn כּוּן /Kônân כּוֹנָן 3559

Establish, (Steadfast)

Takîn תכין Will Establish

Nâkôn נכן Has Established

{♦Âman אמן 539 Establish}

[Except of men *prepare, ready, certainty*]

Gen 41:32, **Exd 15**:17, **23**:20, **Deu 32**:6, **1Sa 13**:13, **20**:31, **2Sa 5**:12, **7**:12, 13, 16**♦, 24,** 26, **1Ki 2**:12, 24, 45, 46, **9**:14**♦**, 24**♦**, **1Ch 17**:11, 12, 14, **22**:10, **28**:7, **2Ch 17**:5, **Job 28**:27, **31**:15, **38**:41, **Ps 7**:9, 12, 13, **8**:3, **9**:7, **10**:17, **21**:12, **24**:2, **37**:23, **40**:2, **48**:8, **51**:10, **57**:7, **65**:6, 9, **68**:9, 10, **74**:16, **78**:20, **87**:5, **89**:2, 4 Selah, 21, 37, **90**:17, **93**:1, 2, **96**:10, **99**:4, **102**:28, **103**:19, **107**:36, **108**:1, **112**:7, **119**:5, 73, 90, 133, **140**:11, **141**:2, **147**:8, **Pro 3**:19, **8**:27, **22**:18, **Isa 2**:2, **9**:7, **16**:5, **30**:33, **45**:18, **54**:14, **62**:7, **Jer 10**:12, 23, **30**:20, **33**:2, **51**:15, **Hos 6**:3, **Mic 4**:1, **Hab 2**:12, **Zec 5**:11

Gen 43:16, 25, **Exd 8**:26, **16**:5, **19**:11, 15, **34**:2, **Nu 21**:27, **23**:1, 29, **Deu 13**:14, **17**:4, **19**:3, **Jos 1**:11, **3**:17, **4**:3, 4, **8**:4, **Jdg 16**:26, 29, **1Sa 7**:3, **23**:22, 23, **26**:4, **1Ki 5**:18, **6**:19, **1Ch 9**:32, **12**:39, **14**:2, **15**:1, 3, 12, **16**:30, **17**:12, 14, 24, **22**:3, 5, 14, **28**:2, **29**:2, 3, 16, 18, 19, **2Ch 1**:4, **2**:7, 9, **3**:1, **8**:16, **12**:1, 14, **19**:3, **20**:33, **26**:14, **27**:6, **29**:19, 35, 36, **30**:19, **31**:11, **35**:4, 6, 10, 14, 15, 16, 20, **Ezr 3**:3, **7**:10, **Neh 8**:10, **Job 11**:13, **12**:5, **15**:23, 35, **18**:12, **21**:8, **27**:16, 17, **28**:27, **42**:7, 8, **Ps 5**:9, **11**:2, **38**:17, **57**:6, **59**:4, **78**:8, 37, **101**:7, **Pro 4**:18, 26, **6**:8, **12**:3, 19, **16**:3, 9, 12, **19**:29, **20**:18, **21**:29, 31, **22**:18, **24**:3, 27, **25**:5, **29**:14, **30**:25, **Isa 14**:21, **40**:20, **51**:13, **Jer 46**:14, **51**:12, **Eze 4**:3, 7, **7**:14, **16**:7, **28**:13, **38**:7, **40**:43, **Am 4**:12, **Nah 2**:3, 5, **Zep 1**:7

Qûm קוּם /Qûmâh קוּמה 6965

Arise, Establish

Haqîmôt הקימת /Yâqem יקם Will Establish, Established

Hâqêm הקם Confirm

[Except nominal meanings of rising up to go somewhere, *rise* in the morning etc. For *rise up* of Yehuwah, go to p64; for *establish covenant* go to Berît (Covenant) on p11]

Gen 26:3, **Nu 23**:19, **Deu 9**:5, **28**:9, **29**:13, **1Sa 1**:23, **2**:8, 35, **3**:12, **24**:20, **2Sa 7**:12, 25, **1Ki 2**:4, **6**:12, **8**:20, **9**:5, **12**:15, **15**:4, **1Ch 17**:11, **2Ch 6**:10, **7**:18, **10**:15, **Neh 9**:8, **Job 22**:28, **Ps 78**:5, **119**:38, **Pro 19**:21, **29**:4, **30**:4, **Isa 14**:24, **40**:8, **44**:26, **Jer 11**:5, **23**:20, **29**:10, **30**:24, **33**:14, **34**:18, **44**:28, 29, **51**:29, **Eze 34**:23, **Dan 9**:12, **Am 9**:11

Gen 13:17, **19**:14, 15, **21**:18, **23**:17, 20, **31**:13, 17, 21, **32**:22, **35**:1, 3, **37**:7, **Exd 1**:8, **12**:31, **15**:7, **24**:13, **26**:30, **33**:8, 10, **40**:2, 17, 18, 33, **Lev 19**:32, **25**:30, **26**:1, **27**:14, 17, 19, **Nu 1**:51, **7**:1, **9**:15, **10**:21, **11**:32, **16**:2, 25, **23**:18, 24, **24**:9, 17, **25**:7, **30**:4, 5, 7, 9, 11, 12, 13, 14, **Deu 2**:13, 24, **9**:12, **10**:11, **13**:1, **16**:22, **18**:15, 18, **19**:11, 15, 16, **22**:4, 26, **25**:6, 7, **27**:2, 4, 26, **28**:7, 36, **29**:22, **31**:16, **32**:38, **33**:11, **34**:10, **Jos 1**:2, **2**:11, **3**:16, **4**:9, 20, **5**:7, **6**:26, **7**:10, 12, 13, 26, **8**:1, 3, 7, 19, **18**:4, 8, **24**:9, 26, **Jdg 2**:10, 16, 18, **3**:9, 15, **4**:14, **5**:7, 12, **7**:9, 15, 19, **8**:20, 21, **9**:18, 32, 34, 35, 43, **10**:1, 3, **16**:3, **18**:9, 30, **20**:5, 8, 18, 19, 33, **Ru 4**:5, 7, 10, **1Sa 13**:14, **15**:11, **13, 16**:12, **17**:35, 48, 52, **18**:27, **21**:10, **22**:8, 13, **23**:4, **13**:14, **15**:11, 13, **16**:12, **17**:35, 48, 52, **18**:27, **22**:8, 13, **21**:10, **23**:4, 13, 16, **24**:7, **25**:1, 29, **26**:2, 5, **27**:2, **31**:12, **2Sa 2**:14, 15, **3**:10, **6**:2, **12**:11, 20, **13**:29, 31, **15**:14, **17**:1, 21, 22, **18**:31, 32, **22**:39, 40, 49, **12**:20, **13**:29, 31, **15**:14, **17**:1, 21, 22, **18**:31, 32, **22**:39, 40, 49, **23**:1, 10, **24**:18, **1Ki 3**:12, **7**:21, **8**:54, **11**:14, 23, **14**:14, **16**:32, **17**:9, **19**:5, 7, 8, 21, **21**:18, **2Ki 1**:3, **3**:24, **8**:21, **9**:2, **11**:1, **12**:20, **13**:21, **16**:7, **21**:3, **23**:3, 24, 25, **1Ch 10**:12, **21**:18, **22**:16, 19, **28**:2, **2Ch 3**:17, **Est 8**:4, **9**:21, 27, 29, 31, 32, **Job 4**:4, **8**:15, **11**:17, **14**:12, **15**:29, **16**:8, **19**:18, **20**:27, **24**:22, **27**:7, **29**:8, **30**:12, 28, **41**:26, **Ps 1**:5, **3**:1, **17**:7, **18**:38, 39, 48, **20**:8, **24**:3, **27**:3, 12, **35**:11, **36**:12, **40**:2, **41**:8, 10, **44**:5, **54**:3, **59**:1, **74**:23, **78**:6, **82**:8, **86**:14, **88**:10, **89**:43, **92**:11, **94**:16, **107**:29, **109**:28, **113**:7, **119**:28, 62, 106, **124**:2,

140:10, **Pro 15**:22, **24**:16, 22, **28**:12, 28, **31**:15, 28, **Ecc 4**:10, **Sng 2**:10, 13, **3**:2, **5**:5, **Isa 7**:7, **8**:10, **14**:9, 21, 22, **21**:5, **23**:13, **24**:20, **26**:14, 19, **27**:9, **28**:18, **29**:3, **32**:8, 9, **43**:17, **46**:10, **49**:6, 7, 8, **51**:17, **52**:2, **54**:17, **58**:12, **60**:1, **61**:4, **Jer 1**:17, **2**:28, **6**:4, 5, 17, **8**:4, **25**:27, **28**:6, **29**:15, **31**:6, **35**:14, 16, **37**:10, **41**:2, **44**:25, **46**:16, **49**:14, 28, 31, **50**:32, **51**:1, 64, **La 1**:14, **2**:19, **3**:62, **Eze 3**:22, 23, **7**:11, **13**:6, **26**:8, **34**:29, **Hos 6**:2, **10**:14, **Am 2**:11, **5**:2, **6**:14, **7**:2, 5, **8**:14, **Obd** 1, **Jon 1**:2, 6, **3**:2, 3, **Mic 2**:8, 10, **4**:13, **5**:5, **6**:1, **7**:8, **Nah 1**:6, 9, **Hab 1**:6, **2**:7, **Zec 11**:16

Âman אמן 539

Establish

[Except *faithful, believe*: go to Emûnâh on p10 and Âman on p184; also look under Kûn (Establish) above]

1Sa 3:20, **25**:28, **1Ki 8**:26, **1Ki 11**:38, **15**:23, 24, **1Ch 17**:23, 24, **2Ch 1**:9, **6**:17, **20**:20, **Isa 7**:9

Deu 28:59, **Nu 11**:12, **Ru 4**:16, **2Sa 4**:4, **2Ki 10**:1, 5, **Isa 22**:23, 25, **49**:23, **60**:4, **La 4**:5

Stēridzai στηρίζαι *4741*

Establish, Stand Fast

♦Stēkete στήκετε *4739*

♣Stērigmos στηριγμός *4740*

†Episteridzō επιστερίζω *1991*

‡Sthenōsai σθενώσαι *4599*

ΔAklinēs ἀκλινής *186*

Luk 9:51, **22**:32, **Ro 1**:11, ♦**14**:4, **16**:25, **Act** †**14**:22, †**15**:32, 41, †**18**:23, **1Co** ♦**16**:13, **Gal** ♦**5**:1, **Php** ♦**1**:27, ♦**4**:1, **1Th 3**:2, ♦8, 13, **2Th** ♦**2**:15, 17, **3**:3, **Heb** Δ**10**:23, **Jas 5**:8, **1Pe 5**:10‡, **2Pe 1**:12, ♣**3**:17, **Rev 3**:2

Stereos στερεός *4731*

♦Stereōthēsan στερέωθησαν *4732*

♣Stereōma στερέωμα *4733*

†Anorthō ανορθώ *461*

Luk †**13**:13, **Act** ♦**3**:7, ♦16, †**15**:16, ♦**16**:5, **Col** ♣**2**:5, **2Ti 2**:19, **Heb 5**:12, 14, †**12**:12, **1Pe 5**:9

ʻÂmad עמד /ʻÂmîd עמיד 5975

Stand, Appoint, Confirm

[Except of men *stand, stood (-by), stay, set*]

1Ch 16:17, **17**:14, **2Ch 9**:8, **20**:20, **Est 4**:14, **Ps 19**:9, **30**:7, **31**:8, **33**:9, 11, **102**:26, **105**:10, **109**:31, **111**:3, 10, **112**:3, 9, **148**:6, **Hag 2**:5

1Ki 15:4, **1Ch 15**:17, **2Ch 8**:14, **20**:21, **24**:13, **31**:2, **33**:8, **Ezr 3**:8, **Neh 12**:31, **13**:30, **Ps 119**:90, 91, **Pro 12**:7, **29**:4, **Isa 66**:22, **Eze 22**:14, **Dan 11**:14

Bebaiōsai βεβαιωσαι *950*

Confirm, Establish

♦Bebaios βέβαιος *949*

♣Bebaiōsis βεβαίωσις *951*

†Diabebaioomai διαβεβαιόομαι *1226*

‡Mesiteusen μεσίτευσεν *3315*

Mar 16:20, **Ro** ♦**4**:16, **15**:8, **1Co 1**:6, 8, **2Co** ♦**1**:7, 21, **Php** ♣**1**:7, **Col 2**:7, **1Ti** †**1**:7, **Tit** †**3**:8, **Heb** ♦**2**:2, 3, ♦**3**:14, ♣**6**:16, ‡17, ♦19, ♦**9**:17, **13**:9, **2Pe** ♦**1**:10, ♦19

Hedraios εδραίος *1476*

♦Hedraiōma εδραίωμα *1477*

♣Ametakinētos αμετακίνητος *277*

1Co 7:37, **15**:58♣, **Col 1**:23, **1Ti** ♦**3:15**

Kekuromenēn κεκυρωμένην

2964 Confirm

♦Prokekurōmenēn προκεκυρωμένην *4300*

2Co 2:8, **Gal 3**:15, ♦17

Phaskō φάσκω *5335*

Affirm

Act 24:9, **25**:19, **Ro 1**:22, **Rev 2**:2

Hetoimos ετοιμος *2092*

Ready

♦Hetoimōs ετοιμως *2093*

♣Hetoimasia ετοιμασία *2091*

Mat 22:4, 8, **24**:44, **25**:10, **Mar 14**:15, **Luk 12**:40, **14**:17, **22**:33, **Joh 7**:6, **Act** ♦**21**:13, **23**:15, 21, **2Co 9**:5, **10**:6, 16, ♦**12**:14, **Eph** ♣**6**:15, **Tit 3**:1, **1Pe 1**:5, **3**:15, ♦**4**:5

Paristemi παριστεμι *3936*

Stood, Presented

♦Hallomai ἅλλομαι *242*

Mat 26:53, **Mar 4**:29, **14**:47, 69, 70, **15**:35, 39, **Luk 1**:19, **2**:22, **19**:24, **Joh** ♦**4**:14, **18**:22, **19**:26, **Act 1**:3, 10, ♦**3**:8, **4**:10, 26, **9**:39, 41, ♦**14**:10, **23**:2, 4, 24, 33, **24**:13, **27**:23, 24, **Ro 6**:13, 16, 19, **12**:1,

14:10, **16**:2, **1Co 8**:8, **2Co 4**:14, **11**:2, **Eph 5**:27, **Col 1**:22, 28, **2Ti 2**:15, **4**:17

Penêh פנה 6437

Prepare

Ps 80:9, **Isa 40**:3, **57**:14, **Mal 3**:1

Nâta‘ נטע /Nâtâ‘h נטעה 5193

Plant

[Also look under Bânâh (Build) on p81]

Gen 2:8, **Exd 15**:17, **2Sa 7**:10, **1Ch 17**:9, **Ps 44**:2, **80**:8, 15, **94**:9, **104**:16, **Isa 5**:2, **51**:16, **Jer 1**:10, **2**:21, **11**:17, **12**:2, **32**:41, **Am 9**:15

Gen 9:20, **21**:33, **Lev 19**:23, **Nu 24**:6, **Deu 6**:11, **16**:21, **20**:6, **28**:30, 39, **Jos 24**:13, **2Ki 19**:29, **Ps 107**:37, **Pro 31**:16, **Ecc 2**:4, 5, **3**:2, **12**:11, **Isa 17**:10, **37**:30, **40**:24, **44**:14, **65**:21, 22, **Jer 29**:5, **31**:5, 28, **35**:7, **Eze 28**:26, **Dan 11**:45, **Am 5**:11, **Zep 1**:13

Bal-Yimmôt בל־ימות 1077-4131 Not Moved

1Ch 16:30, **Job 41**:23, **Ps 10**:6, **15**:5, **16**:8, **17**:5, **21**:7, **30**:6, **46**:5, **62**:2, 6, **93**:1, **96**:10, **104**:5, **112**:6, **125**:1, **Pro 10**:30, **12**:3, **Isa 54**:10

{Other scriptures with Môt מוט 4131}

Lev 25:35, **Deu 32**:35, **Ps 13**:4, **38**:16, **46**:2, 6, **55**:3, 22, **60**:2, **82**:5, **94**:18, **140**:10, **Pro 24**:11, **25**:26, **Isa 24**:19

Lô-Nâphal לא־נפל 3808-5307

Not Fail

Jos 21:45, **1Sa 3**:19, **17**:32, **26**:20, **2Sa 24**:14, **1Ki 8**:56, **1Ch 21**:13, **Job 29**:24, **Jer 37**:14, **39**:18

Lo-Yikârêt לא־יכרת /Al-Takrît אל־תכרית 3808-3772

Not Cut Off

Nu 4:18, **Ru 4**:10, **1Sa 2**:33, **20**:15, **24**:21, **2Sa 3**:29, **1Ki 2**:4, **8**:25, **9**:5, **2Ch 6**:16, **7**:18, **Pro 23**:18, **24**:14, **Isa 48**:9, **55**:13, **56**:5, **Jer 33**:17, 18, **35**:19, **Zep 3**:7, **Zec 14**:2

---{

Other Scriptures with Kârat כרת 3772}

[For *make covenant* go to p11]

Gen 9:11, **17**:14, **Exd 4**:25, **12**:15, 19, **30**:33, 38, **31**:14, **34**:13, **Lev 7**:20, 21, 25, 27, **17**:4, 9, 10, 14, **18**:29, **19**:8, **20**:3, 5, 6, 17, 18, **22**:3, **23**:29, **26**:22, 30, **Nu 9**:13, **13**:23, 24, **15**:30, 31, **19**:13, 20, **Deu 12**:29, **19**:1, 5, **20**:19, 20, **23**:1, **Jos 3**:13, 16, **4**:7, **7**:9, **9**:23, **11**:21, **23**:4, **Jdg 4**:24, **6**:25, 26, 28, 30, **9**:48, 49, **1Sa 5**:4, **17**:51, **20**:15, **24**:4, **5**, **11**, **28**:9, **31**:9, **2Sa 7**:9, **10**:4, **20**:22, **1Ki 9**:7, **11**:16, **14**:10, 14, **15**:13, **18**:4, **21**:21, **2Ki 9**:8, **18**:4, **19**:23, **23**:14, **1Ch 17**:8, **19**:4, **2Ch 15**:16, **Job 14**:7, **Ps 12**:3, **34**:16, **37**:9, 22, 34, 38, **101**:8, **109**:13, 15, **Pro 2**:22, **10**:31, **23**:18, **24**:14, **Isa 9**:14, **10**:7, **11**:13, **14**:22, **18**:5, **22**:25, **29**:20, **37**:24, **Jer 7**:28, **9**:21, **11**:19, **22**:7, **44**:7, 8, 11, **48**:2, **50**:16, **51**:62, **Eze 14**:8, 13, 17, 19, 21, **21**:3, 4, **25**:7, 13, 16, **29**:8, **30**:15, **31**:12, **35**:7, **Dan 9**:26, **Hos 8**:4, **Joe 1**:5, 9, 16, **Am 1**:5, 8, **2**:3, **Obd** 9, 10, 14, **Mic 5**:9, 10, 11, 12, 13, **Nah 1**:14, **2**:13, **3**:15, **Zep 1**:3, 4, 11, **3**:6, **Zec 9**:6, 10, **13**:2, 8, **Mal 2**:12

Hupomonē ὑπομονή *5281*

Perseverance, Patience, (Endures)

♦Hupomenō ὑπομένω /Hupermeinas ὑπερμείνας *5278*

Mat ♦10:22, **♦24**:13, **Mar ♦13**:13, **Luk ♦2**:43, **8**:15, **21**:19, **Act ♦17**:14, **Ro 2**:7, **5**:3, 4, **8**:25, **♦12**:12, **15**:4, 5, **1Co ♦13**:7, **2Co 1**:6, **6**:4, **12**:12, **Col 1**:11, **1Th 1**:3, **2Th 1**:4, **3**:5, **1Ti 6**:11, **2Ti ♦2**:10, **♦2**:12, **3**:10, **Tit 2**:2, **Heb 10**:36, **♦2**, **♦32**, **♦1**, **♦3**, **♦7**, **Jas 1**:3, 4, **♦12**, **5**:11**♦**, **1Pe 2**:20, **2Pe 1**:6, **Rev 1**:9, **2**:2, 3, 19, **3**:10, **13**:10, **14**:12

Histēmi ἵστημι /Stathē σταθῇ *2476* Stand

♦Aptaistos ἄπταιστος 679 From Stumbling

[Not all literal *stand, stood* etc]

Mat 12:25, 26, **18**:16, **Mar 3**:24, 25, 26, **Luk 11**:18, **Act 1**:23, **6**:13, **17**:31, **26**:22, **Ro 3**:31, **5**:2, **10**:3, **11**:20, **14**:4, **1Co 7**:37, **10**:12, **15**:1, **2Co 1**:24, **13**:1, **Eph 6**:11, 13, 14, **Col 4**:12, **2Ti 2**:19, **Heb 10**:9, **1Pe 5**:12, **Jud** 24♦

Proskartereō προσκαρτερέω *4342* Continue, Persevere

♦Proskarterēsei προσκαρτερήσει *4343*

♣Ekarterēse εκαρτέρησε *2594*

Mar 3:9, **Act 1**:14, **2**:42, 46, **6**:4, **8**:13, **10**:7, **Ro 12**:12, **13**:6, **Eph ♦6**:18, **Col 4**:2, **Heb ♣11:27**

Bâḥar בחר 977

Appoint, Choose

Gen 6:2, **13**:11, **Exd 17**:9, **18**:25, **Nu 16**:5, 7, **17**:5, **Deu 4**:37, 7:6, 7, **10**:15, **12**:5, 11, 14, 18, 21, 26, **14**:2, 23, 24, 25, **15**:20, **16**:2, 6, 7, 11, 15, 16, **17**:8, 10, 15, **18**:5, 6, **21**:5, **23**:16, **26**:2, **30**:19, **31**:11, **Jos 8**:3, **9**:27, **24**:15, 22, **Jdg 5**:8, **10**:14, **1Sa 2**:28, **8**:18, **10**:24, **12**:13, **13**:2, **16**:8, 9, 10, **17**:40, **20**:30, **2Sa 6**:21, **10**:9, **15**:15, **16**:18, **17**:1, **19**:38, **24**:12, **1Ki 3**:8, **8**:16, 44, 48, **11**:13, 32, 34, 36, **14**:21, **18**:23, 25, **2Ki 21**:7, **23**:27, **1Ch 15**:2, **19**:10, **21**:10, **28**:4, 5, 6, 10, **29**:1, **2Ch 6**:5, 6, 34, 38, **7**:12, 16, **12**:13, **Neh 1**:9, **9**:7, **Job 7**:15, **9**:14, **15**:5, **29**:25, **34**:4, 33, **36**:21, **Ps 25**:12, **33**:12, **47**:4, **65**:4, **78**:67, 68, 70, **84**:10, **105**:26, **119**:30, 173, **132**:13, **135**:4, **Pro 1**:29, **3**:31, **8**:10, 19, **10**:20, **16**:16, **21**:3, **22**:1, **Sng 5**:15, **Isa 1**:29, **7**:15, 16, **14**:1, **40**:20, **41**:8, 9, 24, **43**:10, **44**:1, 2, **48**:10, **49**:7, **56**:4, **58**:5, 6, **65**:12, **66**:3, 4, **Jer 8**:3, **33**:24, **Eze 20**:5, **Hag 2**:23, **Zec 1**:17, **2**:12, **3**:2

Eklektos εκλεκτός *1588*

Elect

♦Eklogē εκλογή *1589*

Mat 22:14, **24**:22, 24, 31, **Mar 13**:20, 22, 27, **Luk 18**:7, **23**:35, **Act ♦9**:15, **Ro 8**:33, **♦9**:11, **♦11**:5, **♦**7, **♦**28, **16**:13, **Col 3**:12, **1Th ♦1**:4, **1Ti 5**:21, **2Ti 2**:10, **Tit 1**:1, **1Pe 2**:4, 6, *9, 2Pe* **♦1**:10, **2Jn** 1, 13, **Rev 17**:14

Exelexatō εξελέξατω *1586*

Has Chosen

Exelexamēn εξελεξάμην Have Chosen

Mar 13:20, **Luk 6**:13, **9**:35, **10**:42, **14**:7, **Joh 6**:70, **13**:18, **15**:16, 19, **Act 1**:2, 24, **6**:5, **13**:17, **15**:7, 22, 25, **1Co 1**:27, 28, **Eph 1**:4, **Jas 2**:5

Diatassō διατάσσω *1299*

Appoint, Commanded

♦Tassō τάσσω *5021*

Mat 11:1, **♦28**:16, **Luk 3**:13, **♦7**:8, **8**:55, **17**:9, 10, **Act 7**:44, **♦13**:48, **♦15**:2, **18**:2, **20**:13, **♦22**:10, **23**:31, **24**:23,**♦28**:23, **Ro ♦13**:1, **1Co 7**:17, **9**:14, **11**:34, **16**:1, **♦**15 **Gal 3**:19, **Tit 1**:5

Technitēs τεχνίτης /Tithēmi τίθημι *5079*

Lay Down, Appoint

[Only of Yehuwah, and meanings of to set, establish]

Mat 12:18, **22**:44, **24**:51, **Mar 12**:36, **Luk 6**:48, **8**:16, **9**:44, **12**:46, **14**:29, **20**:43, **21**:14, **Joh 10**:11, 15, 17, 18, **13**:37, 38, **15**:13, **Act 1**:7, **2**:35, **13**:47, **19**:21, **20**:28, **Ro 4**:17, **9**:33, **1Co 3**:10, 11, **9**:18, **12**:18, **15**:25, **2Co 5**:19, **1Th 5**:9, **1Ti 1**:12, **2**:7, **2Ti 1**:11, **Heb 1**:2, 13, **10**:13, **1Pe 2**:6, 8, **1Jn 3**:16

Yâçad יסד /Yâçâdâh יסדה

3245 Foundation, (Founded), Appointed, Establish

♦Y^e^çôd יסוֹד 3247

♣Y^e^çûdâh יסוּדה 3248

Exd 9:18, **Jos 6**:26, **1Ki 5**:17, **6**:37, **7**:10, **16**:34, **1Ch 9**:22, **2Ch ♦23**:5, **♦24**:27, **3**:3, **31**:7, **Ezr 3**:6, 10, 11, 12, **Est 1**:8, **Job ♦4**:19, **♦22**:16, **38**:4, **Ps 2**:2, **8**:2, **24**:2, **31**:13, **78**:69, **♣87**:1, **89**:11, **102**:25, **104**:8, **119**:152, **♦137**:7, **Pro 3**:19, **♦10**:25, **Sng 5**:15, **Isa 14**:32, **23**:13, **28**:16, **44**:28, **48**:13, **51**:13, 16, **54**:11, **La ♦4**:11, **Eze ♦13**:14, **♦30**:4, **Am 9**:6, **Mic ♦1**:6, **Hag 2**:18, **Hab 1**:12, **♦3**:13, **Zec ♣4**:9, **8**:9, **12**:1

Themelios θεμέλιος *2310*

♦Themeliōsai θεμελιώσαι *2311*

♣Anadeiknumi ἀναδείκνυμι *322*

†Haireomai αἱρέομαι *138*

Mat ♦7:25, **Luk 6**:48**♦**, 49, **♣10**:1, **14**:29, **Act ♣1**:24, **16**:26, **Ro 15**:20, **1Co 3**:10, 11, 12, **Eph 2**:20, **♦3**:17, **Col ♦1**:23, **Php** †**1**:22, **2Th** †**2**:13, **1Ti 6**:19, **2Ti 2**:19, **Heb ♦1**:10, *6:1*, **11**:10, †25, **1Pe ♦5**:10, **Rev 21**:14, 19

Katabolēs καταβολής *2602*

Mat 13:35, **25**:34, **Luk 11**:50, **Joh 17**:24, **Eph 1**:4, **Heb 4**:3, **9**:26, **11**:11, **1Pe 1**:20, **Rev 13**:8, **17**:8

Bânâh בנה /Bânôt בּנוֹת 1129

Build

{♦Nâtâ'h נטעה 5193 Plant}

[Only of Yehuwah building, and the temple]

Gen 2:22, **1Ch 17**:10, **Ps 28**:5, **51**:18, **69**:35, **78**:69, **89**:2, 4, **102**:16, **127**:1, **147**:2, **Pro 9**:1, **Jer 1**:10, **18**:9**♦**, **24**:6**♦**, **31**:4, 28**♦**, **42**:10**♦**, **45**:4**♦**, **Eze 36**:36**♦**, **Am 9**:11, **Zec 6**:12, 13

Gen 4:17, **8**:20, **10**:11, **11**:4, 5, 8, **12**:7, 8, **13**:18, **16**:2, **22**:9, **26**:25, **30**:3, **33**:17, **35**:7, **Exd 1**:11, **17**:15, **20**:25, **24**:4, **32**:5, **Nu 13**:22, **21**:27, **23**:1, 14, 29, **32**:16, 24, 34, 37, 38, **Deu 6**:10, **8**:12, **13**:16, **20**:5, 20, **22**:8, **25**:9, **27**:5, 6, **28**:30, **Jos 6**:26, **8**:30, **19**:50, **22**:10, 11, 16, 19, 23, 26, 29, **24**:13, **Jdg 1**:26, **6**:24, 26, 28, **18**:28, **21**:4, 23, **Ru 4**:11, **1Sa 2**:35, **7**:17, **14**:35, **2Sa 5**:9, 11, **7**:5, 7, 27, **24**:21, 25, **1Ki 2**:36, **3**:1, 2, **5**:3, 5, 18, 19, 20,

43, 44, 48, **6**:1, 2, 5, 7, 9, 10, 12, 14, 15, 16, 36, 38, **7**:1, 2, **8**:13, 16, 17, 18, 27, **9**:1, 3, 10, 15, 17, 19, 24, 25, **10**:4, **11**:7, 27, 38, **12**:25, **14**:23, **15**:17, 21, 22, 23, **16**:24, 32, 34, **18**:32, **22**:39, **2Ki 12**:11, **14**:22, **15**:35, **16**:11, 18, **17**:9, **21**:3, 4, 5, **22**:6, **23**:13, **25**:1, **1Ch 6**:10, 32, **7**:24, **8**:12, **11**:8, **14**:1, **17**:4, 6, 12, 25, **21**:22, 26, **22**:2, 5, 6, 7, 8, 10, 11, 19, **28**:2, 3, 6, 10, **29**:16, **2Ch 2**:1, 3, 4, 5, 6, 9, 12, **3**:1, 2, 3, **6**:2, 5, 7, 8, 9, 10, 18, 33, 34, **8**:1, 2, 4, 5, 6, 11, 12, **9**:3, **11**:5, 6, **14**:6, 7, **16**:1, 5, 6, **17**:12, **20**:8, **26**:2, 6, 9, 10, **27**:3, 4, **32**:5, **33**:3, 4, 5, 14, 15, 16, 19, **34**:11, **35**:3, **36**:23, **Ezr 1**:2, 3, 5, **3**:2, 10, **4**:1, 2, 3, 4, **Neh 2**:5, 17, 18, 20, **3**:1, 2, 3, 13, 14, 15, **4**:1, 3, 5, 6, 10, 17, 18, **6**:1, 6, **7**:1, 4, **12**:29, **Job 3**:14, **12**:14, **20**:19, **22**:23, **27**:18, **Ps 118**:22, **122**:3, **Pro 14**:1, **24**:3, 27, **Ecc 2**:4, **3**:3, **9**:14, **Sng 4**:4, **8**:9, **Isa 5**:2, **9**:10, **25**:2, **44**:26, 28, **45**:13, **58**:12, **60**:10, **61**:4, **65**:21, 22, **66**:1, **Jer 7**:31, **12**:16, **19**:5, **22**:13, 14, **29**:5, 28, **30**:18, **32**:31, 35, **33**:7, **35**:7, 9, **52**:4, **La 3**:5, **Eze 4**:2, **11**:3, **13**:10, **16**:24, 25, 31, **17**:17, **21**:22, **26**:14, **27**:4, 5, **28**:26, **36**:10, 33, **39**:15, **Dan 9**:25, **Hos 8**:14, **Am 5**:11, **9**:6, 14♦, **Mic 3**:10, **7**:11, **Hab 2**:12, **Hag 1**:2, 8, **Zep 1**:13, **Zec 1**:16, **5**:11, **6**:15, **8**:9, **9**:3, **Mal 1**:4, **3**:15

Oikodomeō οικοδομέω *3618*

Build, Edify

♦Oikodomē οικοδομή *3619*

♣Epoikodomeō εποικοδομέω *2026*

†Anoikodomeō ἀνοικοδομέω *456*

‡Architektōn ἀρχιτέκτων *753*

[Not all *build, buildings (espec. phys.)*]

Mat 7:24, **16**:18, **Luk 6**:48, **Act 9**:31, †**15**:16, **20**:32, **Ro 14**:19, **15**:2, 20, **1Co** ♦**3**:9, ♣10‡, ♣12, ♣14, **8**:1, 10, **10**:23, ♦**14**:3, 4, ♦5, ♦12, ♦26, 17, **2Co** ♦**5**:1, ♦**10**:8, ♦**12**:19, ♦**13**:10, **Gal 2**:18, **Eph** ♣**2**:20, ♦21, ♦**4**:12, ♦16, ♦29, **Col** ♣**2**:7, **1Th 5**:11, **1Pe 2**:5, 7, **Jud** ♣20

Kataskeuasei κατασκευάσει *2680*

Mat 11:10, **Mar 1**:2, **Luk 1**:17, **7**:27, **Heb 3**:3, 4, **9**:2, 6, **11**:7, **1Pe 3:20**

Sumbibadzō συμβιβάζω *4822*

Knit Together, Joined

♦Sunarmologeō συναρμολογέω *4883*

[Except *prove, gather* (mentally)]

Eph ♦**2**:21, **4**:16♦, **Col 2**:2, 19

Kâlâh כלה /Kâlôt כלוֹת 3615

Accomplish, Cease, (Spent)

[Only meaning of cease, finish, for *consume* go to Lô-Kilîtî on p15]

Gen 2:1, 2, **6**:16, **18**:33, **27**:30, **Exd 5**:13, 14, **34**:33, **39**:32, **40**:33, **Lev 16**:20, **Nu 7**:1, **Deu 20**:9, **26**:12, **31**:24, **32**:23, 45, **Jos 8**:24, **10**:20, **19**:49, **Ru 2**:21, **1Sa 2**:33, **3**:12, **10**:13, **1Ki 3**:1, **6**:9, 14, 38, **7**:1, 40, **8**:54, **9**:1, **2Ch 4**:11, **7**:1, 11, **8**:16, **36**:22, **Ezr 1**:1, **Job 7**:6, 9, **11**:20, **19**:27, **Ps 71**:9, **73**:26, **84**:2, **119**:81, 82, 123, **143**:7, **Pro 5**:11, **16**:30, **22**:8, **Isa 10**:25, **16**:4, **21**:16, **24**:13, **49**:4, **La 3**:22, **4**:11, **Eze 5**:13, **6**:12, **7**:8, **13**:15, **20**:8, 21, **Dan 11**:36, **12**:7

Teleiōsai τελεώσαι *5048*

Perfect, Finish

♦Teleios τέλειος *5046*

♣Epiteleo επιτελέω *2005*

†Teleiōs τελείως *5049*

‡Teleiotēs τελειότης *5047*

ΔTeleiōsis τελείωσις *5050*

+Teleiōtēs τελειωτής *5051*

^Telesphoreō τελεσφορέω *5052*

>Ektelesai εκτελέσαι *1615*

Mat ♦**5**:48, ♦**19**:21, **Luk** Δ**1**:45, **2**:43, ^**8**:14, **13**:32♣, >**14**:29, >30, **Joh 4**:34, **5**:36, **17**:4, 23, **19**:28, **Act 20**:24, **Ro** ♦**12**:2, ♣**15**:28, **1Co** ♦**2**:6, ♦**13**:10, ♦**14**:20, **2Co** ♣**7**:1, ♣**8**:6, ♣**11, 12**:9, **Gal** ♣**3**:3, **Eph** ♦**4**:13, **Php** ♣**1**:6, **3**:12, ♦15, **Col** ♦**1**:28, ‡**3**:14, ♦**4**:12, **Heb 2**:10, **5**:9, ♦14, ‡**6**:1, Δ**7**:11, 19, 28, ♣**8**:5, ♣**9**:6, 9, ♦11, **10**:1, 14, **11**:40, +**12**:2, 23, **Jas** ♦**1**:4, ♦17, ♦25, **2**:22, ♦**3**:2, **1Pe** †**1**:13, ♣**5**:9, **1Jn 2**:5, **4**:12, 17, 18♦

Katartidzō καταρτίζω *2675*

Perfect, Complete

♦Katartisis κατάρτισις *2676*

♣Katartismos καταρτισμός *2677*

†Exartidzō εξαρτίζω *1822*

‡Artios άρτιος *739*

Mat 4:21, **21**:16, **Mar 1**:19, **Luk 6**:40, **Act** †**21**:5, **Ro 9**:22, **1Co 1**:10, **2Co** ♦**13**:9, 11, **Eph** ♣**4**:12, **Gal 6**:1, **1Th 3**:10, **2Ti** †**3**:17‡, **Heb 10**:5, **11**:*3*, **13**:21, **1Pe 5**:10

Holoklēros ολόκληρος *3648*

♦Holoklēria ολοκληρία *3647*

♣Holotelēs ολοτελής *3651*

1Th 5:23♣, **Jas 1**:4, **Act** ♦**3**:16

Mâlê’ מלא /Y^e^mallê ימלא 4390

Fill, Fulfill

Milê’ât מלאת Fulfilled

Timalê תמלא Will Be Fulfilled

[Also look under Qâdesh (Holiness) on p122]

Exd 23:26, **28**:3, **31**:3, **35**:31, 35, **40**:34, 35, **Nu 14**:21, **1Ki 7**:14, **8**:10, 11, 15, 24, **2Ch 5**:13, **14, 6**:4, 15, **7**:1, 2, **36**:21, **Job 8**:21, **22**:18, **Ps 17**:14, **20**:4, 5, **33**:5, **48**:10, **65**:9, **71**:8, **72**:19, **81**:10, **107**:9, **119**:64, **126**:2, **Pro 3**:10, **8**:21, **Isa 6**:1, 4, **11**:9, **33**:5, **Jer 15**:17, **31**:25, **Eze 10**:3, 4, **43**:5, 26, **44**:4, **Mic 3**:8, **Hab 2**:14, **3**:3, **Hag 2**:7

Gen 1:22, 28, **6**:11, 13, **9**:1, **21**:19, **24**:16, **25**:24, **26**:15, **29**:21, 27, 28, **42**:25, **44**:1, **50**:3, **Exd 1**:7, **2**:16, **7**:25, **8**:21, **10**:6, **15**:9, **28**:17, 41, **29**:9, 29, 33, 35, **31**:5, **32**:29, **35**:33, **39**:10, **Lev 8**:33, **9**:17, **12**:4, 6, **16**:32, **19**:29, **21**:10, **25**:30, **Nu 3**:3, **6**:5, 13, **14**:24, **32**:11, 12, **Deu 1**:36, **6**:11, **Jos 3**:15, **9**:13, **14**:8, 9, 14, **Jdg 16**:27, **17**:5, 12, **Ru 1**:21, **1Sa 16**:1, **18**:26, 27, **2Sa 7**:12, **23**:7, **1Ki 1**:14, **2**:27, **11**:6, **13**:33, **18**:33, 35, **20**:27, **2Ki 3**:17, **20,** 25, **4**:6, **6**:17, **9**:24, **10**:21, **21**:16, **23**:14, **24**:4, **1Ch 12**:15, **17**:11, **29**:5, **2Ch 13**:9, **16**:14, **29**:31, **Ezr 9**:11, **Est 1**:5, **2**:12, **3**:5, **5**:9, **7**:5, **Job 3**:15, **15**:2, 32, **16**:10, **20**:11, 22, 23, **21**:24, **23**:4, **32**:18, **36**:16, 17, **38**:39, **39**:2, **41**:7, **Ps 10**:7, **26**:10, **38**:7, **74**:20, **80**:9, **83**:16, **104**:24, **110**:6, **127**:5, **129**:7, **Pro 1**:13, **6**:30, **12**:21, **20**:17, **24**:4, **Ecc 1**:8, **6**:7, **8**:11, **9**:3, **11**:3, **Sng 5**:2, 14, **Isa 1**:15, **2**:6, 7, 8, **13**:21, **14**:21, **15**:9, **21**:3, **22**:7, **23**:2, **27**:6, **28**:8, **30**:27, **34**:6, **40**:2, **51**:20, **65**:11, 20, **Jer 4**:5, **6**:11, **13**:12, 13, **16**:18, **19**:4, **23**:10, 24, **25**:12, 34, **29**:10, **33**:5, **41**:9, **44**:25, **46**:12, **51**:5, 11, 14, 34, **La 4**:18, **Eze 3**:3, **5**:2, **7**:19, 23, **8**:17, **9**:7, 9, **10**:2, **11**:6, **23**:33, **24**:4, **26**:2, **27**:25, **28**:16, **30**:11, **32**:5, 6, **35**:8, **Dan 9**:2, **10**:3, **Joe 2**:24, **3**:13, **Mic 6**:12, **Nah 1**:10, **2**:12, **Zep 1**:9, **Zec 8**:5, **9**:13, 15

Plērōsai πληρώσαι *4137*

Fulfil

Plērothōsin πληροθώσιν / Peplērōtai πεπληρώται Might Be Fulfilled (in John)

♦Anaplērō αναπληρώ *378*

♣Ekpleperōken εκπλεπήρωκεν *1603*

†Antanaplēroō ἀνταναπληρόω *466*

Mat 1:22, **2**:15, 17, 23, **3**:15, **4**:14, **5**:17, **8**:17, **12**:17, ♦**13**:14, 35, 48, **21**:4, **23**:32, **26**:54, 56, **27**:9, **Mar 1**:15, **14**:49, **Luk 1**:20, **2**:40, **3**:5, **4**:21, **7**:1, **9**:31, **21**:24, **22**:16, **24**:44, **Joh 3**:29, **7**:8, **12**:3, 38, **13**:18, **15**:11, 25, **16**:6, 24, **17**:12, 13, **18**:9, 32, **19**:24, 36, **Act 1**:16, **2**:2, 28, **3**:18, **5**:3, 28, **7**:23, 30, **9**:23, **12**:25, **13**:25, 27, ♣33, 52, **14**:26, **19**:21, **24**:27, **Ro 1**:29, **8**:4, **13**:8, **15**:13, 14, 19, **1Co** ♦**14**:16, ♦**16**:17, **2Co 7**:4, **10**:6, **Gal 5**:14, ♦**6**:2, **Eph 1**:23, **3**:19, **4**:10, **5**:18, **Php 1**:11, **2**:2, ♦30, **4**:18, 19, **Col 1**:9, †**1**:24, 25, **2**:10, **4**:12, 17, **1Th** ♦**2**:16, **2Th 1**:11, **2Ti 1**:4, **Jas 2**:23, **1Jn 1**:4, **2Jn** 12, **Rev 3**:2, **6**:11

Eplēsthēsan επλήσθησαν *4130*

Filled

♦Empiplēmi εμπίπλημι *1705*

Mat 22:10, **27**:48, **Luk 1**:15, 23, 41, ♦53, 57, 67, **2**:6, 21, 22, **4**:28, **5**:7, 26, **6**:11, ♦**25**, **21**:22, **Joh** ♦**6**:12, **Act 2**:4, **3**:10, **4**:8, 31, **5**:17, **9**:17, **13**:9, 45, ♦**14**:17, **19**:29, **Ro** ♦**15**:24

Melô’ מלא 4393

Fullness

Gen 48:19, **Exd 9**:8, **16**:32, 33, **Lev 2**:2, **5**:12, **16**:12, **Nu 22**:18, **24**:13, **Deu 33**:16, **Jdg 6**:38, **1Sa 28**:20, **2Sa 8**:2, **1Ki 17**:12, **2Ki 4**:39, **1Ch 16**:32, **Ps 24**:1, **50**:12, **89**:11, **96**:11, **98**:7, **Ecc 4**:6, **Isa 6**:3, **8**:8, **31**:4, **34**:1, **42**:10, **Jer 8**:16, **47**:2, **Eze 12**:19, **19**:7, **30**:12, **32**:15, **41**:8, **Am 6**:8, **Mic 1**:2

Plērōma πλήρωμα *4138*

Mat 9:16, **Mar 2**:21, **6**:43, **8**:20, **Joh 1**:16, **Ro 11**:12, 25, **13**:10, **15**:29, **1Co 10**:26, **Gal 4**:4, **Eph 1**:10, 23, **3**:19, **4**:13, **Col 1**:19, **2**:9

Chortadzō χορταζω /Chortasthēsen χορτάσθησεν *5526*

Fill, Filled

Mat 5:6, **14**:20, **15**:33, 37, **Mar 6**:42, **7**:27, **8**:4, 8, **Luk 6**:21, **9**:17, **15**:16, **16**:21, **Joh 6**:26, **Php 4**:12, **Jas 2**:16, **Rev 19**:21

Nâtan נתן /Yitên יתן /Etên אתן 5414

Give, Set, Make, Deliver, Utter

[Only of Yehuwah; also look under Naḥalâh (Inheritance) on p86, Naḥal (Inherit) on p85, Yârash (Possess) on p86, Aḥuzzâh (Possession) on p87]

Gen 1:17, 29, **3**:12, **9**:3, 12, 13, **12**:7, **13**:15, 17, **15**:2, 18, **17**:2, 5, 6, 8, **16,** 20, **26**:3, 4, **27**:28, **28**:13, **31**:7, **35**:12, **43**:14, **48**:4, 9, **Exd 7**:1, 4, **9**:23, **11**:3, **12**:23, 25, 36, **16**:8, 15, 29, **20**:12, **23**:27, **24**:12, **25**:16, **31**:6, 18, **33**:1, **36**:1, 2, **Lev 17**:10, 11, **20**:3, 6, **23**:10, **25**:2, 38, **26**:4, 6, 11, 17,

19, 31, 46, **Nu 5**:21, **8**:19, **10**:29, **11**:18, 21, 29, **18**:7, 8, 11, 12, 19, **20**:12, 24, **21**:16, **25**:12, **27**:12, **32**:7, 9, **Deu 1**:20, 25, 36, **2**:29, 33, 36, **4**:40, **5**:16, **6**:10, 22, 23, **7**:2, 16, 23, **8**:10, 18, **9**:10, 11, **10**:4, **11**:9, 14, 15, 17, 21, 25, 26, **12**:1, 15, 21, **13**:12, 17, **15**:7, **16**:5, 17, 18, **17**:2, **18**:9, 14, 18, **19**:1, 8, **20**:14, **25**:15, **26**:2, 9, 10, 11, 15, 19, **27**:2, 3, **28**:1, 7, 8, 11, 12, 13, 24, 25, 31, 32, 48, 52, 53, 65, **29**:4, **30**:7, 15, 19, **31**:5, **32**:52, **34**:4, **Jos 1**:2, 3, 13, **2**:9, 14, **5**:6, **6**:16, **9**:24, **22**:25, **23**:13, 15, 16, **24**:3, 13, **Jdg 15**:18, **Ru 1**:9, **4**:11, 12, 13, **1Sa 1**:17, 27, **2**:10, **12**:13, 17, 18, **2Sa 4**:8, **22**:14, 36, 41, 48, **24**:15, **1Ki 3**:5, 9, 12, 13, **4**:29, **5**:3, 5, 7, 12, 32, 34, 39, 40, 46, 48, 50, 56, **9**:6, 7, **10**:24, **11**:31, 35, 36, 38, **13**:26, **14**:16, **15**:4, **17**:14, **18**:1, **2Ki 5**:1, **8**:19, **13**:5, **21**:8, 14, **1Ch 14**:17, **21**:14, **22**:9, 12, **25**:5, **28**:5, **2Ch 1**:7, 10, 12, **2**:11, 12, **6**:23, 25, 30, 31, 36, 38, **7**:19, 20, **9**:8, 23, **12**:7, **18**:22, **25**:9, 20, **32**:24, 29, **36**:23, **Ezr 7**:27, **9**:9, 13, **Neh 2**:12, **7**:5, **9**:8, 10, 13, 20, 35, 36, **Job 1**:21, **5**:10, **6**:8, **9**:18, **11**:5, **36**:6, 31, **Ps 4**:7, **8**:1, **10**:14, **14**:7, **16**:10, 13, 32, 35, **20**:4, **21**:2, 4, **27**:12, **28**:4, **29**:11, **37**:4, **39**:5, **40**:3, **41**:2, **44**:11, **46**:6, **53**:6, **55**:22, **60**:4, **66**:9, **68**:11, 33, 35, **74**:19, **77**:17, **78**:20, 24, **84**:11, **85**:7, 12, **86**:16, **89**:27, **99**:7, **104**:27, 28, **105**:32, **106**:15, 46, **111**:5, **115**:1, 16, **118**:18, **121**:3, **124**:6, **127**:2, **136**:25, **140**:8, **144**:10, **145**:15, **146**:7, **147**:9, 16, **148**:6, **Pro 1**:4, 20, **2**:6, **3**:34, **4**:2, 9, **8**:1, **13**:15, **29**:15, **Ecc 2**:26, **3**:10, **6**:2, **8**:15, **9**:9, **Isa 3**:4, **7**:14, **8**:18, **9**:6, **22**:22, **30**:20, 23, **34**:2, **40**:23, 29, **41**:2, 19, 27, **42**:1, 5, 6, 8, 24, **43**:3, 4, 28, **45**:3, **46**:13, **48**:11, **49**:6, **50**:4, **55**:4, **56**:5, **61**:3, 8, **62**:8, **Jer 1**:5, 9, **3**:15, **5**:14, 24, **6**:21, 27, **7**:7, 14, **8**:13, **10**:13, **11**:5, **13**:20, **15**:9, 13, 20, **16**:13, 15, **17**:3, **21**:8, **23**:39, 40, **24**:7, 8, 9, 10, **25**:5, 30, 31, **26**:4, **27**:5, **29**:18, **30**:16, **31**:33, 35, **32**:19, 22, 39, 40, **35**:15, **42**:12, **44**:10, **51**:16, **La 3**:65, **Eze 2**:8, **3**:3, 8, 9, 17, 20, **7**:3, 4, 8, 9, **9**:10, **11**:17, 19, 21, **12**:6, **14**:8, **15**:6, 7, **16**:7, 11, 12, 17, 19, 43, **17**:19, **20**:11, 12, 15, 25, 28, 42, **21**:31, **22**:31, **23**:24, 25, 28, 31, **25**:14, 17, **26**:20, **28**:25, **29**:19, 20, **32**:32, **33**:7, **36**:26, 27, 28, 29, **37**:6, 14, 25, 26, **44**:14, **Dan 1**:9, 17, **Hos 2**:15, **9**:14, **13**:11, **Joe 2**:11, 23, 30, **3**:16, **Am 1**:2, **4**:6, **9**:15, **Obd** 2, **Mic 6**:16, **7**:20, **Hab 3**:10, **Zep 3**:5, 20, **Hag 2**:9, **Zec 3**:7, 9, **Mal 2**:5, 9

———

[given/delivered into the (your, his etc.) hand of]
Gen 9:2, **Exd 23**:31, **Nu 21**:2, **Deu 2**:30, **3**:2, 3, **7**:24, **20**:13, **21**:10, **Jos 6**:2, **8**:1, 7, 18, **10**:8, 12, 19, 30, 32, **11**:6, 8, **21**:44, **24**:8, 11, **Jdg 1**:2, 4, **2**:14, 23, **3**:10, 28, **4**:7, 14, **6**:1, 13, **7**:2, 7, 9, 14, 15, **8**:3, 7, **11**:9, 21, 30, 32, **12**:3, **13**:1, **1Sa 14**:10, 12, 37, **17**:47, **23**:4, 14, **24**:4, 10, **26**:23, **28**:19, **30**:23, 5:19, **16**:8, **1Ki 20**:13, 28, **22**:6, 12, 23, **2Ki 3**:10, 13, 18, **17**:20, **1Ch 14**:10, **22**:18, **2Ch 13**:16, **16**:8, **18**:5, 11, **24**:24, **28**:5, 9, **29**:8, **30**:7, **Neh 9**:24, 27, 30, 37, **Ps 18**:40, 47, **78**:46, 61, 66, **106**:41, **Isa 36**:15, **47**:6, **Jer 20**:4, 5, **21**:7, **22**:25, **27**:6, **29**:21, **32**:4, 28, 36, **La 1**:14, **Eze 7**:21, **25**:4, 7, 10, **Joe 2**:17, 19

Dounai δούναι /Didou δίδου

1325

Edōken έδωκεν Gave
Dothēsetai δοθήσεται Will Be Given
Dōsō δώσω Will Give
Dedotai δέδοται Has been Given

[Only of Yehuwah giving]
Mat 6:11, **7**:7, 11, **10**:1, 19, **13**:11, 12, **14**:19, **15**:36, **16**:4, 19, **19**:11, **20**:4, 14, 23, 28, **21**:43, **25**:15, 29, **26**:26, **28**:18, **Mar 4**:11, 25, **6**:2, 7, 41, **8**:6, 12, **10**:37, 40, 45, **12**:9, **13**:11, **14**:23, **Luk 1**:32, 74, 77, **6**:38, **8**:10, 18, **9**:1, 16, **10**:19, **11**:3, 9, 13, 29, **12**:48, 51, **15**:22, **19**:13, 26, **20**:16, **21**:15, **22**:19, **Joh 1**:12, 17, **3**:16, 27, 34, 35, **4**:10, 14, 15, **5**:22, 26, 27, 36, **6**:27, 31, 32, 33, 34, 37, 39, 51, 65, **10**:28, 29, **11**:22, **12**:49, **13**:3, 15, 26, 34, **14**:16, 27, **15**:16, **16**:23, **17**:2, 4, 6, 7, 8, 9, 11, 12, 14, 22, 24, **18**:9, 11, **19**:11, **21**:13, **Act 2**:4, 19, 27, **3**:16, **4**:12, 29, **5**:31, 32, **7**:5, 8, 10, 25, 38, **8**:18, **10**:40, **11**:17, 18, **13**:20, 21, 34, 35, **14**:3, 17, **15**:8, **17**:25, **20**:32, **Ro 5**:5, **11**:8, **12**:3, 6, **15**:5, 15, **1Co 1**:4, **3**:5, 10, **12**:7, 8, 24, **15**:38, 57, **2Co 1**:22, **5**:5, 18, **8**:1, 16, **10**:8, **13**:10, **Gal 1**:4, **2**:9, **3**:21, 22, **Eph 1**:17, 22, **3**:2, 7, 8, 16, **4**:7, 8, 11, **6**:19, **Col 1**:25, **1Th 4**:2, 8, **2Th 1**:8, **2**:16, **3**:16, **1Ti 2**:6, **4**:14, **2Ti 1**:7, 9, 16, 18, **2**:7, 25, **Tit 2**:14, **Heb 2**:13, **8**:10, **10**:16, **Jas 1**:5, **4**:6, **1Pe 1**:21, **5**:5, **2Pe 3**:15, **1Jn 3**:1, 23, 24, **4**:13, **5**:11, 16, 20, **Rev 1**:1, **2**:7, 10, 17, 21, 23, 26, 28, **3**:8, 21, **6**:2, 4, **8**:2, 3, **9**:1, 3, 5, **10**:9, **11**:1, 3, 18, **12**:14, **16**:9, **17**:17, **19**:8, **20**:4, **21**:6

———

Mat 24:24, **Mar 13**:22, **Act 12**:23, **20**:35, **1Co 14**:9, **2Co 8**:5, 10, **1Ti 5**:14, **Heb 7**:4, **Jas 2**:16, **Rev 4**:9, **9**:3, 5, **11**:13, **13**:2, 4, 5, 7, 14, 15, **14**:7, **15**:7, **16**:6, 8, 9, **17**:13, 17, **18**:7, **19**:8, **20**:13

Parechō παρέχω 3930

Give, Do, Minister

[Except *trouble*]
1Ti 6:17, **Act 17**:31

———

Luk 6:29, **7**:4, **Act 16**:16, **19**:24, **22**:2, **28**:2, **Gal 6**:17, **Col 4**:1, **1Ti 1**:4, **Tit 2**:7

Doma δόμα /Domata δόματα

1390 Gift(s)

Mat 7:11, **Luk 11**:13, **Eph 4**:8, **Php 4**:17

Apodō αποδώ *591*

Render

♦Aponemontes απονέμοντες *632*

Mat 5:26, 33, **6**:4, 6, 18, **12**:36, **16**:27, **18**:25, 26, 28, 29, 30, 34, **20**:8, **21**:41, **22**:21, **27**:58, **Mar 12**:17, **Luk 4**:20, **7**:42, **9**:42, **10**:35, **12**:59, **16**:2, **19**:8, **20**:25, **Act 4**:33, 5:8, 7:9, **19**:40, **Ro 2**:6, **12**:17, **13**:7, **1Co 7**:3, **1Th 5**:15, **1Ti 5**:4, **2Ti 4**:8, 14, **Heb 12**:11, 16, **13**:17, **1Pe ♦3**:7, 9, **4**:5, **Rev 18**:6, **22**:2, 12

Labanō λαμβάνω /Elabomen ελάβομεν 2983 Receive, Takes

♦Proslambanō προσλαμβάνο *4355*

♣Lēpsetai λήψεται Will Receive

[Only of receiving from Yehuwah]

Mat 7:8, **10**:8, 38, 41, **13**:20, **16**:22, **19**:29, **20**:9, 10, 11, **21**:22, **25**:16, 18, 20, 24, **Mar ♦8**:32, **10**:30, **11**:24, **12**:40, **Luk 5**:26, **20**:47, **Joh 1**:12, 16, **3**:11, 27, 32, 33, **4**:36, **5**:34, 41, 43, 44, **6**:21, **7**:39, **10**:17, 18, **12**:48, **13**:20, **14**:17, **♣16**:14, ♣15, ♣24, **17**:8, **20**:22, **Act ♣1**:8, **2**:33, ♣38, **7**:53, **8**:15, 17, 19, **10**:43, 47, **17**:5, **♦18**:26, **19**:2, **20**:24, 35, **26**:18, **♦27**:33, ♦36, **♦28**:2, **Ro 1**:5, **5**:11, 17, **8**:15, **♦14**:1, ♦3, **♦15**:7, **1Co 2**:12, **♣3**:8, ♣14, **4**:7, **9**:24, **25, 14**:5, **2Co 11**:4, **Gal 3**:2, 14, **Php 3**:12, **Heb 2**:2, **4**:16, **9**:15, **10**:26, **11**:8, 11, 13, 35, **Jas 1**:7, 12, **3**:1, **4**:3, **5**:7, **1Pe 4**:10, **2Pe 1**:17, **1Jn 2**:27, **3**:22, **5**:9, **2Jn 4, Phm** ♦17, **Rev 2**:17, 27, **3**:3, **4**:11, **5**:12, **22**:17

Dechetai δέχεται *1209*

Receive

♦Apodechomai ἀποδέχομαι *588*

Mat 10:14, 40, 41, **11**:14, **18**:5, **Mar 6**:11, **9**:37, **10**:15, **Luk 2**:28, **♦8**:40, 13, **9**:5, 48, 53, **10**:8, 10, **16**:4, 6, 7, 9, **18**:17, **22**:17, **Joh 4**:45, **Act ♦2**:41, **3**:21, **7**:38, 59, **8**:14, **11**:1, **♦15**:4, **17**:11, **♦18**:27, **22**:5, **♦24**:3, **28**:21, ♦30, **1Co 2**:14, **2Co 6**:1, **7**:15, **8**:17, **11**:4, 16, **Gal 4**:14, **Eph 6**:17, **Php 4**:18, **Col 4**:10, **1Th 1**:6, **2**:13, **2Th 2**:10, **Heb 11**:31, **Jas 1**:21

Komidzō κομίζω /Komiseisthe κομισείσθε *2865* Obtain

Mat 25:27, **Luk 7**:37, **2Co 5**:10, **Eph 6**:8, **Col 3**:25, **Heb 10**:36, **11**:19, 39, **1Pe 1**:9, **5:4**

Tuchōsin τύχωσιν *5177*

Obtain

♦Epetuchen επέτυχεν *2013*

Luk 20:35, **Act 19**:11, **24**:2, **26**:22, **27**:3, **28**:2, **Ro ♦11**:7, **1Co 14**:10, **15**:37, **16**:6, **2Ti 2**:10, **Heb ♦6**:15, **8**:6, **♦11**:33, 35, **Jas ♦4**:2

Peripoiēsin περιποίησιν *4047*

Obtain, Possession

Eph 1:14, **1Th 5**:9, **2Th 2**:14, **Heb 10**:39, **1Pe 2:9**

Kratōn κρατων *2902*

Hold

[Only spiritual sense]

Col 2:19, **2Th 2**:15, **Heb 4**:14, **6**:18, **Rev 2**:13, 14, 15, 25, **3**:11

Katechete κατέχετε 2722

Hold Fast

♦Kataschomen κατάσχομεν

[Only spiritual sense]

Luk 8:15, **1Co 7**:30, **11**:2, **15**:2, **2Co 6**:10, **1Th 5**:21, **Heb ♦3**:6, ♦14, **♦10**:23

Naḥal נחל /Yinḥâl ינחל 5157

Inherit, (Will Inherit)

{♦Yitên יתן 5414 Give

♣Naḥalâh נחלה 5159 Inheritance

†Yârash ירש 3423 Possess}

Exd 34:9, **Zec 2**:12

Exd 23:30, **32**:13♦, **Lev 25**:46**†, Nu 18**:23, 24♦, **26**:55, **32**:18♣, 19♣, **33**:54♦♣♦♣♣, **34**:13♦, 17, 18, 29, **35**:8♦♣, **Deu 1**:38, **3**:28, **12**:10♦, **19**:3, 14♣†, **21**:16, **32**:8, **Jos 1**:6, **13**:32, **14**:1, **16**:4, **17**:6♣, **19**:49, 51♣♣, **Jdg 11**:2, **1Sa 2**:8, **1Ch 28**:8, **Job** 7:3, **Ps 82**:8, **119**:111, **Pro 3**:35, **8**:21, **11**:29, **13**:22, **14**:18, **28**:10, **Isa 14**:2, **49**:8♦♣, **57**:13†, **Jer 3**:18♦, **12**:14♣, **16**:19, **Eze 47**:13, 14♦♣, **Zep 2**:9, **Zec 8:12**

Kleronomeō κληρονομεω *2816*

Mat 5:5, **19**:29, **25**:34, **Mar 10**:17, **Luk 10**:25, **18**:18, **1Co 6**:9, 10, **15**:50, **Gal 4**:30, *5:21*, **1**:4, 14, **6**:12, **12**:17, **Heb 1**:4, **1Pe 3**:9, **Rev 21**:7

Klēronomos κληρονόμος *2818*

Heir

♦Sugklēronomos συγκληρονόμος *4789*

Mat 21:38, **Mar 12**:7, **Luk 20**:14, **Ro 4**:13, 14, **8**:17♦, **Gal 3**:29, **4**:1, 7, **Eph ♦3**:6, **Tit 3**:7, **Heb 1**:2, **6**:17, **11**:7, ♦**9**, **Jas 2**:5, **1Pe ♦3**:7

Sunkoinōnos συγκοινωνός *4791*
Partaker

♦Sunkoinōnē συγκοινωνή *4790*

Ro 11:17, **1Co 9**:23, **Eph ♦5**:11, **Php 1**:7, ♦**4**:14, **Rev 1**:9, ♦**18**:4

Metochos μέτοχος *3353*
♦Summetochos συμμέτοχος *4830*

Luk 5:7, **2Co 6**:14, **Eph ♦3**:6, ♦**5**:7, **Heb 1**:9, **3**:1, 14, **6**:4, **12**:8

Meris μερίς /Merida μερίδα *3310*
Partake

Luk 10:42, **2Co 6**:15, **Col 1**:12

Parelabon παρέλαβον *3880*
Take

♦Apolabōmen απολάβωμεν *618*

Mat 1:20, 24, **2**:13, 14, 20, 21, **4**:5, 8, **12**:45, **17**:1, **18**:16, **20**:17, **24**:40, 41, **26**:37, **27**:27, **Mar 4**:36, **5**:40, **7**:4, ♦**33**, **9**:2, **10**:32, **14**:33, **Luk ♦6**:34, **9**:10, 28, **11**:26, ♦**15**:27, ♦**16**:25, **17**:34, 35, ♦**18**:30, 31, ♦**23**:41, **Joh 1**:11, **14**:3, **19**:16, **Act 15**:39, **16**:33, **21**:24, 26, 32, **23**:18, **Ro ♦1**:27, **1Co 11**:23, **15**:1, 3, **Gal 1**:9, 12, ♦**4**:5, **Php 4**:9, **Col 2**:6, ♦**3**:24, **4**:17, **1Th 2**:13, **4**:1, **2Th 3**:6, **Heb 12**:28, **1Jn ♦1**:8

Prosagōgē προσαγωγή *4318*
Access

♦Prosagō προσάγω *4317*

Luk ♦9:41, **Ro 5**:2, **Eph 2**:18, **3**:12, **1Pe ♦3:18**

Eiserchomenē εισερχομένη /Eiselthē εισέλθη *1525* Enter
♦Eisodos είσοδος *1529*

†Esōteros εσώτερος *2082*

[Only of entering the kingdom of Yehuwah; for the entrance of Yehuwah to save *1529*, look under Erchomai (Come) on p64]

Mat 5:20, **7**:13, 21, **12**:4, **18**:3, 8, **19**:17, 23, 24, **25**:10, 21, 23, **Mar 2**:26, **9**:43, 45, 47, **10**:15, 23, 24, 25, **Luk 6**:4, **9**:34, **18**:17, 25, **Joh 3**:5, **10**:9, **Act 14**:22, **Heb 3**:11, 18, 19, **4**:1, 3, 5, 6, 10, 11, **6**:19†, 20, **9**:12, 24, 25, ♦**10**:19, **2Pe ♦1**:11, **Rev 3**:20, **11**:11, **15**:8, **21**:27, **22**:14

Naḥalâh נחלה /Nachlat נחלת
5159 Inheritance

{♦Yitên יתן 5414 Give

♣Ḥeleq חלק 2506 Portion

†Ḥevel חבל 2256 Lot}

Exd 15:17, **Deu 4**:20, **9**:26, 29, **10**:9♣, **18**:1♣♣, **32**:9♣†, **1Sa 10**:1, **26**:19, **2Sa 20**:19, **14**:16, **21**:3, **1Ki 8**:51, 53, **2Ki 21**:14, **Ps 2**:8♦, **28**:9, **33**:12, **68**:9, **74**:2, **78**:62, 71, **79**:1, **94**:5, 14, **106**:5, 40, **Isa 19**:25, **47**:6♦, **63**:17, **Jer 2**:7, **10**:16♣, **12**:7♦, 8, 9, **16**:18, **50**:11, **51**:19♣, **Joe 2**:17♦, **3**:2, **Mic 7**:14, 18

Gen 31:14♣, **48**:6, **Nu 16**:14♦, **18**:20♣♣, 21♦, 23, 24♦, 26♦, **26**:53, 54♦♦♦, 56, 62♦, **27**:7♦, 8, 9♦, 10♦, 11♦, **32**:18, 19, 32, **33**:54♦♦, **34**:2, 14, 15, **35**:2♦, 8♦, **36**:2♦♦, 3, 4, 7, 8, 9, 12, **Deu 4**:21♦, 38♦, **12**:9, 12♣, **14**:27♣, 29♣, **15**:4, **18**:2, **19**:10, 14♦, **20**:16♦, **21**:23, **24**:4, **25**:19♦, **26**:1, **29**:8♦, **31**:7♦, **Jos 11**:23, **13**:6, 7, 8♦♦, 14♦, 33♦, 23, 28, **14**:2, 3♦♦, 9, 13, 14, **15**:20, **16**:5, 8, 9, **17**:4♦, 6, 14♦†, **18**:2, 4, 7♣, 20, 28, **19**:1, 2, 8, 9†, 10, 16, 31, 39, 41, 48, 49, 51, **21**:3♦, **23**:4, **24**:28, 30, 32, **Jdg 2**:6, 9, **18**:1, **20**:6, **21**:23, 24, **Ru 4**:5, 6, 10, **2Sa 20**:1, **1Ki 8**:36♦, **12**:16, **21**:3♦, 4♦, **1Ch 16**:18♦†, **2Ch 6**:27♦, **10**:16, **Neh 11**:20, **Job 20**:29♣, **27**:13♣, **31**:2♣, **42**:15♦, **Ps 16**:6†, **37**:18, **47**:4, **69**:36, **78**:55†, **105**:11♦†, **111**:6, **127**:3, **135**:12, **136**:21, 22, **Pro 17**:2, **19**:14, **20**:21, **Ecc 7**:11, **Isa 49**:8♦, **54**:17, **58**:14, **Jer 3**:19♦, **12**:14, 15, **17**:4, **La 5**:2, **Eze 35**:15, **36**:12, **45**:1, **46**:16♦, 17♦, 18, 14♦, 22, 23♦, **48**:29, **Mic 2**:2, **Mal 1**:3

Ḥevel חבל 2256
Country, Lot, Coast

[Also look under Naḥalah above; for *sorrow* go to p155]

Deu 3:4, 13, 14, **Jos 17**:5, **19:**29, **1Ki 4**:13, **Eze 47**:13, **Am 7**:17, **Mic 2**:5, **Zep 2**:6, 7

Klēronomia κληρονομία *2817*
♦Klēron κληρον *2819*

♣Eklērōthēmen εκληρώθημεν *2820*

Act 20:32, ♦**26**:18, **Gal 3**:18, **Eph ♣1**:11, 14, 18, **5**:5, **Col ♦1**:12, **3**:24, **Heb 9**:15, **11**:8, **1Pe 1**:4

Yârash ירש /Lârashet לרשת
3423 Possess, (To Possess). Inherit, Heir

{♦Yâshav ישׁב 3427 Dwell
♣Yitên יתן 5414 Give}
Gen 15:3♣, 4, **7**♣, **8**, **21**:10, **22**:17, **24**:60, **28**:4♣, **45**:11, **Exd 15**:9, **Lev 20**:24, **25**:46, **Nu 13**:30, **14**:24, **21**:24, 35, **33**:53♦♣, **36**:8, **Deu 1**:8♣, 21♣, 39♣, **2**:21, 22, 25♣, 31♣, **3**:12, 18, 20, **4**:1, 5, 14, 22, 26, 47, **5**:31♣, 33, **6**:1, 18, **7**:1, **8**:1, **9**:1, 4, 5, 6, 23, **10**:11♣, **11**:8, 10, 11, 29, 31♦, **12**:1, 29, **15**:4, **16**:20, **17**:14♦, **19**:2, 14, **21**:1, **23**:20, **25**:19♣, **26**:1, **28**:21, 42, 63, **30**:5, 16, 18, **31**:3, 13, **32**:47, **33**:23, **Jos 1**:11, 15, **8**:7, **12**:1, **13**:1, **18**:3, **19**:47, **21**:43♣, **23**:5, **24**:4, 8, **Jdg 2**:6, **3**:13, **11**:21, 22, 24, **14**:15, **18**:7, 9, **2Sa 14**:7, **1Ki 21**:15, 16, 18, 19, **2Ki 17**:24, **1Ch 28**:8, **2Ch 20**:11, **Ezr 9**:11, 12, **Neh 9**:15♣, 22, 23, 24, 25, **Job 13**:26, **Ps 25**:13, **37**:9, 11, 22, 29, 34, **44**:3, **69**:35, 36, **83**:12, **105**:44, **Pro 20**:13, **30**:9, 23, **Isa 14**:21, **34**:11, 17, **54**:3, **57**:13, **60**:21, **61**:7, **63**:18, **65**:9, **Jer 8**:10, **30**:3, **32**:23, **49**:1, 2, **Eze 7**:24, **33**:24, 25, 26, **35**:10, **36**:12, **Hos 9**:6, **Am 2**:10, **9**:12, **Obd** 17, 19, 20, **Hab 1**:6, **Mic 1**:15

(Hôrîsh הורישׁ Cast Out, Dispossess)
Exd 34:24, **Nu 14**:12, **21**:32, **32**:21, 39, **33**:52, 53, 55, **Deu 4**:38, **7**:17, **9**:3, **11**:23, 2, **12**:29♦, **18**:12, 14, **19**:1, **26**:1♦, **Jos 3**:10, **13**:6, 12, **14**:12, **15**:14, 63, **16**:10, **17**:12, 13, 18, **23**:9, 13, **Jdg 1**:19, 20, 21, 27, 28, 29, 30, 31, 32, 33, **2**:21, 23, **3**:13, **11**:23, **1Sa 2**:7, **1Ki 14**:24, **21**:26, **2Ki 16**:3, **17**:8, **21**:2, **2Ch 20**:7, **28**:3, **33**:2, **Job 20**:15, **Ps 44**:2, **Zec 9**:4

Y^{e}rushshâh ירשׁה 3425

Possession

♦Y^{e}rêshâh ירשׁה 3424
{♣Yitên יתן 5414 Give}
Nu ♦**24**:18, **Deu 2**:5♣♣, 9♣, 12♣, 19♣♣, **3**:20♣, **Jos 1**:15, **12**:6, 7, **Jdg 21**:17, **2Ch 20**:11, **Ps 61**:5, **Jer 32**:8

Môrâshâh מורשׁה 4181

Possession

♦Môrâsh מורשׁ 4180
Exd 6:8, **Deu 33**:4, **Job** ♦**17**:11, **Isa** ♦**14**:23, **Eze 11**:15, **25**:4, 10, **33**:24, **36**:2, 3, 5, **Obd** ♦17

Aḥuzzâh אחזה 272

Possession

{♦Yitên יתן 5414 Give}
Gen 17:8♦, **23**:4, 9, 20, **36**:43, **47**:11, **48**:4♦, **49**:30, **50**:13, **Lev 14**:34, **25**:10, 13, 24, 25, 27, 28, 32, 33, 34, 41, 45, 46, **27**:16, 21, 22, 24, 28, **Nu 27**:4, 7, **32**:5, 22, 29, 32, **35**:2, 8, 28, **Deu 32**:49, **Jos 21**:12, 41, **22**:4, 9, 19, **1Ch 7**:28, **9**:2, **2Ch 11**:14, **31**:1, **Neh 11**:3, **Ps 2**:8, **Eze 44**:28, **45**:5, 6, 7, 8, **46**:16, 18, **48**:20, 21, 22

Ḥeleq חלק 2506

Portion

{♦Yitên יתן 5414 Give}
[Also look under Naḥalah (Inheritance) on p86]
Gen 14:24, **Lev 6**:17, **Nu 31**:36, **Deu 18**:8, **Jos 14**:4, **15**:13, **18**:5, 6, 9, **19**:9, **22**:25, 27, **1Sa 30**:24, **2Sa 20**:1, **1Ki 12**:16, **2Ki 9**:10, 36, 37, **2Ch 10**:16, **Neh 2**:20, **Job 17**:5, **32**:17, **Ps 16**:5, **17**:14, **50**:18, **73**:26, **119**:57, **142**:5, **Pro 7**:21, **Ecc 2**:10, 21, **3**:22, **5**:18♦, 19♦, **9**:6, 9, **11**:2, **Isa 17**:14, **57**:6, **61**:7, **La 3**:24, **Eze 45**:7, **48**:8, 21, **Hos 5**:7, **Am 7**:4, **Mic 2**:4, **Hab 1**:16, **Zec 2**:12

Mânâh מנה 4490

Portion

Exd 29:26, **Lev 7**:33, **8**:29, **1Sa 1**:4, 5, **9**:23, **2Ch 31**:19, **Neh 8**:10, 12, **Est 2**:9, **9**:19, 22, **Ps 16**:5, **Jer 13**:25

Huparxis ὕπαρξις *5223*

Act 2:45, **Heb 10**:34

Gôrâl גורל 1486

Lot

Lev 16:8, 9, 10, **Nu 26**:55, 56, **33**:54, **34**:13, **36**:2, 3, **Jos 14**:2, **15**:1, **16**:1, **17**:1, 14, 17, **18**:6, 8, 10, 11, **19**:1, 10, 17, 24, 32, 40, 51, **21**:4, 5, 6, 8, 10, 20, 40, **Jdg 1**:3, **20**:9, **1Ch 6**:54, 61, 63, 65, **24**:5, 7, 31, **25**:8, 9, **26**:13, 14, **Neh 10**:34, **11**:1, **Est 3**:7, **9**:24, **Ps 16**:5, **22**:18, **125**:3, **Pro 1**:14, **16**:33, **18**:18, **Isa 17**:14, **34**:17, **57**:6, **Jer 13**:25, **Eze 24**:6, **Dan 12**:13, **Joe 3**:3, **Obd** 11, **Jon 1**:7, **Mic 2**:5, **Nah 3**:10

Maḥaloqet מחלקת 4256

Division

Jos 11:23, **12**:7, **18**:10, **1Ch 23**:6, **24**:1, **26**:1, 12, 19, **27**:1, 2, 4, 5, 6, 7, 8, 9, 10, 11, 12, 13, 14, 15, **28**:1, 13, 21, **2Ch 5**:11, **8**:14, **23**:8, **31**:2, 15, 16, 17, **35**:4, 10, **Neh 11**:36, **Eze 48**:29

Pârats פרץ 6555

Break Through, Increase, Urge

♦Perets פרץ 6556

Gen 28:14, **30**:30, 43, **38**:29♦, **Exd 1**:12, **19**:22, 24, **Jdg** ♦**21**:15, **1Sa 3**:1, **25**:10, **28**:23, **2Sa 5**:20♦, **6**:8♦, **13**:25, 27, **1Ki** ♦**11**:27, **2Ki** 5:23, **14**:13, **1Ch 4**:38, **13**:2, 11♦, **14**:11♦, **15**:13, **2Ch 11**:23, **20**:37, **24**:7, **25**:23, **26**:6, **31**:5, **32**:5, **Neh 1**:3, **2**:13, **4**:3, 7, ♦**6**:1, **Job 1**:10, **16**:14♦♦, **28**:4, ♦**30**:14, **Ps 60**:1, **80**:12, **89**:40, ♦**106**:23, 29, ♦**144**:14, **Pro 3**:10, **25**:28, **Ecc 3**:3, **10**:8, **Isa 5**:5, ♦**30**:13, **54**:3, ♦**58**:12, **Eze** ♦**13**:5, ♦**22**:30, **Hos 4**:2, 10, **Am** ♦**4**:3, ♦11, **Mic 2**:13

Râdad רדד 7286

Subdue

Ps 144:2, **Isa 45**:1

Shâlal שׁלל 7998

Spoil

♦Ḥalîtsâh חליצה 2488

Gen 49:27, **Exd 15**:9, **Nu 31**:11, 12, **Deu 2**:35, **3**:7, **13**:16, **20**:14, **Jos 7**:21, **8**:2, 27, **11**:14, **22**:8, **Jdg 5**:30, **8**:24, 25, ♦**14**:19, **1Sa 14**:30, **32, 15**:19, 21, **30**:16, 19, 20, 22, 26, **2Sa** ♦**2**:21, **3**:22, **8**:12, **12**:30, **2Ki 3**:23, **1Ch 20**:2, **26**:27, **2Ch 14**:13, **15**:11, **20**:25, **24**:23, **28**:8, 15, **Est 3**:13, **8**:11, **Ps 68**:12, **119**:162, **Pro 1**:13, **16**:19, **31**:11, **Isa 8**:4, **9**:3, **10**:2, 6, **33**:4, 23, **53**:12, **Jer 21**:9, **38**:2, **39**:18, **45**:5, **49**:32, **50**:10, **Eze 7**:21, **29**:19, **38**:12, 13, **Dan 11**:24, **Zec 2**:9, **14**:1

Bâzaz בזז 962

Spoil, Plunder

♦Baz בז 957

Gen 34:27, 29, **Nu** ♦**14**:3, 31, **31**:9, 32♦, 53, **Deu** ♦**1**:39, **2**:35, **3**:7, **20**:14, **Jos 8**:2, 27, **11**:14, **1Sa 14**:36, **2Ki 7**:16, ♦**21**:14, **2Ch 14**:14, **20**:25, **25**:13, **28**:8, **Est 3**:13, **8**:11, **Ps 109**:11, **Isa 10**:2, 6, ♦6, **11**:14, **17**:14, **24**:3, **33**:23♦, **42**:22♦, 24, **Jer** ♦**2**:14, ♦**15**:13, ♦**17**:3, **20**:5, **30**:16♦, ♦**49**:32, **50**:37, **Eze** ♦**7**:21, ♦**23**:46, ♦**25**:7, ♦**26**:5, 12, **29**:19♦, ♦**34**:8, ♦22, ♦28, ♦**36**:4, ♦5, **38**:12♦, 13♦, **39**:10, **Am 3**:11, **Nah 2**:9, **Zep 2**:9

Diarpazō διαρπάζω *1283*

♣Sulagōgeō συλαγωγέω *4812*

†Sylaō συλάω *4813*

‡Skŷlon σκῦλον *4661*

ΔAkrothinion ἀκροθίνιον *205*

Mat 12:29, **Mar 3**:27, **Luk 1**‡**1**:22, **2Co** †**11**:8, **Col** ♣**2**:8, **Heb** Δ7:4

Shâdad שׁדד 7703

Plunder, Destroy

Jdg 5:27, **Job 12**:6, **15**:21, **Ps 17**:9, **137**:8, **Pro 11**:3, **19**:26, **24**:15, **Isa 15**:1, **16**:4, **21**:2, **23**:1, 14, **33**:1, **Jer 4**:13, 20, 30, 5:6, **6**:26, **9**:19, **10**:20, **12**:12, **15**:8, **25**:36, **47**:4, **48**:1, 8, 15, 18, 20, 32, **49**:3, 10, 28, **51**:48, 53, 55, 56, **Eze 32**:12, **Hos 10**:2, 14, **Joe 1**:10, **Obd** 5, **Mic 2**:4, **Nah 3**:7, **Zec 11**:2, 3

Shâçâh שׁסה 8154

Plunder

Jdg 2:14, 16, **1Sa 14**:48, **23**:1, **2Ki 17**:20, **Ps 44**:10, **Isa 10**:13, **17**:14, **42**:22, **Jer 50**:11, **Hos 13**:15

Dēsē δήση /Dedemena δεδεμένα *1210*

Bind, (Be Bound)

[Only spiritual sense]

Mat 13:30, **16**:19, **18**:18, **22**:13, **Mar 3**:27, **Luk 13**:16, **Joh 4**:4, **Act 20**:22, **Ro 7**:2, **1Co 7**:27, 39, **2Ti 2**:9, **Rev 9**:14, **20**:2

Ekbalō εκβάλω *1544*

Cast Out

Mat 7:4, 5, 22, **8**:12, 16, 31, **9**:25, 33, 34, 38, **10**:1, 8, **12**:20, 24, 26, 27, 28, 35, **13**:52, **15**:17, **17**:19, **21**:12, 39, **22**:13, **25**:30, **Mar 1**:12, 34, 39, 43, **3**:15, 22, 23, **5**:40, **6**:13, **7**:26, **9**:18, 28, 38, 47, **11**:15, **12**:8, **16**:9, 17, **Luk 4**:29, **6**:22, 42, **9**:40, 49, **10**:2, 35, **11**:14, 15, 18, 19, 20, **13**:28, 32, **19**:45, **20**:12, 15, **Joh 2**:15, **6**:37, **9**:34, 35, **10**:4, **12**:31, **Act 7**:58, **9**:40, **13**:50, **16**:37, **27**:38, **Gal 4**:30, **Jas 2**:25, **3Jn** 10, **Rev 11**:2

Shâkan שׁכן /Yishkôn ישׁכן

7931 Dwell, (Will Dwell)

{♦Betaḥ בטח 983 Safety}

Of Yehuwah, His glory

***Exd 24**:16*, **25**:8, **29**:45, 46, **40**:35, **Lev 16**:16, **Nu 5**:3, **9**:17, 18, 22, **10**:12, **35**:34, **Deu 33**:16, **Jos 18**:1, **22**:19, **1Ki 6**:13, **8**:12, **2Ch 6**:1, **Ps 68**:16, 18, **74**:2, **85**:9, **135**:21, **Pro 8**:12, **Isa 8**:18, **32**:16, **33**:5, **57**:15, **Eze 43**:7, 9, **Joe 3**:17, 21, **Zec 2**:10, 11, **8**:3

Of His People

Gen 49:13, **Nu 14**:30, **23**:9, **24**:2, **Deu 33**:12♦, 20, 28♦, **Ps 15**:1, **16**:9, **37**:3, 27, 29, **55**:6, **65**:4, **68**:6,

78:55, **94**:17, **102**:28, **120**:5, 6, **139**:9, **Pro 1**:33♦, **2**:21, **10**:30, **Isa 33**:16, **34**:17, **65**:9, **Jer 7**:3, 7, **23**:6♦, **33**:16♦, **46**:26, **Zec 8:8**

Yâshav יָשַׁב /Shâvet שֶׁבֶת

3427 Dwell(ing), Sit
Yôshêv יוֹשֵׁב Inhabitants
{♦Betaḥ בטח 983 Safety}
[Also see under Yârash (Possess) on p86, Shâma‘ (Hear) on p12 and Shêm (Name) on p19]

1Sa 4:4, **2Sa 6**:2, 11, **7**:5, 6, **1Ki 8**:13, 27, **22**:19, **1Ch 13**:6, 14, **17**:4, 5, **2Ch 6**:2, 18, **Ps 9**:4, 7, 11, **22**:3, **29**:10, **33**:14, **47**:8, **55**:19, **68**:16, **80**:1, **99**:1, **102**:12, **110**:1, **113**:5, **132**:14, **Isa 6**:1, **37**:16, **40**:22, **La 5**:19, **Joe 3**:12, **Mal 3**:3

[Not all *dwell, inhabitant, sit on the throne*; only spiritual sense, of Israel in their land]

Lev 20:22, **23**:42, 43, **25**:18♦, 19♦, **26**:5♦, 35, **Nu 21**:25, 31, **22**:5, **32**:40, **33**:55, **35**:2, 3, 34, **Deu 6**:7, **8**:12, **9**:9, **11**:19, 31, **12**:10♦, **13**:12, **17**:14, **19**:1, **28**:30, **30**:20, **Jos 6**:25, **14**:4, **19**:47, 50, **21**:2, 43, **24**:13, 15, **Jdg 3**:5, **6**:10, **1Sa 1**:22, **2**:8, **5**:7, **7**:2, **12**:8, **19**:2, 18, **22**:5, 23, **23**:14, 18, 25, 29, **26**:3, **27**:3, 5, 7, **30**:21, 24, **2Sa 2**:3, **5**:9, **7**:1, 2, 18, **1Ki 1**:48, **2**:12, 24, **4**:25♦, **8**:20, **17**:9, **2Ki 13**:5, **1Ch 2**:55, **4**:23, 28, 41, 43, **5**:8, 9, 10, 11, 16, 22, 23, **7**:29, **8**:28, 29, 32, **9**:2, 3, 16, 34, 35, 38, **11**:7, **17**:1, 16, **28**:5, **29**:23, **2Ch 2**:3, **6**:10, 16, **8**:2, **10**:17, **18**:18, **19**:4, **20**:8, **Ezr 2**:70, **Neh 3**:26, **7**:73, **8**:14, 17, **11**:1, 2, 3, 4, 6, 21, 25, **Job 36**:7, **Ps 1**:1, **4**:8♦, **23**:6, **24**:1, **26**:4, 5, **27**:4, **33**:8, **61**:7, **65**:8, **68**:6, 10, **69**:35, **75**:3, **84**:4, **91**:1, **98**:7, **101**:6, 7, **107**:10, 36, **113**:8, 9, **122**:5, **125**:1, **132**:12, **133**:1, **137**:1, **139**:2, **140**:13, **143**:3, **Sng 2**:3, **Isa 10**:24, **12**:6, **22**:21, **23**:18, **28**:6, **30**:19, **32**:16, 18, **33**:24, **40**:22, **42**:7, **52**:2, **54**:3, **58**:12, **Jer 4**:7, 29, **9**:6, **17**:6, **25**:5, **32**:37♦, **33**:17, **35**:15, **La 3**:6, **Eze 28**:25, 26♦, **36**:10, 11, 17, 28, 33, 35, **37**:25, **38**:8♦, 11♦, 12, 14♦, **Hos 9**:3, **11**:11, **12**:9, **14**:7, **Joe 3**:20, **Mic 5**:4, **7**:8, 13, **Nah 1**:5, **Zep 1**:18, **Hag 1**:4, **Zec 2**:4, 7, **12**:5, 6, 7, 8, 10, **13**:1, **14**:10, 11♦

Gûr גּוּר 1481

Dwell

Gen 12:10, **19**:9, **20**:1, **21**:23, 34, **26**:3, **32**:4, **35**:27, **47**:4, **Exd 3**:22, **6**:4, **12**:48, 49, **Lev 16**:29, **17**:8, 10, 12, 13, **18**:26, **19**:33, 34, **20**:2, **25**:6, 45, **Nu 9**:14, **15**:14, 15, 16, 26, 29, **19**:10, **22**:3, **Deu 1**:17, **18**:6, 22, **26**:5, **32**:27, **Jos 20**:9, **Jdg 5**:17, **17**:7, 8, 9, **19**:1, 16, **Ru 1**:1, **1Sa 18**:15, **2Sa 4**:3, **1Ki 17**:20, **2Ki 8**:1, 2, **1Ch 16**:19, **2Ch 15**:9, **Ezr 1**:4, **Job 19**:15, 29, **28**:4, **41**:25, **Ps 5**:4, **15**:1, **22**:23, **33**:8, **56**:6, **59**:3, **61**:4, **105**:12, 23, **120**:5, **140**:2, **Isa 5**:17, **11**:6, **16**:4, **23**:7, **33**:14, **52**:4, **54**:15, **Jer 35**:7, **42**:15, 17, 22, **43**:2, 5, **44**:8, 12, 14, 28, **49**:18, 33, **50**:40, **La 4**:15, **Eze 14**:7, **47**:22, 23, **Hos 7**:14, **10**:5

Menō μένω /Menē μένη /Menei

μένει *3306* Abide, Dwell
Menonta μένοντα Abiding
Menousan μένουσαν Enduring
Meinēte μένειτε Continue
♦Epimenō επιμένω *1961*
♣Emmenō εμμένω *1696*
†Paramenō παραμένω *3887*
‡Epanapauomai επαναπαυομαι *1879*
ΔEpanorthosis επανόρθοσις *1882*
[Except *abide, remain, continue* at physical places or states]

Joh 3:36, **5**:38, **12**:34, **Ro 9**:11, **1Co 13**:13, **2Ti 2**:13, **Heb 7**:3, 24, **10**:34, **1Pe 1**:23, 25, **1Jn 2**:6, 14, 24, 27, **3**:9, 15, 17, 24, **4**:12, 13, 15, 16, **2Jn** 2

Joh 6:27, 56, ♦**8**:7, 31, 35, **9**:41, **12**:24, 46, **14**:10, 17, 25, **15**:4, 5, 7, 9, 10, 16, **Luk** †**10**:6, **Act** ♦**10**:48, ♦**12**:16, ♣**14**:22, ♦**21**:4, ♦10, ♦**28**:12, ♦14, ♣30, **Ro** †**2**:17, ♦**6**:1, ♦**11**:22, ♦23, **1Co 3**:14, **7**:24, †**16**:6, ♦7, ♦8, **2Co 3**:11, **9**:9, **Gal** ♦**1**:18, ♣**3**:10, **Php** ♦**1**:24, †25, **Col** ♦**1**:23, **1Ti 2**:15, ♦**4**:16, **2Ti 3**:14, ‡16, **Heb** †**7**:23, ♣**8**:9, **12**:27, **Jas** †**1**:25, **1Jn 2**:10, 17, 28, **3**:6, 14, **2Jn** 9

Enoikeō ενοικέω *1774*

Enoikēsō ενοικήσω Will dwell
Enoikountos ενοίκουντος Abiding
Ro 8:11, **2Co 6**:16, ***Col 3**:16*, **2Ti 1**:5, 14

Katoikei κατοικει *2730*

♦Katoikētērion κατοικητήριον *2732*
♣Sunoikountes συνοικουντες *4924*
[Only of Yehuwah]
Act 7:48, **17**:24, **Eph** ♦**2**:22, **3**:17, **Col 1**:19, **2**:9, **Jas 4**:5, ♣**1 Pet 3**:7, **2Pe 3**:13, **Rev** ♦**18**:2

Skenōsei σκενώσει *4637*

♦Eskēnōsen εσκήνωσεν
Joh ♦**1**:14, **Rev 7**:15, **12**:12, **13**:6, **21**:3

Ridza ρίζα *4491*

Root

♦Erridzō ερριζωμένοι *4492* Rooted
♣Emphutos έμφυτος *1721* Grafted
Mat 3:10, **13**:6, 21, **Mar 4**:6, 17, **11**:20, **Luk 3**:9, **8**:13, **Ro 11**:16, 17, 18, **15**:12, **Eph ♦3**:17, **Col ♦2**:7, **1Ti 6**:10, **Heb 12**:15, **Jas ♣1**:21, **Rev 5**:5, **22**:16

Diatribō διατρίβω *1304*

Abide
Joh 3:22, **Act 12**:19, **14**:3, 28, **15**:35, **16**:12, **20**:6, **25**:6, 14

Koinōnia κοινωνία *2842*

Communion, Fellowship
♦Ekoinōnei εκοινώνει *2841*
Act 2:42, **Ro ♦12**:13, **15**:26, **♦27**, **1Co 1**:9, **10**:16, **2Co 6**:14, **8**:4, **9**:13, **13**:14, **Gal 2**:9, **♦6**:6, **♦15**, **Php 1**:5, **2**:1, **3**:10, **1Ti ♦5**:22, **Phm** 6, **Heb ♦2**:14, **13**:16, **1Pe ♦4**:13, **1Jn 1**:3, 6, 7, **♦11**

Henotēs ενότης *1775*

Unity
Eph 4:3, 13

Nâweh נוה 5116

Habitation
Exd 15:13, **2Sa 15**:25, **Jer 50**:7

2Sa 7:8, **1Ch 17**:7, **Job 5**:3, 24, **8**:6, **18**:15, **Ps 68**:12, **79**:7, **Pro 3**:33, **21**:20, **24**:15, **Isa 27**:10, **32**:18, **33**:20, **34**:13, **35**:7, **65**:10, **Jer 10**:25, **23**:3, **25**:30, **31**:23, **33**:12, **49**:19, 20, **50**:19, 44, 45, **Eze 25**:5, **34**:14, **Hos 9**:13, **Zep 2**:6

Rûm רוּם /Ram רם /Rômîm רוֹמם / Yârûm ירוּם 7311

Exalt, Lift Up
♦Yerômû ירוֹמוּ 7426
♣Zâqaph זקף 2210
[Only of man; for *exalt* of Yehuwah, go to p37; except *lift up my voice, his hand, offer up, heave, loud*]
1Sa 2:7, 8, 10, **2Sa 22**:49, **1Ki 14**:7, **16**:2, **Job 17**:4, **Ps 3**:3, **9**:13, **18**:48, **27**:5, 6, **37**:34, **61**:2, **74**:3, **75**:6, 7, 10, **89**:16, 17, 19, 24, 42, **92**:10, **110**:7, **112**:9, **113**:7, **145**:**14♣**, **146**:**8♣**, **148**:14, **Pro 4**:8, **14**:34, **24**:7, **Isa 6**:1, **49**:11, **Eze 10**:4, **♦15**, 16, **17♦**, **♦19**, **21:22**

Exd 14:16, **17**:11, **Deu 8**:14, **17**:20, **32**:27, **2Sa 22**:28, **1Ch 15**:16, **25**:5, **2Ch 5**:13, **Ezr 3**:12, **Job 21**:22, **♦24**:24. **38**:15, 34, **Ps 12**:8, **13**:2, **18**:27, **66**:7, **75**:4, 5, **107**:25, **131**:1, **140**:8, **Pro 3**:35, **6**:17, **11**:11, **14**:29, **21**:4, **30**:13, **Isa 2**:12, 13, 14, **10**:33, 15, **13**:2, **14**:13, **37**:23, **40**:9, **58**:1, **62**:10, **La 2**:17, **Eze 31**:10, **Dan 11**:12, 36, **Hos 13**:6

Nâsâ' נשׂא 5375

Lift Up, Bear, Exalted
[Only meanings bearing the children of Israel etc., not all meanings of *lift, bear*; for *forgive* go to p9; for *exalt, lift up* of Yehuwah go to p64; for *bear their iniquity/sin* look under 'Awon (Iniquity) on p132 and Ḥet (Sin) on p131; for *bear the ark*, look, under Arôn (Ark) on p196]
Exd 19:4, **Deu 1**:31, **10**:17, **28**:49, **32**:11, **2Sa 14**:14, **1Ki 18**:12, **Job 30**:22, **32**:22, **34**:19. **42**:9, **Ps 28**:9, **82**:2, **91**:12, **102**:10, **Isa 5**:26, **11**:12, **18**:3, **46**:3, 4, **63**:9
(bear)
Exd 28:12, 29, 30, **Nu 11**:12, 14, 17, **24**:7, **Deu 1**:9, 12, **2Ch 32**:23, **Ps 24**:5, 7, 9, **25**:1, **28**:2, **83**:2, **86**:4, **93**:3, **96**:8, **116**:13, **119**:48, **121**:1, **123**:1, **126**:6, **134**:2, **139**:9, 20, **143**:8, **Isa 2**:13, 14, **3**:3, **9**:15, **10**:24, **13**:2, **24**:14, **37**:4, **40**:4, 11, **42**:11, **52**:8, **57**:7, **Jer 4**:6, **50**:2, **51**:12, 27, **La 2**:19, **3**:41, **Dan 11**:14, **Hos 13**:1, **Zec 1**:21

Gen 13:10, 14, **18**:2, **22**:4, 13, **24**:63, 64, **27**:38, **29**:11, **31**:10, 12, **33**:1, **36**:7, **40**:13, 20, **43**:29, **Exd 20**:7, **23**:1, **25**:27, 28, **27**:7, **30**:4, **35**:21, 26, **36**:2, **37**:14, 15, 27, **38**:7, **Lev 9**:22, **19**:15, **Nu 1**:50, **4**:15, 25, **7**:9, **10**:17, 21, **13**:23, **14**:1, 33, **16**:3, **23**:7, 18, 24, **24**:2, 3, 15, 20, 21, 23, **Deu 3**:27, **4**:19, **5**:11, **10**:8, **12**:26, **14**:24, **28**:50, **33**:3, **Jos 4**:3, 8, 9, 13, **Jdg 2**:4, **8**:28, **9**:7, 54, **19**:17, **21**:2, **Ru 1**:9, 14, **2**:18, **1Sa 2**:28, **6**:13, **11**:4, **14**:1, 3, 6, 7, 12, 13, 14, 17, **16**:21, **17**:7, 41, **22**:18, **24**:16, **25**:35, **30**:4, **31**:4, 5, 6, **2Sa 2**:22, **3**:32, **4**:4, **5**:12, 21, **8**:2, 6, **13**:34, 36, **18**:15, 24, 28, **19**:42, **20**:21, **23**:16, 37, **1Ki 1**:5, **9**:11, **14**:28, **2Ki 3**:14, **5**:1, **9**:25, **14**:10, **19**:4, 22, **20**:17, **25**:27, **1Ch 5**:18, **10**:4, 5, **11**:39, **12**:24, **14**:2, **16**:29, **18**:2, 6, 11, **21**:16, 24, **23**:26, **2Ch 6**:22, **14**:8, 13, **16**:6, **25**:19, **Ezr 1**:4, **8**:36, **Neh 9**:15, **Est 2**:9, 15, 17, **3**:1, **5**:2, 11, **9**:3, **Job 2**:12, **7**:13, **10**:15, **11**:15, **13**:8, 10, **21**:3, **22**:8, 26, **27**:1, 21, **29**:1, **31**:36, **32**:21, **34**:31, **36**:3, **40**:20, **Ps 24**:4, **69**:7, **72**:3, **83**:2, **88**:15, **Pro 6**:35, **9**:12, **18**:14, **19**:18, 19, **30**:13, 21, 32, **Ecc 5**:15, 19, **Isa 2**:4, **8**:4, **14**:4, **15**:7, **37**:23, **39**:6, **40**:24, 26, **41**:16, **49**:18, **51**:6, **52**:11, **57**:7, 13, **60**:4, 6, **64**:6, **66**:12, **Jer 3**:2, **6**:1, **7**:16, 29, **9**:10, 18, **10**:5, 19, **11**:14, **13**:20, **15**:15, **31**:19, **51**:9, **52**:31, **La 3**:27, **4**:16, **Eze 1**:19, 20, 21, **3**:12, 14, **8**:3, 5, **10**:16, 19, **11**:1, 24, 22, **12**:6, 7, 12, **16**:52,

54, 58, **17**:8, 9, 14, 23, **18**:6, 12, 15, **19**:1, **20**:31, **23**:27, 35, 49, **26**:17, **27**:2, 32, **28**:12, **29**:15, 19, **32**:2, 24, 25, 30, **33**:25, **34**:29, **36**:6, 7, 8, 15, **38**:13, **39**:10, 26, **43**:5, **44**:10, 12, 13, **Dan 8**:3, **10**:5, **11**:12, 14, **Hos 1**:6, **4**:8, **5**:14, **14**:2, **Joe 2**:22, **Am 4**:2, **5**:1, 26, **6**:10, **Mic 2**:4, **4**:3, **6**:16, **7**:9, **Nah 1**:5, **Hab 1**:3, **2**:6, **3**:10, **Hag 2**:19, **Zec 1**:18, **2**:1, **5**:1, 5, 9, **6**:1, **Mal 2**:3, 9

Sâlâl סלל 5549

Exalt, Cast Up

Exd 9:17, **Job 19**:12, **30**:12, **Ps 68**:4, **Pro 4**:8, **15**:19, **Isa 57**:14, **62**:10, **Jer 18**:15, **50**:26

Tsâmaḥ צמח /Yîtsmâch יצמח 6779

Increase, Grow, Bud

2Sa 23:5, **Job 8**:19, **38**:27, **Ps 104**:14, **132**:17, **147**:8, **Isa 42**:9, **43**:19, **44**:4, **45**:8, **55**:10, **58**:8, **61**:11, **Jer 33**:15, **Eze 16**:7, **17**:6, **29**:21, **Zec 6**:12

Tsîmḥâh צמחה 6780

Grow

[For Tsemaḥ (Branch) go to p26]

Gen 19:25, **Ps 65**:10, **Isa 61**:11, **Eze 16**:7, **17**:9, 10, **Hos 8**:7

Auxanō αυξάνω /Auxei αυξεί *837*

♦Auxēsis αύξησις *838*

Mar 4:8, **Luk 1**:80, **Joh 3**:30, **Act 12**:24, **19**:20

Mat 6:28, **13**:32, **Luk 2**:40, **12**:27, **13**:19, **Act 6**:7, **7**:17, **2**:19♦, **1Co 3**:6, 7, **2Co 9**:10, **10**:15, **Eph 2**:21, ♦**4**:16, 15, **Col 1**:10, **1Pe 2**:2, **2Pe 3:18**

Râḥav רחב /Yirchîv ירחיב

7337 Enlarge

♣Marveh מרבה 4766

Gen 26:22, **Exd 34**:24, **Deu 12**:20, **19**:8, **33**:20, **1Sa 2**:1, **2Sa 22**:37, **Ps 4**:1, **18**:36, **25**:17, **35**:21, **81**:10, **119**:32, **Pro 18**:16, **Isa 5**:14, ♣**9**:7, **30**:23, 33, ♣**33**:23, **54**:2, **57**:4, 8, **60**:5, **Eze 41**:7, **Am 1**:13, **Mic 1**:16, **Hab 2**:5

Marvît מרבית 4768

Increase

Lev 25:37, **1Sa 2**:33, **1Ch 12**:29, **2Ch 9**:6, **30**:18

Hupsōse ὑψσώσε /Hupsōthēsetai ὑψσωθήσεται *5312*

[Only of man; for *exalt* of Yehuwah, go to p37]

Mat 11:23, **23**:12, **Luk 1**:52, **10**:15, **14**:11, **18**:14, **Act 13**:17, **2Co 11**:7, **Jas 4**:10, **1Pe 5**:6

Râḥâv רחב 7342

Large, Proud

Gen 34:21, **Exd 3**:8, **Jdg 18**:10, **1Ch 4**:40, **Neh 3**:8, **4**:19, **7**:4, **9**:35, **12**:38, **Job 11**:9, **30**:14, **Ps 101**:5, **104**:25, **119**:45, 96, **Pro 21**:4, **28**:25, **Isa 22**:18, **33**:21, **Jer 51**:58, **Eze 23**:32

Ârak̲ ארך /Yarîkûn יריכון 748

Prolong, Lengthen

Gen 26:8, **Exd 20**:12, **Nu 9**:19, 22, **Deu 4**:26, 40, **5**:16, 33, **6**:2, **11**:9, **17**:20, **22**:7, **25**:15, **30**:18, **32**:47, **Jos 24**:31, **Jdg 2**:7, **1Ki 3**:14, **8**:8, **2Ch 5**:9, **Job 6**:11, **Ps 129**:3, **Pro 19**:11, **28**:2, 16, **Ecc 7**:15, **8**:12, 13, **Isa 48**:9, **53**:10, **54**:2, **57**:4, **Eze 12**:22, **31**:5

B^erâk̲âh בּרכה /Birk̲at בּרכת

1293 Blessing, Blessed

[Only of Yehuwah blessing man and man blessing others; for *bless* of Yehuwah (worship) go to p191]

Gen 12:2, **28**:4, **39**:5, **49**:25, 26, **Exd 32**:29, **Lev 25**:21, **Deu 11**:26, 27, 29, **12**:15, **16**:17, **23**:5, **28**:2, 8, **30**:1, 19, **33**:1, 23, **Jos 8**:34, **2Sa 7**:29, **Neh 9**:5, **13**:2, **Ps 3**:8, **21**:3, 6, **24**:5, **37**:26, **84**:6, **109**:17, **129**:8, **133**:3, **Pro 10**:6, 7, 22, **11**:11, 25, 26, **24**:25, **28**:20, **Isa 19**:24, **44**:3, **65**:8, **Eze 34**:26, **44**:30, **Joe 2**:14, **Zec 8**:13, **Mal 2**:2, **3**:10

Gen 27:12, 35, 36, 38, 41, **33**:11, **49**:28, **Jos 15**:19, **Jdg 1**:15, **1Sa 25**:27, **30**:26, **2Ki 5**:15, **18**:31, **Job 29**:13, **Isa 36**:16

Bârak̲ בּרך /Bârûk̲ בּרוּך 1288

Bless, Praise, (Be Blessed)

[Except *blaspheme, curse*; for Yehuwah *blessed* go to p36; for *bless, blessing, praise* to Yehuwah, go to p191]

Gen 1:22, 28, **2**:3, **5**:2, **9**:1, **12**:2, 3, **14**:19, **17**:16, 20, **18**:18, **22**:17, 18, **24**:1, 31, 35, **25**:11, **26**:3, 4, 12, 24, 29, **28**:3, 14, **30**:27, 30, **32**:26, 29, **35**:9, **39**:5, **48**:16, **49**:25, 28, **Exd 20**:11, 24, **23**:25, **39**:43, **Lev 9**:22, 23, **Nu 6**:23, 24, 27, **22**:12, **23**:20, 25, **24**:1, 9, **Deu 1**:11, **2**:7, **7**:13, 14, **10**:8, **12**:7♦, **14**:24, 29♦, **15**:4, 6, 10♦, 14, 18, **16**:10♦, 15♦, **21**:5, **23**:20♦, **24**:13, 19♦, **26**:15, **27**:12, **28**:3,

4, 5, 6, 8♦, 12♦, **29**:19, **30**:16, **33**:1, 11♦, 13, 20, 24, **Jos 8**:33, **17**:14, **Jdg 5**:24, **13**:24, **17**:2, **Ru 2**:4, 19, 20, **3**:10, **1Sa 15**:13, **23**:21, **25**:33, **26**:25, **2Sa 2**:5, **2Sa 6**:11, 12, 18, **7**:29, **1Ki 2**:45, **1Ch 4**:10, **13**:14, **16**:2, **17**:27, **18**:10, **23**:13, **26**:5, **2Ch 31**:10, **Job 1**:10, **42**:12, **Ps 5**:12, **28**:9, **29**:11, **37**:22, **65**:10, **67**:1, 6, 7, **72**:17, **107**:38, **112**:2, **115**:12, 13, 15, **128**:4, 5, **129**:8, **132**:15, **134**:3, **147**:13, **Pro 3**:33, **5**:18, **20**:21, **22**:9, **Isa 19**:25, **51**:2, **61**:9, **65**:16, 23, **Jer 4**:2, **17**:7, **20**:14, **31**:23, **Hag 2**:19

Gen 24:11, 60, **27**:4, 7, 10, 19, 23, 25, 27, 29, 30, 31, 33, 34, 38, 41, **28**:1, 6, **31**:55, **47**:7, 10, **48**:3, 9, 15, 20, **Exd 12**:32, **Nu 22**:6, **23**:11, **24**:10, **Jos 14**:13, **22**:6, 7, **24**:10, **1Sa 2**:20, **9**:13, **13**:10, **25**:14, **2Sa 6**:20, **8**:10, **13**:25, **14**:22, **19**:39, **21**:3, **1Ki 1**:47, **8**:14, 55, 66, **2Ki 4**:29, **10**:15, **1Ch 16**:43, **2Ch 6**:3, **30**:27, **Neh 11**:2, **Job 31**:20, **Ps 49**:18, **62**:4, **Pro 27**:14, **30**:11, **Isa 66**:3

Eulogeō ευλογέω *2127*

Eulogēmenos ευλογημένος Blessed
Eulogountos ευλογουντος Blessing
Eulogēthēsontai ευλογημένος Will Be Blessed
♦Eulogia ευλογία *2129*
♣Eneulogeō ενεθλογέω *1757*
[For *bless, praise* to Yehuwah, go to p191]
Mat 14:19, **21**:9, **23**:39, **25**:34, **26**:26, **Mar 6**:41, **8**:7, **11**:9, *10*, **14**:22, **Luk 1**:42, **2**:34, **6**:28, **9**:16, **13**:35, **19**:38, **24**:30, 50, 51, **Joh 12**:13, **Act ♣3**:25, 26, **Ro 12**:14, ♦**15**:29, ♦**16**:18, **1Co 4**:12, **10**:16♦, **14**:16, **2Co** ♦**9**:5, ♦6, **Gal ♣3**:8, 9, ♦14, **Eph 1**:3♦, **Heb** ♦**6**:7, 14, **7**:1, 6, 7, **11**:20, 21, ♦**12**:17, **1Pe 3**:9♦, **Rev** ♦**5**:12, ♦13, ♦**7**:12

Asher אשׁר 835

Bless, Blessed, Happy, Guide
♦Ashar אשׁר 833
Gen 30:13♦, **Deu 33**:29, **Job 5**:17, **Ps 1**:1, **2**:12, **32**:1, 2, **33**:12, **34**:8, **40**:4, **41**:1, ♦2, **65**:4, **84**:4, 5, 12, **89**:15, **94**:12, **106**:3, **112**:1, **119**:1, 2, **127**:5, **128**:1, 2, **137**:8, 9, **144**:15, **146**:5, **Pro 3**:13, ♦18, **8**:32, 34, ♦**9**:6, **14**:21, **16**:20, **20**:7, ♦**23**:19, **28**:14, **29**:18, ♦**31**:28, **Ecc 10**:17, **Sng** ♦**6**:9, **Isa 30**:18, **32**:20, **56**:2, **Dan 12**:12, **Mal** ♦**3**:12, ♦15

1Ki 10:8, **2Ch 9**:7, **Job 29**:11, **Isa** ♦**1**:17

Makarios μακάριος *3107*

♦Makariousi μακαριουσι /Makaridzomen μακαρίζομεν *3106*
♣Makarismos μακαρισμός *3108*
[For Yehuwah *blessed* go to p36]
Mat 5:3, 4, 5, 6, 7, 8, 9, 10, 11, **11**:6, **13**:16, **16**:17, **24**:46, **Luk 1**:45, ♦48, **6**:20, 21, 22, **7**:23, **10**:23, **11**:27, 28, **12**:37, 38, 43, **14**:14, 15, **23**:29, **Joh 13**:17, **20**:29, **Act 20**:35, **26**:2, **Ro ♣4**:6, 7, *8*, **♣9**, **14**:22, **1Co 7**:40, **Gal ♣4**:15, **Jas 1**:12, 25, ♦**5**:11, **1Pe 3**:14, *4:14*, **Rev 1**:3, **14**:13, **16**:15, **19**:9, **20**:6, **22**:7, 14

Gâmal גמל 1580

Reward, Deal Bountifully
♦Sekel סכל 5529
2Sa 22:21, **Ps 13**:6, **18**:20, **103**:10, **116**:7, **119**:17, **142**:7, **Pro 11**:17, ♦18, **31**:12, **Isa 63**:7

Misthos μισθός *3408*

♦Misthapodosia μισθαποδοσία *3405*
♣Misthapodotēs μισθαποδότης *3406*
†Antimisthia ἀντιμισθία *489*
Mat 5:12, 46, **6**:1, 2, 5, 16, **10**:41, 42, **20**:8, **Mar 9**:41, **Luk 6**:23, 35, **10**:7, **Joh 4**:36, **Act 1**:18, **Ro 4**:4, **1Co 3**:8, 14, **9**:17, 18, **2Co** †**6**:13, **1Ti 5**:18, **Heb** ♦**2**:2, ♦**10**:35, **♣11**:6, ♦**26**, **Jas 5**:4, **2Pe 2**:13, 15, **2Jn** 8, **Jud** 11, **Rev 11**:18, **22**:12

Yâtav יטב /Tîvâh תיבה 3190

Well, Good, Ammend
Gen 32:9, 12, **Exd 1**:20, **Nu 10**:32, **Deu 4**:40, **5**:16, 29, **6**:3, 18, **8**:16, **12**:25, 28, **22**:7, **28**:63, **30**:5, **Jos 24**:20, **Jdg 17**:13, **Ru 3**:1, **1Sa 2**:32, **25**:31, **2Ki 25**:24, **Ps 51**:18, **Pro 15**:13, **17**:22, **Jer 7**:5, 23, **18**:10, **32**:40, **38**:20, **40**:9, **42**:6, **Mic 2**:7, **Zep 1**:12, **Zec 8**:15

Gen 4:7, **12**:13, 16, **34**:18, **40**:14, **41**:37, **45**:16, **Exd 30**:7, **Lev 5**:4, **10**:19, 20, **Nu 10**:29, **Deu 1**:23, **5**:28, **9**:21, **13**:14, **17**:4, **18**:17, **19**:18, **27**:8, **1Ki 1**:47, **3**:10, **Ps 69**:31, **Pro 15**:2, **30**:29, **Ecc 7**:3, **Isa 1**:17, **41**:23, **Jer 4**:22, **7**:3, **10**:5, **13**:23, **18**:11, **26**:13, **35**:15, **Jon 4**:4, 9

Kala καλά /Kalēn καλήν *2570*

Mat 3:10, **5**:16, **7**:17, 18, 19, **12**:33, **13**:8, 23, 27, 38, 45, 48, **15**:26, **17**:4, **18**:8, 9, **26**:10, 24, **Mar 4**:8, 20, **7**:27, **9**:5, 43, 45, 47, 50, **14**:6, 21, **Luk 3**:9, **6**:38, 43, **8**:15, **9**:33, **14**:34, **21**:5, **Joh 2**:10, **10**:14, 32, 33, **Ro 7**:16, 18, 21, **12**:17, **14**:21, **1Co 5**:6, **7**:1, 8, 26, **9**:15, **2Co 8**:21, **13**:7, **Gal 4**:18, **6**:9, **1Th 5**:21, **1Ti 1**:8, 18, **2**:3, **3**:1, 7, 13, **4**:4, 6, **5**:10, 25, **6**:12, 13, 18, 19, **2Ti 1**:14, **2**:3, **4**:7, **Tit**

2:7, 14, **3**:8, 14, **Heb 5**:14, **6**:5, **10**:24, **13**:9, 18, **Jas 2**:7, **3**:13, **4**:17, **1Pe 2**:12, **4**:10

Eu ευ *2095*

Mat 25:21, 23, **Mar 14**:7, **Act 15**:29, **Eph 6**:3

Tsevî צבי 6643

Glorious, Pleasant, Gazelle

2Sa 1:19, **2**:18, **1Ch 12**:8, **Pro 6**:5, **Sng 2**:7, 9, 17, **3**:5, **8**:14, **Isa 4**:2, **13**:14, 19, **23**:9, **24**:16, **28**:1, 4, 5, **Jer 3**:19, **Eze 7**:20, **20**:6, 15, **25**:9, **26**:20, **Dan 8**:9, **11**:16, 41, 45

Nâʿem נעם 5276

Pleasant

♦Nâʿîym נעים 5273

♣Naʿamân נעמן 5282

Gen 49:15, **2Sa ♦1**:23, 26, ♦**23**:1, **Job ♦36**:11, **Ps ♦16**:6, ♦**11**, ♦**81**:2, ♦**133**:1, ♦**135**:3, **141**:6, ♦**147**:1, **Pro 2**:10, **9**:17, ♦**22**:18, ♦**23**:8, ♦**24**:4, 25, **Sng ♦1**:16, 7:6, **Isa ♣17**:10, **Eze 32**:19

Ḥâkâh חכה 2442

Wait

2Ki 7:9, **9**:3, **Job 3**:21, **32**:4, **Ps 33**:20, **106**:13, **Isa 8**:17, **30**:18, **64**:4, **Dan 12**:12, **Hos 6**:9, **Hab 2**:3, **Zep 3**:8

Ekdechomai εκδέχομαι *1551*

Act 17:16, **1Co 11**:33, **16**:11, **Heb 10**:13, **11**:10, **Jas 5**:7

Nûwaḥ נוּח 5117

Rest

♣Nûwaḥ נוּח 5118

{♦Shâqat שׁקט 8252 Quiet}

Gen 8:4, **Exd 10**:14, **17**:11, **20**:11, **23**:12, **33**:14, **Nu 10**:36, **11**:25, 26, **Deu 3**:20, **5**:14, **12**:10, **25**:19, **Jos 1**:13, 15, **3**:13, **21**:44, **22**:4, **23**:1, **1Sa 25**:9, **2Sa 7**:1, 11, **21**:10, **1Ki 5**:4, **2Ki 2**:15, **1Ch 22**:9, 18, **23**:25, **2Ch ♣6**:41, **14**:6♦, 7, **15**:15, **20**:30♦, **Neh 9**:28, **Est ♣9**:16, 17, 18, 22, **Job 3**:13♦, 17, 26♦, **Ps 125**:3, **Pro 14**:33, **21**:16, **29**:17, **Ecc 7**:9, **Isa 7**:2, 19, **11**:2, **14**:3, 7♦, **Eze 16**:42♦, **Hab 3**:16, **Zec 6**:8

Shâqat שׁקט 8252

Rest, Quiet

♦Sheqet שׁקט 8253

♣Pûgat פּגת 6314

[Also see under Nûwaḥ (Rest) above]

Jos 11:23, **14**:15, **Jdg 3**:11, 30, **5**:31, **8**:28, **18**:7, 27, **Ru 3**:18, **2Ki 11**:20, **1Ch 4**:40, ♦**22**:9, **2Ch 14**:1, 5, **23**:21, **Job 34**:29, **37**:17, **Ps 76**:8, **83**:1, **94**:13, **Pro 15**:18, **Isa 7**:4, **18**:4, **30**:15, **32**:17, **57**:20, **62**:1, **Jer 30**:10, **46**:27, **47**:6, 7, **48**:11, **49**:23, **La ♣2**:18, **Eze 16**:49, **38**:11, **Zec 1**:11

Shâvat שׁבת 7673

Rest, Cease

♦Shevet שׁבת 7674

Gen 2:2, 3, **8**:22, **Exd 5**:5, **12**:15, **16**:30, ♦**21**:19, **23**:12, **31**:17, **34**:21, **Lev 2**:13, **23**:32, **25**:2, **26**:6, 34, 35, **Deu 32**:26, **Jos 5**:12, **22**:25, **Ru 4**:14, **2Ki 23**:5, 11, **2Ch 16**:5, **36**:21, **Neh 4**:11, **6**:3, **Job 32**:1, **Ps 8**:2, **46**:9, **89**:44, **119**:119, **Pro 18**:18, ♦**20**:3, **22**:10, **Isa 13**:11, **14**:4, **16**:10, **17**:3, **21**:2, **24**:8, ♦**30**:7, 11, **33**:8, **Jer 7**:34, **16**:9, **31**:36, **36**:29, **48**:33, 35, **La 5**:14, 15, **Eze 6**:6, **7**:24, **12**:23, **16**:41, **23**:27, 48, **26**:13, **30**:10, 13, 18, **33**:28, **34**:10, 25, **Dan 9**:27, **11**:18, **Hos 1**:4, **2**:11, **7**:4, **Am 8**:4, **Obd ♦3**

Katapausin κατάπαυσιν *2663*

♦Katapausen κατέπαυσεν *2664*

Act 7:49, ♦**14**:18, **Heb 3**:11, 18, **4**:1, 3, ♦4, 5, ♦8, 10♦, 11

Anapausō αναπαύσω *373*

Rest, Refresh

♦Anapausis ανάπαυσις *372*

♣Sunanapausōmai συναναπαύσωμαι *4875*

†Anesis άνεσις *425*

‡Episkenōsē επισκενωση *1981*

Mat 11:28, ♦29, **26**:45, **Mar 6**:31, **14**:41, **Luk 12**:19, **Act †24**:23, **Ro ♣15**:32, **1Co 16**:18, **2Co †2**:13, †**7**:5, 13, †**8**:13, ‡**12**:9, **2Th †1**:7, **Phm** 7, 20, **1Pe 4**:14, **Rev ♦4**:8, **6**:11, ♦**14**:11, 13

Menûḥah מנוּחה 4496

Resting Place, Rest

♦Menôwaḥ מנוח 4494

♣Margôaʿ מרגוע 4771

†Margêʿâh מרגעה 4774

Gen ♦8:9, **49**:15, **Nu 10**:33, **Deu 12**:9, ♦**28**:65, **Jdg 20**:43, **Ru 1**:9, ♦**3**:1, **2Sa 14**:17, **1Ki 8**:56, **1Ch ♦6**:31, **22**:9, **28**:2, **Ps 23**:2, **95**:11, **116**:7,

132:8, 14, **Isa 11**:10, **28**:12†, **32**:18, ♦**34**:14, **66**:1, **Jer** ♣**6**:16, **45**:3, **51**:59, **La** ♦**1**:3, **Mic 2**:10, **Zec 9**:1

Shâ’an שְׁאַן 7599

Quiet, Ease

♦Sha’anân שַׁאֲנַן 7600

♣Shal’anân שַׁלְאֲנַן 7946

2Ki ♦**19**:28, **Job 3**:18, ♦**12**:5, ♣**21**:23, **Ps** ♦**123**:4, **Pro 1**:33, **Isa** ♦**32**:9, ♦11, ♦18, ♦**33**:20, ♦**37**:29, **Jer 30**:10, **46**:27, **48**:11, **Am** ♦**6**:1, **Zec** ♦**1**:15

Naḥat נחת 5183

Quiet

Job 17:16, **36**:16, **Pro 29**:9, **Ecc 4**:6, **6**:5, **9**:17, **Isa 30**:15, 30

Dâmam דמם /Dôm דם 1826

Still, Silence

♦D^e^mâmâh דממה 1827

♣Dumîyâh דמיה 1747

Exd 15:16, **Lev 10**:3, **Jos 10**:12, 13, **1Sa 2**:9, **14**:9, **1Ki** ♦**19**:12, **Job** ♦**4**:16, **29**:21, **30**:27, **31**:34, **Ps 4**:4, ♣**22**:2, **30**:12, **31**:17, **35**:15, **37**:7, ♣**39**:2, ♣**62**:1, 5, ♣**65**:1, ♦**107**:29, **131**:2, **Isa 23**:2, **Jer 8**:14, **25**:37, **47**:6, **48**:2, **49**:26, **50**:30, **51**:6, **La 2**:10, 18, **3**:28, **Eze 24**:17, **Am 5**:13

‘Ânag ענג 6026

Delight

♦‘Ôneg ענג 6027

Deu 28:56, **Job 22**:26, **27**:10, **Ps 37**:4, 11, **Isa** ♦**13**:22, **55**:2, **57**:4, ♦**58**:13, 14, **66**:11, **Jer 6**:2

‘Êdan עדן 5730

Delight

♦‘Âdan עדן 5727

Gen 18:12, **2Sa 1**:24, **Neh** ♦**9**:25, **Ps 36**:8, **Jer 51**:34

‘Êden עדן 5731

Eden

♦‘Eden עדן 5729

Gen 2:8, 10, 15, **3**:23, 24, **4**:16, **2Ch 29**:12, **31**:15, **2Ki** ♦**19**:12, **Isa** ♦**37**:12, **51**:3, **Eze** ♦**27**:23, **28**:13, **31**:9, 16, 18, **36**:35, **Joe 2**:3, **Am 1**:5

Râwâh רוה /Marwêh מרוה

7301 Satisfy, Satiate

[♦Sâva‘ שׂבע 7646 Satisfy]

Ps 36:8, **65**:10, **Pro 5**:19, **7**:18, **11**:25, **Isa 16**:9, **34**:5, 7, **43**:24, **55**:10, **Jer 31**:14♦, 25, **46**:10♦, **La 3**:15♦

Sâva‘ שׂבע 7646

Satisfy, Full

♦Sôva‘ שׂבע 7648

{♣Deshen דשן 1880 Abundance}

[Also see under Râvâh (Satisfy) above]

Exd ♦**16**:3, 8, 12, **Lev** ♦**25**:19, ♦**26**:5, 26, **Deu 6**:11, **8**:10, 12, **11**:15, **14**:29, ♦**23**:24, **26**:12, **31**:20, **Ru 2**:14, ♦18, **1Ch 23**:1, **2Ch 24**:15, **31**:10, **Neh 9**:25, **Job 7**:4, **9**:18, **10**:15, **14**:1, **19**:22, **27**:14, **31**:31, **38**:27, **Ps** ♦**16**:11, **17**:14, 15, **22**:26, **37**:19, **59**:15, **63**:5♣, **65**:4, ♦**78**:25, 29, **81**:16, **88**:3, **90**:14, **91**:16, **103**:5, **104**:13, 16, 28, **105**:40, **107**:9, **123**:3, 4, **132**:15, **145**:16, **147**:14, **Pro 1**:31, **3**:10, **5**:10, **12**:11, 14, ♦**13**:25, **14**:14, **18**:20, **20**:13, **25**:16, 17, **27**:20, **28**:19, **30**:9, 15, 16, 22, **Ecc 1**:8, **4**:8, **5**:10, **6**:3, **Isa 1**:11, **9**:20, **44**:16, **53**:11, **56**:11, **58**:10, 11, **66**:11, **Jer 31**:14♣, **44**:17, **46**:10, **50**:10, 19, **La 3**:15, 30, **5**:6, **Eze 7**:19, **16**:28, 29, **27**:33, **32**:4, **39**:20, **Hos 4**:10, **13**:6, **Joe 2**:19, 26, **Am 4**:8, **Mic 6**:14, **Hab 2**:5, 16

Heortē εορτή *1859*

Feast

♦Heortadzō εορτάζω *1858*

Mat 26:5, **27**:15, **Mar 14**:2, **15**:6, **Luk 2**:41, 42, **22**:1, **Joh 2**:23, **4**:45, **5**:1, **6**:4, **7**:2, 8, 10, 11, 14, 37, **11**:56, **12**:12, 20, **13**:1, 29, **Col 2**:16

Trephō τρέφω *5142*

Feed, Nourish

♦Entrephō εντρέφω *1789*

♣Ektrephō εκτρέφω *1625*

Mat 25:37, **Luk 4**:16, 12:24, **Act 12**:20, **Eph** ♣**5**:29, **6**:4**1Ti 4**:6, **Jas 5**:5, **Rev 12**:6, 14

Phagō φάγω *5315*

Eat

♦Trōgōn τρώγων *5176*

Mat 6:25, 31, **12**:4, **14**:16, 20, **15**:20, 32, 37, ♦**24**:38, **25**:35, 42, **26**:17, 26, **Mar 2**:26, **3**:20, **5**:43, **6**:31, 36, 37, 42, 44, **8**:1, 2, 8, **11**:14, **14**:12, 14, **Luk 4**:2, **6**:4, **7**:36, **8**:55, **9**:13, 17, **12**:22, 29, **13**:26, **14**:1, 15, **15**:23, **17**:8, **22**:8, 11, 15, 16,

24:43, **Joh 4**:31, 32, 33, **6**:5, 23, 26, 31, 49, 50, 51, 52, 53, ♦54, ♦56, ♦57, 58♦, ♦**13**:18, **18**:28, **Act 9**:9, **10**:13, 14, **11**:7, **23**:12, 21, **Ro 14**:2, 21, 23, **1Co 8**:8, 13, **9**:4, **10**:3, 7, **11**:20, 21, 33, **15**:32, **2Th 3**:8, **Heb 13**:10, **Jas 5**:3, **Rev 2**:7, 14, 20, **10**:10, **17**:16, **19**:18

Pinō πίνω *4095*

Drink

Mat 6:25, 31, **11**:18, 19, **20**:22, 23, **24**:38, 49, **26**:27, 29, 42, **27**:34, **Mar 10**:38, 39, **14**:23, 25, **16**:18, **Luk 1**:15, **5**:30, 33, 39, **7**:33, 34, **10**:7, **12**:19, 29, 45, **13**:26, **17**:8, 27, 28, **22**:18, 30, **Joh 4**:7, 9, 10, 12, 13, 14, **6**:53, 54, 56, **7**:37, **18**:11, **Act 9**:9, **23**:12, 21, **Ro 14**:21, **1Co 9**:4, **10**:4, 7, 21, 31, **11**:22, 25, 26, 27, 28, 29, **15**:32, **Heb 6**:7, **Rev 14**:10, **16**:6, **18**:3

Mabbûwaʿ מַבּוּעַ 4002

Spring

Ecc 12:6, **Isa 35**:7, **49**:10

Gullôt גֻּלֹּת 1543

Springs

[Except *bowls, bowl-shaped*]

Jos 15:19, **Jdg 1**:15

Mâqôr מָקוֹר 4726

Fountain, Well

Ps 36:9, **68**:26, **Pro 10**:11, **13**:14, **14**:27, **16**:22, **18**:4, **Jer 2**:13, **17**:13

Lev 12:7, **20**:18, **Pro 5**:18, **25**:26, **Jer 9**:1, **51**:36, **Hos 13**:15, **Zec 13**:1

Bôr בּוֹר 953

Well, Fountain

[For *pit*, go to p169]

Deu 6:11, **1Sa 19**:22, **2Sa 3**:26, **23**:15, 16, **2Ki 18**:31, **1Ch 11**:17, 18, **2Ch 26**:10, **Neh 9**:25, **Pro 5**:15, **Ecc 12**:6, **Isa 36**:16, **Jer 6**:7

Maʿyân מַעְיָן 4599

Fountain

Gen 7:11, **8**:2, **Lev 11**:36, **Jos 15**:9, **18**:15, **1Ki 18**:5, **2Ki 3**:19, 25, **2Ch 32**:4, **Ps 74**:15, **84**:6, **87**:7, **104**:10, **114**:8, **Pro 5**:16, **8**:24, **25**:26, **Sng 4**:12, 15, **Isa 12**:3, **41**:18, **Hos 13**:15, **Joe 3**:18

Pēgē πηγή *4077*

[Only of the spiritual]

Joh 4:14, **Jas 3**:11, **2Pe 2**:17, **Rev 7**:17, **21**:6

Nâhâr נָהָר 5104

River

Gen 2:10, 13, 14, **15**:18, **31**:21, **36**:37, **Exd 7**:19, **8**:5, **23**:31, **Nu 22**:5, **24**:6, **Deu 1**:7, **11**:24, **Jos 1**:4, **24**:2, 3, 14, 15, **2Sa 8**:3, **10**:16, **1Ki 4**:21, 24, **14**:15, **2Ki 5**:12, **17**:6, **18**:11, **23**:29, **24**:7, **1Ch 1**:48, **5**:9, 26, **18**:3, **19**:16, **2Ch 9**:26, **Ezr 8**:15, 21, 31, 36, **Neh 2**:7, 9, **3**:7, **Job 14**:11, **20**:17, **22**:16, **28**:11, **40**:23, **Ps 24**:2, **46**:4, **66**:6, **72**:8, **74**:15, **78**:16, **80**:11, **89**:25, **93**:3, **98**:8, **105**:41, **107**:33, **137**:1, **Sng 8**:7, **Isa 7**:20, **8**:7, **11**:15, **18**:1, 2, 7, **19**:5, 6, **27**:12, **33**:21, **41**:18, **42**:15, **43**:2, 19, 20, **44**:27, **47**:2, **48**:18, **50**:2, **59**:19, **66**:12, **Jer 2**:18, **46**:2, 6, 7, 8, 10, **Eze 1**:1, 3, **3**:15, 23, **10**:15, 20, 22, **31**:4, 15, **32**:2, 14, **43**:3, **Dan 10**:4, **Jon 2**:3, **Mic 7**:12, **Nah 1**:4, **2**:6, **Hab 3**:8, 9, **Zep 3**:10

Naḥal נַחַל 5158

River, Valley

[Only the river of Yehuwah, not named rivers]

Ps 36:8, **78**:20, **104**:10, **110**:7, **Pro 18**:4, **Sng 6**:11, **Isa 35**:6, **66**:12, **Am 5**:24

Potamos ποταμός *4215*

[Only of the spiritual]

Joh 7:38, **Rev 22**:1, 2

Geshem גֶּשֶׁם 1653

Rain, Shower

{♦Mâtar מתר 4305, ♣Mâtâr מתר 4306
Rain}

Gen 7:12, **8**:2, **Lev 26**:4, **1Ki 17**:7, 14, **18**:41, 44, 45, **2Ki 3**:17, **Ezr 10**:9, 13, **Job 37**:6♦♦, **Ps 68**:9, **105**:32, **Pro 25**:14, 23, **Ecc 11**:3, **12**:2, **Sng 2**:11, **Isa 44**:14, **55**:10, **Jer 5**:24, **14**:4, **Eze 1**:28, **13**:11, 13, **34**:26, **38**:22♣, **Hos 6**:3, **Joe 2**:23, **Am 4**:7♣♣♣, **Zec 10**:1♦, **14**:17

Mâtâr מָתָר 4306

Rain

♦Mâtar מתר 4305

[Also see under Geshem (Rain) above]

♣Yôreh יוֹרֶה 3138

Gen ♦**2**:5, ♦**7**:4, ♦**19**:24, **Exd** ♦**9**:18, ♦**23**, 33, 34, ♦**16**:4, **Deu 11**:11, 14♣, 17, **28**:12, 24, **32**:2, **1Sa 12**:17, 18, **2Sa 1**:21, **23**:4, **1Ki 8**:35, 36, **17**:1,

18:1, **2Ch 6**:26, 27, **7**:13, **Job 5**:10, ♦**20**:23, **28**:26, **29**:23, **36**:27, ♦**38**:26, 28, **Ps** ♦**11**:6, **72**:6, ♦**78**:24, ♦27, **135**:7, **147**:8, **Pro 26**:1, **28**:3, **Isa 4**:6, 5:6♦, **30**:23, **Jer** ♣**5**:24, **10**:13, **51**:16 **Jer**

Râvîv רביב 7241

Shower

Deu 32:2, **Ps 65**:10, **72**:6, **Jer 3**:3, **14**:22, **Mic 5**:7

Agâm אגם 98

Pool

Exd 7:19, **8**:5, **Ps 107**:35, **114**:8, **Isa 14**:23, **35**:7, **41**:18, **42**:15, **Jer 51**:32

Hudōr ΄ύδωρ *5204*

Water

♦Anudroi άνυδροι *504*

Mat 3:11, 16, **8**:32, ♦**12**:43, **14**:28, 29, **17**:15, **27**:24, **Mar 1**:8, 10, **9**:22, 41, **14**:13, **Luk 3**:16, **7**:44, **8**:24, 25, ♦**11**:24, **16**:24, **22**:10, **Joh 1**:26, 31, 33, **2**:7, 9, **3**:5, 23, **4**:7, 10, 11, 13, 14, 15, 46, **5**:7, **7**:38, **13**:5, **19**:34, **Act 1**:5, **8**:36, 38, 39, **10**:47, **11**:16, **Eph 5**:26, **Heb 9**:19, **10**:22, **Jas 3**:12, **1Pe 3**:20, **2Pe** ♦**2**:17, **3**:5, 6, **1Jn 5**:6, 8, **Jud** ♦**12**, **Rev 1**:15, **7**:17, **8**:10, 11, **11**:6, **12**:15, **14**:2, 7, **16**:4, 5, 12, **17**:1, 15, **19**:6, **21**:6, **22**:1, 17

Ekcheō εκχέω *1632*

Pour

♦Epicheō επιχέω *2022*

Mat 9:17, **23**:35, **26**:28, **Mar 14**:24, **Luk 5**:37, ♦**10**:34, **11**:50, **22**:20, **Joh 2**:15, **Act 1**:18, **2**:17, 18, 33, **10**:45, **22**:20, **Ro 3**:15, **5**:5, **Tit 3**:6, **Jud** 11, **Rev 16**:1, 2, 3, 4, 6, 8, 10, 12, 17

Mirʿeh מרעה 4829

Pasture

♦Mirʿît מרעית 4830

Gen 47:4, **1Ch 4**:39, 40, 41, **Job 39**:8, **Ps** ♦**74**:1, ♦**79**:13, ♦**95**:7, ♦**100**:3, **Isa 32**:14, ♦**49**:9, **Jer** ♦**10**:21, ♦**23**:1, ♦**25**:36, **La 1**:6, **Eze 34**:14, 18, ♦31, **Hos** ♦**13**:6, **Joe 1**:18, **Na 2**:11

Yaʿar יער 3293

Forest

♦Yaʿărâh יערה 3295

Deu 19:5, **Jos 17**:15, 18, **1Sa 14**:25, 26, ♦27, **22**:5, **2Sa 18**:6, 8, 17, **1Ki 7**:2, **10**:17, 21, **2Ki 2**:24, **19**:23, **1Ch 16**:33, **2Ch 9**:16, 20, **Ps** ♦**29**:9, **50**:10, **80**:13, **83**:14, **96**:12, **104**:20, **132**:6, **Ecc 2**:6, **Sng 2**:3, **5**:1, **Isa 7**:2, **9**:18, **10**:18, 19, 34, **21**:13, **22**:8, **29**:17, **32**:15, 19, **37**:24, **44**:14, 23, **56**:9, **Jer 5**:6, **10**:3, **12**:8, **21**:14, **26**:18, **46**:23, **Eze 15**:2, 6, **20**:46, 47, **34**:25, **39**:10, **Hos 2**:12, **Am 3**:4, **Mic 3**:12, **5**:8, **7**:14, **Zec 11**:2

Zâraʿ זרע 2232

Sow

Gen 1:11, 12, 29, **26**:12, **47**:23, **Exd 23**:10, **23**:16, **Lev 11**:37, **12**:2, **19**:19, **25**:3, 4, 11, 20, 22, **26**:16, **Nu 5**:28, **Deu 11**:10, **21**:4, **22**:9, **29**:23, **Jdg 6**:3, **9**:45, **2Ki 19**:29, **Job 4**:8, **31**:8, **Ps 97**:11, **107**:37, **126**:5, **Pro 11**:18, **22**:8, **Ecc 11**:4, 6, **Isa 17**:10, **28**:24, **30**:23, **32**:20, **37**:30, **40**:24, **55**:10, **Jer 2**:2, **4**:3, **12**:13, **31**:27, **35**:7, **50**:16, **Eze 36**:9, **Hos 2**:23, **8**:7, **10**:12, **Mic 6**:15, **Nah 1**:14, **Hag 1**:6, **Zec 10**:9

Speirō σπείρω *4687*

Mat 6:26, **13**:3, 4, 18, 19, 20, 22, 23, 24, 27, 31, 37, 39, **25**:24, 26, **Mar 4**:3, 4, 14, 15, 16, 18, 20, 31, 32, **Luk 8**:5, **12**:24, **19**:21, 22, **Joh 4**:36, 37, **1Co 9**:11, **15**:36, 37, 42, 43, 44, **2Co 9**:6, 10, **Gal 6**:7, 8, **Jas 3**:18

Agros ἀγρός *68*

Field, Land, Country

Mat 6:28, 30, **13**:24, 27, 31, 36, 38, 44, **19**:29, **22**:5, **24**:18, 40, **27**:7, 8, 10, **Mar 5**:14, **6**:36, 56, **10**:29, 30, **13**:16, **15**:21, **16**:12, **Luk 8**:34, **9**:12, **12**:28, **14**:18, **15**:15, 25, **17**:7, 31, **23**:26, **Act 4**:37

Zeraʿ זרע 2233

Seed

Gen 1:11, 12, 29, **3**:15, **4**:25, **7**:3, **8**:22, **9**:9, **12**:7, **13**:15, 16, **15**:3, 5, 13, 18, **16**:10, **17**:7, 8, 9, 10, 12, 19, **19**:32, 34, **21**:12, 13, **22**:17, 18, **24**:7, 60, **26**:3, 4, 24, **28**:4, 13, 14, **32**:12, **35**:12, **38**:8, 9, **46**:6, 7, **47**:19, 23, 24, **48**:4, 11, 19, **Exd 16**:31, **28**:43, **30**:21, **32**:13, **33**:1, **Lev 11**:37, 38, **15**:16, 17, 18, 32, **18**:20, 21, **19**:20, **20**:2, 3, 4, **21**:15, 17, 21, **22**:3, 4, 13, **26**:5, 16, **27**:16, 30, **Nu 5**:13, **5**:28, **11**:7, **14**:24, **16**:40, **18**:19, **20**:5, **24**:7, **25**:13, **Deu 1**:8, **4**:37, **10**:15, **11**:9, 10, **14**:22, **22**:9, **28**:38, 46, 59, **30**:6, 19, **31**:21, **34**:4, **Jos 24**:3, **Ru 4**:12, **1Sa 1**:11, **2**:20, **8**:15, **20**:42, **24**:21, **2Sa 4**:8, **7**:12, **22**:51, **1Ki 2**:33, **11**:14, 39, **18**:32, **2Ki 5**:27, **11**:1, **17**:20, **25**:25, **1Ch 16**:13, **17**:11, **2Ch 20**:7, **22**:10, **Ezr 2**:59, **9**:2, **Neh 7**:61, **9**:2, 8, **Est 6**:13, **9**:27, 28, 31, **10**:3, **Job 5**:25, **21**:8, **39**:12, **Ps 18**:50, **21**:10, **22**:23, 30, **25**:13, **37**:25, 26, 28, **69**:36, **89**:4, 29, 36, **102**:28, **105**:6, **106**:27, **112**:2, **126**:6, **Pro 11**:21, **Ecc 11**:6, **Isa 1**:4, **5**:10, **6**:13, **14**:20, **17**:11, **23**:3, **30**:23, **41**:8, **43**:5, **44**:3, **45**:19, 25, **48**:19,

53:10, **54**:3, **55**:10, **57**:3, 4, **59**:21, **61**:9, **65**:9, 23, **66**:22, **Jer 2**:21, **7**:15, **22**:28, 30, **23**:8, **29**:32, **30**:10, **31**:27, 36, 37, **33**:22, 26, **35**:7, 9, **36**:31, **41**:1, **46**:27, **49**:10, **Eze 17**:5, 13, **20**:5, **43**:19, **44**:22, **Dan 1**:3, **9**:1, **Am 9**:13, **Hag 2**:19, **Zec 8**:12, **Mal 2**:3, 15

Sperma σπέρμα *4690*

♦Spora σπορά *4701*

Mat 13:24, 27, 32, 37, 38, **22**:24, 25, **Mar 4**:31, **12**:19, 20, 21, 22, **Luk 1**:55, **20**:28, **Joh 7**:42, **8**:33, 37, **Act 3**:25, **7**:5, 6, **13**:23, **Ro 1**:3, **4**:13, 16, 18, **9**:7, 8, 29, **11**:1, **1Co 15**:38, **2Co 11**:22, **Gal 3**:16, 19, 29, **2Ti 2**:8, **Heb 2**:16, **11**:11, 18, **1Pe ♦1**:23, **1Jn 3**:9, **Rev 12**:17

Pârah פרח 6524

Flourish, Budded

♦Peraḥ פרח 6525

♣Shâḥîs שׂחיס 7823

{†Tsûts ציץ 6692 Flourish, Blossom}

[Except *break out* (of leprosy)]

Exd ♦25:31, ♦33, ♦34, **♦37**:17, ♦19, ♦20, **Nu ♦8**:4, **17**:5, 8♦†, **1Ki ♦7**:26, ♦49, **2Ki ♣19**:29, **2Ch ♦4**:5, ♦21, **Job 14**:9, **Ps 72**:7, **92**:7†, 12, 13, **Pro 11**:28, **14**:11, **Sng 6**:11, **7**:12, **Isa ♦5**:24, **17**:11, **♦18**:5, **27**:6†, **35**:1, 2, **♣37**:30, **66**:14, **Eze 7**:10†, **17**:24, **Hos 10**:4, **14**:5, **Nah ♦1**:4, **Hab 3**:17

Tsits ציץ 6692

Flourish, Blossom

[Also see under Pâraḥ (Flourish) above]

Ps 72:16, **90**:6, **103**:15, **132**:18, **Sng 2**:9

Pârâh פרה 6509

Fruitful, Grow

♦Pârâ' פרא 6500

♣Dâgâh דגה 1711

Gen 1:22, 28, **8**:17, **9**:1, 7, **17**:6, 20, **26**:22, **28**:3, **35**:11, **41**:52, **47**:27, **48**:4, ♣16, **49**:22, **Exd 1**:7, **23**:30, **Lev 26**:9, **Deu 29**:18, **Ps 105**:24, **128**:3, **Isa 11**:1, **17**:6, **32**:12, **45**:8, **Jer 3**:16, **23**:3, **Eze 19**:10, **36**:11, **Hos ♦13**:15

Sâphîyaḥ ספיח 5599

Grows Of Its Own Accord

Lev 25:5, 11, **2Ki 19**:29, **Job 14**:19, **Isa 37**:30

Mᵉlê'âh מלאה 4395

fruit

Pᵉrîy פרי 6529

Fruit

♦Mᵉlê'âh מלאה 4395

Gen 1:11, 12, 29, **3**:2, 3, 6, **4**:3, **30**:2, **Exd 10**:15, **♦22**:29, **Lev 19**:23, 24, 25, **23**:40, **25**:19, **26**:4, 20, **27**:30, **Nu 13**:20, 26, 27, **♦18**:27, **Deu 1**:25, **7**:13, **♦22**:9, **26**:2, 10, **28**:4, 11, 18, 33, 42, 51, 53, **30**:9, **2Ki 19**:29, 30, **Neh 9**:36, **10**:35, 37, **Ps 1**:3, **21**:10, **58**:11, **72**:16, **104**:13, **105**:35, **107**:34, 37, **127**:3, **132**:11, **148**:9, **Pro 1**:31, **8**:19, **11**:30, **12**:14, **13**:2, **18**:20, 21, **27**:18, **31**:16, 31, **Ecc 2**:5, **Sng 2**:3, **4**:13, 16, **8**:11, 12, **Isa 3**:10, **4**:2, **10**:12, **13**:18, **14**:29, **27**:9, **37**:30, 31, **65**:21, **Jer 2**:7, **6**:19, **7**:20, **11**:16, **12**:2, **17**:8, 10, **21**:14, **29**:5, 28, **32**:19, **La 2**:20, **Eze 17**:8, 9, 23, **19**:12, 14, **25**:4, **34**:27, **36**:8, 30, **47**:12, **Hos 9**:16, **10**:1, 13, **14**:8, **Joe 2**:22, **Am 2**:9, **6**:12, **9**:14, **Mic 6**:7, **7**:13, **Zec 8**:12, **Mal 3**:11

Karpos καρπός *2590*

♦Karpophorei καρποφορει *2592*

♣Karpophoros καρποφόρος *2593*

†Akarpos ἄκαρπος *175*

‡Ouk Elattonēsen ουκ ελαττόνησεν *3756/1641* No Lack

‡Anathallō ἀναθάλλω *330* Flourish

Mat 3:8, 10, **7**:16, 17, 18, 19, 20, **12**:33, **13**:8, †22, ♦23, 26, **21**:19, 34, 41, 43, **Mar 4**:7, 8, †19, 20, 28, 29, **11**:14, **12**:2, **Luk 1**:42, **3**:8, 9, **6**:43, 44, **8**:8, ♦15, **12**:17, **13**:6, 7, 9, **20**:10, **Joh 4**:36, **12**:24, **15**:2, 4, 8, 16, **Act 2**:30, **♣14**:17, **Ro 1**:13, **6**:21, 22, **♦7**:4, ♦5, **15**:28, **1Co 9**:7, **†14**:14, **2Co ‡8**:15. **Gal 5**:22, **Eph †5**:9, 11, **Php 1**:11, 22, **‡4**:10, 17, **Col ♦1**:6, ♦10, **2Ti 2**:6, **Tit †3**:14, **Heb 12**:11, **13**:15, **Jas 3**:17, 18, **5**:7, 18, **2Pe †1**:8, **Jud** †12, **Rev 22**:2

Gennēma γεννημα *1081*

Mat 3:7, **12**:34, **23**:33, **26**:29, **Mar 14**:25, **Luk 3**:7, **22**:18, **2Co 9**:10

Tse'etsâ צאצא 6631

Offspring

Job 5:25, **21**:8, **27**:14, **31**:8, **Isa 22**:24, **34**:1, **42**:5, **44**:3, **48**:19, **61**:9, **65**:23

Mashmân משׁמן 4924

Fatness

Gen 27:28, 39, **Neh 8**:10, **Ps 78**:31, **Isa 10**:16, **17**:4, **Dan 11**:24

Deshen דֶּשֶׁן 1880

Fatness

[Except *ashes;* also see under Sâva' above]

Jdg 9:9, **Job 36**:16, **Ps 36**:8, **65**:11, **Isa 55**:2

Gan גַּן 1588

Garden

♦Gannâh גַּנָּה 1593

♣Ginnâh גִּנָּה 1594

Gen 2:8, 9, 10, 15, 16, **3**:1, 2, 3, 8, 10, 23, 24, **13**:10, **Nu ♦24**:6, **Deu 11**:10, **1Ki 21**:2, **2Ki 9**:27, **21**:18, 26, **25**:4, **Neh 3**:15, **Est ♣1**:5, **♣7**:7, ♣8, **Job ♦8**:16, **Sng 4**:12, 15, 16, **5**:1, **6**:2, ♣11, **8**:13, **Ecc ♦2**:5, **Isa ♦1**:29, ♦30, **51**:3, **58**:11, **♦61**:11, **♦65**:3, **♦66**:17, **Jer ♦29**:5, ♦28, **31**:12, **39**:4, **52**:7, **La 2**:6, **Eze 28**:13, **31**:8, 9, **36**:35, **Joe 2**:3, **Am ♦4**:9, **♦9**:14

Bikrîm בִּכּרִים 1061

Firstfruits

♦Bakkûrâh בִּכֻּרָה 1073

Exd 23:16, 19, **34**:22, 26, **Lev 2**:14, **23**:17, 20, **Nu 13**:20, **18**:13, **28**:26, **2Ki 4**:42, **Neh 10**:35, **13**:31, **Isa 28**:4, **Jer ♦24**:2, **Eze 44**:30, **Nah 3**:12

Aparchē απαρχή *536*

♦Akmadzō ἀκμάζω *187*

Ro 8:23, **11**:16, **16**:5, **1Co 15**:20, 23, **16**:15, **2Th 2**:13, **Jas 1**:18, **Rev 14**:4, ♦18

'Ômer עֹמֶר 6016

Sheaf, Omer

Exd 16:16, 18, 22, 32, 33, 36, **Lev 23**:10, 11, 12, 15, **Deu 24**:19, **Ru 2**:7, 15, **Job 24**:10

Qâtsar קָצַר 7114

Reap, Reapers

[For *discouraged, troubled,* go to p150]

Lev 19:9, **23**:10, 22, **25**:5, 11, **Deu 24**:19, **Ru 2**:3, 4, 5, 6, 7, 9, 14, **1Sa 6**:13, **8**:12, **2Ki 4**:18, **19**:29, **Job 4**:8, **24**:6, **Ps 126**:5, **129**:7, **Pro 22**:8, **Ecc 11**:4, **Isa 17**:5, **37**:30, **Jer 9**:22, **12**:13, **Hos 8**:7, **10**:12, 13, **Am 9**:13, **Mic 2**:7, **6**:15

Theridzō θεριζω *2325*

♦Therismos θερισμός *2326* Harvest

♣Theristēs θεριστής *2327*

Mat ♦9:37, **♦38**, **13**:30♦, ♣39♦, **6**:26, **25**:24, 26, **Mar ♦4**:29, **Luk ♦10**:2, **12**:24, **19**:21, 22, **Joh ♦4**:35, 36, 37, 38, **1Co 9**:11, **2Co 9**:6, **Gal 6**:7, 8, 9, **Jas 5**:4, **Rev 14**:15♦, 16

Qâtsîr קָצִיר 7105

Harvest

Gen 8:22, **30**:14, **45**:6, **Exd 23**:16, **34**:21, 22, **Lev 19**:9, **23**:10, 22, **25**:5, **Deu 24**:19, **Jos 3**:15, **Jdg 15**:1, **Ru 1**:22, **2**:21, 23, **6**:13, **8**:12, **1Sa 12**:17, **2Sa 21**:9, 10, **23**:13, **Job 5**:5, **14**:9, **18**:16, **29**:19, **Ps 80**:11, **Pro 6**:8, **10**:5, **20**:4, **25**:13, **26**:1, **Isa 9**:3, **16**:9, **17**:5, 11, **18**:4, 5, **23**:3, **27**:11, **Jer 5**:17, 24, **8**:20, **50**:16, **51**:33, **Hos 6**:11, **Joe 1**:11, **3**:13, **Am 4**:7

Lâqat לָקַט 3950

Gather, Glean

Gen 31:46, **47**:14, **Exd 16**:4, 5, 16, 17, 18, 21, 22, 26, 27, **Lev 19**:9, 10, **23**:22, **Nu 11**:8, **Jdg 1**:7, **11**:3, **Ru 2**:2, 3, 7, 8, 15, 16, 17, 18, 19, 23, **1Sa 20**:38, **2Ki 4**:39, **Ps 104**:28, **Sng 6**:2, **Isa 17**:5, **27**:12, **Jer 7**:18

Ḥittâh חִטָּה 2406

Wheat

Gen 30:14, Exd 9:32, 29:2, 34:22, Deu 8:8, 32:14, Jdg 6:11, 15:1, Ru 2:23, 1Sa 6:13, 12:17, 2Sa 4:6, 17:28, 1Ki 5:11, 1Ch 21:20, 23, 2Ch 2:10, 15, 27:5, Job 31:40, Ps 81:16, 147:14, Sng 7:2, Isa 28:25, Jer 12:13, 41:8, Eze 4:9, 27:17, 45:13, Joe 1:11

Bâr בַּר 1250

Corn, Wheat

Gen 41:35, 49, **42**:3, 25, **45**:23, **Job 39**:4, **Ps 65**:13, **72**:16, **Pro 11**:26, **Jer 23**:28, **Joe 2**:24, **Am 5**:11, **8**:5, 6

Sh^e'ôrâh שְׂעוֹרָה 8184

Barley

Exd 9:31, Lev 27:16, Nu 5:15, Deu 8:8, Jdg 7:13, Ru 1:22, 2:17, 23, 3:2, 15, 17, 2Sa 14:30, 17:28, 21:9, 1Ki 4:28, 2Ki 4:42, 7:1, 16, 18, 1Ch 11:13, 2Ch 2:10, 15, 27:5, Job 31:40, Isa 28:25, Jer 41:8, Eze 4:9, 12, 13:19, 45:13, Hos 3:2, Joe 1:11

Gôren גֹּרֶן 1637

Threshing Floor

Gen 50:10, 11, **Nu 15**:20, **18**:27, 30, **Deu 15**:14, **16**:13, **Jdg 6**:37, **Ru 3**:2, 3, 6, 14, **1Sa 23**:1, **2Sa 6**:6, **24**:16, 18, 21, 24, **1Ki 22**:10, **2Ki 6**:27, **1Ch 13**:9, **21**:15, 18, 21, 22, 28, **2Ch 3**:1, **18**:9, **Job 39**:12, **Isa 21**:10, **Jer 51**:33, **Hos 9**:1, 2, **13**:3, **Joe 2**:24, **Mic 4**:12

Leḥem לחם 3899

Bread, Food

Gen 3:19, **14**:18, **18**:5, **21**:14, **25**:34, **27**:17, **28**:20, **31**:54, **37**:25, **39**:6, **41**:54, 55, **43**:25, 31, 32, **45**:23, **47**:12, 13, 15, 17, 19, **49**:20, **Exd 2**:20, **16**:3, 4, 8, 12, 15, 22, 29, 32, **18**:12, **23**:25, **25**:30, **29**:2, 23, 32, 34, **34**:28, **35**:13, **39**:36, **40**:23, **Lev 3**:11, 16, **7**:13, **8**:26, 31, 32, **21**:6, 8, 17, 21, 22, **22**:7, 11, 13, 25, **23**:14, 17, 18, 20, **24**:7, **26**:5, 26, **Nu 4**:7, **14**:9, **15**:19, **21**:5, **28**:2, 24, **Deu 8**:3, 9, **9**:9, **9**:18, **10**:18, **16**:3, **23**:4, **29**:6, **Jos 9**:5, 12, **Jdg 7**:13, **8**:5, 6, 15, **13**:16, **19**:5, 19, **Ru 1**:6, **2**:14, **1Sa 2**:5, 36, **9**:7, **10**:3, 4, **14**:24, 28, **16**:20, **17**:17, **20**:24, 27, 34, **21**:3, 4, 6, **22**:13, **25**:11, 18, **28**:20, 22, **30**:11, 12, **2Sa 3**:29, 35, **6**:19, **9**:7, 10, **12**:17, 20, 21, **13**:5, **16**:1, 2, **1Ki 4**:22, **5**:9, **7**:48, **11**:18, **13**:8, 9, 15, 16, 17, 18, 19, 22, 23, **14**:3, **17**:6, 11, **18**:4, 13, **21**:4, 5, 7, **22**:27, **2Ki 4**:8, 42, **6**:22, **18**:32, **25**:3, 29, **1Ch 9**:32, **12**:40, **16**:3, **23**:29, **2Ch 4**:19, **13**:11, **18**:26, **Ezr 10**:6, **Neh 5**:14, 15, 18, **9**:15, **10**:33, **13**:2, **Job 3**:24, **6**:7, **15**:23, **20**:14, **22**:7, **24**:5, **27**:14, **28**:5, **30**:4, **33**:20, **42**:11, **Ps 14**:4, **37**:25, **41**:9, **42**:3, **53**:4, **78**:20, 25, **80**:5, **102**:4, 9, **104**:14, 15, **105**:16, 40, **127**:2, **132**:15, **136**:25, **146**:7, **147**:9, **Pro 4**:17, **6**:8, 26, **9**:5, 17, **12**:9, 11, **20**:13, 17, **22**:9, **23**:3, 6, **25**:21, **27**:27, **28**:3, 19, 21, **30**:8, 22, 25, **31**:14, 27, **Ecc 9**:7, 11, **10**:19, **11**:1, **Isa 3**:1, 7, **4**:1, **21**:14, **28**:28, **30**:20, 23, **33**:16, **36**:17, **44**:15, 19, **51**:14, **55**:2, 10, **58**:7, **65**:25, **Jer 5**:17, **11**:19, **37**:21, **38**:9, **41**:1, **42**:14, **44**:17, **52**:6, 33, **La 1**:11, **4**:4, **5**:6, 9, **Eze 4**:9, 13, 15, 16, 17, **5**:16, **12**:18, **12**:19, **13**:19, **14**:13, **16**:19, 49, **18**:7, 16, **24**:17, 22, **44**:3, 7, **48**:18, **Dan 10**:3, **Hos 2**:5, **9**:4, **Am 4**:6, **7**:12, **8**:11, **Obd** 7, **Hag 2**:12, **Mal 1**:7

Artos ἄρτος *740*

Bread

Mat 4:4, **6**:11, **7**:9, **12**:4, **14**:19, **26**:26, **Mar 2**:26, **14**:22, **Luk 4**:4, **11**:3, **14**:15, **22**:19, **24**:30, 35, **Joh 6**:31, 32, 33, 34, 35, 41, 48, 50, 51, 58, **21**:13, **Act 2**:42, 46, **20**:7, 11, **27**:35, **1Co 10**:16, 17, **11**:26, 27, 28

Mat 4:3, **14**:17, **15**:2, 26, 33, 34, 36, **16**:5, 7, 8, 9, 10, 11, 12, **Mar 3**:20, **6**:8, 36, 37, 38, 41, 44, 52, **7**:2, 5, 27, **8**:4, 5, 6, 14, 16, 17, 19, **Luk 4**:3, **6**:4, **7**:33, **9**:3, 13, 16, **11**:5, 11, **14**:1, **15**:17, **Joh 6**:5, 7, 9, 11, 13, 23, 26, **13**:18, **21**:9, **1Co 11**:23, **2Co 9**:10, **2Th 3**:8, 12

Mân מן 4478

Manna

Exd 16:15, 31, 33, 35, **Nu 11**:6, 7, 9, **Deu 8**:3, 16, **Jos 5**:12, **Neh 9**:20, **Ps 78**:24

Ḥâlâv חלב 2461

Milk

{♦D^e^vash דבשׁ 1706 Honey}

Gen 18:8, **49**:12, **Exd 3**:8♦, 17♦, **13**:5♦♦, **23**:19, **33**:3♦, **34**:26, **Lev 20**:24♦, **Nu 13**:27♦, **14**:8♦, **16**:13♦, 14♦, **Deu 6**:3♦, **11**:9♦, **14**:21, **26**:9♦, 15♦, **27**:3♦, **31**:20♦, **32**:14, **Jos 5**:6♦, **Jdg 4**:19, 5:25, **1Sa 7**:9, **17**:18, **Job 10**:10, **21**:24, **Pro 27**:27, **30**:33, **Sng 4**:11♦♦, **5**:1♦♦, 12, **Isa 7**:22♦, **28**:9, **55**:1, **60**:16, **Jer 11**:5♦, **32**:22♦, **La 4**:7, **Eze 20**:6♦, 15♦, **25**:4, **Joe 3**:18

D^e^vash דבשׁ 1706

Honey

[Also see under Ḥâlav (Milk) above]

Gen 43:11, **Exd 16**:31, **Lev 2**:11, **Deu 8**:8, **32**:13, **Jdg 14**:8, 9, 18, 25, 26, 27, 29, 43, **2Sa 17**:29, **1Ki 14**:3, **2Ki 18**:32, **2Ch 31**:5, **Job 20**:17, **Ps 19**:10, **81**:16, **119**:103, **Pro 16**:24, **24**:13, **25**:16, 27, **Sng 4**:11, **5**:1, **Isa 7**:15, 22, **Jer 41**:8, **Eze 3**:3, **16**:13, 19, **27**:17

Yayin יין 3196

Wine

♦ʿÂçîç עסיס 6071

Gen 9:21, 24, **14**:18, **19**:32, 33, 34, 35, **27**:25, **49**:11, 12, **Exd 29**:40, **Lev 10**:9, **23**:13, **Nu 6**:3, 4, 20, **15**:5, 7, 10, **28**:14, **Deu 14**:26, **28**:39, **29**:6, **32**:33, 38, **Jos 9**:4, 13, **Jdg 13**:4, 7, 14, **19**:19, **1Sa 1**:14, 15, 24, **10**:3, **16**:20, **25**:18, 37, **2Sa 13**:28, **16**:1, 2, **1Ch 9**:29, **12**:40, **27**:27, **2Ch 2**:10, 15, **11**:11, **Neh 2**:1, **5**:15, 18, **13**:15, **Est 1**:7, 10, **5**:6, **7**:2, 7, 8, **Job 1**:13, 18, **32**:19, **Ps 60**:3, **75**:8, **78**:65, **104**:15, **Pro 4**:17, **9**:2, **20**:1, **21**:17, **23**:20, 31, **31**:4, 6, **Ecc 2**:3, **9**:7, **10**:19, **Sng 1**:2, 4, **2**:4, **4**:10, **5**:1, **7**:9, **8**:2♦, **Isa 5**:11, 12, 22, **16**:10, **22**:13, **24**:9, 11, **28**:1, 7, **29**:9, ♦**49**:26, **51**:21, **55**:1, **56**:12, **Jer 13**:12, **23**:9, **25**:15, **35**:2, 5, 6, 8, 14, **40**:10, 12, **48**:33, **51**:7, **La 2**:12, **Eze 27**:18, **44**:21, **Dan 1**:5, 8, 16, **10**:3, **Hos 4**:11, **7**:5, **9**:4, **14**:7, **Joe 1**:5♦, **3**:3, ♦18, **Am 2**:8, 12, **5**:11, **6**:6, ♦**9**:13, 14, **Mic 2**:11, **6**:15, **Hab 2**:5, **Zep 1**:13, **Hag 2**:12, **Zec 9**:15, **10**:7

Oinos οίνος *3631*

♦Paroinon πάροινον *3943*

♣Gleukos γλεύκος *1098*

Mat 9:17, **27**:34, **Mar 2**:22, **15**:23, **Luk 1**:15, **5**:37, 38, **7**:33, **10**:34, **Joh 2**:3, 9, 10, **4**:46, **Act ♣2**:13, **Ro 14**:21, **Eph 5**:18, **1Ti ♦3**:3, 8, **5**:23, **Tit ♦1**:7, **2**:3, **Rev 6**:6, **14**:8, 10, **16**:19, **17**:2, **18**:3, 13, **19**:15

Tîrôsh תִּירוֹשׁ 8492

Sweet Wine

Gen 27:28, 37, Nu 18:12, Deu 7:13, 11:14, 12:17, 14:23, 18:4, 28:51, 33:28, Jdg 9:13, 2Ki 18:32, 2Ch 31:5, 32:28, Neh 5:11, 10:37, 39, 13:5, 12, Ps 4:7, Pro 3:10, Isa 24:7, 36:17, 62:8, 65:8, Jer 31:12, Hos 2:8, 9, 22, 4:11, 7:14, 9:2, Joe 1:10, 2:19, 24, Mic 6:15, Hag 1:11, Zec 9:17

Yeqev יקב 3342

Wine Press

♦Gat גּת 1660

♣Pûrâh פּוּרה 6333

†Sâḥat שׂחט 7818

Gen †40:11, **Nu 18**:27, **Nu 18**:30, **Deu 15**:14, **16**:13, **Jdg ♦6**:11, **7**:25, **2Ki 6**:27, **Neh ♦13**:15, **Job 24**:11, **Pro 3**:10, **Isa 5**:2, **16**:10, **♦63**:2, **♣**3, **Jer 48**:33, **La ♦1**:15, **Hos 9**:2, **Joe 2**:24, **3**:13, **♦3**:13, **Hag 2**:16♣, **Zec 14**:10

Gephen גּפן 1612

Vine

Gen 40:9, 10, 49:11, Nu 6:4, 20:5, Deu 8:8, 32:32, Jdg 9:12, 13, 13:14, 1Ki 4:25, 2Ki 4:39, 18:31, Job 15:33, Ps 78:47, 80:8, 14, 105:33, 128:3, Sng 2:13, 6:11, 7:8, 12, Isa 7:23, 16:8, 9, 24:7, 32:12, 34:4, 36:16, Jer 2:21, 5:17, 6:9, 8:13, 48:32, Eze 15:2, 6, 7:6, 7, 8, 19:10, Hos 2:12, 10:1, 14:7, Joe 1:7, 12, 2:22, Mic 4:4, Hab 3:17, Hag 2:19, Zec 3:10, 8:12, Mal 3:11

Ampelos ἄμπελος *288*

♦Ampelourgos ἀμπελουργός *289* Vine-Dresser

Mat 26:29, **Mar 14**:25, **Luk ♦13**:7, **22**:18, **Joh 15**:1, 4, 5, **Jas 3**:12, **Rev 14**:19

Kerem כּרם 3754

Vineyard

Gen 9:20, **Exd 22**:5, **23**:11, **Lev 19**:10, **25**:3, 4, **Nu 16**:14, **20**:17, **21**:22, **22**:24, **Deu 6**:11, **20**:6, **22**:9, **23**:24, **24**:21, **28**:30, 39, **Jos 24**:13, **Jdg 9**:27, **11**:33, **14**:5, **15**:5, **21**:20, 21, **1Sa 8**:14, 15, **22**:7, **1Ki 21**:1, 2, 6, 7, 15, 16, 18, **2Ki 5**:26, **18**:32, **19**:29, **1Ch 27**:27, **Neh 5**:3, 4, 5, 11, **9**:25, **Job 24**:6, 18, **Ps 107**:37, **Pro 24**:30, **31**:16, **Ecc 2**:4, **Sng 1**:6, 14, **2**:15, **7**:12, **8**:11, 12, **Isa 1**:8, **3**:14, **5**:1, 3, 4, 5, 7, 10, **16**:10, **27**:2, **36**:17, **37**:30, **65**:21, **Jer 12**:10, **31**:5, **32**:15, **35**:7, 9, **39**:10, **Eze 28**:26, **Hos 2**:15, **Am 4**:9, **5**:11, :17, **9**:14, **Mic 1**:6, **Zep 1**:13

Ampelōn ἀμπελών *290*

Mat 20:1, 2, 4, 7, 8, **21**:28, 33, 39, 40, 41, **Mar 12**:1, 2, 8, 9, **Luk 13**:6, **20**:9, 10, 13, 15, 16, **1Co 9**:7

Bôser בּסר 1155

Grape

♦Beser בּסר 1154

♣S^emâdar סמדר 5563

†Peret פּרט 6528

Lev †19:10, **Job ♦15**:33, **Sng ♣2**:13, **♣**15, **♣7**:12, **Isa 18**:5, **Jer 31**:29, 30, **Eze 18**:2

Tsammûq צמּוּק 6778

Cluster Of Raisins

1Sa 25:18, **1Sa 30**:12, **2Sa 16**:1, **1Ch 12**:40

Rimmôn רמּון 7416

Pomegranate

Exd 28:33, 34, **39**:24, 25, 26, **Nu 13**:23, **20**:5, **Deu 8**:8, **1Sa 14**:2, **1Ki 7**:18, 20, 42, **2Ki 25**:17, **2Ch 3**:16, **4**:13, **Sng 4**:3, 13, **6**:7, 11, **7**:12, **8**:2, **Jer 52**:22, 23, **Joe 1**:12, **Hag 2**:19

Zayith זית 2132

Olive Tree

Gen 8:11, **Exd 23**:11, **27**:20, **30**:24, **Lev 24**:2, **Deu 6**:11, **8**:8, **24**:20, **28**:40, **Jos 24**:13, **Jdg 9**:8, 9, **15**:5, **1Sa 8**:14, **2Sa 15**:30, **2Ki 5**:26, **18**:32, **1Ch 27**:28, **Neh 5**:11, **8**:15, **9**:25, **Job 15**:33, **Ps 52**:8, **128**:3, **Isa 17**:6, **24**:13, **Jer 11**:16, **Hos 14**:6, **Am 4**:9, **Mic 6**:15, **Hab 3**:17, **Hag 2**:19, **Zec 4**:3, 11, 12, **14**:4

Elaias ελαιας *1636*

♦Agrielaios αγριέλαιος *65*

♣Kallielaios καλλιέλαιος *2565*

Ro 11:17♦, 24♦♣, **Jas 3**:12, **Rev 11**:4

Te’ên תאן 8384

Fig, Fig Tree

♦Pag פג 6291

Gen 3:7, **Nu 13**:23, **20**:5, **Deu 8**:8, **Jdg 9**:10, 11, **1Ki 4**:25, **2Ki 18**:31, **2Ki 20**:7, **Neh 13**:15, **Ps 105**:33, **Pro 27**:18, **Sng 2**:13♦, **Isa 34**:4, **36**:16, **38**:21, **Jer 5**:17, **8**:13, **24**:1, **24**:2, 3, 5, 8, **29**:17, **Hos 2**:12, **9**:10, **Joe 1**:7, 12, **2**:22, **Am 4**:9, **Mic 4**:4, **Nah 3**:12, **Hab 3**:17, **Hag 2**:19, **Zec 3**:10

Sukē σύκα *4808*

♦Suka σύκα *4810*

Mat ♦7:16, **21**:19, 20, 21, **24**:32, **Mar 11**:13♦, 20, 21, **13**:28, 6, 7, **Luk ♦6**:44, **21**:29, **Joh 1**:48, 50, **Jas 3**:12♦, **Rev 6**:13

Shemen שמן 8081

Oil, Ointment

Gen 28:18, **35**:14, **Exd 25**:6, **27**:20, **29**:2, 7, 21, 23, 40, **30**:24, 25, 31, **31**:11, **35**:8, 14, 15, 28, **37**:29, **39**:37, 38, **40**:9, **Lev 2**:1, 2, 4, 5, 6, 7, 15, 16, **5**:11, **6**:15, 21, **7**:10, 12, **8**:2, 10, 12, 26, 30, **9**:4, **10**:7, **14**:10, 12, 15, 16, 17, 18, 21, 24, 26, 27, 28, 29, **21**:10, 12, **23**:13, **24**:2, **Nu 4**:9, 16, **5**:15, **6**:15, **7**:13, **8**:8, **11**:8, **15**:4, 6, 9, **28**:5, 9, 12, 13, 20, 28, **29**:3, 9, 14, **35**:25, **Deu 8**:8, **28**:40, **32**:13, **33**:24, **1Sa 10**:1, **16**:1 **2Sa 1**:21, **14**:2, **1Ki 1**:39, **5**:11, **6**:23, 31, 32, 33, **17**:12, 14, 16, **2Ki 4**:2, 6, 7, **9**:1, 3, 6, **20**:13, **1Ch 9**:29, **12**:40, **27**:28, **2Ch 2**:10, 15, **11**:11, **Ezr 3**:7, **Neh 8**:15, **Est 2**:12, **Job 29**:6, **Ps 23**:5, **45**:7, **55**:21, **89**:20, **92**:10, **104**:15, **109**:18, 24, **133**:2, **141**:5, **Pro 5**:3, **21**:17, 20, **27**:9, 16, **Ecc 7**:1, **9**:8, **10**:1, **Sng 1**:3, **4**:10, **Isa 1**:6, **5**:1, **10**:27, **25**:6, **28**:1, 4, **39**:2, **41**:19, **57**:9, **61**:3, **Jer 40**:10, **41**:8, **Eze 16**:9, 13, 18, 19, **23**:41, **27**:17, **32**:14, **45**:14, 24, 25, **46**:5, 7, 11, 14, 15, **Hos 2**:5, **12**:1, **Am 6**:6, **Mic 6**:7, 15, **Hag 2**:12

Elaion ἔλαιον *1637*

Mat 25:3, 4, 8, **Mar 6**:13, **Luk 7**:46, **10**:34, **16**:6, **Heb 1**:9, **Jas 5**:14, **Rev 6**:6, **18**:13

Mishḥâh משחה 4888

Ointment

♦Meshaḥ משח 4887

Exd 25:6, **29**:7, 21, 29, **30**:25, 31, **31**:11, **35**:8, 15, 28, **37**:29, **39**:38, **40**:9, 15, **Lev 7**:35, **8**:2, 10, 12, 30, **10**:7, **21**:10, 12, **Nu 4**:16, **18**:8, **Ezr ♦6**:9, **♦7**:22

Râqaḥ רקח 7543

Make Ointment

♦Rôqaḥ רקח 7545

♣Reqaḥ רקח 7544

†Raqqûaḥ רקח 7547

‡Mirqaḥat מרקחת 4842

Exd 30:25♦‡, 33, **35**♦, **37**:29, **1Ch 9**:30‡, **2Ch 16**:14‡, ♣**Sng 8**:2, **Ecc 10**:1, †**Isa 57**:9, **Eze 24**:10

Lebônâh לבונה 3828

Frankincense

Exd 30:34, **Lev 2**:1, 2, 15, 16, **5**:11, **6**:15, **24**:7, **Nu 5**:15, **1Ch 9**:29, **Neh 13**:5, 9, **Sng 3**:6, **4**:6, 14, **Isa 43**:23, **60**:6, **66**:3, **Jer 6**:20, **17**:26, **41**:5

Libanos λίβανος *3030*

Mat 2:11, **Rev 18**:13

Môr מור 4753

Myrrh

♦Lôt לט 3910

Gen ♦37:25, **♦43**:11, **Exd 30**:23, **Est 2**:12, **Ps 45**:8, **Pro 7**:17, **Sng 1**:13, **3**:6, **4**:6, 14, **5**:1, 5, 13

Smurna σμύρνα *4666*

♦Smurnidzō σμυρνίζω *4669*

Mat 2:11, Mar ♦15:23, **Joh 19**:39

Beshem בשם 1314

Spice

Exd 25:6, **30**:23, **35**:8, 28, **1Ki 10**:2, 10, 25, **2Ki 20**:13, **1Ch 9**:29, 30, 1, 9, 24, **16**:14, **32**:27, **Est 2**:12, **Sng 4**:10, 14, 16, **5**:13, **6**:2, **8**:14, **Isa 3**:24, **39**:2, **Eze 27**:22

Arōma ἄρωμα *759*

Mar 16:1, **Luk 23**:56, **24**:1, **Joh 19**:40

VII Davar

Word, Commandment, Testimony, Declare

Dâvâr דבר /Dâvârêy דברי

1697 Word(s)

{♦Tsâvâh צוה 6680 Command}

[Generally for all Heb. words in Part VII: only of Yehuwah]

Gen 15:1, 4, **Exd 4**:15, 28♦, 30, **9**:20, 21, **16**:16♦, 32♦, **18**:23♦, **19**:6, 7♦, **24**:3, 4, 8, **34**:1, 27, 28, **35**:1♦, 4♦, **Lev 8**:5♦, 36♦, **9**:6♦, **17**:2♦, **Nu 11**:23, 24, **12**:6, **15**:31, **22**:20, 35, 38, **23**:3, 5, 16, **30**:1♦, 2, **36**:6, **Deu 1**:18♦, **4**:2♦♦, 9, 10, 12, 13♦, 36, **5**:5, 22, **6**:6♦, **9**:5, 10, **10**:2, 4, **11**:18, **12**:28♦, 32♦, **17**:19, **18**:18♦, 19, 21, 22, **27**:3, 8, 26, **28**:14♦, 58, **29**:1♦, 9, 19, 29, **30**:1, 14, **31**:1, 12, 24, 28, 30, **32**:44, 45, 46♦, 47, **33**:3, **Jos 1**:13♦, 18♦, **3**:9, **8**:8♦, 27♦, 34, 35♦, **11**:15♦♦♦, **14**:6, 7, 10, **21**:45, **23**:14, 15, **24**:26, **1Sa 1**:23, **3**:1, 7, 11, 17, 18, 19, 21, **4**:1, **8**:10, **9**:27, **12**:16, **15**:1, 10, 11, 13, 23, 24, 26, **2Sa 7**:4, 7♦, 17, 21, 25, 28, **12**:9, **16**:23, **24**:11, **1Ki 2**:4, 27, **5**:7, **6**:11, 12, **8**:20, 24, 26, 56, **12**:22, 24, **13**:1, 5, 9♦, 17, 18, 20, 26, 32, **14**:18, **15**:29, **16**:1, 7, 12, 34, **17**:2, 5, 8, 16, 24, **18**:1, 31, 36, **19**:9, **20**:35, **21**:17, 27, 28, **22**:5, 13, 19, 38, **2Ki 1**:16, 17, **3**:12, **4**:44, **7**:1, 16, **9**:26, **10**:10, 17, **14**:25, **15**:12, **19**:21, **20**:4, 16, 19, **22**:11, 13, 16, **23**:2, 3, 16, 24, **24**:2, **1Ch 10**:13, **11**:3, 10, **15**:15♦, **17**:3, 6♦, 15, 23, **22**:8, **25**:5, **26**:32, **2Ch 1**:9, **6**:10, 15, 16, 17, **10**:15, **11**:2, 4, **12**:7, **18**:4, 18, **19**:11, **29**:15, **30**:12, **34**:19, 21, 26, 27, 30, 31, **35**:6, **36**:16, 21, 22, **Ezr 9**:4, **Neh 1**:8♦, **8**:12, 13, **9**:8, **Job 42**:7, **Ps 17**:4, **33**:4, 6, **56**:4, 10, **103**:20, **105**:8, 19, 27, 28, 42, **106**:12, 24, **107**:20, **119**:9, 16, 17, 25, 28, 42, 43, 49, 57, 65, 74, 81, 89, 101, 105, 107, 114, 130, 139, 147, 160, 161, 169, **130**:5, **145**:5, **147**:15, 18, 19, **148**:8, **Pro 1**:6, 23, **4**:4, 20, **12**:25, **13**:13, **15**:23, **16**:20, **18**:4, **22**:17, **24**:26, **25**:2, 11, **27**:11, **29**:19, **30**:6, **Ecc 12**:10, 11, **Isa 1**:10, **2**:1, 3, **8**:20, **9**:8, **16**:13, **24**:3, **28**:13, 14, **29**:11, 18, **30**:12, **31**:2, **37**:4, 22, **38**:4, **39**:5, 8, **40**:8, **45**:23, **50**:4, **51**:16, **55**:11, **59**:21, **66**:2, 5, **Jer 1**:2, 4, 9, 11, 12, 13, **2**:1, 4, 31, **3**:12, **5**:14, **6**:10, 19, **7**:1, 2, 23♦♦, 27, **8**:9, **9**:20, **10**:1, **11**:1, 2, 3, 6, 8♦, 10, **13**:2, 3, 8, 10, 12, **14**:1, 17, **15**:16, **16**:1, 10, **17**:15, 20, **18**:1, 2, 5, 18, **19**:2, 3, 15, **20**:1, 8, **21**:1, 11, **22**:1, 2, 4, 5, 29, **23**:9, 16, 18, 22, 28, 29, 30, 36, 38, **24**:4, **25**:1, 3, 8, 13, 30, **26**:1, 2♦, 5, 7, 10, 12, 15, 20, 21, **27**:1, 12, 14, 16, 18, **28**:6, 7, 9, 12, **29**:1, 10, 19, 20, 23♦, 30, **30**:1, 2, 4, **31**:10, 23, **32**:1, 6, 8, 17, 26, 27, **33**:1, 14, 19, 23, **34**:1, 4, 5, 6, 8, 12, 18, **35**:1, 12, 13, 14♦, **36**:1, 2, 4, 6, 8♦, 10, 11, 13, 16, 17, 18, 20, 24, 27, 28, 32, **37**:2, 6, 17, **38**:1, 4, 5, 14, 21, 24, 27♦, **39**:15, 16, **40**:11, 33, 16, **42**:33, 44, 55, 77, 15, **43**:11, 88, **44**:11, 44, 16, 17, 20, 24, 26, 28, 29, **45**:1, **46**:1, 13, **47**:1, 27, **49**:34, **50**:1, **51**:59♦, 60, 61, 64, **52**:34, **Eze 1**:3, **2**:6, 7, **3**:4, 6, 10, 16, 17, **6**:1, 3, **7**:1, **9**:11♦, **11**:14, 25, **12**:1, 8, 17, 21, 23, 25, 26, 28, **13**:1, 2, 6, **14**:2, 9, 12, **15**:1, **16**:1, 35, **17**:1, 11, **18**:1, **20**:2, 45, 47, **21**:1, 8, 18, **22**:1, 17, 23, **23**:1, **24**:1, 15, 20, **25**:1, 3, **26**:1, **27**:1, **28**:1, 11, 20, **29**:1, 17, **30**:1, 20, 1, **32**:1, 17, **33**:1, 7, 23, 30, 31, 32, **34**:1, 7, 9, **35**:1, **36**:1, 4, 16, **37**:4, 15, **38**:1

Êmer אמר /Imrêy אמרי 561

Word(s)

♦Ômer אמר 562

Nu 24:4, 16, **Deu 32**:1, **Jos 24**:27, **Job 6**:10, **22**:22, ♦28, **23**:12, **Ps** ♦**19**:2, ♦3, ♦**68**:11, ♦**77**:8, **Pro 1**:2, 21, **2**:1, 16, **4**:5, 10, 20, **5**:7, **6**:2, **7**:1, 5, 24, **8**:8, **16**:24, **19**:27, **22**:21, **23**:12, **Isa 41**:26, **Hos 6**:5, **Hab 3**:9

Imrâh אמרה 565

Word

Dan 9:2, 12, 23, 25, **10**:6, 9, 11, 12, 15, **12**:4, 9, **Hos 1**:1, **4**:1, **Joe 1**:1, **2**:11, **Am 3**:1, **7**:16, **8**:11, 12, **Jon 1**:1, **3**:1, 3, **Mic 1**:1, **2**:7, **4**:2, **Zep 1**:1, **2**:5, **Hag 1**:1, 3, 12, **2**:1, 5, 10, 20, **Zec 1**:1, 6, 7, 13, **4**:6, 8, **6**:9, **7**:1, 4, 7, 8, 12, **8**:1, 9, 18, **9**:1, **11**:11, **12**:1, **Mal 1**:1

Logos λόγος *3056*

♦Logikos λογικός *3050*

Mat 5:32, 37, **7**:24, 26, 28, **8**:8, 16, **10**:14, **12**:32, 36, 37, **13**:19, 20, 21, 22, 23, **15**:6, 12, 23, **18**:23, **19**:1, 11, 22, **21**:24, **22**:15, 46, **24**:35, **25**:19, **26**:1, 44, **28**:15, **Mar 1**:45, **2**:2, **4**:14, 15, 16, 17, 18, 19, 20, 33, **5**:36, **7**:13, 29, **8**:32, 38, **9**:10, **10**:22, 24, **11**:29, **12**:13, **13**:31, **14**:39, **16**:20, **Luk 1**:2, 4, 20, 29, **3**:4, **4**:22, 32, 36, **5**:1, 15, **6**:47, **7**:7, 17, **8**:11, 12, 13, 15, 21, **9**:26, 28, 44, **10**:39, **11**:28, **12**:10, **16**:2, **20**:3, 20, **21**:33, **23**:9, **24**:17, 19, 44, **Joh 1**:1, 14, **2**:22, **4**:37, 39, 41, 50, **5**:24, 38, **6**:60, **7**:36, 40, **8**:31, 37, 43, 51, 52, 55, **10**:19, 35, **12**:38, 48, **14**:23, 24, **15**:3, 20, 25, **17**:6, 14, 17, 20, **18**:9, 32, **19**:8, 13, **21**:23, **Act 1**:1, **2**:22, 40, 41, 4, 29, 31, **5**:5, 24, **6**:2, 4, 5, 7, **7**:22, 29, **8**:4, 14, 21, 25, **10**:29, 36, 44, **11**:1, 19, 22, **12**:24, **13**:5, 7, 15, 26, 44, 46, 48, 49, **14**:3, 12, 25, **15**:6, 7, 15, 24, 27, 32, 35, 36, **16**:6, 32, 36, **17**:11, 13, **18**:5, 11, 14, 15, **19**:10, 20, 38, 40, **20**:7, 24, 32, 35, 38, **22**:22, **Ro 3**:4, **9**:6, 9, 28, ♦**12**:1, **13**:9, **14**:12, **15**:18, **1Co 1**:5, 17, 18, **2**:1, 4, 13, **4**:19, 20, **12**:8, **14**:9, 19, 36, **15**:54, **2Co 1**:18, **2**:17, **4**:2, **5**:19, **6**:7, **8**:7, **10**:10, 11, **11**:6, **Gal 5**:14, **6**:6, **Eph 1**:13, **4**:29, **5**:6, **6**:19, **Php 1**:14, **2**:16, **4**:15, 17, **Col 1**:5, 25, **2**:23, **3**:16, 17, **4**:3, 6, **1Th 1**:5, 6, 8, **2**:5, 13, **4**:15, 18, **2Th 2**:2, 15, 17, **3**:1, 14, **1Ti 1**:15, **3**:1, **4**:5, 6, 9, 12, **5**:17, **6**:3, **2Ti 1**:13, **2**:9, 11, 15, 17, **4**:2, 15, **Tit 1**:3, 9, **2**:5, 8, **3**:8, **Heb 2**:2, **4**:2, 12, 13, **5**:11, 13, **6**:1, **7**:28, **12**:19, **13**:7, 17, 22, **Jas 1**:18, 21, 22, 23, **3**:2, **1Pe 1**:23, ♦**2**:2, 8, **3**:1, 15, **4**:5, **2Pe 1**:19, **2**:3, **3**:5, 7, **1Jn 1**:1, 10, **2**:5, 7, 14, **3**:18, **3Jn** 10, **Rev 1**:2, 3, 9, **3**:8, 10, **6**:9, **12**:11, **17**:17, **19**:9, 13, **20**:4, **21**:5, **22**:6, 7, 9, 10, 18, 19

Rhēma ρημα *4487*

♦Rhētōs ρητώς *4490*

Mat 4:4, **12**:36, **18**:16, **26**:75, **27**:14, **Mar 9**:32, **14**:72, **Luk 1**:37, 38, 65, **2**:15, 17, 19, 29, 50, 51, **3**:2, **5**:5, **7**:1, **9**:45, **18**:34, **20**:26, **22**:61, **24**:8, 11, **Joh 3**:34, **5**:47, **6**:63, 68, **8**:20, 47, **10**:21, **12**:47, 48, **14**:10, **15**:7, **17**:8, **Act 2**:14, **5**:20, 32, **6**:11, 13, **10**:22, 37, 44, **11**:14, 16, **13**:42, **16**:38, **26**:25, **28**:25, **Ro 10**:8, 17, 18, **2Co 12**:4, **13**:1, **Eph 5**:26, **6**:17, **1Ti** ♦**4**:1, **Heb 1**:3, **6**:5, **11**:3, **12**:19, **1Pe 1**:25, **2Pe 3**:2, **Jud** 17

Euangelion ευαγγέλιον *2098*

Gospel

♦Angelia αγγελία *31*

Mat 4:23, **9**:35, **24**:14, **26**:13, **Mar 1**:1, 14, 15, **8**:35, **10**:29, **13**:10, **14**:9, **16**:15, **Act 15**:7, **20**:24, **Ro 1**:1, 9, 16, **2**:16, **10**:16, **11**:28, **15**:16, 19, **16**:25, **1Co 4**:15, **9**:12, 14, 18, 23, **15**:1, **2Co 2**:12, **4**:3, 4, **8**:18, **9**:13, **10**:14, **11**:4, 7, **Gal 1**:6, 7, 11, **2**:2, 5, 7, 14, **Eph 1**:13, **3**:6, **6**:15, 19, **Php 1**:5, 7, 12, 27, **2**:22, **4**:3, 15, **Col 1**:5, 23, **1Th 1**:5, **2**:2, 4, 8, 9, **3**:2, **2Th 1**:8, **2**:14, **1Ti 1**:11, **2Ti 1**:8, 10, **2**:8, **Phm** 13, **1Pe 4**:17, **1Jn** ♦**1**:5, ♦**3**:11, **Rev 14**:6

Epangelia επαγγελία *1860*

Promise

♦Epangelō επαγγέλλω *1861*

♣Epangelma επάγγελμα *1862*

†Proepangellomai προεπαγγέλλομαι *4279*

Mar ♦**14**:11, **Luk 24**:49, **Act 1**:4, **2**:33, 39, ♦**7**:5, 17, **13**:23, 32, **23**:21, **26**:6, **Ro** †**1**:2, **4**:13, 14, 16, 20, ♦21, **9**:4, 8, 9, **15**:8, **2Co 1**:20, **7**:1, **Gal 3**:14, 16, 17, 18, ♦19, 21, 22, 29, **4**:23, 28, **Eph 1**:13, **2**:12, **3**:6, **6**:2, **1Ti** ♦**2**:10, **4**:8, ♦**6**:21, **2Ti 1**:1, **Tit** ♦**1**:2, **Heb 4**:1, **6**:12, ♦13, 15, 17, **7**:6, **8**:6, **9**:15, ♦**10**:23, 36, **11**:9, ♦11, 13, 17, 33, 39, ♦**12**:26, **Jas** ♦**1**:12, ♦**2**:5, **2Pe** ♣**1**:4, ♦**2**:19, **3**:4, 9, ♣13, **1Jn 2**:25♦

Graphē γραφή *1124*

Scripture

Mat 21:42, **22**:29, **26**:54, 56, **Mar 12**:10, *24*, **14**:49, **Luk 4**:21, **24**:27, 32, 45, **Joh 2**:22, **5**:39, **7**:38, 42, **10**:35, **13**:18, **17**:12, **19**:24, 28, 36, *37*, **20**:9, **Act 1**:16, **8**:32, *35*, **17**:2, 11, **18**:24, 28, **Ro 1**:2, **4**:3, **9**:17, **10**:11, **11**:2, **15**:4, **16**:26, **1Co 15**:3, 4, **Gal 3**:8, 22, **4**:30, **1Ti 5**:18, **2Ti 3**:16, **Jas 2**:8, 23, **4**:5, **1Pe 2**:6, **2Pe 1**:20, **3**:16

ʽÊtsâh עצה 6098

Counsel

♦Yâʽats יעץ 3289

Ps ♦**16**:7, ♦**32**:8, **33**:11, **73**:24, **106**:13, **107**:11, **119**:24, **Pro 1**:25, 30, **8**:14, **12**:15, **19**:20, 21, **20**:5, 18, **21**:30, **Isa** ♦**1**:26, **5**:19, ♦**9**:6, **11**:2, ♦**14**:24, 26, ♦27, **16**:3, ♦**19**:12, 17♦, ♦**23**:9, **28**:29, **36**:5, **40**:13, **44**:26, **46**:10, 11, **Jer 32**:19, **49**:7, 20♦, 30, **50**:45, **Eze 7**:26, **11**:2, **Hos 10**:6, **Mic 4**:12, **Zec 6**:13

Boulē βουλή *1012*

Luk 7:30, **Act 2**:23, **4**:28, **5**:38, **13**:36, **20**:27, **27**:12, **Eph 1**:11, **Heb 6**:17

Luk 23:51, **Act27**:42, **1Co 4**:5

Sôd סוֹד 5475

Counsel, Secret

Job 15:8, **29**:4, **Ps 25**:14, **55**:14, **89**:7, **111**:1, **Pro 3**:32, **15**:22, **Jer 23**:18, 22, **Eze 13**:9, **Am 3**:7

Gen 49:6, **Job 19**:19, **Ps 64**:2, **83**:3, **Pro 11**:13, **20**:19, **25**:9, **Jer 6**:11, **15**:17

Kruptō κρύπτω *2928*

Hid, Secret(ly)

♦Kruptos κρυπτός *2927*

♣Kruphē κρυφῇ *2931*

†Apokruptō ἀποκρύπτω *613*

‡Apokruphos ἀπόκρυφος *614*

Mat †11:25, **13**:35, **Luk †10**:21, **18**:34, **19**:42, **Joh ♦7**:10, **8**:59, **12**:36, **♦18**:20, **1Co †2**:7, **Eph †3**:9, **Col †1**:26, **‡2**:3, **3**:3, **Rev 2**:17

Mat 5:14, **♦6**:4, ♦6, ♦18, **♦10**:26, 44, **†25**:18, 25, **Mar ♦4**:22‡, **Luk ♦8**:17‡, **♦11**:33, **♦12**:2, **Joh ♦7**:4, **19**:38, **Ro ♦2**:16, ♦29, **1Co ♦4**:5, **♦14**:25, **♦2Co 4**:2, **Eph ♣5**:12, **1Ti 5**:25, **Heb 11**:23, **1Pe ♦3**:4, **Rev 6**:15, 16

Musterion μυστήριον *3466*

Mystery

Mat 13:11, **Mar 4**:11, **Luk 8**:10, **Ro 11**:25, **16**:25, **1Co 2**:1, 7, **4**:1, **13**:2, **14**:2, **15**:51, **Eph 1**:9, **3**:3, 4, 9, **5**:32, **6**:19, **Col 1**:26, 27, **2**:2, **4**:3, **2Th 2**:7, **1Ti 3**:9, 16, **Rev 1**:20, **10**:7, **17**:5, 7

Zâmam זמם 2161

Devised, Thought

♦Zâmâm זמם 2162

Jer 4:28, 51:12, La 2:17, Zec 1:6, 8:14, 15

Gen 11:6[a] Deu 19:19, Ps 17:3, 31:13, 37:12, ♦140:8, Pro 30:32, 31:16

Thelēma θέλημα *2307*

Will

♦Protithemai προτίθεμαι *4388*

♣Thelēsis θέλησις *2308*

Mat 6:10, **7**:21, **12**:50, **18**:14, **20**:14, 15, **21**:31, **26**:42, **Mar 3**:35, **Luk 12**:47, **22**:42, **Joh 1**:13, **4**:34, **5**:30, **6**:38, 39, 40, **7**:17, **9**:31, **Act 13**:22, **21**:14, **22**:14, **Ro 1**:10, ♦13, **2**:18, **♦3**:25, **12**:2, **15**:32, **1Co 1**:1, **16**:12, **2Co 1**:1, **8**:5, **Gal 1**:4, **Eph 1**:1, 5, 9♦, 11, **5**:17, **6**:6, **Col 1**:1, 9, **4**:12, **1Th 4**:3, **5**:18, **2Ti 1**:1, **Heb ♣2**:4, **10**:7, 9, 10, 36, **13**:21, **1Pe 2**:15, **3**:17, **4**:2, 19, **1Jn 2**:17, **5**:14, **Rev 4**:11

Luk 23:25, **Ro ♦1**:13, **1Co 7**:37, **Eph 2**:3, **2Ti 2**:26, **2Pe 1**:21

Prothesis πρόθεσις *4286*

Purpose

Mat 12:4, **Mar 2**:26, **Luk 6**:4, **Act 11**:23, **27**:13, **Ro 8**:28, **9**:11, **Eph 1**:11, **3**:11, **2Ti 1**:9, **3**:10, **Heb 9:2**

Prooridzō προορίζω *4309*

Predestined

♦Proetoimadzō προετοιμάζω *4282*

♦Prothesmias προθεσμίας *4287*

Act 4:28, **Ro 8**:29, 30, **♦9**:23, **1Co 2**:7, **Eph 1**:5, 11, **♦2**:10, **Gal ♦4**:2

Tôrâh תרה /Tôrôt תרות 8451

Law(s)

{♦Tsâvâh צוה 6680 Command}

Gen 26:5, **Exd 12**:49, **13**:9, **16**:4, 28, **18**:16, 20, **24**:12, **Lev 6**:9♣, 14, 25, **7**:1, 7, 11, 37, **11**:46, **12**:7, **13**:59, **14**:2, 32, 54, 57, **15**:32, **26**:46, **Nu 5**:29, 30, **6**:13, 21, **15**:16, 29, **19**:2♣, 14, **31**:21♣, **Deu 1**:5, **4**:8, 44, **17**:11, 18, 19, **27**:3, 8, 26, **28**:58, 61, **29**:21, 29, **30**:10, **31**:9, 11, 12, 24, 26, **32**:46♣, **33**:4♣, 10, **Jos 1**:7♣, 8, **8**:31♣, 32, 34, **22**:5♣, **23**:6, **24**:26, **1Ki 2**:3, **2Ki 10**:31, **14**:6♣, **17**:13♣, 34♣, 37, **21**:8♣♣, **22**:8, 11, **23**:24, 25, **1Ch 16**:40♣, **22**:12, **2Ch 6**:16, **12**:1, **14**:4♣, **15**:3, **17**:9, **19**:10, **23**:18, **25**:4♣, **30**:16, **31**:3, 4♣, 21, **33**:8♣, **34**:14, 15, 19, **35**:26, **Ezr 3**:2, **7**:6, 10, **10**:3, **Neh 8**:1♣, 2, 3, 7, 8, 9, 13, 14♣, 18, **9**:3, 13, 14♣, 26, 29, 34, **10**:28, 29, 34, 36, **12**:44, **13**:3, **Job 22**:22, **Ps 1**:2, **19**:7, **37**:31, **40**:8, **78**:1, 5♣, 10, **89**:30, **94**:12, **105**:45, **119**:1, 18, 29, 34, 44, 51, 53, 55, 61, 70, 72, 77, 85, 92, 97, 109, 113, 126, 136, 142, 150, 153, 163, 165, 174, **Pro 1**:8, **3**:1, **4**:2, **6**:20, 23, **7**:2, **13**:14, **28**:4, 7, 9, **29**:18, **31**:26, **Isa 1**:10, **2**:3, **5**:24, **8**:16, 20, **24**:5, **30**:9, **42**:4, 21, 24, **51**:4, 7, **Jer 2**:8, **6**:19, **8**:8, **9**:13, **16**:11, **18**:18, **26**:4, **31**:33, **32**:23♣, **44**:10, 23, **La 2**:9, **Eze 7**:26, **22**:26, **43**:11, 12, **44**:5, 24, **Dan 9**:10, 11, 13, **Hos 4**:6, **8**:1, 12, **Am 2**:4, **Mic 4**:2, **Hab 1**:4, **Zep 3**:4, **Hag 2**:11, **Zec 7**:12, **Mal 2**:6, 7, 8, 9, **4**:4♣

Nomos νόμος *3551*

Mat 5:17, 18, **7**:12, **11**:13, **12**:5, **22**:36, 40, **23**:23, **Luk 2**:22, 23, 24, 27, 39, **10**:26, **16**:16, 17, **24**:44, **Joh 1**:17, 45, **7**:19, 23, 49, 51, **8**:5, 17, **10**:34,

12:34, **15**:25, **18**:31, **19**:7, **Act 6**:13, **7**:53, **13**:15, 39, **15**:5, **18**:13, 15, **21**:20, 24, 28, **22**:3, 12, **23**:3, 29, **24**:14, **25**:8, **28**:23, **Ro 2**:12, 13, 14, 15, 17, 18, 20, 23, 25, 26, 27, **3**:19, 20, 21, 27, 28, 31, **4**:13, 14, 15, 16, **5**:13, 20, **6**:14, 15, **7**:1, 2, 3, 4, 5, 6, 7, 8, 9, 12, 14, 16, 21, 22, 23, 25, **8**:2, 3, 4, 7, **9**:4 3548, 31, **10**:4, 5, **13**:8, 10, **1Co 9**:8, 9, 20, **14**:21, 34, **15**:56, **Gal 2**:16, 19, 21, **3**:2, 5, 10, *11*, 12, 13, 17, 18, 19, 21, 23, 24, **4**:4, 5, 21, **5**:3, 4, 14, 18, 23, **6**:2, 13, **Eph 2**:15, **Php 3**:5, 6, 9, **1Ti 1**:8, 9, **Heb 7**:5, 12, 16, 19, 28, **8**:4, 10, **9**:19, 22, **10**:1, 8, 16, 28, **Jas 1**:25, **2**:8, 9, 10, 11, 12, **4**:11

Mitsvâh מצוה /Mîtsôt מצות

4687 Commandment(s)
{♦Tsâvâh צוה 6680 Command
♣Ḥuqêy חקי 2706, ♣[1]Ḥuqqôt חקות 2708 Statutes
†Mishpât משפט 4941 Judgements
‡Mishmeret משמרת 4931 Charge}

Gen 26:5‡♣, **Exd 15**:26♣, **16**:28, **20**:6, **24**:12, **Lev 4**:2, 13, 22, 27, **5**:17, **22**:31, **26**:3♣, 14, 15♣†, **27**:34♦, **Nu 15**:22, 31, 39, 40, **36**:13†♦, **Deu 4**:2♦♦, 40♣♦, **5**:10, 29, 31♣†, **6**:1♣†♦, 2♣♦, 17♣♦, 25♦, **7**:9, 11♣†♦, **8**:1♦, 2, 6, 11†♣♦, **10**:13♣♦, **11**:1‡♣†, 8♦, 13♦, 22♦, 27♦, 28♦, **13**:4, 18♦, **15**:5♦, **17**:20, **19**:9♦, **26**:13♦, 17♣†, 18, **27**:1♦♦, 10♣♦, **28**:1♦, 9, 13♦, 15♣♦, 45♣♦, **30**:8♦, 10♣, 11♦, 16♦♣, **31**:5♦, **Jos 22**:3, 5♦, **Jdg 2**:17, **3**:4♦, **1Sa 13**:13♦, **1Ki 2**:3‡♣†, 43, **3**:14♣, **6**:12♣†, **8**:58♣†♦, 61♣, **9**:6♣, **11**:34♣, 38♦♣, **13**:21♦, **14**:8, **18**:18, **2Ki 17**:13♣♦, 16, 19♣, 34♣♦, 37♣, **18**:6♦, 36, **23**:3♣, **1Ch 28**:7, 8, **29**:19♣, **2Ch 7**:19♣, **8**:13, 14, 15, **14**:4, **17**:4, **19**:10♣, **24**:20, 21, **29**:15, 25, **30**:6, 12, **31**:21, **34**:31♣, **35**:10, 15, 16, **Ezr 7**:11♣, **9**:10, 14, **10**:3, **Neh 1**:5, 7♣♦, 9, **9**:13♣, 14♦♣, 16, 29†, 34, **10**:29♣, 32, **11**:23, **12**:24, 45‡‡, **13**:5, **Est 3**:3, **Job 23**:12, **Ps 19**:8, **78**:7, **89**:31♣, **112**:1, **119**:6, 10, 19, 21, 32, 35, 47, 48♣, 60, 66, 73, 86, 96, 98, 115, 127, 131, 143, 151, 166, 172, 176, **Pro 2**:1, **3**:1, **4**:4, **6**:20, 23, **7**:1, 2, **10**:8, **13**:13, **19**:16, **Ecc 8**:5†, **12**:13, **Isa 29**:13, **36**:21, **48**:18, **Jer 32**:11, **35**:14, 16, 18, **Dan 9**:4, 5†, **Mal 2**:1, 4

Tsâvâh צוה 6680

Command, Charge
[Also look under Dâvâr (Word) on p102, Tôrâh (Law) on p104, Mitswâh (Commandment) on p105, and Ḥôq (Statute) on p106 and Ḥuqqâh (Statute) on p106]

Gen 2:16, **3**:11, 17, **6**:22, **7**:5, 9, 16, **21**:4, **Exd 6**:13, **7**:2, 6, 10, 20, **12**:28, 50, **16**:34, **23**:15, **25**:22, **29**:35, **31**:6, 11, **32**:8, **34**:4, 11, 18, 32, 34, **35**:10, 29, **36**:1, 5, 6, **38**:22, **39**:1, 5, 7, 21, 26, 29, 31, 32, 42, 43, **40**:16, 19, 21, 23, 25, 27, 29, 32, **Lev 7**:38, **8**:4, 9, 13, 17, 21, 29, 31, 34, 35, **9**:5, 7, 10, 21, **10**:1, 13, **24**:23, **25**:21, **Nu 1**:19, 54, **2**:33, 34, **3**:16, 42, 51, **4**:49, **8**:3, 20, 22, **9**:5, 8, **15**:23, 36, **17**:11, **20**:9, 27, **26**:4, **27**:19, 22, 23, **28**:2, **29**:40, **31**:7, 31, 41, 47, **32**:25, 28, **34**:2, 13, 29, **35**:2, **36**:2, 5, 6, 10, **Deu 1**:3, 16, 19, 41, **2**:4, 37, **3**:18, 21, 28, **4**:13, 23, **5**:12, 15, 16, 32, 33, **9**:12, 16, **10**:5, **12**:11, 14, 21, **13**:5, **15**:11, 15, **17**:3, **18**:20, **19**:7, **20**:17, **24**:8, 18, 22, **26**:14, **27**:4, 11, **28**:8, **30**:2, **31**:10, 14, 23, 25, 29, **34**:9, **Jos 1**:9, **4**:10, **7**:11, **8**:33, **9**:24, **10**:40, **11**:12, 20, **13**:6, **14**:2, 5, **17**:4, **21**:2, 8, **22**:2, **23**:16, **Jdg 2**:20, **4**:6, **13**:14, **1Sa 25**:30, **2Sa 5**:25, **6**:21, 11, **17**:14, **24**:19, **1Ki 11**:10, **15**:5, **17**:4, 9, **2Ki 17**:15, 35, **18**:12, **1Ch 6**:49, **14**:16, **16**:15, **17**:10, **22**:13, **24**:19, **2Ch 7**:13, **Ezr 9**:11, **Job 36**:32, **37**:12, **Ps 7**:6, **33**:9, **42**:8, **44**:4, **68**:28, **71**:3, **78**:23, **91**:11, **111**:9, **119**:4, 138, **133**:3, **148**:5, **Isa 5**:6, **10**:6, **13**:3, **23**:11, **34**:16, **45**:11, 12, **48**:5, **55**:4, **Jer 1**:7, 17, **7**:22, 31, **11**:4, **13**:5, 6, **14**:14, **17**:22, **19**:5, **23**:32, **26**:8, **27**:4, **32**:35, **34**:22, **47**:7, **50**:21, **La 1**:10, 17, **2**:17, **3**:37, **Eze 10**:6, **12**:7, **24**:18, **37**:7, 10, **Am 6**:11, **9**:3, 4, 9, **Nah 1**:14

Entolē εντολή *1785*

♦Entellomai εντέλλομαι *1781*
♣Entalma ένταλμα *1778*

Mat ♦**4**:6, **5**:19, 3, ♣**15**:9, ♦**17**:9, ♦**19**:7, 17, **22**:36, 38, 40, ♦**28**:20, **Mar** ♣**7**:7, 8, 9, ♦**10**:3, 5, 19, **12**:28, 31, ♦**13**:34, **Luk 1**:6, ♦**4**:10, **15**:29, **18**:20, **23**:56, **Joh** ♦**8**:5, **10**:18, **11**:57, **12**:49, 50, **13**:34, **14**:15, 21, ♦31, **15**:10, 12, ♦14, ♦17, **Act** ♦**1**:2, ♦**13**:47, **17**:15, **Ro 7**:8, 9, 10, 11, 12, 13, **13**:9, **1Co 7**:19, **14**:37, **Eph 2**:15, **6**:2, **Col** ♣**2**:22, **4**:10, **1Ti 6**:14, **Tit 1**:14, **Heb 7**:5, 16, 18, **9**:19, ♦20, ♦**11**:22, **2Pe 2**:21, **3**:2, **1Jn 2**:3, 4, 7, 8, **3**:22, 23, 24, **4**:21, **5**:2, 3, **2Jn** 4, 5, 6, **Rev 12**:17, **14**:12

Parangellō παραγγέλω *3853*

Mat 10:5, **15**:35, **Mar 6**:8, **8**:6, **Luk 5**:14, **8**:29, 56, **9**:21, **Act 1**:4, **4**:18, **5**:28, 40, **10**:42, **15**:5, **16**:18, 23, **17**:30, **23**:22, 30, **1Co 7**:10, **11**:17, **1Th 4**:11, **2Th 3**:4, 6, 10, 12, **1Ti 1**:3, **4**:11, **5**:7, **6**:13, 17

Epitassō επιτάσσω *2004*

♦Epitagē επιταγή *2003*

Mar 1:27, **6**:27, 39, **9**:25, **Luk 4**:36, **8**:25, 31, **14**:22, **Act 23**:2, **Ro** ♦**16**:26, **1Co** ♦**7**:6, ♦25, **2Co** ♦**8**:8, **1Ti** ♦**1**:1, **Tit** ♦**1**:3, ♦**2**:15, **Phm** 8

Dogma δόγμα *1378*

Decree

♦Dogmatidzesthe δογματίζεσθε *1379*
Luk 2:1, **Act 16**:4, **17**:7, **Eph 2**:15, **Col 2**:14, ♦20

Peh פה /Pîy פי 6310

Mouth, Commandment, Mind

[Only of Yehuwah]

Exd 17:1, **38**:21, **Lev 24**:12, **Nu 3**:16, 39, 51, **4**:37, 41, 45, 49, **9**:18, 20, 23, **10**:13, **12**:8, **13**:3, **14**:41, **22**:18, **24**:13, **27**:14, 21, **33**:2, 38, **36**:5, **Deu 1**:26, 43, **8**:3, **9**:23, **34**:5, **Jos 9**:14, **15**:13, **17**:4, **21**:3, **22**:9, **1Sa 12**:14, 15, **15**:24, **1Ki 8**:15, 24, **13**:21, 26, **2Ki 24**:3, **1Ch 12**:23, **16**:12, **2Ch 6**:4, 15, **35**:22, **36**:12, **Job 37**:2, **Ps 18**:8, **33**:6, **119**:13, 43, 72, 88, 103, **138**:4, **Pro 2**:6, **4**:5, **5**:7, **8**:8, 29, **Sng 1**:2, **Isa 1**:20, **11**:4, **30**:2, **34**:16, **40**:5, **45**:23, **48**:3, **49**:2, **58**:14, **62**:2, **Jer 9**:12, 20, **23**:16, **La 1**:18, **3**:38, **Eze 33**:7, **Hos 6**:5, **Mic 4**:4

Ḥôq חק /Ḥuqêy חקי 2706

Statute(s)

{♦Mishpât משפט 4941 Judgments
♣Tsâvâh צוה 6680 Command}

[Also look under Mitsvâh (Commandment) above]

Exd 15:25♦, **18**:16, 20, **29**:28, **30**:21, **Lev 6**:18, 22, **7**:34, **10**:11, 15♣, **24**:9, **26**:46, **Nu 18**:8, 11, 19, **30**:16♣, **Deu 4**:1♦, 5♦♣, 6, 8♦, 14♣♦, 45♦, **5**:1♦, **6**:20♦♣, 24♣, **11**:32♦, **12**:1♦, **16**:12, **17**:19, **26**:16♣♦, **Jos 24**:25♦, **Jdg 11**:39, **1Sa 30**:25♦, **2Ki 17**:15, **1Ch 16**:17, **22**:13♦, **2Ch 7**:17♣♦, **33**:8♣♦, **35**:25, **Ezr 7**:10♦, **Ps 2**:7, **50**:16, **81**:4, **94**:20, **99**:7, **105**:10, 45, **119**:5, 8, 12, 23, 26, 33, 54, 64, 68, 71, 80, 83, 112, 117, 118, 124, 135, 145, 155, 171, **147**:19♦, **148**:6, **Pro 8**:29, **30**:8, **31**:15, **Isa 5**:14, **24**:5, **Jer 5**:22, **31**:36, **Eze 11**:12♦, **20**:18♦, 25♦, **36**:27♦, **45**:14, **Mic 7**:11, **Zep 2**:2, **Zec 1**:6♣, **Mal 3**:7, **4**:4♣♦

Ḥuqqâh חקה /Ḥuqqôt חקות

2708 Statute(s), Ordinance

{♦Mishpât משפט 4941 Judgements
♣Tsâvâh צוה 6680 Command}

[Also look under Mitsvâh (Commandment) above]

Exd 12:14, 17, 43, **13**:10, **27**:21, **28**:43, **29**:9, **Lev 3**:17, **7**:36♣, **10**:9, **16**:29, 31, 34♣, **17**:7, **18**:3, 4♦, 5♦, 26♦, 30, **19**:19, 37♦, **20**:8, 22♦, 23, **23**:14, 21, 31, 41, **24**:3, **25**:18♦, **26**:43♦, **Nu 9**:3, 12, 14♦, **10**:8, **15**:15, **18**:23, **19**:2♣, 10, 21, **27**:11♦♣, **31**:21♣, **35**:29♦, **2Sa 22**:23♦, **1Ki 3**:3, **11**:11♣, 33♦, **2Ki 17**:8, **Job 38**:33, **Ps 18**:22♦, **119**:16, **Jer 5**:24, **10**:3, **31**:35, **33**:25, **44**:10, 23, **Eze 5**:6♦♦, 7♦♦, **11**:20♦, **18**:9♦, 17♦, 19, 21, **20**:11♦, 13♦, 16♦, 19♦, 21♦, 24♦, **33**:15, **37**:24♦, **43**:11, 18, **44**:5, 24♦, **46**:14, **Mic 6**:16

Pîqqûd פקוד 6490

Precept

Ps 19:8, **103**:18, **111**:7, **119**:4, 15, 27, 40, 45, 56, 63, 69, 78, 87, 93, 94, 100, 104, 110, 128, 134, 141, 159, 168, 173

Mishmeret משמרת 4931

Ordinance, Charge

[Also look under Mitsvâh (Commandment) above]

Lev 8:35, **18**:30, **22**:9, **Nu 1**:53, **3**:7, 8, 14, 25, 28, 31, 32, 36, 38, **4**:27, 28, 31, 32, **8**:26, **9**:19, 23, **18**:3, 4, 5, 8, **31**:30, 47, **1Ch 23**:32, **2Ch 13**:11, **23**:6, **Neh 13**:30, **Isa 21**:8, **Eze 40**:45, **44**:8, 14, 15, 16, **48**:11, **Zec 3**:7

ʿÊdût עדות 5715

Testimony

♦ʿÊdâh עדה 5713
♣Teʿûdâh תעודה 8584
†Shâhêd שהד 7717

[Also look under Lûwaḥ (Tables) below]

Gen ♦**21**:30, ♦**31**:52, **Exd 16**:34, **25**:16, 21, 22, **26**:33, 34, **27**:21, **30**:6, 26, 36, **31**:7, **38**:21, **39**:35, **40**:3, 20, 21, **Lev 16**:13, **24**:3, **Nu 1**:50, 53, **4**:5, **7**:89, **9**:15, **10**:11, **17**:4, 7, 8, 10, **18**:2, **Deu** ♦**4**:45, ♦**6**:17, ♦20, **Jos 4**:16, ♦**24**:27, **Ru** ♣**4**:7, **1Sa** ♦**6**:18, **1Ki 2**:3, **2Ki 11**:12, **17**:15, **23**:3, **1Ch 29**:19, **2Ch 23**:11, **24**:6, **34**:31, **Neh 9**:34, **Job** †**16**:19, **Ps 19**:7, ♦**25**:10, **78**:5, ♦56, **81**:5, ♦**93**:5, ♦**99**:7, ♦**119**:2, 14, ♦22, ♦24, 31, 36, ♦46, ♦59, ♦79, 88, ♦95, 99, 111, ♦119, ♦125, 129, ♦138, 144, ♦146, ♦152, 157, ♦167, ♦168, **122**:4, ♦**132**:12, **Isa** ♣**8**:16, ♣20, **Jer 44**:23

Marturia μαρτυρία *3141*

♦Marturion μαρτύριον *3142*
♣Epimartureō επιμαρτυρέω *1957*

Mat ♦**8**:4, ♦**10**:18, ♦**24**:14, **Mar** ♦**1**:44, **6**:11, ♦**13**:9, **14**:55, 56, 59, **Luk** ♦**5**:14, ♦**9**:5, ♦**21**:13, **22**:71, **Joh 1**:7, 19, **3**:11, 32, 33, **5**:31, 32, 34, 36, **8**:13, 14, 17, **19**:35, **21**:24, **Act** ♦**4**:33, ♦**7**:44, **22**:18, **1Co** ♦**1**:6, **2Co** ♦**1**:12, **2Th** ♦**1**:10, **1Ti** ♦**2**:6, **3**:7, **2Ti** ♦**1**:8, **Tit 1**:13, **Heb** ♦**3**:5, **Jas** ♦**5**:3, **1Pe** ♣**5**:12, **1Jn 5**:9, 10, 11, **3Jn** 12, **Rev 1**:2, 9, **6**:9, **11**:7, **12**:11, 17, ♦**15**:5, **19**:10, **20**:4

Lûwaḥ לוּחַ 3871

Tables

{♦Berît בְּרִית 1285 Covenant

♣'Êdût עֵדוּת 5715 Testimony}

Exd 24:12, **27**:8, **31**:18♣, **32**:15♣, 16, 19, **34**:1, 4, 28♦, 29♣, **38**:7, **Deu 4**:13, **5**:22, **9**:9♦, 10, 11♦, 15♦, 17, **10**:1, 2, 3, 4, 5, **1Ki 7**:36, **8**:9♦, **2Ch 5**:10♦, **Pro 3**:3, **7**:3, **Sng 8**:9, **Isa 30**:8, **Jer 17**:1, **Eze 27**:5, **Hab 2**:2

Plax πλάξ 4109

2Co 3:3; **Heb 9**:4

Martus μάρτυς *3144*

Witness

♦Epoptai επόπται *2030*

♣Autoptēs αὐτόπτης *845*

Mat 18:16, **26**:65, **Mar 14**:63, **Luk** ♣**1**:2, **11**:48, **24**:48, **Act 1**:8, 22, **2**:32, **3**:15, **5**:32, **6**:13, **7**:58, **10**:39, 41, **13**:31, **22**:15, 20, **26**:16, **Ro 1**:9, **2Co 1**:23, **13**:1, **Php 1**:8, **1Th 2**:5, 10, **1Ti 5**:19, **6**:12, **2Ti 2**:2, **Heb 10**:28, **12**:1, **1Pe 5**:1, **2Pe** ♦**1**:16, **Rev 1**:5, **2**:13, **3**:14, **11**:3, **17**:6

'Ûd עוּד 5749

Testify

Deu 8:19, **32**:46, **1Sa 8**:9, **2Ki 17**:13, 15, **2Ch 24**:19, **Neh 9**:26, 29, 30, 34, **13**:15, 21, **Ps 20**:8, **50**:7, **81**:8, **146**:9, **147**:6, **Jer 6**:10, **11**:7, **42**:19, **Am 3**:13, **Zec 3**:6, **Mal 2**:14

Martureō μαρτυρέω *3140*

Testify, Witness

♦Diamarturomai διαμαρτύρομαι *1263*

♣Marturomai μαρτύρομαι *3143*

†Summartureō συμμαρτυρέω *4828*

‡Sunepimartureō συνεπιμαρτυρέω *4901*

ΔPromarturomai προμαρτύρομαι *4303*

Mat 23:31, **Luk 4**:22, ♦**16**:28, **Joh 1**:7, 8, 15, 32, 34, **2**:25, **3**:11, 26, 28, 32, **4**:39, 44, **5**:31, 32, 33, 36, 37, 39, **7**:7, **8**:13, 14, 18, **10**:25, **12**:17, **13**:21, **15**:26, 27, **18**:23, 37, **19**:35, **21**:24, **Act** ♦**2**:40, **6**:3, ♦**8**:25, **10**:22, ♦42, 43, **13**:22, **14**:3, **15**:8, **16**:2, ♦**18**:5, ♦**20**:21, ♦23, ♦24, ♣26, **22**:5, 12, **23**:11♦, **26**:5, 22, ♦**28**:23, **Ro** †**2**:15, **3**:21, †**8**:16, †**9**:1, **10**:2, **1Co 15**:15, **2Co 8**:3, **Gal 4**:15, ♣**5**:3, **Eph** ♣**4**:17, **Col 4**:13, **1Th** ♣**2**:11, ♦**4**:6, **1Ti 5**:10, ♦21, **6**:13, **2Ti** ♦**2**:14, ♦**4**:1, **Heb** ‡**2**:4, ♦6, **7**:8, 17, **10**:15, **11**:2, 4, 5, 39, **1Pe** Δ**1**:!1, **1Jn 1**:2, **4**:14, **5**:6, 7, 9, 10, **3Jn** 3, 6, 12, **Rev 1**:2, **22**:16, 18, 20

Bâsar בָּשַׂר 1319

Proclaim, Bear Good Tidings

1Sa 4:17, **31**:9, **2Sa 1**:20, **4**:10, **18**:19, 20, 26, 31, **1Ki 1**:42, **1Ch 10**:9, **16**:23, **Ps 40**:9, **68**:11, **96**:2, **Isa 40**:9, **41**:27, **52**:7, **60**:6, **61**:1, **Jer 20**:15, **Nah 1**:15

Euangelidzō ευαγγελίζω *2097*

Preach The Gospel

♦Katangellō καταγγέλλω *2605*

♣Diangellō διαγγέλω *1229*

†Exangellō εξαγγέλω *1804*

‡Proeuangelidzomai προευαγγελίζομαι *4283*

Mat 11:5, **Luk 1**:19, **2**:10, **3**:18, **4**:18, 43, **7**:22, **8**:1, **9**:6, ♣60, **16**:16, **20**:1, **Act** ♦**3**:24, ♦**4**:2, **5**:42, **8**:4, 12, 25, 35, 40, **10**:36, **11**:20, ♦**13**:5, 32, ♦38, **14**:7, 15, 21, **15**:35, ♦36, **16**:10, ♦17, ♦21, ♦**17**:3, ♦13, 18, ♦23, ♣**21**:26, ♦**26**:23, **Ro** ♦**1**:8, 15, ♣**9**:17, **10**:15, **15**:20, **1Co 1**:17, ♦**2**:1, ♦**9**:14, 16, 18, ♦**11**:26, **15**:1, 2, **2Co 10**:16, **11**:7, **Gal 1**:8, 9, 11, 16, 23, ♣**3**:8, **4**:13, **Eph 2**:17, **3**:8, **Php** ♦**1**:18, **Col** ♦**1**:28, **1Th 3**:6, **Heb 4**:2, 6, **1Pe 1**:12, 25, †**2**:9, **4**:6, **Rev 10**:7, **14**:6

Apangellō απαγγέλω *518*

Declare

♦Anangelei αναγγελεί *312*

Mat 2:8, **8**:33, **11**:4, **12**:18, **14**:12, **28**:8, 10, 11, **Mar 5**:14, 19, **6**:30, **16**:10, 13, **Luk 7**:18, 22, **8**:20, 34, 36, 47, **9**:36, **13**:1, **14**:21, **18**:37, **24**:9, **Joh** ♦**4**:25, ♦**5**:15, ♦**16**:13, ♦14, ♦15, 25, **Act 4**:23, **5**:22, **11**:13, **12**:14, 17, ♦**14**:27, ♦**15**:4, **16**:36, 38, ♦**19**:18, 27, ♦**20**:20, ♦27, **22**:26, **23**:16, 17, 19, **26**:20, **28**:21, **Ro** ♦**15**:21, **1Co 14**:25, **2Co** ♦**7**:7, **1Th 1**:9, **Heb 2**:12, **1Pe** ♦**1**:12, **1Jn 1**:2, 3, ♦5

Kērussō κηρύσσω *2784*

Preach

♦Kērugma κήρυγμα *2782*

♣Kērux κήρυξ *2783*

†Prokēruxantos προκηρύχαντος *4296*

Mat 3:1, **4**:17, 23, **9**:35, **10**:7, 27, **11**:1, ♦**12**:41, **24**:14, **26**:13, **Mar 1**:4, 7, 14, 38, 39, 45, **3**:14, **5**:20, **6**:12, **7**:36, **13**:10, **14**:9, **16**:15, 20, **Luk 3**:3, **4**:18, 19, 44, **8**:1, 39, **9**:2, ♦**11**:32, **12**:3, **24**:47, **Act 8**:5, **9**:20, **10**:37, 42, †**13**:24, **15**:21, **19**:13, **20**:25, **28**:31, **Ro 2**:21, **10**:8, 14, 15, ♦**16**:25, **1Co** ♦**1**:21, 23, ♦**2**:4, **9**:27, **15**:11, 12, ♦14, **2Co 1**:19, **4**:5, **11**:4, **Gal 2**:2, **5**:11, **Php 1**:15, **Col 1**:23, **1Th 2**:9, **1Ti**

♣2:7, 3:16, 2Ti ♣1:11, 4:2, ♦17, Tit 1:3, 1Pe 3:19, 2Pe ♣2:5, Rev 5:2

Exēgeomai εξηγέομαι *1834*

Declare, Tell

♦Ekdiegeomai εκδιεγέομαι *1555*

♣Exēchētai εξήχηται *1837*

†Anaphōneō ἀναφωνέω *400*

Luk †**1**:42, **24**:35, **Joh 1**:18, **Act 10**:8, ♦**13**:41, ♦**15**:3, 12, 14, **21**:19, **1Th** ♣**1**:8

Dēloō δηλόω *1213*

Declare, Show

♦Dēlos δηλος *1212*

♣Anatithemai ἀνατίθεμαι *394*

†Anapeithō ἀναπείθω *374* Persuade

Act †**18**:13, ♣**25**:14, **1Co 1**:11, **3**:13, ♦**15**:27, **Gal** ♣**2**:2, ♦**3**:11, **Col 1**:8, **Heb 9**:8, **12**:27, **1Pe 1**:11, **2Pe 1**:14

Proereō προερέω *4280*

Said Before

♦Prokatēngeilen προκατήγειλεν *4293*

♣Prokēruxantos προκηρύχαντος *4296*

Mat 24:25, **Mar 13**:23, **Act** ♦**3**:18, ♦**7**:52, ♣**13**:24, **Ro 9**:29, **2Co 7**:3, **13**:2, **Gal 1**:9, **2Pe 3**:2, **Jud 17**

Prokeimai προκειμαι *4295*

Set Before

2Co 8:12, **Heb 6**:18, **12**:1, 2, **Jud** 7

Deiknuō δεικνύω *1166*

Show

♦Endeiknumi ενδείκνθμι *1731*

♣Endeixis ένδειξις *1732*

[Only of Yehuwah showing/revealing]

Mat 16:21, **Luk 24**:40, **Joh 2**:18, **5**:20, **10**:32, **14**:8, 9, **20**:20, **Act 7**:3, **10**:28, **Ro** ♦**2**:15, ♣**3**:25, ♣26, ♦**9**:17, ♦**22, 1Co 12**:31, **2Co** ♣**8**:24♦, **Eph** ♦**2**:7, **Php** ♣**1**:28, **1Ti** ♦**1**:16, **6**:15, **2Ti** ♦**4**:14, **Tit** ♦**2**:10, ♦**3**:2, **Heb** ♦**6**:10, ♦11, **8**:5, **Jas 2**:18, **3**:13, **Rev 1**:1, **4**:1, **17**:1, **21**:9, 10, **22**:1, 6, 8

Dialegomai διαλέγομαι *1256*

Dispute, Reason

Mar 9:34, **Act 17**:2, 17, **18**:4, 19, **19**:8, 9, **20**:7, 9, **24**:12, 25, **Heb 12**:5, **Jud** 9

Akoē ακοή *189*

Report, Fame, Hearing

♦Diaphēmidzō διαφημίζω *1310*

♣Akroatēs ἀκροατής *202*

[Except *ears*]

Mat 4:24, **13**:14, **14**:1, **24**:6, **Mar 1**:28, ♦45, **13**:7, **Luk 7**:1, **Joh 12**:38, **Act 28**:26, **Ro** ♣**2**:13, **10**:16, 17, **1Co 12**:17, **Gal 3**:2, 5, **1Th 2**:13, **2Ti 4**:3, 4, **Heb 4**:2, **5**:11, **Jas** ♣**1**:22, ♣23, ♣25, **2Pe 2**:8

Qôl קוֹל 6963

Voice

[Only of Yehuwah; for *voice, sound, cry, noise* of men go to p193; not *sound* of the trumpet, natural *thunder*]

Gen 3:8, 10, **22**:18, **26**:5, **Exd 4**:8, **5**:2, **9**:28, **19**:16, 19, **20**:18, **23**:21, 22, **Nu 7**:89, **14**:22, **Deu 4**:12, 30, 33, 36, **5**:22, 23, 24, 25, 26, 28, **8**:20, **9**:23, **13**:4, 18, **15**:5, **18**:16, **26**:14, 17, **27**:10, 14, **28**:1, 2, 15, 45, 62, **30**:2, 8, 10, 20, **Jos 5**:6, **12**:15, 18, **15**:19, 20, 22, **22**:2, **24**:24, **Jdg 2**:2, 20, **6**:10, **1Sa 7**:10, **28**:18, **2Sa 22**:14, **1Ki 19**:12, 13, **20**:36, **2Ki 18**:12, **Neh 9**:4, **Job 37**:4, 5, **40**:9, **Ps 18**:13, **19**:3, **29**:3, 4, 5, 7, 8, 9, **42**:7, **46**:6, **47**:5, **68**:33, **77**:17, 18, **81**:11, **95**:7, **103**:20, **106**:25, **Pro 1**:20, **8**:1, 4, **Sng 2**:8, **5**:2, **Isa 6**:4, 8, **28**:23, **30**:30, 31, **32**:9, **66**:6, **Jer 3**:13, 25, **4**:15, **7**:23, 28, **9**:13, **10**:13, **11**:4, 7, **18**:10, **22**:21, **25**:30, **26**:13, **32**:23, **38**:20, **42**:6, 13, 14, 21, **43**:4, 7, **44**:23, **Eze 1**:25, 28, **3**:12, **43**:2, **Dan 9**:10, 11, 14, **10**:6, 9, **Joe 2**:11, **3**:16, **Am 1**:2, **Mic 6**:9, **Hag 1**:12, **Zec 6**:15

Anakrazō ἀνακράζω *349*

♦Anaboaō ἀναβοάω *310*

Cry Out

Mat ♦**27**:46, **Mar 1**:23, **6**:49, ♦**15**:8, **Luk 4**:33, **8**:28, ♦**9**:38, **23**:18

Ḥâzôn חזון 2377

Vision

♦Ḥâzût חזות 2380

♣Ḥizzâyôn חזיון 2384

†Maḥazeh מחזה 4236

Gen †**15**:1, **Nu** †**24**:4, †**16**, **1Sa 3**:1, **2Sa** ♣**7**:17, **1Ch 17**:15, **2Ch 32**:32, **Job** ♣**4**:13, ♣**7**:14, ♣**20**:8, ♣**33**:15, **Ps 89**:19, **Pro 29**:18, **Isa 1**:1, ♦**21**:2, ♣**22**:1, ♣5, ♦**28**:18, **29**:7, ♦11, **Jer 14**:14, **23**:16, **La 2**:9, **Eze 7**:13, 26, **12**:22, 23, 24, 27, †**13**:7, 16, **Dan 1**:17, **8**:1, 2, ♦5, ♦8, 13, 15, 17, 26, **9**:21, 24, **10**:14, **11**:14, **Hos 12**:10, **Joe** ♣**2**:28, **Obd** 1, **Mic 3**:6, **Nah 1**:1, **Hab 2**:2, 3, **Zec** ♣**13**:4

Mar'âh מראה 4759

Vision

Gen 46:2, **Exd 38**:8, **Nu 12**:6, **1Sa 3**:15, **Eze 1**:1, **8**:3, **40**:2, **43**:3, **Dan 10**:7, **8**, **16**

Horama ὅραμα *3705*

♦Horasis ὅρασις *3706*

Mat 17:19, **Act ♦2**:17, **7**:31, **9**:10, 12, **10**:3, 17, 19, **11**:5, **12**:9, **16**:9, 10, **18**:9, **Rev ♦4**:3, **♦9**:17

Ḥalôm חלום 2472

Dream

Gen 20:3, 6, **31**:10, 11, 24, **37**:5, 6, 8, 9, 10, 19, 20, **40**:5, 8, 9, 16, **41**:7, 8, 11, 12, 15, 17, 22, 25, 26, 32, **42**:9, **Nu 12**:6, **Deu 13**:1, **13**:3, 5, **Jdg 7**:13, 15, **1Sa 28**:6, 15, **1Ki 3**:5, 15, **Job 7**:14, **20**:8, **33**:15, **Ps 73**:20, **Ecc 5**:3, 7, **Isa 29**:7, **Jer 23**:27, 28, 32, **27**:9, **29**:8, **Dan 1**:17, **2**:1, 2, 3, **Joe 2**:28, **Zec 10**:2

Ḥâlam חלם 2492

Dream

Ḥêlem חלם 2493 (In Daniel)

Gen 28:12, **37**:5, 6, 9, 10, **40**:5, 8, **41**:1, 5, 11, 15, **42**:9, **Deu 13**:1, 3, 5, **Jdg 7**:13, **Job 39**:4, **Ps 126**:1, **Isa 29**:8, **38**:16, **Jer 23**:25, **29**:8, **Dan 2**:1, 3, 4, 5, 6, 7, 9, 26, 28, 36, 45, **4**:5, 6, 7, 8, 9, 18, 19, **5**:12, **7**:1**Joe 2**:28

Enupnion ενύπνιον *1798*

Dream

♦Enupniadzomai ενυπνιάζομαι *1797*

Act 2:17♦, **Jud ♦**8

Nâvî נבי /Navîm נבים 5030

Prophet(s), Prophecy

Gen 20:7, **Exd 7**:1, **Nu 11**:29, **12**:6, **Deu 13**:1, 3, 5, **18**:15, 18, 20, 22, **34**:10, **Jdg 6**:8, **1Sa 3**:20, **9**:9, **10**:5, 10, 11, 12, **19**:20, 24, **22**:5, **28**:6, 15, **2Sa 7**:2, **12**:25, **24**:11, **1Ki 1**:8, 10, 22, 23, 32, 34, 38, 44, 45, **11**:29, **13**:11, 18, 20, 23, 25, 26, 29, **14**:2, 18, **16**:7, 12, **18**:4, 13, 19, 20, 22, 25, 36, 40, **19**:1, 10, 14, 16, **20**:13, 22, 35, 38, 41, **22**:6, 7, 10, 12, 13, 22, 23, **2Ki 2**:3, 5, 7, 15, **3**:11, 13, **4**:1, 38, **5**:3, 8, 13, 22, **6**:1, 12, **9**:1, 4, 7, **10**:19, **14**:25, **17**:13, 23, **19**:2, **20**:1, 11, 14, **21**:10, **23**:2, 18, **24**:2, **1Ch 16**:22, **17**:1, **29**:29, **2Ch 9**:29, **12**:5, 15, **13**:22, **15**:8, **18**:5, 6, 9, 11, 12, 21, 22, **20**:20, **21**:12, **24**:19, **25**:15, 16, **26**:22, **28**:9, **29**:25, **32**:20, 32, **35**:18, **36**:12, 16, **Ezr 9**:11, **Neh 6**:7, 14, **9**:26, 30, 32, **Ps 74**:9, **105**:15, **Isa 3**:2, **9**:15, **28**:7, **29**:10, **37**:2, **38**:1, **39**:3, **Jer 1**:5, **2**:8, 26, 30, **4**:9, **5**:13, 31, **6**:13, **7**:25, **8**:1, 10, **13**:13, **14**:13, 14, 15, 18, **18**:18, **20**:2, **23**:9, 11, 13, 14, 15, 16, 21, 25, 26, 28, 30, 31, 33, 34, 37, **25**:2, 4, **26**:5, 7, 8, 11, 16, **27**:9, 14, 15, 16, 18, **28**:1, 5, 6, 8, 9, 10, 11, 12, 15, 17, **29**:1, 8, 15, 19, 29, **32**:2, 32, **34**:6, **35**:15, **36**:8, 26, **37**:2, 3, 6, 13, 19, **38**:9, 10, 14, **42**:2, 4, **43**:6, **44**:4, **45**:1, **46**:1, 13, **47**:1, **49**:34, **50**:1, **51**:59, **La 2**:9, 14, 20, **4**:13, **Eze 2**:5, **7**:26, **13**:2, 3, 4, 9, 16, **14**:4, 7, 9, 10, **22**:25, 28, **33**:33, **38**:17, **Dan 9**:2, 6, 10, 24, **Hos 4**:5, **6**:5, **9**:7, 8, **12**:10, 13, **Am 2**:11, 12, **3**:7, **7**:14, **Mic 3**:5, 6, 11, **Hab 1**:1, **3**:1, **Zep 3**:4, **Hag 1**:1, 3, 12, **2**:1, 10, **Zec 1**:1, 4, 5, 6, 7, **7**:3, 7, 12, **8**:9, **13**:2, 4, 5, **Mal 4**:5

Ḥôzeh חזה 2374

Seer, Prophet

2Sa 24:11, **2Ki 17**:13, **1Ch 21**:9, **25**:5, **29**:29, **2Ch 9**:29, **12**:15, **19**:2, **29**:25, 30, **33**:18, **35**:15, **Isa 28**:15, **29**:10, **30**:10, **47**:13, **Eze 13**:9, 16, **22**:28, **Am 7**:12, **Mic 3**:7

Prophēteia προφητεία *4394*

Prophecy

♦Prophētikos προφητικός *4397*

Mat 13:14, **Ro 12**:6, **♦16**:26, **1Co 12**:10, **13**:2, 8, **14**:6, 22, **1Th 5**:20, **1Ti 1**:18, **4**:14, **2Pe ♦1**:19, 20, 21, **Rev 1**:3, **11**:6, **19**:10, **22**:7, 10, 18, 19

Prophēteuō προφητεύω *4395*

Prophecy (verb)

Mat 7:22, **11**:13, **15**:7, **26**:68, **Mar 7**:6, **14**:65, **Luk 1**:67, **22**:64, **Joh 11**:51, **Act 2**:17, 18, **19**:6, **21**:9, **1Co 11**:4, 5, **13**:9, **14**:1, 3, 4, 5, 24, 31, 39, **1Pe 1**:10, **Jud** 14, **Rev 10**:11, **11**:3

Sh^{e}vû'âh שׁבועה 7621

Oath

{♦Shâva' שׁבע 7650}

Gen 26:3♦, **Deu 7**:8♦, **1Ch 16**:16, **Ps 105**:9, **Jer 11**:5♦, **Dan 9**:11, **Hab 3**:9♦

Gen 24:8, **Exd 22**:11, **Lev 5**:4♦, **Nu 5**:21, **30**:2♦, 10, 13, **Jos 2**:17♦, 20♦, **Josh 9**:20♦, **Jdg 21**:5, **1Sa 14**:26, **2Sa 21**:7, **1Ki 2**:43, **2Ch 15**:15, **Neh 6**:18, **10**:29, **Ecc 8**:2, **9**:2, **Isa 65**:15, **Zec 8**:17

Horkos ορκος *3727*

Mat 5:33, **14**:7, 9, **26**:72, **Mar 6**:26, **Luk 1**:73, **Act 2**:30, **Heb 6**:16, 17, **Jas 5**:12

Shâva‘ שׁבע 7650

Swear

{Also see under Shevû‘âh above}

Gen 22:16, **24**:7, **50**:24, **Exd 13**:5, 11, **32**:13, **33**:1, **Nu 11**:12, **14**:16, 23, **32**:10, 11, **Deu 1**:8, 34, 35, **2**:14, **4**:21, 31, **6**:10, 18, 23, **7**:12, 13, **8**:1, 18, **9**:5, **10**:11, **11**:9, 21, **13**:17, **19**:8, **26**:3, 15, **28**:9, 11, **29**:13, **30**:20, **31**:7, 20, 21, 23, **34**:4, **Jos 1**:6, **5**:6, **21**:43, 44, **Jdg 2**:1, 15, **1Sa 3**:14, **2Sa 3**:9, **Ps 89**:3, 35, 49, **95**:11, **110**:4, **132**:11, **Isa 14**:24, **54**:9, **62**:8, **Jer 22**:5, **32**:22, **44**:26, **49**:13, **51**:14, **Eze 16**:8, **Am 4**:2, **6**:8, **8**:7, **Mic 7**:20

Gen 21:23, 24, 31, **24**:3, 9, **25**:33, **26**:31, **31**:53, **47**:31, **50**:5, 6, 25, **Exd 13**:19, **Lev 6**:3, 5, **19**:12, **Nu 5**:19, 21, **Deu 6**:13, **10**:20, **Jos 2**:12, **6**:22, 26, **9**:15, 18, 19, **14**:9, **23**:7, **Jdg 15**:12, **21**:1, 7, 18, **1Sa 14**:27, 28, **19**:6, **20**:3, 17, 42, **24**:21, 22, **28**:10, **30**:15, **2Sa 3**:35, **19**:7, 23, **21**:2, 17, **1Ki 1**:13, 17, 29, 30, 51, **2**:8, 23, 42, **18**:10, **22**:16, **2Ki 11**:4, **25**:24, **2Ch 15**:14, 15, **18**:15, **36**:13, **Ezr 10**:5, **Neh 5**:12, **13**:25, **Ps 15**:4, **24**:4, **63**:11, **102**:8, **119**:106, **132**:2, **Ecc 9**:2, **Sng 2**:7, **3**:5, **5**:8, 9, **8**:4, **Isa 19**:18, **45**:23, **48**:1, **65**:16, **Jer 4**:2, **5**:2, 7, **7**:9, **12**:16, **38**:16, **40**:9, **Eze 21**:23, **Dan 12**:7, **Hos 4**:15, **Am 8**:14, **Zep 1**:5, **Zec 5**:3, 4, **Mal 3**:5

Omosē ομόση *3660*

Mat 5:34, 36, **23**:16, 18, 20, 21, 22, **26**:74, **Mar 6**:23, **14**:71, **Luk 1**:73, **Act 2**:30, **Heb 3**:11, 18, **4**:3, **6**:13, 16, **7**:21, **Jas 5**:12, **Rev 10**:6

Arrhabōn αρραβων *728*

Guarantee

2Co 1:22, **5**:5, **Eph 1**:14

Homologeō ομολογέω *3670*

Confession, Give Thanks

♦Homologia ομολογία *3671*

Mat 7:23, **10**:32, **14**:7, **Luk 12**:8, **Joh 1**:20, **9**:22, **12**:42, **Act 7**:17, **23**:8, **24**:14, **Ro 10**:9, 10, **2Co ♦9**:13, **1Ti 6**:12♦, 13, **Tit 1**:16, **Heb ♦3**:1, **♦4**:14, **♦10**:23, **11**:13, **13**:15, **1Jn 1**:9, **2**:23, **4**:2, 3, 15, **2Jn** 7, **Rev 3**:5

Zera‘ זרע 2233

Seed

Gen 1:11, 12, 29, **3**:15, **4**:25, **7**:3, **8**:22, **9**:9, **12**:7, **13**:15, 16, **15**:3, 5, 13, 18, **16**:10, **17**:7, 8, 9, 10, 12, 19, **19**:32, 34, **21**:12, 13, **22**:17, 18, **24**:7, 60, **26**:3, 4, 24, **28**:4, 13, 14, **32**:12, **35**:12, **38**:8, 9, **46**:6, 7, **47**:19, 23, 24, **48**:4, 11, 19, **Exd 16**:31, **28**:43, **30**:21, **32**:13, **33**:1, **Lev 11**:37, 38, **15**:16, 17, 18, 32, **18**:20, 21, **19**:20, **20**:2, 3, 4, **21**:15, 17, 21, **22**:3, 4, 13, **26**:5, 16, **27**:16, 30, **Nu 5**:13, 28, **11**:7, **14**:24, **16**:40, **18**:19, **20**:5, **24**:7, **25**:13, **Deu 1**:8, **4**:37, **10**:15, **11**:9, 10, **14**:22, **22**:9, **28**:38, 46, 59, **30**:6, 19, **31**:21, **34**:4, **Jos 24**:3, **Ru 4**:12, **1Sa 1**:11, **2**:20, **8**:15, **20**:42, **24**:21, **2Sa 4**:8, **7**:12, **22**:51, **1Ki 2**:33, **11**:14, 39, **18**:32, **2Ki 5**:27, **11**:1, **17**:20, **25**:25, **1Ch 16**:13, **17**:11, **2Ch 20**:7, **22**:10, **Ezr 2**:59, **9**:2, **Neh 7**:61, **9**:2, 8, **Est 6**:13, **9**:27, 28, 31, **10**:3, **Job 5**:25, **21**:8, **39**:12, **Ps 18**:50, **21**:10, **22**:23, 30, **25**:13, **37**:25, 26, 28, **69**:36, **89**:4, 29, 36, **102**:28, **105**:6, **106**:27, **112**:2, **126**:6, **Pro 11**:21, **Ecc 1**:4, **11**:6, **Isa 5**:10, **6**:13, **14**:20, **17**:11, **23**:3, **30**:23, **41**:8, **43**:5, **44**:3, **45**:19, 25, **48**:19, **53**:10, **54**:3, **55**:10, **57**:3, 4, **59**:21, **61**:9, **65**:9, 23, **66**:22, **Jer 2**:21, **7**:15, **22**:28, 30, **23**:8, **29**:32, **30**:10, **31**:27, 36, 37, **33**:22, 26, **35**:7, 9, **36**:31, **41**:1, **46**:27, **49**:10, **Eze 17**:5, 13, **20**:5, **43**:19, **44**:22, **Dan 1**:3, **9**:1, **Am 9**:13, **Hag 2**:19, **Zec 8**:12, **Mal 2**:3, 15

Qârâ’ קרא 7121

Called

[Only of Yehuwah; for man calling on Yehuwah, go to p193]

Pro 8:4, **Ps 50**:4, **Isa 22**:20, **48**:13, **50**:2, **51**:2, **65**:12, **66**:4, **Jer 7**:13, **25**:29, **Eze 36**:29, **38**:21, **Hos 11**:1, **Zec 11**:7

Kaleō καλέω *2564*

♦Klētos κλητός *2822*

♣Epilegomai επιλέγομαι *1951*

[Except *call* as to name]

Mat ♦22:14, **Joh ♣5**:2, **Act ♣15**:40**Ro ♦1**:1, **♦6**, **♦7**, **4**:17, **♦8**:28, 30, **9**:7, *11*, 24, 25, *26*, **♣11**:29, **1Co ♦1**:1, **♦2**, 9, **♦24**, **♣26**, **7**:15, 17, 18, 20**♣**, 21, 22, 24, **10**:27, **15**:9, **Gal 1**:6, 15, **5**:8, 13, **Eph ♣1**:18, **4**:1**♣**, 4**♣**, **Php ♣3**:14, **Col 3**:15, **1Th 2**:12, **4**:7, **5**:24, **2Th ♣1**:11, **2**:14, **1Ti 6**:12, **2Ti 1**:9**♣**, **Heb 2**:11, **♣3**:1, 13, **5**:4, **9**:15, **11**:8, 18, **Jas 2**:23, **1Pe 1**:15, **2**:9, 21, **3**:6, 9, **5**:10, **2Pe 1**:3, **♣10**, **1Jn 3**:1, **Jud ♦1**, **Rev 1**:9, **11**:8, **12**:9, **16**:16, **♦17**:14, **19**:9, 11, 13

Shâlaḥ שׁלח 7971

Sent

[Only of Yehuwah]

Gen 19:13, **Exd 3**:10, **8**:21, **9**:14, 23, **23**:27, 28, **33**:2, **Lev 26**:25, **Nu 16**:28, **21**:6, **Deu 9**:23, **34**:11, **Jos 14**:7, **Jdg 6**:8, **1Sa 12**:8, 11, 18, **15**:1, 18, 20, **20**:22, **2Sa 12**:1, **24**:15, **2Ki 2**:2, 4, 6, **17**:25, **24**:2, **1Ch 21**:14, **2Ch 32**:21, **Isa 9**:8, **10**:6, **43**:14, **66**:19, **Jer 8**:17, **9**:16, **16**:16, **24**:10, **25**:4, 9, 16, 27, **26**:12, 15, **29**:17, **43**:10, **49**:37, **51**:2, **Eze 5**:16, 17, **7**:3, **28**:23, **39**:6, **Hos 8**:14, **Joe 2**:19, **Am 1**:4, 7, 10, 12, **2**:2, 5, **5**:27, **8**:11, **Jon 1**:4, **Zec 1**:10, **5**:4, **Mal 2**:2, **4**:5

Apostellō αποστέλλω /Apesteilen απέστειλεν *649*

♦Exapostellō εξαποστέλλω *1821*

[Only of Yehuwah and His apostles]

Mat 10:5, 16, 40, **11**:10, **13**:41, **15**:24, **21**:1, 37, **22**:3, 4, **23**:34, 37, **24**:31, **Mar 1**:2, **3**:14, **6**:7, **11**:1, **12**:6, **13**:27, **14**:13, **Luk ♦1**:53, **4**:43, **7**:27, **9**:2, 48, **10**:3, 16, **11**:49, **13**:34, **14**:17, **19**:29, **♦20**:10, ♦11, **22**:8, 35, **24**:49, **Joh 1**:6, **3**:17, 28, 34, **4**:38, **5**:36, 38, **6**:29, 57, **7**:29, **8**:42, **10**:36, **11**:42, **17**:3, 8, 18, 21, 23, 25, **20**:21, **Act 3**:20, 26, **♦7**:12, **♦9**:30, **10**:36, **♦11**:22, **♦12**:11, **♦13**:26, **♦17**:14, **♦22**:21, **26**:17, **28**:28, **Ro 10**:15, **1Co 1**:17, **2Co 12**:17, **Gal ♦4**:4, ♦6, **2Ti 4**:12, **Heb 1**:14, **1Pe 1**:12, **1Jn 4**:9, 10, 14, **Rev 1**:1, 5:6, **22**:6

Pempō πέμπω /Pempsas πέμψσας *3992*

Luk 20:13, **Joh 1**:33, **4**:34, **5**:23, 24, 30, 37, **6**:38, 39, 44, **7**:16, 18, 28, 33, **8**:16, 18, 26, 29, **9**:4, **12**:44, 45, 49, **13**:16, 20, **14**:24, 26, **15**:21, 26, **16**:5, 7, **20**:21, **Act 15**:22, 25, **Ro 8**:3, **1Co 4**:17, **16**:3, **2Co 9**:3, **Eph 6**:22, **Php 2**:19, 23, 25, 28, **Col 4**:8, **1Th 3**:2, **Tit 3**:12, **Rev 22**:16

Ekpoureuomai εκπουρευομαι

1607 Proceed

Exeporeueto εξεπορευετο Went Out

Mat 3:5, **4**:4, **15**:11, 18, **20**:29, **Mar 1**:5, **6**:11, **7**:15, 19, 20, 21, 23, **10**:17, 46, **11**:19, **13**:1, **Luk 3**:7, **4**:22, 37, **Joh 5**:29, **15**:26, **Act 9**:28, **19**:12, **25**:4, **Eph 4**:29, **Rev 1**:16, **4**:5, **9**:17, 18, **11**:5, **16**:14, **19**:15, **22**:1

Apostolos απόστολος *652*

Apostle

♦Apostolē αποστολή *651*

Mat 10:2, **Mar 6**:30, **Luk 6**:13, **9**:10, **11**:49, **17**:5, **22**:14, **24**:10, **Joh 13**:16, **Act 1**:2, ♦25, 26, **2**:37, 42, 43, **4**:33, 35, 36, 37, **5**:2, 12, 18, 29, 40, **6**:6, **8**:1, 14, 18, **9**:27, **11**:1, **14**:4, 14, **15**:2, 4, 6, 22, 23, **16**:4, **Ro 1**:1, ♦5, **11**:13, **16**:7, **1Co 1**:1, **4**:9, **9**:1, 2♦, 5, **12**:28, 29, **15**:7, 9, **2Co 1**:1, **8**:23, **11**:5, 13, **12**:11, 12, **Gal 1**:1, 17, 19, **♦2**:8, **Eph 1**:1, **2**:20, **3**:5, **4**:11, **Php 2**:25, **Col 1**:1, **1Th 2**:6, **1Ti 1**:1, **2**:7, **2Ti 1**:1, 11, **Tit 1**:1, **Heb 3**:1, **1Pe 1**:1, **2Pe 1**:1, **3**:2, **Jud** 17, **Rev 2**:2, **18**:20, **21**:14

Presbeuō πρεσβεύω *4243*

Ambassador

2Co 5:20, **Eph 6**:20

VIII Ḥok̲mah

Wisdom, Understanding

Ḥok̲mâh חכמה 2451/2452

Wisdom

♦Ḥok̲môt חכמוֹת 2454

{♣T^e^bûnâh תבוּנה 8394

†Bîn בין 995

‡Bînâh בינה 998

ΔSekel שׂכל 7922/7924 Understanding}

Exd 28:3, **31**:3**♣,** 6, **35**:26, 31**♣,** 35, **36**:1**♣,** 2, **Deu 4**:6Δ, **34**:9, **2Sa 14**:20, **20**:22, **1Ki 2**:6, **3**:28, **4**:29**♣,** 30, 34, **5**:12, **7**:14**♣,** **10**:4, 6, 7, 8, 23, 24, **11**:41, **1Ch 28**:21, **2Ch 1**:10, 11, 12, **9**:3, 5, 6, 7, 22, 23, **Ezr 7**:25, **Job 4**:21, **11**:6, **12**:2, 12**♣,** 13**♣,** **13**:5, **15**:8, **26**:3, **28**:12‡, 18, 20‡, 28‡, **32**:7, 13, **33**:33, **38**:36‡, 37, **39**:17‡, **Ps 37**:30, **♦49**:3**♣,** **51**:6, **90**:12, **104**:24, **107**:27, **111**:10Δ, **Pro 1**:2†, 7, ♦20, **2**:2**♣,** 6**♣,** 10, **3**:13**♣,** 19**♣,** **4**:5‡, 7‡, 11, **5**:1**♣,** **7**:4‡, **8**:1**♣,** 11, 12, **♦9**:1, 10‡, **10**:13†, 23**♣,** 31, **11**:2, **13**:10, **♦14**:1, 6, 8†, 33†, **15**:33, **16**:16‡, **17**:16, 24†, **18**:4, **21**:30**♣,** **23**:23‡, **24**:3**♣,** ♦7, 14, **28**:26, **29**:3, 15, **30**:3, **31**:26, **Ecc 1**:13, 16, 17, 18, **2**:3, 9, 12, 13, 21, 26, **7**:10, 11, 12, 19, 23, 25, **8**:1, 16, **9**:10, 13, 15, 16, 18, **10**:1, 10, 13, **Isa 11**:2**♣,** **29**:14‡, **33**:6, **47**:10, **Jer 8**:9, **9**:23, **10**:12, **49**:7, **51**:15**♣,** **Eze 28**:4**♣,** 5, 7, 12, 17, **Dan 1**:4†, 17†, 20‡, **2**:20, 21‡, 23, 30, **5**:11Δ, 14Δ

Tûshîyâh תוּשׁיה 8454

Wisdom

Job 5:12, **6**:13, **11**:6, **12**:16, **26**:3, **30**:22, **Pro 2**:7, **3**:21, **8**:14, **18**:1, **Isa 28**:29, **Mic 6**:9

Sophia σοφία *4678*

Mat 11:19, **12**:42, **13**:54, **6**:2, **Luk 2**:40, 52, **7**:35, **11**:31, 49, **21**:15, **Act 6**:3, 10, **7**:10, 22, **Ro 11**:33, **1Co 1**:17, 19, 20, 21, 22, 24, 30, **2**:1, 4, 5, 6, 7, 13, 19, **12**:8, **2Co 1**:12, **Eph 1**:8, 17, **3**:10, **Col 1**:9, 28, **2**:3, 23, **3**:16, **4**:5, **Jas 1**:5, **3**:13, 15, 17, **2Pe 3**:15, **Rev 5**:12, **7**:12, **13**:18, **17**:9

Ḥakam חכם 2450

Wise

♦Ḥâkam חכם 2449

Gen 41:8, 33, 39, **Exd ♦1**:10, **7**:11, **28**:3, **31**:6, **35**:10, 25, **36**:1, 2, 4, 8, **Deu 1**:13, 15, **4**:6, **16**:19, **32**:6, ♦29, **Jdg 5**:29, **2Sa 13**:3, **14**:2, 20, **20**:16, **1Ki 2**:9, **3**:12, **♦4**:31, **5**:7, **1Ch 22**:15, **2Ch 2**:7, 12, 13, 14, **Est 1**:13, **6**:13, **Job 5**:13, **9**:4, **15**:2, 18, **17**:10, **♦32**:9, **34**:2, 34, **♦35**:11, **37**:24, **Ps ♦19**:7, **49**:10, **♦58**:5, **♦105**:22, **107**:43, **♦119**:98, **Pro 1**:5, 6, **3**:7, 35, **♦6**:6, **♦8**:33, **9**:8, 9♦, ♦12, **10**:1, 8, 14, **11**:29, 30, **12**:15, 18, **13**:1, 14, 20♦, **14**:3, 16, 24, **15**:2, 7, 12, 20, 31, **16**:14, 21, 23, **17**:28, **18**:15, **♦19**:20, **♦20**:1, 26, **21**:11♦, 20, 22, **22**:17, **♦23**:15, ♦19, 24, **24**:5, 23, **25**:12, **26**:5, 12, 16, **♦27**:11, **28**:11, **29**:8, 9, 11, **30**:24♦, **Ecc 2**:14, ♦15, 16, 19♦, **4**:13, **6**:8, **7**:4, 5, 7, ♦16, 19, ♦23, **8**:1, 5, 17, **9**:1, 11, 15, 17, **10**:2, 12, **12**:9, 11, **Isa 3**:3, **5**:21, **19**:11, 12, **29**:14, **31**:2, **40**:20, **44**:25, **Jer 4**:22, **8**:8, 9, **9**:12, 17, 23, **10**:7, 9, **18**:18, **50**:35, **51**:57, **Eze 27**:8, 9, **28**:3, **Hos 13**:13, **14**:9, **Obd** 8, **Zec ♦9**:2

Sophos σοφος *4680*

♦Sophidzō σοφίζω *4679*

Mat 11:25, **23**:34, **Luk 10**:21, **Ro 1**:14, 22, **16**:19, 27, **1Co 1**:19, 20, 25, 26, 27, **3**:10, 18, 19, 20, **6**:5, **Eph 5**:15, **2Ti ♦3**:15, **Jas 3**:13, **2Pe ♦1**:16

Phronimos φρόνιμος *5429*

♦Phronimōs φρονίμως *5430*

♣Phrēn φρήν *5424*

Mat 7:24, **10**:16, **24**:45, **25**:2, 4, 8, 9, **Luk 12**:42, **16**:8♦, **Ro 11**:25, **12**:16, **1Co 4**:10, **10**:15, **♣14**:20, **2Co 11**:19

Sunetos συνετός *4908*

Prudent

Mat 11:25, **Luk 10**:21, **Act 13**:7, **1Co 1**:19

Taḥbûlâh תַּחְבּוּלָה 8458

Wise Counsel

Job 37:12, **Pro 1**:5, **11**:14, **12**:5, **20**:18, **24**:6

Bîn בִּין 995

Understand, Understanding

[Also look under Ḥokmâh above]

Gen 41:33, 39, **Deu 1**:13, **32**:7, 10, 29, **1Sa 3**:8, **16**:18, **2Sa 12**:19, **1Ki 3**:9, 11, 12, 21, **1Ch 15**:22, **25**:7, 8, **27**:32, **28**:9, **2Ch 11**:23, **26**:5, **34**:12, **Ezr 8**:15, 16, **Neh 8**:2, 3, 7, 8, 9, 12, **10**:28, **13**:7, **Job 6**:24, 30, **9**:11, **11**:11, **13**:1, **14**:21, **15**:9, **18**:2, **23**:5, 8, 15, **26**:14, **28**:23, **30**:20, **31**:1, **32**:8, 9, 12, **36**:29, **37**:14, **38**:18, 20, **42**:3, **Ps 5**:1, **19**:12, **28**:5, **32**:9, **33**:15, **37**:10, **49**:20, **50**:22, **58**:9, **73**:17, **82**:5, **92**:6, **94**:7, 8, **107**:43, **119**:27, 34, 73, 95, 100, 104, 125, 130, 144, 169, **139**:2, **Pro 1**:2, 5, 6, **2**:5, 9, **7**:7, **8**:5, 9, **14**:6, 15, **15**:14, **16**:21, **17**:10, 28, **18**:15, **19**:25, **20**:24, **21**:29, **23**:1, **24**:12, **28**:2, 5, 7, 11, **29**:7, 19, **Ecc 9**:11, **Isa 1**:3, **3**:3, **5**:21, **6**:9, 10, **10**:13, **14**:16, **28**:9, 19, **29**:14, 16, **32**:4, **40**:14, 21, **43**:10, 18, **52**:15, **56**:11, **57**:1, **Jer 2**:10, **4**:22, **9**:12, 17, **23**:20, **30**:24, **49**:7, **Dan 8**:5, 16, 17, 23, 27, **9**:2, 22, 23, **10**:1, 11, 12, 14, **11**:30, 33, 37, **12**:8, 10, **Hos 4**:14, **14**:9, **Mic 4**:12

Bînâh בִּינָה 998

Understanding, Wisdom

♦T^e^bûnâh תְּבוּנָה 8394

[Also look under Ḥokmâh above]

Deu 4:6, ♦**32**:28, **1Ch 12**:32, **22**:12, **2Ch 2**:12, 13, **Job 20**:3, ♦**26**:12, ♦**32**:11, **34**:16, **38**:4, **39**:26, **Ps** ♦**78**:72, ♦**136**:5, ♦**147**:5, **Pro 1**:2, **2**:3♦, ♦**11**, **3**:5, **4**:1, **8**:14, **9**:6, ♦**11**:12, ♦**14**:29, ♦**15**:21, ♦**17**:27, ♦**18**:2, ♦**19**:8, ♦**20**:5, **23**:4, ♦**28**:16, **30**:2, **Isa 27**:11, **29**:24, **33**:19, ♦**40**:14, ♦**28**, ♦**44**:19, **Jer** ♦**10**:12, **23**:20, **Dan 8**:15, **9**:22, **10**:1, **Hos** ♦**13**:2, **Obd** ♦**7**, ♦**8**

Sâkal שָׂכַל 7919

Prudence, Understanding

♦Sekel שֵׂכֶל 7922/7924

♣'Ormâh עָרְמָה 6195

[Also look under Ḥokmâh above]

Gen 3:6, **48**:14, **Deu 29**:9, **32**:29, **Jos 1**:7, 8, **1Sa 18**:5, 14, 15, 30, ♦**25**:3, **1Ki 2**:3, **2Ki 18**:7, **1Ch** ♦**22**:12, ♦**26**:14, **28**:19, **2Ch** ♦**2**:12, **30**:22♦, **Ezr** ♦**8**:18, **Neh** ♦**8**:8, 13, **9**:20, **Job** ♦**17**:4, **22**:2, **34**:27, 35, **Ps 2**:10, **14**:2, **32**:8, **36**:3, **41**:1, **47**:7, **53**:2, **64**:9, **94**:8, **101**:2, **106**:7, **119**:99, **Pro 1**:3, ♣**4**, ♦**3**:4, ♣**8**:5, ♣**12**, **10**:5, 19, ♦**12**:8, ♦**13**:15, **14**:35, **15**:24, **16**:20, ♦**22**, 23, **17**:2, 8, ♦**19**:11, 14, **21**:11, 12, 16, ♦**23**:9, **Isa 41**:20, **Isa 44**:18, **52**:13, **Jer 3**:15, **9**:24, **10**:21, **20**:11, **23**:5, **50**:9, **Dan 1**:4, 17, ♦**5**:12, ♦**8**:25, **9**:13, 22, 25, **11**:33, 35, **12**:3, 10, **Am 5**:13

Suniēmi συνίημι *4920*

♦Epistēmōn επιστημων *1990*

Mat 13:13, 14, *15*, 19, 23, 51, **15**:10, **16**:12, **17**:13, **Mar 4**:12, **6**:52, **7**:14, **8**:17, 21, **Luk 2**:50, **8**:10, **18**:34, **24**:45, **Act 7**:25, **28**:26, *27*, **Ro 3**:11, **15**:21, **2Co 10**:12, **Eph 5**:17, **Jas** ♦**3**:13

Noieō νοιέω *3539*

♦Dusnoētos δυσνόητος *1425*

Mat 15:17, **16**:9, 11, **24**:15, **Mar 7**:18, **8**:17, **13**:14, **Joh 12**:40, **Ro 1**:20, **Eph 3**:4, 20, **1Ti 1**:7, **2Ti 2**:7, **Heb 11**:3, ♦**2 Pe 3**:16

Da'at דַּעַת 1847

Knowledge

[Except *unintentionally*]

Gen 2:9, 17, **Exd 31**:3, **35**:31, **Nu 24**:16, **Jos 4**:24, **1Ki 7**:14, **Job 15**:2, **21**:14, 22, **33**:3, **34**:35, **35**:16, **36**:12, **38**:2, **42**:3, **Ps 19**:2, **94**:10, **119**:66, **139**:6, **Pro 1**:4, 7, 22, 29, **2**:5, 6, 10, **3**:20, **5**:2, **8**:9, 10, 12, **9**:10, **10**:14, **11**:9, **12**:1, 23, **13**:16, **14**:6, 7, 18, **15**:2, 7, 14, **17**:27, **18**:15, **19**:2, 25, 27, **20**:15, **21**:11, **22**:12, 17, 20, **23**:12, **24**:4, 5, **29**:7, **30**:3, **Ecc 1**:16, 18, **2**:21, 26, **7**:12, 25, **9**:10, **12**:9, **Isa 5**:13, **11**:2, **33**:6, **40**:14, **44**:19, 25, **47**:10, **53**:11, **58**:2, **Jer 10**:14, **22**:16, **51**:17, **Dan 1**:4, **12**:4, **Hos 4**:1, 6, **6**:6, **Mal 2**:7

Gnōsis γνωσις *1108*

Luk 1:77, **11**:52, **Ro 2**:20, **11**:33, **15**:14, **1Co 1**:5, **8**:1, 7, 10, 11, **12**:8, **13**:2, 8, **14**:6, **2Co 2**:14, **4**:6, **6**:6, **8**:7, **10**:5, **11**:6, **Eph 3**:19, **Php 3**:8, **Col 2**:3, **1Ti 6**:20, **1Pe 3**:7, **2Pe 1**:5, 6, **3**:18

Epignōsis επίγνωσις *1922*

♦Prognosis πρόγνοσις *4268*

♦**Acts 2**:23, **Ro 1**:28, **3**:20, **10**:2, **Eph 1**:17, **4**:13, **Php 1**:9, **Col 1**:9, 10, **2**:2, **3**:10, **1Ti 2**:4, **2Ti 2**:25,

3:7, **Tit 1**:1, **Phm** 6, **Heb 10**:26, **1Pe ♦1**:2, **2Pe 1**:2, 3, 8, **2**:20

Dokei δοκεί *1380*

Think, Suppose

Mat 3:9, **6**:7, **17**:25, **18**:12, **21**:28, **22**:17, 42, **24**:44, **26**:53, 66, **Mar 6**:49, **10**:42, **Luk 1**:3, **8**:18, **10**:36, **12**:40, 51, **13**:2, 4, **19**:11, **22**:24, **24**:37, **Joh 5**:39, 45, **11**:13, 31, 56, **13**:29, **16**:2, **20**:15, **Act 12**:9, **15**:22, 25, 28, **17**:18, **25**:27, **26**:9, **27**:13, **1Co 3**:18, **4**:9, **7**:40, **8**:2, **10**:12, **11**:16, **12**:22, 23, **14**:37, **2Co 10**:9, **11**:16, **12**:19, **Gal 2**:2, 6, 9, **6**:3, **Php 3**:4, **Heb 4**:1, **10**:29, **12**:10, 11, **Jas 1**:26, **4**:5

Yâda' ידא 3045

Know

[Only of the men knowing Yehuwah and His ways, wisdom, might etc.; of Yehuwah knowing men's ways, go to p12]

Exd 5:2, **6**:3, 7, **7**:5, 17, **8**:10, 22, **9**:14, 29, **10**:2, **11**:7, **14**:4, 18, **16**:6, 12, **18**:11, 16, 20, **29**:46, **31**:13, **33**:12, 13, 16, **Lev 23**:43, **Nu 12**:6, **16**:28, **22**:19, **Deu 4**:9, 35, 39, **7**:9, **8**:3, **9**:3, 6, **11**:2, **18**:21, **29**:4, 6, **31**:13, **Jos 3**:7, 10, **22**:31, **24**:31, **Jdg 2**:10, **1Sa 2**:12, **3**:7, **17**:47, **18**:28, **2Sa 5**:12, **7**:21, **12**:22, **1Ki 8**:43, 60, **18**:36, 37, **20**:28, **2Ki 5**:15, **17**:26, **1Ch 12**:32, **14**:2, **16**:8, **17**:19, **28**:9, **2Ch 6**:33, **33**:13, **Neh 9**:14, **Job 10**:13, **18**:21, **19**:25, **34**:2, **36**:26, **37**:5, 7, **Ps 4**:3, **9**:10, 16, 20, **14**:4, **16**:11, **20**:6, **25**:4, 14, **32**:5, **36**:10, **39**:4, **41**:11, **46**:10, **48**:3, **51**:3, 6, **53**:4, **56**:9, **59**:13, **67**:2, **71**:15, **73**:16, 22, **74**:9, **76**:1, **77**:14, 19, **78**:3, 5, 6, **79**:6, 10, **82**:5, **83**:18, **87**:4, **88**:12, **89**:1, 15, **90**:11, **91**:14, **92**:6, **98**:2, **100**:3, **103**:7, **105**:1, **106**:8, **109**:27, **119**:75, 79, 125, 152, **135**:5, **139**:14, **140**:12, **145**:12, **147**:20, **Pro 1**:2, 23, **3**:6, **4**:1, **9**:9, **10**:32, **17**:27, **22**:19, 21, **24**:14, **28**:2, **30**:3, **Ecc 3**:14, **8**:16, **11**:5, **Sng 1**:8, **6**:12, **Isa 1**:3, **6**:9, **7**:15, **12**:4, 5, **19**:12, 21, **32**:4, **33**:13, **37**:20, **38**:19, **40**:21, 28, **41**:20, **43**:10, 19, **44**:9, 18, **45**:3, 4, 5, 6, 20, **48**:6, 8, **49**:23, 26, **50**:4, 7, **51**:7, **52**:6, **56**:10, **59**:8, 12, **60**:16, **64**:2, **66**:14, **Jer 2**:19, **3**:13, **4**:22, **5**:4, 5, **8**:7, **9**:3, 6, 24, **10**:23, **11**:18, **14**:20, **16**:21, **17**:9, **24**:7, **28**:9, **31**:19, 34, **Eze 2**:5, **5**:13, **6**:7, 10, 13, 14, **7**:4, 9, 27, **11**:10, 12, **12**:15, 16, 20, **13**:9, 14, 21, 23, **14**:8, 23, **15**:7, **16**:2, 62, **17**:21, 24, **20**:5, 9, 11, 12, 20, 26, 38, 42, 44, **21**:5, **22**:2, 16, 22, **23**:49, **24**:24, 27, **25**:5, 7, 11, 14, 17, **26**:6, **28**:22, 23, 24, 26, **29**:6, 9, 16, 21, **30**:8, 19, 25, 26, **32**:15, **33**:29, 33, **34**:27, 30, **35**:4, 9, 11, 12, 15, **36**:11, 23, 32, 36, 38, **37**:6, 13, 14, 28, **38**:16, 23, **39**:6, 7, 22, 23, 28, **Dan 11**:32, **Hos 2**:20, **5**:4, 9, **6**:3, **8**:2, **11**:3, **13**:4, **Joe 2**:27, **3**:17, **Am 3**:10, **Jon 3**:9, **4**:2, 11, **Mic 3**:1, **4**:12, **6**:5, **Hab 2**:14, **3**:2, **Zec 2**:9, 11, **4**:9, **6**:15, **11**:11, **Mal 2**:4

Epignōskō επιγινώσκω *1921*

Know, Perceive

♦Theopneustos θεόπνευθστος *2315*

Mat 7:16, 20, **11**:27, **14**:35, **17**:12, **Mar 2**:8, **5**:30, **6**:33, 54, **Luk 1**:4, 22, **5**:22, **7**:37, **23**:7, **24**:16, 31, **Act 3**:10, **4**:13, **9**:30, **12**:14, **19**:34, **22**:24, 29, **23**:28, **24**:8, 11, **25**:10, **27**:39, **28**:1, **Ro 1**:32, **1Co 13**:12, **14**:37, **16**:18, **2Co 1**:13, 14, **6**:9, **13**:5, **Col 1**:6, **1Ti 4**:3, **2Ti ♦3**:16, **2Pe 2**:21

Epistamai επίσταμαι *1987*

Mar 14:68, **Act 10**:28, **15**:7, **18**:25, **19**:15, 25, **20**:18, **22**:19, **24**:10, **26**:26, **1Ti 6**:4, **Heb 11**:8, **Jas 4**:14, **Jud** 10

Gnōridzō γνωρίζω *1107*

Make Known

Luk 2:15, 17, **Joh 15**:15, **17**:26, **Act 2**:28, **Ro 9**:22, 23, **16**:26, **1Co 12**:3, **15**:1, **2Co 8**:1, **Gal 1**:11, **Eph 1**:9, **3**:3, 5, 10, **6**:19, 21, **Php 1**:22, **4**:6, **Col 1**:27, **4**:7, 9, **2Pe 1**:16

Anakrinō κρίνω *350*

Judge, Discern

♦Aisthēsis αίσθησις *144*

♣Aisthētērion αίσθητήριον *145*

Luk 23:14, **Act 4**:9, **12**:19, **17**:11, **24**:8, **28**:18, **1Co 2**:14, 15, **4**:3, 4, **9**:3, **10**:25, 27, **14**:24, **Php ♦1**:9, **Heb ♣5**:14

Gâlâh גלה /Higâlôt הגלות 1540

Reveal

[Only of Yehuwah revealing, not *uncover; for led away/ carried away captive* go to p159]

Nu 22:31, **24**:4, 16, **1Sa 2**:27, **3**:7, 21, **4**:21, 22, **9**:15, **Job 12**:22, **20**:27, **33**:16, **36**:10, 15, **38**:17, **41**:13, **Ps 18**:15, **98**:2, **119**:18, **Isa 22**:14, **26**:21, **40**:5, **49**:9, **53**:1, **56**:1, **Jer 11**:20, **20**:12, **33**:6, **49**:10, **La 2**:14, **4**:22, **Eze 21**:24, **Hos 2**:10, **7**:1, **Am 3**:7

Apokaluptō αποκαλύπτω *601*

Reveal

♦Apokalupsis αποκάλυψις *602*

♣Anakaluptō ανακαλύπτω *343*

†Theopneustos θεόπνευστος *2315*

Mat 10:26, **11**:25, 27, **16**:17, **Luk ♦2**:32, 35, **10**:21, 22, **12**:2, **17**:30, **Joh 12**:38, **Ro 1**:17, 18, **♦2**:5, **♦8**:19, 18, **♦16**:25, **1Co ♦1**:7, **2**:10, **3**:13, **♦14**:6, ♦26, 30, **2Co ♣3:14**, **♣**18♦, **12**:1, 7, **Gal ♦1**:12, 16, **♦2**:2, **3**:23, **Eph ♦1**:17, **♦3**:3, 5, **Php 3**:15, **2Th ♦1**:7, **2**:3, 6, 8, **2Ti †3**:16, **1Pe 1**:5, ♦7, 12, ♦13, **♦4**:13, **5**:1, **Rev ♦1**:1

Phaneroō φανερόω *5319*

Manifest

♦Phanerōsis φανέρωσις *5321*

♣Emphanidzo εμφανίζω *1718*

†Emphanes εμφανές *1717*

Mat ♣27:53, **Mar 4**:22, **16**:12, 14, **Joh 1**:31, **2**:11, **3**:21, **7**:4, **9**:3, **♣14**:21, ♣22, **17**:6, **21**:1, 14, **Act †10**:40, **♣23**:15, ♣22, **♣24**:1, **♣25**:2, ♣15, **Ro 1**:19, **3**:21, **†10**:20, **16**:26, **1Co 4**:5, **♦12**:7, **2Co 2**:14, **3**:3, **♦4**:2, 10, 11, **5**:10, 11, **7**:12, **11**:6, **Eph 5**:13, **Col 1**:26, **3**:4, **4**:4, **1Ti 3**:16, **2Ti 1**:10, **Tit 1**:3, **Heb 9**:8, 26, ♣24, **♣11**:14, **1Pe 1**:20, **5**:4, **1Jn 1**:2, **2**:19, 28, **3**:2, 5, 8, **4**:9, **Rev 3**:18, **15**:4

Epiphainō επιφαίνω *2014*

Appear, Give Light

♦Epiphaneia επιφάνεια *2015*

♣Epiphauō επιφαύω *2017*

†Anaphainō ἀναφαίνω *398*

Luk 1:79, **†19**:11, **Act †21**:3, **27**:20, **Eph ♣5**:14, **2Th ♦2**:8, **1Ti ♦6**:14, **2Ti ♦1**:10, **♦4**:1, ♦8, **Tit 2**:11, ♦13, **3**:4

Apodeiknumi αποδείκνυμι *584*

Attested

♦Apodeixis απόδειξις *585*

♣Elengchos έλεγχος *1650* Evidence

Act 2:22, **25**:7, **1Co ♦2**:4, **4**:9, **2Th 2**:4, **Heb ♣11**:1

Exetitheto εξετίθετο *1620*

Explained

♦Phrazō φράζω *5419*

Mat ♦13:36, ♦15:15, **Act 7**:21, **11**:4, **18**:26, **28**:23

Epiluō επίλυω *1956*

Interpretation

♦Epilusis επίλυσις *1955*

Mar 4:34, **Act 19**:39, **2Pe ♦1:20**

Sîyaḥ שִׂיחַ 7878

Meditate, Muse, Talk

Jdg 5:10, **1Ch 16**:9, **Job 7**:11, 13, **12**:8, **Ps 55**:17, **69**:12, **77**:3, 6, 12, **105**:2, **119**:15, 23, 27, 48, 78, 148, **143**:5, **145**:5, **Pro 6**:22, **Isa 53**:8

Hâgâh הגה 1897

Meditate, Mutter

[Except *mourn*, *roar*, go to p155]

Jos 1:8, **Job 27**:4, **Ps 1**:2, **2**:1, **35**:28, **37**:30, **38**:12, **63**:6, **71**:24, **77**:12, **115**:7, **143**:5, **Pro 8**:7, **15**:28, **24**:2, **Isa 8**:19, **33**:18, **59**:13

Katanoeō κατανοέω /Katanoēsate κατανοήσατε *2657* Consider

Mat 7:3, **Luk 6**:41, **12**:24, 27, **20**:23, **Act 7**:31, 32, **11**:6, **27**:39, **Ro 4**:19, **Heb 3**:1, **10**:24, **Jas 1**:23, 24

Mûçâr מוּסָר 4148

Instruction, Discipline

Deu 11:2, **Job 5**:17, **12**:18, **20**:3, **36**:10, **Ps 50**:17, **Pro 1**:2, 3, 7, 8, **3**:11, **4**:1, 13, **5**:12, 23, **6**:23, **7**:22, **8**:10, 33, **10**:17, **12**:1, **13**:1, 18, 24, **15**:5, 10, 32, 33, **16**:22, **19**:20, 27, **22**:15, **23**:12, 23, **24**:32, **Isa 26**:16, **30**:32, **53**:5, **Jer 2**:30, **5**:3, **7**:28, **10**:8, **17**:23, **30**:14, **32**:33, **35**:13, **Eze 5**:15, **Hos 5**:2, **Zep 3**:2, 7

Yâçar יסר 3256

Chastise, Instruct, Reprove, Correct

Lev 26:18, 23, 28, **Deu 4**:36, **8**:5, **21**:18, **22**:18, **1Ki 12**:11, 14, **1Ch 15**:22, **2Ch 10**:11, 14, **Job 4**:3, **Ps 2**:10, **6**:1, **16**:7, **38**:1, **39**:11, **94**:10, 12, **118**:18, **Pro 9**:7, **19**:18, **29**:17, 19, **31**:1, **Isa 8**:11, **28**:26, **Jer 2**:19, **6**:8, **10**:24, **30**:11, **31**:18, **46**:28, **Eze 23**:48, **Hos 7**:12, 15, **10**:10

Paideia παιδεία *3809*

Eph 6:4, **2Ti 3**:16, **Heb 12**:5, 7, 8, 11

G'ârâh גערה 1606

Rebuke, Reprove

♦Gâ'ar גער 1605

Gen 37:10, **Ru 2**:16, **2Sa ♦22**:16, **Job ♦26**:11, **Ps 9**:5, **♦18**:15, **68**:30, **♦76**:6, **♦80**:16, **♦104**:7, **106**:9, **119**:21, **Pro ♦13**:1, 8, **♦17**:10, **Ecc ♦7**:5, **Isa 17**:13, **♦30**:17, **♦50**:2, **54**:9, **♦51**:20, **♦66**:15, **Jer 29**:27, **Nah 1**:4, **Zec 3**:2, **Mal 2**:3, **3**:11

Tôkaḥat תוכחת 8433

Correction, Rebuke

2Ki 19:3, **Job 13**:6, **23**:4, **Ps 38**:14, **39**:11, **73**:14, **149**:7, **Pro 1**:23, 25, 30, **3**:11, **5**:12, **6**:23, **10**:17, **12**:1, **13**:18, **15**:5, 10, 31, 32, **27**:5, **29**:1, 15, **Isa 37**:3, **Eze 5**:15, **25**:17, **Hos 5**:9, **Hab 2**:1

Elengchō ελέγχω *1651*

Convict, Rebuke

♦Elengxin έλεγξιν *1649*

Mat 18:15, **Luk 3**:19, **Joh 3**:20, **8**:46, **16**:8, **1Co 14**:24, **Eph 5**:11, 13, **1Ti 5**:20, **2Ti 4**:2, **Tit 1**:9, 13, **2**:15, **Heb 12**:5, **Jas 2**:9, **2Pe ♦2**:16, **Jud** 15, **Rev 3**:19

Epitimaō επιτιμάω *2008*

Rebuke

♦Epiplesso επιπλέσσω *1969*

Mat 8:26, **12**:16, **16**:22, **17**:18, **19**:13, **20**:31, **Mar 1**:25, **3**:12, **4**:39, **8**:30, 32, 33, **9**:25, **10**:13, 48, **Luk 4**:35, 39, 41, **8**:24, **9**:21, 42, 55, **17**:3, **18**:15, 39, **19**:39, **23**:40, **1Ti ♦5**:1, **2Ti 4**:2, **Jud** 9

Noutheteō νουθετέω *3560*

Admonish

♦Nouthesia νουθεσία *3559*

Act 20:31, **Ro 15**:14, **1Co 4**:14, **♦10**:11, **Eph ♦6**:4, **Col 1**:28, **3**:16, **1Th 5**:12, 14, **2Th 3**:15, **Tit ♦3**:10

Lâmad למד 3925

Teach, Instruct

♦Limmûd למוד 3928

Deu 4:1, 5, 10, 14, **5**:1, 31, **6**:1, **11**:19, **14**:23, **17**:19, **18**:9, **20**:18, **31**:12, 13, 19, 22, **Jdg 3**:2, **2Sa 1**:18, **22**:35, **1Ch 5**:18, **25**:7, **2Ch 17**:7, 9, **Ezr 7**:10, **Job 21**:22, **Ps 18**:34, **25**:4, 5, 9, **34**:11, **51**:13, **71**:17, **94**:10, 12, **106**:35, **119**:7, 12, 26, 64, 66, 68, 71, 73, 99, 108, 124, 135, 171, **132**:12, **143**:10, **144**:1, **Pro 5**:13, **30**:3, **Ecc 12**:9, **Sng 3**:8, **8**:2, **Isa 1**:17, **2**:4, **♦8**:16, **26**:9, 10, **29**:13, 24, **40**:14, **48**:17, **♦50**:4, **♦54**:13, **Jer 2**:33, **♦24**, **9**:5, 14, 20, **10**:2, **12**:16, **13**:21, **♦23**, **31**:18, 34, **32**:33, **Eze 19**:3, 6, **Dan 1**:4, **Hos 10**:11, **Mic 4**:3

Yârâh ירה 3384

Teach, Arrow

Gen 31:51, **46**:28, **Exd 4**:12, 15, **15**:4, 25, **19**:13, **24**:12, **35**:34, **Lev 10**:11, **14**:57, **Nu 21**:30, **Deu 17**:10, 11, **24**:8, **33**:10, **Jos 18**:6, **Jdg 13**:8, **1Sa 12**:23, **20**:20, 36, 37, **31**:3, **2Sa 11**:20, 24, **1Ki 8**:36, **2Ki 12**:2, **13**:17, **17**:27, 28, **19**:32, **1Ch 10**:3, **2Ch 6**:27, **15**:3, **26**:15, **35**:23, **Job 6**:24, **8**:10, **12**:7, 8, **27**:11, **30**:19, **34**:32, **36**:22, **38**:6, **Ps 11**:2, **25**:8, 12, **27**:11, **32**:8, **45**:4, **64**:4, 7, **86**:11, **119**:33, 102, **Pro 4**:4, 11, **5**:13, **6**:13, **11**:25, **26**:18, **Isa 2**:3, **9**:15, **28**:9, 26, **30**:20, **37**:33, **Eze 44**:23, **Hos 10**:12, **Mic 3**:11, **4**:2, **Hab 2**:18, 19

Didaskō διδάσκω *1321*

♦Didaktos διδακτός *1318*

♣Didaktikos διδακτικός *1317*

†Kalodidaskalos καλοδιδάσκαλος *2567*

‡Theodidaktos θεοδίδακτος *2312*

Mat 4:23, **5**:2, 19, **7**:29, **9**:35, **11**:1, **13**:54, **15**:9, **21**:23, **22**:16, **26**:55, **28**:15, 20, **Mar 1**:21, 22, **2**:13, **4**:1, 2, **6**:2, 6, 30, 34, **7**:7, **8**:31, **9**:31, **10**:1, **11**:17, **12**:14, 35, **14**:49, **Luk 4**:15, 31, **5**:3, 17, **6**:6, **11**:1, **12**:12, **13**:10, 22, 26, **19**:47, **20**:1, 21, **21**:37, **23**:5, **Joh ♦6**:45, 59, **7**:14, 28, 35, **8**:2, 20, 28, **9**:34, **14**:26, **18**:20, **Act 1**:1, **4**:2, 18, **5**:21, 25, 28, 42, **11**:26, **15**:1, 35, **18**:11, 25, **20**:20, **21**:21, 28, **28**:31, **Ro 2**:21, **12**:7, **1Co ♦2**:13, **4**:17, **11**:14, **Gal 1**:12, **Eph 4**:21, **Col 1**:28, **2**:7, **3**:16, **1Th ‡4**:9, **2Th 2**:15, **1Ti 2**:12, **♣3**:2, **1Ti 4**:11, **6**:2, **2Ti 2**:2, **♣24**, **Tit 1**:11, **†2**:3, **Heb 5**:12, **8**:11, **1Jn 2**:27, **Rev 2**:14, 20

Katēcheō κατηχέω *2727*

Instructed

Luk 1:4, **Act 18**:25, **21**:21, 24, **Ro 2**:18, **1Co 14**:19, **Gal 6**:6

Didaskalia διδασκαλία *1319*

Doctrine

Mat 15:9, **Mar 7**:7, **Ro 12**:7, **15**:4, **Eph 4**:14, **Col 2**:22, **1Ti 1**:10, **4**:1, 6, 13, 16, **5**:17, **6**:1, 3, **2Ti 3**:10, 16, **4**:3, **Tit 1**:9, **2**:1, 7, 10

Paideuō παιδεύω *3811*

♦Paideia παιδεία *3809*

Luk 23:16, 22, **Act 7**:22, **22**:3, **1Co 11**:32, **2Co 6**:9, **Eph ♦6**:4, **1Ti 1**:20, **2Ti 2**:25, **♦3**:16, **Tit 2**:12, **Heb ♦12**:5, *6*, 7♦, **♦8**, 10, **♦11**, **Rev 3**:19

Mathēteuō μαθητεύω *3100*

Make Disciples

Mat 13:52, **27**:57, **28**:19, **Act 14**:21

Ĕwîyl אויל 191

Fool

♦Ivelet אולת 200 Folly

♣Ĕwilîy אולי 196

Job 5:2, 3, **Ps** ♦**38**:5, ♦**69**:5, **107**:17, **Pro 1**:7, ♦**5**:23, **7**:22, **10**:8, 10, 14, 21, **11**:29, **12**:15, 16, ♦23, ♦**13**:16, ♦**14**:1, 3, ♦8, 9, ♦17, ♦18, ♦24, ♦29, ♦**15**:2, 5, ♦14, ♦21, **16**:22♦, ♦**17**:12, 28, ♦**18**:13, ♦**19**:3, **20**:3, ♦**22**:15, **24**:7, ♦9, ♦**26**:4, ♦5, ♦11, **27**:3, 22♦; **29**:9, **Isa 19**:11, **35**:8, **Jer 4**:22, **Hos 9**:7, **Zec** ♣**11**:15

K^e^sîyl כסיל 3684

Fool

♦K^e^sîylût כסילות 3687

♣Kâsal כסל 3688

†Kislâh כסלה 3690

Job †**4**:6, **Ps 49**:10, †**85**:8, **92**:6, **94**:8, **Pro 1**:22, 32, **3**:35, **8**:5, ♦**9**:13, **10**:1, 18, 23, **12**:23, **13**:16, 19, 20, **14**:7, 8, 16, 24, 33, **15**:2, 7, 14, 20, **17**:10, 12, 16, 21, 24, 25, **18**:2, 6, 7, **19**:1, 10, 13, 29, **21**:20, **23**:9, **26**:1, 3, 4, 5, 6, 7, 8, 9, 10, 11, 12, **28**:26, **29**:11, 20, **Ecc 2**:14, 15, 16, **4**:5, 13, **5**:1, 3, 4, **6**:8, **7**:4, 5, 6, 9, **9**:17, **10**:2, 12, 15, **Jer** ♣**10**:8

Nâbâl נבל 5036

Fool

♦N^e^bâlâh נבלה 5039 Folly

Gen ♦**34**:7, **Deu** ♦**22**:21, **32**:6, 21, **Jos** ♦**7**:15, **Jdg** ♦**19**:23, ♦24, ♦**20**:6, ♦10, 1**Sa** ♦**13**:12, ♦**25**:25, 2**Sa 3**:33, **13**:13, **Job 2**:10, **30**:8, ♦**42**:8, **Ps 14**:1, **39**:8, **53**:1, **74**:18, 22, **Pro 17**:7, 21, **30**:22, **Isa** ♦**9**:17, **32**:5, 6♦; **Jer 17**:11, ♦**29**:23, **Eze 13**:3

Aphrōn ἄφρων *878*

♦Aphrosunē ἀφροσύνη *877*

♣Paraphroneō παραφρονέω *3912*

†Paraphronia παραφρονία *3913*

Mar ♦**7**:22, Luk **11**:40, **12**:20, Ro **2**:20, 1Co **15**:36, 2Co ♦**11**:1, 16, ♦17, 19, ♦21, ♣23, **12**:6, **12**:11, Eph **5**:17, 1Pe **2**:15, †16

P^e^thîy פתי /P^e^thâ'îy פתאי

6612 Simple

♦P^e^thayût פתיות 6615

Ps 19:7, 1**16**:6, 1**19**:130, **Pro 1**:4, 22, 32, **7**:7, **8**:5, **9**:4, 6, ♦13, 16, **14**:15, 18, **19**:25, **21**:11, **22**:3, **27**:12, **Eze 45**:20

Sâkal סכל 5528

Foolish

♦Sâkâl סכל 5530

♣Siklût סכלות 5531 Folly

†Sekel סכל 5529

Gen 31:28, 1**Sa 13**:13, **26**:21, 2**Sa 15**:31, **24**:10, 1**Ch 21**:8, 2**Ch 16**:9, **Ecc** ♣**1**:17, ♣**2**:3, ♣12, ♣13, ♦**2**:19, ♦**7**:17, ♣**7**:25, ♣**10**:1, ♦3, †6, ♣13, ♦14, **Isa 44**:25, **Jer** ♦**4**:22, ♦**5**:21

Baʿar בער 1198

Foolish

♦Yâ'al יאל 2973

Nu ♦**12**:11, **Ps 49**:10, **73**:22, **92**:6, **Pro 12**:1, **30**:2, **Isa** ♦**19**:13, **Jer** ♦**5**:4, ♦**50**:36

Tiphlâh תפלה 8604

Foolish

♦Tâphêl תפל 8602

[Not *untempered* for 8602]

Job 1:22, **24**:12, **Jer 23**:13, **La** ♦**2**:14

Mōros μωρός *3474*

♦Mōria μωρία *3472*

♣Mōrologia μωρολογία *3473*

†Asophos ἄσοφος *781*

Mat 5:22, **7**:26, **23**:17, 19, **25**:2, 3, 8, **1Co** ♦**1**:18, ♦21, ♦23, 25, 27, ♦**2**:14, **3**:18, ♦19, **4**:10, **Eph** ♣**5**:4,†15, 2Ti **2**:23, **Tit 3**:9

Anoētos ἀνόητος *453*

♦Anoia ἄνοια *454*

♣Asunetos ἀσύνετος *801*

†Agrammatos ἀγράμματος *62*

‡Apaideutos ἀπαίδευτος *521*

ΔAmathēs ἀμαθής *261*

+Apeiros ἄπειρος *552*

Mat ♣**15**:16, **Mar** ♣**7**:18, **Luk** ♦**6**:11, **24**:25, **Act** ‡**4**:13, **Ro 1**:14, ♣21, ♣31, ♣**10**:19, **Gal 3**:1, 3, **1Ti 6**:9, **2Ti** ‡**2**:23, ♦**3**:9, **Tit 3**:32, **Heb** +**5**:13, **Pe** Δ**3**:16

Agnoeō ἀγνοέω *50*

Not Know, Not Understand
♦Agnoia ἄγνοια *52*
♣Agnōsia ἀγνωσία *56*
Mar 9:32, **Luk 9**:45, **Act ♦3**:17, **13**:27, **17**:23, ♦30, **Ro 1**:13, **2**:4, **6**:3, **7**:1, **10**:3, **11**:25, **1Co 10**:1, **12**:1, **14**:38, ♣**15**:34, **2Co 1**:8, **2**:11, **6**:9, **Gal 1**:22, **Eph ♦4**:18, **1Th 4**:13, **1Ti 1**:13, **Heb 5**:2, **1Pe ♦1**:14, **2Pe 2**:12, ♣15

Aphōnos ἄφωνος *880*
Dumb
Act 8:32, **1Co 12**:2, **1Co 14**:10, **2Pe 2**:16

Adēlos ἄδηλος *82*
Uncertain
♦Adēlōs ἀδήλως *84*
♣Adēlotēs ἀδηλότης *83*
Luk 11:44, **1Co ♦9**:26, **14**:8, **1Ti ♣6**:17

Kâzâv כּזב 3577
Deceitful, Lying
♦Kâzav כּזב 3576 Liar
Nu ♦23:19, **Jdg 16**:10, 13, **2Ki ♦4**:16, **Job ♦6**:28, ♦**24**:25, ♦**34**:6, ♦**41**:9, **Ps 4**:2, **5**:6, **40**:4, **58**:3, **62**:4, 9, ♦**78**:36, ♦**89**:35, ♦**116**:11, **Pro 6**:19, **14**:5♦, 25, **19**:5, 9, 22, **21**:28, **23**:3, ♦**30**:6, 8, **Isa 28**:15, 17, ♦**57**:11, ♦**58**:11, **Eze 13**:6, 7, 8, 9, 19♦, **21**:29, **22**:28, **Dan 11**:27, **Hos 7**:13, **12**:1, **Am 2**:4, **Mic ♦2**:11, **Hab ♦2**:3, **Zep 3**:13

Ḥălaqlaqqâh חלקלקה 2519
Slippery
Ps 35:6, **Jer 23**:12, **Dan 11**:21, **Dan 11**:34

Sheqer שׁקר 8267
Vain, Liar, Falsehood
♦Shâqar שׁקר 8266
♣Tᵉ’ûn תאן 8383
Gen ♦21:23, **Exd 5**:9, **20**:16, **23**:7, **Lev 6**:3, 5, **19**:12, **Lev ♦19**:11, **Deu 19**:18, **1Sa ♦15**:29, **25**:21, **2Sa 18**:13, **1Ki 22**:22, 23, **2Ki 9**:12, **2Ch 18**:21, 22, **Job 13**:4, **36**:4, **Ps 7**:14, **27**:12, **31**:18, **33**:17, **35**:19, **38**:19, **52**:3, **63**:11, **69**:4, **101**:7, **109**:2, **119**:29, 69, 78, 86, 104, 118, 128, 163, **120**:2, **144**:8, 11, **Pro 6**:17, 19, **10**:18, **11**:18, **12**:17, 19, 22, **13**:5, **14**:5, **17**:4, 7, **19**:5, 9, **20**:17, **21**:6, **25**:14, 18, **26**:28, **29**:12, **31**:30, ♦**44**:17, ♦**89**:33, **Isa 9**:15, **28**:15, **32**:7, **44**:20, **57**:4, **59**:3, 13, ♦**63**:8, **Jer 3**:10, 23, **5**:2, 31, **6**:13, **7**:4, 8, 9, **8**:8, 10, **9**:3, 5, **10**:14, **13**:25, **14**:14, **16**:19, **20**:6, **23**:14, 25, 26, 32, **27**:10, 14, 15, 16, **28**:15, **29**:9, 21, 23, 31, **37**:14, **40**:16, **43**:2, **51**:17, **Eze 13**:22, ♣**24**:12, **Hos 7**:1, **Mic 2**:11, **6**:12, **Hab 2**:18, **Zec 5**:4, **8**:17, **10**:2, **13**:3, **Mal 13**:5

Pseustēs ψεύστης *5583*
♦Pseudos ψεῦδος *5579*
♣Pseudēs ψευδής *5571*
†Pseûsma ψεῦσμα *5582*
Joh 8:44♦, 55, **Act ♣6**:13, **Ro ♦1:25, 3**:4, †7, **Eph ♦4**:25, **2Th ♦2**:9, ♦11, **1Ti 1**:10, **Tit 1**:12, **1Jn 1**:10, **2**:4, ♦21, 22, ♦27, **4**:20, **5**:10, **Rev ♣2**:2, ♣**21**:8, ♦27, ♦**22**:15

Pseudomai ψεύδομαι *5574*
False, Liar
♦Pseudologos ψευδολόγος *5573*
♣Pseudodidaskalos ψευδοδιδάσκαλος *5572*
†Apseudēs ἀψευδής *893*
Mat 5:11, **Act 5**:3, 4, **Ro 9**:1, **2Co 11**:31, **Gal 1**:20, **Col 3**:9, **1Ti 2**:7, ♦**4**:22, **Tit †1**:2, **Heb 6**:18, **Jas 3**:14, **2Pe ♣2**:1, **1Jn 1**:6, **Rev 3**:9

Pseudomartureō ψευδομαρτυρέω *5576* False Witness
♦Pseudomartur ψευδομάρτυρ *5575*
♣Pseudomarturia ψευδομαρτυρία *5577*
†Pseudōnumos ψευδώνυμος *5581*
Mat ♣15:19, **19**:18, ♣**26**:59, ♦60, **Mar 10**:19, **14**:56, **14**:57, **Luk 18**:20, **Ro 13**:9, **1Co ♦15**:15, †**1Ti 6**:20

Pseudoprophētēs ψευδοπροφήτης *5578*
False Prophet
♦Pseudochristos ψευδόχριστος *5580* False Christ
♣Pseudadelphos ψευδάδελφος *5569*
False Brethren
†Pseudapostolos ψευδαπόστολος *5570*
False Apostle
Mat 7:15, **24**:11, 24♦, **Mar 13**:22♦, **Luk 6**:26, **Act 13**:6, **2Co †11**:13, ♣26; **Gal ♣2**:**42, Pe 2**:1, **1Jn 4**:1, **Rev 16**:13, **19**:20, **20**:10

Tôhû תֹּהוּ 8414
Vain, Empty

Gen 1:2, **Deu** 32:10, **1Sa** 12:21, **Job** 6:18, 12:24, 26:7, **Ps** 107:40, **Isa** 24:10, 29:21, 34:11, 40:17, 23, 41:29, 44:9, 45:18, 19, 49:4, 59:4, **Jer** 4:23

Rêyq ריק 7386

Vain

♦Rîq ריק 7385

Gen 37:24, 41:27, **Lev** ♦26:16, ♦20, **Deu** 32:47, **Jdg** 7:16, 9:4, 11:3, **2Sa** 6:20, **2Ki** 4:3, **2Ch** 13:7, **Neh** 5:13, **Job** ♦39:16, **Ps** ♦2:1, ♦4:2, ♦73:13, **Pro** 12:11, 28:19, **Isa** 29:8, ♦30:7, ♦49:4, ♦65:23, **Jer** ♦51:34, ♦58, **Eze** 24:11, **Hab** ♦2:13

Eikē εἰκῆ *1500*

Without Cause, In Vain

Mat 5:22, **Ro** 13:4, **1Co** 15:2, **Gal** 3:4, 4:11, **Col** 2:18

Achreîos ἀχρεῖος *888*

Unprofitable

♦Anōphelēs ἀνωφελής *512*

♣Alusitelēs ἀλυσιτελής *255*

†Achreioō ἀχρειόω *889*

‡Achrēstos ἄχρηστος *890*

Mat 25:30, **Luk** 17:10, **Ro** †3:12, **Tit** ♦3:9, **Heb** ♦7:18, ♣13:17, **Phm** ‡11

Hevel הבל 1892

Vain, Vanity

♦Hâval הבל 1891

Deu 32:21, **1Ki** 16:13, 26, **2Ki** 17:15♦, **Job** 7:16, 9:29, 21:34, 27:12♦, 35:16, **Ps** 31:6, 39:5, 6, 11, 62:9, ♦10, 78:33, 94:11, 144:4, **Pro** 13:11, 21:6, 31:30, **Ecc** 1:2, 14, 2:1, 11, 15, 17, 19, 21, 23, 26, 3:19, 4:4, 7, 8, 16, 5:7, 10, 6:2, 4, 9, 11, 12, 7:6, 15, 8:10, 14, 9:9, 11:8, 10, 12:8, **Isa** 30:7, 49:4, 57:13, **Jer** 2:5♦, 8:19, 10:3, 8, 15, 14:22, 16:19, ♦23:16, 51:18, **La** 4:17, **Jon** 2:8, **Zec** 10:2

Shâv' שוא 7723

Vanity

Exd 20:7, 23:1, **Deu** 5:11, 20, **Job** 7:3, 11:11, 15:31, 31:5, 35:13, **Ps** 12:2, 24:4, 26:4, 31:6, 41:6, 60:11, 89:47, 108:12, 119:37, 127:1, 2, 139:20, 144:8, 11, **Pro** 30:8, **Isa** 1:13, 5:18, 30:28, 59:4, **Jer** 2:30, 4:30, 6:29, 18:15, 46:11, **La** 2:14, **Eze** 12:24, 13:6, 7, 8, 9, 23, 21:23, 29, 22:28, **Hos** 10:4, 12:11, **Jon** 2:8, **Zec** 10:2, **Mal** 13:14

Mataios μάταιος *3152*

♦Mataiotēs ματαιότης *3153*

♣Matēn μάτην *3155*

†Mataioō ματαιόω *3154*

‡Mataiologos ματαιολόγος *3151*

ΔMataiologia ματαιολογία *3150*

+Battologeō βαττολογέω *945*

Mat +6:7, ♣15:9, **Mar** ♣7:7, **Act** 14:15, **Ro** †1:21, ♦8:20, **1Co** 3:20, 15:17, **Eph** ♦4:17, **1Ti** Δ1:6, **Tit** ‡1:10, 3:9, **Jas** 1:26, **1Pe** 1:18, **2Pe** ♦2:18

Kenos κενός *2756*

♦Kenoō κενόω *2758*

♣Kenophōnia κενοφωνία *2757*

†Kenodoxos κενόδοξος *2755*

‡Kenodoxia κενοδοξία *2754*

Mat 9:9, 10:3, **Mar** 3:18, **Luk** 6:15, **Act** 1:13, **Ro** ♦4:14, **1Co** ♦1:17, ♦9:15, **2Co** ♦9:3, **Gal** †5:26, **Php** ‡2:3, ♦7, **1Ti** ♣6:20, **2Ti** ♣2:16

IX Tsedaqah

Justice, Holiness, Purify, Fear

Ts^e^dâqâh צדקה 6666

Righteousness, Justice

♦Tsidqâh צדקה 6665

{♣Mishpât מִשְׁפָּט 4941 Judgment, Justice}

Gen 15:6, **18**:19, **30**:33, **Deu 6**:25, **9**:4, 5, 6, **24**:13, **33**:21♣, **Jdg 5**:11, **1Sa 12**:7, **26**:23, **2Sa 8**:15♣, **15**:4♣, **19**:28, **22**:21, 25, **1Ki 3**:6, **8**:32, **10**:9♣, **1Ch 18**:14♣, **2Ch 6**:23, **9**:8♣, **Neh 2**:20, **Job 27**:6, **Job 33**:26, **35**:8, **37**:23♣, **Ps 5**:8, **11**:7, **22**:31, **24**:5, **31**:1, **33**:5♣, **36**:6♣, 10, **40**:10, **51**:14, **69**:27, **71**:2, 15, 16, 19, 24, **72**:1♣, 3, **88**:12, **89**:16, **98**:2, **99**:4♣, **103**:6♣, 17, **106**:3♣, 31, **111**:3, **112**:3, 9, **119**:40, 142, **143**:1, 11, **145**:7, **Pro 8**:18, 20♣, **10**:2, **11**:4, 5, 6, 18, 19, **12**:28, **13**:6, **14**:34, **15**:9, **16**:8♣, 12, 31, **21**:3♣, 21, **Isa 1**:27♣, **5**:7♣, 16♣, 23, **9**:7♣, **10**:22, **28**:17♣, **32**:16♣, 17, **33**:5♣, 15, **45**:8, 23, 24, **46**:12, 13, **48**:1, 18, **51**:6, 8, **54**:14, 17, **56**:1♣, **57**:12, **58**:2♣, **59**:9♣, 14♣, 16, 17, **60**:17, **61**:10, 11, **63**:1, **64**:6, **Jer 4**:2♣, **9**:24♣, **22**:3♣, 15♣, **23**:5♣, **33**:15♣, **51**:10, **Eze 3**:20, **14**:14, 20, **18**:5, 19, 20, 21, 22, 24, 26, 27, **33**:12, 13, 14, 16, 18, 19, **45**:9♣, **Dan** ♦**4**:27, **9**:7, 16, 18, **Hos 10**:12, **Joe 2**:23, **Am 5**:7♣, 24♣, **6**:12♣, **Mic 6**:5, **7**:9♣, **Zec 8**:8, **Mal 3**:3, **4**:2

Tsedeq צדק 6664

Righteous(ness), Just, Justice

{♦Mishpât מִשְׁפָּט 4941 Judgment, Justice}

Lev 19:15♦, 36, **Deu 1**:16, **16**:18, 20, **25**:15, **33**:19, **Job 6**:29, **8**:3♦, 6, **29**:14, **31**:6, **35**:2, **36**:3, **Ps 4**:1, 5, **7**:8, 17, **9**:4♦, 8, **15**:2, **17**:1, 15, **18**:20, 24, **23**:3, **35**:24, 27, 28, **37**:6♦, **40**:9, **45**:4, 7, **48**:10, **50**:6, **51**:19, **52**:3, **58**:1, **65**:5, **72**:2♦, **85**:10, 11, 13, **89**:14♦, **94**:15♦, **96**:13, **97**:2♦, 6, **98**:9, **118**:19, **119**:7, 62, 75, 106, 121♦, 123, 138, 142, 144, 160, 164, 172, **132**:9, **Pro 1**:3♦, **2**:9♦, **8**:8, 15, **12**:17, **16**:13, **25**:5, **31**:9, **Ecc 3**:16♦, **5**:8♦, **7**:15, **Isa 1**:21♦, 26, **11**:4, 5, **16**:5♦, **26**:9♦, 10, **32**:1♦, **41**:2, 10, **42**:6, 21, **45**:8, 13, 19, **51**:1, 5, 7, **58**:2, 8, **59**:4, **61**:3, **62**:1, 2, **64**:5, **Jer 11**:20, **22**:13, **31**:23, **50**:7, **Eze 3**:20, **45**:10, **Dan 9**:24, **Hos 2**:19♦, **10**:12, **Zep 2**:3♦

Dikaiosunē δικαιοσύνη *1343*

♦Euthutēs ευθύτης *2118*

Mat 3:15, **5**:6, 10, 20, **6**:1, 33, **21**:32, **Luk 1**:75, **Joh 16**:8, 10, **Act 10**:35, **13**:10, **17**:31, **24**:25, **Ro 1**:17, **3**:5, 21, 22, 25, 26, **4**:3, *5*, 6, 9, 11, 13, 22, **5**:17, 21, **6**:13, 16, 18, 19, 20, **8**:10, **9**:30, 31, **10**:3, 4, 5, 6, *10*, **14**:17, **1Co 1**:30, **2Co 3**:9, **5**:21, **6**:7, 14, **9**:9, *10*, **11**:15, **Gal 2**:21, **3**:6, *21*, **5**:5, **Eph 4**:24, **5**:9, **6**:14, **Php 1**:11, **3**:6, 9, **1Ti 6**:11, **2Ti 2**:22, **3**:16, **4**:8, **Tit 3**:5, **Heb** ♦**1**:8, *9*, **5**:13, **7**:2, **11**:7, 33, **12**:11, **Jas 1**:20, **2**:23, **3**:18, **1Pe 2**:24, **3**:14, **2Pe 1**:1, **2**:5, 21, **3**:13, **1Jn 2**:29, **3**:7, 10, **Rev 19**:11, **22**:11

Tsâdeq צדק /Tsidqôt צדקוֹת

6662 Righteous (Acts), Just

Gen 6:9, **7**:1, **18**:23, 24, 25, 26, 28, **20**:4, **Exd 9**:27, **23**:7, 8, **Deu 4**:8, **16**:19, **25**:1, **32**:4, **1Sa 24**:17, **2Sa 4**:11, **23**:3, **1Ki 2**:32, **8**:32, **2Ki 10**:9, **2Ch 6**:23, **12**:6, **Ezr 9**:15, **Neh 9**:8, 33, **Job 12**:4, **17**:9, **22**:19, **27**:17, **32**:1, **34**:17, **36**:7, **Ps 1**:5, 6, **5**:12, **7**:9, 11, **11**:3, 5, 7, **14**:5, **31**:18, **32**:11, **33**:1, **34**:15, 19, 21, **37**:12, 16, 17, 21, 25, 29, 30, 32, 39, **52**:6, **55**:22, **58**:10, 11, **64**:10, **68**:3, **69**:28, **72**:7, **75**:10, **92**:12, **94**:21, **97**:11, 12, **112**:4, 6, **116**:5, **118**:15, 20, **119**:137, **125**:3, **129**:4, **140**:13, **141**:5, **142**:7, **145**:17, **146**:8, **Pro 2**:20, **3**:33, **4**:18, **9**:9, **10**:3, 6, 7, 11, 16, 20, 21, 24, 25, 28, 30, 31, 32, **11**:8, 9, 10, 21, 23, 28, 30, 31, **12**:3, 5, 7, 10, 12, 13, 21, 26, **13**:5, 9, 21, 22, 25, **14**:19, 32, **15**:6, 28, 29, **17**:15, 26, **18**:5, 10, 17, **20**:7, **21**:12, 15, 18, 26, **23**:24, **24**:15, 16, 24, **25**:26, **28**:1, 12, 28, **29**:2, 6, 7, 16, 27, **Ecc 3**:17, **7**:15, 16, 20, **8**:14, **9**:1, 2, **Isa 3**:10, **5**:23, **24**:16, **26**:2, 7, **29**:21, **41**:26, **45**:21, **53**:11, **57**:1, **60**:21, **Jer 12**:1, **20**:12, **23**:5, **La 1**:18,

4:13, **Eze 3**:20, 21, **13**:22, **18**:5, 9, 20, 24, 26, **21**:3, 4, **23**:45, **33**:12, 13, 18, **Dan 9**:14, **Hos 14**:9, **Am 2**:6, **5**:12, **Hab 1**:4, 13, **2**:4, **Zep 3**:5, **Zec 9**:9, **Mal 3**:18

Tsaddîq צדק 6663

Righteous, Justify

Gen 38:26, **44**:16, **Exd 23**:7, **Deu 25**:1, **2Sa 15**:4, **1Ki 8**:32, **2Ch 6**:23, **Job 4**:17, **9**:2, 15, 20, **10**:15, **11**:2, **13**:18, **15**:14, **22**:3, **25**:4, **27**:5, **32**:2, **33**:12, 32, **34**:5, **35**:7, **40**:8, **Ps 19**:9, **51**:4, **82**:3, **143**:2, **Pro 17**:15, **Isa 5**:23, **43**:9, 26, **45**:25, **50**:8, **53**:11, **Jer 3**:11, **Eze 16**:51, 52, **Dan 8**:14, **12**:3

Dikaios δίκαιος *1342*

♦Dikaiōs δικαίως *1346*

♣Endikos ένδικος *1738*

†Adiakritos ἀδιάκριτος *87*

‡Aprosōpolēptōs ἀπροσωπολήπτως *678*

Mat1:19, **5**:45, **9**:13, **10**:41, **13**:17, 43, 49, **20**:4, **23**:28, 29, 35, **25**:37, 46, **27**:19, **Mar 2**:17, **6**:20, **Luk 1**:6, 17, **2**:25, **5**:32, **12**:57, **14**:14, **15**:7, **18**:9, **20**:20, ♦**23**:41, 47, 50, **Joh 5**:30, **7**:24, **17**:25, **Act 3**:14, **4**:19, **7**:52, **10**:22, **22**:14, **24**:15, **Ro 1**:17, **2**:13, ♣**3**:8, 10, 26, **5**:7, 19, **7**:12, **1Co** ♦**15**:34, **Gal 3**:11, **Eph 6**:1, **Php 1**:7, **4**:8, **Col 4**:1, **1Th** ♦**2**:10, **2Th 1**:5, 6, **1Ti 1**:9, **2Ti 4**:8, **Tit 1**:8, ♦**2**:12, **Heb** ♣**2**:2, **10**:38, **11**:4, **12**:23, **Jas** †**3**:17, **5**:6, 16, **1Pe** ‡**1**:17, ♦**2**:23, **3**:12, 18, **4**:18, **2Pe 1**:13, **2**:7, 8, **1Jn 1**:9, **2**:1, 29, **3**:7, 12, **Rev 15**:3, **16**:5, 7, **19**:2, **22**:11

Dikaioō δικαιόω *1344*

Justify

♦Dikaiōma δικαίωμα *1345*

♣Dikaiōsis δικαίωσις *1347*

Mat11:19, **12**:37, **Luk** ♦**1**:6, **7**:29, 35, **10**:29, **16**:15, **18**:14, **Act 13**:39, **Ro 1**:32, **2**:13, ♦**26**, **3**:4, 20, 24, 26, 28, 30, **4**:2, 5, ♣**25**, **5**:1, 9, ♦**16**, ♦**18**♣, **6**:7, ♦**8**:4, 30, 33, **1Co 4**:4, **6**:11, **Gal 2**:16, 17, **3**:8, 11, 24, **5**:4, **1Ti 3**:16, **Tit 3**:7, **Heb** ♦**9**:1, ♦**10**, **Jas 2**:21, 24, 25, **Rev** ♦**15**:4, ♦**19**:8

Logidzomai λογίζομαι /Elogisthē ελογίσθη *3049*

Impute(d), Think

♦Ellogeō ελλογέω *1677*

Luk 22:37, **Joh 11**:50, **Act 19**:27, **Ro 2**:3, 26, **3**:28, **4**:3, 4, 5, 6, 8, 9, 10, 11, 22, 23, 24, ♦**5**:13, **6**:11, **8**:18, 36, **9**:8, **14**:14, **1Co 4**:1, **13**:5, 11, **2Co 3**:5, **5**:19, **10**:2, 7, 11, **11**:5, **12**:6, **Gal 3**:6, **Php 3**:13, **4**:8, **2Ti 4**:16, **Phm** ♦18, **Heb 11**:19, **Jas 2**:23, **1Pe 5**:12

Hēgeomai ἡγέομαι

/Hēgoumenous ηγουμένους *2233*

Thought, Counted, Govenor

Mat 2:6, **Luk 22**:26, **Act 7**:10, **14**:12, **15**:22, **26**:2, **2Co 9**:5, **Php 2**:3, 6, 25, **3**:7, 8, **1Th 5**:13, **2Th 3**:15, **1Ti 1**:12, **6**:1, **Heb 10**:29, **11**:11, 26, **13**:7, 17, 24, **Jas 1**:2, **2Pe 1**:13, **2**:13, **3**:9,15

Apologeomai ἀπολογέομαι *626*

Excuse, Speak For Self

♦Apologia ἀπολογία *627*

Luk 12:11, **21**:14, **Act 19**:33, ♦**22**:1, **24**:10, **25**:8, ♦**16**, **26**:1, 2, 24, **Ro 2**:15, **1Co** ♦**9**:3, **2Co** ♦**7**:11, **12**:19, **Php** ♦**1**:7, ♦17, **2Ti** ♦**4**:16, **1Pe** ♦**3**:15

Mishpât מִשְׁפט 4941

Judgment, Justice

[Also look under Tsedâqâh on p120 and Tsedeq (Righteousness) on p120, and Mitswâh (Commandment) on p105 and Ḥôq, Ḥuqqâh (Statute) on p106]

Exd 21:1, 9, 31, **23**:6, **24**:3, **26**:30, **28**:15, 29, 30, **Lev 5**:10, **9**:16, **19**:35, **24**:22, **Nu 9**:3, **15**:16, 24, **27**:5, 21, **29**:6, 18, 21 24,27,30,33,37, **35**:12, 24, **Deu 1**:17, **6**:20, **7**:12, **10**:18, **11**:1, **16**:18, 19, **17**:8, 9, 11, **18**:3, **19**:6, **21**:17, 22, **24**:17, **25**:1, **27**:19, **30**:16, **32**:4, 41, **33**:10, **Jos 6**:15, **20**:6, **Jdg 4**:5, **13**:12, **18**:7, **1Sa 2**:13, **8**:3, 9, 11, **10**:25, **27**:11, **2Sa 15**:2, 6, **1Ki 3**:11, 28, **4**:28, **6**:38, **7**:7, **8**:45, 49, 59, **9**:4, **18**:28, **20**:40, **2Ki 1**:7, **11**:14, **17**:26, 27, 33, 34, 37, 40, **25**:6, **1Ch 6**:32, **15**:13, **16**:12, 14, **23**:31, **24**:19, **28**:7, **2Ch 4**:7, 20, **6**:35, 39, **8**:14, **19**:6, 8, 10, **30**:16, **35**:13, **Ezr 3**:4, **Neh 1**:7, **8**:18, **9**:13, **10**:29, **Job 9**:19, 32, **13**:18, **14**:3, **19**:7, **22**:4, **23**:4, **27**:2, **29**:14, **31**:13, **32**:9, **34**:4, 5, 6, 12, 17, 23, **35**:2, **36**:6, 17, **40**:8, **Ps 1**:5, **7**:6, **9**:7, 16, **10**:5, **17**:2, **19**:9, **25**:9, **35**:23, **37**:28, 30, **48**:11, **76**:9, **81**:4, **89**:30, **97**:8, **101**:1, **105**:5, 7, **111**:7, **112**:5, **119**:7, 13, 20, 30, 39, 43, 52, 62, 75, 84, 91, 102, 106, 108, 120, 132, 137, 149, 156, 160, 164, 175, **122**:5, **140**:12, **143**:2, **146**:7, **147**:20, **149**:9, **Pro 2**:8, **12**:5, **13**:23, **16**:10, 11, 33, **17**:23, **18**:5, **19**:28, **21**:7, 15, **24**:23, **28**:5, **29**:4, 26, **Ecc 8**:6, **11**:9, **12**:14, **Isa 1**:17, **3**:14, **4**:4, **10**:2, **26**:8, **28**:6, 26, **30**:18, **32**:7, **34**:5, **40**:14, 27, **41**:1, **42**:1, 3, 4, **49**:4, **50**:8, **51**:4, **53**:8, **54**:17, **59**:8, 11, 15, **61**:8, **Jer 1**:16, **4**:12, **5**:1, 4, 5, 28, **7**:5, **8**:7, **10**:24, **12**:1, **17**:11, **21**:12, **22**:13, **26**:11, 16, **30**:11, 18, **32**:7, 8, **39**:5, **46**:28, **48**:21, 47, **49**:12, **51**:9, **52**:9, **La 3**:35, 59, **Eze 5**:8, **7**:23, 27, **16**:38, **18**:5, 8, 19, 21, 27,

21:27, **22**:29, **23**:24, 45, **33**:14, 16, 19, **34**:16, **39**:21, **42**:11, **Hos 5**:1, 11, **6**:5, **10**:4, **12**:6, **Am 5**:15, **Mic 3**:1, 8, 9, **6**:8, **Hab 1**:4, 7, 12, **Zep 3**:5, 8, 15, **Zec 7**:9, **8**:16, **Mal 2**:17, **3**:5

Yâshâr ישר 3477

Just, Upright

♦Yâshar ישר 3474

♣Yôsher ישר 3476

{†Lêv לב 3820, ‡Lêvâv לבב 3824 Heart}

[Except *(go, went) straight on* etc. for 3474]

Exd 15:26, **Nu 23**:10, 27, **Deu 6**:18, ♦**9**:5‡, **12**:8, 25, 28, **13**:18, **21**:9, **32**:4, **Jos 9**:25, **10**:13, **17**:6, **21**:25, **1Sa 12**:23, **29**:6, **2Sa 1**:18, **19**:6, **1Ki** ♦**9**:4, **11**:33, 38, **14**:8, **15**:5, 11, **22**:43, **2Ki 10**:3, 15‡, 30, **12**:2, **14**:3, **15**:3, 34, **16**:2, **18**:3, **22**:2, **1Ch** ♦**13**:4, ♣**29**:17, **2Ch 14**:2, **20**:32, **24**:2, **25**:2‡, **26**:4, **27**:2, **28**:1, **29**:2, 34, **31**:20, **34**:2, **Ezr 8**:21, **Neh 9**:13, **Job 1**:1, 8, **2**:3, **4**:7, ♦**6**:25, **8**:6, **17**:8, **23**:7, ♦**33**:3†, ♦23, 27, **Ps** ♦**5**:8, **7**:10†, **11**:2†, 7, **19**:8, ♣**25**:21, 8, **32**:11†, **33**:1, 4, **36**:10†, **37**:14, 37, **49**:14, **64**:10†, **92**:15, **94**:15†, **97**:11†, **107**:7, 42, **111**:1, 8, **112**:2, 4, ♣**119**:7‡, ♦128, 137, **125**:4, **140**:13, **Pro 2**:7, ♦13, 21, ♦**3**:6, 32, ♣**4**:11, ♦25, **8**:9, **11**:3, ♦5, 6, 11, ♦24, **12**:6, 15, ♦**14**:2, 9, 11, 12, **15**:8, 19, ♦21, **16**:13, 17, 25, ♦**17**:26, **20**:11, **21**:2, 8, 18, 29, **28**:10, **29**:10, 27, **Ecc 7**:29, ♦**12**:10, **Isa 26**:7, ♦**40**:3, ♦**45**:2, ♦13, **Jer 26**:14, **31**:9, **34**:15, **40**:4, 5, **Eze 1**:7, 23, **Dan 11**:17, **Hos 14**:9, **Mic 2**:7, **3**:9, **7**:2, 4, **Hab** ♦**2**:4

Mêshâr מישר 4339

Right, Upright

♦Mîshôr מישור 4334

[Not *plain* for 4334]

1Ch 29:17, **Ps 9**:8, **17**:2, ♦**27**:11, ♦**45**:6, **58**:1, ♦**67**:4, **75**:2, **96**:10, **98**:9, **99**:4, ♦**143**:10, **Pro 1**:3, **2**:9, **8**:6, **23**:16, 31, **Sng 1**:4, **7**:9, **Isa** ♦**11**:4, **26**:7, **33**:15, ♦**40**:4, ♦**42**:16, **45**:19, **Dan 11**:6, **Mal** ♦**2**:6

Tamîm תמים 8549

Upright, Perfect, Without Blemish

♦Tâmam תמם 8552

Gen 6:9, **17**:1, **Exd 12**:5, **29**:1, **Lev 1**:3, 10, **3**:1, 6, 9, **4**:3, 23, 28, 32, **5**:15, 18, **6**:6, **9**:2, 3, **14**:10, **22**:19, 21, **23**:12, 15, 18, **25**:30, **Nu 6**:14, **19**:2, **28**:3, 9, 11, 19, 31, **29**:2, 8, 13, 17, **Deu 18**:13, **32**:4, **Jos 10**:13, **24**:14, **Jdg 9**:16, 19, **1Sa 14**:41, **2Sa 22**:24, ♦**26**, 31, 33, **Job 12**:4, ♦**22**:3, **36**:4, **37**:16, **Ps 15**:2, **18**:23, 25♦, 30, 32, ♦**19**:13, 7, **37**:18, **84**:11, **101**:2, 6, **119**:1, 80, **Pro 1**:12, **2**:21, **11**:5, 20, **28**:10, 18, **Eze 15**:5, **28**:15, **43**:22, 23, 25, **45**:18, 23, **46**:4, 6, 13, **Am 5**:10

Tôm תם 8537

Integrity

♦Tûmmâh תמה 8538

[Except *whole*]

Gen 20:5, 6, **1Ki 9**:4, **Job 4**:6, **Job** ♦**2**:3, ♦9, ♦**27**:5, ♦**31**:6, **Ps 7**:8, **25**:21, **26**:1, 11, **41**:12, **78**:72, **101**:2, **Pro 2**:7, **10**:9, 29, ♦**11**:3,**13**:6, **19**:1, **20**:7, **28**:6, **Isa 47**:9

Qâdesh קדש 6944

Holiness, Holy, Sanctuary

♦Qôdesh Qâdâshîm קדש קדשים Double-6944 Most Holy

{♣Miqrâ' מקרא 4744 Convocation †Qâdâsh קדש 6942 Consecrate, Sanctify ‡Mâlê' מלא 4390 Consecrate (lit. fill his/their hand)}

[For *holy name* look under Shêm (Name) on p19]

Exd 3:5, **12**:16♣♣, **15**:11, 13, **16**:23, **22**:31, ♦**26**:33, ♦34, **28**:2, 4, 29, 35, 36, 38, †41‡, 43, **29**:6, 29‡, 30, 33‡†, 34, ♦37††, ♦**30**:10, 13, 24, 25, ♦29†, 31, 32, 35, ♦36, 37, **31**:10, 11, 14, 15, **35**:2, 19, 21, **36**:1, 3, 4, 6, **37**:29, **38**:24, 25, 26, 27, **39**:1, 30, 41, **40**:9, ♦10†, 13†, **Lev** ♦**2**:3, ♦10, **4**:6, **5**:15, 16, ♦**6**:17, ♦25, ♦29, 30, ♦**7**:1, ♦6, **8**:9, **10**:4, 10, ♦12, ♦17, 18, **12**:4, ♦**14**:13, **16**:2, 3, 4, 16, 17, 20, 23, 27, 32†, 33, **19**:8, 24, **21**:6, ♦22, **22**:3, 4, 6, 7, 10, 12, 14, 15, 16†, **23**:2♣, 3♣, 4♣, 7♣, 8♣, 20, 21♣, 24♣, 27, 35♣, 36♣, 37♣, ♦**24**:9, **25**:12, **27**:3, 9, 10, 14, 21, 23, 25, ♦28, 30, 32, 33, **Nu 3**:28, 31, 32, 47, 50, ♦**4**:4, 12, 15, 16, ♦19, 20, **5**:9, 10, **6**:20, **7**:9, 13, 19, 25, 31, 37, 43, 49, 55, 61, 67 ,73, 79, 85, 86, **8**:19, **18**:3, 5, ♦9, ♦10, 16, 17, 19, **28**:7, 18♣, 25♣, 26♣, **29**:1♣, 7♣, 12♣, **31**:6, **35**:25, **Deu 12**:26, **26**:13, 15, **33**:2, **Jos 5**:15, **6**:19, **1Sa 21**:4, 5, 6, **1Ki** ♦**6**:16, ♦**7**:50, 51, **8**:4, ♦6, 8, 10, **15**:15, **2Ki 12**:4, 18, **1Ch** ♦**6**:49, **9**:29, **16**:29, **22**:19, ♦**23**:13†, 28, 32, **24**:5, **26**:20, 26, **28**:12, **29**:3, **2Ch** ♦**3**:8, ♦10, ♦**4**:22, **5**:1, 5, ♦7, ♦11†, **8**:11, **15**:18, **20**:21, **23**:6, **24**:7, **29**:5††, 7, **30**:19, 27, **31**:6†, 12, 14, 18†, **35**:3, 5, 13, **Ezr** ♦**2**:63, **8**:28, **9**:2, 8, **Neh** ♦**7**:65, **9**:14, **10**:31, 33, **11**:1, 18, **Ps 2**:6, **3**:4, **5**:7, **11**:4, **15**:1, **20**:2, 6, **24**:3, **28**:2, **29**:2, **30**:4, **43**:3, **47**:8, **48**:1, **51**:11, **60**:6, **63**:2, **68**:5, 17, 24, **74**:3, **77**:13, **78**:54, **79**:1, **89**:20, 35, **93**:5, **96**:9, **97**:12, **98**:1, **99**:9, **102**:19, **105**:42, **108**:7, **110**:3, **114**:2, **134**:2, **138**:2, **150**:1, **Pro 20**:25, **Isa 6**:13, **11**:9, **23**:18, **27**:13, **35**:8, **43**:28, **48**:2, **52**:1, 10, **56**:7, **57**:13, **58**:13, **62**:9, 12, **63**:10, 11, 15, 18, **64**:10, 11, **65**:11, 25, **66**:20, **Jer 2**:3, **11**:15, **23**:9, **25**:30, **31**:23, 40, **La 4**:1, **Eze 20**:40, **22**:8, 26, **28**:14, **36**:

38, ♦**41**:4, 21, 23, ♦**42**:13, 14, 20, ♦**43**:12, **44**:8, ♦13, 19†, 23, 27, **45**:1, 2, ♦3, 4, 6, 7, **46**:19, **48**:10, ♦12, 14, 18, 20, 21, **48**:21, **Dan 8**:13, 14, **9**:16, 20, ♦24, 26, **11**:28, 30, 45, **12**:7, **Joe 2**:1, **3**:17, **Am 4**:2, **Obd** 16, 17, **Jon 2**:4, 7, **Mic 1**:2, **Hab 2**:20, **Zep 3**:4, 11, **Hag 2**:12, **Zec 2**:12, 13, **8**:3, **14**:20, 21, **Mal 2**:11

Hagiōsunē ἁγιωσύνη *42*

♦Hagiotēs ἁγιότης *41*

♣Hosiotēs ὁσιότης *3742*

Luk ♣**1**:75, **Ro 1**:4, **2Co 7**:1, **Eph** ♣**4**:24, **1Th 3**:13, **Heb** ♦**12**:10, **Jud** ♦20

Eusebeia ευσεβέια *2150*

Godliness

♦Eusebēs ευσεβής *2152* Godly

♣Eusebōs ευσεβώς *2153*

†Eusebeō ευσεβέω *2151*

Act 3:12, ♣**10**:2, ♣7, †**17**:23, **1Ti 2**:2, **3**:16, **4**:7, 8, †**5**:4, **6**:3, 5, 6, 11, **2Ti** ♦**3**:12♣, 5, **Tit 1**:1, **Tit** ♦**2**:12♣, **2Pe 1**:3, 6, 7, ♣**2**:9, **3**:11

Qâdosh קדֹשׁ 6918

Holy

[Except *Holy One*: go to p22]

Exd 19:6, **29**:31, **Lev 6**:16, 26, 27, **7**:6, **10**:13, **11**:44, 45, **16**:24, **19**:2, **20**:7, 26, **21**:6, 7, 8, **24**:9, **Nu 5**:17, **6**:5, 8, **15**:40, **16**:3, 5, 7, **18**:8, 32, **Deu 7**:6, **14**:2, 21, **23**:14, **26**:19, **28**:9, **33**:3, **Jos 24**:19, **1Sa 2**:2, **6**:20, **2Ki 4**:9, **2Ch 35**:3, **Neh 8**:9, 10, 11, **Job 5**:1, **15**:15, **Ps 16**:3, **22**:3, **34**:9, **46**:4, **65**:4, **89**:5, 7, **99**:3, 5, 9, **106**:16, **111**:9, **Ecc 8**:10, **Isa 4**:3, 5:16, **6**:3, **57**:15, **58**:13, **Eze 42**:13, **Dan 8**:13, 24, **Zec 14**:5

Ḥâçîd חסיד 2623

Holy, Saint

Deu 33:8, **1Sa 2**:9, **2Sa 22**:26, **2Ch 6**:41, **Ps 4**:3, **12**:1, **16**:10, **18**:25, **30**:4, **31**:23, **32**:6, **37**:28, **43**:1, **50**:5, **52**:9, **79**:2, **85**:8, **86**:2, **89**:19, **97**:10, **116**:15, **132**:9, 16, **145**:10, 17, **148**:14, **149**:1, 5, 9, **Pro 2**:8, **Jer 3**:12, **Mic 7**:2

Hagios ἅγιος *40*

♦Hagnos ἁγνός *53*

♣Hagnotēs ἁγνότης *54*

†Hagneia ἁγνεία *47*

‡Hosios ὅσιος *3741*

ΔHosiōs ὁσίως *3743*

+Hieros ἱερός *2413*

^Hieroprepēs ἱεροπρεπής *2412*

[Except *Holy Spirit, Holy One*, for hagios: go to p22]

Mat 4:5, **7**:6, **24**:15, **27**:52, 53, **Mar 6**:20, **8**:38, **Luk 1**:70, 72, **2**:23, **9**:26, **Joh 17**:11, **Act** ‡**2**:27, **3**:21, **6**:13, **7**:33, **9**:13, 32, 41, **10**:22, ‡**13**:34, ‡35, **26**:10, **Ro 1**:2, 7, **7**:12, **8**:27, **11**:16, **12**:1, 13, **15**:25, 26, 31, **16**:2, 15, 16, **1Co 1**:2, **3**:17, **6**:1, 2, **7**:14, 34, +**9**:13, **14**:33, **16**:1, 15, 20, **2Co 1**:1, ♣**6**:6, ♦**7**:11, **8**:4, ♦**11**:2, **9**:1, 12, **13**:12, 13, **Eph 1**:1, 4, 15, 18, **2**:19, **3**:5, 8, 18, **4**:12, **5**:3, 27, **6**:18, **Php 1**:1, ♦**4**:8, 21, 22, **Col 1**:2, 4, 12, 22, 26, **3**:12, **1Th** Δ**2**:10, **3**:13, **5**:26, **2Th 1**:10, **1Ti** ‡**2**:8†, †**4**:12, †**5**:2, 10, ♦22, **2Ti 1**:9, +3:15, **Tit** ‡**1**:8, ^**2**:3, ♦**2**:5, **Phm** 5, 7, **Heb 3**:1, **6**:10, ‡**7**:26, **13**:24, **Jas** ♦**3**:17, **1Pe 1**:15, 16, **2**:5, 9, ♦**3**:2, 5, **2Pe 1**:18, **2**:21, **3**:2, 11, **1Jn** ♦**3**:3, **Jud** 3, 14, **Rev 5**:8, **8**:3, 4, **11**:2, 18, **13**:7, 10, **14**:10, 12, ‡**15**:4, **16**:6, **17**:6, **18**:20, 24, **19**:8, **20**:6, 9, **21**:2, 10, **22**:11, 19

Qâdâsh קדשׁ 6942

Consecrate, Hallow, Sanctify

[Also look under Qâdesh (Holiness) above]

Gen 2:3, **Exd 13**:2, **19**:10, 14, 22, 23, **20**:8, 11, **28**:3, 38, **29**:1, 21, 27, 36, 37, 43, 44, **30**:30, **31**:13, **40**:9, 11, **Lev 6**:18, 27, **8**:10, 11, 12, 15, 30, **10**:3, **11**:44, **16**:19, **20**:7, 8, **21**:8, 15, 23, **22**:2, 3, 9, 32, **25**:10, **27**:14, 15, 16, 17, 18, 19, 22, 26, **Nu 3**:13, **6**:11, **7**:1, **8**:17, **11**:18, **16**:37, 38, **20**:12, 13, **27**:14, **Deu 5**:12, **15**:19, **22**:9, **32**:51, **Jos 3**:5, **7**:13, **20**:7, **Jdg 17**:3, **1Sa 7**:1, **16**:5, **21**:5, **2Sa 8**:11, **11**:4, **1Ki 8**:64, **9**:3, 7, **2Ki 10**:20, **12**:18, **1Ch 15**:12, 14, **18**:11, **26**:26, 27, 28, **2Ch 2**:4, **7**:7, 16, 20, **15**:18, **26**:18, **29**:15, 17, 19, 33, 34, **30**:3, 8, 15, 17, 24, **31**:14, **35**:6, **36**:14, **Ezr 3**:5, **Neh 3**:1, **12**:47, **13**:22, **Job 1**:5, **Isa 5**:16, **8**:13, **13**:3, **29**:23, **30**:29, **65**:5, **66**:17, **Jer 1**:5, **6**:4, **12**:3, **17**:22, 24, 27, **22**:7, **51**:27, 28, **Eze 7**:24, **20**:12, 20, 41, **28**:22, 25, **36**:23, **37**:28, **38**:16, 23, **39**:27, **44**:24, **46**:20, **48**:11, **Joe 1**:14, **2**:15, 16, **3**:9, **Mic 3**:5, **Zep 1**:7, **Hag 2**:12

Hagiadzō ἁγιάζω *37*

♦Hagiasmos ἁγιασμός *38*

♣Hagnidzō ἁγνίζω *48*

†Hagnismos ἁγνισμός 49

‡Enekainisen ενεκαίνισεν *1457*

Mat 6:9, **23**:17, 19, **Luk 11**:2, **Joh 10**:36, ♣**11**:55, **17**:17, 19, **Act 20**:32, ♣**21**:24, ♣26†, ♣**24**:18, **26**:18, **Ro** ♦**6**:19, ♦22, **15**:16, **1Co 1**:2, ♦30, **6**:11, **7**:14, **Eph 5**:26, **1Th** ♦**4**:3, ♦4, ♦7, 5:23, **2Th**

♦2:13, **1Ti** ♦**2**:15, **4**:5, **2Ti** **2**:21, **Heb** **2**:11, **9**:13, ‡18, **10**:10, †20, 14, 29, ♦**12**:14, **13**:12, **Jas** ♣**4**:8, **1Pe** ♦**1**:2, ♣22, **3**:15, **1Jn** ♣**3**:3, **Rev** **22**:11

Mille’ מִלֵּא 4390

Consecrate

♦Millû’ מִלֻּא 4394 Consecration

[Also look under Qâdesh (Holiness) above]

Exd ♦**25**:7, **29**:9, ♦22, ♦26, ♦27, ♦31, ♦34, 35, **32**:29, ♦**35**:9, ♦27, **Lev** ♦**7**:37, ♦**8**:22, ♦28, ♦29, ♦31, **8**:33♦, **21**:10, **Nu** **3**:3, **Jdg** **17**:5, 12, **1Ch** ♦**29**:21, 5, **2Ch** **13**:9, **29**:31, **Eze** **43**:26

Bâdal בָּדַל /Hibdîl הִבְדִּיל 914

Separate, Divide (Has Separated)

Gen **1**:4, 6, 7, 14, 18, **Exd** **26**:33, **Lev** **1**:17, **5**:8, **10**:10, **11**:47, **20**:24, 25, 26, **Nu** **8**:14, **16**:9, 21, **Deu** **4**:41, **10**:8, **19**:2, 7, **29**:21, **1Ki** **8**:53, **1Ch** **12**:8, **23**:13, **25**:1, 10, **Ezr** **6**:21, **8**:24, **9**:1, **10**:8, 11, 16, **Neh** **9**:2, **10**:28, **13**:3, **Isa** **56**:3, **59**:2, **Eze** **22**:26, **39**:14, **42**:20

Tâhôr טָהֹר 2889

Pure, Clean

♦T^e^hôr טְהוֹר 2890

[Except *pure gold, clean (nimals)* for 2890]

Exd **30**:35, **37**:29, **Lev** **4**:12, **6**:11, **7**:19, **10**:10, 14, **11**:36, 37, 47, **13**:13, 17, 39, 40, 41, **14**:4, 57, **15**:8, **20**:25, **24**:4, 6, **Nu** **5**:28, **9**:13, **18**:11, 13, **19**:9, 18, 19, **Deu** **12**:15, 22, **15**:22, **23**:10, **1Sa** **20**:26, **2Ch** **30**:17, **Ezr** **6**:20, **Job** **14**:4, **Ps** **12**:6, **19**:9, **51**:10, **Pro** **15**:26, ♦**22**:11, **30**:12, **Ecc** **9**:2, **Isa** **66**:20, **Eze** **22**:26, **36**:25, **44**:23, **Hab** ♦**1**:13, **Zec** **3**:5, **Mal** **1**:11

Katharos καθαρός *2513*

Mat **5**:8, **23**:26, **27**:59, **Luk** **11**:41, **Joh** **13**:10, 11, **15**:3, **Act** **18**:6, **20**:26, **Ro** **14**:20, **1Ti** **1**:5, **3**:9, **2Ti** **1**:3, **2**:22, **Tit** **1**:15, **Heb** **10**:22, **Jas** **1**:27, **1Pe** **1**:22, **Rev** **15**:6, **19**:8, 14, **21**:18, 21

Tâher טָהֵר 2891

Purify

♦Tsâraph’ צָרַף /Tsrûphâh צְרוּפָה 6884

[Except of Tsâraph *founder, silversmith*]

Jdg **7**:4, **2Sa** ♦**22**:31, **2Ch** **29**:15, 16, 18, **34**:3, 5, 8, **Ezr** **6**:20, **Neh** **12**:30, **13**:9, 22, 30, **Job** **4**:17, **17**:9, **37**:21, **Ps** ♦**18**:30, ♦**119**:140, **Pro** **20**:9, ♦**25**:4, ♦**30**:5, **Isa** **66**:17, **Jer** **13**:27, **33**:8, **Eze** **22**:24, **24**:13, **43**:26

Katharidzō καθαρίζω *2511*

Purify, Cleanse

♦Katharismos καθαρισμός *2512*

♣Diakatharidzō διακαθαρίζω *1245*

†Ekatharē εκαθάρη *1571*

‡Katharotēs καθαρότης *2514*

Mat ♣**3**:12, **8**:2, 3, **10**:8, **11**:5, **23**:25, 26, **Mar** **1**:40, 41, 42, ♦44, **7**:19, **Luk** ♦**2**:22, ♣**3**:17, **4**:27, **5**:12, 13, ♦14, **7**:22, **11**:39, **17**:14, 17, **Joh** ♦**2**:6, ♦**3**:25, **Act** **10**:15, **11**:9, **15**:9, **1Co** †**5**:7, **2Co** **7**:1, **Eph** **5**:26, **2Ti** †**2**:21, **Tit** **2**:14, **Heb** ♦**1**:3, ‡**9**:13, 14, 22, 23, **10**:2, **Jas** **4**:8, **2Pe** ♦**1**:9, **1Jn** **1**:7, 9

Bârar בָּרַר 1305

Pure

♦Bar בַּר 1249

2Sa **22**:27, **1Ch** **7**:40, **9**:22, **16**:41, **Neh** **5**:18, **Job** ♦**11**:4, **33**:3, **Ps** **18**:26, ♦**19**:8, ♦**24**:4, ♦**73**:1, **Pro** ♦**14**:4, **Sng** ♦**6**:9, ♦10, **Ecc** **3**:18, **Isa** **49**:2, **52**:11, **Jer** **4**:11, **51**:11, **Eze** **20**:38, **Dan** **11**:35, **12**:10, **Zep** **3**:9

Bor בֹּר 1252

Cleanness

♦Bôr בֹּר 1253

♣Bôrît בֹּרִית 1287

†Nether נֶתֶר 5427

2Sa **22**:21, 25, **Job** ♦**9**:30, **22**:30, **Ps** **18**:20, 24, **Pro** †**25**:20, **Isa** **1**:25♦, **Jer** ♣**2**:22†, **Mal** ♣**3**:2

Zâqaq זָקַק 2212

Pure, Refine

♦N^e^qê' נָקָא 5343

1Ch **28**:18, **29**:4, **Job** **28**:1, **36**:27, **Ps** **12**:6, **Isa** **25**:6, **Dan** ♦**7**:9, **Mal** **3**:3

Amiantos άμίαντος *283*

Undefiled

♦Amarantos αμάραντος *263*

Heb **7**:26, **13**:4, **Jas** **1**:27, **1Pe** **1**:4♦

Akakos άκακος *172*

Harmless

♦Akeraios ακέραιος *185*

♣Athōos ἄθωος *121*

Mat ♦**10**:16, ♣**27**:4, ♣24**Ro 16**:18, ♦19, **Php** ♦**2**:15, **Heb 7**:26

Aspilos ἄσπιλος *784*

Unspotted

♦Aproskopos ἀπρόσκοπος *677* Without Offense

♣Anamartētos ἀναμάρτητος *361*

†Akatakritos ἀκατάκριτος *178* Uncondemned

‡Akatagnōstos ἀκατάγνωστος *176*

ΔAnantirrhētos ἀναντίρρητος *368*

+Anantirrhētōs ἀναντιρρήτως *369*

Joh ♣**8**:7, **Act** +**10**:29, †**16**:37, Δ**19**:36, †**22**:25, ♦**24**:16, **1Co** ♦**10**:32, **Php** ♦**1**:10, **1Ti 6**:14, **Tit** ‡**2**:8, **Jas 1**:27, **1Pe 1**:19, **2Pe 3**:14

Nâqâh נקה 5352

Guiltless

Gen 24:8, 41, **Exd 20**:7, **21**:19, **34**:7, **Nu 5**:19, 28, 31, **14**:18, **Deu 5**:11, **Jdg 15**:3, **1Sa 26**:9, **1Ki 2**:9, **Job 9**:28, **10**:14, **Ps 19**:12, 13, **Pro 6**:29, **11**:21, **16**:5, **17**:5, **19**:5, 9, **28**:20, **Isa 3**:26, **Jer 2**:35, **25**:29, **30**:11, **46**:28, **49**:12, **Joe 3**:21, **Nah 1**:3, **Zec 5**:3

Nâqîy נקי 5355

Free, Innocent

Gen 24:41, 44:10, Exd 21:28, 23:7, Nu 32:22, Deu 19:10, 13, 21:8, 9, 24:5, 27:25, Jos 2:17, 19, 20, 1Sa 19:5, 2Sa 3:28, 14:9, 1Ki 15:22, 2Ki 21:16, 24:4, Job 4:7, 9:23, 17:8, 22:19, 30, 27:17, Ps 10:8, 15:5, 24:4, 94:21, 106:38, Pro 1:11, 6:17, Isa 59:7, Jer 2:34, 7:6, 19:4, 22:3, 17, 26:15, Joe 3:19, Jon 1:14

Amōmos ἄμομος *299*

Blameless

♦Amemptos ἄμεμπτος *273*

♣Amōmētos αμωμητος *298*

†Amemtōs αμέμτως *274*

‡Akatagnōstos ακατάγνωστος *176*

ΔAnaitios ἀναίτιος *338*

+Anenklētos ἀνέγκλητος *410*

^Anepilēptos ἀνεπίληπτος *423*

>Apeleutheros ἀπελεύθερος *558*

Mat Δ**12**:5, Δ7, **Luk** ♦**1**:6, **Eph 1**:4, **5**:27, **1Co** +**1**:8, >**7**:22, **Php 2**:15♦, ♦**3**:6, **Col 1**:22+, **1Th** †**2**:10, ♦**3**:13, †**5**:23, **1Ti** ^**3**:2, +**3**:10, ^**5**:7, ^**6**:14, **Tit** +**1**:6, +7, ‡**2**:8, **Heb** ♦**8**:7, **9**:14, **1Pe 1**:19, **2Pe** ♣**3**:14, **Jud** 24, **Rev 14**:5

Ḥâlîylâh חלילה 2486

God Forbid

Gen 18:25, **44**:7, 17, **Jos 22**:29, **24**:16, **1Sa 2**:30, **12**:23, **14**:45, **20**:2, 9, **22**:15, **24**:6, **26**:11, **2Sa 20**:20, **23**:17, **2Ki 21**:3, **1Ch 11**:19, **Job 27**:5, **34**:10

Aretē αρέτη *703*

Praise, Virtue

Php 4:8, **1Pe 2**:9, **2Pe 1**:3, 5

Dektos δεκτός *1184*

Acceptable

♦Euprosdektos ευπρόσδεκτος *2144*

♣Apodektos απόδεκτος *587*

†Apodochē ἀποδοχή *594*

Luk 4:19, 24, **Act 10**:35, **Ro** ♦**15**:16, ♦31, **2Co 6**:2♦, ♦**8**:12, **Php 4**:18, **1Ti** †**1**:15, ♣**2**:3, †**4**:9, ♣**5**:4, **1Pe** ♦**2**:5

Euarestos ευάρεστος *2101*

Acceptable

♦Euaresteō ευαρεστέω *2100*

♣Euarestōs ευαρέστως *2102*

†Arestos αρεστος *701*

‡Euthetos ευθετος *2111*

Luk ‡**9**:62, ‡**14**:35, **Joh** †**8:29**, **Ro 12**:1, 2, **14**:18, **2Co 5**:9, 10, **Php 4**:18, **Col 3**:20, **Tit 2**:9, **Heb** ‡**6**:7, **13**:21, ♦**11**:5, ♦6, ♣**12**:28, ♦**13**:16, **1Jn** †**3**:22

Act †**6**:2, †**12**:3

Axiōs αξίως *516*

Worthy

♦Axioō αξιόω *515*

♣Axios άξιος *514*

†Kataxioō καταξιόω *2661*

[Only of Yehuwah for *514*]

Luk ♦**7**:7, †**20**:35, **Act** †**5**:41, ♦**15**:38, ♦**28**:22, **Ro 16**:2, **Eph 4**:1, **Php 1**:27, **Col 1**:10, **1Th 2**:12, **2Th** †**1**:5, ♦11, **1Ti** ♦**5**:17, **Heb** ♦**3**:3, ♦**10**:29, **3Jn** 6, **Rev 3**:4, ♣**4**:11, ♣**5**:2, ♣4, ♣9, ♣12, ♣**16**:6

Euschēmonos ευσχημόνος *2156*

Properly

♦Ennomos ένομος *1772*

Act ♦**19**:39, **Ro 13**:13, **1Co** ♦**9**:21, **14**:40, **1Th 4**:12

Anastrophē ἀναστροφή *391*

Conversation

♦Agōgē ἀγωγή *72*

Gal 1:13, **Eph 4**:22, **1Ti 4**:12, **2Ti** ♦**3**:10, **Heb 13**:7, **Jas 3**:13, **1Pe 1**:15, 18, **2**:12, **3**:2, 16, **2Pe 2**:7, **3**:11

Paradosis παράδοσις *3862*

Tradition

♦Patroparadotos πατροπαράδοτος *3970*

Mat 15:2, 3, 6, **Mar 7**:3, 5, 8, 9, 13, **1Co 11**:2, **Gal 1**:14, **Col 2**:8, **2Th 2**:15, **3**:6, **1Pe** ♦**1**:18

Tohorâh טהרה 2893

Cleansing

Lev 12:4, 5, 6, **13**:7, 35, **14**:2, 23, 32, **15**:13, **Nu 6**:9, **1Ch 23**:28, **2Ch 30**:19, **Neh 12**:45, **Eze 44**:26

Louō λούω *3068*

Wash

Joh 13:10, **Act 9**:37, **16**:33, **Heb 10**:22, **2Pe 2**:22

Exaleiphō εξαλειφω *1813*

Blot Out

Act 3:19, **Col 2**:14, **Rev 3**:5, **7**:17, **21**:4

Halas άλας *217*

Salt

♦Hals ἅλς *251*

♣Halisthēsetai αλιστήσεται *233* Salted

Mat 5:13♣, **Mar** ♦♣**9**:49, 50, **Luk 14**:34, **Col 4**:6

Bâḥan בחן 974

Try, Test

♦Bôḥan בחן 976

Gen 42:15, 16, **1Ch 29**:17, **Job 7**:18, **12**:11, **23**:10, **34**:3, 36, **Ps 7**:9, **11**:4, 5, **17**:3, **26**:2, **66**:10, **81**:7, **95**:9, **139**:23, **Pro** 17:3, **Isa** ♦**28**:16, **Jer 6**:27, **9**:7, **11**:20, **12**:3, **17**:10, **20**:12, **Eze 21**:13, **Zec 13**:9, **Mal 3**:10, 15

Dokimadzō δοκιμάζω *1381*

Prove, Discern, Try

♦Dokimē δοκιμή *1382*

♣Dokimos δόκιμος *1384*

†Dokimion δοκίμιον *1383*

Luk 12:56, **14**:19, **Ro 1**:28, **2**:18, ♦**5**:4, **12**:2, ♣**14**:18, 22, ♣**16**:10, **1Co 3**:13, ♣**11**:19, 28, **16**:3, **2Co** ♦**2**:9, ♦**8**:2, 8, 22, ♦**9**:13, ♣**10**:18, ♦**13**:3, ♣7, 5, **Gal 6**:4, **Eph 5**:10, **Php 1**:10, ♦**2**:22, **1Th 2**:4, 5:21, **1Ti 3**:10, **2Ti** ♣**2**:15, **Jas** †**1**:3, ♣12, **1Pe 1**:7†, **1Jn 4**:1

Kainos καινός *2537*

New

♦Kainotēs καινότης *2538*

Mat 9:17, **13**:52, **26**:29, **27**:60, **Mar 1**:27, **2**:21, 22, **14**:25, **16**:17, **Luk 5**:36, 38, **22**:20, **Joh 13**:34, **19**:41, **Act 17**:19, 21, **1Co 11**:25, **2Co 3**:6, **5**:17, **Gal 6**:15, **Eph 2**:15, **4**:24, **Heb 8**:8, 13, **9**:15, **2Pe 3**:13, **1Jn 2**:7, 8, **2Jn** 5, **Rev 2**:17, **3**:12, **5**:9, **14**:3, **21**:1, 2, 5

Metamellomai μεταμέλλομαι

3339 Transform

Mat 17:2, **Mar 9**:2, **Ro 12**:2, **2Co 3**:18

Summorphos συμμορπφός *4832*

Conformed

♦Ependuomai επενδύομαι *1902*

Ro 8:29, **2Co** ♦**5**:2, ♦4, **Php 3**:21

Baptidzō βαπτίζω *907*

Baptize

Mat 3:6, 11, 13, 14, 16, **28**:19, **Mar 1**:4, 5, 8, 9, **6**:14, 24, **7**:4, **10**:38, 39, **16**:16, **Luk 3**:7, 12, 16, 21, **7**:29, 30, **11**:38, **12**:50, **Joh 1**:25, 26, 28, 31, 33, **3**:22, 23, 26, **4**:1, 2, **10**:40, **Act 1**:5, **2**:38, 41, **8**:12, 13, 16, 36, 38, **9**:18, **10**:47, 48, **11**:16, **16**:15, 33, **18**:8, **19**:3, 4, 5, **22**:16, **Ro 6**:3, **1Co 1**:13, 14, 15, 16, 17, **10**:2, **12**:13, **15**:29, **Gal 3**:27

Gennēma γέννημα *1080*

Born

Ek Tou Theou Gegennētai/ Gegennēmenos εκ του θεου γεγέννηται/γεγεννημένος Born of God

♦Anegennaō ανεγεννάω *313*

[Only to be *born* of Yehuwah]

Joh 1:13, **3**:3, 4, 5, 6, 7, 8, **Act 13**:33, **1Co 4**:15, **Heb 1**:5, 5:5, **1Pe ♦1**:3, ♦23, **1Jn 2**:29, **3**:9, **4**:7, **5**:1, 4, 18

Huios υἱός *5207*

Son

♦Huiothesia υἱοθεσία *5206*

[Only of the believers (and evil-borne); for Son of God etc. go to p27]

Mat 5:9, 45, **7**:9, **8**:12, **9**:15, **13**:38, **17**:26, **Mar 2**:19, **Luk 5**:34, **6**:35, **11**:11, **15**:13, 19, 21, 24, 25, 30, **16**:8, **19**:9, **20**:36, **Joh 12**:36, **Act 4**:36, **Ro 8**:14, ♦15, 19, ♦23, ♦**9**:4, 26, **2Co 6**:18, **Gal 3**:7, 26, ♦**4**:5, **4**:6, 7, **Eph ♦1**:5, **1Th 5**:5, **Heb 2**:10, **12**:5, 6, 7, 8, **Rev 21**:7

Mar 3:28, **Joh 17**:12, **Luk 20**:34, **Eph 2**:2, **5**:6, **Col 3**:6, **2Th 2**:3

Teknon τέκνον *5043*

Children

[Only the *children* of Yehuwah]

Mat 3:9, **15**:26, **Mar 7**:27, **10**:24, **Luk 1**:17, **3**:8, **Joh 1**:12, **11**:52, **Ro 8**:16, 17, 21, **9**:7, 8, **1Co 4**:14, 17, **2Co 6**:13, **12**:14, **Gal 4**:19, 27, 28, **Eph 5**:1, 8, **6**:1, 4, **Php 2**:15, 22, **Col 3**:20, 21, **1Th 2**:7, 11, **1Ti 1**:2, 18, **3**:4, 12, 5:4, **2Ti 1**:2, **2**:1, **Tit 1**:4, 6, **Phm** 10, **1Pe 1**:14, **3**:6, **1Jn 3**:1, 2, 10, 5:2, **2Jn** 1, 4, 13, **3Jn** 4, **Rev 12**:4, 5

Gal 4:31, **Eph 2**:3, **2Pe 2**:14, **Rev 2**:23

Mûl מוּל 4135

Circumcise

♦Nâmal נמל 5243

[Except *destroy*, go to p167]

Gen 17:10, ♦11, 12, 13, 14, 23, 24, 25, 26, 27, **21**:4, **34**:15, 17, 22, 24, **Exd 12**:44, 48, **Lev 12**:3, **Deu 10**:16, **30**:6, **Jos 5**:2, 3, 4, 5, 7, 8, **Jer 4**:4, **9**:25

Peritomē περιτομή *4061*

♦Peritemnō περιτέμνω *4059*

Luk ♦1:59, ♦**2**:21, **Joh 7**:22♦, 23, **Act 7**:8♦, **10**:45, **11**:2, ♦**15**:1, ♦5, ♦24, ♦**16**:3, ♦**21**:21, **Ro 2**:25, 26, 27, 28, 29, **3**:1, 30, **4**:9, 10, 11, 12, **15**:8, **1Co ♦7**:18, 19, **Gal ♦2**:3, 7, 8, 9, 12, ♦**5**:2, ♦3, 6, 11, ♦**6**:12, ♦13, 15, **Eph 2**:11, **Php 3**:3, 5, **Col 2**:11♦, **3**:11, **4**:11, **Tit 1**:10

Yirâ’ ירא 3372

Fear

♦Yarê’ ירא 3373

[Only fear toward Yehuwah; for *awesome, fearful* of Yehuwah, go to Nôra’ on p34; for *not fear* go to Al-Tîra’ on p51, and for fear of men, Yira’ on p150]

Gen ♦22:12, **42**:18, **Exd 1**:17, 21, **3**:6, **9**:20, 30, **14**:31, **18**:21, **Lev 19**:14, 30, 32, **25**:17, 36, 43, **26**:2, **Nu 12**:8, **Deu 4**:10, **5**:5, 29, **6**:2, 13, 24, **8**:6, **10**:12, 20, **13**:4, 11, **14**:23, **17**:13, 19, **19**:20, **21**:21, ♦**25**:18, **28**:58, **31**:12, 13, **Jos 4**:24, **22**:25, **24**:14, **1Sa 12**:14, 18, 24, **2Sa 1**:14, **6**:9, **1Ki 8**:40, 43, ♦**18**:3, 12, **2Ki 4**:1, **17**:25, 28, 32, 33, 34, 36, 39, 41, **1Ch 13**:12, **16**:25, **2Ch 6**:31, 33, **Neh 1**:11, 7:2, **Job ♦1**:1, ♦8, 9, ♦**2**:3, **4**:6, **37**:24, **Ps ♦15**:4, ♦**22**:23, ♦25, ♦**25**:12, ♦14, ♦**31**:19, **33**:8, ♦18, ♦**34**:7, ♦9, **40**:3, **52**:6, **55**:19, ♦**60**:4, ♦**61**:5, **64**:9, **65**:8, ♦**66**:16, **67**:7, **72**:5, **76**:8, ♦**85**:9, **86**:11, **102**:15, ♦**103**:11, ♦13, ♦17, ♦**111**:5, **112**:1, ♦**115**:11, ♦13, ♦**118**:4, **119**:63, ♦74, ♦79, 120, ♦**128**:1, ♦4, **130**:4, ♦**135**:20, ♦**145**:19, ♦**147**:11, **Pro 3**:7, ♦**13**:13, ♦**14**:2, ♦16, **24**:21, ♦**31**:30, **Ecc 3**:14, **5**:7, ♦**7**:18, ♦**8**:13, 12, **12**:13, **Isa 25**:3, ♦**29**:13, ♦**50**:10, **57**:11, **59**:19, **Jer 3**:8, **5**:22, 24, **10**:7, ♦**26**:19, **32**:39, **44**:10, **Hos 10**:3, **Am 3**:8, **Jon ♦1**:9, ♦10, 16, **Mic 6**:9, **7**:17, **Hab 3**:2, **Zep 3**:7, **Hag 1**:12, **Zec 9**:5, **Mal 2**:5♣, **3**:5, 16, ♦**4**:2

Yir’âh יראה 3374

Fear

Gen 20:11, **Exd 20**:20, **Deu 2**:25, **2Sa 23**:3, **2Ch 19**:9, **Neh 5**:9, 15, **Job 6**:14, **15**:4, **22**:4, **28**:28, **Ps 2**:11, **5**:7, **19**:9, **34**:11, **55**:5, **90**:11, **111**:10, **119**:38, **Pro 1**:7, 29, **2**:5, **8**:13, **9**:10, **10**:27, **14**:26, 27, **15**:16, 33, **16**:6, **19**:23, **22**:4, **23**:17, **Isa 7**:25, ♦**8**:13, **11**:2, 3, **33**:6, **63**:17, **Jer 32**:40, **Eze 1**:18, **30**:13

Ḥâtat חתת 2865

Fear, Shake

♦‘Ârats ערץ 6206

[For *not fear* go to Al-Tîra’ on p51, and for fear of men, go to p150]

Job 7:14, **Ps ♦89**:7, **Isa ♦2**:19, ♦21, ♦**8**:13, ♦**29**:23, **30**:31, **31**:9

Phobos φόβος *5401*

♦Eulabeia ευλάβεια *2124*

♣Eulabeomai εύλαβεομαι *2125*

[For fear of men, go to Phobos on p150]

Mat14:26, **28**:4, 8, **Mar 4**:41, **Luk 1**:12, 65, **2**:9, **5**:26, **7**:16, **8**:37, **Act 2**:43, **5**:5, 11, **9**:31, **19**:17, **Ro 3**:18, **2Co 5**:11, **7**:1, 11, 15, **Eph 5**:21, **6**:5, **Php 2**:12, **1Ti** 5:20, **Heb ♦5**:7, **♣11**:7, **♦12**:28, **1Pe 1**:17, **3**:2, 15, **Jud** 23, **Rev 11**:11

Phobeō φοβέω *5399*

[For *not fear* go to Mē Phobou on p51, and fear of men, go to Phobeō on p150]

Mat 9:8, **27**:54, **Mar 4**:41, **5**:33, **10**:32, **11**:18, 50, **Luk 9**:34, **12**:5, **18**:2, 4, **23**:40, **Act 10**:2, 22, 35, **13**:16, 26, **Ro 11**:20, **Col 3**:22, **Heb 4**:1, **1Pe 2**:17, **Rev 11**:18, **14**:7, **15**:4, **19**:5

Semnos σεμνός *4586*

Reverent

♦Semnotēs σεμνότης *4587*

♣Theosebēs θεοσεβής *2318*

Joh ♣9:31, **Php 4**:8, **1Ti ♦2**:2, **♦3**:4, 8, 11, **Tit 2**:2, ♦7

Entrepō εντρέπω *1788*

Reverence

♦Theosebeia θεοσέβεια *2317*

♣Aidōs αἰδώς *127*

[For fear of trouble, go to p151]

Mat 21:37, **Mar 12**:6, **Luk 18**:2, 4, **20**:13, **1Ti ♣2**:9, ♦10, **Heb 12**:9, ♣28

Ḥîl חיל 2427

Fear, Tremble

[For *formed* go to Ḥûl on p75; for *pain* go to p155]

1Ch 16:30, **Job 35**:14, **Psa 37**:7, **77**:16, **96**:9, **97**:4, **114**:7, **La 3**:26

Pâḥad פחד 6342

Fear

[For *not fear* go to Al-Tîra' on p51, and fear of men, go to Yira' on p150]

Job 23:15, **Ps 14**:5, **53**:5, **119**:161, **Isa 19**:16, 17, **33**:14, 11, **Jer 33**:9, **36**:16, **Hos 3**:5, **Mic 7**:17

Râgaz רגז 7264

Be Afraid, Tremble, Move

[For fear of men, go to p151]

2Sa 22:8, **Job 9**:6, **1Sa 14**:15, **Ps 18**:7, **77**:16, 18, **99**:1, **Isa 5**:25, **13**:13, **23**:11, **28**:21, **64**:2, **Jer 33**:9, **50**:34, **Eze 16**:43, **Joe 2**:1, 10, **Am 8**:8, **Mic 7**:17, **Hab 3**:7, 16

Râʿash רעש 7493

Shake, Tremble

♦Râʿad רעד 7460

♣Raʿad רעד 7461

Exd ♣15:15, **Jdg 5**:4, **2Sa 22**:8, **Ezr ♦10**:9, **Job ♦4**:14, **39**:20, **Ps ♣2**:11, **18**:7, **46**:3, **♣48**:6, **♣55**:5, **60**:2, **68**:8, **72**:16, **77**:18, **♦104**:32, **Isa 13**:13, **14**:16, **24**:18, **♣33**:14, **Jer 4**:24, **8**:16, **10**:10, **49**:21, **50**:46, **51**:29, **Eze 26**:10, 15, **27**:28, **31**:16, **38**:20, **Dan ♦10**:11, **Joe 2**:10, **3**:16, **Am 9**:1, **Nah 1**:5, **Hag 2**:6, 7, 21

Ḥârad חרד 2729

Afraid, Tremble

♦Ḥârêd חרד 2730

♣Ḥarâdâh חרדה 2731

[For *none make afraid* go to Al-Tîra' on p51, and fear of men, go to p150]

Exd 19:16, 18, **Ezr ♦9**:4, **♦10**:3, **Isa 19**:16, **32**:11, **41**:5, **♦66**:2, ♦5, **Dan ♣10**:7, **Hos 11**:10, 11, **Zec 1**:21

Tromos τρόμος *5156*

♦Entromos ἐντρομος *1790*

Mar 16:8, **Act ♦7**:32, **♦16**:29, **1Co 2**:3, **2Co 7**:15, **Eph 6**:5, **Php 2**:12, **Heb ♦12**:21

Shâphâl שפל 8217

Humble, Lowly

[Except *lower* in Leviticus]

2Sa 6:22, **Job 5**:11, **Ps 138**:6, **Pro 16**:19, **29**:23, **Isa 57**:15, **Eze 17**:6, 14, 24, **21**:26, **29**:14, 15, **Mal 2**:9

Shâphêl שפל 8213/8214

Humble, Put Down

1Sa 2:7, **2Sa 22**:28, **Job 22**:29, **40**:11, **Ps 18**:27, **75**:7, **113**:6, **147**:6, **Pro 25**:7, **29**:23, **Isa 2**:9, 11, 12, 17, **5**:15, **10**:33, **13**:11, **25**:11, 12, **26**:5, **29**:4, **32**:19, **40**:4, **57**:9, **Jer 13**:18, **Eze 17**:24, **21**:26, **Dan 4**:37, **5**:19, 22, **7**:24

Kâna' כנא 3665

Humble, Subdue

Lev 26:41, **Deu 9**:3, **Jdg 3**:30, **4**:23, **8**:28, **11**:33, **1Sa 7**:13, **2Sa 8**:1, **1Ki 21**:29, **2Ki 22**:19, **1Ch 17**:10, **18**:1, **20**:4, **2Ch 7**:14, **12**:6, 7, 12, **2Ch 13**:18, **28**:19, **30**:11, **32**:26, **33**:12, 19, 23, **34**:27,

36:12, **Neh 9**:24, **Job 40**:12, **Ps 81**:14, **106**:42, **107**:12, **Isa 25**:5

ʽÂnâv ענו 6035

Meek, Humble

♦ʽÂnvâh ענוה 6037

♣ʽÂnâvâh ענוה 6038

Nu 12:3, **Job 24**:4, **Ps 9**:12, **10**:12, 17, ♦**18**:35, **22**:26, **25**:9, **34**:2, **37**:11, ♦**45**:4, **69**:32, **76**:9, **147**:6, **149**:4, **Pro 3**:34, **14**:21, ♣**15**:33, **16**:19, ♣**18**:12, ♣**22**:4, **11**:4, **Isa 29**:19, **32**:7, **61**:1, **Am 2**:7, **Zep 2**:3♣

Tapeinoō ταπιενόω *5013*

♦Tapeinos ταπιενός *5011*

♣Tapeinophrosunē ταπιενοφροσύνη *5012*

†Tapeinōsis ταπείνωσις *5014*

Mat ♦**11**:29, **18**:4, **23**:12, **Luk** †**1**:48; ♦52, **3**:5, **14**:11, **18**:14, **Act** †**8**:33; ♣**20**:19, **Ro** ♦**12**:16, **2Co** ♦**7**:6, ♦**10**:1, **11**:7, **12**:21, **Eph** ♣**4**:2, **Php** ♣**2**:3, 8, †**3**:21; **4**:12, **Col** ♣**2**:18, ♣23, ♣**3**:12, **Jas** ♦**1**:9, †10, ♦**4**:6, 10, **1Pe** ♦**5**:5♣, 6

Dakkâʼ דכא 1793

Contrite

Ps 34:18, **90**:3, **Isa 57**:15

Elachistos ελάχιστος *1646*

Least

♦Elachisterō ελαχιστοτέρω *1647*

Mat 2:6, **5**:19, **25**:40, 45, **Luk 12**:26, **16**:10, **19**:17, **1Co 4**:3, **6**:2, **15**:9, **Eph** ♦**3**:8, **Jas 3**:4

Elattō ελαττω *1642*

Decrease

Joh 3:30, **Heb 2**:7, 9

Engkrateia εγκράτεια *1466*

Self Control

♦Engkrateuomai εγκρατεύομαι *1467*

♣Engkratēs εγκρατής *1468*

Act24:25, **1Co** ♦**7**:9, ♦**9**:25, **Gal 5**:23, **Tit** ♣**1**:8, **2Pe 1**:6

Sōphroneō σωφρονέω *4993*

Sober(ly)

♦Sōphrōn σώφρων *4998*

♣Sōphrosunē σωφροσύνη *4997*

†Sōphronōs σωφρόνως *4996*

‡Sōphronidzō σωφρονίζω *4994*

ΔSōphronismos σωφρονισμός *4995*

+Nēphaleos νηφάλεος *3524*

Mar 5:15, **Luk 8**:35, **Act** ♣**26**:25, **Ro 12**:3, **2Co 5**:13, **1Ti** ♣**2**:9, ♣15, ♦**3**:2+, +11, **2Ti Δ1**:7, **Tit** ♦**1**:8, ♦**2**:2◊, ♦5, 6, †12, **1Pe 4**:7

X Ḥata

Sin, Iniquity, Evil, Idols, Judgment

Ḥâtâ’ חטא 2398

Sin, Purify

Gen 20:6, 9, **31**:39, **39**:9, **40**:1, **42**:22, **43**:9, **44**:32, **Exd 5**:16, **9**:27, 34, **10**:16, **20**:20, **23**:33, **29**:36, **32**:30, 31, 33, **Lev 4**:2, 3, 14, 22, 23, 27, 28, 35, **5**:1, 5, 6, 7, 10, 11, 13 , 15, 16, 17, **6**:2, 3, 4, 26, **8**:15, **9**:15, **14**:49, 52, **19**:22, **Nu 6**:11, **8**:21, **12**:11, **14**:40, **15**:27, 28, **16**:22, **19**:12, 13, 19, 20, **21**:7, **22**:34, **31**:19, 20, 23, **32**:23, **Deu 1**:41, **9**:16, 18, **19**:15, **20**:18, **24**:4, **Jos 7**:11, 20, **Jdg 10**:10, 15, **11**:27 , **20**:16, **1Sa 2**:25, 7:6, **12**:10, 23, **14**:33, 34, **15**:24, 30, **19**:4, 5, **24**:11, **26**:21, **2Sa 12**:13, **19**:20, **24**:10, 17, **1Ki 8**:31, 33, 35, 46, 47, 50, **14**:16, 22, **15**:26, 30, 34, **16**:2, 13, 19, 26, **18**:9, **21**:22, **22**:52, **2Ki 3**:3, **10**:29, 31, **13**:2, 6, 11, **14**:24, **15**:9, **17**:7, 21, **18**:14, **21**:11, 16, 17, **23**:15, **1Ch 21**:8, 17, **2Ch 6**:22, 24, 26, 36, 37, 39, **29**:24, **Neh 1**:6, **6**:13, **9**:29, **13**:26, **Job 1**:5, 22, **2**:10, **5**:24, **7**:20, **8**:4, **10**:14, **24**:19, **31**:30, **33**:27, **35**:6, **41**:25, **Ps 4**:4, **39**:1, **41**:4, **51**:4, 7, **78**:17, 32, **106**:6, **119**:11, **Pro 8**:36, **11**:31, **13**:22, **14**:21, **19**:2, **20**:2, **Ecc 2**:26, 5:6, **7**:20, 26, **8**:12, **9**:2, 18, **Isa 1**:4, **29**:21, **42**:24, **43**:27, **64**:5, **65**:20, **Jer 2**:35, **3**:25, **8**:14, **14**:7, 20, **16**:10, **32**:35, **33**:8, **37**:18, **40**:3, **44**:23, **50**:7, 14, **La 1**:8, **5**:7, 16, **Eze 3**:21, **14**:13, **16**:51, **18**:4, 20, 24, **28**:16, **33**:12, 16, **37**:23, **43**:20, 22, 23, **45**:18, **Dan 9**:5, 8, 11, 15, **Hos 4**:7, **8**:11, **10**:9, **13**:2, **Mic** 7:9, **Hab 2**:10, **Zep 1**:17

Ḥatâ’âh חטאה /Ḥattô’t חטואת 2403

Sin(s), Punishment

♦Ḥatâ’âh חטאה 2401

♣Ḥaṭîy חטי 2408

{†‘Âwôn עון 5771 Iniquity

‡Pesha’ פשׁא 6588 Transgression}

[Except *sin offering.* go to p201]

Gen 4:7, **18**:20, ♦**20**:9, **31**:36, **50**:17, **Exd 10**:17, ♦**32**:21, 30♦, ♦31, 32, 34, **34**:7†‡†, 9†, **Lev 4**:3, 8, 14, 23, 26, 28, 35, **5**:6, 10, 11, 13 , **9**:15, **10**:17, **16**:16, 21†‡, 30, 34, **19**:22, **26**:18, 21, 24, 28, **Nu** 5:6, 7, **12**:11, **15**:25, 27, **16**:26, **19**:9, 17, **32**:23, **Deu 9**:18, 21, 27, **19**:15†, **Jos 24**:19‡, **1Sa 2**:17, **12**:19, **14**:38, **15**:23, 25, **20**:1†, **2Sa 12**:13, **1Ki 8**:34, 35, 36, **12**:30, **13**:34, **14**:16, 22, **15**:3, 26, 30, 34, **16**:2, 13, 19, 26, 31, **2Ki 3**:3, **10**:31, **13**:2, 6, 11, **14**:24, **15**:9, 18, 24, ♦**17**:21, 22, **21**:16, 17, **24**:3, **2Ch 6**:25, 26, 27, **7**:14, **28**:13, **33**:19, **Neh 1**:6, **4**:5†, **9**:2†, 37, **Job 10**:6†, **13**:23†‡, **14**:16, **34**:37, **35**:3, **Ps 25**:7‡, 18, ♦**32**:1, 5†‡†, **38**:3, 18†, ♦**40**:6, **51**:2†, 3‡, **59**:3‡, 12, **79**:9, **85**:2†, ♦**109**:7, 14†, **Pro 5**:22†, **10**:16, **13**:6, **14**:34, **20**:9, **21**:4, **24**:9, **Isa 3**:9, **5**:18†, **6**:7†, **27**:9†, **30**:1, **40**:2†, **43**:24†, 25‡, **44**:22‡, **58**:1‡, **59**:2†, 12‡‡†, **Jer** 5:25†, **14**:10†, **15**:13, **16**:10†, 18†, **17**:1, 3, **18**:23†, **30**:14†, 15†, **31**:34†, **36**:3†, **50**:20†, **La 4**:6†, 13†, 22††, **Eze 3**:20, **16**:51, 52, **18**:14, 21, 24, **33**:10‡, 14, 16, **Dan** ♣**4**:27, **9**:20, 24‡†, **Hos 4**:8†, **8**:13†, **9**:9†, **10**:8, **13**:12†, **Am 5**:12‡, **Mic 1**:5‡‡, 13‡, **3**:8‡, **6**:7‡, 13, **7**:19†, **Zec 13**:1, **14**:19

Gen Exd 2KiPs ♦**109**:7

Hamartia αμάρτια *266*

♦Hamartēma αμάρτημα *265*

Mat 1:21, **3**:6, **9**:2, 5, 6, **12**:31, **26**:28, **Mar 1**:4, 5, **2**:5, 7, 9, 10, ♦**3**:28, ♦**29**, **Luk 1**:77, **3**:3, **5**:20, 21, 23, 24, **7**:47, 48, 49, **11**:4, **24**:47, **Joh 1**:29, **8**:21, 24, 34, 46, **9**:34, 41, **15**:22, 24, **16**:8, 9, **19**:11, **20**:23, **Act 2**:38, **3**:19, **5**:31, **7**:60, **10**:43, **13**:38, **22**:16, **26**:18, **Ro 3**:9, 20, ♦**25**, **4**:7, 8, **5**:12, 13, 20, 21, **6**:1, 2, 6, 7, 10, 11, 12, 13, 14, 16, 17, 18, 20, 22, 23, **7**:5, 7, 8, 9, 11, 13, 14, 17, 20, 23, 25, **8**:2, 3, 10, **11**:27, **14**:23, **1Co** ♦**6**:18, **15**:3, 17, 56, **2Co 5**:21, **11**:7, **Gal 1**:4, **2**:17, **3**:22, **Eph 2**:1, **Col 1**:14, **1Th 2**:16, **1Ti 5**:22, 24, **2Ti 3**:6, **Heb 1**:3, **2**:17, **3**:13, **4**:15, **5**:1, 3, **7**:27, **8**:12, **9**:26, 28, **10**:2, 3, 4, 6, 8, 11, 12, 17, 18, 26, **11**:25, **12**:1, 4, **13**:11, **Jas**

1:15, **2**:9, **4**:17, **5**:15, 16, 20, **1Pe 2**:22, 24, **3**:18, **4**:1, 8, **2Pe 1**:9, **2**:14, **1Jn 1**:7, 8, 9, **2**:2, 12, **3**:4, 5, 8, 9, **4**:10, **5**:16, 17, **Rev 1**:5, **18**:4, 5

Ḥêt חט 2399

Sin

{♦Yisâ' ישׂא 5375 Bear}

Gen 41:9, **Lev 19**:17♦, **20**:20♦, **22**:9♦, **24**:15♦, **Nu 9**:13♦, **18**:22♦, 32♦, **27**:3, **Deu 15**:9, **19**:15, **21**:22, **22**:26, **23**:21, 22, **24**:15, 16, **2Ki 10**:29, **12**:16, **14**:6, **2Ch 25**:4, **Ps 51**:5, 9, **103**:10, **Ecc 10**:4, **Isa 1**:18, **31**:7, **38**:17, **53**:12, **La 1**:8, **3**:39, **Eze 23**:49, **Dan 9**:16, **Hos 12**:8

Hamartanō αμαρτάνω *264*

♦Agnoēma ἀγνόημα *51*

♣Apoplanaō ἀποπλανάω *635*

Mat 18:15, 21, **27**:4, **Mar ♣13**:22, **Luk 15**:18, 21, **17**:3, 4, **Joh 5**:14, **8**:11, **9**:2, 3, **Act 25**:8, **Ro 2**:12, **3**:23, **5**:12, 14, 16, **6**:15, 18, **1Co 7**:28, 36, **8**:12, **15**:34, **Eph 4**:26, **1Ti 5**:20, **♣6**:10, **Tit 3**:11, **Heb 3**:17, **♦9**:7, **10**:26, **1Pe 2**:20, **2Pe 2**:4, **1Jn 1**:10, **2**:1, **3**:6, 8, 9, **5**:16, 18

Ḥattâ חטא 2400

Sinner

Gen 13:13, **Nu 16**:38, **32**:14, **1Sa 15**:18, **1Ki 1**:21, **Ps 1**:1, 5, **25**:8, **26**:9, **51**:13, **104**:35, **Pro 1**:10, **13**:21, **23**:17, **Isa 1**:28, **13**:9, **33**:14, **Am 9**:10

Ḥâmêts חמץ 2557

Leaven, Leavened Bread

♦S^e'ôr שׂאר 7603

Exd 12:15♦, ♦19, **13**:3, **7**♦, **23**:18, **34**:25, **Lev 2**:11♦, **6**:17, **7**:13, **23**:17, **Deu 16**:3, ♦4, **Am 4**:5

Zumē ζύμη 2219

Mat 13:33, **16**:6, 11, 12, **Mar 8**:15, **Luk 12**:1, **13**:21, **1Co 5**:6, 7, 8, **Gal 5**:9

Pâsha' פשׁא 6586

Offend, Transgress, Rebel

1Ki 8:50, **12**:19, **2Ki 1**:1, **3**:5, 7, **8**:20, 22, **2Ch 10**:19, **21**:8, 10, **Ezr 10**:13, **Ps 37**:38, **51**:13, **Pro 18**:19, **28**:21, **Isa 1**:2, 28, **43**:27, **46**:8, **48**:8, **53**:12, **59**:13, **66**:24, **Jer 2**:8, 29, **3**:13, **33**:8, **La 3**:42, **Eze 2**:3, **18**:31, **20**:38, **Dan 8**:23, **Hos 7**:13, **8**:1, **14**:9, **Am 4**:4, **Zep 3**:11

Tâ'âh תעה 8582

Go Astray, Wander, Err

Gen 20:13, **21**:14, **37**:15, **Exd 23**:4, **2Ki 21**:9, **2Ch 33**:9, **Job 12**:24, 25, **15**:31, **38**:41, **Ps 58**:3, **95**:10, **107**:4, 40, **119**:110, 176, **Pro 7**:25, **10**:17, **12**:26, **14**:22, **21**:16, **Is 3**:12, **9**:16, **16**:8, **19**:13, 14, **21**:4, **28**:7, **29**:24, **30**:28, **35**:8, **47**:15, **53**:6, **63**:17, **Jer 23**:13, 32, **42**:20, **50**:6, **Eze 14**:11, **44**:10, 15, **48**:11, **Ho 4**:12, **Am 2**:4, **Mic 3**:5

Pesha' פשׁא 6588

Trangression, Trespass

{♦'Âwôn עון 5771 Iniquity}

[Also look under Ḥatâ'âh above]

Gen 31:36, **50**:17, **Exd 22**:9, **23**:21, **Lev 16**:16, **Nu 14**:18♦♦, **1Sa 24**:11, **25**:28, **1Ki 8**:50, **Job 7**:21♦, **8**:4, **14**:17♦, **31**:33♦, **33**:9♦, **34**:6, 37, **35**:6, **36**:9, **Ps 5**:10, **19**:13, **32**:1, **36**:1, **39**:8, **51**:1, **65**:3♦, **89**:32♦, **103**:12, **107**:17♦, **Pro 10**:12, **12**:13, **17**:9, 19, **19**:11, **28**:2, 13, 24, **29**:6, 16, 22, **Isa 24**:20, **50**:1♦, **53**:5♦, 8, **57**:4, **59**:20, **Jer 5**:6, **La 1**:5, 14, 22, **Eze 14**:11 , **18**:22, 28, 30♦, 31, **21**:24♦, **33**:12, **37**:23, **39**:24, **Dan 8**:12, 13, **Am 1**:3, 6, 9, 11, 13, **2**:1, 4, 6, **3**:14, **Mic 7**:18♦

Âsham אשׁם 816

Trespass, Guilty

♦Âshâm אשׁם 817

[Except *desolate* for 816; for *trespass offering, trespass money* for 817, go to p201]

Gen ♦26:10, **Lev 4**:13, 22, 27, **5**:2, 3, 4, 5, ♦7, 17, 19, **6**:4, **Nu 5**:6, 7♦, ♦8, **Jdg 21**:22, **2Ch 19**:10, **Ps ♦68**:21, **Pro ♦14**:9, **30**:10, **Isa ♦53**:10, **Jer 2**:3, **50**:7, **♦51**:5, **Eze 22**:4, **25**:12, **Hos 4**:15, **5**:15, **10**:2, **13**:1, **Hab 1**:11, **Zec 11**:5

'Âvar עבר 5674

Transgress

♦Vâzâr וזר 2054

[Except *pass over* (the Jordan etc.), *pass through, passed*]

Nu 14:41, **Deu 17**:2, **26**:13, **Jos 7**:11, 15, **23**:16, **Jdg 2**:20, **1Sa 2**:24, **15**:24, **2Ki 18**:12, **2Ch 24**:20 , **Est 3**:3, **Ps 17**:3, **Pro ♦21**:8, **26**:10, **Isa 24**:5, **Jer 2**:20, **34**:18, **Dan 9**:11, **Hos 6**:7, **8**:1

Bâgad בגד 898

Treacherous, Transgress

Exd 21:8, **Jdg 9**:23, **1Sa 14**:33, **Job 6**:15, **Ps 25**:3, **59**:5, **73**:15, **78**:57, **119**:158, **Pro 2**:22, **11**:3, 6,

13:2, 15, **21**:18, **22**:12, **23**:28, **25**:19, **Isa** **21**:2, **24**:16, **33**:1, **48**:8, **Jer** **3**:8, 11, 20, **5**:11, **9**:2, **12**:1, 6, **La** **1**:2, **Hos** **5**:7, **6**:7, **Hab** **1**:13, **2**:5, **Mal** **2**:10, 11, 14, 15, 16

Parabainō παραβαίνω *3845*

♦Parabasis παράβασις *3847*

♣Parabatēs παραβάτης *3848*

†Astocheō ἀστοχέω *795*

Mat **15**:2, 3, **Act** **1**:25, **Ro** ♦**2**:23, ♣25, ♣27, ♦**4**:15, ♦**5**:14, **Gal** ♣**2**:18, ♦**3**:19, **1Ti** †**1**:6, ♦**2**:14, †**6**:21, **2Ti** †**2**:18, **Heb** ♦**2**:2, ♦**9**:15, **Jas** ♣**2**:9, ♣11

Âwen און 205

Iniquity, Wickedness

♦Tôʻâh תועה 8442

Nu **23**:21, **Deu** **26**:14, **1Sa** **15**:23, **Job** **4**:8, **5**:6, **11**:11, 14, **15**:35, **21**:19, **22**:15, **31**:3, **34**:8, 22, 36, **36**:10, 21, **Ps** **5**:5, **6**:8, **7**:14, **10**:7, **14**:4, **28**:3, **36**:3, 4, 12, **41**:6, **53**:4, **55**:3, 10, **56**:7, **59**:2, 5, **64**:2, **66**:18, **90**:10, **92**:7, 9, **94**:4, 16, 23, **101**:8, **119**:133, **125**:5, **141**:4, 9, **Pro** **6**:12, 18, **10**:29, **11**:7, **12**:21, **17**:4, **19**:28, **21**:15, **22**:8, **30**:20, **Isa** **1**:13, **10**:1, **29**:20, **31**:2, **32**:6♦, **41**:29, **55**:7, **58**:9, **59**:4, 6, 7, **66**:3, **Jer** **4**:14, 15, **Eze** **11**:2, **Hos** **6**:8, **9**:4, **10**:8, **12**:11, **Am** **5**:5, **Mic** **2**:1, **Hab** **1**:3, **3**:7, **Zec** **10**:2

ʻÂwôn עון /ʻAwônôtêy עונותי

5771 Iniquity(ies)

{♦Yisâ' ישׂא 5375 Bear}

[Also look under Ḥatâ'âh (Sin) on p130 and Pesha' (Transgression) on p131]

Gen **4**:13♦, **15**:16, **19**:15, **44**:16, **Exd** **20**:5, **28**:38♦, 43, **Lev** **5**:1♦, 17♦, **7**:18♦, **10**:17♦, **16**:22♦, **17**:16♦, **18**:25, **19**:8♦, **20**:17♦, 19♦, **22**:16♦, **26**:39, 40, 41, 43, **Nu** **5**:15, 31♦, **14**:19, 34♦, **15**:31, **18**:1♦♦, 23♦, **30**:15♦, **Deu** **5**:9, **Jos** **22**:17, 20 , **1Sa** **3**:13, 14, **20**:8, **25**:24, **28**:10, **2Sa** **3**:8, **14**:9, 32, **19**:19♦, **22**:24, **24**:10, **1Ki** **17**:18, **2Ki** **7**:9, **1Ch** **21**:8, **Ezr** **9**:6, 7, 13, **Job** **10**:14, **11**:6, **13**:26, **15**:5, **19**:29, **20**:27, **22**:5, **31**:11, 28, **Ps** **18**:23, **25**:11, **31**:10, **32**:2, **36**:2, **38**:4, **39**:11, **40**:12, **49**:5, **51**:5, 9, **59**:4, **65**:3, **69**:27, **78**:38, **79**:8, **90**:8, **103**:3, 10, 43, **107**:17, **130**:3, 8, **Pro** **16**:6, **Isa** **1**:4, **13**:11, **14**:21, **22**:14, **26**:21, **30**:13, **33**:24, **50**:1, **53**:5, 6, 11♦, **57**:17, **59**:3, **64**:6, 7, 9, **65**:7, **Jer** **2**:22, **3**:13, **11**:10, **13**:22, **14**:7, 20, **16**:17, **25**:12, **31**:30, **32**:18, **33**:8, **36**:31, **51**:6, **La** **2**:14, **5**:7♦, **Eze** **3**:18, 19, **4**:4♦, 5♦, 6♦, 17, **7**:13, 16, 19, **9**:9, **14**:3, 4, 7, 10♦, **16**:49, **18**:17, 18, 19♦, 20♦♦, **21**:23, 25, 29, **24**:23, **28**:18, **29**:16, **32**:27, **33**:6, 8, 9, **35**:5, **36**:31, 33, **39**:23, **43**:10, **44**:10♦, 12♦, **Dan** **9**:13, 16, **Hos** **5**:5, **7**:1, **9**:7, **12**:8, **14**:1, 2, **Am** **3**:2, **Zec** **3**:4, 9, **Mal** **2**:6

ʻÂwâh עוה 5753

1Sa 20:30, **2Sa 7**:14, **19**:19, **24**:17, **1Ki 8**:47, **2Ch 6**:37, **Est 1**:16, **Job 33**:27, **Ps 38**:6, **106**:6, **Pro 12**:8, **Isa 21**:3, **24**:1, **Jer 3**:21, **9**:5, **La 3**:9, **Dan 9**:5

ʻÂmâl עמל 5999

Iniquity, Mischief, Trouble

♦Hâtat החת 2050

[Except *labor*, *toil* in Ecclesiastes]

Gen **41**:51, **Nu** **23**:21, **Deu** **26**:7, **Jdg** **10**:16, **Job** **3**:10, **4**:8, **5**:6, 7, **7**:3, **11**:16, **15**:35, **16**:2, **Ps** **7**:14, 16, **10**:7, 14, **25**:18, **55**:10, ♦**62**:3, **73**:5, 16, **90**:10, **94**:20, **105**:44, **107**:12, **140**:9, **Pro** **24**:2, **31**:7, **Isa** **10**:1, **53**:11, **59**:4, **Jer** **20**:18, **Hab** **1**:3, 13

Anomia ανομία *458*

♦Paranomia παρανομία *3892*

Mat **7**:23, **13**:41, **23**:28, **24**:12, **Ro** **4**:7, **6**:19, **2Co** **6**:14, **2Th** **2**:3, 7, 14, **Heb** **1**:9, **10**:17, **2Pe** ♦**2**:16, **1Jn** **3**:4

Adikia αδικία *93*

♦Adikēma αδίκημα *92*

♣Aition αἴτιον *158*

Luk **13**:27, **16**:8, 9, **18**:6, ♣**23**:4, ♣14, ♣22, **Joh** **7**:18, **Act** **1**:18, **8**:23, ♦**18**:14, ♦**24**:20, **Ro** **1**:18, 29, **2**:8, **3**:5, **6**:13, **9**:14, **1Co** **13**:6, **2Co** **12**:13, **2Th** **2**:10, 12, 19, **Heb** **8**:12, **Jas** **3**:6, **2Pe** **2**:13, 15, **1Jn** **1**:9, **5**:17, **Rev** ♦**18**:5

Adikeō αδικέω *91*

Mat **20**:13, **Luk** **10**:19, **Act** **7**:24, 26, 27, **25**:10, 11, **1Co** **6**:7, 8, **2Co** **7**:2, 12, **Gal** **4**:12, **Col** **3**:25, **Phm** 18, **2Pe** **2**:13, **Rev** **2**:11, **6**:6, **7**:2, 3, **9**:4, 10, 19, **11**:5, **22**:11

Parakoēs παρακοης *3876*

Disobedience

♦Parakouō παρακούω 3878

Mat ♦**18**:17, **Ro** **5**:19, **2Co** **10**:6, **Heb** **2**:2

Râshâʻ רשׁע 7563

Ungodly, Wicked

Deu **9**:27, **1Sa** **24**:13, **Job** **34**:8, 10, **35**:8, **Ps** **5**:4, **10**:15, **45**:7, **84**:10, **125**:3, **141**:4, **Pro** **4**:17, **8**:7,

10:2, **12**:3, **16**:12, **Ecc 3**:16, **7**:25, **8**:8, **Isa 58**:4, 6, **Jer 14**:20, **Eze 3**:19, **7**:11, **31**:11, **33**:12, **Hos 10**:13, **Mic 6**:10, 11

Asebēs ασεβής *765*

♦Asebeia ασέβεια *763*

♣Asebeō ασεβέω *764*

†Áthesmos ἄθεσμος *113*

‡Atopos ἄτοπος *824*

Luk ‡**23**:41, **Act** ‡**28**:6, **Ro** ♦**1**:18, **4**:5, **5**:6, ♦**11**:26, **2Th** ‡**3**:2, **1Ti 1**:9, **2Ti** ♦**2**:16, **Tit** ♦**2**:12, **1Pe 4**:18, **2Pe 2**:5,†7, †**3**:13, 6, **3**:7, **Jud** 4, 15♦♣, ♦18

Râshaʿ רָשָׁע 7561

Wicked, Wickedly

♦Mirshaʿat מִרְשַׁעַת 4849

♣Pᵉthaltôl פְּתַלְתֹּל 6618

Exd 22:9, **Deu 25**:1, ♣**32**:5, **1Sa 14**:47, **24**:13, **2Sa 22**:22, **1Ki 8**:32, 47, **2Ch 6**:37, **20**:35, **22**:3, ♦**24**:7, **Neh 9**:33, **Job 9**:20, 29, **10**:2, 7, 15, **15**:6, **32**:3, **34**:12, 17, 29, **40**:8, 21, **Ps 37**:33, **94**:21, **106**:6, **Pro 12**:2, **17**:15, **Ecc 7**:17, **Isa 50**:9, **54**:17, **Dan 9**:5, 15, **11**:32, **12**:10

Reshâʿ רֶשַׁע 7562

Wickedness

Deu 9:27, **1Sa 24**:13, **Job 34**:8, 10, **35**:8, **Ps 5**:4, **10**:15, **45**:7, **84**:10, **125**:3, **141**:4, **Pro 4**:17, **8**:7, **10**:2, **12**:3, **16**:12, **Ecc 3**:16, **7**:25, **8**:8, **Isa 58**:4, 6, **Jer 14**:20, **Eze 3**:19, **7**:11, **31**:11, **33**:12, **Hos 10**:13, **Mic 6**:10, 11

Havâh הַוָּה 1942

Wickedness, Calamity

Job 6:2, 30, **30**:13, **Ps 5**:9, **38**:12, **52**:2, 7, **55**:11, **57**:1, **91**:3, **94**:20, **Pro 10**:3, **11**:6, **17**:4, **19**:13, **Mic 7**:3

Mâʿal מעל 4603

Tresspass, Wicked

♦Maʿal מַעַל 4604 Wickedness

Gen 18:23, 25, **Exd 2**:13, **9**:27, **23**:1, 7, **Nu 16**:26, **35**:31, **Deu** ♦**9**:**4**, ♦**5**, **25**:1, 2♦, **1Sa 2**:9, **2Sa 4**:11, **1Ki 8**:32, **2Ch 6**:23, **19**:2, **Job 3**:17, **8**:22, **9**:22, 24, **10**:3, **11**:20, **15**:20, **16**:11, **18**:5, **20**:5, 29, **21**:7, 16, 17, 28, **22**:18, **24**:6, **27**:7, 13, **34**:18, 26, **36**:6, 17, **38**:13, 15, **40**:12, **Ps 1**:1, 4, 5, 6, **3**:7, **7**:9, **9**:5, 16, 17, **10**:2, 3, 4, 13, 15, **11**:2, 5, 6, **12**:8, **17**:9, 13, **26**:5, **28**:3, **31**:17, **32**:10, **34**:21, **36**:1, 11, **37**:10, 12, 14, 16, 17, 20, 21, 28, 32, 34, 35, 38, 40, **39**:1, **50**:16, **55**:3, **58**:3, 10, **68**:2, **71**:4, **73**:3, 12, **75**:4, 8, 10, **82**:2, 4, **91**:8, **92**:7, **94**:3, 13, **97**:10, **101**:8, **104**:35, **106**:18, **109**:2, 6, 7, **112**:10, **119**:53, 61, 95, 110, 119, 155, **129**:4, **139**:19, **140**:4, 8, **141**:10, **145**:20, **146**:9, **147**:6, **Pro 2**:22, **3**:25, 33, **4**:14, 19, **5**:22, **9**:7, **10**:3, 6, 7, 11, 16, 20, 24, 25, 27, 28, 30, 32, **11**:5♦, 7, 8, 10, 11, 18, 23, 31, **12**:5, 6, 7, 10, 12, 21, 26, **13**:5, ♦6, 9, 17, 25, **14**:11, 19, 32, **15**:6, 8, 9, 28, 29, **16**:4, **17**:15, 23, **18**:3, 5, **19**:28, **20**:26, **21**:4, 7, 10, 12, 18, 27, 29, **24**:15, 16, 19, 20, 24, **25**:5, 26, **28**:1, 4, 12, 15, 28, **29**:2, 7, 12, 16, 27, **Ecc 3**:17, **7**:15, **8**:10, 13, 14, **9**:2, **Isa 3**:11, **5**:23, ♦**9**:18, **11**:4, **13**:11, **14**:5, **26**:10, **48**:22, **53**:9, **55**:7, **57**:20, 21, **Jer 5**:26, **12**:1, **23**:19, **25**:31, **30**:23, **Eze 3**:18, 19, ♦**5**:6, **7**:21, **13**:22, **18**:20♦, 21, 23, 24, 27♦, **21**:3, 4, 25, 29, **33**:8, 9, 11, 12♦, 14, 15, 19♦, **Dan 12**:10, **Mic 6**:10, **Hab 1**:4, 13, **3**:13, **Zep 1**:3, **Zec** ♦**5**:8, **Mal** ♦**1**:4, ♦**3**:15, 18, ♦**4**:1, 3

Belîyaʿal בְּלִיַּעַל 1100

Belial, Wicked

◊Benêy Belîyaʿal בְּנֵי־בְלִיַּעַל 1121/1100

Sons Of Belial

Deu 13:13◊, **15**:9, **Jdg 19**:22◊, **20**:13◊, **1Sa 1**:16◊, **2**:12◊, **10**:27◊, **25**:17◊, 25◊, **30**:22◊, **2Sa 16**:7◊, **20**:1◊, **22**:5, **23**:6◊, **1Ki 21**:10◊, 13◊, **2Ch 13**:7◊, **Job 34**:18, **Ps 18**:4, **41**:8, **101**:3, **Pro 6**:12, **16**:27, **19**:28, **Nah 1**:11, 15

Bebēlos βέβηλος *952*

♦Bebēloō βεβηλόω *953*

♣Belial Βελίαλ *955*

Mat ♦**12**:5, **Act** ♦**24**:6, **2Co** ♣**6**:15, **1Ti 1**:9, **4**:7, **6**:20; **2Ti 2**:16, **Heb 12**:16

Akrobustia ἀκροβυστία *203*

Uncircumcision

♦Aperitmētos ἀπερίτμητος *564*

Act ♦**7**:51, **11**:3, **Ro 2**:25, 26, 27, **3**:30, **4**:9, 10, 11, 12, **1Co 7**:18, 19, **Gal 2**:7, **5**:6, **6**:15, **Eph 2**:11, **Col 2**:13, **3**:11

ʿIqqêsh עִקֵּשׁ 6141

Devious

♦ʿIqqᵉshût עִקְּשׁוּת 6143

Deu 32:**5**, **2Sa 22**:**27**, **Ps 18**:**26**, **Ps 101**:4, **Pro 2**:15, ♦**4**:**24**, ♦**6**:12, **Pro 8**:8, **Pro 11**:20, **Pro 17**:20, **Pro 19**:1, **Pro 22**:5, **Pro 28**:6

Pâthal פתל 6617

Shrewd

♦P^e^thaltôl פתלתל 6618

Gen 30:8, **Deu** ♦**32**:5, **2Sa 22**:27, **Job 5**:13, **Ps 18**:26, **Pro 8**:8

Zimmâh זמה 2154

Wickedness, Lewdness

♦Nablût נבלות 5040

Lev 18:17, **19**:29, **20**:14, **Jdg 20**:6, **Job 17**:11, **31**:11, **Ps 26**:10, **119**:150, **Pro 10**:23, **21**:27, **24**:9, **Isa 32**:7, **Jer 13**:27, **Eze 16**:27, **43**, 58, **22**:9, 11, **Eze 23**:21, 27, 29, 35, 44, 48, 49, **24**:13, **Hos** ♦**2**:10, **6**:9

Paraptōma παράπτωμα *3900*

Mat 6:14, 15, **Mar 11**:25, **Ro 4**:25, **5**:15, 16, 17, 18, 20, **11**:11, 12, **2Co 5**:19, **Gal 6**:1, **Eph 1**:7, **2**:1, 5, **Col 2**:13

Anomos ἀνομος *459*

♦Aneleēmōn ἀνελεήμων *415*

♣Anupotaktos ἀνυπότακτος *506*

†Anapologētos ἀναπολόγητος *379*

‡Akataschetos ἀκατάσχετος *183*

Luk 22:37, **Act 2**:23, **Ro** †**1**:20, ♦31, †**2**:1, **1Co 9**:21, **2Th 2**:8, **1Ti 1**:9♣, **Tit** ♣**1**:6, ♣10, **Heb** ♣**2**:8, **Jas** ‡**3**:8, **2Pe 2**:8

Adikos αδίκος 94

♦Adikōs ἀδίκως *95*

♣Anosios ανόσιος *462*

†Atheos ἄθεος *112*

Mat 5:45, **Luk 16**:10, 11, **18**:11, **Act 24**:15, **Ro 3**:5, **1Co 6**:1, 9, **Eph** †**2**:12, **1Ti** ♣**1**:9, **2Ti** ♣**3**:2, **Heb 6**:10, **1Pe** ♦**2**:19, **3**:18, **2Pe 2**:9

Hamartōlos αμαρτωλός *268*

Mat 9:10, 11, 13, **11**:19, **26**:45, **Mar 2**:15, 16, 17, **8**:38, **14**:41, **Luk 5**:8, 30, 32, **6**:32, 33, 34, **7**:34, 37, 39, **13**:2, **15**:1, 2, 7, 10, **18**:13, **19**:7, **24**:7, **Joh 9**:16, 24, 25, 31, **Ro 3**:7, **5**:8, 19, **7**:13, **Gal 2**:15, 17, **1Ti 1**:9, 15, **Heb 7**:26, **12**:3, **Jas 4**:8, 5:20, **1Pe 4**:18, **Jud** 15

Aselgeia ἀσέλγεια *766*

Lasciviousness

Mar 7:22, **Ro 13**:13, **2Co 12**:21, **Gal 5**:19, **Eph 4**:19, **1Pe 4**:3, **2Pe 2**:7, 18, **Jud** 4

Aschēmoneō ἀσχημονέω *807*

Behave Unseemly

♦Aschēmosunē ἀσχημοσύνη *808*

♣Aschēmōn ἀσχήμων *809*

1Co 7:36, ♣**12**:23, **13**:5, **Rev** ♦**16**:15

Asōtia ἀσωτία *810*

Excess, Riot

♦Asōtōs ἀσώτως *811*

♣Atakteō ἀτακτέω *812*

†Ataktōs ἀτάκτως *814*

‡Ataktos ἄτακτος *813*

ΔAnachusis ἀνάχυσις *401*

+Anēmeros ἀνήμερος *434* Savage

Luk ♦**15**:13, **Eph 5**:18, **1Th** ‡**5**:14, **2Th** †**3**:6, ♣7, †11, **2Ti** +**3**:3, **Tit 1**:6, **1Pe 4**:4Δ

Enochos ἔνοχος *1777*

In Danger, Guilty

♦Enechōενέχω *1758*

♣Hupodikos ὑπόδικος *5267*

†Mōmaomai μωμάομαι *3469*

Mat 5:21, 22, **26**:66, **Mar 3**:29, ♦**6**:19, **14**:64, **Luk** ♦**11**:53, **Ro** ♣**3**:19, **1Co 11**:27, **2Co** †**6**:3, †**8**:20, **Gal** ♦**5**:1, **Heb 2**:15, **Jas 2**:10

Opheiletēs ὀφειλέτης *3781*

Debtor, Debt

♦Opheilē ὀφειλή *3782*

♣Opheilēma ὀφείλημα *3783*

Mat 6:12♣, 18:24, ♦32, Luk 13:4, Ro 1:14, ♣4:4, 8:12, ♦13:7, 15:27, Gal 5:3

Adokimos ἀδόκιμος *96*

Rejected, Reprobate

Ro 1:28, **1Co 9**:27, **2Co 13**:5, 6, 7, **2Ti 3**:8, **Tit 1**:16, **Heb 6**:8

Ra' רע 7451

Evil, Mischief

♦Rôa' רע 7455

{♣'Ayin עין 5869 Sight}

Gen 2:9, 17, **3**:5, 22, **6**:5, **8**:21, **13**:13, **19**:19♣, **24**:50, **28**:8, **31**:24, 29, 52, **37**:2, **38**:7♣, **39**:9, ♦**41**:19, **44**:4, 34, **47**:9, **48**:16, **50**:15, 17, 20, **Exd 5**:19, **10**:10, **23**:2, **32**:12, 14, 22, **Nu 11**:1, 10,

15♣, **14**:27, 35, 37, **20**:5, **22**:34, **24**:13, **32**:13♣, **Deu 1**:35, 39, **4**:25♣, **7**:15, **9**:18♣, **13**:5, 11, **17**:2♣, 5, 7, 12, **19**:19, 20, **21**:21, **22**:14, 19, 21, 22, 24, **23**:9, **24**:7, **28**:59, 20, **29**:21, **30**:15, **31**:17, 18, 21, 29♣, **32**:23, **Jos 23**:15, **24**:15, **Jdg 2**:11♣, 15, **3**:7♣, 12♣♣, **4**:1♣, **6**:1♣, **9**:23, 56, 57, **10**:6♣, **11**:27, **13**:1♣, **20**:3, 12, 13, 34, 41, **1Sa 2**:23, **6**:9, **12**:17♣, 19, 20, **15**:19♣, **16**:14, 15, 16, 23, **17**:28, **18**:10, **19**:9, **20**:7, 9, 13, **23**:9, **24**:11, 17, **25**:3, 17, 21, 26, 28, 39, **26**:18, **29**:6♣, 7, **30**:22, **2Sa 3**:39, **12**:9♣, 11, 18, **13**:16, 22, **14**:17, **15**:14, **16**:8, **17**:14, **18**:32, **19**:7, 35, **24**:16, **1Ki 1**:52, **2**:44, **3**:9, **5**:4, **9**:9, **11**:6♣, 25, **13**:33, **14**:10, 22♣, **15**:26♣, 34♣, **16**:7♣, 19♣, 25, 30♣, **20**:7, **21**:20♣, 21, 25♣, 29, **22**:8, 18, 23, 52♣, **2Ki 2**:19, **3**:2♣, **4**:41, **6**:33, **8**:12, 18♣, 27♣, **13**:2♣, **14**:10, 24♣, **15**:9♣, **17**:2♣, 11, 13, 17♣, **21**:2♣, 6♣, 9, 12, 15♣, 16♣, 20♣, **22**:16, 20, **23**:32♣, **24**:9♣, **1Ch 2**:3♣, **4**:10, **7**:23, **21**:15, **2Ch 7**:14, 22, **12**:14, **18**:7, 17, 22, **20**:9, **21**:6♣, 19, **22**:4♣, **25**:19, **29**:6, **33**:2♣, 6♣, 9, 22♣, **34**:24, 28, **36**:5♣, 9♣, 12♣, **Ezr 9**:13, **Neh 1**:3, **2**:1, 2♦, 10, 17, **6**:2, 13, **9**:28, 35, **13**:7, 17, 18, 27, **Est 7**:6, 7, **8**:3, 6, **9**:2, 25, **Job 1**:1, 8, **2**:3, 7, 10, 11, **5**:19, **20**:12, **21**:30, **22**:5, **28**:28, **30**:26, **31**:29, **35**:12, **42**:11, **Ps 5**:4, **7**:4, 9, **10**:6, 15, **15**:3, **21**:11, **23**:4, **27**:5, **28**:3, 4, **34**:13, 14, 16, 19, 21, **35**:4, 12, 26, **36**:4, **37**:19, 27, **38**:12, 20, **40**:12, 14, **41**:1, 5, 7, **49**:5, **50**:19, **51**:4♣, **52**:1, 3, **54**:5, **55**:15, **56**:5, **64**:5, **70**:2, **71**:13, 20, 24, **73**:8, **78**:49, **88**:3, **90**:15, **91**:10, **94**:13, 23, **97**:10, **101**:4, **107**:26, 34, 39, **109**:5, 20, **112**:7, **119**:101, **121**:7, **140**:1, 2, 11, **141**:4, 5, 10, **Pro 1**:16, 33, **2**:12, 14, **3**:7, 29, 30, **4**:14, 27, **5**:14, **6**:14, 18, 24, **8**:13, **11**:15, 19, 21, 27, **12**:12, 13, 20, 21, **13**:17, 19, 21, **14**:16, 19, 22, 32, **15**:3, 10, 15, 26, 28, **16**:4, 6, 17, 27, 30, **17**:11, 13, 20, **19**:23, **20**:8, 14, 22, 30, **21**:10, 12, **22**:3, **23**:6, **24**:1, 16, 20, **25**:20, **26**:23, 26, **27**:12, **28**:5, 10, 14, 22, **29**:6, **31**:12, **Ecc 1**:13, **2**:17, 21, **4**:3, 8, **5**:1, 13, 14, 16, **6**:1, 2, **7**:3, 14, 15, **8**:3, 5, 6, 9, 11, 12, **9**:3, 12, **10**:5, 13, **11**:2, 10, **12**:1, 14, **Isa 1**:16, **3**:9, 11, **5**:20, **7**:5, 15, 16, **13**:11, **31**:2, **32**:7, **33**:15, **45**:7, **47**:10, 11, **56**:2, **57**:1, **59**:7, 15, **65**:12, **66**:4, **Jer 1**:14, 16, **2**:3, 13, 19, 27, 28, 33, **3**:2, 5, 17, **4**:4, 6, 14, 18, **5**:12, 28, **6**:1, 7, 19, 29, **7**:6, 12, 24, 30♣, **8**:3, 6, **9**:3, **11**:8, 11, 12, 14, 15, 17, 23, **12**:4, 14, **13**:10, **14**:16, **15**:11, 21, **16**:10, 12, **17**:17, 18, **18**:8, 10♣, 11, 12, 20, **19**:3, 15, **21**:12, 10, **22**:22, **23**:2, 10, 11, 12, 14, 17, 22♦, **24**:2♦, 3♦, 8♦, 9, **25**:5♦, 7, 32, **26**:3♦, 13, 19, **28**:8, **29**:11, 17, **32**:23, 30, 32, 42, **33**:5, **35**:15, 17, **36**:3, 7, 31, **38**:4, **39**:12, 16, **40**:2, **41**:11, **42**:6, 10, 17, **44**:2, 3, 5, 7, 9, 11, 17, 22, 23, 27, 29, **45**:5, **48**:2, 16, **49**:23, 37, **51**:2, 24, 60, 64, **52**:2♣, **La 1**:21, 22, **3**:38, **Eze 5**:16, 17, **6**:9, 10, 11, **7**:5, 24, **8**:9, **11**:2, **13**:22, **14**:15, 21, 22, **16**:23, 57, **20**:43, 44, **30**:12, **33**:11, **34**:25, **36**:31, **38**:10, **Dan 9**:12, 13, 14, **Hos 7**:1, 2, 3, 15, **9**:15♦, **10**:15, **Joe 2**:13, **3**:13, **Am 3**:6, **5**:13, 14, 15, **6**:3, **9**:4, 10, **Obd** 13, **Jon 1**:2, 7, 8, **3**:8, 10, **4**:1, 2, 6, **Mic 1**:12, **2**:1, 3, **3**:2, 11, **7**:3, **Nah 1**:11, **3**:19, **Hab 1**:13, **2**:9, **Zep 3**:15, **Zec 1**:4, 15, **7**:10, **8**:17, **Mal 1**:8, **2**:17♣

Ponēros πονηρός *4190*

Evil, Wickedness

♦Ponēria πονηρία *4189*

♣Ponēroteros πονηρότερος *4191*

†Oknēros οκνηρός *3636*

‡Phaûlos φαῦλος *5337*

Mat 5:11, 37, 39, 45, **6**:13, 23, **7**:11, 17, 18, **9**:4, **12**:34, 35, 39, 45♣, **13**:19, 38, 49, **15**:19, **16**:4, **18**:32, **20**:15, **22**:10, ♦18, **25**:26†, **Mar 7**:22♦, 23, **Luk 3**:19, **6**:22, 35, 45, **7**:21, **8**:2, **11**:13, ♣26, 29, 34, ♦39, **19**:22, **Joh 3**:19, ‡20, ‡5:29, 7:7, **17**:15, **Act** ♦**3**:26, **17**:5, **18**:14, **19**:12, 13, 15, 16, **28**:21, **Ro** ♦**1**:29, **12**:9, †11, **1Co** ♦**5**:8, 13, **Gal 1**:4, **Eph** 5:16, ♦**6**:12, 13, 16, **Col 1**:21, **Php** †**3**:1, **1Th 5**:22, **2Th 3**:2, 3, **1Ti 6**:4, **2Ti 3**:13, **4**:18, **Tit** ‡**2**:8, **Heb 3**:12, **10**:22, **Jas 2**:4, ‡**3**:16, **4**:16, **1Jn 2**:13, 14, **3**:12, **5**:18, 19, **2Jn** 11, **3Jn** 10, **Rev 16**:2

Tahpûkâh תהפכה 8419

Perverse

♦Haphak̲pak̲ הפכפך 2019

♣Yârat ירט 3399

Nu ♣22:32, **Deu 32**:20, **Job** ♣16:11, **Pro 2**:12, **Pro 2**:14, **Pro 6**:14, **Pro 8**:13, **Pro 10**:31, **Pro 10**:32, **Pro 16**:28, **Pro 16**:30, ♦**21**:8, **Pro 23**:33

Kakōs κακως *2560*

Sick, Diseased, Evil

♦Kakōsen κακώσεν *2559*

♣Kakōsis κάκωσις *2561*

Mat 4:24, **8**:16, **9**:12, **14**:35, **15**:22, **17**:15, **21**:41, **Mar 1**:32, 34, **2**:17, **6**:55, **Luk 5**:31, **7**:2, **Joh 18**:23, **Act** ♦**7**:6, ♦19, ♣34, ♦**12**:1, ♦**14**:2, ♦**18**:10, **23**:5, **Jas 4**:3, **1Pe** ♦**3**:13

Tâmê’ טמא 2930

Defile, Unclean

Gen 34:5, 13, 27, **Lev 5**:3, **11**:24, 25, 26, 27, 28, 31, 32, 33, 34, 35, 36, 39, 40, 43, 44, **12**:2, 5, **13**:3, 8, 11, 14, 15, 20, 22, 25, 27, 30, 44, 46, 59, **14**:36, 46, **15**:4, 5, 6, 7, 8, 9, 10, 11, 16, 17, 18, 19, 20, 21, 22, 23, 24, 27, 31, 32, **17**:15, **18**:20, 23, 24, 25, 27, 28, 30, **19**:31, **20**:3, 25, **21**:1, 3, 4, 11, **22**:5, 6, 8, **Nu 5**:3, 14, 20, 27, 28, 29, **6**:7, 9, 12, **19**:7, 8, 10, 11, 13, 14, 16, 20, 21, 22, **35**:34, **Deu 21**:23,

24:4, **2Ki 23**:8, 10, 13, 16, **2Ch 36**:14, **Ps 79**:1, **106**:39, **Isa 30**:22, **Jer 2**:7, 23, **7**:30, **32**:34, **Eze 4**:14, **5**:11, **9**:7, **14**:11, **18**:6, 11, 15, **20**:7, 18, 26, 30, 31, 43, **22**:3, 4, 11, **23**:7, 13, 17, 30, 38, **33**:26, **36**:17, 18, **37**:23, **43**:7, 8, **44**:25, **Hos 5**:3, **6**:10, **9**:4, **Mic 2**:10, **Hag 2**:13

Miainō μιαίνω *3392*

Joh 18:28, **Tit 1**:15, **Heb 12**:15, **Jud** 8

Akathartos ἀκάθαρτος *169*

♦Akatharsia ακαθαρςία *167*

♣Akathartēs ἀκαθάρτης *168*

†Anaxiōs ἀναξίως *371* Unworthy

‡Anaxios ἀνάξιος *370*

ΔAnalos ἄναλος *358* Lose saltiness

Mat 10:1, **12**:43, **♦23**:27, **Mar 1**:23, 26, 27, **3**:11, 30, **5**:2, 8, 13, **6**:7, **7**:25, **9**:25, Δ**9**:50, **Luk 4**:33, 36, **6**:18, **8**:29, **9**:42, **11**:24, **Act 5**:16, **8**:7, **10**:14, 28, **11**:8, **Ro ♦1**:24, **♦6**:19, **1Co** ‡**6**:2, **7**:14, **2Co 6**:17, †**11**:27, †29, **♦12**:21, **Gal ♦5**:19, **Eph ♦4**:19, **♦5**:3, 5, **Col ♦3**:5, **1Th ♦2**:3, **♦4**:7, **Rev 16**:13, **♣17**:4, **18**:21

Aischros αἰσχρός *150*

Filthy

♦Aischrotēs αισχρότης *151*

♣Aischrokerdēs αἰσχροκερδής *146*

†Aischrokerdōs αἰσχροκερδῶς *147*

‡Aischrologia αἰσχρολογία *148*

1Co 11:6, **14**:35, **Eph ♦5**:4, 12, **Col** ‡**3**:8, **1Ti ♣3**:3, ♣8, **Tit ♣1**:7, 11, **1Pe** †5:2

Ruparos ρυπαρός *4508*

Filth

♦Rupos ρυπαρός *4509*

♣Ruparia ρυπαρία *4507*

†Agoraîos ἀγοραῖος *60*

‡Agenēs ἀγενής *36*

ΔPeripsōma περίψωμα *4067*

+Alisgema ἀλίσγεμα *234*

Act +**15**:20, †**17**:5, †**19**:38, **1Co** ‡**1**:28, Δ**4**:13, **Jas ♣1**:21, **2**:2, **1Pe ♦3**:21, **Rev 22**:11

Sîgîm סִיגִים 5509

Dross

Ps 119:119, **Pro 25**:4, **26**:23, **Isa 1**:22, 25, **Eze 22**:18, 19

Phtheirō φθείρω *5351*

Corrupt

♦Phthartos φθαρτός *5349* Corruptible

♣Phthora φθορά *5356* Corruption

Ro ♦1:23, **♣8**:21, **1Co 3**:17, **♦9**:25, **15**:33, ♣42, ♣50, ♦53, ♦54, **2Co** 7:2, **11**:3, **Gal ♣6**:8, **Eph 4**:22, **Col ♣2**:22, **1Pe ♦1**:18, ♦23, **2Pe ♣1**:4, **♣2**:12, ♣19, **Jud 1**:10, **Rev 19**:2

Sárx σάρξ *4561*

Flesh

♦Sarkikós σαρκικός *4559*

♣Sárkinos σάρκινος *4560*

Mat 16:17, **19**:5, 6, **24**:22, **26**:41, **Mar 10**:8, **13**:20, **14**:38, **Luk 3**:6, **24**:39, **Joh 1**:13, 14, **3**:6, **6**:51, 52, 53, 54, 55, 56, 63, **8**:15, **17**:2, **Act 2**:17, 26, 30, 31, **Ro 1**:3, **2**:28, **3**:20, **4**:1, **6**:19, **7**:5, ♦14, 18, 25, **8**:1, 3, 4, 5, 6, 7, 8, 9, 12, 13, **9**:3, 5, 8, **11**:14, **13**:14, **♦15**:27, **1Co 1**:26, 29, **♦3**:1, ♦3, ♦4, **5**:5, **6**:16, **7**:28, **♦9**:11, **10**:18, **15**:39, 50, **2Co ♦1**:12, 17, **♣3**:3, **4**:11, **5**:16, **7**:1, 5, **10**:2, 3, ♦4, **11**:18, **12**:7, **Gal 1**:16, **2**:16, 20, **3**:3, **4**:13, 14, 23, 29, **5**:13, 16, 17, 19, 24, **6**:8, 12, 13, **Eph 2**:3, 11, 15, **5**:29, 30, 31, **6**:5, 12, **Php 1**:22, 24, **3**:3, 4, **Col 1**:22, 24, **2**:1, 5, 11, 13, 18, 23, **3**:22, **1Ti 3**:16, **Phm** 16, **Heb 2**:14, **5**:7, **♦7**:16, **9**:10, 13, **10**:20, **12**:9, **Jas 5**:3, **1Pe 1**:24, **♦2**:**11**, **3**:18, 21, **4**:1, **4**:2, **4**:6, **2Pe 2**:10, 18, **1Jn 2**:16, **4**:2, 3, **2Jo** 7, **Jud** 7, 8, 23, **Rev 17**:16, **19**:18, **21**

Âvâh אוה 183

Lust After, Covet

♦Avâh אִוּה 185

♣Ta'avah תאוה 8378

[Only *lust*; for *desire* go to p7]

Nu 11:4♣, 34, **Deu 5**:21, **♦12**:15, 20♦, ♦21, **14**:26, **♦18**:6, **1Sa 2**:16, **Ps ♣78**:**30**, **106**:14♣, **Pro 13**:4, **21**:10, 26♣, **23**:3, 6, **24**:1, **Ecc 6**:2

Ḥâmad חמד 2530

Covet, Lust

[Only *lust*; for *desire* go to p7]

Exd 20:17, **34**:24, **Deu 5**:21, **7**:25, **Jos 7**:21, **Job 20**:20, **Pro 1**:22, **6**:25, **12**:12, **21**:20, **Isa 1**:29, **44**:9, **Mic 2**:2

Epithumia επιθυμία *1939*

♦Epithumeō ἐπιθυμέω *1937*

♣Apolausis ἀπόλαυσις *619*
[Only *lust*; for *desire* go to p7]
Mar 4:19, ♦**5**:28, **Joh 8**:44, **Ro 1**:24, **6**:12, **7**:7, 8, **13**:14, **1Co** ♦**10**:6, **Gal 5**:16, ♦17, 24, **Eph 2**:3, **4**:22, **Col 3**:5, **1Th 4**:5, **1Ti 6**:9, **2Ti 2**:22, **3**:6, **4**:3, **Tit 2**:12, **3**:3, **Heb** ♣**11**:25, **Jas 1**:14, 15, ♦**4**:2, **1Pe 1**:14, **2**:11, **4**:2, 3, **2Pe 1**:4, **2**:10, 18, **3**:3, **1Jn 2**:16, 17, **Jud** 16, 18, **Rev 18**:14

Psuchikos ψυχικός *5591*

Natural, Sensual
♦Alogos ἄλογος *249* Brute
Act ♦**25**:27, **1Co 2**:14, **15**:44, 46, **Jas 3**:15, **2Pe** ♦**2**:12, **Jud** ♦10, 19

Ḥâlal חלל 2490

Profane
[Except *began, slay*]
Gen 49:4, **Exd 20**:25, **31**:14, **Lev 18**:21, **19**:8, 12, 29, **20**:3, **21**:4, 6, 9, 12, 15, 23, **22**:2, 9, 15, 32, **Nu 18**:32, **30**:2, **Neh 13**:17, 18, **Ps 55**:20, **74**:7, **89**:31, 34, 39, **109**:22, **Isa 23**:9, **43**:28, **47**:6, **48**:11, **51**:9, **53**:5, **56**:2, 6, **Jer 16**:18, **31**:5, **34**:16, **La 2**:2, **Eze 7**:21, 22, 24, **13**:19, **20**:9, 13, 14, 16, 21, 22, 24, 39, **22**:8, 26, **23**:38, 39, **24**:21, **25**:3, **28**:7, 16, 18, **36**:20, 21, 22, 23, **39**:7, **44**:7, **Dan 11**:31, **Hos 8**:10, **Am 2**:7, **Zep 3**:4, **Mal 1**:12, **2**:10, 11

Tôʿêvâh תּוֹעבה /Tôʿêvôt תּוֹעבות 8441

Abomination(s)
Gen 43:32, **46**:34, **Exd 8**:26, **Lev 18**:22, 26, 27, 29, 30, **20**:13, **Deu 7**:25, 26, **12**:31, **13**:14, **14**:3, **17**:1, 4, **18**:9, 12, **20**:18, **22**:5, **23**:18, **24**:4, **25**:16, **27**:15, **32**:16, **1Ki 14**:24, **2Ki 16**:3, **21**:2, 11, **23**:13, **2Ch 28**:3, **33**:2, **34**:33, **36**:8, 14, **Ezr 9**:1, 11, 14, **Ps 88**:8, **Pro 3**:32, **6**:16, **8**:7, **11**:1, 20, **12**:22, **13**:19, **15**:8, 9, 26, **16**:5, 12, **17**:15, **20**:10, 23, **21**:27, **24**:9, **26**:25, **28**:9, **29**:27, **Isa 1**:13, **41**:24, **44**:19, **Jer 2**:7, **6**:15, **7**:10, **8**:12, **16**:18, **32**:35, **44**:4, 22, **Eze 5**:9, 11, **6**:9, 11, **7**:3, 4, 8, 9, 20, **8**:6, 9, 13, 15, 17, **9**:4, **11**:18, 21, **12**:16, **14**:6, **16**:2, 22, 36, 43, 47, 50, 51, 58, **18**:12, 13, 24, **20**:4, **22**:2, 11, **23**:36, **33**:26, 29, **36**:31, **43**:8, **44**:6, 7, 13, **Mal 2**:11

Sheqets שׁקץ 8263

Abomination
Lev 7:21, **11**:10, 11, 12, 13, 20, 23, 41, 42, **Isa 66**:17, **Eze 8**:10

Tâʿav תעב 8581

Abominable
Deu 7:26, **23**:7, **1Ki 21**:26, **1Ch 21**:6, **Job 9**:31, **15**:16, **19**:19, **30**:10, **Ps 5**:6, **14**:1, **53**:1, **106**:40, **107**:18, **119**:**163**, **Isa 14**:19, **49**:7, **Eze 16**:25, 52, **Am 5**:10, **Mic 3**:9

Shiqqûts שִׁקּוּץ 8251

Abominable, Abomination
♦Shâqats שׁקץ 8262
♣Qûts קוּץ 6973
[For more Qûts go to p141]
Lev ♦**11**:11, ♦13, ♦43, ♣**20**:23, ♦25, **Deu** ♦**7**:26, **29**:17, **1Ki 11**:5, 7, **2Ki 23**:13, 24, **2Ch 15**:8, ♦**22**:24, **Isa 66**:3, **Jer 4**:1, **7**:30, **13**:27, **16**:18, **32**:34, **Eze 5**:11, **7**:20, **11**:18, 21, **20**:7, 8, 30, **37**:23, **Dan 9**:27, **11**:31, **12**:11, **Hos 9**:10, **Nah 3**:6, **Zec 9**:7

Bdelugma βδέλυγμα *946*

♦Bdelusso βδελύσσο *948*
♣Bdeluktos βδελυκτός *947*
†Athemitos ἀθέμιτος *111*
Mat 24:15, **Mar 13**:14, **Luk 16**:15, **Act** †**10**:28, **Ro** ♦**2**:22, **Tit** ♣**1**:16, **1Pe** †**4**:3, **Rev 17**:4, 5, ♦**21**:8, 27

Shaʿarûrâh שׁעררת 8186

Horrible Thing
Jer 5:30, **18**:13, **23**:14, **Hos 6**:10

Ḥazîr חזיר 2386

Swine
Lev 11:7, **Deu 14**:8, **Ps 80**:13, **Pro 11**:22, **Isa 65**:4, **66**:3, 17

Ḥôshek̲ חוֹשׁך 2822

Darkness
♦Ḥâshak̲ חשׁך 2821
♣Ḥashêyk̲âh חשׁיכה 2825
Gen 1:2, 4, 5, 18, ♣**15**:12, **Exd** ♦**10**:15, 21, 22, **14**:20, **Deu 4**:11, **5**:23, **Jos 2**:5, **1Sa 2**:9, **2Sa 22**:12, 29, **Job 3**:4, 5, ♦9, **5**:14, **10**:21, **12**:22, 25, **15**:22, 23, 30, **17**:12, 13, ♦**18**:6, 18, **19**:8, **20**:26, **22**:11, **23**:17, **24**:16, **26**:10, **28**:3, **29**:3, **34**:22, **37**:19, ♦**38**:2, 19, **Ps 18**:11, 28, **35**:6, ♦**69**:23, ♣**82**:5, **88**:12, **104**:20, **105**:28♦, **107**:10, 14, **112**:4, **139**:11, 12♣♦, **Pro 2**:13, **20**:20, **Ecc 2**:13, 14, **5**:17,

6:4, **11**:8, ♦**12**:2, ♦3, **Isa 5**:20, 30♦, ♣**8**:22, **9**:2, ♦**13**:10, **29**:18, **42**:7, **45**:3, 7, 19, **47**:5, **49**:9, ♣**50**:10, **58**:10, **59**:9, **60**:2, **Jer** ♦**13**:16, **La 3**:2, ♦**4**:8, ♦**5**:17, **Eze 8**:12, ♦**30**:18, **32**:8, **Joe 2**:2, 31, **Am** ♦**5**:8, 18, 20, **8**:9, **Mic** ♦**3**:6, 7:8, **Nah 1**:8, **Zep 1**:15

ʽArâphêl ערפל 6205

Darkness

Exd 20:21, **Deu 4**:11, **5**:22, **2Sa 22**:10, **1Ki 8**:12, **2Ch 6**:1, **Job 22**:13, **38**:9, **Ps 18**:9, **97**:2, **Isa 60**:2, **Jer 13**:16, **Eze 34**:12, **Joe 2**:2, **Zep 1**:15

Skotos σκότος *4655*

♦Skotoō σκοτόω *4656*

♣Skoteinos σκοτεινός *4652*

†Zophos ζόφος *2217*

‡Ainigma αἴνιγμα *135*

ΔAuchmēros αὐχμηρός *850*

Mat 4:16, **6**:23♣, **8**:12, **22**:13, **25**:30, **27**:45, **Mar 15**:33, **Luk 1**:79, ♣**11**:34, 35, ♣36, **22**:53, **23**:44, **Joh 3**:19, **Act 2**:20, **13**:11, **26**:18, **Ro 2**:19, **13**:12, **1Co 4**:5, 6, ‡**13**:12, **2Co 6**:14, **Eph** ♦**4**:18, **5**:8, 11, **6**:12, **Col 1**:13, **1Th 5**:4, 5, †, **Heb** †**12**:18, **1Pe 2**:9, **2Pe** Δ**1**:19, †**2**:4, 17†, **1Jn 1**:6, **Jud** †6, **Jud** 13†, **Rev** ♦**9**:2, ♦**16**:10

Têbêl תבל 8398

World

1Sa 2:8, **2Sa 22**:16, **1Ch 16**:30, **Job 18**:18, **34**:13, **37**:12, **Ps 9**:8, **18**:15, **19**:4, **24**:1, **33**:8, **50**:12, **77**:18, **89**:11, **90**:2, **93**:1, **96**:10, 13, **97**:4, **98**:7, 9, **Pro 8**:26, 31, **Isa 13**:11, **14**:17, 21, **18**:3, **24**:4, **26**:9, 18, **27**:6, **34**:1, **Jer 10**:12, **51**:15, **La 4**:12, **Na 1**:5

Aiōn αἰών *165*

[For *forever,* look on p57]

Mat 12:32, **13**:22, 39, 40, 49, **24**:3, **28**:20, **Mar 4**:19, **10**:30, **Luk 16**:8, **18**:30, **20**:34, 35, **Joh 9**:32, **13**:8, **Ro 12**:2, **1Co 1**:20, **2**:6, 8, **3**:18, **8**:13, **10**:11, **2Co 4**:4, **Gal 1**:4, **Eph 1**:21, **2**:2, **Col 1**:26, **1Ti 6**:17, **2Ti 4**:10, **Tit 2**:12, **Heb 1**:2, **6**:5, **9**:26, **11**:3

Bâbel בבל 894/895

Babylon

Gen 10:10, **11**:9, **2Ki 17**:24, 30, **20**:12, 14, 17, 18, **24**:1, 7, 10, 11, 12, 15, 16, 17, 20, **25**:1, 6, 7, 8, 11, 13, 20, 21, 22, 23, 24, 27, 28, **1Ch 9**:1, **2Ch 32**:31, **33**:11, **36**:6, 7, 10, 18, 20, **Ezr 1**:11, **2**:1, **5**:12, 13, 14, 17, **6**:1, 5, **7**:16, 6, 9, **8**:1, **Neh 7**:6, **13**:6, **Est 2**:6, **Ps 87**:4, **137**:1, 8, **Isa 13**:1, 19, **14**:4, **14**:22, **21**:9, **39**:1, 3, 6, 7, **43**:14, **47**:1, **48**:14, 20, **Jer 20**:4, 5, 6, **21**:2, 4, 7, 10, **22**:25, **24**:1, **25**:1, 9, 11, 12, **27**:6, 8, 9, 11, 12, 13, 14, 16, 17, 18, 20, 22, **28**:2, 3, 4, 6, 11, 14, **29**:1, 3, 4, 10, 15, 20, 21, 22, 28, **32**:2, 3, 4, 5, 28, 36, **34**:1, 2, 3, 7, 21, **35**:11, **36**:29, **37**:1, 17, 19, **38**:3, 17, 18, 22, 23, **39**:1, 3, 5, 6, 7, 9, 11, 13, **40**:1, 4, 5, 7, 9, 11, **41**:2, 18, **42**:11, **43**:3, 10, **44**:30, **46**:2, 13, :26, **49**:28, 30, **50**:1, 2, 8, 9, 13, 14, 16, 17, 18, 23, 24, 28, 29, 34, 35, 42, 43, 45, 46, **51**:1, 2, 6, 7, 8, 9, 11, 12, 24, 29, 30, 31, 33, 34, 35, 37, 41, 42, 44, 47, 48, 49, 53, 54, 55, 56, 58, 59, 60, 61, 64, **52**:3, 4, 9, 10, 11, 12, 15, 17, 26, 27, 31, 32, 34, **Eze 12**:13, **17**:12, 16, 20, **19**:9, **21**:19, 21, **23**:15, 17, 23, **24**:2, **26**:7, **29**:18, 19, **30**:10, 24, 25, **32**:11, **Dan 1**:1, **2**:12, 14, 18, 24, 48, 49, **3**:1, 12, 30, **4**:6, 29, 30, **5**:7, **7**:1, **Mic 4**:10, **Zec 2**:7, **6**:10

Babulōn Βαβυλών *897*

Mat 1:11, 12, 17, **Act 7**:43, **1Pe 5**:13, **Rev 14**:8, **16**:19, **17**:5, **18**:2, 10, 21

Môqesh מוקש 4170

Snare, Trap

♦Yâqosh יקש 3369

♣Nâqash נקש 5367

†Yaqûsh יקוש 3353

Exd 10:7, **23**:33, **34**:12, **Deu 7**:16, ♦25, ♣**12**:30, **Jos 23**:13, **Jdg 2**:3, **8**:27, **1Sa 18**:21, ♣**28**:9, **2Sa 22**:6, **Job 34**:30, **40**:24, **Ps** ♣**9**:16, **18**:5, ♣**38**:12, **64**:5, **69**:22, †**91**:3, **106**:36, ♣**109**:11, ♦**124**:7, **140**:5, **141**:9♦, **Pro** ♦**6**:2, †5, **12**:13, **13**:14, **14**:27, **18**:7, **20**:25, **22**:25, **29**:6, 25, **Ecc** ♦**9**:12, **Isa 8**:14, ♦15, ♦**28**:13, **Jer** †**5**:26, ♦**50**:24, **Am 3**:5

Paḥ פח 6341

Snare

Exd 39:3, **Nu 16**:38, **Jos 23**:13, **Job 18**:9, **22**:10, **Ps 11**:6, **69**:22, **91**:3, **119**:**110**, **124**:7, **140**:5, **141**:9, **142**:3, **Pro 7**:23, **22**:5, **Ecc 9**:12, **Isa 8**:14, **24**:17, 18, **Jer 18**:22, **48**:43, 44, **Hos 5**:1, **9**:8, **Am 3**:5

Pagis παγίς *3803*

♦Pagideusōsin παγιδεύσωσιν *3802*

♣Emplekō εμπλέκω *1707*

Mat ♦**22**:15, **Luk 21**:35, **Ro 11**:9, **1Ti 3**:7, **6**:9, **2Ti** ♣2:4, 26, **2Pe** ♣**2**:20

Nâçâh נסה 5254

Tempt, Try

Gen 22:1, **Exd 15**:25, **16**:4, **20**:20, **Nu 14**:22, **Deu 4**:34, **8**:2, 16, **13**:3, **28**:56, **Jdg 2**:22, **3**:1, 4, **1Sa 17**:39, **1Ki 10**:1, **2Ch 9**:1, **32**:31, **Job 4**:2, **Ps 26**:2, **Ecc 2**:1, **7**:23, **Dan 1**:12, 14

Exd 17:2, 7, **Deu 6**:16, **33**:8, **Jdg 6**:39, **Ps 78**:18, 41, 56, **95**:9, **106**:14, **Isa 7**:12

Peiradzō πειράζω *3985*

Tempting

♦Peirasmos πειρασμός *3986*

♣Ekpeiradzō εκπειράζω *1598*

†Peira πειρα *3984*

‡Apeirastos ἀπείραστος *551*

Mat 4:1, 3, ♣7, ♦**6**:13, **16**:1, **19**:3, **22**:18, 35, ♦**26**:41, **Mar 1**:13, **8**:11, **10**:2, **12**:15, ♦**14**:38, **Luk 4**:2, ♣12, ♦13, ♦**8**:13, ♣**10**:25, ♦**11**:4, 16, ♦**22**:28, ♦40, ♦46, **Joh 6**:6, **8**:6, **Act 5**:9, **9**:26, **15**:10, **16**:7, ♦**20**:19, **24**:6, **1Co** 7:5, ♣**10**:9, ♦13, **2Co 13**:5, **Gal** ♦**4**:14, **6**:1, **1Th 3**:5, **1Ti** ♦**6**:9, **Heb 2**:18, ♦**3**:8, 9, **4**:15, **11**:17, †29, †36, **Jas** ♦**1**:2, ♦12, 13‡, 14, **1Pe** ♦**1**:6, ♦**4**:12, **2Pe** ♦**2**:9, **Rev 2**:2, 10, **3**:10♦

Massâh מסה 4531/4532

Temptation, Massah

Exd 17:7, **Deu 4**:34, **6**:16, **7**:19, **9**:22, **29**:3, **33**:8, **Job 9**:23, **Ps 95**:8

Mirmâh מרמה 4820

Deceit

♦Remîyâh רמיה 7423

♣Haphakpak̲ הפכפך 2019

Gen 27:35, **34**:13, **2Ki 9**:23, **Job** ♦**13**:7, **15**:35, ♦**27**:4, **31**:5, **Ps 5**:6, **10**:7, **17**:1, **24**:4, ♦**32**:2, **34**:13, **35**:20, **36**:3, **38**:12, **43**:1, **50**:19, ♦**52**:2, 4, **55**:11, 23, ♦**78**:57, ♦**101**:7, **109**:2, ♦**120**:2, 3, **Pro** ♦**10**:4, **11**:1, **12**:5, 17, 20, ♦24, ♦27, **14**:8, 25, ♦**19**:15, **20**:23, ♣**21**:8, **26**:24, **Isa 53**:9, **Jer 5**:27, **9**:6, 8, ♦**48**:10, **Dan 8**:25, **11**:23, **Hos** ♦**7**:16, **11**:12, **12**:7, **Am 8**:5, **Mic 6**:11, ♦12, **Zep 1**:9

Dolos δόλος *1388*

♦Edoliousen εδολιούσεν *1387*

♣Dolountes δολούτες *1389*

†Dolioi δόλιοι *1386*

Mat 26:4, **Mar 7**:22, **14**:1, **Joh 1**:47, **Act 13**:10, **Ro 1**:29, ♦**3**:13, **2Co** ♣**4**:2, †**11**:13, **12**:16, **1Th 2**:3, **1Pe 2**:1, 22, **3**:10

Planaō πλανάω *4105*

Deceive, Deception

♦Planē πλάνη *4106*

♣Planos πλάνος *4108*

Mat 18:12, 13, **22**:29, **24**:4, 5, 11, 24, ♣**27**:63, 64, **Mar 12**:24, 27, **13**:5, 6, **Luk 21**:8, **Joh 7**:12, 47, **1Co 6**:9, **15**:33, **2Co** ♣**6**:8, **Gal 6**:7, **Eph** ♦**4**:14, **1Th** ♦**2**:3, **2Th** ♦**2**:11, **1Ti** ♣**4**:1, **2Ti 3**:13, **Tit 3**:3, **Heb 3**:10, **5**:2, **11**:38, **Jas 1**:16, 5:19, ♦20, **1Pe 2**:25, **2Pe 2**:15, ♦18, ♦**3**:17, **2Pe** ♦**2**:18, ♦**3**:17, **1Jnh 1**:8, **2**:26, **3**:7, ♦**4**:6, **2Joh** ♣7, **Jud** ♦11, **Rev 2**:20, **12**:9, **13**:14, **18**:23, **19**:20, **20**:3, 8, 10

Apatē ἀπάτη *539*

♦Expataō εξπατάω *1818*

†Apataō απατάω *538*

Mat 13:22, **Mar 4**:19, **Ro** ♦**7**:11, ♦**16**:18, **1Co** ♦**3**:18, **2Co** ♦**11**:3, **Eph 4**:22, ♦**5**:6, **Col 2**:8, **2Th** ♦**2**:3, 10, **1Ti** ♦**2**:14♣, **Heb 3**:13, **Jas** ♣**1**:26, **2Pe 2**:13

Apostereō ἀποστερέω *650*

Defraud

Mar 10:19, **1Co 6**:7, 8, **7**:5, **1Ti 6**:5, **Jas 5**:4

Panourgia πανουργία *3834*

Craftiness

♦Panourgos πανουργος *3835*

Luk 20:23, **1Co 3**:19, **2Co 4**:2, **11**:3, ♦**12**:16, **Eph 4**:14

Hupokrita ὑποκριτά *5273*

Hypocrite

♦Hupokrisis ὑπόκρισις *5272*

Mat 6:2, 5, 16, **7**:5, **15**:7, **22**:18, **23**:13, 15, 23, 25, 27, ♦28, 29, **24**:51, **Mar 7**:6, ♦**12**:15, **Luk 6**:42, ♦**12**:1, 56, **13**:15, **Gal** ♦**2**:13, **1Ti** ♦**4**:2, **1Pe** ♦**2**:1

Qânâ קנא 7065

Envy, Jealous

[For *jealousy* of Yehuwah, go to p8]

Gen 26:14, **30**:1, **37**:11, **Nu 5**:14, 30, **11**:29, **2Sa 21**:2, **Ps 37**:1, **73**:3, **106**:16, **Pro 3**:31, **23**:17, **24**:1, 19, **Isa 11**:13, **Eze 31**:9

Qin'âh קנאה 7068

Jealousy, Zeal

Nu 5:14, 15, 18, 25, 29, 30, **Job 5**:2, **Pro 6**:34, **14**:30, **27**:4, **Ecc 4**:4, **9**:6, **Isa 11**:13, **26**:11, **Eze 35**:11

Zēlos ζῆλος *2205*

[For *zeal* for good things, go to p8]

Act 5:17, **13**:45, **Ro 13**:13, **1Co 3**:3, **2Co 11**:2, **12**:20, **Gal 5**:20, **Heb 10**:27, **Jas 3**:14, 16

Phthonos φθόνος 5355

♦Phthonéō φθονέω *5354*

Mat 27:18, **Mar 15**:10, **Ro 1**:29, **Gal 5**:21, ♦26, **Php 1**:15, **1Ti 6**:4, **Tit 3**:3, **Jas 4**:5, **1Pe 2**:1

Pleonexia πλεονεξία *4124*

Covetousness

♦Pleonekteō πλεονεκτέω *4122* Defraud

♣Pleonéktēs πλεονέκτης *4123*

Mar 7:22, **Luk 12**:15, **Ro 1**:29, **1Co ♣5**:10, ♣11, **♣6**:10, **2Co ♦2**:11, **♦7**:2, **9**:5, **♦12**:17, ♦18, **Eph 4**:19, **5**:3, ♣5, **Col 3**:5, **1Th 2**:5, **♦4**:6, **2Pe 2**:3, 14

Pârar פרר 6565

Break, Annul

♦Nâ'ar נאר 5010

Gen 17:14, **Lev 26**:15, 44, **Nu 15**:31, **30**:8, 12, 13, 15, **Deu 31**:16, 20, **Jdg 2**:1, **2Sa 15**:34, **17**:14, **1Ki 15**:19, **2Ch 16**:3, **Ezr 4**:5, **9**:14, **Ne 4**:15, **Job 5**:12, **15**:4, **16**:12, **40**:8, **Ps 74**:13, **85**:4, **♦89**:39, **119**:126, **Pro 15**:22, **Ecc 12**:5, **Isa 8**:10, **14**:27, **24**:5, 19, **33**:8, **44**:25, **Jer 11**:10, **14**:21, **31**:32, **33**:20, 21, **La ♦2**:7, **Eze 16**:59, **17**:15, 16, 18, **44**:7, **Zec 11**:10, 11, 14

Akuroō ἀκυρόω *208*

Mat 15:6, **Mar 7**:13, **Gal 3**:17

Hâphak הפך 2015

Turn, Overthrow

Gen 3:24, **19**:21, 25, 29, **Exd 7**:15, 17, 20, **10**:19, **Deu 23**:5, **29**:23, **Jdg 7**:13, **1Sa 10**:9, **Neh 13**:2, **Est 9**:1, 22, **Job 9**:5, **12**:15, **28**:9, **30**:15, 21, **34**:25, **37**:12, **Ps 30**:11, **41**:3, **66**:6, **78**:44, **105**:25, 29, **114**:8, **Isa 63**:10, **Jer 20**:16, **31**:13, **La 3**:3, **4**:6, **Am 4**:11, **5**:8, **8**:10, **Jon 3**:4, **Zep 3**:9, **Hag 2**:22

[Not all *turn into* etc.]

Exd 14:5, **Jos 7**:8, **8**:20, **Jdg 20**:39, 41, **1Sa 10**:6, **2Sa 10**:3, **1Chr 19**:3, **Ps 78**:9, **Pro 12**:7, **17**:20, **Isa 60**:5, **Jer 23**:36, **La 1**:20, **Eze 4**:8, **Hos 11**:8, **Am 5**:7, **6**:12

Mârâh מרה 4784

Rebel, Rebellious

♦Mârad מרד 4775

♣M^e^rad מרד 4776

†Mered מרד 4777

‡Mârâd מרד 4779

ΔMardût מרדות 4780

[Only of rebelling against Yehuwah for 4775]

Nu ♦14:9, **20**:10, 24, **27**:14, **Deu 1**:26, 43, **9**:7, 23, 24, **21**:18, 20, **31**:27, **Jos 1**:18, **♦22**:16, ♦18, ♦19, †22, ♦29, **1Sa 12**:14, 15, **Δ20**:30, **30**:6, **1Ki 13**:21, 26, **2Ki 14**:26, **Ezr ‡4**:12, ‡15, ♣19, **Neh 9**:26, **Job 17**:2, **Ps 5**:10, **78**:8, 17, 40, 56, **105**:28, **106**:7, 33, 43, **107**:11, **Isa 1**:20, **3**:8, **50**:5, **63**:10, **Jer 4**:17, **5**:23, **La 1**:18, 20, **3**:42, **Eze 5**:6, **20**:8, 13, 21, **Dan ♦9**:5, ♦9, **Hos 13**:16

Merîy מרי 4805

Rebellious

Nu 17:10, **Deu 31**:27, **1Sa 15**:23, **Neh 9**:17, **Job 23**:2, **Pro 17**:11, **Isa 30**:9, **Eze 2**:5, 6, 7, 8, **3**:9, 26, 27, **12**:2, 3, 9, 25, **17**:12, **24**:3, **44**:6

M^e^shûbâh מְשׁבה 4878

Backsliding, Backslide

♦Shôbâb שׁובב 7726

♣Shôbêb שׁובב 7728

Pro 1:32, **Isa ♦57**:17, **Jer 2**:19, **3**:6, 8, 11, 12, ♦14, 22♦, **5**:6, **8**:5, **14**:7, **♣31**:22, **♣49**:4, **♦50**:6, **Hos 11**:7, **14**:4

Shâkaḥ שׁכח 7911

Forget

♦Nâtash נתשׁ 5203

[Only of Yehuwah's people forgetting His word and covenant; for *not forget* and *forget* of Yehuwah, go to Al-Tishkaḥ on p13]

Deu 4:9, 23, 31, **6**:12, **8**:11, 14, 19, **9**:7, **25**:19, **26**:13, **31**:21, **♦32**:15, 18, **Jdg 3**:7, **1Sa 12**:9, **2Ki 17**:38, **Job 8**:13, **Ps 44**:17, 20, **50**:22, **59**:11, **78**:7, 11, **103**:2, **106**:13, 21, **119**:16, 61, 83, 93, 109, 139, 141, 153, 176, **137**:5, **Pro ♦1**:8, **2**:17, **3**:1, **4**:5, **♦6**:20, **31**:5, **Isa 17**:10, **49**:14, **51**:13, **54**:4, **65**:11, **Jer 2**:32, **3**:21, **13**:25, **♦15**:6, **18**:15, **23**:27,

44:9, **50**:5, 6, **La 2**:6, **Eze 22**:12, **23**:35, **Hos 2**:13, **4**:6, **8**:14, **13**:6

Ameleō ἀμελέω *272*

Neglect, No Regard

Mat 22:5, **1Ti 4**:14, **Heb 2**:3, **8**:9, **2Pe 1**:12

ʿÂzav עזב 5800

Forsake

[Only *forsake* of Yehuwah's people of Yehuwah, His word and commandments etc; for *not forsake* of Yehuwah, go to Lô-Taʿazov on p14]

Deu 28:20, **29**:25, **31**:16, **Jos 24**:16, 20, **Jdg 2**:12, 13, **10**:6, 10, 13, **1Sa 8**:8, **12**:10, **1Ki 9**:9, **11**:33, **18**:18, **19**:10, 14, **2Ki 17**:16, **21**:22, **22**:17, **1Ch 28**:9, **2Ch 7**:19, 22, **12**:1, 5, **13**:10, 11, **15**:2, **21**:10, **24**:18, 20, 24, **28**:6, **29**:6, **34**:25, **Ezr 8**:22, **9**:10, **Neh 10**:39, **13**:11, **Job 6**:14, **Ps 10**:14, **89**:30, **119**:53, 87, **Pro 2**:13, 17, **3**:3, **4**:2, 6, **10**:17, **15**:10, **28**:4, **Isa 1**:4, 28, **10**:3, **65**:11, **Jer 1**:16, **2**:13, 17, 19, **5**:7, 19, **9**:13, **16**:11, **17**:13, **19**:4, **22**:9, **Dan 11**:30, **Jon 2**:8

Sûr סוּר /Hêçîr הסיר 5493

Turn Away

[Only of man turning away from Yehuwah; not turning away from idols, ways of Jeroboam etc.; for *not turn away* of Yehuwah, go to p14]

Exd 3:3, **32**:8, **Deu 4**:9, **5**:32, **7**:4, **9**:12, 16, **11**:16, 28, **17**:11, 17, 20, **28**:14, **31**:29, **Jos 1**:7, **11**:15, **23**:6, **Jdg 2**:17, **1Sa 12**:20, 21, **2Sa 22**:23, **1Ki 15**:5, 12, **2Ki 18**:6, **22**:2, **2Ch 20**:32, **25**:27, **34**:2, 33, **Job 34**:27, **Ps 14**:3, **18**:22, **101**:4, **119**:29, 102, 115, **Pro 3**:7, **4**:24, 27, **5**:7, **13**:14, 19, **14**:16, 27, **15**:24, **16**:6, 17, **22**:6, **27**:22, **28**:9, **Isa 30**:11, **Jer 6**:28, **17**:5, 13, **32**:40, **Eze 6**:9, **Dan 9**:5, 11, **Mal 2**:8, **3**:7

Mâ'ên מאן 3985

Refuse

♦Mê'ên מאן 3987

[Only refusing Yehuwah and His word etc]

Exd 10:3, **16**:28, **1Sa 8**:19, **Neh 9**:17, **Ps 78**:10, **Pro 1**:24, **21**:7, **Isa 1**:20, **Jer 5**:3, **8**:5, **9**:6, **11**:10, ♦**13**:10, **25**:28, **Hos 11**:5, **Zec 7**:11

Qûts קוּץ /Qôts קץ 6973

Loathe, Be Grieved

♦Qût קוּט 6962

[Also see under Shiqqûts on p137]

Gen 27:46, **Exd 1**:12, **Nu 21**:5, **22**:3, **1Ki 11**:25, **Ps** ♦**95**:10, ♦**119**:158, ♦**139**:21, **Pro 3**:11, **Isa 7**:6, 16, **Eze** ♦**6**:9, ♦**20**:43, ♦**36**:31

Shâlak̲ שׁלך 7993

Cast

[Only of man casting aside the word of Yehuwah etc.; for *not cast off* of Yehuwah, go to p14]

Exd 32:19, **1Ki 14**:9, **Neh 9**:26, **Ps 2**:3, **50**:17, **55**:22, **Isa 2**:20, **Eze 18**:31, **20**:7, 8, **23**:35

Opotithēmi οποτίθημι *659*

Cast Off, Lay Aside

♦Apostasia ἀποστασία *646*

Mat 14:3, **Act 7**:58, **Act** ♦**21**:21, **Ro 13**:12, **Eph 4**:22, 25, **Col 3**:8, **2Th** ♦**2**:3, **Heb 12**:1, **Jas 1**:21, **1Pe 2**:1

Bâzâh בזה 959

Despise

{Only of man; for *not despise* of Yehuwah, go to Lô-Bâzâh on p13]

Gen 25:34, **Nu 15**:31, **1Sa 2**:30, **10**:27, **17**:42, **2Sa 6**:16, **12**:9, 10, **2Ki 19**:21, **1Ch 15**:29, **2Ch 36**:16, **Neh 2**:19, **Ps 15**:4, **22**:6, **119**:141, **Pro 14**:2, **15**:20, **19**:16, **Ecc 9**:16, **Isa 37**:22, **53**:3, **Jer 49**:15, **Eze 16**:59, **17**:16, 18, 19, **22**:8, **Obd** 2, **Mal 1**:6, 7, 12, **2**:9

Mâ'as מאס 3988

Cast Away, Despise

{Only of man; for *not despise* of Yehuwah, go to Lô-Mâ'as on p13]

(Of the word, statutes, knowledge, waters etc. of Yehuwah)

Lev 26:15, 43, **Nu 11**:20, **14**:31, **Jdg 9**:38, **1Sa 8**:7, **10**:19, **15**:23, 26, **2Ki 17**:15, **Job 5**:17, **Ps 78**:67, **89**:38, **106**:24, **118**:22, **Pro 3**:11, **Isa 5**:24, **8**:6, **30**:12, **Jer 6**:19, **8**:9, **Eze 5**:6, **20**:13, 16, 24, **Hos 4**:6, **Am 2**:4

(Of evil)

Isa 7:15, 16, **31**:7, **33**:15

(Of others)

Job 7:5, 16, **9**:21, **10**:3, **19**:18, **30**:1, **31**:13, **34**:33, **42**:6, **Ps 15**:4, **36**:4, **Pro 15**:32, **Isa 33**:8, **54**:6, **Jer 4**:30

Lâʿag לעג 3932

Despise, Hold In Derision

♦Laʿag לעג 3933

♣Lâ'êg לעג 3934
†Lâ'av לעב 3931
2Ki 19:21, **2Ch 30**:10, †**36**:16, **Neh 2**:19, **4**:1, **Job 9**:23, **11**:3, **21**:3, **22**:19, ♦**34**:7, **Ps 2**:4, **22**:7, ♣**35**:16, ♦**44**:13, **59**:8, ♦**79**:4, **80**:6, ♦**123**:4, **Pro 1**:26, **17**:5, **30**:17, **Isa** ♣**28**:11, **33**:19, **37**:22, **Jer 20**:7, **Eze** ♦**23**:32, ♦**36**:4, **Hos** ♦**7**:16

Exoutheneō εξουθενέω *1848*

♦Exoudenēthē οεξουδενηθή *1847*
Mar ♦**9**:12, **Luk 18**:9, **23**:11, **Act 4**:11, **Ro 14**:3, 10, **1Co 1**:28, **6**:4, **16**:11, **2Co 10**:10, **Gal 4**:14, **1Th 5**:20

Kataphroneō καταφρονέω *2706*

♦Periphroneō περιφρονέω *4065*
♣Oligōreō ὀλιγωρέω *3643*
Mat 6:24, **18**:10, **Luk 16**:13, **Ro 2**:4, **1Co 11**:22, **1Ti 4**:12, **6**:2, **Heb 12**:2, ♣5, **2Pe 2**:10, **Tit** ♦**2**:15

Atheteō ἀθετέω *114*

Despise, Bring To Nought, Reject
♦Atimazō ἀτιμάζω *818*
♣Atimos ἄτιμος *820*
†Asunthetos ἀσύνθετος *802*
‡Aphilagathos ἀφιλάγαθος *865*
ΔAmetamelētos ἀμεταμέλητος *278*
+Ametanoētos ἀμετανόητος *279*
Mat ♣**13**:57, **Mar** ♣**6**:4, 26, **7**:9, **Luk 7**:30, **10**:16, ♦**20**:11, **Joh** ♦**8**:49, **12**:48, **Act** ♦**5**:41, **Ro** ♦**1**:24, †31, +**2**:5, ♦23, Δ**11**:29, **1Co 1**:19, ♣**4**:10, ♣**12**:23, **2Co** Δ**7**:10, **Gal 2**:21, **3**:15, **1Th 4**:8, **1Ti 5**:12, **2Ti** ‡**3**:3, **Heb 10**:28, **Jas** ♦**2**:6, **Jud** 8

Apodokimadzō ἀποδοκιμάζω *593*

Disallow, Reject
Mat 21:42, **Mar 8**:31, **12**:10, **Luk 9**:22, **17**:25, **20**:17, **Heb 12**:17, **1Pe 2**:4, 7

Arneomai ἀρνέομαι *720*

Deny
♦Aparneomai ἀπαρνέομαι *533*
♣Apeipomēn ἀπειπόμην *550*
Mat 10:33, ♦**16**:24, ♦**26**:34, ♦35, **26**:70, 72, ♦75, **Mar** ♦**8**:34, ♦**14**:30, ♦31, **14**:68, 70, ♦72, **Luk 8**:45, ♦**9**:23, **12**:9♦, 57, ♦**22**:34, ♦61, **Joh 1**:20, ♦**13**:38, **18**:25, 27, **Act 3**:13, 14, **4**:16, **7**:35, **2Co** ♣**4**:2, **1Ti 5**:8, **2Ti 2**:12, 13, **3**:5, **Tit 1**:16, **2**:12, **Heb 11**:24, **2Pe 2**:1, **1Jn 2**:22, 23, **Jud** 4, **Rev 2**:13, **3**:8

Shânê' שׂנא 8130

Hate
♦Shâtam שׂטם 7852
[Yehuwah's hate for sin; for man's hate of people go to p161]
Gen ♦**27**:41, **Deu 12**:31, **16**:22, **Job** ♦**30**:21, **Ps 5**:5, **11**:5, **45**:7, **Pro 6**:16, **Isa 1**:14, **61**:8, **Jer 12**:8, **44**:4, **Hos 9**:15, **Am 5**:21, **6**:8, **Zec 8**:17, **Mal 1**:3, **2**:16

Hate of wrong
Exd 18:21, **Ps 26**:5, **31**:6, **97**:10, **101**:3, **119**:104, 113, 128, 163, **139**:21, 22, **Pro 8**:13, **13**:5, **15**:27, **28**:16, **Am 5**:15
Hate of Yehuwah and what is right
Exd 20:5, **Nu 10**:35, **Deu 5**:9, **7**:10, **2Chr 19**:2, **Job 34**:17, **34**:21, **50**:17, **68**:1, **81**:15, **83**:2, **Pro 1**:29, **5**:12, **8**:36, **12**:1, **15**:10, **Am 5**:10, **Mic 3**:2

Nâ'ats נאץ 5006

Blaspheme, Provoke
♦N[e]'âtsâh נאצה 5007
Nu 14:11, 23, **16**:30, **Deu 31**:20, **32**:19, **1Sa 2**:17, **2Sa 12**:14, **2Ki** ♦**19:3**, **Neh** ♦**9:18**, ♦**26**, **Ps 10**:3, 13, **74**:10, 18, **107**:11, **Pro 1**:30, **5**:12, **15**:5, **Ecc 12**:5, **Isa 1**:4, **5**:24, ♦**37:3**, **52**:5, **60**:14, **Jer 14**:21, **Jer 23**:17, **33**:24, **La 2**:6, **Eze** ♦**35**:12

Blasphēmeō βλασφημέω *987*

Revile, Blaspheme, Speak Evil Of
Mat 9:3, **26**:65, **27**:39, **Mar 3**:28, 29, **15**:29, **Luk 12**:10, **22**:65, **23**:39, **Joh 10**:36, **Act 13**:45, **18**:6, **19**:37, **26**:11, **Ro 2**:24, **3**:8, **14**:16, **1Co 4**:13, **10**:30, **1Ti 1**:20, **6**:1, **Tit 2**:5, **3**:2, **Jas 2**:7, **1Pe 4**:4, 14, **2Pe 2**:2, 10, 12, **Jud** 8, 10, **Rev 13**:6, **16**:9, 11, 21

Blasphēmia βλασφημία *988*

Blasphemy
♦Blasphēmos βλάσφημος *989*
Mat 12:31, **15**:19, **26**:65, **Mar 2**:7, **3**:28, **7**:22, **14**:64, **Luk 5**:21, **Joh 10**:33, **Act** ♦**6**:11, ♦13, **Eph 4**:31, **Col 3**:8, **1Ti** ♦**1**:13, **6**:4, **2Ti** ♦**3**:2, **2Pe** ♦**2**:11, **Jud** 9, **Rev 2**:9, **13**:1, 5, 6, **17**:3

Qâshâh קשׁה 7185

Hard, Stiff-Necked

♦Qâsheh קשה 7186

♣'Âthâq עתק 6277

Gen 35:16, 17, **49**:7, **Exd** ♦**1**:14, ♦**6**:9, **7**:3, **13**:15, ♦**18**:26, ♦**32**:9, ♦**33**:3, ♦5, ♦**34**:9, **Deu 1**:17, **2**:30, ♦**9**:6, ♦13, **10**:16, **15**:18, ♦**31**:27, **Jdg** ♦**2**:19, **1Sa** ♣**2**:3, **5**:7, **2Sa 19**:43, **1Ki 12**:4, **2Ki 2**:10, **17**:14, **2Ch 10**:4, **30**:8, **36**:13, **Neh 9**:16, 17, 29, **Job 9**:4, **Ps** ♣**31**:18, ♣**75**:5, ♣**94**:4, **95**:8, **Pro 28**:14, **29**:1, **Isa 8**:21, ♦**48**:4, **Jer 7**:26, **17**:23, **19**:15, **Eze** ♦**2**:4, ♦**3**:7

Ga'avâh גאוה 1346

Pride

♦Gâ'âh גאה 1342

♣Shaḥats שחץ 7830

[For *excellency*, go to p36]

Job ♦**8**:11, ♦**10**:16, ♣**28**:8, **41**:15, ♣34, **Ps 10**:2, **31**:18, 23, **36**:11, **46**:3, **73**:6, **Pro 14**:3, **29**:23, **Isa 9**:9, **13**:11, **16**:6, **25**:11, **Jer 48**:29, **Eze** ♦**47**:5, **Zep 3**:11

Ga'ôn גאון 1347

Pride

♦Gê'ût גאות 1348

♣Ga'ayôn גאיון 1349

[For *majesty, excellency*, go to p36]

Lev 26:19, **Job 35**:12, **38**:11, **Ps** ♦**17**:10, **59**:12, ♦**89**:9, ♣**123**:4, **Pro 8**:13, **16**:18, **Isa** ♦**9**:18, 11, **14**:11, **16**:6, **23**:9, ♦**28**:1, ♦3, **Jer 12**:5, **13**:9, **48**:29, **49**:19, **50**:44, **Eze** 24, **16**:49, 56, **30**:6, 18, **32**:12, **33**:28, **Hos 5**:5, **7**:10, **Zep 2**:10, **Zec 9**:6, **10**:11, **11**:3

Gâvahh גבה 1361

High, Lifted Up

♦Gâvôahh גבה 1364

♣Gâvâhh גבה 1362

†Gavhût גבהות 1365

[Except literal *high* for 1364; only the meaning of pride; for *high* of Yehuwah and *lifted up* of the righteous, go to p37]

2Ch 26:16, **32**:25, **33**:14, **Ps** ♣**101**:5, **131**:1, ♦**138**:6, **Pro** ♣**16**:5, **17**:19, **18**:12, **Ecc** ♣**7**:8, **Isa 3**:16, †**2**:11, 17, ♦15, ♦**5**:15, ♦**10**:33, ♦**30**:25, ♦**40**:9, ♦**57**:7, **Jer 13**:15, **Eze 16**:50, ♦**17**:22, **19**:11, **28**:2, 5, 17, ♣**31**:3, 5, 10, 14, ♦**40**:2, **Obd** 4, **Zep** ♦**1**:16, **3**:11

Zêd זד 2086

Proud

Ps 19:13, **86**:14, **119**:21, 51, 69, 78, 85, 122, **Pro 21**:24, **Isa 13**:11, **Jer 43**:2, **Mal 3**:15, **4**:1

Huperēphanos ὑπερήφανος *5244*

♦Huperēphania ὑπερηφανία *5243*

♣Typhoō τυφόω *5187*

†Alazoneia ἀλαζονεία *212*

‡Alazōn ἀλαζών *213*

ΔTheomachos θεομάχος *2314*

+Theomacheō θεομαχέω *2313*

^Authadēs αὐθάδης *829*

>Acharistos ἀχάριστος *884* Unthankful

Mar ♦**7**:22, **Luk 1**:51, >**6**:35, **Act** Δ**5**:39, +**23**:9, **Ro 1**:30‡, **1Ti** ♣**3**:6, ♣**4**, ♣**6**:4, **2Ti 3**:2‡>, **Tit** ^**1**:7, **Jas 4**:6, †16, **1Pe 5**:5, **2Pe** ^**2**:10, **1Jn** †**2**:16

Nâ'aph נאף 5003

Commit Adultery, Adultery

♦Ni'ûph נאף 5004

♣Na'aphûph נאפוף 5005

Exd 20:14, **Lev 20**:10, **Deu 5**:18, **Job 24**:15, **Ps 50**:18, **Pro 6**:32, **30**:20, **Isa 57**:3, **Jer 3**:8, 9, **5**:7, **7**:9, **9**:2, ♦**13**:27, **23**:10, 14, **29**:23, **Eze 16**:32, 38, **23**:37, ♦43, 45, **Hos** ♣**2**:2, **3**:1, **4**:2, 13, 14, **7**:4, **Mal 3**:5

Zânâh זנה 2181

Commit Harlotry

♦Q^{e}dêshâh קדשה 6948

Gen 34:31, **38**:15, ♦**21**, ♦**22**, 24, **Exd 34**:15, 16, **Lev 17**:7, **19**:29, **20**:5, 6, **21**:7, 9, 14, **Nu 15**:39, **25**:1, **Deu 22**:21, ♦**23**:17, 18, **31**:16, **Jos 2**:1, **6**:17, 22, 25, **Jdg 2**:17, **8**:27, 33, **11**:1, **16**:1, **19**:2, **1Ki 3**:16, **1Ch 5**:25, **2Ch 21**:11, 13, **Ps 73**:27, **106**:39, **Pro 6**:26, **7**:10, **23**:27, **29**:3, **Isa 1**:21, **23**:15, 16, 17, **57**:3, **Jer 2**:20, **3**:1, 3, 6, 8, **5**:7, **Eze 6**:9, **16**:15, 16, 17, 26, 28, 30, 31, 33, 34, 35, 41, **20**:30, **23**:3, 5, 19, 30, 43, 44, **Hos 1**:2, **2**:5, **3**:3, **4**:10, 12, 13, **14**♦, 15, 18, **5**:3, **9**:1, **Joe 3**:3, **Am 7**:17, **Mic 1**:7, **Nah 3**:4

Zânûn זנון 2183

Harlotry

♦Z^{e}nûth זנות 2184

Gen 38:24, **Nu** ♦**14**:33, **2Ki 9**:22, **Jer** ♦**3**:2, ♦9, ♦**13**:27, **Eze 23**:11, ♦27, 29, ♦**43**:7, ♦9, **Hos 1**:2, **2**:2, 4, **4**:12, **5**:4, **Hos** ♦**4**:11, ♦**6**:10, **Nah 3**:4

Porneia πορνεία *4202*

♦Pornē πόρνη *4204*
♣Pornos πόρνος *4205*
†Porneuō πορνεύω *4203*
Mat 5:32, **15**:19, **19**:9, ♦**21**:31, ♦32, **Mar 7**:21, **Luk** ♦**15**:30, **Jo 8**:41, **Act 15**:20, 29, **21**:25, **Ro 1**:29, **1Co 5**:1, ♣9, ♣10, ♣11, ♣**6**:9, 13, ♦15, ♦16, **18**†, 7:2, †**10**:8, **2Co 12**:21, **Gal 5**:19, **Eph 5**:3, ♣5, **Col 3**:5, **1Th 4**:3, **1Ti** ♣**1**:10, **Heb** ♦**11**:31, ♣**12**:16, ♣**13**:4, **Jas** ♦**2**:25, **Rev** †**2**:14, †20, 21, **9**:21, **14**:8, ♦**17**:1, 2†, 4, ♦5, ♦15, ♦16, **18**:3†, †9, **19**:2♦, ♣**21**:8, ♣**22**:15

Gânav גּנב 1589

Steal

Gen 30:33, **31**:19, 20, 26, 27, 30, 32, 39, **40**:15, **44**:8, **Exd 20**:15, **21**:16, **22**:1, 7, 12, **Lev 19**:11, **Deu 5**:19, **24**:7, **Jos 7**:11, **2Sa 15**:6, **19**:3, 41, **21**:12, **2Ki 11**:2, **2Ch 22**:11, **Job 4**:12, **21**:18, **27**:20, **Pro 6**:30, **9**:17, **30**:9, **Jer 7**:9, **23**:30, **Hos 4**:2, **Obd 1**:5, **Zec 5**:3

Gannâv גּנּב 1590

Thief

♦G^e^nêvâh גּנבה 1591

Exd 22:2, ♦3, ♦4, 7, 8, **Deu 24**:7, **Job 24**:14, **30**:5, **Ps 50**:18, **Pro 6**:30, **29**:24, **Isa 1**:23, **Jer 2**:26, **48**:27, **49**:9, **Hos 7**:1, **Joe 2**:9, **Obd 1**:5, **Zec 5**:4

Kleptēs κλέπτης *2812*

♦Kleptō κλέπτω *2813* Steal
♣Klemma κλέμμα *2809*
Mat 6:19♦, **20**♦, ♦**19**:18, **24**:43, ♦**27**:64, ♦**28**:13, **Mar** ♦**10**:19, **Luk 12**:33, 39, ♦**18**:20, **Joh 10**:1, 8, **10**♦, **12**:6, **Ro** ♦**2**:21, ♦**13**:9, **1Co 6**:10, **Eph** ♦**4**:28, **1Th 5**:2, **5**:4, **1Pe 4**:15, **2Pe 3**:10, **Rev 3**:3, ♣**9**:21, **16**:15

P^e^rîyts פּריץ 6530

Robbers

♦Tsammîym צמים 6782

Job ♦**5**:5, ♦**18**:9, **Ps 17**:4, **Isa 35**:9, **Jer 7**:11, **Eze 7**:22, **18**:10, **Dan 11**:14

Lēistēs λῃστής *3027*

Mat 21:13, **26**:55, **27**:38, 44, **Mar 11**:17, **14**:48, **15**:27, **Luk 10**:30, 36, **19**:46, **22**:52, **Joh 10**:1, :8, **18**:40, **2Co 11**:26

Z^e^'êv זאב 2061

Wolf

Gen 49:27, **Isa 11**:6, **65**:25, **Jer 5**:6, **Eze 22**:27, **Hab 1**:8, **Zep 3**:3

Lukos λύκος 3074

Mat **7**:15, **10**:16, Luk **10**:3, Joh **10**:12, Act **20**:29

Neshek נשׁך 5392

Usury

♦Mashshâ' משּׁא 4855

Exd 22:25, **Lev 25**:36, 37, **Deu 23**:19, **Neh** ♦**5**:7, ♦10, **Ps 15**:5, **Pro 28**:8, **Eze 18**:8, 13, 17, **22**:12

Harpax ἅρπαξ *727*

Extortion

♦Harpagē ἁρπαγή *724*
♣Harpagmos ἁρπαγμός *725*
Mat 7:15, ♦**23**:25, **Luk** ♦**11**:39, **18**:11, **1Co 5**:10, 11, **6**:10, **Php** ♣**2**:6, **Heb** ♦**10**:34

Sâvâ' סבא 5433

Drunkard

♦Sôve' סבא 5435

Deu 21:20, **Pro 23**:20, 21, **Isa** ♦**1**:22, **56**:12, **Eze 23**:42, **Hos** ♦**4**:18, **Nah 1**:10♦

Shikkôr שׁכּר 7910

Drunkard

1Sa 1:13, **25**:36, **1Ki 16**:9, **20**:16, **Job 12**:25, **Ps 107**:27, **Pro 26**:9, **Isa 19**:14, **24**:20, **28**:1, 3, **Jer 23**:9, **Joe 1**:5

Methuō μεθύω *3184*

♦Methuskō μεθύσκω *3182*
♣Methusos μέθυσος *3183*
Mat 24:49, **Luk** ♦**12**:45, **Joh 2**:10, **Act 2**:15, **1Co** ♣**5**:11, ♣**6**:10, **11**:21, **Eph** ♦**5**:18, **1Th 5**:7♦, **Rev 17**:2, 6

Zâlal זלל 2151

Glutton, Vile

♦Shô'âr שׁער 8182

Deu 21:20, **Pro 23**:20, 21, **28**:7, **Isa 64**:1, 3, **Jer 15**:19, ♦**29**:17, **La 1**:11

Râtsaḥ רצח 7523
Slayer, Kill, Murder
♦Retsaḥ רצח 7524
Exd 20:13, **Nu 35**:6, 11, 12, 16, 17, 18, 19, 21, 25, 26, 27, 28, 30, 31, **Deu 4**:42, **5**:17, **19**:3, 4, 6, **22**:26, **Jos 20**:3, 5, 6, **21**:13, 21, 27, 32, 38, **Jdg 20**:4, **1Ki 21**:19, **2Ki 6**:32, **Job 24**:14, **Ps ♦42**:10, **62**:3, **94**:6, **Pro 22**:13, **Isa 1**:21, **Jer 7**:9, **Eze ♦21**:22, **Hos 4**:2, **6**:9

Apokteinō ἀποκτείνω *615*
Kill, Slay
Mat 10:28, **14**:5, **16**:21, **17**:23, **21**:35, 38, 39, **22**:6, **23**:34, 37, **24**:9, **26**:4, **Mar 3**:4, **6**:19, **8**:31, **9**:31, **10**:34, **12**:5, 7, 8, **14**:1, **Luk 9**:22, **11**:47, 48, 49, **12**:4, 5, **13**:4, 31, 34, **18**:33, **20**:14, 15, **Joh 5**:16, 18, **7**:1, 19, 20, 25, **8**:22, 37, 40, **11**:53, **12**:10, **16**:2, **18**:31, **Act 3**:15, **7**:52, **21**:31, **23**:12, 14, **27**:42, **Ro 7**:11, **11**:3, **2Co 3**:6, **Eph 2**:16, **1Th 2**:15, **Rev 2**:13, 23, **6**:8, 11, **9**:5, 15, 18, 20, **11**:5, 7, 13, **13**:10, 15, **19**:21

Phoneus φονεύς *5406*
Murderer
♦Anthrōpoktonos ἀνθρωποκτόνος *443*
Mat 22:7, **Joh ♦8**:44, **Act 3**:14, 7:52, **28**:4, **1Pe 4**:15, **1Jn ♦3**:15, **Rev 21**:8, **22**:15

Gillûl גלול 1544
Idols
♦Elîyl אליל 457
Lev ♦19:4, **♦26**:1, 30, **Deu 29**:17, **1Ki 15**:12, **21**:26, **2Ki 17**:12, **21**:11, 21, **23**:24, **♦1Ch 16**:26, **Job ♦13**:4, **Ps ♦96**:5, **♦97**:7, **Isa ♦2**:8, ♦18, ♦20, **♦10**:10, ♦11, **♦19**:1, ♦3, **♦31**:7, **Jer ♦14**:14, **50**:2, **Eze 6**:4, 5, 6, 9, 13, **8**:10, **14**:3, 4, 5, 6, 7, **16**:36, **18**:6, 12, 15, **20**:7, 8, 16, 18, 24, 31, 39, **22**:3, 4, **23**:7, 30, 37, 39, 49, **30**:**13♦**, **33**:25, **36**:18, 25, **37**:23, **44**:10, 12, **Hab ♦2**:18, **Zec ♦11**:17

ʿÂtsâv עצב 6091
Idols
1Sa 31:9, **2Sa 5**:21, **1Ch 10**:9, **2Ch 24**:18, **Ps 106**:36, 38, **115**:4, **135**:15, **Isa 10**:11, **Isa 46**:1, **Jer 50**:2, **Hos 4**:17, **8**:4, **13**:2, **14**:8, **Mic 1**:7, **Zec 13**:2

Eidōlon εἴδωλον *1497*
♦Eidōlothuton εἰδωλόθυτον *1494*
Offered to Idols
♣Eidōlolatrēs εἰδωλολάτρης *1496*
†Eidōlolatreia εἰδωλολατρεία *1495*
‡Eidōleîon εἰδωλεῖον *1493*
Act 7:41, **15**:20, ♦29, **♦21**:25, **Ro 2**:22, **1Co ♣5**:10, ♣11, **♣6**:9, **♦8**:1, 4♦, 7♦, ♦10‡, **♣10**:7, †14, 19♦, ♦28, **12**:2, **2Co 6**:16, **Gal 5**:20, **Col 3**:5, **1Th 1**:9, **1Pe 4**:3†, **1Jn 5**:21, **Rev ♦2**:14, ♦20, **9**:20

Ashêrâh אשרה 842
Wooden Image, Groves
Exd 34:13, **Deu 7**:5, **12**:3, **16**:21, **Jdg 3**:7, **6**:25, 26, 28, 30, **1Ki 14**:15, 23, **15**:13, **16**:33, **18**:19, **2Ki 13**:6, **17**:10, 16, **18**:4, **21**:3, 7, **23**:4, 6, 7, 14, 15, **2Ch 14**:3, **15**:16, **17**:6, **19**:3, **24**:18, **31**:1, **33**:3, 19, **34**:3, 4, 7, **Isa 17**:8, **27**:9, **Jer 17**:2, **Mic 5**:14

Maççekâh מסכה 4541
Molded Image
Exd 32:4, 8, **34**:17, **Lev 19**:4, **Nu 33**:52, **Deu 9**:12, 16, **27**:15, **Jdg 17**:3, 4, **18**:14, 17, 18, **1Ki 14**:9, **2Ki 17**:16, **2Ch 28**:2, **34**:3, 4, **Neh 9**:18, **Ps 106**:19, **Isa 25**:7, **28**:20, **30**:1, 22, **42**:17, **Hos 13**:2, **Nah 1**:14, **Hab 2**:18

P^e^sîyl פסיל /P^e^sîylîm פסילים
6456 Carved Images
Deu 7:5, 25, **12**:3, **Jdg 3**:19, 26, **2Ki 17**:41, **2Ch 33**:19, 22, **34**:3, 4, 7, **Ps 78**:58, **Isa 10**:10, **21**:9, **30**:22, **42**:8, **Jer 8**:19, **50**:38, **51**:47, 52, **Hos 11**:2, **Mic 1**:7, **5**:13

Bâmâh במה 1116
High Place
♦Bâmôt במות 1120
♣Ḥammân חמן 2553 Images
Lev ♦26:30, **Nu ♦21**:19, ♦20, **22**:41♦, **33**:52, **Deu 32**:13, **33**:29, **Jos ♦13**:17, **1Sa 9**:12, 13, 14, 19, 25, **10**:5, 13, **2Sa 1**:19, 25, **22**:34, **1Ki 3**:2, 3, 4, **11**:7, **12**:31, 32, **13**:2, 32, 33, **14**:23, **15**:14, **22**:43, **2Ki 12**:3, **14**:4, **15**:4, 35, **16**:4, **17**:9, 11, 29, 32, **18**:4, 22, **21**:3, 5, 8, 9, 13, 15, 19, 20, **1Ch 16**:39, **21**:29, **2Ch 1**:3, 13, **11**:15, **14**:3, 5♣, **15**:17, **17**:6, **20**:33, **21**:11, **28**:4, 25, **31**:1, **32**:12, **33**:3, 17, 19, **♣34**:4, ♣7, **Job 9**:8, **Ps 18**:33, **78**:58, **Isa 14**:14, **15**:2, **16**:12, **♣17**:8, **♣27**:9, **36**:7, **58**:14, **Jer 7**:31, **17**:3, **19**:5, **26**:18, **32**:35, **48**:35, **Eze 6**:3, ♣4, 6♣, **16**:16, **20**:29, **36**:2, **43**:7, **Hos 10**:8, **Am 4**:13, **7**:9, **Mic 1**:3, 5, **3**:12, **Hab 3**:19

ʿAshtârôt עַשְׁתרת 6252

Ashtaroth

♦ʿAshtoret עַשְׁתרת 6253

♣ʿAshterot Qarnayim עַשְׁתרת קרנים 6255

†Beʿeshterâh בְּעֶשְׁתְּרָה 1203

Gen ♣**14**:5, **Deu 1**:4, **Jos 9**:10, **12**:4, **13**:12, 31, †**21**:27, **Jdg 2**:13, **10**:6, **1Sa 7**:3, 4, **12**:10, **31**:10, **1Ki** ♦**11**:5, ♦33, **2Ki** ♦**23**:13, **1Ch 6**:71

Baʿal בַּעַל 1168

Baal

♦Baʿal Beriyt **בעל ברית** 1170

♣Baʿal Zebûb בַּעַל זְבוּב 1176

†Baʿal Peʿôr בַּעַל פְּעוֹר 1187

Nu †**25**:3, †5, **Deu** †**4**:3, **Jdg 2**:11, 13, **3**:7, **6**:25, 28, 30, 31, 32, **8**:33♦, ♦**9**:4, **10**:6, 10, **1Sa 7**:4, **12**:10, **1Ki** ♣**1**:2, ♣3, ♣6, ♣16, **16**:31, 32, **18**:18, 19, 21, 22, 25, 26, 40, **19**:18, **22**:53, **2Ki 3**:2, **10**:18, 19, 20, 21, 22, 23, 25, 26, 27, 28, **11**:18, **17**:16, **21**:3, **23**:4, 5, **1Ch 4**:33, **5**:5, **8**:30, **9**:36, **2Ch 17**:3, **23**:17, **24**:7, **28**:2, **33**:3, **34**:4, **Ps** †**106**:28, **Jer 2**:8, 23, **7**:9, **9**:14, **1**:13, 17, **12**:16, **19**:5, **23**:13, 27, **32**:29, 35, **Hos 2**:8, 13, 17, †**9**:10, **11**:2, **13**:1, **Zep 1**:4

Beelzeboul Βεελζεβούλ *954*

Beelzebub

♦Baal Βάαλ *896*

Mat 10:25; **12**:24; 27; **Mar 3**:22; **Luk 11**:15; 18; 19, **Ro** ♦**11**:4

Moleḵ מֹלֶךְ 4432

Molech

Lev 18:21, **20**:2, 3, 4, 5, **1Ki 11**:7, **2Ki 23**:10, **Jer 32**:35

Kemôsh כְּמוֹשׁ 3645

Chemosh

♦Kîyûn כִּיּוּן 3594

Nu 21:29, **Jdg 11**:24, **1Ki 11**:7, 33, **2Ki 23**:13, **Jer 48**:7, 13, 46, **Am** ♦**5**:26

Rhemphan Ῥεμφάν *4481*

Act 7:43

Artemis Ἄρτεμις *735*

Artemis, Diana

Act 19:24, 27, 28, 34, 35

Milkôm מִלְכּוֹם 4445

1Ki 11:5, 33, **2Ki 23**:13, **1Ch 8**:9

Dâgôn דָּגוֹן 1712

Jdg 16:23, **1Sa 5**:2, 3, 4, 5, 7, **1Ch 10**:10

Meleket Hashâmayîm מלכת הַשָּׁמַיִם 4446-8064

Queen Of Heaven

Jer 7:18, **44**:17, 18, 19, 25

Tsâvâ' Hashâmayîm צבא הַשָּׁמַיִם 6635-8064

Host Of Heaven

Deu 4:19, 17:3, 1Ki 22:19, 2Ki 17:16, 21:3, 5, 23:4, 5, 2Ch 18:18, 28:9, 33:3, 5, Neh 9:6, Isa 34:4, Jer 8:2, 19:13, 33:22, Dan 8:10, Zep 1:5

Qâsam קסם /Qôsem קוֹסֵם /Qôsmîm קוֹסְמִים 7080

Divination, Soothsayer, Diviners

♦Qesem קסם 7081

Nu ♦**23**:23, **Deu 18**:10♦, 14, **Jos 13**:22, **1Sa 6**:2, ♦**15**:23, **28**:8, **2Ki 17**:17♦, **Pro** ♦**16**:10, **Isa 3**:2, **44**:25, **Jer** ♦**14**:14, **27**:9, **29**:8, **Eze** ♦**13**:6, 9, 23♦, **21**:21♦, ♦22, 23, 29, **22**:28, **Mic 3**:6, 7, 11, **Zec 10**:2

Nâḥash נחשׁ /Nîḥêsh נחשׁ 5172

Divine, Enchantments

Gen 30:27, **44**:5, 15, **Lev 19**:26, **Deu 18**:10, **1Ki 20**:33, **2Ki 17**:17, **21**:6, **2Ch 33**:6

Kâshaph כִּשֵּׁף 3784

Sorcerer, Witch

Exd 22:18, **Deu 18**:10, **2Ch 33**:6, **Dan 2**:2, **Mal 3**:5

Pharmakeia φαρμακεία *5331*

Witchcraft

♦Phármakos φάρμακος *5333*

♣Pharmakeus φαρμακεύς *5332*
†Puthōn πύθων *4436*
Gal 5:20, Acts †16:16, **Rev 9**:21, **18**:23, ♣**21**:8, ♦**22**:15

Ḥêmâh חמה 2534

Anger, Wrath, Fury
♦Ḥamâh חמה 2528
{♣Aph אף 639 Anger
†Qetseph קצף 7110 Wrath
‡Kâʿaç כעס 3707 Provoke to Anger}
Lev 26:28, **Nu 25**:11, **Deu 9**:19♣, **29**:23♣, 28♣†, **2Ki 22**:13, 17‡ʻ, **2Ch 12**:7, **28**:9, **34**:21, 25‡ʻ, **36**:16, **Job 6**:4, **19**:29, **21**:20, **36**:18, **Ps 6**:1♣, **38**:1†, **59**:13, **78**:38♣, **79**:6, **88**:7, **89**:46, **90**:7♣, **106**:23, **Isa 27**:4, **34**:2†, **42**:25♣, **51**:17, 20, 22, **59**:18, **63**:3♣, 5, 6♣, **66**:15♣, **Jer 4**:4, **6**:11, **7**:20♣, **10**:25, **18**:20, **21**:5♣, 12, **23**:19, **25**:15, **30**:23, **32**:31♣, 37♣, **33**:5♣, **36**:7♣, **42**:18♣, **44**:6♣, **La 2**:4, **4**:11♣, **Eze 5**:13♣, 15♣, **6**:12, 7:8♣, **8**:18, **9**:8, **13**:13♣, 15, **14**:19, **16**:38, 42, **19**:12, **20**:8♣, 13, 21♣, 33, 34, **21**:17, **22**:20♣, 22 , **23**:25, **24**:8, 13, **25**:14♣, 17 , **30**:15, **36**:6, 18, **38**:18, **Dan 9**:16♣, **Mic 5**:15♣, **Nah 1**:2, 6♣, **Zec 8**:2

Gen 27:44, **Deu 32**:24, 33, **2Sa 11**:20, **2Ki 5**:12, **Est 1**:12, **2**:1, **3**:5, **5**:9, **7**:7, 10, **Ps 37**:8♣, **58**:4, **76**:10, **140**:3, **Pro 6**:34, **15**:1♣, 18♣, **16**:14, **19**:19, **21**:14♣, **22**:24, **27**:4♣, **29**:22, **Isa 51**:13, **Eze 3**:14, **Dan** ♦**3**:13, ♦19, **8**:6, **11**:44

Aph אף 639

Anger
♦Qᵉtsaph קצף 7108/7109
{♣Ḥârâh חרה 2734 Burn Hot, Aroused
†Ḥᵉrôn חרון 2740 Fierce}
[Except *nostrils, nose, face, offer, give*; for *slow to anger* go to Arek Aphim on p3; also look under Ḥêmâh (Anger) above]
Exd 4:14♣, **15**:8, **22**:24♣, **32**:10♣, 11♣, 12♣, 22♣, **Nu 11**:1♣, 10♣, 33♣, **12**:9♣, **22**:22♣, **25**:3♣, 4♣, **32**:10♣, 13♣, 14†, **Deu 6**:15♣, **7**:4♣, **11**:17♣, **13**:17†, **29**:20, 24, 27♣, **31**:17♣, **32**:22, **Jos 7**:1♣, 26†, **23**:16♣, **Jdg 2**:14♣, 20♣, **3**:8♣, **6**:39♣, **10**:7♣, **1Sa 28**:18♣, **2Sa 6**:7♣, **22**:9, 16, **24**:1♣, **2Ki 13**:3♣, **23**:26†♣, **24**:20, **1Ch 13**:10♣, **2Ch 12**:12, **25**:15♣, **28**:11†, 13†, **29**:10♣, **30**:8♣, **Ezr 8**:22, **10**:14†, **Job 4**:9, **9**:5, 13, **14**:13, **16**:9, **19**:11♣, **20**:23♣, 28, **21**:17, **35**:15, **36**:13, **40**:11, **42**:7♣, **Ps 2**:5†, 12, **7**:6, **18**:8, 15, **21**:9, **27**:9, **30**:5, **56**:7, **69**:24†, **74**:1, **76**:7, **77**:9, **78**:21, 31, 49†, 50, **85**:3♣, 5, **90**:11, **106**:40♣, **110**:5, **Pro 24**:18, **Isa 5**:25♣, **9**:12, 17, 21, **10**:4, 5, 25, **12**:1, **13**:3, 9†, 13†, **14**:6, **30**:27, 30, **48**:9, **65**:5, **Jer 2**:35, **4**:8♣, 26†, **10**:24, **12**:13†, **15**:14, **17**:4, **18**:23, **23**:20, **25**:37†, 38♣♣, **30**:24†, **36**:7, **49**:37†, **51**:45†, **52**:3, **La 1**:12†, **2**:1, 3, 6, 21, 22, **3**:43, 66, **4**:11†, **Eze 7**:3, **8**:17, **43**:8, **Hos 8**:5, **11**:9†, **13**:11, **14**:4, **Am 1**:11, **Jon 3**:9†, **Mic 7**:18, **Hab 3**:8, 12, **Zep 2**:2†, 3, **3**:8♣, **Zec 10**:3♣

Gen 27:45, **30**:2, **39**:19♣, **44**:18♣, **49**:6, 7, **Exd 11**:8, **32**:19♣, 22, **Nu 22**:27♣, **24**:10♣, **Jdg 9**:30♣, **14**:19♣, **1Sa 11**:6♣, **17**:28♣, **20**:30♣, 34, **2Sa 12**:5♣, **2Ki 19**:28, **2Ch 25**:15, 10♣, **Ezr** ♦**7**:23, **Job 18**:4, **32**:2♣, 3♣, 5♣, **40**:24, **41**:2, **Ps 10**:4, **55**:3, **124**:3♣, **138**:7, **Pro 14**:17, **22**:24, **29**:8, 22, **Isa 7**:4, **Eze 35**:11, **Dan** ♦**2**:12, **11**:20

Zaʿam זעם 2195

Angry, Indignation, Rage
♦Zâʿam זעם 2194
♣Zaʿaph זעף 2197
†Zâʿaph זעף 2196
‡Zâʿêph זעף 2198
ΔZalʿâphâh זלעפה 2152
Ps ♦**7**:11, Δ**11**:6, **38**:3, **69**:24, **78**:49, **102**:10, **Pro** ♦**22**:14, **Isa 10**:5, 25, **13**:5, **26**:20, **30**:27, ♣30, ♦**66**:14, **Jer 10**:10, **15**:17, **50**:25, **La 2**:6, **Eze 21**:31, **22**:24, 31, **Dan 8**:19, **11**:36, **Hos** 7:16, **Mic** ♣**7**:9, **Nah 1**:6, **Hab 3**:12, **Zep 3**:8, **Zec** ♦**1**:12, **Mal** ♦**1**:4

Gen †**40**:6, **Nu** ♦**23**:7, ♦**8**, **1Ki** ‡**20**:43, ‡**21**:42, **Ch** ♣**16**:10, †**26**:19, ♣**28**:9, **Ps** Δ**119**:53, Pro †19:3, ♣12, ♦**24**:24, ♦**25**:23, **La** Δ**5**:10, Dan †1:10, ♦11:30, Jon ♣1:15, Mic ♦6:10

ʿÂshan עשן 6225

Be Angry, Smoke
♦ʿÂshan עשן 6225
Exd 19:18, ♦**20**:18, **Deu 29**:20, **Ps 74**:1, **80**:4, **104**:32, **144**:5, **Isa** ♦**7**:4

Ḥârâh חרה 2734

Angry
[Also look under Aph above]
Gen 18:30, 32, **2Sa 22**:8, **Ps 18**:7, **Hos 8**:5, **Hab 3**:8

Gen 4:5, 6, **30**:2, **31**:35, 36, **34**:7, **45**:5, **Nu 16**:15, **1Sa 15**:11, **18**:8, **20**:7, **2Sa 3**:8, **6**:8, **13**:21, **19**:42, **1Ch 13**:11, **Neh 3**:20, **4**:1, 7, **5**:6, **Ps 37**:1, 7, 8, **Pro 24**:19, **Isa 41**:11, **45**:24, **Jon 4**:1, 4, 9

Ḥârôn חרון 2740

Wrath

[Also look under Aph above]

Exd 15:7, **Neh 13**:18, **Ps 58**:9, **88**:16, **Eze 7**:12, 14

ʿEvrâh עברה 5678

Wrath

[Only of Yehuwah]

Job 21:30, **40**:11, **Ps 78**:49, **85**:3, **90**:9, 11, **Pro 11**:4, 23, **14**:35, **Isa 9**:19, **10**:6, **13**:9, 13, **Jer 7**:29, **La 2**:2, **3**:1, **Eze 7**:19, **21**:31, **22**:21, 31, **38**:19, **Hos 5**:10, **13**:11, **Hab 3**:8, **Zep 1**:15, 18

Kaʿas כעשׂ 3708

Anger, Wrath, Grief

Job 10:17, **Ps 85**:4

Deu 32:19, 27, **1Sa 1**:6, 16, **1Ki 15**:30, **21**:22, **2Ki 23**:26, **Job 5**:2, **6**:2, **17**:7, **Ps 6**:7, **10**:14, **31**:9, **Pro 12**:16, **17**:25, **21**:19, **27**:3, **Ecc 1**:18, **2**:23, **7**:3, 9, **11**:10, **Eze 20**:28

Thumos θυμός *2372*

Luk 4:28, **Act 19**:28, **Ro 2**:8, **2Co 12**:20, **Gal 5**:20, **Eph 4**:31, **Col 3**:8, **Heb 11**:27, **Rev 12**:12, **14**:8, 10, 19, **15**:1, 7, **16**:1, 19, **18**:3, **19**:15

Qâtsaph קצף 7107

Wrath

♦Qetseph קצף 7110

[Also for 7110 go to Ḥêmâh (Anger) on p147]

Lev 10:6, **Nu ♦1**:53, **16**:22, ♦46, **♦18**:5, **Deu 1**:34, **9**:7, 8, 19, 22, **Jos ♦9**:20, **22**:18, ♦20, **2Ki ♦3**:27, **1Ch ♦27**:24, **2Ch ♦19**:2, ♦10, **♦24**:18, **♦29**:8, **♦32**:25, ♦26, **Est ♦1**:18, **Ps ♦102**:10, **106**:32, **Ecc 5**:6, ♦17, **Isa 47**:6, **♦54**:8, 9, **57**:16, 17, **♦60**:10, **64**:5, 9, **Jer ♦10**:10, **♦21**:5, **♦32**:37, **♦50**:13, **La 5**:22, **Hos ♦10**:7, **Zec 1**:2♦, 15♦, **♦7**:12, **8**:14

Gen 40:2, **41**:10, **Exd 16**:20, **Lev 10**:16, **Nu 31**:14, **1Sa 29**:4, **2Ki 5**:11, **13**:19, **Est 1**:12, **2**:21, **Isa 8**:21, **Jer 37**:15

Aganakteō ἀγανακτέω *23*

Indignation

♦Aganaktēsis ἀγανάκτησις *24*

Mat 20:24, **21**:15, **26**:8, **Mar 10**:14, 41, **14**:4, **Luk 13**:14, **2Co ♦7**:11

Kâʿaç כעס 3707

Provoke To Anger

[Also look under Ḥêmâh (Anger) on p147]

Deu 4:25, **9**:18, **31**:29, **32**:16, 21, **Jdg 2**:12, **1Ki 14**:9, 15, **15**:30, **16**:2, 7, 13, 26, 33, **21**:22, **22**:53, **2Ki 17**:11, 17, **21**:6, 15, **23**:19, 26, **2Ch 28**:25, **33**:6, **Neh 4**:5, **Ps 78**:58, **106**:29, **Isa 65**:3, **Jer 7**:18, 19, **8**:19, **11**:17, **25**:6, 7, **32**:29, 30, 32, **44**:3, 8, **Eze 8**:17, **16**:26, 42, **Hos 12**:14

1Sa 1:6, 7, **2Ch 16**:10, **Neh 4**:1, **Ps 112**:10, **Ecc 7**:9, **Eze 32**:9

Orgē οργή *3709*

♦Orgidzō οργίζω *3710*

♣Orgilon οργίλον *3711*

†Parorgidzō παροργίζω *3949*

‡Parorgismos παροργισμός *3950*

ΔProsochthidzō προσοχθίζω *4360*

Mat 3:7, **♦5**:22, **♦18**:34, **♦22**:7, **Mar 3**:5, **Luk 3**:7, **♦14**:21, **♦15**:28, **21**:23, **Joh 3**:36, **Ro 1**:18, **2**:5, 8, **3**:5, **4**:15, **5**:9, **9**:22, **†10**:19, **12**:19, **13**:4, 5, **Eph 2**:3, **♦4**:26‡, 31, **5**:6, **†6**:4, **Col 3**:6, 8, **1Th 1**:10, **2**:16, **5**:9, **1Ti 2**:8, **Tit ♣1**:7, **ΔHeb 3**:10, 11, Δ17, **4**:3, **Jas 1**:19, 20, **Rev 6**:16, 17, **11**:18♦, **♦12**:17, **14**:10, **16**:19, **19**:15

Shâphat שׁפט 8199

Judge

Gen 16:5, **18**:25, **31**:53, **Exd 5**:21, **Jdg 11**:27 , **1Sa 3**:13, **24**:12, 15, **2Sa 18**:19, 31, **1Ki 8**:32, **1Ch 16**:33, **2Ch 6**:23, **20**:12

Gen 19:9, **Exd 2**:14, **18**:13, 16, 22, 26, **Lev 19**:15, **Nu 25**:5, **35**:24, **1**:16, **Deu 16**:18, **17**:9, 12, **19**:17, 18, **21**:2, **25**:1, 2, **Jos 8**:33, **23**:2, **24**:1, **Jdg 2**:16, 17, 18, 19, **3**:10, **4**:4, **10**:2, 3, **12**:7, 8, 9, 11, 13, 14, **15**:20, **16**:31, **Ru 1**:1, **1Sa 4**:18, **7**:6, 15, 16, 17, **8**:1, 2, 5, 6, 20, **12**:7, **2Sa 7**:11, **15**:4, **1Ki 3**:9, 28, **7**:7, **2Ki 15**:5, **23**:22, **1Ch 17**:6 ‘, 10, **23**:4, **26**:29, **2Ch 1**:2, 10, 11, **19**:5, 6, **22**:8, **26**:21, **Ezr 10**:14, **Job 9**:15, 24, **12**:17, **21**:22, **22**:13, **23**:7, **Ps 2**:10, **7**:8, 11, **9**:4, 8, 19, **10**:18, **26**:1, **35**:24, **37**:33, **43**:1, **50**:6, **51**:4, **58**:1, 11, **67**:4, **72**:4, **75**:2, 7, **82**:1, 2, 3, 8, **94**:2, **96**:13, **98**:9, **109**:7, 31, **141**:6, **148**:11, **Pro 8**:16, **29**:9, 14, **31**:9, **Ecc 3**:17, **Isa 1**:17, 23, 26, **2**:4, **3**:2, **5**:3, **11**:3, 4, **16**:5, **33**:22, **40**:23, **43**:26, **51**:5, **59**:4, **66**:16, **Jer 2**:35, **5**:28, **11**:20, **25**:31, **La 3**:59, **Eze 7**:3, 8, 27, **11**:10, 11, **16**:38, **17**:20, **18**:30, **20**:4, 35, 36, **21**:30, **22**:2, **23**:24, 36, 45, **24**:14, **33**:20, **34**:17, 20, 22, **35**:11, **36**:19, **38**:22, **44**:24, **Dan 9**:12, **Hos 7**:7, **13**:10, **Joe 3**:2, 12, **Am**

2:3, **Obd** 21, **Mic 3**:11, **4**:3, **5**:1, **7**:3, **Zep 3**:3, **Zec 7**:9, **8**:16

Dîn דין 1777

Judge

Gen 6:3, **15**:14, **30**:6, **49**:16, **Deu 32**:36, **1Sa 2**:10, **2Sa 19**:9, **Job 36**:31, **Ps** 7:8, **9**:8, **50**:4, **54**:1, **72**:2, **96**:10, **110**:6, **135**:14, **Pro 31**:9, **Ecc 6**:10, **Isa 3**:13, **Jer 5**:28, **21**:12, **22**:16, **30**:13, **Zec 3**:7

Yâkaḥ יכח 3198

Judge, Rebuke

Gen 24:44, **31**:42, **2Sa 7**:14, **1Ch 12**:17, **16**:21, **Job 5**:17, **13**:10, **22**:4, **33**:19, **Ps 6**:1, **38**:1, **50**:8, 21, **94**:10, **105**:14, **Pro 3**:12, **30**:6, **Isa 1**:18, **2**:4, **11**:3, 4, **Mic 4**:3, **6**:2, **Hab 1**:12

Gen 20:16, **21**:25, **24**:14, **31**:37, **Lev 19**:17, **2Ki 19**:4, **Job 6**:25, 26, **9**:33, **13**:3, 15, **15**:3, **16**:21, **19**:5, **23**:7, **32**:12, **40**:2, **Ps 141**:5, **Pro 9**:7, 8, **15**:12, **19**:25, **24**:25, **25**:12, **28**:23, **Isa 29**:21, **37**:4, **Jer 2**:19, **Eze 3**:26, **Ho 4**:4, **Am 5**:10

Krinō κρίνω *2919*

Mat 5:40, **7**:1, 2, **19**:28, **Luk 6**:37, **7**:43, **12**:57, **19**:22, **22**:30, **Joh 3**:17, 18, **5**:22, 30, **7**:24, 51, **8**:15, 16, 26, 50, **12**:47, 48, **16**:11, **18**:31, **Act 3**:13, **4**:19, **7**:7, **13**:27, 46, **15**:19, **16**:4, 15, **17**:31, **20**:16, **21**:25, **23**:3, 6, **24**:21 , **25**:9, 10, 20, 25, **26**:6, 8, **27**:1, **Ro 2**:1, 3, 12, 16, 27, **3**:4, 6, 7, **14**:3, 4, 5, 10, 13, 22, **1Co 2**:2, **4**:5, **5**:3, 12, 13, **6**:1, 2, 3, 6, **7**:37, **10**:15, 29, **11**:13, 31, 32, **2Co 2**:1, **5**:14, **Col 2**:16, **2Th 2**:12, **2Ti 4**:1, **Tit 3**:12, **Heb 10**:30, **13**:4, **Jas 2**:12, **4**:11, 12, **5**:9, **1Pe 1**:17, **2**:23, **4**:5, 6, **Rev 6**:10, **11**:18, **16**:5, **18**:8, 20, **19**:2, 11, **20**:12, 13

Kritēs κριτής *2923*

♦Kritērion κριτήριον *2922*

♣Kritikos κριτικός *2924*

†Apotomōs ἀποτόμως *664* Sharpness

‡Apotomia ἀποτομία *663*

Mat 5:25, **12**:27, **Luk 11**:19, **12**:14, 58, **18**:2, 6, **Act 10**:42, **13**:20, **18**:15, **24**:10, **Ro** ‡**11**:22, **1Co** ♦**6**:2, ♦4, **2Co** †**13**:10, **2Ti 4**:8, **Tit** †**1**:13, **Heb** ♣**4**:12, **12**:23, **Jas 2**:4, ♦6, **4**:11, **5**:9

Krisis κρίσις *2920*

Judgment

Mat 5:21, 22, **10**:15, **11**:22, 24, **12**:18, 20, 36, 41, 42, **23**:23, 33, **Luk 10**:14, **11**:31, 32, 42, **Joh 3**:19, **5**:22, 24, 27, 29, 30, **7**:24, **8**:16, **12**:31, **16**:8, 11, **Act 8**:33, **2Th 1**:5, **1Ti 5**:24, **Heb 9**:27, **10**:27, **Jas 2**:13, **5**:12, **2Pe 2**:4, 9, 11, **2Pe 3**:7, **1Jn 4**:17, **Jud** 6, 9, 15, **Rev 14**:7, **16**:7, **18**:10, **19**:2

Krima κρίμα *2917*

Mat 7:2, **Mar 12**:40, **Luk 20**:47, **23**:40, **24**:20, **Joh 9**:39, **Act 24**:25, **Ro 2**:2, 3, **3**:8, **5**:16, **11**:33, **13**:2, **1Co 6**:7, **11**:29, 34, **Gal 5**:10, **1Ti 3**:6, **5**:12, **Heb 6**:2, **Jas 3**:1, **1Pe 4**:17, **2Pe 2**:3, **Jud** 4, **Rev 17**:1, **18**:20, **20**:4

Katēgoreō κατήγορεω *2723*

Accuse

♦Katēgorois κατηγορόις *2725*

♣Katēgoria κατηγορία *2724*

Mat 12:10, **27**:12, **Mar 3**:2, **15**:3, 4, **Luk 6**:7, **23**:2, 10, 14, **Joh 5**:45, **8**:6, ♣**18**:29, **Act 22**:30, ♦**23**:30, ♦35, **24**:2, 8, 13, 19, **25**:5, 11, 16♦, ♦18, **28**:19, **Ro 2**:15, **1Ti** ♣**5**:19, **Tit** ♣**1**:6, **Rev 12**:10♦

Katakrinō κατακρίνω *2632*

Condemn

♦Katakrina κατάκριμα *2631*

Mat 12:41, 42, **20**:18, **27**:3, **Mar 10**:33, **14**:64, **16**:16, **Luk 11**:31, 32, **Joh 8**:10, 11, **Ro 2**:1, ♦**5**:16, ♦18, ♦**8**:1, 3, 34, **14**:23, **1Co 11**:32, **Heb 11**:7, **2Pe 2**:6

XI Yire

Fear, Weak, Poor, Weep, Curse, Destroy

Yirâ' ירא 3372
Fear
♦Yarê' ירא 3373
♣Pâḥad פחד 6342
[Only common fear; for *awesome, fearful* of Yehuwah, go to Nôra' on p34; for *fear* toward Yehuwah go to Yira' on p127; for *not fear* see under Al-Tira' on p51]
Gen 3:10, **18**:15, **19**:30, **20**:8, **26**:7, **28**:17, **31**:31, **32**:7, ♦11, **42**:35, **43**:18, **Exd 14**:10, ♦**18**:21, **34**:30, **Lev 19**:3, **Deu 1**:19, **2**:4, ♦**7**:19, **8**:15, ♦**20**:8, ♣**28**:66, ♣67, **Jos 4**:14, **9**:24, **10**:2, **Jdg 6**:27, ♦**7**:3, ♦10, **8**:20, **1Sa 3**:15, **4**:7, **7**:7, **14**:26, **15**:24, **17**:11, 24, **18**:12, 29, **21**:12, **23**:3, **28**:5, 20, **31**:4, **2Sa 3**:11, **10**:19, **12**:18, **14**:15, **1Ki 1**:50, 51, **3**:28, **2Ki 10**:4, **17**:7, 35, 37, 38, **25**:26, **1Ch 10**:4, **2Ch 20**:3, **32**:18, **Neh 2**:2, **6**:9, 13, 14, 19, **Job** ♣**3**:25, ♣**4**:14, **5**:21, 22, 21, **32**:6, **Ps 27**:1♣, **49**:5, **56**:3, **Pro** ♣**28**:14, **Ecc 9**:2, **12**:5, **Isa 18**:2, 7, **21**:1, **41**:5, **51**:12, ♣13, ♣, **60**:5**Jer 26**:21, **41**:18, **42**:16, **51**:46, **Eze 11**:8, **Dan** ♦**1**:10, **Jon 1**:5, 10, **Hab 1**:7

Phobeō φοβέω *5399*
[Only common fear; for *fear* toward Yehuwah go to Yira' on p127; for *not fear* see Mē Phobou on p51]
Mat1:20, **2**:22, **10**:26, 28, 31, **14**:5, 27, 30, **17**:6, 7, **21**:26, 46, **25**:25, **28**:5, 10, **Mar 5**:15, 36, **6**:20, 50, **9**:32, **11**:32, **12**:12, **16**:8, **Luk 1**:13, 30, **2**:9, 10, **5**:10, **8**:25, 35, 50, **9**:45, **12**:4, 7, 32, **19**:21, **20**:19, **22**:2, **Joh 6**:19, 20, **9**:22, **12**:15, **19**:8, **Act 5**:26, **9**:26, **16**:38, **18**:9, **22**:29, **23**:10, **27**:17, 24, 29, **Ro 13**:3, 4, **2Co 11**:3, **12**:20, **Gal 2**:12, **4**:11, **Eph 5**:33, **Heb 11**:23, 27, **13**:6, **1Pe 3**:6, 14, **1Jn 4**:18, **1**:17, **2**:10

Ḥâtat חתת 2865
Dismayed
♦'Ârats ערץ 6206 Fear, Oppress
♣Dâ'ag דאג 1672 Afraid
[For *not afraid* see under Al-Tîrâ' on p51, for fear of Yehuwah go to p127]
1Sa ♣**9**:5, ♣**10**:2, **17**:11, **2Ki 19**:26, **Job** ♦**13**:25, **31**:34♦, **32**:15, **39**:22, **Ps** ♦**10**:18, ♣**38**:18, **Isa** ♦**2**:19, ♦21, **8**:9, **9**:4, **20**:5, **37**:27, ♦**47**:12, **51**:6, ♣**57**:11, **Jer 1**:17, **8**:9, **14**:4, ♣**38**:19, ♣**42**:16, **48**:1, 20, 39, **49**:37, **50**:2, 36, **51**:56, **Obd** 9, **Hab 2**:17

Qâtsar קצר 7114
Discouraged, Shortened
[For *reap, reapers,* go to p98]
Nu 11:23, **Isa 50**:2, **59**:1, **Mic 2**:7, **Zec 11**:8

Nu 21:4, **Jdg 10**:16, **16**:16, **Job 21**:4, **Ps 89**:45, **102**:23, **Pro 10**:27, **Isa 28**:20, **Eze 42**:5

Ḥârad חרד 2729
Afraid, Tremble
♦Ḥârêd חרד 2730
♣Ḥarâdâh חרדה 2731
[Only common fear; for *fear* toward Yehuwah go to p127; for *none make afraid* see Ên-Maḥarîd under Al-Tira' on p51]
Gen 27:33, **42**:28, **Jdg** ♦**7**:3, **8**:12, **Ru 3**:8, **1Sa** ♦**4**:13, **13**:7, **14**:15, **16**:4, **21**:1, **28**:5, **2Sa 17**:2, **1Ki 1**:49, **2Ki 4**:13, **Job 11**:19, **37**:1, **Pro** ♣**29**:25, **Isa 10**:29, ♣**21**:4, **Jer 7**:33, ♣**30**:5, 10, **46**:27, **Eze 26**:16♣, 18, **30**:9, **32**:10, **Am 3**:6

Phobos φόβος *5401*
♦Emphobos ἐμφοβος *1719*
♣Ekphobos ἐκφοβος *1630*
†Ekphobein εκφοβειν *1629*
[Only man's fear; for *fear* of Yehuwah go to p127]

Mar ♣**9**:6, **Luk 21**:26, ♦**24**:5, ♦37, **Joh 7**:13, **19**:38, **20**:19, **Act** ♦**10**:4, ♦**24**:25, **Ro 8**:15, **13**:3, 7, **1Co 2**:3, **2Co 7**:5, †**10**:9, **Heb 2**:15, ♣**12**:21, **1Pe 2**:18, **3**:14, **1Jn 4**:18, **Rev** ♦**11**:13, **18**:10, 15

Aporeō ἀπορέω *639*

Be Perplexed, Doubt

♦Aporia ἀπορία *640*

♣Exaporeomai εξαπορέομαι *1820*

Luk ♦**21**:25, **Joh 13**:22, **Act 25**:20, **2Co** ♣**1**:8, **4**:8♣, **Gal 4**:20

Râgaz רגז /Yîrgâz ירגז 7264

Tremble, Troubled, Moved

[Only common fear; for *fear* toward Yehuwah go to p128]

Gen 45:24, **Exd 15**:14, **Deu 2**:25, **1Sa 28**:15, **2Sa 7**:10, **18**:33, **2Ki 19**:27, 28, **1Ch 17**:9, **Job 12**:6, **Ps 4**:4, **Pro 29**:9, **30**:21, **Isa 14**:9, 16, **32**:10, 11, **37**:28, 29

Râʿash רעשׁ 7493

Shake, Tremble

Jdg 5:4, **2Sa 22**:8, **Job 39**:20, **Ps 18**:7, **46**:3, **60**:2, **68**:8, **72**:16, **77**:18, **Isa 13**:13, **14**:16, **24**:18, **Jer 4**:24, **8**:16, **10**:10, **49**:21, **50**:46, **51**:29, **Eze 26**:10, 15, **27**:28, **31**:16, **38**:20, **Joe 2**:10, **3**:16, **Am 9**:1, **Nah 1**:5, **Hag 2**:6, 7, 21

Saleuō σαλεύω /Saleuthēnai σαλευθῆναι *4531*

Mat 11:7, **24**:29, **Mar 13**:25, **Luk 6**:38, 48, **7**:24, **21**:26, **Act 2**:25, **4**:31, **16**:26, **17**:13, **2Th 2**:2, **Heb 12**:26, 27

Bâʿat בעת 1204

Afraid, Trouble

♦Beʿâthâh בעתה 1205

♣Biʿûthîm בעותים 1161

1Sa 16:14, 15, **2Sa 22**:5, **1Chr 21**:30, **Est 7**:6, **Job 3**:5, ♣**6**:4, **7**:14, **9**:34, **13**:11, 21, **15**:24, **18**:11, **33**:7, **Ps 18**:4, ♣**88**:16, **Isa 21**:4, **Jer** ♦**8**:15, ♦**14**:19, **Dan 8**:17

Tarassō ταράσσω *5015*

♦Ektarassousin εκταράσσουσιν *1613*

♣Athumeō ἀθυμέω *120*

Mat 2:3, **14**:26, **Mar 6**:50, **Luk 1**:12, **24**:38, **Joh 5**:7, **11**:33, **12**:27, **13**:21, **14**:1, 27, **Act 15**:24, ♦**16**:20, **17**:8, **Gal 1**:7, **5**:10, **Col** ♣**3**:21, **1Pe 3**:14

Yâgôr יגר 3025

Afraid

♦Yâgôr יגור 3016

Deu 9:19, **28**:60, **Job 3**:25, **9**:28, **Ps 119**:39, **Jer** ♦**22**:25, ♦**39**:17

Entrepō εντρέπω *1788*

♦Entropē εντρόπη *1791*

[Except *reverence*, go to p128]

1Co 4:14, ♦**6**:5, ♦**15**:34, **2Th 3**:14, **Tit 2**:8

Ballâhâh בלהה 1091

Terrors, Trouble

♦Behâlâh בהלה 928

♣Bâlah בלה 1089

Lev ♦**26**:16, **Ezr** ♣**4**:4, Job **18**:11, 14, **24**:17, **27**:20, **30**:15, **Ps 73**:19, ♦**78**:33, **Isa 17**:14, ♦**65**:23, **Jer** ♦**15**:8, **Eze 26**:21, **27**:36, **28**:19

Deḥal דחל 1763

Terrible, Fear

Dan 2:31, **4**:5, **5**:19, **6**:26, **7**:7, 19

Bûsh בושׁ 954

Ashamed

[For *not ashamed* see under Lô-Abûsh on p51]

2Ki 2:17, **8**:11, **19**:26, **Ezr 8**:22, **9**:6, **Job 6**:20, **19**:3, **Ps 6**:10, **14**:6, **25**:3, **31**:17, **35**:4, 26, **40**:14, **44**:7, **53**:5, **70**:2, **71**:13, 24, **83**:17, **86**:17, **97**:7, **109**:28, **119**:78, **129**:5, **Pro 10**:5, **12**:4, **14**:35, **17**:2, **19**:26, **29**:15, **Isa 1**:29, **19**:9, **20**:5, **23**:4, **24**:23, **26**:11, **29**:22, **37**:27, **41**:11, **42**:17, **44**:9, 11, **45**:16, 24, **65**:13, **66**:5, **Jer 2**:26, 36, **6**:15, **8**:9, 12, **9**:19, **12**:13, **14**:3, **15**:9, **17**:13, 18, **20**:11, **22**:22, **31**:19, **48**:13, 39, **49**:23, **50**:12, **51**:47, 51, **Eze 16**:52, 63, **32**:30, **36**:32, **Hos 4**:19, **10**:6, **13**:15, **Joe 1**:11, **Mic 3**:7, **7**:16, **Zec 9**:5, **13**:4

Kâlam כלם 3637

Ashamed, Confounded

[For *not ashamed* see under Lô-Abûsh on p51]

Nu 12:14, **Jdg 18**:7, **Ru 2**:15, **1Sa 20**:34, **25**:7, 15, **2Sa 10**:5, **19**:3, **1Ch 19**:5, **2Ch 30**:15, **Ezr 9**:6, **Job 11**:3, **19**:3, **Ps 35**:4, **40**:14, **44**:9, **69**:6,

70:2, **74**:21, **Pro 25**:8, **28**:7, **Isa 41**:11, **45**:16, 17, **Jer 3**:3, **6**:15, **8**:12, **14**:3, **22**:22, **31**:19, **Eze 16**:27, 54, 61, **36**:32, **43**:10, 11

Ḥâphêr כפר 2659

Ashamed, Confounded, Brought to Confusion

[For *not ashamed* see under Lô-Abûsh on p51]

Job 6:20, **Ps 35**:4, 26, **40**:14, **70**:2, **71**:24, **83**:17, **Pro 13**:5, **19**:26, **Isa 1**:29, **24**:23, **33**:9, **Jer 15**:9, **50**:12, **Mic 3**:7

Aischunē αισχύνη *152*

♦Aischunomai αισχύνομαι *153*

♣Kataischunō καταισχύνω *2617*

†Epaischunomai επαισχύνομαι *1870*}

[For *not ashamed* for 153, see under Mē Aischunomai on p52]

Mar †8:38, **Luk †9**:26, **♣13**:17, **14**:9, **♦16**:3, **Ro †6**:21, **1Co ♣1**:27, **♣11**:4, **♣**5, **♣**22, **2Co 4**:2, **♣9**:4, **Php 3**:19, **1Pe ♣3**:16, **Heb 12**:2, **Jud** 13, **Rev 3**:18

Atimia ἀτιμία *819*

Reproach, Shame

♦Atimoō ἀτιμόω *821*

Mar ♦12:4, **Ro 1**:26, **9**:21, **1Co 11**:14, **15**:43, **2Co 6**:8, **11**:21, **2T12**:20

Tûl טוּל 2904

Cast Out

[For *not cast down* see under Lô-Abûsh on p51]

Isa 22:17, **Jer 16**:13, **22**:26, 28, **Eze 32**:4, **Jon 1**:4,

1Sa 18:11, **20**:33, **Job 41**:9, **Jon 1**:5, 12, 15

Kâshal כּשׁל 3782

Stumble, Fall, Fail

♦Pâsas פסס 6461

[For *not stumble* see under Lô-Abûsh on p51]

Lev 26:37, **1Sa 2**:4, **2Ch 25**:8, **28**:15, 23, **Neh 4**:10, **Job 4**:4, **Ps 9**:3, **♦12**:1, **27**:2, **31**:10, **64**:8, **105**:37, **107**:12, **109**:24, **Pro 4**:16, 19, **24**:16, 17, **Isa 3**:8, **8**:15, **28**:13, **31**:3, **35**:3, **40**:30, **59**:10, 14, **Jer 6**:15, 21, **8**:12, **18**:15, 23, **20**:11, **46**:6, 12, 16, **50**:32, **La 1**:14, **5**:13, **Eze 33**:12, **36**:14, 15, **Dan 11**:14, 19, 33, 34, 35, 41, **Hos 4**:5, **5**:5, **14**:1, 9, **Nah 2**:5, **3**:3, **Zec 12**:8, **Mal 12**:8

Ekleipō ἐκλείπω 1587

Luk 16:9, **22**:32, **Heb 1**:12

Adunatos αδύνατος *102*

Impossible

Mat 19:26, **10**:27, **Luk 18**:27, **Act 14**:8, **Ro 8**:3, **15**:1, **Heb 6**:4, 18, **10**:4, **11**:6

Yâ'ash יאשׁ 2976

Despair, No Hope

1Sa 27:1, **Job 6**:26, **Ecc 2**:20, **Isa 57**:10, **Jer 2**:25, **18**:12

Râʿêv רעב 7457

Hunger

♦Râʿêv רעב 7456

Gen ♦41:55, **Deu ♦8**:3, **1Sa 2**:5, **2Sa 17**:29, **2Ki 7**:12, **Job 5**:5, **18**:12, **22**:7, **24**:10, **Ps ♦34**:10, **♦50**:12, **107**:5, 9, 36, **146**:7, **Pro ♦6**:30, **♦10**:3, **♦19**:15, **25**:21, **27**:7, **Isa 8**:**21♦**, **9**:20, **29**:8, **32**:6, **44**:12, **♦49**:10, **58**:7, 10, **♦65**:13, **Jer ♦42**:14, **Eze 18**:7, 16

Limos λιμός *3042*

Mat 24:7, **Mar 13**:8, **Luk 4**:25, **15**:14, 17, **21**:11, **Act 7**:11, **11**:28, **Ro 8**:35, **2Co 11**:27, **Rev 6**:8, **18**:8

Peinaō πεινάω *3983*

Mat 4:2, **5**:6, **12**:1, 3, **21**:18, **25**:35, 37, 42, 44, **Mar 2**:25, **11**:12, **Luk 1**:53, **4**:2, **6**:3, 21, 25, **Joh 6**:35, **Ro 12**:20, **1Co 4**:11, **11**:21, 34, **Php 4**:12, **Rev 7**:16

Tsâmê' צמא 6770

Thirst

♦Tsâmê' צמא 6771

♣Tsim'âh צמאה 6773

Exd 17:3, **Deu ♦29**:19, **Jdg 4**:19, **15**:18, **Ru 2**:9, **2Sa ♦17**:29, **Job 24**:11, **Ps 42**:2, **63**:1, **♦107**:5, **Pro ♦25**:21, **Isa ♦21**:14, **♦29**:8, **♦32**:6, **♦44**:3, **48**:21, **49**:10, **♦55**:1, **65**:13, **Jer ♣2**:25

Dipsō διψσώ *1372*

♦Dipsei δίψσει *1373*

Mat 5:6, **25**:35, 37, 42, 44, **Joh 4**:13, 14, 15, **6**:35, **7**:37, **19**:28, **Ro 12**:20, **1Co 4**:11, **2Co ♦11**:27, **Rev 7**:16, **21**:6, **22**:17

Rak̲ רך 7390

Tender, Weak

♦Râkak̲ רכך 7401

♣Rôk̲ רך 7391

†Môrek̲ מרך 4816

[For *not faint-hearted* see under Al-Tîrâ' on p51]

Gen 18:7, **29**:17, **33**:13, **Lev †26**:36, **Deu 20**:8, **28**:54, 56♣, **2Sa 3**:39, **2Ki ♦22**:19, **2Ch ♦34**:27, **1Ch 22**:5, **29**:1, **2Ch 13**:7, **Job ♦23**:16, **41**:3, **Ps ♦55**:21, **Pro 4**:3, **15**:1, **25**:15, **Isa ♦1**:6, **47**:1, **Jer ♦51**:46, **Eze 17**:22

Râphâh רפה 7503

Feeble, Let go

♦Râpheh רפה 7504

♣Yâphah̲ יפח 3306

[Except *leave, abated, draws, stay*; for *not fail* and *stay* of YWHW go to Lô-Ta'azov on p14]

Exd 4:26, **5**:8, 17, **Nu ♦13**:18, **Deu 4**:31, **Jos 10**:6, **18**:3, **2Sa 4**:1, **2Sa ♦17**:2, **2Ch 15**:7, **Ezr 4**:4, **Neh 6**:9, **Job 7**:19, **Job ♦4**:3, **12**:21, **27**:6, **Ps 37**:8, **46**:10, **Pro 4**:13, **18**:9, **24**:10, **Sng 3**:4, **Isa 5**:24, **13**:7, **♦35**:3, **Jer ♣4**:3, **16**:24, **38**:4, **49**:24, **50**:43, **Eze 1**:24, 25, **7**:17, **21**:7, **Zep 3**:16

Âmal אמל 535

Feeble, Languish

♦Ûmlal אמלל 536

♣Amêlâl אמלל 537

†Ḥâlash חלש 2522

‡Ḥallâsh חלש 2523

Exd †17:13, **1Sa 2**:5, **Neh ♣4**:2, **Job †14**:10, **Ps ♦6**:2, **Isa 16**:8, **19**:8, **24**:4, 7, **33**:9, **Jer 14**:2, **15**:9, **La 2**:8, **Isa †14**:12, **Eze 16**:30, **Hos 4**:3, **Joe 1**:10, 12, **‡3**:10, **Nah 1**:4

Ekluou εκλύου *1590*

♦Apalos ἁπαλός *527*

♣Apopsuchō ἀποψύχω *674*

Mat 15:32, **♦24**:32, **Mar 8**:3, **♦13**:28, **Luk ♣21**:26, **Gal 6**:9, **Heb 12**:3, 5

Astheneō ασθένεω /Asthenountas ασθενούντας *770*

♦Asthenēs ασθενής *772*

♣Astheneia ασθένεια *769*

†Asthenēma ασθένημα *771*

‡Kamnōnta κάμνωντα *2577*

ΔArrhōstous αρρώστους *732*

+Akatastatos ἀκατάστατος *182*

^Astēriktos ἀστήρικτος *793*

Mat ♣8:17, **10**:8, **Δ14**:14, **25**:36, 39, **♦**43, **♦**44, **♦26**:41, **ΔMar 6**:5, **Δ**13, 56, **♦14**:38, **Δ16**:18, **Luk 4**:40, **♣5**:15, **♣8**:2, **9**:2, **♦10**:9, **♣13**:11, **♣**12, **Joh 4**:46, **5**:3, **♣**5, 7, **6**:2, **11**:1, 2, 3, **♣**4, 6, **Act ♦4**:9, **♦5**:15, **♦**16, **9**:37, **19**:12, **20**:35, **♣28**:9, **Ro 4**:19, **♦5**:6, **♣6**:19, **8**:3, **♣**26, **14**:1, 2, **†15**:1, **1Co 1**:25, 27, **♣2**:3, **♦4**:10, **♦8**:7, **♦**9, **♦**10, 11, 12, **♦9**:22, **11**:30**Δ**, 21, 29, **♦12**:22, **♣15**:43, **2Co ♦10**:10, **♣11**:30, **♣12**:5, **♣**9, 10**♣**, **13**:3, 4**♣**, 9, **Gal ♦4**:9, **♣4**:13, **Php 2**:26, 27, **1Th ♦5**:14, **1Ti ♣5**:23, **2Ti 4**:20, **Heb ♣4**:15, **♣5**:2, **♦7**:18, **♣**28, **♣11**:34, **‡12**:3, **Jas** +**1**:8, **5**:14, ‡15, **1Pe ♦3**:7, **2Pe** ^**2**:14, ^**3**:16

Ḥâlâh חלה 2470

Sick, Weak, Grievous

♦Maḥaleh מחלה 4245

♣Maḥlûy מחלי 4251

†Ḥalḥâlâh חלחלה 2479

[For *sought, entreat* go to p193]

Gen 48:1, **Exd ♦15**:26, **♦23**:25, **Deu 29**:22, **Jdg 16**:7, 11, 17, **1Sa 19**:14, **22**:8, **30**:13, **2Sa 13**:2, 5, 6, **1Ki ♦8**:37, **14**:1, 5, **15**:23, **17**:17, **22**:34, **2Ki 1**:2, **8**:7, 29, **13**:14, **20**:1, 12, **2Ch ♦6**:28, **18**:33, **♦21**:15, **22**:6, **♣24**:25, **32**:24, **35**:23, **Neh 2**:2, **Ps 35**:13, **77**:10, **Pro 13**:12, **♦18**:14, **23**:35, **Ecc 5**:13, 16, **Sng 2**:5, **5**:8, **Isa 14**:10, **17**:11, **†21**:3, **33**:24, **38**:1, 9, **39**:1, **53**:10, **57**:10, **Jer 4**:31, **10**:19, **12**:13, **14**:17, **30**:12, **Eze †30**:4, **†**9, **34**:4, 16, 21, **Dan 8**:27, **Hos 7**:5, **Am 6**:6, **Mic 1**:12, **6**:13, **Nah †2**:10, **3**:19, **Mal 1**:8, 13

Ḥolîy חלי 2483

Disease, Sickness

Deu **7**:15, **28**:59, 61, **1Ki 17**:17, **2Ki 1**:2, **8**:8, 9, **13**:14, **2Ch 16**:12, **21**:15, 18, 19, **Ps 41**:3, **Ecc 5**:17, **6**:2, **Isa 1**:5, **38**:9, **53**:3, 4, **Jer 6**:7, **10**:19, **Hos 5**:13

Dever דבר 1698

Pestilence, Plague

Exd 5:3, **9**:3, 15, **Lev 26**:25, **Nu 14**:12, **Deu 28**:21, **2Sa 24**:13, 15, **1Ki 8**:37, **1Ch 21**:12, 14, **2Ch 6**:28, **7**:13, **20**:9, **Ps 78**:50, **91**:3, 6, **Jer 14**:12, **21**:6, 7, 9, **24**:10, **27**:8, 13, **28**:8, **29**:17, 18, **32**:24, 36, **34**:17, **38**:2, **42**:17, 22, **44**:13, **Eze 5**:12, 17, **6**:11, 12, **7**:15, **12**:16, **14**:19, 21, **28**:23, **33**:27, **38**:22, **Hos 13**:14, **Am 4**:10, **Hab 3:5**

Loimos λοιμός *3061*

Mat 24:7, **Luk 21**:11, **Act 24**:5

Nega' נגע 5061

Plague

Gen 12:17, **Exd 11**:1, **Lev 13**:2, 3, 4, 5, 6, 9, 12, 13, 17, 20, 22, 25, 27, 29, 30, 31, 32, 42, 43, 44, 45, 46, 47, 49, 50, 51, 52, 53, 54, 55, 56, 57, 58, 59, **14**:3, 32, 34, 35, 36, 37, 39, 40, 43, 44, 48, 54, **Deu 17**:8, **21**:5, **24**:8, **2Sa 7**:14, **1Ki 8**:37, 38, **2Ch 6**:28, 29, **Ps 38**:11, **39**:10, **89**:32, **91**:10, **Pro 6**:33, **Isa 53**:**8**

Shaḥephet שחפת 7829

Consumption

♦Qaddaḥat קדחת 6920 Fever

♣Dalleqet דלקת 1816 Inflammation

†Ḥarḥûr חרחר 2746 Burning

Lev 26:16♦, **Deu 28**:22♦♣†

Makkâh מכה 4347

Plague, Wound

♦Mâzôr מזור 4205

♣Mâzôr מזור 4204

[Except *slaughter*]

Lev 26:21, **Nu 11**:33, **Deu 25**:3, **28**:59, 61, **29**:22, **1Sa 4**:8, **1Ki 22**:35, **2Ki 8**:29, **9**:15, **2Ch 2**:10, **22**:6, **Est 9**:5, **Ps 64**:7, **Pro 20**:30, **Isa 1**:6, **10**:26, **14**:6, **27**:7, **30**:26, **Jer 6**:7, **10**:19, **14**:17, **15**:18, **19**:8, **30**:12, ♦13, 14, 17, **49**:17, **50**:13, **Hos** ♦**5**:13, **Obd** ♣7, **Mic 1**:9, **Nah 3**:19, **Zec 13**:6

Gârâh גרה 1624

Strive

Deu 2:5, 9, 19, 24, **2Ki 14**:10, **2Ch 25**:19, **Pro 15**:18, **28**:4, 25, **29**:22, **Jer 50**:24, **Dan 11**:10, 25

'Ânîy עני 6041

Poor, Afflicted

♦Ḥêl^e^kâ' חלכא 2489

Exd 22:25, **Lev 19**:10, **23**:22, **Deu 15**:11, **Deu 24**:12, 14, 15, **2Sa 22**:28, **Job 24**:9, 14, **29**:12, **34**:28, **36**:6, 15, **Ps 9**:18, **10**:2, ♦8, 9, ♦10, ♦14, **12**:5, **14**:6, **18**:27, **22**:24, **25**:16, **34**:6, **35**:10, **37**:14, **40**:17, **68**:10, **69**:29, **70**:5, **72**:2, 4, 12, **74**:19, 21, **82**:3, **86**:1, **88**:15, **109**:16, 22, **140**:12, **Pro 15**:15, **22**:22, **30**:14, **31**:9, 20, **Ecc 6**:8, **Isa 3**:14, 15, **10**:2, 30, **14**:32, **26**:6, **41**:17, **49**:13, **51**:21, **54**:11, **58**:7, **66**:2, **Jer 22**:16, **Eze 16**:49, **18**:12, 17, **22**:29, **Am 8**:4, **Hab 3**:14, **Zep 3**:12, **Zec 7**:10, **9**:9, **11**:7, 11

Dal דל 1800

Poor

♦Dallâh דלה 1803

♣Mûḵ מוך 4134

Gen ♦**41**:19, **Exd 23**:3, **30**:15, **Lev 14**:21, **19**:15, **Lev** ♣**25**:25, ♣35, ♣39, ♣47, ♣**27**:8, **Jdg 6**:15, **Ru 3**:10, **1Sa 2**:8, **2Sa 3**:1, **13**:4, **2Ki** ♦**24**:14, ♦**25**:12, **Job 5**:16, **20**:10, 19, **31**:16, **34**:19, 28, **Ps 41**:1, **72**:13, **82**:3, 4, **113**:7, **Pro 10**:15, **14**:31, **19**:4, 17, **21**:13, **22**:9, 16, 22, **28**:3, 8, 11, 15, **29**:7, 14, **Sng** ♦**7**:5, **Isa 10**:2, **11**:4, **14**:30, **25**:4, **26**:6, ♦**38**:12, **Jer 5**:4, **39**:10, ♦**40**:7, ♦**52**:15, ♦**16Am 2**:7, **4**:1, **5**:11, **8**:6, **Zep 3**:12

Evyôn אביון 34

Poor

Exd 23:6, 11, **Deu 15**:4, 7, 9, 11, **24**:14, **1Sa 2**:8, **Est 9**:22, **Job 5**:15, **24**:4, 14, **29**:16, **30**:25, **31**:19, **Ps 9**:18, **12**:5, **35**:10, **37**:14, **40**:17, **49**:2, **69**:33, **70**:5, **72**:4, 12, 13, **74**:21, **82**:4, **86**:1, **107**:41, **109**:16, 22, 31, **112**:9, **113**:7, **132**:15, **140**:12, **Pro 14**:31, **30**:14, **31**:9, 20, **Isah 14**:30, **25**:4, **29**:19, **32**:7, **41**:17, **Jer 2**:34, **5**:28, **20**:13, **22**:16, **Eze 16**:49, **18**:12, **22**:29, **Am 2**:6, **4**:1, **5**:12, **8**:4, 6

Rûsh רוּשׁ 7326

Poor

1Sa 18:23, **2Sa 12**:1, 3, 4, **Ps 34**:10, **82**:3, **Pro 10**:4, **13**:7, 8, 23, **14**:20, **17**:5, **18**:23, **19**:1, 7, 22, **22**:2, 7, **28**:3, 6, 27, **29**:13, **Ecc 4**:14, **5**:8

Ptōchos πτωχός *4434*

♦Ptōcheia πτωχεία *4432*

♣Ptōcheuō πτωχεύω *4433*

†Penēs πένης *3993*

Mat 5:3, **11**:5, **19**:21, **26**:9, 11, **Mar 10**:21, **12**:42, 43, **14**:5, 7, **Luk 4**:18, **6**:20, **7**:22, **14**:13, 21, **16**:20, 22, **18**:22, **19**:8, **21**:3, **Joh 12**:5, 6, 8, **13**:29, **Acts** ♣**16**:16, **Ro 15**:26, **2Co 6**:10, ♦**8**:2, ♦9, †**9**:9, **Gal 2**:10, **4**:9, **Jas 2**:2, 3, 5, 6, **Rev** ♦**2**:9, **3**:17, **13**:16

Zēmiōthē ζημιώθη *2210*

Lose

Mat 16:26, **Mar 8**:36, **Luk 9**:25, **1Co 3**:15, **2Co 7**:9, **Php 3**:8

Ḥâçêr חסר 2637

Want, Lack, Fail

♦Ḥâçêr חסר 2638

Gen 8:3, 5, **18**:28, **Exd 16**:18, **Deu 2**:7, **8**:9, **15**:8, **1Sa ♦21**:15, **2Sa ♦3**:29, **1Ki ♦11**:22, **1Ki 17**:14, ♦16, **Neh 9**:21, **Ps 8**:5, **23**:1, **34**:10, **Pro ♦6:32, ♦7:7, ♦9:4, ♦16, ♦10:13, ♦21, ♦11:12, ♦12:9, ♦11, 13**:25, **♦15**:21, **♦17**:18, **♦24**:30, **♦28**:16, **31**:11, **Ecc 4**:8, **♦6**:2, **9**:8, **♦10**:3, **Sng** 7:2, **Isa 32**:6, **51**:14, **Jer 44**:18, **Eze 4**:17

Leipō λείπω *3007*

Luk 18:22, **Tit 1**:5, **3**:13, **Jas 1**:4, 5, **2**:15

Hustereisthai ὑστερείσθαι *5302*

Lack, Come Short

♦Husterēma ὑστέρημα 5303

Mat 19:20, **Mar 10**:21, **Luk 15**:14, **♦21**:4, **22**:35, **Joh 2**:3, **Ro 3**:23, **1Co 1**:7, **8**:8, **12**:24, **♦16**:17, **2Co ♦8**:14, **♦9**:12, **11**:5, 9♦, **12**:11, **Php ♦2**:30, **4**:12, **Col ♦1**:24, **1Th ♦3**:10, **Heb 4**:1, **11**:37, **12**:15

Anankē ἀνάγκη *318*

Needs, Needful

♦Anankaîos ἀναγκαῖος *316*

Mat 18:7, **Luk 14**:18, **21**:23, **23**:17, **Act ♦10**:24, **♦13**:46, **Ro 13**:5, **1Co 7**:26, 37, **9**:16, **♦12**:22, **2Co 6**:4, **♦9**:5, 7, **12**:10, **Php ♦1**:24, **♦2**:25, **1Th 3**:7, **Tit ♦3**:14, **Phm** 14, **Heb 7**:12, 27, **♦8**:3, **9**:23, **Jud** 3

Bâlâh בלה 1086

Grow Old, Waste

♦Tavlît תבלית 8399

Gen 18:12, **Deu 8**:4, **29**:5, **Jos 9**:13, **1Ch 17**:9, **Neh 9**:21, **Job 13**:28, **Ps 32**:3, **49**:14, **102**:26, **Isa ♦10**:25, **50**:9, **51**:6, **65**:22, **La 3**:4

Ḥûl חול /Ḥôlêl כולל 2342

Pain, Wait, Bring Forth

♦Ḥîl חיל 2427

[Except *stayed, dance*; for *formed* go to p75; for *fear* of Yehuwah go to p127]

Gen 8:10, **Deu 2**:25, **32**:18, **Jdg 3**:25, **21**:21, 23, **1Sa 31**:3, **2Sa 3**:29, **1Ch 10**:3, **16**:30, **Est 4**:4, **Job 15**:7, 20, **20**:21, **26**:5, **35**:14, **39**:1, **Ps 10**:5, **29**:8, 9, **37**:7, **♦48**:6, **51**:5, **55**:4, **77**:16, **90**:2, **96**:9, **97**:4, **114**:7, **Pro 8**:24, 25, **25**:23, **26**:10, **Isa 13**:8, **23**:4, 5, **26**:17, 18, **45**:10, **51**:2, **54**:1, **66**:7, 8, **Jer 4**:19, **5**:3, 22, **♦6**:24, **♦22**:23, **23**:19, **30**:23, **♦50**:43, **51**:29, **La 3**:26, **4**:6, **Eze 30**:16, **Hos 11**:6, **Joe 2**:6, **Mic ♦4**:9, 10, **Hab 3**:10, **Zec 9**:5

Kâ'âv כאב 3510

Grieve, Pain

Gen 34:25, **2Ki 3**:19, **Job 5**:18, **14**:22, **Ps 69**:29, **Pro 14**:13, **Eze 13**:22, **28**:24

'Ânaq אנק 602

Groan, Groaning

♦Nâ'aq נאק 5008

♣Anâqâh אנקה 603

†N^e'âqâh נאקה 5009

Exd †2:24, **†6**:5, **Jdg †2**:18, **Job ♦24**:12, **Ps ♣12**:5, **♣79**:11, **♣102**:20, **Jer 51**:52, **Eze 9**:4, **24**:17, **26**:15, **♦30**:24†, **Mal ♣2**:13

Ḥevel חבל 2256

Sorrow, Pangs

[Except *rope, company*; for *lot* as in portion, go to p86]

2Sa 22:6, **Job 21**:17, **39**:3, **Ps 18**:4, 5, **116**:3, **Isa 13**:8, **26**:17, **66**:7, **Jer 13**:21, **22**:23, **49**:24, **Hos 13**:13, **Mic 2**:10

Yâgôn יגון 3015

Sorrow

Gen 42:38, **44**:31, **Est 9**:22, **Ps 13**:2, **31**:10, **107**:39, **116**:3, **Isa 35**:10, **51**:11, **Jer 8**:18, **20**:18, **31**:13, **45**:3, **Eze 23**:33

D^e'âgâh דאגה 1674

Sorrow

♦Tûgâh תוגה 8424

♣Hâgâh הגה 1897

[Except *meditate* for 1897, go to p115]

Jos 22:24, **Ps †119**:28, **Pro ♦10**:1, **♦14**:13, **12**:25, **♦17**:21, **Isa ♣16:7; ♣38:14; Jer ♣48**:31, **49**:23, **Eze 4**:16, **12**:18, 19

'Etsev עצב 6089

Sorrow

♦'Ôtsev עצב 6090

♣'Atstsevet עצבת 6094

†'Itstsâvôn עצבון 6093

‡'Atsav עצב 6088

Gen 3:16, †17, †**5**:29, **1Ch** ♦**4**:9, **Job** ♣**9**:28, **Ps** ♣**16**:4, **127**:2, ♦**139**:24, ♣**147**:3, **Pro** 5:10, ♣**10**:10, 22, **14**:23, **15**:1, ♣13, **Isa** ♦**14**:3, ♦**48**:5, **Jer 22**:28, **Dan** ‡**6**:20

Mak'ôv מכאוב 4341

Sorrows, Grief

♦K^e^'êv כאב 3511

♣Kâ'âh כאה 3512

Exd 3:7, **2Ch 6**:29, **Job** ♦**2**:13, ♦**16**:6, **33**:19, **Ps 32**:10, **38**:17, ♦**39**:2, **69**:26, ♣**109**:16, **Ecc 1**:18, 23, **Isa** ♦**17**:11, **53**:3, 4, ♦**65**:14, **Jer** ♦**15**:18, **30**:15, **45**:3, **51**:8, **La 1**:12, 18, **Eze** ♣**13**:22, **Dan** ♣**11**:30

Mârar מרר 4843

Grieve

♦Môrâh מרה 4786

Gen ♦**26**:35, **49**:23, **Exd 1**:14, **23**:21, **Ru 1**:13, 20, **1Sa 30**:6, **2Ki 4**:27, **Job 27**:2, **Isa 22**:4, **24**:9, **38**:17, **La 1**:4, **Dan 8**:7, **11**:11, **Zec 12**:10

Lupē λύπη *3077*

♦Adēmoneō ἀδημονέω *85*

♣Anastenazō ἀναστενάζω *389*

Mat ♦**26**:37, **Mar** ♣**8**:12, ♦**14**:33, **Luk 22**:45, **Joh 16**:6, 20, 21, 22, **Ro 9**:2, **2Co 2**:1, 3, 7, **7**:10, **9**:7, **Php** ♦**2**:26, 27, **Heb 12**:11, **1Pe 2**:19

Lupeō λυπέω *3076*

Make Sorry

♦Alupoteros ἀλυπότερος *253* Less Sorrowful

Mat 14:9, **17**:23, **18**:31, **19**:22, **26**:22, 37, **Mar 10**:22, **14**:19, **Joh 16**:20, **21**:17, **Ro 14**:15, **2Co 2**:2, 4, 5, **6**:10, **7**:8, 9, 11, **Eph 4**:30, **Php** ♦**2**:28, **1Th 4**:13, **1Pe 1**:6

Bâkâh בכה 1058

Weep

♦Bâkâ בכה 1056

Gen 21:16, **23**:2, **27**:38, **29**:11, **33**:4, **37**:35, **42**:24, **43**:30, **45**:14, 15, **46**:29, **50**:1, 3, 17, **Exd 2**:6, **Lev 10**:6, **Nu 11**:4, 10, 13, 18, 20, **14**:1, **20**:29, **25**:6, **Deu 1**:45, **21**:13, **34**:8, **Jdg 2**:4, **11**:37, 38, **14**:16, 17, **20**:23, 26, **21**:2, **Ru 1**:9, 14, **1Sa 1**:7, 8, 10, **11**:4, 5, **20**:41, **24**:16, **30**:4, **2Sa 1**:12, 24, **3**:16, 32, 34, **12**:21, 22, **13**:36, **15**:23, 30, **18**:33, **19**:1, **2Ki 8**:11, 12, **13**:14, **20**:3, **22**:19, **2Ch 34**:27, **Ezr 3**:12, **10**:1, **Neh 1**:4, **8**:9, **Est 8**:3, **Job 2**:12, **27**:15, **30**:25, 31, **31**:38, **Ps 69**:10, **78**:64, ♦**84**:6, **126**:6, **137**:1, **Ecc 3**:4, **Isa 16**:9, **30**:19, **33**:7, **38**:3, **Jer 9**:1, **13**:17, **22**:10, **31**:15, **41**:6, **48**:32, **50**:4, **La 1**:2, 16, **Eze 8**:14, **24**:16, 23, **27**:31, **Hos 12**:4, **Joe 1**:5, **2**:17, **Mic 1**:10, **Zec 7**:3

B^e^kîy בכי 1065

Weep, Weeping

Gen 45:2, **Deu 34**:8, **Jdg 21**:2, **2Sa 13**:36, **2Ki 20**:3, **Ezr 3**:13, **Est 4**:3, **Job 16**:16, **28**:11, **Ps 6**:8, **30**:5, **102**:9, **Isa 15**:2, 3, 5, **16**:9, **22**:4, 12, **38**:3, **65**:19, **Jer 3**:21, **9**:10, **31**:9, 15, 16, **48**:5, 32, **Joe 2**:12, **Mal 2**:13

Klaiō κλαίω *2799*

Mat 2:18, **26**:75, **Mar 5**:38, 39, **14**:72, **16**:10, **Luk 6**:21, 25, **7**:13, 32, 38, **8**:52, **19**:41, **22**:62, **23**:28, **Joh 11**:31, 33, **16**:20, **20**:11, 13, 15, **Act 9**:39, **21**:13, **Ro 12**:15, **1Co 7**:30, **Php 3**:18, **Jas 4**:9, **5**:1, **Rev 5**:4, 5, **18**:9, 11, 15, 19

Sâphad ספד 5594

Mourn

♦Yâphaḥ יפח 3306

Gen 23:2, **50**:10, **1Sa 25**:1, **28**:3, **2Sa 1**:12, **3**:31, **11**:26, **1Ki 13**:29, 30, **14**:13, 18, **Ecc 3**:4, **12**:5, **Isa 32**:12, **Jer 4**:8, ♦31, **16**:4, 5, 6, **22**:18, **25**:33, **34**:5, **49**:3, **Eze 24**:16, 23, **Joe 1**:13, **Mic 1**:8, **Zec 7**:5, **12**:10, 12

Âval אבל 56

Mourn

♦Âlâh אלה 421

Gen 37:34, **Exd 33**:4, **Nu 14**:39, **1Sa 6**:19, **15**:35, **16**:1, **2Sa 13**:37, **14**:2, **19**:1, **1Ch 7**:22, **2Ch 35**:24, **Ezr 10**:6, **Neh 1**:4, **8**:9, **Job 14**:22, **Isa 3**:26, **19**:8, **24**:4, 7, **33**:9, **66**:10, **Jer 4**:28, **12**:4, 11, **14**:2, **23**:10, **La 2**:8, **Eze 7**:12, 27, **31**:15, **Dan 10**:2, **Hos 4**:3, **10**:5, **Joe** ♦**1**:8, 9, 10, **Am 1**:2, **8**:8, **9**:5

Koptō κόπτω *2875*

♦Thrēneō θρηνέω *2354*

[Except *cut down*]

Mat 11:!7♦, **21**:8, **24**:30, **Mar 11**:8, **Luk** ♦**7**:32, **8**:52, **23**:27♦, **Joh** ♦**16**:20, **Rev 1**:7, **18**:9

Êvel אבל 60

Mourning

Gen 27:41, **50**:10, 11, **Deu 34**:8, **2Sa 11**:27, **14**:2, **19**:2, **Est 4**:3, **9**:22, **Job 30**:31, **Ecc 7**:2, 4, **Isa**

60:20, **61**:3, **Jer 6**:26, **16**:7, **31**:13, **La 5**:15, **Eze 24**:17, **Am 5**:16, **8**:10, **Mic 1**:8

Miçpêd מִסְפֵּד 4553

Wailing, Lamentation

Gen 50:10, **Est 4**:3, **Ps 30**:11, **Isa 22**:12, **Jer 6**:26, **48**:38, **Eze 27**:31, **Joe 2**:12, **Am 5**:16, 17, **Mic 1**:8, 11, **Zec 12**:10, 11

Mârâh מרה 4751

Bitter

♦Morrâh מֹרָה 4787

♣Mârûd מָרוּד 4788

†M^e^rîrût מְרִירוּת 4814

‡M^e^rîrîy מְרִירִי 4815

ΔM^e^rôr מְרוֹר 4844

+M^e^rôrâh מְרוֹרָה 4846

^M^e^rêrâh מְרֵרָה 4845

Gen 27:34, **Exd Δ12**:8, **15**:23, **Nu 5**:18, 19, 23, 24, 27, Δ**9**:11, **Deu ‡32**:24, +32, **Jdg 18**:25, **1Sa 1**:10, **15**:32, **22**:2, **2Sa 2**:26, **17**:8, **Est 4**:1, **Job 3**:20, **7**:11, **10**:1, +**13**:26, ^**16**:13, +**20**:14, +25, **21**:25, **Ps 64**:3, **Pro 5**:4, **Pro ♦14**:10, **27**:7, **31**:6, **Ecc 7**:26, **Isa 5**:20, **33**:7, **38**:15, 17, ♣**58**:7, **Jer 2**:19, **4**:18, **La ♣1**:7, Δ**3**:15, ♣19, **Eze 3**:14, †**21**:6, **27**:30, 31, **Am 8**:10, **Hab 1**:6, **Zep 1**:14

ʿÂnâh ענה 6031

Afflict, Afflicted, Humbled

Gen 15:13, **16**:6, 9, **31**:50, **34**:2, **Exd 1**:11, 12, **10**:3, **22**:22, 23, **Lev 16**:29, 31, **23**:27, 29, 32, **Nu 24**:24, **29**:7, **30**:13, **Deu 8**:2, 16, **21**:14, **22**:24, 29, **26**:6, **Jdg 16**:5, 6, 19, 24, **20**:5, **2Sa 7**:10, **13**:12, 14, 22, 32, **22**:36, **1Ki 2**:26, **8**:35, **11**:39, **2Ki 17**:20, **2Ch 6**:26, **Ezr 8**:21, **Job 30**:11, **37**:23, **Ps 35**:13, **55**:19, **88**:7, **89**:22, **90**:15, **94**:5, **102**:23, **105**:18, **107**:17, **116**:10, **119**:67, 71, 75, 107, **132**:1, **Ecc 1**:13, **3**:10, **Isa 31**:4, **53**:4, 7, **58**:3, 5, 10, **60**:14, **64**:12, **La 3**:33, **5**:11, **Eze 22**:10, 11, **Dan 10**:12, **Nah 1**:12, **Zep 3**:19, **Zec 10**:2

Thlipsis θλῖψις *2347*

Affliction, Tribulation

♦Thlibō θλίβω *2346*

♣Angareuō ἀγγαρεύω *29*

Mat ♣5:41, ♦**7**:14, **13**:21, **24**:9, 21, 29, ♣**27**:32, **Mar ♣3**:9, **4**:17, **13**:19, 24, ♦**15**:21, **Joh 16**:21, 33, **Act 7**:10, 11, **11**:19, **14**:22, **20**:23, **Ro 2**:9, **5**:3, **8**:35, **12**:12, **1Co 7**:28, **2Co 1**:4, ♦6, 8, **2**:4, ♦**4**:8, 17, **6**:4, **7**:4, ♦5, **8**:2, 13, **Eph 3**:13, **Php 4**:14, **Col 1**:24, **1Th 1**:6, **3**:3, ♦**3**:4, 7, **2Th 1**:4, 6♦, ♦7, **1Ti ♦5**:10, **Heb 10**:33, ♦**11**:37, **Jas 1**:27, **Rev 1**:9, **2**:9, 10, 22, **7**:14

Tsôq צוק 6695

Anguish

Pro 1:27, **Isa 8**:22, **30**:6, **Dan 9**:25

Stenochōria στενοχωρία 4730

♦Stenochōreō στενοχωρέω *4729*

♣Exaporeomai ἐξαπορέομαι *1820*

Ro 2:9, **8**:35, **2Co ♣1**:8, ♦**4**:8♣, **6**:4, ♦12, **12**:10

Tsârâh צרה 6869

Trouble, Adversity, Distress

♦Zaʿavâh זעוה 2189

♣Tsûqâh צוקה 6695

†Qôster קצר 7115

‡M^e^rûtsâh מרצה 4835

Gen 35:3, **42**:21, **Exd †6**:**9**. **Deu ♦28**:25, **31**:17, 21, **Jdg 10**:14, **1Sa 1**:6, **10**:19, **26**:24, **2Sa 4**:9, **1Ki 1**:29, **2Ki 19**:3, **2Ch 15**:6, **20**:9, ♦29:8, **Neh 9**:27, 37, **Job 5**:19, **27**:9, **Ps 9**:9, **10**:1, **20**:1, **22**:11, **25**:17, 22, **31**:7, **34**:6, 17, **37**:39, **46**:1, **50**:15, **54**:7, **71**:20, **77**:2, **78**:49, **81**:7, **86**:7, **91**:15, **116**:3, **120**:1, **138**:7, **142**:2, **143**:11, **Pro 1**:27♣, **11**:8, **12**:13, **17**:17, **21**:23, **24**:10, **25**:19, **Isa 8**:22♣, **30**:6♣, **33**:2, **37**:3, **46**:7, **63**:9, **65**:16, **Jer 4**:31, **6**:24, **14**:8, ♦**15**:4, 11, **16**:19, ‡**22**:17, ♦**24**:9, ♦**29**:18, **30**:7, ♦**34**:17, **49**:24, **50**:43, **Eze ♦23**:46, **Dan ♣9**:25, **12**:1, **Obd** 12, 14, **Jon 2**:2, **Nah 1**:7, 9, **Hab 3**:16, **Zep 1**:15, **Zec 10**:11

Empaizō ἐμπαίζω *1702*

♦Empaiktēs ἐμπαίκτης *1703*

♣Empaigmos ἐμπαιγμός *1701*

Mat 2:16, **20**:19, **27**:29, 31, 41, **Mar 10**:34, **15**:20, 31, **Luk 14**:29, **18**:32, **22**:63, **23**:11, 36, **Heb ♣11**:36, **2Pe ♦3**:3, **Jud ♦**18

Paschō πάσχω *3958*

Suffer

Mat 16:21, **17**:12, 15, **27**:19, **Mar 5**:26, **8**:31, **9**:12, 22, **Luk 13**:2, **17**:25, **22**:15, **24**:26, 46, **Act 1**:3, **3**:18, **9**:16, **17**:3, **28**:5, **1Co 12**:26, **2Co 1**:6, **Gal 3**:4, **Php 1**:29, **1Th 2**:14, **2Th 1**:5, **2Ti 1**:12, **Heb 2**:18, **5**:8, **9**:26, **13**:12, **1Pe 2**:19, 20, 21, 23, **3**:14, 17, 18, **4**:1, 15, 19, **5**:10, **Rev 2**:10

Pathēma πάθημα *3804*
Suffering
♦Pathētos παθητός *3805*
♣Kakopatheō κακοπαθέω *2553*
†Sugkakopathēsen συγκακοπαθήσεν *4777*
‡Kakopatheia κακοπάθεια *2552*
ΔEnochleō ἐνοχλέω *1776*
Act ♦**26**:23, **Ro 7**:5, **8**:18, **2Co 1**:5, 6, 7, **Gal 5**:24, **Php 3**:10, **Col 1**:24, **2Ti** †**1**:8, ♣**2**:3, ♣**9**, **3**:11, ♣**4**:5, **Heb 2**:9, 10, **10**:32, **Jas** ‡**5**:10, ♣**13**, **Heb** Δ**12**:15, **1Pe 1**:11, **4**:13, **5**:1, 9

Gâzal גזל 1497
Violence
♦Gâzêl גזל 1498
Gen 21:25, **31**:31, **Lev** ♦**6**:2, 4, **19**:13, **Deu 28**:29, 31, **Jdg 9**:25, **21**:23, **2Sa 23**:21, **1Ch 11**:23, **Job 20**:19, **24**:2, 9, 19, **Ps 35**:10, ♦**62**:10, **69**:4, **Pro 4**:16, **22**:22, **28**:24, **Isa 10**:2, ♦**61**:8, **Jer 21**:12, **22**:3, **Eze 18**:7, 12, 16, 18, **22**:**29**♦, **Mic 2**:2, **3**:2, **Mal 1**:13

Rîv ריב 7379
Strife
♦M^{e}rîvâh מריבה 4808
♣Matstsâh מצה 4683
Gen 13:7, ♦**8**, **Exd 17**:7, **23**:2, 3, 6, Nu ♦**27**:14, **Deu 1**:12, **17**:8, **19**:17, **21**:5, **25**:1, ♦**32**:51, **Jdg 12**:2, **1Sa 24**:**15**,**25**:39, **2Sa 15**:2, 4, **22**:44, **2Ch 19**:8, 10, **Job 13**:6, **29**:16, **31**:13, 35, **33**:19, **Ps 18**:43, **31**:20, **35**:23, **43**:1, **55**:9, **74**:22, ♦**95**:8, ♦**106**:32, **119**:1**5**4, **Pro** ♣**13**:10, **15**:18, **17**:**1**, 14, **18**:6, 17, ♣19, **20**:3, **22**:23, **23**:11, **25**:9, **26**:17, 21, **30**:33, **Isa 1**:23, **34**:8, **41**:11, 21, **58**:**4**♣, **Jer 11**:20, **15**:10, **20**:12, **25**:31, **50**:34, **51**:36, **La 3**:36, 58, **Eze 44**:24, ♦**47**:19, ♦**48**:28, **Hos 4**:1, **12**:2, **Mic 6**:2, **7**:9, **Hab 1**:3

Eris ερίς *2054*
♦Eritheia εριθεια *2052*
♣Eridzō ερίζω *2051*
†Antilogia ἀντιλογία *485*
Mat ♣**12**:19, **Ro 1**:29, ♦**2**:8, **13**:13, **1Co 1**:11, **3**:3, **2Co 12**:**20**♦, **Gal 5**:**20**♦, **Php 1**:15, ♦16, ♦**2**:3, **1Ti 6**:4, **Tit 3**:9, **Heb** †**6**:16, †**7**:7, †**12**:3, **Jas** ♦**3**:14, ♦16, **Jud** †11

Shâ'ôn שׁאון 7588
Tumult, Noise
Ps 40:2, **65**:7, **74**:23, **Isa 5**:14, **13**:4, **17**:12, 13, **24**:8, **25**:5, **66**:6, **Jer 25**:31, **46**:17, **48**:45, **51**:55, **Hos 10**:14, **Am 2**:2

Akatastasia ἀκαταστασία *181*
♦Anastatoō ἀναστατόω *387*
Luk 21:9, **Act** ♦**17**:6, ♦**21**:38, **1Co 14**:33, **2Co 6**:5, **12**:20, **Gal** ♦**5**:12, **Jas 3**:16

Râdaph רדפ /Ardôph ארדוף
7291 Pursue, Persecute
Gen 14:14, 15, **31**:23, **35**:5, **44**:4, **Exd 14**:4, 8, 9, 23, **15**:9, **Lev 26**:7, 8, 17, 36, 37, **Deu 1**:44, **11**:4, **16**:20, **19**:6, **28**:22, 45, **30**:7, **32**:30, **Jos 2**:5, 7, 16, 22, **7**:5, **8**:16, 17, 20, 24, **10**:10, 19, **11**:8, **20**:5, **23**:10, **24**:6, **Jdg 1**:6, **3**:28, **4**:16, 22, **7**:23, 25, **8**:4, 5, 12, **9**:40, **20**:43, **1Sa 7**:11, **17**:52, **23**:25, 28, **24**:14, **25**:29, **26**:18, 20, **30**:8, 10, **2Sa 2**:19, 24, 28, **17**:1, **18**:16, **20**:6, 7, 10, 13, **22**:38, **24**:13, **1Ki 20**:20, **2Ki 5**:21, **9**:27, **25**:5, **2Ch 13**:19, **14**:13, **Neh 9**:11, **Job 13**:25, **19**:22, 28, **30**:15, **Ps 7**:1, 5, **18**:37, **23**:6, **31**:15, **34**:14, **35**:3, 6, **38**:20, **69**:26, **71**:11, **83**:15, **109**:16, **119**:84, 86, 150, 157, 161, **142**:6, **143**:3, **Pro 11**:19, **12**:11, **13**:21, **15**:9, **19**:7, **21**:21, **28**:1, 19, **Ecc 3**:15, **Isa 1**:23, **5**:11, **17**:13, **30**:16, **41**:3, **51**:1, **Jer 15**:15, **17**:18, **20**:11, **29**:18, **39**:5, **52**:8, **La 1**:3, 6, **3**:43, 66, **4**:19, **5**:5, **Eze 35**:6, **Hos 2**:7, **6**:3, **8**:3, **12**:1, **Am 1**:11, **Nah 1**:8

Dioko διόκο /Diōkōsin διώκωσιν
1377 Persecute
♦Diogmos διογμός *1375*
♣Dioktēs διόκτης *1376*
†Ekdiōxantōn εκδιωξάντων *1559*
‡Ochleō ὀχλέω 3791
Mat 5:10, 11, 12, 44, **10**:23, ♦**13**:21, **23**:34, **Mar** ♦**4**:17, ♦**10**:30, **Luk** ‡**6**:18, †**11**:49, **17**:23, **21**:12, **Joh 5**:16, **15**:20, **Act** ‡**5**:16, **7**:52, ♦**8**:1, **9**:4, 5, ♦**13**:50, **22**:4, 7, 8, **26**:11, 14, 15, **Ro** ♦**8**:35, **9**:30, 31, **12**:13, 14, **14**:19, **1Co 4**:12, **14**:1, **15**:9, **2Co 4**:9, ♦**12**:10, **Gal 1**:13, 23, **4**:29, **5**:11, **6**:12, **Php 3**:6, 12, 14, **1Th** †**2**:15, **5**:15, **2Th** ♦**1**:4, **1Ti** ♣**1**:13, **6**:11, **2Ti 2**:22, ♦**3**:11, 12, **Heb 12**:14, **1Pe 3**:11, **Rev 12**:13

'Âshaq עשׁק 6231
Oppress, Deceive
♦'Âshûq עשׁוק 6217

♣Ma'ashaqqâh מַעֲשַׁקָּה 4642
†Dâḥaq דחק 1766
‡Ḥâmôts חמוץ 2541
Lev 6:2, 4, **19**:13, **Deu 24**:14, **28**:29, 33, **Jdg** †**2**:18, **1Sa 12**:3, 4, **1Ch 16**:21, **Job 10**:3, ♦**35**:9, **40**:23, **Ps 72**:4, **103**:6, **105**:14, **119**:121, 122, **146**:7, **Pro 14**:31, **22**:16, **28**:3, ♣16, 17, **Ecc 4**:1♦, **Isa** ‡**1**:17, **23**:12, ♣**33**:15, **52**:4, **Jer 7**:6, **21**:12, **50**:33, **Eze 18**:18, **22**:29, **Hos** ♦**5**:11, **12**:7, **Joe** †**2**:8, **Am** ♦**3**:9, **4**:1, **Mic 2**:2, **Zec 7**:10, **Mal 3**:5

'Ôsheq עֹשֶׁק 6233

Oppression
Lev 6:4, **Ps 62**:10, **73**:8, **119**:134, **Ecc 5**:8, **7**:7, **Isa 30**:12, **54**:14, **59**:13, **Jer 6**:6, **22**:17, **Eze 18**:18, **22**:7, 12, 29

Qâsheh קָשֶׁה 7186

Rough, Hard, Cruel
Gen 42:7, 30, **Deu 26**:6, **Jdg 4**:24, **1Sa 1**:15, **20**:10, **25**:3, **2Sa 2**:17, **3**:39, **1Ki 12**:4, 13, **14**:6, **2Ch 10**:4, 13, **Job 30**:25, **Ps 60**:3, **Sng 8**:6, **Isa 14**:3, **19**:4, **21**:2, **27**:1, 8

Nâshaḵ נָשַׁךְ 5391

Bite
Gen 49:17, **Nu 21**:6, 8, 9, **Deu 23**:19, 20, **Pro 23**:32, **Ecc 10**:8, 11, **Jer 8**:17, **Am 5**:19, **9**:3, **Mic 3**:5, **Hab 2**:7

'Ôwl עוֹל 5923

Yoke
Lev 26:13, **Nu 19**:2, **Deu 21**:3, **28**:48, **1Sa 6**:7, **1Ki 12**:4, 9, 10, 11, 14, **2Ch 10**:4, 9, 10, 11, 14, **Isa 9**:4, **10**:27, **14**:25, **47**:6, **Jer 2**:20, **5**:5, **27**:8, 11, 12, **28**:2, 4, 11, 14, **30**:8, **La 1**:14, **3**:27, **Eze 34**:27, **Hos 11**:4

Môṭâh מוֹטָה 4133

Yoke
Lev 26:13, **1Ch 15**:15, **Isa 58**:6, 9, **Jer 27**:2, **28**:10, 12, 13, **Eze 30**:18, **34**:27

Zugos ζυγός *2218*

♦Heterozugountēs ετεροζυγοθντης *2086*
Mat 11:29, 30, **Act 15**:10, **2Co** ♦**6**:14, **Gal 5**:1, **1Ti 6**:1, **Rev 6**:5

Massâ' מַשָּׂא 4853

Burden
♦Massâ'âh מַשָּׂאָה 4858
♣Yehâv יְהָב 3053
Nu 4:15, 19, 24, 27, 31, 32, 47, 49, **11**:11, 17, **Deu 1**:12, **2Sa 15**:33, **19**:35, **2Ki 5**:17, **8**:9, **9**:25, **1Ch 15**:22, 27, **2Ch 17**:11, **20**:25, **24**:27, **35**:3, **Neh 10**:31, **13**:15, 19, **Ps 38**:4, ♣**55**:22, **Pro 30**:1, **31**:1, **Isa 13**:1, **14**:28, **15**:1, **17**:1, **19**:1, **21**:1, 11, 13, **22**:1, 25, **23**:1, **30**:6, ♦27, **46**:1, 2, **Jer 17**:21, 22, 24, 27, **23**:33, 34, 36, 38, **Eze 12**:10, **24**:25, **Hos 8**:10, **Nah 1**:1, **Hab 1**:1, **Zec 9**:1, **12**:1, **Mal 1**:1

Phortion φορτίον *5413*

♦Phortízō φορτίζω *5412*
†Abarēs ἀβαρής *4*
Mat ♦**11**:28, 30, **23**:4, **Luk 11**:46♦, **2Co** †**11**:9, **Gal 6**:5

'Abâdîm עבדים 5650

Bondage
[Only *bondage*, not *servant*]
Exd 13:3, 14, **20**:2, **Deu 5**:6, **6**:12, **8**:14, **13**:5, 10, **Jos 24**:17, **Jdg 6**:8, **Ezra 9**:9, **Neh 5**:5

Shâvâh שָׁבָה 7617

Take Captive, Captives
Gen 14:14, **31**:26, **34**:29, **Exd 22**:10, **Nu 21**:1, **24**:22, **31**:9, **Deu 21**:10, **Jdg 5**:12, **1Sa 30**:2, 3, 5, **1Ki 8**:46; 47; 48; 50; **2Ki 5**:2; **6**:22; **1Ch 5**:21; **2Ch 6**:36; 37; 38; **14**:15; **21**:17; **25**:12; **28**:5, 8, 11, 17, **30**:9, **Ps 68**:18, **106**:46, **137**:3, **Isa 14**:2, **61**:1, **Jer 13**:17, **41**:10, 14, **43**:12, **50**:33, **Eze 6**:9, **Obd** 11

Gâlâh גָּלָה 1540

Carried Away Captive
[Not discovered, openly; for reveal of Yehuwah go to p114]
Jdg 18:30, **2Ki 15**:29, **16**:9, **17**:6, **17**:23, **17**:28, **17**:33, **2Ki 18**:11, **24**:14, **2Ki 24**:15, **2Ki 25**:11, **2Ki 25**:21, **1Ch 5**:6, **1Ch 5**:26, **1Ch 6**:15, **1Ch 9**:1, **2Ch 36**:20, **Ezr 2**:1, **Neh 7**:6, **Est 2**:6, **Isa 5**:13, **Isa 49**:21, **Jer 1**:3, **Jer 13**:19, **Jer 20**:4, **Jer 22**:12, **Jer 24**:1, **Jer 27**:20, **Jer 29**:1, **Jer 29**:4, **Jer 29**:7, **Jer 29**:14, **Jer 39**:9, **Jer 40**:1, **Jer 40**:7, **Jer 43**:3, **Jer 52**:15, **Jer 52**:27, **Jer 52**:28, **Jer 52**:29, **Jer 52**:30, **La 1**:3, **La 4**:22, **Eze 39**:23, **Eze 39**:28, **Am 1**:5, **Am 1**:6, **Am 5**:5, **Am 5**:27, **Am 6**:7, **Am 7**:11, **Am 7**:17, **Mic 1**:16, **Nah 2**:7

Aichmalōtidzō αιχμαλωτίζω *163*

♦Aichmalōteuō αἰχμαλωτεύω *162*
♣Aichmalōsia αἰχμαλωσία *161*
†Aichmalōtos αἰχμάλωτος *164*
‡Anatrepō ἀνατρέπω *396* Overthrow

Luk †**4**:18, **21**:24, **Ro 7**:23, **2Co 10**:5, **Eph** ♦**4**:8♣, **2Ti** ‡**2**:18, ♦**3**:6, **Tit** ‡**1**:11, **Rev** ♣**13**:10

Sh^e^vîy שְׁבִי 7628

Captivity

♦Sh^e^vût שְׁבוּת 7622

Exd 12:29, **Nu 21**:1, ♦**29**, **31**:12, 19, 26, **Deu 21**:10, 13, **28**:41, ♦**30**:3, **Jdg 5**:12, **2Ch 6**:37, 38, **28**:17, **29**:9, **Ezr 2**:1, **3**:8, **8**:35, **9**:7, **Neh 1**:2, 3, **7**:6, **8**:17, **Job** ♦**42**:10, **Ps** ♦**14**:7, ♦**53**:6, **68**:18, **78**:61, ♦**85**:1, ♦**126**:4, **Isa 20**:4, **46**:2, **49**:24, 25, **52**:2, **Jer 15**:2, **20**:6, **22**:22, ♦**29**:14, ♦**30**:3, 10, ♦18, 16, **43**:11, **46**:27, **48**:46, **La 1**:5, 18, **Eze 12**:11, **30**:17, 18, **Dan 11**:8, 33, **Am 4**:10, **9**:4, **Nah 3**:10, **Hab 1**:9, **Zep** ♦**2**:7, ♦**3**:20

Gôlâh גֹּלָה 1473

Captivity

♦Gâlût גָּלוּת 1546

2Ki 24:15, 16, ♦**25**:27, **1Ch 5**:22, **Ezr 1**:11, **2**:1, **4**:1, **6**:19, 20, 21, **8**:35, **9**:4, **10**:6, 7, 8, 16, **Neh 7**:6, **Est 2**:6, **Isa** ♦**20**:4, ♦**45**:13, **Jer** ♦**24**:5, ♦**28**:4, 6, **29**:1, 4, 16, 20, ♦22, 31, ♦**40**:1, **46**:19, **48**:7, 11, **49**:3, ♦**52**:31, **Eze 1**:1, ♦2, **3**:11, 15, **11**:24, 25, **12**:3, 4, 7, 11, **25**:3, ♦**33**:21, ♦**40**:1, **Am** ♦**1**:6, ♦9, 15, **Nah 3**:10, **Obd** ♦20, **Zec 6**:10, **14**:2

ʿAbôt עֲבֹת 5688

Chain, Branch

Exd 28:14, **28**:22, **28**:24, **28**:25, **39**:15, **39**:17, **39**:18, **Jdg 15**:13, 14, **16**:11, 12, **Job 39**:10, **Ps 2**:3, **118**:27, **129**:4, **Isa 5**:18, **Eze 3**:25, **4**:8, **19**:11, **31**:3, 10, 14, **Hos 11**:4

Ḥâḥîy חחי 2397

Chains, Hook

♦Zîyqâh זִיק 2131
♣'Aziqqîym אזקים 246
†Sharsh^e^râh שַׁרְשְׁרָה 8333
‡Kôshârâh כּוֹשָׁרָה 3574
ΔRattôq רַתּוֹק 7569

Exd †**28**:14, **35**:22, †**39**:15, **1Ki** †**7**:17, **2Ki 19**:28, **2Ch** †**3**:5, †16, **Job** ♦**36**:8, **Ps** ‡**68**:6, ♦**149**:8, **Pro** ♦**26**:18, **Isa 37**:29, ♦**45**:14, ♦**50**:11, **Jer** ♣**40**:1, ♣4, **Eze** Δ**7**:23, **19**:4, 9, **29**:4, **38**:4, **Nah** ♦**3**:10

Halusis ἅλυσις *254*

Mar 5:3, 4, **Luk 8**:29, **Act 12**:6, 7, **21**:33, **28**:20, **Eph 6**:20, **2Ti 1**:16, **Rev 20**:1

Ḥêrem חרם 2764

Curse, Cursed Thing

[Except *devoted things, nets*]

Deu 7:26, **13**:17, **Jos 6**:17, 18, **7**:1, 11, 12, 13, 15, **22**:20, **1Sa 15**:21, **1Ki 20**:42, **1Ch 2**:7, **Isa 34**:5, **43**:28, **Zec 14**:11, **Mal 14**:6

Arar ארר 779

Cursed

Gen 3:14, 17, **4**:11, **5**:29, **9**:25, **12**:3, **27**:29, **49**:7, **Exd 22**:28, **Nu 5**:18, 19, 22, 24, 27, **22**:6, 12, **23**:7, **24**:9, **Deu 27**:15, 16, 17, 18, 19, 20, 21, 22, 23, 24, 25, 26, **28**:16, 18, 19, **Jos 6**:26, **9**:23, **Jdg 5**:23, **21**:18, **1Sa 14**:24, 28, **26**:19, **2Ki 9**:34, **Job 3**:8, **Ps 119**:21, **Jer 11**:3, **17**:5, **20**:14, 15, **48**:10, **Mal 1**:14, **2**:2, **3**:9

Âlâh אלה 423

Oath, Curse

Gen 24:41, 26:28, Lev 5:1, Nu 5:21, 23, 27, Deu 29:12, 14, 19, 20, 21, 30:7, 1Ki 8:31, 2Ch 6:22, 34:24, Neh 10:29, **Job 31**:30, **Ps 10**:7, **59**:12, **Pro 29**:24, **Isa 24**:6, **Jer 23**:10, **29**:18, **42**:18, **44**:12, **Eze 16**:59, **17**:13, 16, 18, 19, **Dan 9**:11, **Zec 5**:3

Nâqav נקב 5344

Curse, Blaspheme

♦Qâvav קבב 6895

[Except *named, pierce* for 5344]

Lev 24:11, 16, **Nu** ♦**22**:11, ♦17, **23**:8♦, ♦11, ♦13, 25♦, ♦27, ♦**24**:10, **Job 3**:8, **5**:3, **Pro 11**:26, **24**:24

Qâlal קלל 7043

Curse, Despise, Vile

♦Qelâlâh קללה 7045

[Except *abate, light thing, swifter*]

Gen 8:21, **1Sa 2**:30, **Isa 23**:9

Gen 12:3, **16**:4, 5, ♦**27**:12, ♦**13, Exd 21**:17, **22**:28, **Lev 19**:14, **20**:9, **24**:11, 14, 15, 23, **Deu** ♦**11**:26,

♦28, ♦29, ♦21:23, 23:4, ♦5, ♦27:13, ♦28:15, ♦45, ♦29:27, ♦30:1, ♦19, Jos ♦8:34, Jos 24:9, Jdg 9:27, 1Sa 3:13, 17:43, 2Sa 6:22, 16:5, 7, 9, 10, 11, ♦12, 13, 19:21, 43, 1Ki 2:8♦, 2Ki 2:24, ♦22:19, Neh 13:2♦, 25, Job 3:1, 24:18, 40:4, Ps 37:22, 62:4, ♦109:17, ♦18, 28, Pro ♦26:2, ♦27:14, 20:20, 30:10, 11, Ecc 7:21, 22, 10:20, Isa 8:21, 65:20, Jer 15:10, ♦24:9, ♦25:18, ♦26:6, ♦29:22, ♦42:18, ♦44:8, ♦12, ♦22, ♦49:13, Nah 1:14, Zec ♦8:13

Katara κατάρα *2671*

♦Kataomai κατάομαι *2672*

♣Epikataratos επικατάρατος *1944*

†Ara αρά *685*

Mat ♦25:41, Mar ♦11:21, Luk ♦6:28, Ro †3:14, ♦12:14, Gal 3:10♣, 13♣, Heb 6:8, Jas ♦3:9, 10, 2Pe 2:14

Anathema ἀνάθεμα *331*

Act 23:14, Ro 9:3, 1Co 12:3, 16:22, Gal 1:8, 9

Oneididzō ονειδίζω *3679*

Reproach

♦Oneidismos ονειδισμός *3680*

♣Oneidos όνειδος *3681*

Mat 5:11, 11:20, 27:44, Mar 15:32, 16:14, Luk ♣1:25, 6:22, Ro 15:3♦, 1Ti ♦3:7, Heb ♦10:33, ♦11:26, ♦13:13, Jas 1:5, 1Pe 4:14

Qâlas קלס 7046

Mock, Scorn

♦Qeles קלס 7047

♣Qallâsâh קלסה 7048

2Ki 2:23, Ps ♦44:13, ♦79:4, Jer ♦20:8, Eze 16:31, ♣22:4, 5, Hab 1:10

Lûts לוץ 3887

Mock, Scorn

♦Lâʿêg לעג 3934

Gen 42:23, 2Ch 32:31, Job 16:20, 33:23, Ps 1:1, ♦35:16, 119:51, Pro 1:22, 3:34, 9:7, 8, 12, 13:1, 14:6, 9, 15:12, 19:25, 28, 29, 20:1, 21:11, 24, 22:10, 24:9, Isa ♦28:11, 22, 29:20, 43:27

Hâtal התל 2048

Mock

♦Hâtôl התל 2049

♣Hâtat התת 2050

Gen 31:7, Exd 8:29, Jdg 16:10, 13, 15, 1Ki 18:27, Job 13:9, ♦17:2, Ps ♣62:3, Isa 44:20, Jer 9:5

ʿÂlal עלל 5953

Mock, Abuse

Exd 10:2, Lev 19:10, Num 22:29, Deu 24:21, Jdg 19:25, 20:45, 1Sa 6:6, 31:4, 1Ch 10:4, Job 16:15, Ps 141:4, Isa 3:12, Jer 6:9, 38:19, La 1:12, 22, 2:20, 3:51

Tsâḥaq צחק 6711

Laugh, Mock

♦Tseḥôq צחק 6712

♣Misḥâq משחק 4890

Gen 17:17, 18:12, 13, 15, 19:14, 21:6♦, 9, 26:8, 39:14, 17, Exd 32:6, Jdg 16:25, Eze ♦23:32, Hab ♣1:10

Giddûph גדוף 1421

Reviling

♦Gedûphâh גדופה 1422

Isa 43:28, 51:7, Eze ♦5:15, Zep 2:8

Loidoreō λοιδορέω *3058*

♦Loidoros λοίδορος *3060*

♣Loidoria λοιδορία *3059*

†Antiloidoreō ἀντιλοιδορέω *486*

Joh 9:28, Act 23:4, 1Co 4:12, ♦5:11, ♦6:10, 1Ti ♣5:14, 1Pe 2:23†, ♣3:9

Antilegō ἀντιλέγω *483*

Speak Against

♦Antepō ἀντέπω *471*

Luk 2:34, 20:27, ♦21:15, Joh 19:12, Act ♦4:14, 13:45, 28:19, 22, Ro 10:21, Tit 1:9, 2:9

Shânê' שׂנא 8130

Hate

♦Shâtam שׂטם 7852

♣Masṭêmâh משׂטמה 4895

[Only *hate* for people, *enemies*}; for Yehuwah's hate, hate of wrong, and man's hate of Yehuwah go to p142]

Gen 24:60, 26:27, 29:31, 33, 37:4, 5, 8, ♦49:23, ♦50:15, Exd 1:10, 20:5, 23:5, Lev 19:17, 26:17, Deu 4:42, 7:15, 19:4, 19:6, 11, 21:15, 16, 17, 22:13, 16, 24:3, 30:7, 32:41, 33:11, Jos 20:5, Jdg

11:7, **14**:16, **15**:2, **2Sa 5**:8, **13**:15, 22, **19**:6, **22**:18, 41, **1Ki 22**:8, **2Chr 1**:11, **18**:7, **Est 9**:1, 5, 16, **Job 8**:22, ♦**16**:9, ♦**30**:21, **31**:29, **Ps 9**:13, **18**:17, 40, **21**:8, **25**:19, **35**:19, **36**:2, **38**:19, **41**:7, **44**:**7**,10, ♦**55**:3, 12, **69**:4, 14, **86**:17, **89**:23, **105**:25, **106**:10, 41, **118**:7, **120**:6, **129**:5, **Pro 1**:22, **9**:8, **11**:15, **13**:24, **14**:17, 20, **19**:7, **25**:17, 21, **26**:24, 28, **27**:6, **29**:10, 24, **30**:23, **Ecc 2**:17, 18, **3**:8, **Isa 60**:15, **66**:5, **Eze 16**:27, 37, **23**:28, **35**:6, **Hos** ♣**9**:7, ♣8

Miseō μισέω *3404*

♦Astorgos ἄστοργος *794*

♣Theostugēs θεοστυγής *2319*

Mat 5:43, 44, **6**:24, **10**:22, **24**:9, 10, **Mar 13**:13, **Luk 1**:71, **6**:22, 27, **14**:26, **16**:13, **19**:14, **Luk 21**:17, **Joh 3**:20, **7**:7, **12**:25, **15**:18, 19, 23, 24, 25, **17**:14, **Ro** ♣**1**:30 ♦31, **7**:15, **9**:13, **Eph 5**:29, **2Ti** ♦**3**:3, **Tit 3**:3, **Heb 1**:9, **1Jn 2**:9, **2**:11, **3**:13, 15, **4**:20, **Jud** 23, **Rev 2**:6, 15, **17**:16, **18**:2

Oyev איב 341

Enemy

Gen 22:17, **49**:8, **Exd 15**:6, 9, **23**:4, 22, 27, **Lev 26**:7, 8, 16, 17, 25, 32, 34, 36, 37, 38, 39, 41, 44, **Nu 10**:9, 35, **14**:42, **23**:11, **24**:10, 18, **32**:21, **35**:23, **Deu 1**:42, **6**:19, **12**:10, **20**:1, 3, 4, 14, **21**:10, **23**:9, 14, **25**:19, **28**:7, 25, 31, 48, 53, 55, 57, 68, **30**:7, **32**:27, 31, 42, **33**:27, 29, **Jos 7**:8, 12, 13, **10**:13, 19, 25, **21**:44, **22**:8, **23**:1, **Jdg 2**:14, 18, **3**:28, **5**:31, **8**:34, **11**:36, **16**:23, 24, **1Sa 2**:1, **4**:3, **12**:10, 11, **14**:24, 30, 47, **18**:25, 29, **19**:17, **20**:15, 16, **24**:4, 19, **25**:22, 26, 29, **26**:8, **29**:8, **30**:26, **2Sa 3**:18, **4**:8, **5**:20, **7**:1, 9, 11, **12**:14, **18**:19, 32, **19**:9, **22**:1, 4, 18, 38, 41, 49, **1Ki 3**:11, **8**:33, 37, 44, 46, 48, **21**:20, **2Ki 17**:39, **21**:14, **1Ch 14**:11, **17**:8, 10, **21**:12, **22**:9, **2Ch 6**:24, 28, 34, 36, **20**:27, 29, **25**:8, **26**:13, **Ezr 8**:22, 31, **Neh 4**:15, **5**:9, **6**:1, 16, **9**:28, **Est 7**:6, **8**:13, **9**:1, 5, 16, 22, **Job 13**:24, **27**:7, **33**:10, **Ps 3**:7, **6**:10, **7**:5, **8**:2, **9**:3, 6, **13**:2, 4, **17**:9, **18**:3, 17, 37, 40, 48, **21**:8, **25**:2, 19, **27**:2, 6, **30**:1, **31**:8, 15, **35**:19, **37**:20, **38**:19, **41**:2, 5, 11, **42**:9, **43**:2, **44**:16, **45**:5, **54**:7, **55**:3, 12, **56**:9, **59**:1, **61**:3, **64**:1, **66**:3, **68**:1, 21, 23, **69**:4, 18, **71**:10, **72**:9, **74**:3, 10, 18, **78**:53, **80**:6, **81**:14, **83**:2, **89**:10, 22, 42, 51, **92**:9, **102**:8, **106**:10, 42, **110**:1, 2, **119**:98, **127**:5, **132**:18, **138**:7, **139**:22, **143**:3, 9, 12, **Pro 16**:7, **24**:17, **Isa 1**:24, **9**:11, **42**:13, **59**:18, **62**:8, **63**:10, **66**:6, 14, **Jer 6**:25, **12**:7, **15**:9, 11, 14, **17**:4, **18**:17, **19**:7, 9, **20**:4, 5, **21**:7, **30**:14, **31**:16, **34**:20, 21, **44**:30, **49**:37, **La 1**:2, 5, 9, 16, 21, **2**:3, 4, 5, 7, 16, 17, 22, **3**:46, 52, **4**:12, **Eze 36**:2, **39**:27, **Hos 8**:3, **Am 9**:4, **Mic 2**:8, **4**:10, **5**:9, **7**:6, 8, 10, **Nah 1**:2, 8, **3**:11, 13, **Zep 3**:15

Echthros εχθρός *2190*

♦Echthra ἔχθρα *2189*

Mat 5:43, 44, **10**:36, **13**:25, 28, 39, **22**:44, **Mar 12**:36, **Luk 1**:71, 74, **6**:27, 35, **10**:19, **19**:27, 43, **20**:43, ♦**23**:12, **Act 2**:35, **13**:10, **Ro 5**:10, ♦**8**:7, **11**:28, **12**:20, **1Co 15**:25, 26, **Gal 4**:16, ♦**5**:20, **Eph** ♦**2**:15, ♦16, **Php 3**:18, **Col 1**:21, **2Th 3**:15, **Heb 1**:13, **10**:13, **Jas 4**:4♦, **Rev 11**:5, 12

Shâtân שׂטן 7854

Adversary, Satan

♦Shâtan שׂטן 7853

Nu 22:22, 32, **1Sa 29**:4, **2Sa 19**:22, **1K15**:4, **11**:14, 23, 25, **1Ch 21**:1, **Job 1**:6, 7, 8, 9, 12, **2**:1, 2, 3, 4, 6, 7, **Ps** ♦**38**:20, ♦**71**:13, ♦**109**:4, ♦20, ♦29, **109**:6, **Zec 3**:**1**♦, 2

Satanas Σατανᾶς 4567

♦Satân Σατᾶν 4566

♣Antidikos ἀντίδικος *476*

Mat 4:10, ♣**5**:25, **12**:26, **16**:23, **Mar 1**:13, **3**:23, 26, **4**:15, **8**:33, **Luk 4**:8, **10**:18, **11**:18, ♣**12**:58, **13**:16, ♣**18**:3, **22**:3, 31, **Joh 13**:27, **Act 5**:3, **26**:18, **Ro 16**:20, **1Co 5**:5, **7**:5, **2Co 2**:11, **11**:14, ♦**12**:7, **1Th 2**:18, **2Th 2**:9, **1T11**:20, **5**:15, **1Pe** ♣**5**:8, **Rev 2**:9, 13, 24, **3**:9, **12**:9, **20**:2, 7

Antichristos ἀντίχριστος *500*

Antichrist

1Jn 2:18, 22, **4**:3, **2Jn** 7

Diabolos διάβολος *1228*

Accuser, Devil

Mat 4:1, 5, 8, 11, **13**:39, **25**:41, **Luk 4**:2, 3, 5, 6, 13, **8**:12, **Joh 6**:70, **8**:44, **13**:2, **Act 10**:38, **13**:10, **Eph 4**:27, **6**:11, **1Ti 3**:6, 7, 11, **2Ti 2**:26, **3**:3, **Tit 2**:3, **Heb 2**:14, **Jas 4**:7, **1Pe 5**:8, **1Jn 3**:8, 10, **Jud 1**:9, **Rev 2**:10, **12**:9, 12, **20**:2, **10**

Shêdîm שׂדים 7700

Demons

Deu 32:17; **Ps 106**:37

Daimonion αιμόνιον *1140*

♦Daimoniízomai δαιμονίζομαι *1139*

♣Daimōn δαίμων *1142*

†Daimoniōdēs δαιμονιώδης *1141*

Mat ♦**4**:24, **7**:22, ♦**8**:16, ♦28, ♣31, ♦33, ♦**9**:32, 33, 34, **10**:8, **11**:18, ♦**12**:22, 24, 27, 28, ♦**15**:22, **17**:18, **Mar** ♦**1**:32, 34, 39, **3**:15, 22, ♣**5**:12, ♦15, ♦16, ♦18, **6**:13, **7**:26, 29, 30, **9**:38, **16**:9, 17, **Luk 4**:33, 35, 41, **7**:33, **8**:2, 27, 30, ♣**8**:29, 33, 35, ♦36, 38, **9**:1, 42, 49, **10**:17, **11**:14, 15, 18, 19, 20, **13**:32, **Joh 7**:20, **8**:48, 49, 52, **10**:20, **21**♦, **Act 17**:18, **1Co 10**:20, 21, **1Ti 4**:1, **Jas 2**:19, †**3**:15, **Rev 9**:20, ♣**16**:14, ♣**18**:**2**

Nâḥâsh נחשׁ 5175

Serpent

Gen 3:1, **3**:2, 4, 13, 14, **49**:17, **Exd 4**:3, **7**:15, **Nu 21**:6, 7, 9, **Deu 8**:15, **2Ki 18**:4, **Job 26**:13, **Ps 58**:4, **140**:3, **Pro 23**:32, **30**:19, **Ecc 10**:8, 11, **Isa 14**:29, **27**:1, **65**:25, **Jer 8**:17, **46**:22, **Am 5**:19, **9**:3, **Mic 7**:17

Ophis ὄφις *3789*

Mat 7:10, **10**:16, **23**:33, **Mar 16**:18, **Luk 10**:19, **11**:11, **Joh 3**:14, **1Co 10**:9, **2Co 11**:3, **Rev 9**:19, **12**:9, 14, 15, **20**:2

Tannîn תנין 8577

Serpent, Whale

Gen 1:21, **Exd 7**:9, 10, 12, **Deu 32**:33, **Neh 2**:13, **Job 7**:12, **30**:29, **Ps 44**:19, **74**:13, **91**:13, **148**:7, **Isa 13**:22, **27**:1, **34**:13, **35**:7, **43**:20, **51**:9, **Jer 9**:11, **10**:22, **14**:6, **49**:33, **51**:34, 37, **La 4**:3, **Eze 29**:3, **32**:2, **Mic 1**:8

Pethen פתן 6620

Adder

♦Tsephaʿ צפע 6848

♣Sh^ephîphôn שׁפיפן 8207

Gen ♣**49**:17, **Deu 32**:33, **Job 20**:14, 16, **Ps 58**:4, **91**:13, **Pro** ♦**23**:32, **Isa 11**:8♦, ♦**14**:29, ♦**59**:5, **Jer** ♦**8**:17

Livyâthân לויתן 3882

Leviathan

Job 3:8, **41**:1, **Ps 74**:14, **104**:26, **Isa 27**:1

Drákōn δράκων *1404*

Dragon

Rev 12:3, 4, 7, 9, 13, 16, 17, **13**:2, 4, 11, **16**:13, **20**:2

Abaddōn Ἀβαδδών *3*

Abaddon

♦Apollyōn Ἀπολλύων *623* Apollyon

Rev 9:11♦

Thērion θηρίον *2342*

Beast

Mar 1:13, **Act 10**:12, **11**:6, **28**:4, **28**:5, **Tit 1**:12, **Heb 12**:20, **Jas 3**:7, **Rev 6**:8, **11**:7, **13**:1, 2, 3, 4, 11, 12, 14, 15, 17, 18, **14**:9, 11, **15**:2, **16**:2, 10, 13, **17**:3, 7, 11, 12, 13, 16, 17, **19**:19, 20, **20**:4, 10

Kelev כלב 3611

Dog

Exd 11:7, **22**:31, **Deu 23**:18, **Jdg 7**:5, **1Sa 17**:43, **24**:14, **2Sa 3**:8, **9**:8, **16**:9, **1Ki 14**:11, **16**:4, **21**:19, 23, 24, **22**:38, **2Ki 8**:13, **9**:10, 36, **Job 30**:1, **Ps 22**:16, 20, **59**:6, 14, **68**:23, **Pro 26**:11, 17, **Ecc 9**:4, **Isa 56**:10, 11, **66**:3, **Jer 15**:3

Kuōn κύων 2965

♦Kunarion κυνάριον 2952

Mat 7:6, ♦**15**:26, ♦27, **Mar** ♦**7**:27, ♦28, **Luk 16**:21, **Php 3**:2, **2Pe 2**:22, **Rev 22**:15

Shên שׁן /Shênîm שׁנים 8127

Tooth (Teeth)

[For *ivory*, go to p40]

Gen 49:12, **Exd 21**:24, 27, **Lev 24**:20, **Nu 11**:33, **Deu 19**:21, **32**:24, **1Sa 2**:13, **14**:4, 5, **Job 4**:10, **13**:14, **16**:9, **19**:20, **29**:17, **39**:28, **41**:14, **Ps 3**:7, **35**:16, **37**:12, **57**:4, **58**:6, **112**:10, **124**:6, **Pro 10**:26, **25**:19, **30**:14, **Sng 4**:2, **6**:6, **Jer 31**:29, 30, **La 2**:16, **3**:16, **Eze 18**:2, **Joe 1**:6, **Am 4**:6, **Mic 3**:5, **Zec 9**:7

Ôwy אוי 188

Woe

♦Ôwyâh אויה 190

Nu 21:29, **24**:23, **1Sa 4**:7, 8, **Ps** ♦**120**:5, **Pro 23**:29, **Isa 3**:9, 11, **6**:5, **24**:16, **Jer 4**:13, 31, **6**:4, **10**:19, **13**:27, **15**:10, **45**:3, **48**:46, **La 5**:16, **Eze 16**:23, **24**:6, 9, **Hos 7**:13, **9**:12

Shâmêm שׁמם 8074

Desolate, Astonished

♦Shâmah שׁמה 8047

Lev 26:22, 31, 32, 34, 35, 43, **Nu 21**:30, **Deu** ♦**28**:37, **1Sa 5**:6, **1Ki 9**:8, **2Ki** ♦**22**:19, **2Ch 7**:21, ♦**29**:8, ♦**30**:7, **36**:21, **Ezr 9**:3, 4, **Job 16**:7, **17**:8, **18**:20, **21**:5, **Ps 40**:15, ♦**46**:8, **69**:25, ♦**73**:19, **79**:7,

143:4, **Ecc 7**:16, **Isa** ♦**5**:9, ♦**13**:9, ♦**24**:12, **33**:8, **49**:8, 19, **52**:14, **54**:1, 3, **59**:16, **61**:4, **63**:5, **Jer 2**:12, ♦15, **4**:9, ♦7, ♦**5**:30, ♦**8**:21, **10**:25, **12**:11, **18**:16♦, **19**:8♦, ♦**25**:9, ♦11, ♦18, ♦38, ♦**29**:18, **33**:10, ♦**42**:18, ♦**44**:12, ♦22, ♦**46**:19, ♦**48**:9, ♦**49**:13, 17♦, 20, **50**:13, ♦3, 13, ♦23, 45, ♦**51**:29, ♦37, ♦41, ♦43, **La 1**:4, 16, **4**:5, **5**:18, **Eze 3**:15, **4**:17, **6**:4, **14**:8, **20**:26, ♦**23**:33, **25**:3, **26**:16, **27**:35, **28**:19, **29**:12, **30**:7, 12, 14, **32**:10, 15, **33**:28, **35**:12, 15, **36**:3, 34, 35, 36, **Dan 8**:13, 27, **9**:26, 27, **11**:31, **12**:11, **Hos 2**:12, ♦**5**:9, **Joe** ♦**1**:7, 17, **Am 7**:9, **9**:14, **Mic 6**:13, ♦16, **Zep** ♦**2**:15, **3**:6, **Zec 7**:14♦

Ḥorvâh חרבה 2723

Desolate, Waste

♦Ḥorev חרב 2721

Gen ♦**31**:40, **Lev 26**:31, 33, **Jdg** ♦**6**:37, ♦39, ♦40, **Ezr 9**:9, **Job 3**:14, ♦**30**:30, **Ps 9**:6, **102**:6, **109**:10, **Isa** ♦**4**:6, 5:17, ♦**25**:4, ♦5, **44**:26, **48**:21, **49**:19, **51**:3, **52**:9, **58**:12, **61**:4♦, **64**:11, **Jer 7**:34, **22**:5, **25**:9, 11, 18, **27**:17, ♦**36**:30, **44**:2, 6, 22, **49**:13♦, ♦**50**:38, **Eze 5**:14, **13**:4, **25**:13, **26**:20, **29**:9, 10♦, **33**:24, 27, **35**:4, **36**:4, 10, 33, **38**:8, 12, **Dan 9**:2, **Zep** ♦**2**:14, **Hag** ♦**1**:11, **Mal 1**:4

Erēmoutai ερημούται *2049*

♦Erēmōsis ερήμωσις *2050*

Mat 12:25, ♦**24**:15, **Mar** ♦**13**:14, **Luk 11**:17, ♦**21**:20, **Rev 17**:16, **18**:17, 19

Midbâr מדבר 4057

Wilderness

Gen 14:6, **16**:7, **21**:14, 20, 21, **36**:24, **37**:22, **Exd 3**:1, 18, **4**:27, **5**:1, 3, **7**:16, **8**:27, 28, **13**:18, 20, **14**:3, 11, 12, **15**:22, **16**:1, 2, 3, 10, 14, 32, **17**:1, **18**:5, **19**:1, 2, **23**:31, **Lev 7**:38, **16**:10, 21, 22, **Nu 1**:1, 19, **3**:4, 14, **9**:1, 5, **10**:12, 31, **12**:16, **13**:3, 21, 26, **14**:2, 16, 22, 25, 29, 32, 33, 35, **15**:32, **16**:13, **20**:1, 4, **21**:5, 11, 13, 18, 23, **24**:1, **26**:64, 65, **27**:3, 14, **32**:13, 15, **33**:6, 8, 11, 12, 15, 16, 36, **34**:3, **Deu 1**:1, 19, 31, 40, **2**:1, 7, 8, 26, **4**:43, **8**:2, 15, 16, **9**:7, 28, **11**:5, 24, **29**:5, **32**:10, 51, **Jos 1**:4, **5**:4, 5, 6, **8**:15, 20, 24, **12**:8, **14**:10, **15**:1, 61, **16**:1, **18**:12, **20**:8, **24**:7, **Jdg 1**:16, **8**:7, 16, **11**:16, 18, 22, **20**:42, 45, 47, **1Sa 4**:8, **13**:18, **17**:28, **23**:14, 15, 24, 25, **24**:1, **25**:1, 4, 14, 21, **26**:2, 3, **2Sa 2**:24, **15**:23, 28, **16**:2, **17**:16, 29, **1Ki 2**:34, **9**:18, **19**:4, 15, **2Ki 3**:8, **1Ch** 5:9, **6**:78, **12**:8, **21**:29, **2Ch 1**:3, **8**:4, **20**:16, 20, 24, **24**:9, **26**:10, **Neh 9**:19, 21, **Job 1**:19, **24**:5, **38**:26, **Ps 29**:8, **55**:7, **65**:12, **75**:6, **78**:15, 19, 40, 52, **95**:8, **102**:6, **106**:9, 14, 26, **107**:4, 33, 35, **136**:16, **Pro 21**:19, **Sng 3**:6, **4**:3, **8**:5, **Isa 14**:17, **16**:1, 8, **21**:1, **27**:10, **32**:15, 16, **35**:1, 6, **40**:3, **41**:18, 19, **42**:11, **43**:19, 20, **50**:2, **51**:3, **63**:13, **64**:10, **Jer 2**:2, 6, 24, 31, **3**:2, **4**:11, 26, **9**:2, 10, 12, 26, **12**:10, 12, **13**:24, **17**:6, **22**:6, **23**:10, **25**:24, **31**:2, **48**:6, **50**:12, **La 4**:3, 19, **5**:9, **Eze 6**:14, **19**:13, **20**:10, 13, 15, 17, 18, 21, 23, 35, 36, **23**:42, **29**:5, **34**:25, **Hos 2**:3, 14, **9**:10, **13**:5, 15, **Joe 1**:19, 20, **2**:3, 22, **3**:19, **Am 2**:10, **5**:25, **Zep 2**:13, **Mal 1**:3

ʽArâvâh ערבה 6160

Wilderness

Nu 22:1, **26**:3, 63, **31**:12, **33**:48, 49, 50, **35**:1, **36**:13, **Deu 1**:1, 7, **2**:8, **3**:17, **4**:49, **11**:30, **34**:1, 8, **Jos 3**:16, **4**:13, **5**:10, **8**:14, **11**:2, 16, **12**:1, 3, 8, **13**:32, **18**:18, **1Sa 23**:24, **2Sa 2**:29, **4**:7, **15**:28, **17**:16, **2Ki 14**:25, **25**:4, 5, **Job 24**:5, **39**:6, **Ps 68**:4, **Isa 33**:9, **35**:1, 6, **40**:3, **41**:19, **51**:3, **Jer 2**:6, 5:6, **17**:6, **39**:4, 5, **50**:12, **51**:43, **52**:7, 8, **Eze 47**:8, **Am 6**:14, **Zec 14**:10

Eremos ἔρημος *2048*

Mat 3:1, 3, **4**:1, **11**:7, **14**:13, 15, **23**:38, **24**:26, **Mar 1**:3, 4, 12, 13, 35, 45, **6**:31, 32, 35, **Luk 1**:80, **3**:2, 4, **4**:1, 42, **5**:16, **7**:24, **8**:29, **9**:12, **15**:4, **Joh 1**:23, **3**:14, **6**:31, 49, **11**:54, **Act 1**:20, **7**:30, 36, 38, 42, 44, **8**:26, **13**:18, **21**:38, **1Co 10**:5, **Gal 4**:27, **Heb 3**:8, 17, **Rev 12**:6, 14, **17**:3

Qôts קוץ 6975

Thorn

Gen 3:18, **Exd 22**:6, **Jdg 8**:7, 16, **2Sa 23**:6, **Ps 118**:12, **Isa 32**:13, **33**:12, **Jer 4**:3, **12**:13, **Eze 28**:24, **Hos 10**:8

Akantha ἄκανθα *173*

♦Akanthinos ἀκάνθινος *174*

Mat 7:16, **13**:7, 22, **27**:29, **Mar 4**:7, 18, ♦**15**:17, **Luk 6**:44, **8**:7, 14, **Joh 19**:2, ♦5, **Heb 6**:8

Tsîyâh ציה 6723

Dry, Wasteland

♦Tsimmâ'ôn צמאון 6774

♣Tsaḥtsâḥâh צחצחה 6710

†Tal'ûvâh תלאובה 8514

‡Batstsôret בצרת 1226

Deu ♦**8**:15, **Job 24**:19, **30**:3, **Ps 63**:1, **78**:17, **105**:41, ♦**107**:33, 35, **Isa 35**:1, ♦7, **41**:18, **53**:2, ♣**58**:11, **Jer 2**:6, ‡**14**:1, ‡**17**:8, **50**:12, **51**:43, **Eze 19**:13, **Hos 2**:3, †**13**:5, **Joe 2**:20, **Zep 2**:13

Ḥôrev חרב 2721

Heat, Dry, Desolate

Gen 31:40, **Jdg 6**:37, 39, 40, **Job 30**:30, **Isa 4**:6, **25**:4, 5, **61**:4, **Jer 36**:30, **49**:13, **50**:38, **Eze 29**:10, **Zep 2**:14, **Hag 1**:11

Ḥôm חם 2527

Heat

Gen 8:22, **18**:1, **1Sa 11**:9, 11, **21**:6, **2Sa 4**:5, **Neh 7**:3, **Job 6**:17, **24**:19, **Isa 18**:4, **Jer 17**:8, **51**:39, **Hag 1**:6

Sh^e^dêphâh שׁדפון 7711

Blight

♦Yêrâqôn ירקון 3420 Mildew

Deu 28:22♦, **1Ki 8**:37♦, **2Ki 19**:26, **2Ch 6**:28♦, **Jer** ♦**30**:6, **Am 4**:9♦, **Hag 2**:17♦

Xēraino ξηραίνω *3583*

Wither

Mat 13:6, **21**:19, 20, **Mar 3**:1, 3, **4**:6, **5**:29, **9**:18, **11**:20, 21, **Luk 8**:6, **Joh 15**:6, **Jas 1**:11, **1Pe 1**:24, **Rev 14**:15, **16**:12

Akarpos ἄκαρπος *175*

Without Fruit, Unfruitful

Mat 13:22, **Mar 4**:19, **1Co 14**:14, **Eph 5**:11, **Tit 3**:14, **2Pe 1**:8, **Jud** 12

Argos ἀργός 692

Idle, Barren

Mat 12:36, **20**:3, 6, **1Ti 5**:13, **Tit 1**:12, **2Pe 1**:8

Kârat כרת /Nikrat נכרת 3772

Cut Off

♦Qâphad קפד 7088

♣Q^e^phâdâh קפדה 7089

[For *made a covenant, not cut off,* look under Berit (Covenant) on p11 and Lo' Yikerat on p80]

Gen 9:11, **17**:14, **41**:36, **Exd 4**:25, **8**:9, **12**:15, 19, **30**:33, 38, **31**:14, **34**:13, **Lev 7**:20, 21, 25, 27, **17**:4, 9, 10, 14, **18**:29, **19**:8, **20**:3, 5, 6, 17, 18, **22**:3, 24, **23**:29, **26**:22, 30, **Nu 4**:18, **9**:13, **11**:33, **13**:23, 24, **15**:30, 31, **19**:13, 20, **Deu 12**:29, **19**:1, 5, **20**:19, 20, **23**:1, **Jos 3**:13, 16, **4**:7, **7**:9, **9**:23, **11**:21, **23**:4, **Jdg 4**:24, **6**:25, 26, 28, 30, **9**:48, 49, **Ru 4**:10, **1Sa 2**:33, **5**:4, **17**:51, **20**:15, **24**:4, 5, 11, 21, **28**:9, **31**:9, **2Sa 3**:29, **10**:4, **20**:22, **1Ki 2**:4, **5**:6, **8**:25, **9**:5, 7, **11**:16, **14**:10, 14, **18**:4, 5, **21**:21, **2Ki 9**:8, **19**:23, **23**:14, **1Ch 19**:4, **2Ch 2**:8, 10, 16, **6**:16, **15**:16, **22**:7, **Job 14**:7, **Ps 12**:3, **34**:16, **37**:9, 22, 28, 34, 38, **83**:5, **101**:8, **109**:13, 15, **Pro 2**:22, **10**:31, **23**:18, **24**:14, **Isa 9**:14, **10**:7, **11**:13, **14**:8, 22, **18**:5, **22**:25, **29**:20, **37**:24, ♦**38**:12, **44**:14, **48**:9, 19, **55**:13, **56**:5, **Jer 6**:6, **7**:28, **9**:21, **10**:3, **11**:19, **22**:7, **33**:17, 18, **35**:19, **44**:7, 8, 11, **46**:23, **47**:4, **48**:2, **50**:16, **51**:62, **Eze** ♣**7**:25, **14**:8, 13, 17, 19, 21, **16**:4, **17**:17, **21**:3, 4, **25**:7, 13, 16, **29**:8, **30**:15, **31**:12, **Dan 9**:26, **Hos 8**:4, **10**:4, **12**:1, **Joe 1**:5, 9, 16, **Am 1**:5, 8, **2**:3, **Obd** 9, 10, 14, **Mic 5**:9, 10, 11, 12, 13, **Nah 1**:14, 15, **2**:13, **3**:15, **Zep 1**:3, 4, 11, **3**:6, 7, **Zec 9**:6, 10, **13**:2, 8, **14**:2, **Mal 2**:12

Gâda' גדע 1438

Cut Off

Deu 7:5, **12**:3, **Jdg 21**:6, **1Sa 2**:31, **2Ch 14**:3, **31**:1, **34**:4, 7, **Ps 75**:10, **107**:16, **Isa 9**:10, **10**:33, **14**:12, **22**:25, **45**:2, **Jer 48**:25, **50**:23, **La 2**:3, **Eze 6**:6, **Am 3**:14, **Zec 11**:10, 14

Ḥâlaph חלף 2498

Cut Off

Ḥalôph חלוף 2475

[Except *change, alter, pass*; for *renew* go to p74]

Jdg 5:26, **Job 11**:10, **20**:24, **Pro** ♦**31**:8

Hârâç הרס 2040

Throw Down, Break Down

♦Harîçût הריסות 2035

Exd 15:7, **19**:21, 24, **23**:24, **Jdg 6**:25, **2Sa 11**:25, **1Ki 18**:30, **19**:10, 14, **2Ki 3**:25, **1Ch 20**:1, **Job 12**:14, **Ps 11**:3, **28**:5, **58**:6, **Pro 11**:11, **14**:1, **24**:31, **29**:4, **Isa 14**:17, **22**:19, **49**:17, ♦19, **Jer 1**:10, **24**:6, **31**:28, 40, **42**:10, **45**:4, **50**:15, **La 2**:2, 17, **Eze 13**:14, **16**:39, **26**:4, 12, **30**:4, **36**:35, 36, **38**:20, **Joe 1**:17, **Mic 5**:11, **Mal 1**:4

Shâvar שׁבר 7665

Break

♦Shivrôn שׁברון 7670

♣Gâras גרס 1638

Lev 26:13, 19, 26, **1Ki 19**:11, **2Ch 14**:13, **Ps 3**:7, **10**:15, **29**:5, **74**:13, **76**:3, **105**:16, 33, **107**:16, **Isa 14**:5, 25, **38**:13, **42**:3, **45**:2, **Jer 2**:20, **19**:11, **30**:8, **48**:38, **49**:35, **La 2**:9, **3**:4, ♣16, **Eze 4**:16, **5**:16, **14**:13, **30**:18, 21, 22, 24, **34**:27, **Hos 1**:5, **2**:18, **Am 1**:5, **Nah 1**:13

Exd 23:24, **32**:19, **34**:1, 13, **Deu 7**:5, **9**:17, **10**:2, **12**:3, **Jdg** 7:20, **2Ki 11**:18, **18**:4, **23**:14, **2Ch 14**:3, **23**:17, **31**:1, **34**:4, **Job 29**:17, **38**:15, **Ps 34**:18, 20, **37**:15, 17, **46**:9, **48**:7, **51**:17, **69**:20, ♣**119**:20, **124**:7, **147**:3, **Pro 6**:15, **25**:15, **29**:1, **Ecc 12**:6, **Isa 8**:15, **14**:29, **21**:9, **24**:10, **27**:11, **28**:13, **30**:14, **61**:1, **66**:9, **Jer 2**:13, **5**:5, **8**:21, **14**:17, **17**:18♦, **19**:10, **22**:20, **43**:13, **48**:4, 17, 25, **50**:23, **51**:8, 30, **La 1**:15, **Eze 4**:16, **5**:16, **6**:4, 6, 9, **26**:2, ♦**21**:6, **27**:26, 34, **29**:7, **30**:8, **31**:12, **32**:28, **34**:4, 16, **Dan 8**:7, 8, 22, 25, **11**:4, 20, 22, 26, **Jon 1**:4, **Zec 11**:16

Nâthats נתץ 5422

Cast Down, Destroy, Overthrow

♦Nâthaʽ נתע 5421

Exd 34:13, **Lev 11**:35, **14**:45, **Deu 7**:5, **12**:3, **Jdg 2**:2, **6**:28, 30, 31, 32, **8**:9, 17, **9**:45, **2Ki 10**:27, **11**:18, **23**:7, 8, **23**:12, 15, **25**:10, **2Ch 23**:17, **31**:1, **33**:3, **34**:4, 7, **36**:19, **Job** ♦**4**:10, **19**:10, **Ps 52**:5, **58**:6, **Isa 22**:10, **Jer 1**:10, **4**:26, **18**:7, **31**:28, **33**:4, **39**:8, **52**:14, **Eze 16**:39, **26**:9, 12, **Nah 1**:6

Nâthaq נתק 5423

Break Off, Draw Away, Root Out

Lev 22:24, **Jos 4**:18, **8**:6, 16, **Jdg 16**:9, 12, **20**:31, 32, **Job 17**:11, **18**:14, **Ps 2**:3, **107**:14, **Ecc 4**:12, **Isa 5**:27, **33**:20, **58**:6, **Jer 2**:20, 5:5, **6**:29, **10**:20, **12**:3, **22**:24, **30**:8, **Eze 17**:9, **23**:34, **Nah 1**:13

Dûsh דוּשׁ 1758

Thresh, Tread

♦Dûsh דּוֹשׁ 1759

♣Môrag מורג 4173

Jdg 8:7, **2Sa** ♣**24**:22, **2Ki 13**:7, **1Ch 21**:20, ♣23, **Job 39**:15, **Isa 25**:10, **28**:27, 28, **41**:15♣, **Jer 50**:11, **Dan** ♦**7**:23, **Hos 10**:11, **Am 1**:3, **Mic 4**:13, **Hab 3**:12

Kâlâh כלה 3615

Consume, Finish

♦Kâlâh כלה 3617

♣Killayôn כִּלְיוֹן 3631

Gen 2:1, 2, **6**:16, **17**:22, ♦**18**:21, 33, **21**:15, **24**:15, 19, 22, 45, **27**:30, **41**:30, 53, **43**:2, **44**:12, **49**:33, **Exd 5**:13, 14, ♦**11**:1, **31**:18, **32**:10, 12, **33**:3, 5, **34**:33, **39**:32, **40**:33, **Lev 16**:20, **19**:9, **23**:22, **26**:16, 44, **Nu 4**:15, **7**:1, **16**:21, 31, 45, **17**:10, **25**:11, Deu **7**:22, **20**:9, **26**:12, **28**:21, 65, **31**:24, **32**:23, 45, **Jos 8**:24, **10**:20, **19**:49, 51, **24**:20, **Jdg 3**:18, **15**:17, **Ru 2**:21, 23, **3**:3, 18, **1Sa 2**:33, **3**:12, **10**:13, **13**:10, **15**:18, **18**:1, **20**:7, 9, ♦33, **24**:16, **25**:17, **2Sa 6**:18, **11**:19, **13**:36, 39, **21**:5, **22**:38, **1Ki 1**:41, **3**:1, **6**:9, 14, 38, **7**:1, 40, **8**:54, **9**:1, **17**:14, 16, **22**:11, **2Ki 10**:25, **13**:17, 19, **1Ch 16**:2, **27**:24, **28**:20, **2Ch 4**:11, **7**:1, 11, **8**:8, 16, ♦**12**:12, **18**:10, **20**:23, **24**:10, 14, **29**:17, 28, 29, 34, **31**:1, 7, **36**:22, **Ezr 1**:1, **9**:1, 14, **10**:17, **Neh 4**:2, ♦**9**:31, **Est 7**:7, **Job 4**:9, 7:6, 9, **9**:22, **11**:20, **17**:5, **19**:27, **21**:13, **31**:16, **33**:21, **36**:11, **Ps 18**:37, **31**:10, **37**:20, **39**:10, **59**:13, **69**:3, **71**:9, 13, **72**:20, **73**:26, **74**:11, **78**:33, **84**:2, **90**:7, 9, **102**:3, **119**:81, 82, 87, 123, **143**:7, **Pro 5**:11, **16**:30, **22**:8, **Isa 1**:28, **10**:18, ♦22, 23, 25, **15**:6, **16**:4, **21**:16, **24**:13, **27**:10, ♦**28**:22, **29**:20, **31**:3, **32**:10, **49**:4, **Jer** ♦**4**:27, ♦**5**:10, 3, ♦10, ♦18, **8**:20, **9**:16, **10**:25, **14**:6, 12, **16**:4, **20**:18, **26**:8, ♦**30**:11, **43**:1, **44**:27, ♦**46**:28, **49**:37, **51**:63, **La 2**:11, 22, **3**:22, **4**:11, 17, **Eze 4**:6, 8, **5**:12, 13, **6**:12, **7**:8, **11**:13, ♦**13**:13, 14, 15, **20**:8, ♦17, 8, 13, 21, **22**:31, **42**:15, **43**:23, 27, **Dan** ♦**9**:27, **11**:16, 36, **12**:7, **Hos 11**:6, **Am 7**:2, **Nah** ♦**1**:8, ♦9, **Zep** ♦**1**:18, **Zec 5**:4, **Mal 3**:6

Avâd אבד 6

Destroy, Perish

♦Avaddon אבדון 11

♣Ôvêd אבד 8

†Avêdâh אבידה 9

‡Avdân אבדן 12

Exd 10:7, †22:9, **Lev** †6:3, †4, **23**:30, **26**:38, **Nu 16**:33, **17**:12, **21**:29, 30, **24**:19, ♣20, ♣24, **33**:52, **Deu 4**:26, **7**:10, 20, 24, **8**:19, 20, **9**:3, **11**:4, 17, **12**:2, 3, **22**:3†, **26**:5, **28**:20, 22, 51, 63, **30**:18, **32**:28, **Jos 7**:7, **23**:13, 16, **Jdg 5**:31, **1Sa 9**:3, 20, **2Sa 1**:27, **2Ki 9**:8, **10**:19, **11**:1, **13**:7, **19**:18, **21**:3, **24**:2, **Est 3**:9, 13, **4**:7, 14, 16, **7**:4, **8**:5, 11, ‡**9**:5, 6, 12, 24, **Job 3**:3, **4**:7, 9, 11, 20, **6**:18, **8**:13, **11**:20, **12**:23, **14**:19, **18**:17, **20**:7, ♦**26**:6, ♦**28**:22, **29**:13, **30**:2, ♦**31**:12, 19, **Ps 1**:6, **2**:12, **5**:6, **9**:3, 5, 6, 18, **10**:16, **21**:10, **31**:12, **37**:20, **41**:5, **49**:10, **68**:2, **73**:27, **80**:16, **83**:17, ♦**88**:11, **92**:9, **102**:26, **112**:10, **119**:92, 95, **176**, **142**:4, **143**:12, **146**:4, **Pro 1**:32, **10**:28, **11**:7, 10, ♦**15**:11, **19**:9, **21**:28, ♦**27**:20, **28**:28, **29**:3, **31**:6, **Ecc 3**:6, **5**:14, **7**:7, 15, **9**:6, 18, **Isa 26**:14, **27**:13, **29**:14, **37**:19, **41**:11, **57**:1, **60**:12, **Jer 1**:10, **4**:9, **6**:21, **7**:28, **9**:12, **10**:15, **12**:17, **15**:7, **18**:7, 18, **23**:1, **25**:10, 35, **27**:10, 15, **31**:28, **40**:15, **46**:8, **48**:8, 36, **49**:7, 38, **50**:6, **51**:18, 55, **La 2**:9, **3**:18, **Eze 6**:3, **7**:26, **12**:22, **19**:5, **22**:27, **25**:7, 16, **26**:17, **28**:16, **30**:13, **32**:13, **34**:4, 16, **37**:11, **Joe 1**:11, **Am 1**:8, **2**:14, **3**:15, **Obd** 8, 12, **Jon 1**:6, 14, **3**:9, **4**:10, **Mic 4**:9, **5**:10, **7**:2, **Zep 2**:5, 13, **Zec 9**:5

Shâḥat שׁחת /Hashḥît השחית

7843 Destroy

♦Mashḥît מַשְׁחִית 4889

Gen 6:11, 12, 13, 17, **9**:11, 15, **13**:10, **18**:28, 31, 32, **19**:13, 14, 29, **38**:9, **Exd 8**:24, ♦**12**:13, 23, **21**:26, **32**:7, **Lev 19**:27, **Nu 32**:15, **Deu 4**:16, 25, 31, **9**:12, 26, **10**:10, **20**:19, 20, **31**:29, **32**:5, **Jos 22**:33, **Jdg 2**:19, **6**:4, 5, **20**:21, 25, 35, 42, **Ru 4**:6, **1Sa 6**:5, **13**:17, **14**:15, **23**:10, **26**:9, 15, **2Sa 1**:14, **11**:1, **14**:11, **20**:15, 20, **24**:16, **2Ki 8**:19, **13**:23, **18**:25, **19**:12, ♦**23**:13, **1Ch 20**:1, **21**:12, 15, **2Ch 12**:7, 12, ♦**20**:23, **21**:7, ♦**22**:4, **24**:23, **25**:16, **26**:16, **27**:2, **34**:11, **35**:21, **36**:19, **Ps 14**:1, **53**:1, **78**:38, 45, **106**:23, **Pro 6**:32, **11**:9, **18**:9, **23**:8, **25**:26, **28**:24, **Isa 1**:4, **11**:9, **14**:20, **36**:10, **37**:12, **51**:13, **54**:16, **65**:8, 25, **Jer 2**:30, **4**:7, **5**:10, ♦26, **6**:5, 28, **11**:19, **12**:10, **13**:7, 9, 14, **15**:3, 6, **18**:4, **22**:7, **36**:29, **48**:18, **49**:9, **51**:1, 11, 20, 25♦, **La 2**:5, 6, 8, **Eze 5**:16♦, ♦**9**:6, 8, **16**:47, **20**:17, 44, ♦**21**:31, **22**:30, **23**:11, ♦**25**:15, **26**:4, **28**:17, **30**:11, **43**:3, **Dan 8**:24, 25, **9**:26, ♦**10**:8, **11**:17, **Hos 9**:9, **11**:9, **13**:9, **Am 1**:11, **Nah 2**:2, **Zep 3**:7, **Mal 1**:14, 2:8, **3**:11

Shâmad שׁמד 8045

Destroy

♦Shemad שׁמד 8046

Gen 34:30, **Lev 26**:30, **Nu 33**:52, **Deu 1**:27, **2**:12, 21, 22, 23, **4**:3, 26, **6**:15, **7**:4, 23, 24, **9**:3, 8, 14, 19, 20, 25, **12**:30, **28**:20, 24, 45, 48, 51, 61, 63, **31**:3, 4, **33**:27, **Jos 7**:12, **9**:24, **11**:14, 20, **23**:15, **24**:8, **Jdg 21**:16, **1Sa 24**:21, **2Sa 14**:7, 11, 16, **21**:5, **22**:38, **1Ki 13**:34, **15**:29, **16**:12, **2Ki 10**:17, 28, **21**:9, **1Ch 5**:25, **2Ch 20**:10, 23, **33**:9, **Est 3**:6, 13, **4**:8, **7**:4, **8**:11, **Ps 37**:38, **83**:10, **92**:7, **106**:23, 34, **145**:20, **Pro 14**:11, **Isa 10**:7, **13**:9, **14**:23, **23**:11, **26**:14, **48**:19, 8, 42, **La 3**:66, **Eze 14**:9, **25**:7, **32**:12, **34**:16, **Dan** ♦**7**:26, **11**:44, **Hos 10**:8, **Am 2**:9, **9**:8, **Mic 5**:14, **Hag 2**:22, **Zec 12**:9

Sâphâh ספה 5595

Destroy

Gen 18:23, 24, **19**:15, 17, **Nu 16**:26, **32**:14, **Deu 29**:19, **32**:23, **1Sa 12**:25, **26**:10, **27**:1, **1Ch 21**:12, **Ps 40**:14, **Pro 13**:23, **Isa 7**:20, **13**:15, **29**:1, **30**:1, **Jer 7**:21, **12**:4

Mûl מוּל 4135

Destroy

♦Nâmal נמל 5243

[Except *circumcise*, go to p127]

Job ♦**14**:2, ♦**18**:16, ♦**24**:24, **Ps** ♦**37**:2, **58**:7, **90**:6, **118**:10, 11, 12

Qûr קוּר 6979

Destroy, Dig

Nu 24:17, **2Ki 19**:24, **Isa 22**:5, **37**:25, **Jer 6**:7

Apollumi απόλλυμι *622*

♦Pourtheō πουρθέω *4199*

♣Olothreuō ολοθρεύω *3645*

†Exolothreuō εξολοθρεύω *1842*

‡Aphanidzō ἀφανίζω *853*

ΔAphanismos ἀφανισμός *854*

+Analiskō ἀναλίσκω *355*

Mat 2:13, **5**:29, 30, ‡**6**:16, ‡19, ‡20, **8**:25, **9**:17, **10**:6, 28, 39, 42, **12**:14, **15**:24, **16**:25, **18**:14, **21**:41, **22**:7, **26**:52, **27**:20, **Mar 1**:24, **2**:22, **3**:6, **4**:38, **8**:35, **9**:22, 41, **11**:18, **12**:9, **Luk 4**:34, **5**:37, **6**:9, **8**:24, **9**:24, 25, ‡**9**:54, **11**:51, **13**:3, 5, 33, **15**:4, 6, 8, 9, 17, 24, 32, **17**:27, 29, 33, **19**:10, 47, **20**:16, **21**:18, **Joh 3**:16, **6**:12, 27, 39, **10**:10, 28, **11**:50, **12**:25, **17**:12, **18**:9, **Act** †**3**:23, **5**:37, ♦**9**:21, ‡**13**:41, **Ro 2**:12, **14**:15, **1Co 1**:18, 19, **8**:11, **10**:9, 10, **15**:18, **2Co 2**:15, **4**:3, 9, **Gal** ♦**1**:13, ♦**23**, +**5**:15, **2Th** +**2**:8, 10, **Heb 1**:11, Δ**8**:13, ♣**11**:28, **Jas 1**:11, **4**:12, ‡14, **1Pe 1**:7, **2Pe 3**:6, 9, **1Jn 1**:8, **Jud** 5, 11, **Rev 18**:14

Ḥâram חרם 2763

Destroyed

Exd 22:20, **Lev 21**:18, **27**:28, 29, **Nu 21**:2, 3, **Deu 2**:34, **3**:6, **7**:2, **13**:15, **20**:17, **Jos 2**:10, **6**:18, 21, **8**:26, **10**:1, 28, 35, 37, 39, 40, **11**:11, 12, 20, 21, **Jdg 1**:17, **21**:11, **1Sa 15**:3, 8, 9, 15, 20, **1Ki 9**:21, **2Ki 19**:11, **1Ch 4**:41, **2Ch 20**:23, **32**:14, **Ezr 10**:8, **Isa 34**:2, **37**:11, **Jer 25**:9, **50**:21, 26, **51**:3, **Dan 11**:44, **Mic 4**:13

Shâ'âh שׁאה 7582

Lay Waste

♦She'îyah שׁאיה 7591

2Ki 19:25, **Isa 6**:11, **17**:12, 13, ♦**24**:12, **37**:26

Mâḥâh מחה 4229

Blot Out, Destroy, Wipe

Gen 6:7, **7**:4, 23, **Exd 17**:14, **32**:32, 33, **Nu 5**:23, **34**:11, **Deu 9**:14, **25**:6, 19, **29**:20, **Jdg 21**:17, **2Ki 14**:27, **21**:13, **Neh 4**:5, **13**:14, **Ps 9**:5, **51**:1, 9, **69**:28, **109**:13, 14, **Pro 6**:33, **30**:20, **31**:3, **Isa 25**:6, 8, **43**:25, **44**:22, **Jer 18**:23, **Eze 6**:6

Suntribō συντρίβω *4937*

♦Suntrimma συντρίμμ *4938*

Mat 12:20, **Mar 5**:4, **14**:3, **Luk 9**:39, **Joh 19**:36, **Ro ♦3**:16, **16**:20, **Rev 2**:27

Katargeō καταργέω *2673*

Luk 13:7, **Ro 3**:3, 31, **4**:14, **6**:6, **7**:2, 6, **1Co 1**:28, **2**:6, **6**:13, **13**:8, 10, 11, **15**:24, 26, **2Co 3**:7, 11, 13, 14, **Gal 3**:17, **5**:4, 11, **Eph 2**:15, **2Th 2**:8, **2Ti 1**:10, **Heb 2**:14

Êd איד 343

Destruction, Calamity

Deu 32:35, **2Sa 22**:19, **Job 18**:12, **21**:17, 30, **30**:12, **31**:3, 23, **Ps 18**:18, **Pro 1**:26, 27, **6**:15, **17**:5, **24**:22, **27**:10, **Jer 18**:17, 21, **48**:16, **49**:8, 32, **Eze 35**:5, **Obd** 13

Shever שֶׁבֶר 7667

Destruction, Breach

♦She't שְׁאֵת 7612

♣Mishbât מִשְׁבָּת 4868

Lev 21:19, **24**:20, **Jdg 7**:15, **Job 41**:25, **Ps 60**:2, **Pro 15**:4, **16**:18, **17**:19, **18**:12, **Isa 1**:28, **15**:5, **30**:13, 14, 26, **51**:19, **59**:7, **60**:18, **65**:14, **Jer 4**:6, 20, **6**:1, 14, **8**:11, 21, **10**:19, **14**:17, **30**:12, 15, **48**:3, 5, **50**:22, **51**:54, **La ♣1**:7, **2**:11, 13, **3**:47♦, 48, **4**:10, **Eze 32**:9, **Am 6**:6, **Nah 3**:19, **Zep 1**:10

Shô' שׁוֹא 7722

Desolation

♦Meshô'âh מְשׁוֹאָה 4875

♣Mashû'âh מְשׁוּאָה 4876

Job 30:3♦, 14, **38**:27♦, **Ps 35**:8, 17, **63**:9, **♣73**:18, **♣74**:3, **Pro 1**:27, **3**:25, **Isa 10**:3, **47**:11, **Eze 38**:9, **Zep 1**:15♦

Shod שֹׁד 7701

Destruction, Spoiling

♦Shûd שׁוּד 7736

Job 5:21, 22, **Ps 12**:5, **♦91**:6, **Pro 21**:7, **24**:2, **Isa 13**:6, **16**:4, **22**:4, **51**:19, **59**:7, **60**:18, **Jer 6**:7, **20**:8, **48**:3, **Eze 45**:9, **Hos 7**:13, **9**:6, **10**:14, **12**:1, **Joe 1**:15, **Am 3**:10, **5**:9, **Hab 1**:3, **2**:17

Meḥittâh מְחִתָּה 4288

Destruction

Ps 89:40, **Pro 10**:14, 15, 29, **13**:3, **14**:28, **18**:7, **21**:15, **Isa 54**:14, **Jer 17**:17, **48**:39

Mehûmâh מְהוּמָה 4103

Destruction, Trouble, Tumult

Deu 7:23, **28**:20, **1Sa 5**:9, 11, **14**:20, **2Ch 15**:5, 16, **Isa 22**:5, **Eze 7**:7, **22**:5, **Am 3**:9, **Zec 14**:13

Qetev קֶטֶב 6986

Destruction

♦Qotev קֹטֶב 6987

♣Qerets קֶרֶץ 7171

Deu 32:24, **Ps 91**:6, **Isa 28**:2, **Jer ♣46**:20, **Hos ♦13**:14

Apoleia απόλεια *684*

♦Olethros όλεθρος *3639*

Mat 7:13, **26**:8, **Mar 14**:4, **Joh 17**:12, **Act 8**:20, **Ro 9**:22, **1Co ♦5**:5, **Php 1**:28, **3**:19, **1Th ♦5**:3, **2Th ♦1**:9, **2**:3, **1Ti 6**:9♦, **Heb 10**:39, **2Pe 2**:1, 3, **3**:7, 16, **Rev 17**:8, 11

Kathaireō καθαιρέω *2507*

♦Kathairesin καθαίρεσιν *2506*

Mar 15:36, 46, **Luk 1**:52, **12**:18, **23**:53, **Act 13**:19, 29, **19**:27, **2Co ♦10**:4, 5, **♦8**, **♦13**:10

ʽÂshân עָשָׁן 6227

Smoke

Gen 15:17, **Exd 19**:18, **Jos 8**:20, 21, **Jdg 20**:38, **20**:40, **2Sa 22**:9, **Job 41**:20, **Ps 18**:8, **37**:20, **68**:2, **102**:3, **Pro 10**:26, **Sng 3**:6, **Isa 4**:5, **6**:4, **9**:18, **14**:31, **34**:10, **51**:6, **65**:5, **Hos 13**:3, **Joe 2**:30, **Nah 2**:13

Hawâh הוה /Hawôt הוות 1942

Calamity, Wicked

Job 6:2, 30, **30**:13, **Ps 5**:9, **38**:12, **52**:2, 7, **55**:11, **57**:1, **91**:3, **94**:20, **Pro 10**:3, **11**:6, **17**:4, **19**:13, **Mic 7**:3

Gophrît גָּפְרִית 1614

Brimstone

Gen 19:24, **Deu 29**:23, **Job 18**:15, **Ps 11**:6, **Isa 30**:33, **34**:9, **Eze 38**:22

Shaḥat שׁחת 7845
Pit, Grave
- ♦Paḥat פחת 6354
- ♣Shûḥâh שׁוּחה 7745
- †Sheḥît שׁחית 7825
- ‡Sheḥût שׁחוּת 7816
- ΔBe'er באר 875

[Not *well* for 875]
2Sa ♦17:9, ♦18:17, Job 9:31, 17:14, 33:18, 22, 24, 28, 30, Ps 7:15, 9:15, 16:10, 30:9, 35:7, 49:9, 55:23♣, 69:15, 94:13, 103:4, †107:20, Pro ♣22:14, ♣23:27Δ, 26:27, ‡28:10, Isa ♦24:17, ♦18, 38:17, 51:14, Jer ♣2:6, ♣18:20, ♣22, ♦48:28, ♦43, ♦44, La ♦3:47, †4:20, Eze 19:4, 8, 28:8, Jon 2:6

Bôr בּוֹר 953
Pit, Dungeon
[For *well*, go to p95]
Gen 37:20, 22, 24, 28, 29, 40:15, 41:14, Exd 12:29, 21:33, 34, Lev 11:36, 1Sa 13:6, 2Sa 23:20, 2Ki 10:14, 1Ch 11:22, Ps 7:15, 28:1, 30:3, 40:2, 88:4, 6, 143:7, Pro 1:12, 28:17, Isa 14:15, 19, 24:22, 38:18, 51:1, Jer 37:16, 38:6, 7, 9, 10, 11, 13, 41:7, 9, La 3:53, 55, Eze 26:20, 31:14, 16, 32:18, :23, 24, 25, 29, 30, Zec 9:11

She'ôl שׁאוֹל 7585
The Grave
Gen 37:35, 42:38, 44:29, 31, Nu 16:30, 33, Deu 32:22, 1Sa 2:6, 2Sa 22:6, 1Ki 2:6, 9, Job 7:9, 11:8, 14:13, 17:13, 16, 21:13, 24:19, 26:6, Ps 6:5, 9:17, 16:10, 18:5, 30:3, 31:17, 49:14, 15, 55:15, 86:13, 88:3, 89:48, 116:3, 139:8, 141:7, Pro 1:12, 5:5, 7:27, 9:18, 15:11, 24, 23:14, 27:20, 30:16, Ecc 9:10, Sng 8:6, Isa 5:14, 7:11, 14:9, 11, 15, 28:15, 18, 38:10, 18, 57:9, Eze 31:15, 16, 17, 32:21, 27, Hos 13:14, Am 9:2, Jon 2:2, Hab 2:5

Gehena γέεννα 1067
Hell
Mat 5:22, 29, 30, 10:28, 18:9, 23:15, 33, Mar 9:43, 45, 47, Luk 12:5, Jas 3:6

Haidēs ᾄδης 86
Grave, Hell
Mat 11:23, 16:18, Luk 10:15, 16:23, Act 2:27, 31, 1Co 15:55, Rev 1:18, 6:8, 20:13, 14

Mâwet מות 4194
Death
[Except *his death* etc., *die, died*, i.e. of persons]
Exd 10:17, Deu 30:15, 19, 1Sa 5:11, 15:32, 20:3, 2Sa 15:21, 22:5, 6, 2Ki 2:21, 4:40, Job 3:21, 5:20, 7:15, 18:13, 27:15, 28:22, 30:23, 38:17, Ps 6:5, 7:13, 9:13, 13:3, 18:4, 5, 22:15, 33:19, 49:14, 55:4, 15, 56:13, 68:20, 73:4, 78:50, 89:48, 107:18, 116:3, 8, 118:18, Pro 2:18, 5:5, 7:27, 8:36, 10:2, 11:4, 12:28, 13:14, 14:12, 27, 16:14, 25, 18:21, 21:6, 24:11, 26:18, Ecc 7:26, 8:8, Sng 8:6, Isa 25:8, 28:15, 18, 38:18, 53:12, Jer 8:3, 9:21, 21:8, La 1:20, Eze 31:14, Hos 13:14, Hab 2:5

XII Vo

Come, Return, Hear, Observe, Serve

Vô' בּוֹא 935

Come

[Only of man coming to Yehuwah and the Holy Place, to bring an offering before Him etc; of Yehuwah coming, go to p64]

Exd 24:18, **28**:29, 30, 35, 43, **29**:30, **30**:20, **33**:8, 9, **34**:34, 35, **Lev 5**:6, 15, **6**:6, 21, **7**:29, 30, **9**:23, **10**:9, **14**:23, **15**:14, **16**:2, 3, 12, 15, 17, 23, 27, **19**:21, **21**:23, **23**:14, 17, **Nu 7**:3, 89, **15**:25, **16**:43, **Deu 26**:10, **1Sa 1**:22, 24, **16**:2, 5, **2Sa 7**:18, **12**:20, **1Ki 8**:31, 41, 42, **1Ch 16**:29, **17**:16, **24**:19, **2Ch 6**:22, 32, **7**:2, **20**:4, **23**:6, **30**:1, 5, 8, 27, **31**:10, **32**:23, **Neh 10**:35, **Ps 5**:7, **18**:6, **22**:31, **40**:7, **42**:2, **43**:4, **45**:15, **65**:2, **66**:13, **69**:27, **71**:3, 16, **73**:17, **79**:11, **86**:9, **88**:2, **95**:6, 11, **96**:8, **100**:2, 4, **102**:1, **118**:20, **119**:170, **121**:8, **126**:6, **132**:7, **Sng 1**:4, **2**:4, **4**:8, **Isa 26**:2, **35**:10, **43**:6, **45**:20, 24, **49**:22, **51**:11, **56**:1, 7, **57**:2, **60**:4, 5, 6, 9, 11, 13, **66**:18, 20, 23, **Jer 3**:14, 18, **31**:8, 9, 12, **51**:10, **Eze 20**:1, 3, **37**:21, **43**:5, **44**:9, 16, 27, **46**:2, 8, 9, **Jon 2**:7, **Hag 2**:7, **Zep 3**:20, **Zec 6**:15, **8**:8, 22

Hēkō ἥκω /Hēxei ἥξει *2240*

Mat 8:11, **Mar 8**:3, **Luk 13**:29, **15**:27, **Joh 6**:37, **Rev 3**:9, **15**:4

Doute δουτε *1205*

Mat 4:19, **11**:28, **21**:38, **22**:4, **25**:34, **28**:6, **Mar 1**:17, **6**:31, **12**:7, **Joh 4**:29, **21**:12, **Rev 19**:17

Erchomai ἔρχομαι /Erchomenos ερχόμενος *2064* Come, (Coming)

♦Epiporeuomai επιπορεθομαι *1975*

[Only of the believer coming to Yehuwah; of Yehuwah, Spirit coming into this world and to the believer, go to p64]

Mat 2:2, **5**:24, **14**:29, **15**:25, **16**:24, **19**:14, **25**:36, 39, **Mar 1**:40, 45, **2**:3, 13, **3**:8, **5**:27, 33, **7**:25, **10**:14, 50, **Luk 4**:42, **6**:47, **7**:7, ♦**8**:4, 47, **9**:23, **14**:26, 27, **15**:20, **18**:16, **Joh 1**:39, **3**:2, 20, 21, 26, **4**:30, 40, **6**:5, 35, 37, 44, 45, 65, **8**:2, **11**:29, 32, **1Ti 2**:4, **2Ti 3**:7

Prosēlthon προσῆλθον *4334*

[Only of man coming to Yehuwah; except some *came and asked/said to Him*; for Yehuwah coming, go to Erchomai on p64]

Mat 5:1, **8**:2, 5, 19, **9**:20, 28, **13**:36, **15**:30, **17**:14, 19, **18**:1, 21, **20**:20, **21**:14, **24**:3, **26**:7, 49, **28**:9, **Luk 8**:44, **Heb 4**:16, **7**:25, **10**:1, 22, **11**:6, **12**:18, 22, **1Pe 2:4**

Shûv שׁוּב 7725

Return, Turn

[Only *return* toward Yehuwah; *restore, return* of Yehuwah, go to p74]

Exd 5:22, **19**:8, **32**:31, **Deu 1**:45, **4**:30, 39, **30**:2, 8, 10, **Jdg 6**:18, **1Sa 7**:3, **1Ki 8**:33, 35, 47, 48, **12**:27, **2Ki 17**:13, **23**:25, **2Ch 6**:24, 26, 37, 38, **7**:14, **15**:4, **19**:4, 9, **30**:6, **36**:13, **Neh 1**:9, **9**:26, 29, 35, **Job 22**:23, **36**:10, **Ps 7**:12, **19**:7, **22**:27, **51**:13, **78**:34, **119**:59, 79, **Pro 1**:23, **Isa 1**:27, **6**:10, **9**:13, **10**:21, **19**:22, **31**:6, **44**:19, 22, **46**:8, **55**:7, **58**:13, **59**:20, **Jer 3**:1, 7, 10, 12, 14, 22, **4**:1, **5**:3, **8**:4, 5, **15**:7, 19, **18**:8, 11, **23**:14, 22, **24**:7, **25**:5, **26**:3, **31**:18, 19, 21, **34**:15, **35**:15, **36**:3, 7, **44**:5, **La 3**:21, 40, **5**:21, **Eze 3**:19, 20, **13**:22, **14**:6, **18**:21, 23, 27, 28, 30, 32, **33**:9, 11, 12, 14, 19, **Hos 3**:5, **5**:4, **6**:1, **7**:10, 16, **12**:6, **14**:1, 2, 7, **Dan 9**:13, **Joe 2**:12, 13, 14, **Am 4**:6, 8, 9, 10, 11, **9**:14, **Jon 3**:8, 9, 10, **Mic 5**:3, **Zec 1**:3, 4, 6, **Mal 2**:6, **3**:7, 18, **4**:6

[Turning away from Yehuwah, turning to idols etc.]

Nu 14:43, **23**:20, **32**:15, **Jos 22**:16, 18, 23, 29, **23**:12, **Jdg 2**:19, **8**:33, **11**:35, **1Ki 9**:6, **13**:33, **2Ch 6**:42, **7**:19, **Ps 6**:10, **9**:3, 17, **18**:37, **35**:13, **56**:9, **70**:3, **78**:41, **85**:8, **89**:43, **90**:3, **132**:10, **Pro 15**:1,

29:8, **30**:30, **Isa 28**:6, **36**:9, **37**:29, **44**:25, **47**:10, **Jer 3**:19, **8**:6, **11**:10, **34**:11, 16, **50**:6, **La 1**:8, 13, **Eze 18**:24, 26, **33**:18, **38**:4, **Am 1**:3, 6, 9, 11, 13, **2**:1, 4, 6, **Nah 2**:2

Epistrephō επιστρέφω *1994*

Return, Convert

♦Epistrophe επιστροφή *1995*

Mat 10:13, **12**:44, **13**:15, **24**:18, **Mar 4**:12, **5**:30, **8**:33, **13**:16, **Luk 1**:16, 17, **2**:39, **8**:55, **17**:4, 31, **22**:32, **Joh 21**:20, **Act 3**:19, **9**:35, 40, **11**:21, **14**:15, ♦**15**:3, 19, 36, **16**:18, **26**:18, 20, **28**:27, **2Co 3**:16, **Gal 4**:9, **1Th 1**:9, **Jas 5**:19, 20, **1Pe 2**:25, **2Pe 2**:22, **Rev 1**:12

Nâḥam נחם 5162

Repent

[Except *repent, relent, comfort* of Yehuwah, go to p72]

Exd 13:17, **Jdg 21**:6, 15, **Job 42**:6, **Jer 8**:6, **31**:19

Metanoeō μετανοέω *3340*

♦Eknēpsate εκνήψατε *1594* Wake

Mat 3:2, **4**:17, **11**:20, 21, **12**:41, **Mar 1**:15, **6**:12, **Luk 10**:13, **11**:32, **13**:3, 5, **15**:7, 10, **16**:30, **17**:3, 4, **Act 2**:38, **3**:19, **8**:22, **17**:30, **26**:20, **1Co** ♦**15**:34, **2Co 12**:21, **Rev 2**:5, 16, 21, 22, **3**:3, 19, **9**:20, 21, **16**:9, 11

Metanoia μετάνοια *3341*

Repentance

Mat 3:8, 11, **Mar 1**:4, **Luk 3**:3, 8, **5**:32, **15**:7, **24**:47, **Act 5**:31, **11**:18, **13**:24, **19**:4, **20**:21, **26**:20, **Ro 2**:4, **2Co 7**:9, 10, **2Ti 2**:25, **Heb 6**:1, 6, **12**:17, **2Pe 3**:9

Nâgash נגשׁ 5066

Come Near

[Only of coming near to Yehuwah, His tabernacle]

Exd 19:22, **24**:2, **28**:43, **30**:20, **12**:48, **16**:9, **19**:13, 22, **24**:2, **28**:43, **30**:20, **Lev 21**:21, **Nu 8**:19, **Deu 21**:5, **Jos 3**:9, **1Sa 23**:9, **30**:7, **2Ch 29**:31, **Isa 29**:13, **41**:1, 21, 22, **50**:8, **Jer 30**:21, **Eze 44**:13, **Joe 3**:9, **Am 5**:25, **9**:13, **Mal 1**:7, 8, 11, **2**:12, **3**:3

Qârav קרב /Yiqrav יקרב 7126

Come Near

♦Qârôv קרב 7138

[Only of coming near to Yehuwah, His tabernacle; for offering of sacrifice go to p171; for Yehuwah coming near to His people, go to p65]

Exd 3:5, **12**:48, **16**:9, **29**:4, 8, 10, **40**:12, 14, 32, **Lev 9**:5, 9, ♦**10**:3, 4, **22**:3, **Nu 1**:51, **3**:6, 10, 38, **5**:16, **8**:9, 10, **15**:33, **16**:5, 9, 10, 17, 38, 39, 40, **18**:2, 3, 4, 7, 15, 22, **25**:6, **27**:1, 5, **Deu 5**:27, **1Ki 8**:59, **Est 5**:2, **Job 31**:37, **Ps 65**:4, **119**:169, **148**:14, **Isa 5**:19, **33**:13, **34**:1, **41**:5, **57**:19, **Eze 42**:13, **43**:19, **44**:16, **Zep 3**:2

ʽÂlâh עלה 5927

Come up, Go up

[Only of ascending the mountain of Yehuwah, to the altar etc.; for offering of sacrifice; go to ʻOlah on p202; for ascend of Yehuwah go to p37; for *brought you up*, go to p62]

Exd 19:20, 23, 24, **20**:26, **24**:1, 2, 9, 12, 13, 15, 18, **32**:30, **34**:2, 3, 4, 24, **Nu 27**:12, **Deu 5**:5, **9**:9, **10**:1, 3, **30**:12, **Jdg 13**:20, **21**:5, 8, **1Sa 1**:3, 7, 22, 24, **2Sa 24**:18, 19, **1Ki 10**:5, **2Ki 2**:11, **21**:18, 19, **Ps 24**:3, **122**:4, **Pro 30**:4, **Isa 2**:3, **37**:14, **40**:9, 31, **60**:7, **Jer 31**:6, **Obd** 21, **Mic 4**:2, **Zec 14**:16, 17, 18, 19

Eiselthein εισελθείν *1525*

Enter

♦Eisodon είσοδον *1529*

[Only of entering the kingdom of heaven etc.; of Yehuwah coming, go to p65]

Mat 5:20, **6**:6, **7**:13, 21, **12**:4, **18**:3, 8, 9, **19**:17, 23, 24, **23**:13, **25**:21, 23, **Mar 2**:26, **9**:43, 45, 47, **10**:15, 23, 24, 25, **Luk 6**:4, **11**:52, **13**:24, **14**:23, **18**:25, **Joh 3**:5, **10**:9, **Act 14**:22, **1Th** ♦**1**:9, ♦**2**:1, **Heb 3**:11, 18, 19, **4**:1, 3, 5, 6, 10, 11, **6**:19, 20, **9**:12, 24, 25, ♦**10**:19, **2Pe 1**:11, **Rev 21**:27, **22**:14

Pânêy פני 6440

Before

[For *face, presence* of Yehuwah go to p17]

Gen 6:11, **7**:1, **10**:9, **13**:10, **17**:1, 18, **18**:22, **19**:27, **24**:40, **27**:7, **Exd 6**:12, 30, **10**:3, **16**:9, 33, 34, **18**:12, **20**:3, **23**:15, 17, 21, **25**:30, **27**:21, **28**:12, 29, 30, 35, 38, **29**:10, 11, 23, 24, 25, 26, 42, **30**:6, 8, 16, 36, **34**:20, 23, 24, 34, **40**:5, 6, 23, 25, **Lev 1**:3, 5, 11, **3**:1, 7, 8, 12, 13, **4**:4, 6, 7, 14, 15, 17, 18, 24, **6**:7, 14, 25, **7**:30, **8**:26, 27, 29, **9**:2, 4, 5, 21, 24, **10**:1, 2, 15, 17, 19, **12**:7, **14**:11, 12, 16, 18, 23, 24, 27, 29, 31, **15**:14, 15, 30, **16**:1, 2, 7, 10, 12, 13, 14, 15, 18, 30, **17**:4, **19**:22, **23**:11, 20, 28, 40, **24**:3, 4, 6, 8, **Nu 3**:4, **5**:16, 18, 25, 30, **6**:16, 20, **7**:3, **8**:10, 11, 21, **10**:9, 10, **14**:37, **15**:15, 25, 28, **16**:7, 16, 17,

38, 40, 43, 46, **17**:4, 7, 9, 10, **18**:2, 19, **20**:3, 9, **26**:61, **27**:5, 21, **31**:50, 54, **32**:20, 21, 22, 27, 29, 32, **Deu 1**:45, **4**:10, **6**:25, **9**:18, 25, **10**:8, **12**:7, 12, 18, **14**:23, 26, **15**:20, **16**:11, 16, **18**:7, **19**:17, **24**:4, 13, **26**:4, 5, 10, 13, **27**:7, **29**:10, 15, **31**:11, **Jos 4**:5, 7, 13, **6**:6, 7, 8, 13, 26, **7**:6, 23, **18**:6, 8, 10, **19**:51, **22**:27, 29, **24**:1, **Jdg 5**:5, **11**:11, **20**:23, 26, **21**:2, **1Sa 1**:12, 15, 19, 22, **2**:17, 18, **5**:3, 4, **6**:20, **7**:6, **10**:19, 25, **11**:15, **12**:7, **13**:12, **15**:33, **21**:6, 7, **23**:18, **26**:19, **2Sa 5**:3, **6**:5, 14, 16, 17, 21, **7**:18, **21**:1, 9, **1Ki 2**:45, **3**:6, **8**:22, 23, 25, 28, 31, 54, 59, 62, 64, 65, **9**:3, 4, 7, 25, **19**:11, **21**:29, **22**:21, **2Ki 3**:14, **5**:16, **16**:14, **19**:14, 15, **22**:19, **23**:3, **1Ch 11**:3, **13**:8, **10, 15**:24, **16**:1, 4, 6, 29, 30, 33, 37, 39, **17**:16, 25, 27, **22**:18, **23**:13, 31, **29**:15, 22, **2Ch 1**:5, 6, **2**:4, 6, **5**:6, 9, 14, **6**:12, 14, 16, 19, 22, 24, **7**:4, 7, 14, 17, 20, **14**:13, **18**:20, **19**:2, **20**:13, 18, **27**:6, **29**:19, **31**:20, **33**:12, 23, **34**:27, 31, **Ezr 8**:21, **9**:15, **10**:1, 6, **Neh 1**:4, 6, **5**:15, **9**:8, 32, **Job 1**:12, **2**:7, **13**:15, 16, 20, **15**:4, **23**:4, 15, **26**:9, **35**:14, **41**:10, **Ps 18**:6, **19**:14, **22**:27, 29, **38**:3, **42**:2, **50**:3, **56**:13, **61**:7, **62**:8, **68**:1, 3, 4, **72**:9, **79**:11, **86**:9, **88**:2, **95**:6, **96**:6, 9, 13, **97**:3, **98**:6, 9, **102**:10, 28, **106**:23, **116**:9, **119**:169, 170, **141**:2, **142**:2, **143**:2, **Pro 8**:30, **Ecc 2**:26, 5:2, **7**:26, **8**:12, 13, **Isa 2**:10, 19, 21, **23**:18, **26**:17, **37**:14, **65**:6, **66**:22, 23, **Jer 2**:22, **4**:1, **6**:7, **7**:10, 15, **15**:1, 19, **17**:16, **18**:20, 23, **23**:9, **24**:1, **25**:37, 38, **30**:20, **31**:36, **34**:15, 18, **35**:19, **36**:7, 9, **49**:19, **50**:44, **La 1**:22, **Eze 16**:50, **22**:30, **36**:17, **41**:22, **43**:24, **44**:3, 15, **46**:3, 9, **Dan 9**:13, 18, 20, **10**:12, **Hos 6**:2, **Nah 1**:6, **Hab 2**:20, **3**:5, **Hag 1**:12, **2**:14, **Zec 2**:13, **3**:1, 3, 4, **7**:2, **8**:21, 22, **14**:20, **Mal 1**:9, **2**:5, **3**:1, 14, 16, **4**:5

Emprosthen ἔμπροσθεν *1715*

[Only of man coming before Yehuwah]

Mat 5:24, **10**:32, 33, **11**:26, **25**:32, **27**:29, **Luk 5**:19, **7**:27, **10**:21, **12**:8, **14**:2, **21**:36, **Joh 3**:28, **Act 10**:4, **2Co 5**:10, **1Th 1**:3, **2**:19, **3**:9, 13, **1Jn 3**:19, **Rev 19**:10, **22**:8

Enopion ενόπιον *1799*

♦Enantion εαντίον *1726*

†Katenōpion κατενώπιον *2714*

Luk ♦1:6, 15, 17, 19, 75, 76, **4**:7, **5**:18, 25, **8**:47, **12**:6, 9, **13**:26, **14**:10, **15**:10, 18, 21, **16**:15, **♦20**:26, **23**:14, **24**:11, **♦**19, 43, **Joh 20**:30, **Act 2**:25, **4**:10, 19, **6**:6, **♦7**:10, 46, **♦8**:32, **9**:15, **10**:30, 31, 33, **19**:9, **27**:35, **Ro 3**:20, **12**:17, **14**:22, **1Co 1**:29, **2Co 4**:2, **7**:12, **8**:21, **Gal 1**:20, **Eph †1**:4, **Col †1**:22, **1Ti 2**:3, **5**:4, 20, 21, **6**:12, 13, **2Ti 2**:14, **4**:1, **Heb 4**:13, **13**:21, **Jas 4**:10, **1Pe 3**:4, **1Jn 3**:22, **3Jn** 6, **Jud †**24, **Rev 1**:4, **2**:14, **3**:2, 5, 8, 9, **4**:5, 6, 10, **5**:8, **7**:9, 11, 15, **8**:2, 3, 4, **9**:13, **11**:4, 16, **12**:4, 10, **13**:12, 13, 14, **14**:3, 10, **15**:4, **16**:19, **19**:20, **20**:12

Râ'âh ראה /Râ'îtâh ראתה

7200 See, Appeared To, Shown

[Only of men seeing Yehuwah; for Yehuwah seeing, go to p13]

Gen 12:7, **16**:13, **17**:1, **18**:1, 2, **26**:2, 24, 28, **32**:30, **33**:10, **35**:1, 9, **39**:3, **48**:3, **Exd 3**:2, 3, 4, 16, **4**:1, 5, **5**:21, **6**:3, **9**:16, **14**:13, 31, **16**:7, 10, 29, **19**:21, **20**:18, 22, **24**:10, **25**:9, 40, **26**:30, **27**:8, **33**:10, 13, 18, 20, 23, **34**:10, **Lev 9**:4, 6, 23, 24, **16**:2, **Nu 8**:4, **14**:10, 14, 22, **16**:19, 42, **20**:6, **22**:23, 25, 27, 31, 33, **23**:3, **24**:1, **Deu 3**:21, 24, **4**:3, 9, 12, 15, 35, 36, **5**:24, **7**:19, **10**:21, **11**:2, 7, **18**:16, **26**:7, **28**:10, **29**:2, 3, 4, **31**:15, **32**:39, **Jos 23**:3, **Jdg 2**:7, **6**:12, 22, **13**:3, 10, 21, 22, 23, **1Sa 3**:21, **18**:28, **24**:10, **2Sa 15**:27, **1Ki 3**:5, 28, **9**:2, **11**:9, **22**:19, **1Ch 9**:22, **21**:16, 20, 28, **26**:28, **29**:29, **2Ch 1**:7, **3**:1, **7**:3, 12, **15**:9, **16**:7, 10, **18**:18, **20**:17, **26**:5, **Job 9**:11, **23**:9, **33**:26, 28, **34**:21, **42**:5, **Ps 4**:6, **8**:3, **27**:13, **34**:8, 12, **36**:9, **40**:3, **48**:8, **50**:23, **60**:3, **63**:2, **66**:5, **68**:24, **69**:23, 32, **71**:20, **74**:9, **78**:11, **85**:7, **86**:17, **90**:16, **91**:16, **95**:9, **97**:4, 6, **98**:3, **102**:16, **106**:5, **107**:24, 42, **119**:96, **Pro 24**:18, **Ecc 2**:12, 13, 24, **7**:13, **8**:17, **Isa 5**:12, 19, **6**:1, 5, 9, 10, **9**:2, **17**:7, **22**:11, **26**:10, **29**:18, 23, **30**:10, 30, **32**:3, **33**:17, **35**:2, **38**:11, **40**:5, 26, **41**:5, 20, **42**:18, 20, **49**:7, **52**:10, 15, **53**:2, **60**:2, **62**:2, **64**:4, **66**:14, 18, 19, **Jer 2**:31, **5**:21, **6**:16, **17**:6, **23**:24, **31**:3, **Eze 1**:1, 4, 15, 27, 28, **2**:9, **3**:23, **8**:2, 4, **10**:1, 8, 9, 15, 20, 22, **40**:4, **43**:3, **44**:4, 5, **47**:6, **Dan 10**:5, 7, 8, **12**:5, **Joe 2**:28, **Am 7**:4, 7, **9**:1, **Mic 7**:9, 15, 16, **Hab 1**:5, **Zec 9**:5, 14, **10**:7, **Mal 1**:5, **3**:2

Ḥâzâh חזה 2372

See, Behold

[For that of Yehuwah go to p13]

Exd 18:21, **24**:11, **Nu 24**:4, 16, **Job 8**:17, **15**:17, **19**:26, 27, **23**:9, **24**:1, **27**:12, **34**:32, **36**:25, **Ps 17**:15, **27**:4, **46**:8, **58**:8, 10, **63**:2, **Pro 22**:29, **24**:32, **29**:20, **Sng 6**:13, **Isa 1**:1, **2**:1, **13**:1, **26**:11, **30**:10, **33**:17, 20, **48**:6, **57**:8, **La 2**:14, **Eze 12**:27, **13**:6, 7, 8, 23, **21**:29, **Am 1**:1, **Mic 1**:1, **4**:11, **Hab 1**:1, **Zec 10**:2

Horaō ὁράω *3708*

[Only of seeing Yehuwah and visions; for *take heed* see Horate below]

Luk 1:22, **9**:36, **24**:23, **Joh 1**:18, 34, **3**:11, 32, **4**:45, **5**:37, **6**:2, 36, 46, **8**:38, 57, **9**:37, **14**:7, 9, **15**:24, **19**:35, **20**:18, 25, 29, **Act 7**:44, **8**:23, **22**:15, **1Co 9**:1, **Col 2**:18, **Heb 1**:8, **11**:27, **Jas 2**:24, **1Pe 1**:8, **1Jn 1**:1, 2, 3, **3**:6, **4**:20, **3Jn** 11

Blepō βλέπω *991*

See, Take Heed

♦Emblepō εμβλέπω *1689*

♣Apoblepō ἀποβλέπω *578*

†Anatheōreō ἀναθεωρέω *333*

‡Analogizomai ἀναλογίζομαι *357*

[Only of men seeing spiritually, taking heed etc.; for that of Yehuwah, go to p13]

Mat 11:4, **13**:13, 14, 16, 17, **15**:31, **18**:10, ♦**19**:26, **24**:4, **Mar 4**:12, 24, **8**:15, 18, ♦**10**:21, ♦27, **12**:38, **13**:5, 9, 23, **Luk 6**:42, **7**:21, **8**:10, 16, 18, **9**:62, **10**:23, 24, **11**:33, ♦**20**:17, **21**:8, 30, ♦**22**:61, **Joh** ♦**1**:42, **5**:19, **9**:7, 25, 39, 41, **11**:9, **Act 1**:9, **8**:6, **13**:40, †**17**:23, **28**:26, **Ro 11**:8, 10, **1Co 1**:26, **3**:10, **8**:9, **10**:12, **13**:12, **2Co 4**:18, **7**:8, **Gal 5**:15, **Eph 5**:15, **Php 3**:2, **Col 2**:5, 8, **4**:17, **Heb 2**:9, **3**:12, 19, **10**:25, **11**:1, 7, ♣26, ‡**12**:3, 25, †**13**:7, **Jas 2**:22, **2Jn** 8, **Rev 3**:18, 5:3, 4, **22**:8

Mat ♦**6**:26, **Mar** ♦**8**:25, ♦**14**:67, **Joh** ♦**1**:36, **Act** ♦**1**:11, ♦**22**:11

Anablepō αναβλέπω /Anablepsas αναβλέψας *308*

Received Sight, Looked Up

♦Anablepsis ἀνάβλεψις *309*

Mat 11:5, **14**:19, **20**:34, **Mar 6**:41, **7**:34, **8**:24, **10**:51, 52, **16**:4, **Luk** ♦**4**:18, **7**:22, **9**:16, **18**:41, 42, 43, **19**:5, **21**:1, **Joh 9**:11, 15, 18, **Act 9**:12, 17, 18, **22**:13

Theoreō θεορέω *2334*

See

Mat 27:55, **28**:1, **Mar 3**:11, **5**:15, 38, **12**:41, **15**:40, 47, **16**:4, **Luk 10**:18, **14**:29, **21**:6, **23**:35, 48, **24**:37, 39, **Joh 2**:23, **4**:19, **6**:2, 19, 40, 62, **7**:3, **8**:51, **9**:8, **10**:12, **12**:19, 45, **14**:17, 19, **16**:10, 16, 17, 19, 24, **20**:6, 12, 14, **Act 3**:16, **4**:13, **7**:56, **8**:13, **9**:7, **10**:11, **17**:16, 22, **19**:26, **20**:38, **21**:20, **25**:24, **27**:10, **28**:6, **Heb 7**:4, **1Jn 3**:17, **Rev 11**:11, 12

Theasasthai θεάσασθαι /Tetheametha τεθεάμεθα *2300*

Behold

♦Epopteuō εποπτευω *2029*

Mat 11:7, **22**:11, **23**:5, **Mar 16**:11, 14, **Luk 5**:27, **7**:24, **23**:55, **Joh 1**:14, 32, 38, **4**:35, **6**:5, **8**:10, **11**:45, **Act 1**:11, **8**:18, **21**:27, **22**:9, **Ro 15**:24, **1Pe** ♦**2**:12, ♦**3**:2, **1Jn 1**:1, **4**:12, 14

Nâvat נבט /Havît הבִּיט 5027

Look

[Only that of man looking to Yehuwah; for that of Yehuwah go to p13]

Gen 15:5, **Exd 3**:6, **Nu 21**:9, **Job 35**:5, **36**:25, **39**:29, **Ps 34**:5, **91**:8, **92**:11, **119**:6, 15, 18, **Pro 4**:25, **Isa 5**:12, **22**:11, **42**:18, **51**:1, 2, **Jon 2**:4, **Hab 1**:3, 5, **Zec 12**:10

Shâʿâh שׁעה 8159

Look

[Only of man, for Yehuwah, go to p13]

(Toward Yehuwah)

Ps 119:117, **Isa 17**:7, **31**:1

Exd 5:9, **2Sa 22**:42, **Job 14**:6, **Isa 17**:8, **31**:1, **32**:3, **41**:10, 23

Idou ἰδου *2400*

Behold

Mat 1:20, 23, **2**:1, 9, 13, 19, **3**:16, 17, **4**:11, **7**:4, **8**:2, 24, 29, 32, 34, **9**:2, 3, 10, 18, 20, 32, **10**:16, **11**:8, 10, 19, **12**:2, 10, 18, 41, 42, 46, 47, 49, **13**:3, **15**:22, **17**:3, 5, **19**:16, 27, **20**:18, 30, **21**:5, **22**:4, **23**:34, 38, **24**:23, 25, 26, **25**:6, **26**:45, 46, 47, 51, **27**:51, **28**:2, 7, 9, 11, 20, **Mar 1**:2, **3**:32, **4**:3, **10**:28, 33, **14**:41, 42, **Luk 1**:20, 31, 36, 38, 44, 48, **2**:10, 25, 34, 48, **5**:12, 18, **6**:23, **7**:12, 25, 27, 34, 37, **8**:41, **9**:30, 38, 39, **10**:3, 19, 25, **11**:31, 32, 41, **13**:7, 11, 16, 30, 32, 35, **14**:2, **15**:29, **17**:21, 23, **18**:28, 31, **19**:2, 8, 20, **22**:10, 21, 31, 38, 47, **23**:14, 15, 29, 50, **24**:4, 13, 49, **Joh 4**:35, **12**:15, **16**:32, **19**:5, **Act 1**:10, **2**:7, **5**:9, 25, 28, **7**:56, **8**:27, 36, **9**:10, 11, **10**:17, 19, 21, 30, **11**:11, **12**:7, **13**:11, 25, 46, **16**:1, **20**:22, 25, **27**:24, **Ro 9**:33, **1Co 15**:51, **2Co 5**:17, **6**:2, 9, **7**:11, **12**:14, **Gal 1**:20, **Heb 2**:13, **8**:8, **10**:7, 9, **Jas 3**:4, 5, **5**:4, 7, 9, 11, **1Pe 2**:6, **Jud** 14, **Rev 1**:7, 18, **2**:10, 22, **3**:8, 9, 20, **4**:1, 2, **5**:5, **6**:2, 5, 8, **7**:9, **9**:12, **11**:14, **12**:3, **14**:1, 14, **16**:15, **19**:11, **21**:3, 5, **22**:7, 12

Prosdechomai προσδέχομαι *4327* Looking

Mar 15:43, **Luk 2**:25, 38, **12**:36, **15**:2, **23**:51, **Act 24**:15, **Ro 16**:2, **Php 2**:29, **Tit 2**:13, **Heb 10**:34, **11**:35, **Jud** 21

Prosdokao προσδοκάο *4328*

Looking

Mat 11:3, **24**:50, **Luk 1**:21, **3**:15, **7**:19, 20, **8**:40, **12**:46, **Act 3**:5, **10**:24, **27**:33, **28**:6, **1Ti 6**:11, **2Pe 3**:12, 13, 14

Zēteō ζητέω *2212*

Seek

Mat 2:13, 20, **6**:33, **7**:7, 8, **12**:43, 46, 47, **13**:45, **18**:12, **21**:46, **26**:16, 59, **28**:5, **Mar 1**:37, **3**:32, **8**:11, 12, **11**:18, **12**:12, **14**:1, 11, 55, **16**:6, **Luk 2**:48, 49, **5**:18, **6**:19, **9**:9, **11**:9, 10, 16, 24, 29, **12**:29, 31, 48, **13**:6, 7, 24, **15**:8, **17**:33, **19**:3, 10, 47, **20**:19, **22**:2, 6, **24**:5, **Joh 1**:38, **4**:23, 27, **5**:18, 30, 44, **6**:24, 26, **7**:1, 4, 11, 18, 19, 20, 25, 30, 34, 36, **8**:21, 37, 40, 50, **10**:39, **11**:8, 56, **13**:33, **16**:19, **18**:4, 7, 8, **19**:12, **20**:15, **Act 9**:11, **10**:19, 21, **13**:8, 11, **16**:10, **17**:5, 27, **21**:31, **27**:30, **Ro 2**:7, **10**:3, 20, **11**:3, **1Co 1**:22, **4**:2, **7**:27, **10**:24, 33, **13**:5, **14**:12, **2Co 12**:14, **13**:3, **Gal 1**:10, **2**:17, **Php 2**:21, **Col 3**:1, **1Th 2**:6, **2Ti 1**:17, **Heb 8**:7, **1Pe 3**:11, **5**:8, **Rev 9**:6

Qâshav קָשַׁב /Haqshîvû הַקְשִׁיבוּ 7181

Attend, Listen, Give Heed

[Only *attend to* the word, wisdom etc of Yehuwah; *attend* of Yehuwah to *my cry* etc, go to p12]

1Sa 15:22, **2Ch 20**:15, **33**:10, **Neh 9**:34, **Job 33**:31, **Pro 1**:24, **2**:2, **4**:1, 20, **5**:1, **7**:24, **Sng 8**:13, **Isa 28**:23, **32**:3, **34**:1, **42**:23, **48**:18, **49**:1, **51**:4, **Jer 6**:10, 17, 19, **18**:18, **23**:18, **Hos 5**:1, **Mic 1**:2, **Zec 1**:4, **7**:11

Akouō ακούω *191*

♦Epechō επέχω *1907*

♣Enotidzomai ενοτίζομαι *1801*

†Exekremato εξεκρέματο *1582*

[Only *hear* of the words of Yehuwah]

Mat 7:24, 26, **10**:14, 27, **11**:4, 5, 15, **12**:19, **13**:9, 13, 14, *15*, 16, 17, 18, 19, 20, 22, 23, 43, **15**:10, **22**:33, **Mar 4**:9, 12, 15, 16, 18, 20, 23, 24, 33, **6**:2, 11, **9**:7, **12**:29, 37, **Luk 2**:18, 20, 47, **4**:28, **5**:1, 15, **6**:17, 27, 47, 49, **7**:22, 29, **8**:8, 10, 12, 13, 14, 15, 18, 21, **9**:35, **10**:16, 24, 39, **11**:28, ♦**14**:7, 15, 35, **15**:1, **16**:29, 31, **18**:6, **19**:48†, **21**:38, **Joh 1**:37, **3**:29, 32, **4**:42, **5**:24, 25, 28, 30, 37, **6**:45, **8**:26, 40, 43, 47, **10**:3, 16, 27, **12**:29, 47, **14**:24, 28, **15**:15, **16**:13, **18**:21, 37, **Act 1**:4, ♣**2**:14, 22, 37, ♦**3**:5, 22, 23, **4**:4, 19, 20, **5**:21, **7**:2, 54, **8**:6, **9**:4, 7, **10**:22, 33, 44, 7, 18, **13**:7, 44, **14**:9, **15**:7, **18**:8, **19**:2, 5, 10, ♦22, **21**:20, **22**:7, 9, 14, 15, **26**:14, **28**:26, *27*, 28, **Ro 10**:14, 18, ***11***:8, ***15***:21, ***1Co 2***:9, **2Co 12**:4, **Gal 4**:21, **Eph 1**:13, **4**:21, 29, **Col 1**:6, 23, **Php** ♦**2**:16, **1Ti 4**:16♦, **2Ti 1**:13, **2**:2, 14, **2Ti 4**:17, **Heb 2**:1, 3, **3**:7, 15, 16, **4**:2, 7, **12**:19, **Jas 1**:19, **2Pe 1**:18, **1Jn 1**:1, 3, 5, **2**:7, 24, **3**:11, **4**:6, **2Jn 6, Rev 1**:3, **2**:7, 11, 17, 29, **3**:3, 6, 13, 20, 22, **22**:17, 18

Horate ὁρᾶτε *3708*

Take Heed

Mat 8:4, **9**:30, **16**:6, **18**:10, **24**:6, **Mar 1**:44, **8**:15, **Luk 12**:15, **Act 22**:16, **1Th 5**:15, **Heb 8**:5, **Rev 19**:10, **22**:9

Nâtâh נטה /Hatêh הטה 5186

Incline

[Only of the heart, ear to Yehuwah, His word; of Yehuwah inclining to show mercy, hear, go to p12]

Jos 24:23, **1Ki 8**:58, **Ps 45**:10, **49**:4, **78**:1, **119**:36, 112, **Pro 2**:2, **4**:20, **5**:1, 13, **22**:17, **Isa 55**:3, **Jer 5**:25, **7**:24, 26, **11**:8, **17**:23, **25**:4, **34**:14, **35**:15, **44**:5

1Ki 11:3, 4, 9, **Ps 44**:18, **119**:51, 157, **141**:4, **Pro 4**:5, 27

Âzan אזן /Ha'azînû האזינו 238

Give Ear

[Only *give ear* of the voice etc of Yehuwah; of Yehuwah giving ear to prayer, go to p12]

Exd 15:26, **Jdg 5**:3, **2Ch 24**:19, **Neh 9**:30, **Job 9**:16, **Ps 49**:1, **78**:1, **Isa 1**:2, 10, **8**:9, **28**:23, **32**:9, **42**:23, **51**:4, **Jer 13**:15, **Hos 5**:1, **Joe 1**:2

Shâma' שׁמע /Shîm'û שׁמעו

8085 Heed, Obey

♦Sâkat סכת 5535

[Only *hear, obey* the voice, word etc of Yehuwah; *hear* of Yehuwah, go to p12]

Gen 3:8, 10, **22**:18, **Exd 5**:2, **7**:16, **15**:26, **19**:5, 9, **23**:21, 22, **24**:7, **Lev 26**:14, 18, 21, 27, **Nu 7**:89, **9**:8, **12**:6, **14**:22, **24**:4, 16, **27**:20, **Deu 1**:43, **4**:1, 6, 10, 12, 30, 33, 36, **5**:1, 23, 24, 25, 26, 27, **6**:3, 4, **7**:12, **8**:20, **9**:1, 23, **11**:13, 27, 28, **13**:18, **15**:5, **18**:15, 16, 19, **20**:3, **26**:14, 17, **27**:9♦, 10, **28**:1, 2, 13, 15, 45, 62, **29**:4, **30**:2, 8, 10, 12, 20, **31**:12, 13, **32**:1, **Jos 3**:9, **5**:6, **24**:24, **Jdg 2**:2, 20, **3**:4, **6**:10, **1Sa 3**:9, 10, **12**:14, 15, **15**:1, 19, 20, 22, **28**:18, **1Ki 20**:36, **22**:19, 28, **2Ki 7**:1, **17**:14, 40, **18**:12, **2Ch 18**:18, 27, **Neh 8**:9, **9**:16, 17, 29, **Job 15**:8, **36**:11, 12, **37**:2, 4, **Ps 44**:1, **48**:8, **49**:1, **50**:7, **66**:16, **78**:3, **81**:8, 11, 13, **85**:8, **95**:7, **97**:8, **103**:20, **106**:25, **138**:4, **143**:8, **Pro 1**:5, 8, 33, **4**:1, 10, **5**:7, 13, **7**:24, **8**:6, 32, 33, 34, **12**:15, **13**:1, **15**:31, 32, **19**:20, 27, **22**:17, **23**:19, 22, **25**:12, **28**:9, **Ecc 5**:1, **7**:5, **12**:13, **Sng 2**:14, **8**:13, **Isa 1**:2, 10, **6**:8, 9, 10,

7:13, **21**:10, **28**:12, 14, 22, **29**:18, **30**:9, 30, **32**:3, **33**:13, **34**:1, **39**:5, **40**:21, 28, **41**:26, **42**:2, 18, 20, 23, 24, **44**:1, **46**:3, 12, **47**:8, **48**:1, 6, 7, 8, 12, 14, 16, **49**:1, **50**:4, 10, **51**:1, 7, 21, **52**:7, **55**:2, 3, **62**:11, **64**:4, **65**:12, **66**:4, 5, **Jer 2**:4, **3**:13, 25, **5**:21, **6**:10, 19, **7**:2, 13, 23, 24, 26, 27, 28, **9**:13, 20, **10**:1, **11**:2, 3, 4, 6, 7, 8, 10, **12**:17, **13**:10, 11, 15, 17, **16**:12, **17**:20, 23, 24, 27, **18**:2, 10, **19**:3, 15, **21**:11, **22**:2, 5, 21, 29, **23**:16, 18, 22, **25**:3, 4, 7, 8, **26**:3, 4, 5, 13, **28**:7, **29**:19, 20, **31**:10, **32**:23, 33, **34**:4, 14, 17, **35**:13, 14, 15, 16, 17, 18, **36**:31, **38**:20, **40**:3, **42**:6, 13, 15, 21, **43**:4, 7, **44**:5, 16, 23, 24, 26, **49**:14, 20, **Eze 2**:5, 7, **3**:7, 10, 11, 17, 27, **6**:3, **12**:2, **13**:2, **16**:35, **18**:25, **20**:8, 39, 47, **25**:3, **34**:7, 9, **36**:1, 4, **37**:4, **40**:4, **43**:6, **44**:5, **Dan 9**:6, 10, 11, 14, **10**:9, **Hos 4**:1, **5**:1, **9**:17, **Am 3**:1, **7**:16, **8**:11, **Mic 1**:2, **3**:1, **6**:1, 2, 9, **Nah 1**:15, **Zep 3**:2, **Hag 1**:12, **Zec 1**:4, **3**:8, **6**:15, **7**:11, 12, 13, **8**:9, **Mal 2**:2

Hupakouō ὑπακούω *5219*

Obey

♦Hupakoē ὑπακοή *5218* Obedience

Mat 8:27, **Mar 1**:27, **4**:41, **Luk 8**:25, **17**:6, **Act 6**:7, **12**:13, **Ro ♦1**:5, **♦5**:19, **6**:12, 16♦, 17, **10**:16, **♦15**:18, **♦16**:19, ♦26, **2Co ♦7**:15, **♦10**:5, ♦6, **Eph 6**:1, 5, **Php 2**:12, **Col 3**:20, 22, **2Th 1**:8, **3**:14, **Phm** ♦21, **Heb ♦5**:8, 9, **11**:8, **1Pe ♦1**:2, ♦14, ♦22, **3**:6

Hupotassō ὑποτάσσω

/Hupotagete ὑποτάγετε *5293* Submit

♦Hupotagē ὑποταγή *5292*

Luk 2:51, **10**:17, 20, **Ro 8**:7, 20, **10**:3, **13**:1, 5, **1Co 14**:32, 34, **15**:27, 28, **16**:16, **2Co ♦9**:13, **Gal ♦2**:5, **Eph 1**:22, **5**:21, 24, **Php 3**:21, **Col 3**:18, **Tit 2**:5, 9, **3**:1, **1Ti ♦2**:11, **♦3**:4, **Heb 2**:5, 8, **12**:9, **Jas 4**:7, **1Pe 2**:13, 18, **3**:1, 5, 22, **5**:5

Akoloutheō ακολουθέω *190*

Follow

♦Exakaloutheō εξακαλουθέω *1811*

♣Sunakolouthēsai συνακολουθήσαι *4870*

†Epakoloutheō επακολουθέω *1872*

‡Parakoloutheō παρακολουθέω *3877*

Mat 4:20, 22, 25, **8**:1, 10, 19, 22, 23, **9**:9, 19, 27, **10**:38, **12**:15, **14**:13, **16**:24, **19**:2, 21, 27, 28, **20**:29, 34, **21**:9, **26**:58, **27**:55, **Mar 1**:18, **2**:14, 15, **3**:7, **5**:24, ♣37, **6**:1, **8**:34, **9**:38, **10**:21, 28, 32, **11**:9, **14**:13, 54, **15**:41, **‡16**:17, †20, **Luk ‡1**:3, **5**:11, 27, 28, **7**:9, **9**:11, 23, 49, 57, 59, 61, **18**:22, 28, 43, **22**:10, 39, 54, **23**:27, ♣49, **Joh 1**:37, 38, 40, 43, **6**:2, **8**:12, **10**:4, 5, 27, **11**:31, **12**:26, **13**:36, 37, **18**:15, **20**:6, **21**:19, 20, 22, **Act 12**:8, 9, **13**:43, **21**:36, **1Co 10**:4, **1Ti ‡4**:6, **†5**:10, †24, **2Ti ‡3**:10, **1Pe †2**:21, **2Pe ♦1**:16, **♦2**:2, **♦15, Rev 6**:8, **14**:4, 8, 9, 13, **19**:14

Mimētai μιμηταί *3402*

Followers

♦Mimeomai μιμέομαι *3401*

1Co 4:16, **11**:1, **Eph 5**:1, **1Th 1**:6, **2**:14, **2Th ♦3**:7, ♦9, **Heb 6**:12, **♦13**:7, **♦3Jn** 11

Shâmar שמר 8104

Keep, Take Heed

{♦'Âsâh עשה 6213 Do}

[Only *keep* the word, commandment, covenant etc. and *keep, take heed* of one's way; not *feast*; of Yehuwah preserving, go to p70, and *charge of the sanctuary, needs, watch* etc. in the same part]

Gen 17:9, **26**:5, **37**:11, **Exd 12**:17, **24, 25, 13**:10, **15**:26♦, **16**:28, **19**:5, **20**:6, **23**:15, 21, **31**:13, 14, 16, **34**:11, 18, **Lev 8**:35, **18**:4♦, 5♦, 26, 30, **19**:3, 19, 30, 37♦, **20**:8♦, 22♦, **22**:9, 31, **25**:18♦, **26**:2, 3♦, **Nu 9**:19, 23, **23**:12, 6, **Deu 2**:4, **4**:6♦, 9, 15, 23, 40, **5**:1♦, 10, 12, 29, 32♦, **6**:2, 3, 12, 17, 25, **7**:8, 9, 11♦, 12♦, **8**:1♦, 2, 6, 11, **10**:13, **11**:1, 8, 16, 22♦, 32♦, **12**:1♦, 13, 19, 30, 32♦, **13**:4, 18♦, **15**:5♦, 9, **16**:12, **17**:10♦, 19♦, **19**:9♦, **23**:9, 23, **24**:8, **26**:16♦, 17, 18, **27**:1, **28**:1♦, 9, 13♦, 15♦, 45, 58♦, **29**:9, **30**:10, 16, **31**:12, **32**:46♦, **33**:9, **Jos 1**:7♦, 8♦, **22**:2, 3, 5, **23**:6♦, 11, **Jdg 2**:22, **13**:4, 13, 14, **1Sa 13**:13, 14, **2Sa 22**:22, 24, **1Ki 2**:3, 4, 43, **3**:14, **6**:12, **8**:25, 58, 61, **9**:4, 6, **11**:10, 11, 34, 38, **13**:21, **14**:8, **2Ki 10**:31, **17**:13, 19, 37, **18**:6, **21**:8, **23**:3, **1Ch 10**:13, **22**:12, 13, **28**:8, **29**:19♦, **2Ch 6**:16, **7**:17, **19**:7, **33**:8♦, **34**:21♦, 31♦, **Neh 1**:7, **10**:29♦, **Job 22**:15, **23**:11, **36**:21, **Ps 18**:21, 23, **19**:11, **37**:34, **39**:1, **59**:9, **78**:10, 56, **89**:31, **99**:7, **103**:18♦, **105**:45, **106**:3♦, **107**:43, **119**:4, 5, 8, 9, 17, 34, 44, 55, 57, 60, 63, 67, 88, 101, 106, 134, 136, 146, 158, 167, 168, **132**:12, **Pro 2**:20, **4**:4, 21, **5**:2, **7**:1, 2, **8**:32, 34, **10**:17, **13**:18, **15**:5, **19**:8, 16, **22**:18, **27**:18, **28**:4, **29**:18, **Ecc 8**:2, 5, **12**:13, **Isa 26**:2, **42**:20, **56**:1♦, 2♦, 4, 6, **Jer 16**:11, **17**:21, **35**:18♦, **Eze 11**:20♦, **17**:14, **18**:9♦, 19♦, 21♦, **20**:18, 19♦, 21♦, **36**:27, **37**:24♦, **43**:11♦, **44**:8, 14♦, 15, 16, 24, **48**:11, **Dan 9**:4, **Hos 4**:10, **12**:6, **Am 2**:4, **Jon 2**:8, **Mic 6**:16, **Zec 3**:7, **11**:11, **Mal 2**:7, 9, **3**:7, 14

'Âsâh עשה 6213

Do, Observe

[Only of man doing according to the commandment of Yehuwah; except *make* (the

tabernacle etc.); for more occurrences, look under Shamar (Keep) above; for that of Yehuwah, go to Shâmar on p70; for *offer* of a sacrifice, go to p201]
Exd 7:6, 10, 20, **12**:28, 35, 47, 48, 50, **14**:4, **23**:22, 24, **24**:3, 7, **29**:1, 35, **31**:11, 16, **39**:32, 42, 43, **40**:16, **Lev 4**:2, 13, 22, **6**:3, 7, **8**:34, 36, **9**:6, **10**:7, **16**:16, 34, **18**:3, 4, 5, 26, 29, 30, **19**:15, 35, **22**:31, **24**:23, **26**:14, 15, **Nu 1**:54, **2**:34, **5**:4, 6, 7, 30, **6**:21, **8**:3, 20, 22, 26, **9**:2, 3, 4, 5, 6, 10, 11, 12, 13, 14, **15**:22, 24, 29, 30, 40, **16**:28, **17**:11, **20**:27, **22**:18, 20, **24**:13, **27**:22, **31**:31, **32**:25, 31, **36**:10, **Deu 1**:14, 18, **4**:1, 5, 13, 14, **5**:15, 27, 31, **6**:1, 3, 18, 24, 25, **12**:4, 8, 14, 25, 28, 31, **16**:1, 10, 12, 13, **17**:11, 12, **21**:9, **24**:18, 22, **25**:16, **26**:14, **27**:10, 26, **28**:20, **29**:2, 24, 29, **30**:8, 12, 13, 14, **31**:4, 12, 18, 21, 29, **33**:21, **34**:9, **Jos 1**:16, **4**:8, **5**:10, 15, **23**:8, **Jdg 6**:20, 27, **1Sa 16**:4, **2Sa 5**:25, **7**:3, **1Ch 14**:16, **16**:12, 26, **17**:8, 19, 23, 2, **22**:13, **28**:20, **2Ch 1**:8, **2**:3, **7**:7, 10, 11, 17, **9**:8, **19**:11, **30**:1, 2, 3, 5, 12, 13, 21, 23, **31**:20, 21, **34**:32, **35**:1, 6, 16, 17, 18, 19, **Ezr 3**:4, **6**:19, 22, **7**:10, **10**:3, 4, 5, 11, 12, 16, **Neh 8**:18, **9**:17, 29, 33, 34, **12**:27, **Est 9**:21, 27, 28, **Job 42**:9, **Ps 14**:1, 3, **34**:14, **37**:3, 27, **40**:8, **53**:1, 3, **60**:12, **103**:20, 21, **108**:13, **111**:10, **119**:112, 121, 166, **143**:10, **Pro 12**:22, **13**:16, **21**:3, 7, 15, **Isa 16**:3, **58**:2, **64**:5, **Jer 5**:1, **7**:5, **22**:3, 4, **23**:20, **26**:3, **27**:5, **28**:6, **29**:32, **30**:11, 15, 24, **32**:17, 18, 20, **33**:2, 9, 15, **35**:10, **36**:8, **42**:5, 20, **48**:10, **50**:21, **Eze 3**:20, **5**:7, **9**:11, **11**:12, **12**:7, **18**:5, 8, 17, 22, 24, 27, **20**:11, 13, 24, **24**:18, **33**:32, **45**:9, **Am 3**:10, **Mic 6**:8, **Zec 8**:16

Nâtsar נצר 5341

Keep

[Only *keep* the word, commandment, covenant etc.; of Yehuwah preserving His people, go to p71]
Deu 33:9, **Ps 25**:10, **34**:13, **78**:7, **105**:45, **119**:2, 22, 33, 34, 56, 69, 100, 115, 129, 145, **Pro 3**:1, 21, **4**:13, 23, **5**:2, **6**:20, **13**:3, **16**:17

Tērēsei τηρήσει *5083*

Keep

♦Phulassō φυλάσσω *5442*

♣Diatērō διατήρω *1301*

[Only *keep* the word, commandment etc. of Yehuwah; of Yehuwah preserving, go to p71]
Mat ♦19:20, **Mar ♦10**:20, **Luk ♣2**:51, **♦11**:28, **♦12**:15, **♦18**:21, **Joh 8**:51, 52, 55, **♦12**:47, **14**:15, 21, 23, 24, **15**:10, 20, **17**:6, **Act ♦7**:53, **15**:5, **♣29**, **♦16**:4, **♦21**:24, ♦25, **Ro ♦2**:26, **Gal ♦6**:13, **1Ti ♦5**:21, **6**:14, ♦20, **2Ti ♦1**:12, ♦14, **4**:7, **Jas 2**:10, **2Pe ♦3**:17, **1Jn 2**:3, 4, 5, **3**:22, 24, **5**:3, **Rev 1**:3, **2**:26, **3**:3, 8, 10, **12**:17, **14**:12, **22**:7, 9

Zâkar זכר 2142

Remember

[Only *remember* of the word and commandments etc. of Yehuwah; for *remember* of Yehuwah go to p11]
Exd 13:3, **20**:8, **23**:13, **Nu 15**:39, 40, **Deu 5**:15, **7**:18, **8**:2, 18, **9**:7, **15**:15, **16**:3, 12, **24**:9, 18, 22, **32**:7, **Jos 1**:13, **23**:7, **Jdg 8**:34, **2Sa 14**:11, **1Ch 16**:12, 15, **Neh 9**:17, **Ps 20**:7, **22**:27, **42**:4, 6, **45**:17, **63**:6, **71**:16, **77**:3, 11, **78**:35, 42, **103**:18, **105**:5, **109**:16, **119**:52, 55, **137**:1, 6, **143**:5, **Ecc 12**:1, **Sng 1**:4, **Isa 12**:4, **17**:10, **26**:13, **44**:21, **46**:8, 9, **47**:7, **48**:1, **49**:1, **57**:11, **62**:6, **63**:7, **64**:5, **Jer 51**:50, **Eze 6**:9, **16**:61, 63, **20**:43, **36**:31, **Jon 2**:7, **Mic 6**:5, **Zec 10**:9, **Mal 4**:4

Emnēsthē εμνήσθη *3415*

♦Memnēsthe μέμνησθε *3403*

[Only *remember* of the word and commandments etc. of Yehuwah; for *remember* of Yehuwah go to p12]
Mat 5:23, **26**:75, **27**:63, **Luk 16**:25, **24**:6, 8, **Joh 2**:17, 22, **12**:16, **Act 11**:16, **2Ti 1**:4, **Heb ♣10**:3, **♦13**:3, **2Pe 3**:2, **Jud** 17, **Rev 16**:19

Mnemoneuō μνεμονεύω *3421*

Make Mention, Be Mindful

♦Mneia μνεία *3417*

♣Mnēmosunon μνημόσυνον *3422*

Mat 16:9, **♣26**:13, **Mar 8**:18, **♣14**:9, **Luk 17**:32, **Joh 15**:20, **16**:4, 21, **Act ♣10**:4, **20**:31, 35, **Ro ♦1**:9, **Gal 2**:10, **Eph ♦1**:16, **Eph 2**:11, **Php ♦1**:3, **Col 4**:18, **1Th ♦1**:2, 3, **2**:9, **♦3**:6, **2Th 2**:5, **2Ti ♦1**:3, **2**:8, **Phm ♦**4, **Heb 11**:15, 22, **13**:7, **Rev 2**:5, **3**:3, **18**:5

Hupomnēsei ὑπομνήσει *5279*

Remembrance

♦Anamimnēskō ἀναμιμνήσκω *363*

♣Anamasin ανάμνασιν *364*

Mar ♦11:21, **♦14**:72, **Luk ♣22**:19, 61, **Joh 14**:26, **1Co ♦4**:17, **♣11**:24, ♣25, **2Co ♦7**:15, **2Ti ♦1**:6, **2**:14, **Tit 3**:1, **Heb ♦10**:32, **2Pe 1**:12, **3Jn** 10, **Jud** 5

Apechomai απέχομαι *567*

Abstain

♦Peirasmos πειρασμός *3986*

♣Apostugountes αποστυγουντες *655*

†Eklinō εκλίνω *1578* Avoid

‡Apothesis ἀπόθεσις *595* Putting Away

Mar 7:6, **Act 15**:20, 29, **Ro †3**:12, **♣12**:9, **†16**:17, **1Th 4**:3, 5:22, **1Ti 4**:3, **1Pe 2**:11, **†3**:11, ‡21, **2Pe ‡1**:14

Hâlak הלך /Ahal אהל 1980

Walk

[Only of walking in the commandments of Yehuwah etc.]

Gen 5:24, **6**:9, **17**:1, **Exd 16**:4, **Lev 18**:4, **26**:23, 40, **Deu 1**:33, 5:33, **8**:6, **10**:12, **11**:22, **13**:4, **19**:9, **28**:9, **Jdg 2**:17, **1Ki 2**:4, **3**:6, 14, **8**:23, 25, **9**:4, **11**:33, 38, **2Ch 6**:14, 16, **7**:17, **11**:17, **17**:3, **21**:12, **Neh 10**:29, **Ps 1**:1, **15**:2, **26**:1, **56**:13, **78**:10, **81**:13, **82**:5, **84**:11, **86**:11, **89**:15, **101**:2, **116**:9, **119**:1, 45, **143**:8, **Pro 2**:7, 13, **10**:9, **13**:20, **14**:2, **19**:1, **28**:6, 26, **Isa 2**:3, **33**:15, **38**:3, **57**:2, **Jer 7**:23, **10**:23, **18**:12, **23**:14, 17, **32**:23, **44**:10, **Eze 5**:6, **11**:12, **18**:9, **20**:13, 16, **Dan 9**:10, **Hos 5**:11, **14**:9, **Mic 2**:7, **Mal 2**:6

Peripateō περιπατέω *4043*

Mat 4:18, **9**:5, **11**:5, **14**:25, 26, 29, **15**:31, **Mar 2**:9, 5:42, **6**:48, 49, 7:5, **8**:24, **11**:27, **12**:38, **16**:12, **Luk 5**:23, **7**:22, **11**:44, **20**:46, **24**:17, **Joh 1**:36, 5:8, 9, 11, 12, **6**:19, 66, **7**:1, **8**:12, **10**:23, **11**:9, 10, 54, **12**:35, **21**:18, **Act 3**:6, 8, 9, 12, **14**:8, 10, **21**:21, **Ro 6**:4, **8**:4, **13**:13, **14**:15, **1Co 3**:3, **7**:17, **2Co 4**:2, 5:7, **10**:2, 3, **12**:18, **Gal 5**:16, **Eph 2**:2, 10, **4**:1, 17, 5:2, 8, 15, **Php 3**:17, 18, **Col 1**:10, 2:6, **3**:7, **4**:5, **1Th 2**:12, **4**:1, 12, **2Th 3**:6, 11, **Heb 13**:9, **1Pe 5**:8, **1Jn 1**:4, 6, 7, **2**:6, 11, **3Jn** 3, 4, **Rev 2**:1, **3**:4, **9**:20, **16**:15, **21**:24

Trechō τρέχω *5143*

Run

Mat 27:48, **28**:8, **Mar 5**:6, **15**:36, 20, **Luk 24**:12, **Joh 20**:2, 4, **Ro 9**:16, 24, 26, **Gal 2**:2, 5:7, **Php 2**:16, **2Th 3**:1, **Heb 12**:1, **Rev 9**:9

Gumnadzō γθμνάζω *1128*

Excercise

1Ti 4:7, **Heb 5**:14, **12**:11, **2Pe 2**:14

Dereḵ דרך 1870

Way, Path

[Only the way that men walk in, i.e. not literal *road, wilderness* etc]

Gen 18:19, **24**:27, 40, 42, 48, 56, **28**:20, **32**:1, **35**:3, **Exd 13**:21, **18**:8, 20, **23**:20, **32**:8, **33**:13, **Nu 22**:32, **1**:31, 33, **5**:33, **8**:2, 6, **9**:12, 16, **10**:12, **11**:22, 28, **13**:5, **19**:9, **26**:17, **28**:9, 29, **30**:16, **31**:29, **32**:4, **Jos 1**:8, **22**:5, **Jdg 2**:17, 19, 22, **18**:6, **1Sa 8**:3, 5, **15**:20, **18**:14, **22**:22, 31, 33, **1Ki 3**:14, **8**:25, 32, 36, 39, 58, **22**:43, 52, **2Ki 8**:18, 27, **16**:3, **17**:13, **21**:21, 22, **22**:2, **2Ch 6**:23, 27, 30, 31, 34, **7**:14, **11**:17, **13**:22, **17**:3, 6, **20**:32, **21**:6, 12, 13, **22**:3, **2Ch 27**:6, 7, **28**:2, 26, **34**:2, **Ezr 8**:21, **Neh 9**:12, 19, **Job 3**:23, **4**:6, **6**:18, **8**:19, **13**:15, **17**:9, **19**:12, **21**:14, 29, 31, **22**:3, 28, **23**:10, 11, **24**:4, 13, 23, **26**:14, **28**:23, **29**:25, **31**:4, 7, **34**:21, 27, **36**:23, **38**:19, 24, **40**:19, **Ps 1**:1, 6, **2**:12, 5:8, **10**:5, **18**:21, 30, 32, **25**:4, 8, 9, 12, **27**:11, **32**:8, **35**:6, **36**:4, **37**:5, 7, 14, 23, 34, **39**:1, **49**:13, **50**:23, **51**:13, **67**:2, **77**:13, 19, **80**:12, **81**:13, **86**:11, **89**:41, **91**:11, **95**:10, **101**:2, 6, **102**:23, **103**:7, **107**:4, 7, 17, 40, **110**:7, **119**:1, 3, 5, 14, 26, 27, 29, 30, 32, 33, 37, 59, 168, **128**:1, **138**:5, **139**:3, 24, **143**:8, **145**:17, **146**:9, **Pro 1**:15, 31, **2**:8, 12, 13, 20, **3**:6, 17, 23, 31, **4**:11, 14, 19, 26, **5**:8, 21, **6**:6, 23, **7**:25, 27, **8**:13, 22, 32, **9**:6, **10**:9, 29, **11**:5, 20, **12**:15, 26, 28, **13**:6, 15, **14**:2, 8, 12, 14, **15**:9, 19, **16**:2, 7, 9, 17, 25, 29, 31, **19**:3, 16, **20**:24, **21**:2, 8, 16, 29, **22**:5, 6, **23**:19, 26, **26**:13, **28**:6, 10, 18, **29**:27, **30**:19, 20, **31**:3, **Ecc 11**:9, **Isa 2**:3, **3**:12, **8**:11, **30**:11, 21, **35**:8, **37**:29, 34, **40**:3, 14, 27, **42**:16, 24, **43**:16, 19, **45**:13, **48**:15, 17, **49**:9, 11, **51**:10, **53**:6, **55**:7, 8, 9, **56**:11, **57**:10, 14, 17, 18, **58**:2, 13, **59**:8, **62**:10, **63**:17, **64**:5, **65**:2, **66**:3, **Jer 2**:17, 18, 23, 33, 36, **3**:2, 13, 21, **4**:11, 18, 5:4, 5, **6**:16, 25, 27, **7**:3, 5, 23, **10**:2, 23, **12**:1, 16, **15**:7, **16**:17, **17**:10, **18**:11, 15, **21**:8, **22**:21, **23**:12, 22, **25**:5, **26**:3, 13, **28**:11, **31**:9, 21, **32**:19, 39, **35**:15, **36**:3, 7, **42**:3, **48**:19, **50**:5, **La 1**:4, 12, **2**:15, **3**:9, 11, 40, **Eze 3**:18, 19, **7**:3, 4, 8, 9, 27, **8**:5, **9**:2, 10, **11**:21, **13**:22, **14**:22, 23, **16**:25, 27, 31, 43, 47, 61, **18**:23, 25, 29, 30, **20**:30, 43, 44, 46, **21**:19, 20, 21, 31, **23**:13, 31, **24**:14, **28**:15, **33**:8, 9, 11, 17, 20, **36**:17, 19, 31, 32, **Hos 2**:6, **4**:9, **6**:9, **9**:8, **10**:13, **12**:2, **13**:7, **14**:9, **Joe 2**:7, **Am 2**:7, **4**:10, **8**:14, **Jon 3**:8, 10, **Mic 4**:2, **Nah 1**:3, **2**:1, **Hag 1**:5, 7, **Zec 1**:4, 6, **3**:7, **Mal 2**:8, 9, **3**:1

Hodos οδός *3598*

[Only of the spiritual sense]

Mat 3:3, **7**:13, 14, **11**:10, **21**:32, **22**:16, **Mar 1**:2, 3, **12**:14, **Luk 1**:76, **3**:4, **3**:5, 7:27, **20**:21, **Joh 1**:23, **14**:4, 5, 6, **Act 2**:28, **13**:10, **16**:17, **18**:25, 26, **19**:9, 23, **22**:4, **24**:14, 22, **Ro 3**:17, **11**:33, **1Co 4**:17, **12**:31, **Heb 9**:8, **10**:20, **Jas 1**:8, 5:20, **2Pe 2**:2, 15, 21, **Rev 15**:3

Ôraḥ ארח /Ôraḥôt ארחת 734

Path(s)

Job 6:18, **8**:13, **13**:27, **16**:22, **19**:8, **22**:15, **30**:12, **33**:11, **34**:11, **Ps 8**:8, **16**:11, **17**:4, **19**:5, **25**:4, 10,

27:11, **44**:18, **119**:9, 15, 101, 104, 128, **139**:3, **142**:3, **Pro 1**:19, **2**:8, 13, 15, 19, 20, **3**:6, **4**:14, 18, **5**:6, **8**:20, **9**:15, **10**:17, **12**:28, **15**:10, 19, 24, **17**:23, **22**:25, **Isa 2**:3, **3**:12, **26**:7, 8, **30**:11, **40**:14, **41**:3, **Joe 2**:7, **Mic 4**:2

Pôʻal פעל 6467

Act, Deed, Work

♦Pᵉʻullâh פעלה 6468

[Only of man's works, deeds; for that of Yehuwah go to p33]

Lev ♦19:13, **Deu 33**:11, **Ru 2**:12, **2Sa 23**:20, **1Ch 11**:22, **2Ch ♦15**:7, **Job 7**:2, **24**:5, **34**:11, **36**:9, **Ps 9**:16, **♦17**:4, **28**:4, **♦109**:20, **Pro ♦10**:16, **♦11**:18, **20**:11, **21**:6, 8, **24**:12, 29, **Isa 1**:31, **♦49**:4, **59**:6, **♦61**:8, **♦62**:11, **♦65**:7, **Jer 22**:13, **25**:14, **♦31**:16, **50**:29, **Eze ♦29**:20

ʻAlîlâh עלילה 5949

Deeds, Work

[Only of man's works, deeds; for that of Yehuwah go to p33]

Deu 22:14, 17, **1Sa 2**:3, **Ps 14**:1, **99**:8, **141**:4, **Eze 14**:22, 23, **20**:43, 44, **21**:24, **24**:14, **36**:17, 19, **Zep 3**:7, 11

Maʻalâl מעלל /Maʻallêy מעלי 4611

Work(s), Doing(s)

[Only of man's works, except meanings of workmanship etc; for that of Yehuwah go to ʻAlîlôt on p33]

Deu 28:20, **Jdg 2**:19, **1Sa 25**:3, **Neh 9**:35, **Ps 28**:4, **106**:29, **Pro 20**:11, **Isa 1**:16, **3**:8, 10, **Jer 4**:4, 18, **7**:3, 5, **11**:18, **17**:10, **18**:11, **21**:12, 14, **23**:2, 22, **25**:5, **26**:3, 13, **32**:19, **35**:15, **44**:22, **Eze 36**:31, **Hos 4**:9, **5**:4, **7**:2, **9**:15, **12**:2, **Mic 3**:4, **7**:13, **Zec 1**:4, 6

Maʻaseh מעשׂה /Maʻasêy מעשׂי 4637

Work(s)

♦ʻÂtsêv עצב 6092

[Only of man's works, except meanings of workmanship etc; for that of Yehuwah go to p33]

Gen 5:29, **20**:9, **44**:15, **Lev 18**:3, **Nu 16**:28, **Deu 2**:7, **3**:24, **14**:29, **15**:10, **16**:15, **24**:19, **27**:15, **28**:12, **30**:9, **31**:29, **1Sa 8**:8, **19**:4, **2Ki 22**:17, **23**:19, **1Ch 23**:28, **2Ch 17**:4, **20**:37, **31**:21, **32**:30, **Ezr 9**:13, **Neh 6**:14, **Job 1**:10, **Ps 28**:4, **33**:15, **62**:12, **90**:17, **106**:35, 39, **Pro 16**:3, **31**:31, **Ecc 1**:14, **2**:17, **3**:17, 22, **4**:3, 4, **5**:6, **8**:9, 11, 14, **9**:7, 10, **12**:14, **Isa 2**:8, **26**:12, **41**:29, **♦58**:3, **59**:6, **65**:22, **66**:18, **Jer 10**:15, **25**:14, **32**:30, **44**:8, **48**:7, **51**:18, **La 3**:64, **Eze 16**:30, **Am 8**:7, **Jon 3**:10, **Mic 6**:16, **Hag 2**:14, 17

Kopiō κοπιώ *2872*

Labour

♦Kopos κόπος *2873*

♣Philoteomai φιλοτέομαι *5389*

Mat 6:28, **11**:28, **♦26**:10, **Mar ♦14**:6, **Luk 5**:5, **♦11**:7, **12**:27, **♦18**:5, **Joh 4**:6, 38♦, **Act 20**:35, **Ro ♣15**:20, **16**:6, 12, **1Co ♦3**:8, **4**:12, **15**:10, **♦58**, **16**:16, **2Co ♣5**:9, **♦6**:5, **♦10**:15, **♦11**:23, **♦27**, **Gal 4**:11, **♦6**:17, **Eph 4**:28, **Php 2**:16, **Col 1**:29, **1Th ♦1**:3, **♦2**:9, **♦3**:5, **♣4**:11, **5**:12, **1Ti 4**:10, **5**:17, **2Ti 2**:6, **♦3**:8, **Rev ♦2**:2, 3, **♦14**:13

Ergadzomai εργάζομαι *2038*

Mat 7:23, **26**:10, **Mar 14**:6, **Joh 3**:21, **6**:30, **Act 10**:35, **Ro 2**:10, **4**:4, 5, **1Co 9**:13, **16**:10, **2Co 7**:10, **Gal 6**:10, **Eph 4**:28, **Col 3**:23, **1Th 2**:9, **Heb 11**:33, **Jas 1**:20, **2**:9, **2Jn** 8, **3Jn** 5

Ergon έργον /Erga έργα *2041*

[Only of man's works, deeds; for that of Yehuwah go to p34]

Mat 5:16, **23**:3, 5, **26**:10, **Mar 13**:34, **14**:6, **Luk 11**:48, **Joh 3**:19, 20, 21, **7**:7, **8**:39, 41, **Act 5**:38, **7**:22, 41, **9**:36, **26**:20, **Ro 2**:6, 7, 15, **3**:20, 27, 28, **4**:2, 6, **9**:11, 32, **11**:6, **13**:3, 12, **14**:20, **1Co 3**:13, 14, 15, **5**:2, **9**:1, **2Co 9**:8, **10**:11, **11**:15, **Gal 2**:16, **3**:2, 5, 10, **5**:19, **6**:4, **Eph 2**:9, 10, **4**:12, **5**:11, **Php 1**:22, **2**:30, **Col 1**:10, 21, **3**:17, **1Th 1**:3, **5**:13, **2Th 1**:11, **2**:17, **1Ti 2**:10, **3**:1, **5**:10, 25, **6**:18, **2Ti 1**:9, **2**:21, **3**:17, **4**:5, 14, 18, **Tit 1**:16, **2**:7, 14, **3**:1, 5, 8, 14, **Heb 4**:10, **6**:1, 10, **9**:14, **10**:24, **Jas 1**:4, 25, **2**:14, 17, 18, 20, 21, 22, 24, 25, 26, **3**:13, **1Pe 1**:17, **2**:12, **2Pe 2**:8, **3**:10, **1Jn 3**:8, 12, 18, **2Jn** 11, **3Jn** 10, **Jud** 15, **Rev 2**:2, 5, 6, 19, 22, 23, 26, **3**:1, 2, 8, 15, **9**:20, **14**:13, **15**:3, **16**:11, **18**:6, **20**:12, 13, **22**:12

Poiētēs ποιητής *4163*

Doer

♦Poiēsis ποιησις *4162*

Act 17:28, **Ro 2**:13, **Jas 1**:22, 23, 25♦, **4**:11

Ergatēs εργάτης *2040*

Laborers

Mat 9:37, 38, **10**:10, **20**:1, 2, 8, **Luk 10**:2, 7, **13**:27, **Act 19**:25, **2Co 11**:13, **Php 3**:2, **1Ti 5**:18, **2Ti 2**:15, **Jas 5**:4

ʿÂvad עבד 5647

Serve

[Only of serving Yehuwah]

Exd 3:12, **4**:23, **5**:18, **6**:5, **7**:16, **8**:1, 20, **9**:1, 13, **10**:3, 7, 8, 11, 24, 26, **12**:31, **13**:5, **14**:5, 12, **20**:5, 9, **21**:2, 6, **23**:24, 25, 33, **34**:21, **Lev 25**:39, 40, 46, **Nu 3**:7, 8, **4**:23, 24, 26, 30, 37, 41, 47, **7**:5, **8**:11, 15, 19, 22, 25, 26, **16**:9, **18**:6, 7, 21, 23, **Deu 4**:19, 28, **5**:9, 13, **6**:13, **7**:4, 16, **8**:19, **10**:12, 20, **11**:13, 16, **12**:2, 30, **13**:2, 4, 6, 13, **15**:12, 18, 19, **17**:3, **20**:11, **21**:3, 4, **28**:14, 36, 39, 47, 48, 64, **29**:18, 26, **30**:17, **31**:20, **Jos 16**:10, **22**:5, 27, **23**:7, 16, **24**:2, 14, 15, 16, 18, 19, 20, 21, 22, 24, 31, **Jdg 2**:7, 11, 13, 19, **3**:6, 7, 8, 14, **9**:28, 38, **10**:6, 10, 13, 16, **1Sa 4**:9, **7**:3, 4, **8**:8, **11**:1, **12**:10, 14, 20, 24, **17**:9, **26**:19, **9**:10, **2Sa 10**:19, **15**:8, **16**:19, **22**:44, **1Ki 4**:21, **9**:6, 9, 21, **12**:4, 7, **16**:31, **22**:53, **2Ki 10**:18, 19, 21, 22, 23, **17**:12, 16, 33, 35, 41, **18**:7, **21**:3, 21, **25**:24, **1Ch 19**:19, **28**:9, **2Ch 2**:18, **7**:19, 22, **10**:4, **24**:18, **30**:8, **33**:3, 16, 22, **34**:33, **35**:3, **Neh 9**:35, **Job 21**:15, **36**:11, **39**:9, **Ps 2**:11, **18**:43, **22**:30, **72**:11, **97**:7, **100**:2, **102**:22, **106**:36, **Isa 43**:23, 24, **60**:12, **Jer 5**:19, **8**:2, **11**:10, **13**:10, **16**:11, 13, **17**:4, **22**:9, **25**:6, **30**:9, **34**:9, 10, 14, **35**:15, **40**:9, **44**:3, **Eze 20**:39, 40, **29**:18, 20, **34**:27, **36**:9, 34, **48**:18, 19, **Hos 12**:12, **Zep 3**:9, **Zec 13**:5, **Mal 3**:14, 17, 18

Douleuō δουλεύω *1398*

Mat 6:24, **Luk 15**:29, **16**:13, **Joh 8**:33, **Act 7**:7, **20**:19, **Ro 6**:6, **7**:6, 25, **9**:12, **12**:11, **14**:18, **16**:18, **Gal 4**:8, 9, 25, **5**:13, **Eph 6**:7, **Php 2**:22, **Col 3**:24, **1Th 1**:9, **1Ti 6**:2, **Tit 3**:3

Latreuō λατρεύω *3000*

♦Latreia λατρεία *2999*

Mat 4:10, **Luk 1**:74, **2**:37, **4**:8, **Joh ♦16**:2, **Act 7**:7, 42, **24**:14, **26**:7, **27**:23, **Ro 1**:9, 25, **♦9**:4, **♦12**:1, **Php 3**:3, **2Ti 1**:3, **Heb 8**:5, **♦9**:1, ♦6, 9, 14, **10**:2, **12**:28, **13**:10, **Rev 7**:15, **22**:3

Diakoneō διακονέω *1247*

Minister, Serve

Mat 4:11, **8**:15, **20**:28, **25**:44, **27**:55, **Mar 1**:13, 31, **10**:45, **15**:41, **Luk 4**:39, **8**:3, **10**:40, **12**:37, **17**:8, **22**:26, 27, **Joh 12**:2, 26, **Act 6**:2, **19**:22, **Ro 15**:25, **2Co 3**:3, **8**:19, 20, **1Ti 3**:10, 13, **2Ti 1**:18, **Phm** 13, **Heb 6**:10, **1Pe 1**:12, **4**:10, 11

ʿÂvôdâh עבדה 5656

Service

Gen 29:27, **30**:26, **Exd 1**:14, **2**:23, **5**:9, 11, **6**:6, 9, **12**:25, 26, **13**:5, **27**:19, **30**:16, **35**:21, 24, **36**:1, 3, 5, **38**:21, **39**:32, 40, 42, **Lev 23**:7, 8, 21, 25, 35, 36, **25**:39, **Nu 3**:7, 8, 26, 31, 36, **4**:4, 19, 23, 24, 26, 27, 28, 30, 31, 32, 33, 35, 47, 49, **7**:5, 7, 8, 9, **8**:11, 19, 22, 24, 25, 26, **16**:9, **18**:4, 6, 7, 21, 23, 31, **28**:18, 25, 26, **29**:1, 12, 35, **Deu 26**:6, **Jos 22**:27, **1Ki 12**:4, **1Ch 4**:21, **6**:32, 48, **9**:13, 19, 28, **23**:24, 26, 28, 32, **24**:3, 19, **25**:1, 6, **26**:8, 30, **27**:26, **28**:13, 14, 15, 20, 21, **29**:7, **2Ch 8**:14, **10**:4, **12**:8, **24**:12, **29**:35, **31**:2, 16, 21, **34**:13, **35**:2, 10, 15, 16, **Ezr 8**:20, **Neh 3**:5, **5**:18, **10**:32, 37, **Ps 104**:14, 23, **Isa 14**:3, **28**:21, **32**:17, **La 1**:3, **Eze 29**:18, **44**:14

Doulos δουλος *1401*

Servant

Mat 10:24, 25, **13**:27, 28, **18**:23, 26, 27, 28, 32, **20**:27, **21**:34, 35, 36, **22**:3, 4, 6, 8, 10, **24**:45, 46, 48, 50, **25**:14, 19, 21, 23, 26, 30, **Mar 10**:44, **12**:2, 4, **13**:34, **14**:47, **Luk 2**:29, **12**:37, 43, 45, 46, 47, **14**:17, 21, 22, 23, **15**:22, **17**:7, 9, 10, **19**:13, 15, 17, 22, **20**:10, 11, **Joh 13**:16, **15**:15, 20, **Act 2**:18, **4**:29, **16**:17, **Ro 1**:1, **6**:16, 17, 19, 20, **1Co 12**:13, **2Co 4**:5, **Gal 1**:10, **Eph 6**:6, 8, **Php 1**:1, **2**:7, **Col 4**:12, **2Ti 2**:24, **Tit 1**:1, **Jas 1**:1, **1Pe 2**:16, **2Pe 1**:1, **Jud** 1, **Rev 1**:1, **2**:20, **7**:3, **10**:7, **11**:18, **15**:3, **19**:2, 5, **22**:3, 6

Mat 8:9, **26**:51, **Luk 7**:2, 3, 8, 10

---2

2:50, **Joh 4**:51, **8**:34, 35, **18**:10, 18, 26, **1Co 7**:21, 22, 23, **Gal 3**:28, **4**:1, 7, **Eph 6**:5, **Col 3**:11, 22, **4**:1, **1Ti 6**:1, **Tit 2**:9, **Phm** 16, **2Pe 2**:19, **Rev 6**:15, **13**:16, **19**:18

Leitourgia λειτουργία *3009*

Ministry, Service

♦Leitourgeō λειτουργέω *3008*

♣Leitourgos λειτουργός *3011*

†Leitourgikos λειτουργικός *3010*

‡Hierourgeō ιερουργέω *2418*

Luk 1:23, **Act ♦13**:2, **Ro ♣13**:6, **♣15**:16‡, ♦27, **2Co 9**:12, **Php 2**:17, 30, ♣25, **Heb ♣1**:7, †14, **8**:2, 6, **9**:21, **♦10**:11

Diakonia διακονία *1248*

Minister(ing), Ministry

Luk 10:40, **Act 1**:17, 25, **6**:1, 4, **11**:29, **12**:25, **20**:24, **21**:19, **Ro 11**:13, **12**:7, **15**:31, **1Co 12**:5, **16**:15, **2Co 3**:7, 8, 9, **4**:1, **5**:18, **6**:3, **8**:4, **9**:1, 12, 13, **11**:8, **Eph 4**:12, **Col 4**:17, **1Ti 1**:12, **2Ti 4**:5, 11, **Heb 1**:14, **Rev 2**:19

Oikonomos οικονόμος *3623*

Steward

Luk 12:42, **16**:1, 3, 8, 23, **1Co 4**:1, 2, **Gal 4**:2, **Tit 1**:7, **1Pe 4**:10

Oikonomia οικονομία *3622*

Stewardship

Luk 16:2, 3, 4, **1Co 9**:17, **Eph 1**:10, **3**:2, 9, **Col 1**:25, **1Ti 1**:4

Nâdav נדב /Yitnadêv יתנדב

5068 (Offered) Willingly

Exd 25:2, **35**:21, 29, **Jdg 5**:2, 9, **1Ch 29**:5, 6, 9, 14, 17, **2Ch 17**:16, **Ezr 1**:6, **2**:68, **3**:5, **Neh 11**:2

Nêder נדר 5088

Vow

♦Nâdar נדר 5087

Gen 28:20♦, **31**:13♦, **Lev 7**:16, **22**:18, 21, 23, **23**:38, **27**:2, ♦8, **Nu 6**:2♦, 5, 21♦, **15**:3, 8, **21**:2♦, **29**:39, **30**:2♦, 3♦, 4, 5, 6, 7, 8, 9, ♦10, 11, 12, 13, 14, **12**:6, ♦11, ♦17, 26, **23**:18, 21♦, ♦22, ♦23, **Jdg 11**:30♦, 39♦, **1Sa 1**:11♦, 21, **2Sa 15**:7♦, 8♦, **Job 22**:27, **Ps 22**:25, **50**:14, **56**:12, **61**:5, 8, **65**:1, **66**:13, ♦**76**:11, **116**:14, ♦**132**:2, **Pro 7**:14, **20**:25, **31**:2, **Ecc 5**:4♦, ♦**5**:5, **Isa 19**:21♦, **Jer 44**:25♦, **Jon 1**:16♦, ♦**2**:9, **Nah 1**:15, **Mal** ♦**1**:14

Dâvaq דבק 1692

Cling

[Only of man's soul cleaving]

Gen 2:24, **Deu 10**:20, **11**:22, **13**:4, 17, **30**:20, **Jos 22**:5, **23**:8, 12, **Ru 1**:14, **2**:8, 21, 23, **2Sa 20**:2, **23**:10, **1Ki 11**:2, **2Ki 3**:3, **18**:6, **Ps 44**:25, **63**:8, **119**:25, 31, **Jer 13**:11

Lêv לב 3820

Heart

[For *upright in heart* look under Yâshar (Upright) on p122; *heart* of Yehuwah, go to p19]

Gen 6:5, **17**:17, **18**:5, **24**:45, **27**:41, **31**:20, **34**:3, **42**:28, **45**:26, **50**:21, **Exd 4**:14, 21, **7**:3, 13, 14, 22, 23, 15, 19, **8**:32, **9**:7, 12, 14, 21, 34, 35, **10**:1, 20, 27, **11**:10, **14**:4, 8, 17, **15**:8, **25**:2, **28**:3, 29, 30, **31**:6, **35**:5, 10, 21, 22, 25, 26, 29, 34, 35, **36**:1, 2, 8, **Nu 16**:28, **24**:13, **32**:7, 9, **Deu 4**:11, **28**:65, **29**:4, 19, **Jos 11**:20, **14**:8, **Jdg 5**:9, 15, 16, **9**:3, **16**:15, 17, 25, **18**:20, **19**:3, 5, 6, 22, **Ru 2**:13, **3**:7, **1Sa 1**:13, **2**:1, **4**:13, 20, **6**:6, **9**:20, **10**:9, 26, **17**:32, **24**:5, **25**:25, 31, 36, 37, **27**:1, **28**:5, **2Sa 6**:16, **7**:21, 27, **13**:20, 28, 33, **14**:1, **15**:6, 13, **17**:10, **18**:3, 14, **19**:7, 19, **24**:10, **1Ki 3**:9, 12, **4**:29, **8**:23, 47, 66, **9**:3, **10**:24, **11**:3, **12**:26, 27, 33, **18**:37, **21**:7, **2Ki 5**:26, **6**:11, **9**:24, **12**:4, **14**:10, **23**:3, **1Ch 12**:33, 38, **15**:29, **16**:10, **17**:19, **28**:9, **29**:9, **2Ch 6**:14, 38, **7**:10, 11, 16, **9**:23, **12**:14, **17**:6, **24**:4, **25**:19, **26**:16, **29**:31, **30**:12, 22, **32**:25, 26, **Ezr 6**:22, **7**:27, **Neh 2**:2, 12, **4**:6, **5**:7, **6**:8, **7**:5, **Est 1**:10, **5**:9, **6**:6, **7**:5, **Job 1**:8, **2**:3, **7**:17, **8**:10, **11**:13, **12**:24, **15**:12, **17**:4, **23**:16, **29**:13, **31**:7, 9, 27, **34**:14, **36**:5, 13, **37**:1, 24, **41**:24, **Ps 4**:7, **9**:1, **10**:6, 11, 13, 17, **12**:2, **13**:5, **14**:1, **16**:9, **17**:3, **19**:8, 14, **21**:2, **22**:14, **26**:2, **27**:3, 8, 14, **28**:7, **31**:12, **33**:11, 15, 21, **34**:18, **35**:25, **36**:1, **37**:4, 15, 31, **38**:8, 10, **39**:3, **40**:10, 12, **41**:6, **44**:18, 21, **45**:1, 5, **46**:2, **48**:13, **49**:3, **51**:10, 17, **53**:1, **55**:4, 21, **57**:7, **58**:2, **61**:2, **62**:10, **64**:6, **66**:18, **69**:20, **74**:8, **76**:5, **78**:8, 37, **81**:12, **83**:5, **84**:2, **102**:4, **105**:3, 25, **107**:12, **108**:1, **109**:22, **112**:7, 8, **119**:2, 10, 11, 32, 34, 36, 58, 69, 70, 80, 111, 112, 145, 161, **131**:1, **138**:1, **140**:2, **141**:4, **143**:4, **147**:3, **Pro 2**:2, 10, **3**:1, 3, 5, **4**:4, 23, **5**:12, **6**:14, 18, 21, 32, **7**:3, 7, 10, 25, **8**:5, **9**:4, 16, **10**:8, 13, 20, 21, **11**:12, 20, 29, **12**:8, 11, 20, 23, 25, **13**:12, **14**:10, 13, 14, 30, 33, **15**:7, 13, 14, 15, 21, 28, 30, 32, **16**:1, 5, 9, 21, 23, **17**:16, 18, 20, 22, **18**:2, 12, 15, **19**:3, 8, 21, **20**:5, 9, **21**:1, 4, 11, **22**:15, 17, **23**:7, 12, 15, 17, 19, 26, 33, 34, **24**:2, 17, 30, 32, **25**:3, 20, **26**:23, 25, **27**:9, 11, 19, 23, **28**:14, 26, **30**:19, **31**:11, **Ecc 1**:13, 16, 17, **2**:1, 3, 10, 15, 20, 22, 23, **3**:11, 17, 18, **5**:2, 20, **7**:2, 3, 4, 7, 21, 22, 25, 26, **8**:5, 9, 11, 16, **9**:1, 3, 7, **10**:2, 3, **11**:9, 10, **Sng 3**:11, 5:2, **8**:6, **Isa 6**:10, **15**:5, **24**:7, **29**:13, **32**:6, **33**:18, **35**:4, **38**:3, **40**:2, **41**:22, **42**:25, **44**:19, 20, **46**:8, 12, **47**:7, 10, **51**:7, 57:1, 11, 15, 17, **59**:13, **61**:1, **63**:4, 17, **65**:14, 17, **66**:14, **Jer 3**:10, 15, 16, 17, **4**:9, 14, 18, 19, **5**:21, 23, **7**:24, 31, **8**:18, **9**:14, 26, **11**:8, 20, **12**:3, 11, **13**:10, **14**:14, **16**:12, **17**:1, 5, 9, 10, **18**:12, **19**:5, **20**:9, 12, **22**:17, **23**:9, 16, 17, 20, 26, **24**:7, **30**:21, 24, **31**:21, 33, **32**:35, 39, 41, **44**:21, **48**:29, 36, 41, **49**:16, 22, **51**:1, **La 1**:20, 22, **2**:18, 19, **3**:21, 33, 65, **5**:15, 17, **Eze 2**:4, **3**:7, **6**:9, **11**:19, 21, **13**:2, 17, 22, **14**:3, 4, 5, 7, **18**:31, **20**:16, **21**:7, 15, **22**:14, **27**:4, 25, 26, 27, **28**:2, 6, 8, 17, **32**:9, **33**:31, **36**:26, **40**:4, **44**:5, 7, 9, **Dan 1**:8, **10**:12, **Hos 2**:14, **4**:11, **7**:6, 11, 14, **10**:2, **11**:8, **13**:6, 8, **Am 2**:16, **Obd** 3, **Nah 2**:10, **Zep 3**:14, **Zec 7**:12, **10**:7, **12**:5, **Mal 2**:2, **4**:6

Lêvâv לבב 3824

Heart

[For *upright in heart* look under Yâshar (Upright) on p122]

Gen 20:5, 6, **31**:26, **Exd 14**:5, **Lev 19**:17, **26**:36, 41, **Nu 15**:39, **Deu 1**:28, **2**:30, **4**:9, 29, 39, **5**:29, **6**:5, 6, **7**:17, **8**:2, 5, 14, 17, **9**:4, **10**:12, 16, **11**:13, 16, 18, **13**:3, **15**:7, 9, 10, **17**:17, 20, **18**:21, **19**:6, **20**:3, 8, **26**:16, **28**:28, 47, 67, **29**:18, 19, **30**:1, 2, 6, 10, 14, 17, **32**:46, **Jos 2**:11, **5**:1, **7**:5, **14**:7, **22**:5, **23**:14, **24**:23, **Jdg 19**:8, 9, **1Sa 1**:8, **2**:35, **6**:6, **7**:3, **9**:19, **12**:20, 24, **13**:14, **14**:7, **16**:7, **17**:28, **21**:12, **2Sa 7**:3, **19**:14, **1Ki 2**:4, 44, **3**:6, **8**:17, 18, 38, 39, 48, 58, 61, **9**:4, **10**:2, **11**:2, 4, 9, **14**:8, **15**:3, 14, **2Ki 10**:15, 30, 31, **20**:3, **22**:19, **23**:25, **1Ch 12**:17, 38, **17**:2, **22**:7, 19, **28**:2, 9, **29**:17, 18, 19, **2Ch 1**:11, **6**:7, 8, 30, 37, **9**:1, **11**:16, **13**:7, **15**:12, 15, 17, **16**:9, **19**:3, 9, **20**:33, **22**:9, **29**:10, 34, **30**:19, **31**:21, **32**:6, 31, **34**:27, 31, **36**:13, **Ezr 7**:10, **Neh 9**:8, **Job 1**:5, **9**:4, **10**:13, **12**:3, **17**:11, **22**:22, **27**:6, **34**:10, 34, **Ps 4**:4, **13**:2, **15**:2, **20**:4, **22**:26, **24**:4, **25**:17, **28**:3, **31**:24, **62**:8, **69**:32, **73**:1, 7, 13, 21, 26, **77**:6, **78**:18, 72, **84**:5, **86**:11, 12, **90**:12, **95**:8, 10, **101**:2, 4, 5, **104**:15, **109**:16, **111**:1, **139**:23, **Pro 4**:21, **6**:25, **Ecc 9**:3, **Isa 1**:5, **6**:10, **7**:2, 4, **9**:9, **10**:7, 12, **13**:7, **14**:13, **19**:1, **21**:4, **30**:29, **32**:4, **47**:8, **49**:21, **60**:5, **Jer 4**:4, **5**:24, **13**:22, **15**:16, **29**:13, **32**:40, **51**:46, 50, **La 3**:41, **Eze 3**:10, **28**:5, 6, **31**:10, **36**:5, **38**:10, **Dan 8**:25, **11**:12, 25, 27, 28, **Hos 7**:2, **Joe 2**:12, 13, **Jon 2**:3, **Nah 2**:7, **Zep 1**:12, **2**:15, **Hag 1**:5, 7, **2**:15, 18, **Zec 7**:10, **8**:17

Kardia καρδία *2588*

Mat 5:8, 28, **6**:21, **9**:4, **11**:29, **12**:34, 40, **13**:15, 19, **15**:8, 18, 19, **18**:35, **22**:37, **24**:48, **Mar 2**:6, 8, **3**:5, **6**:52, **7**:6, 19, 21, **8**:17, **11**:23, **12**:30, 33, **Luk 1**:17, 51, 66, **2**:19, 35, 51, **3**:15, **5**:22, **6**:45, **8**:12, 15, **9**:47, **10**:27, **12**:34, 45, **16**:15, **21**:14, 34, **24**:25, 32, 38, **Joh 12**:40, **13**:2, **14**:1, 27, **16**:6, 22, **Act 2**:26, 37, 46, **4**:32, **5**:3, 4, **7**:23, 39, 51, 54, **8**:21, 22, **11**:23, **13**:22, **14**:17, **15**:9, **16**:14, **21**:13, **28**:27, **Ro 1**:21, 24, **2**:5, 15, 29, **5**:5, **6**:17, **8**:27, **9**:2, **10**:1, 6, 8, 9, 10, **16**:18, **1Co 2**:9, **4**:5, **7**:37, **14**:25, **2Co 1**:22, **2**:4, **3**:2, 3, 15, **4**:6, **5**:12, **6**:11, **7**:3, **8**:16, **9**:7, **Gal 4**:6, **Eph 1**:18, **3**:17, **4**:18, **5**:19, **6**:5, 22, **Php 1**:7, **4**:7, **Col 2**:2, **3**:15, 16, 22, **4**:8, **1Th 2**:4, 17, **3**:13, **2Th 2**:17, **3**:5, **1Ti 1**:5, **2Ti 2**:22, **Heb 3**:8, 10, 12, 15, **4**:7, 12, **8**:10, **10**:16, 22, **13**:9, **Jas 1**:26, **3**:14, **4**:8, **5**:5, 8, **1Pe 1**:22, **3**:4, 15, **2Pe 1**:19, 14, **1Jn 3**:19, 20, 21, **Rev 2**:23, **17**:17, **18**:7

Mê'âh מעה 4578

Heart [Bowels]

Gen 15:4, **25**:23, **Nu 5**:22, **Ru 1**:11, **2Sa 7**:12, **16**:11, **20**:10, **2Ch 21**:15, 18, 19, **32**:21, **Job 20**:14, **30**:27, **Ps 22**:14, **40**:8, **71**:6, **Sng 5**:4, 14, **Isa 16**:11, **48**:19, **49**:1, **Jer 4**:19, **31**:20, **La 1**:20, **2**:11, **Eze 3**:3, **7**:19, **Jon 1**:17, **2**:1

Tuḥâh טחה 2910

Inward Parts

Job 38:36, **Ps 51**:6

Nephesh נפש 5315

Soul, Life

[Except some *creature, people, person, animal, dead body*]

Lev 26:11, 30, **1Sa 2**:35, **Isa 53**:10, 11, 12, **Jer 6**:8, **9**:9, **12**:7, **32**:41

Gen 2:7, **9**:4, 5, 16, **12**:13, **19**:17, 20, **27**:4, 19, 25, 31, **32**:30, **34**:3, 8, **35**:18, **37**:21, **42**:21, **44**:30, **49**:6, **Exd 4**:19, **12**:16, **21**:23, 30, **23**:9, **30**:12, 15, 16, **Lev 16**:29, 31, **17**:11, 12, 14, **23**:27, 29, 32, **24**:17, **26**:15, 16, 43, **Nu 11**:6, **16**:38, **21**:4, 5, **23**:10, **29**:7, **30**:2, 4, 5, 6, 7, 8, 9, 10, 11, 12, 13, **35**:31, **Deu 4**:9, 15, 29, **6**:5, **10**:12, **11**:13, 18, **12**:15, 20, 21, 23, **13**:3, 6, **14**:26, **18**:6, **19**:21, **23**:24, **24**:6, 15, **26**:16, **28**:65, **30**:2, 6, 10, **Jos 2**:13, 14, **9**:24, **22**:5, **23**:11, 14, **Jdg 5**:18, 21, **9**:17, **10**:16, **16**:16, 30, **18**:25, **Ru 4**:15, **1Sa 1**:10, 15, 26, **2**:33, **17**:55, **18**:1, 3, **19**:5, 11, **20**:1, 3, 4, 17, **22**:23, 15, **23**:20, **24**:11, **25**:26, 29, **26**:21, 24, **28**:9, 21, **30**:6, **2Sa 1**:9, **3**:21, **4**:8, **5**:8, **11**:11, **14**:7, 14, 19, **16**:11, **18**:13, **19**:5, **23**:17, **1Ki 1**:12, 29, **2**:4, 23, **3**:11, **8**:48, **11**:37, **17**:21, 22, **19**:2, 3, 4, 10, 14, **20**:31, 32, 39, 42, **2Ki 1**:13, 14, **2**:2, 4, 6, **4**:27, 30, **7**:7, **9**:15, **10**:24, **12**:4, **23**:3, 25, **1Ch 5**:21, **11**:19, **22**:19, **28**:9, **2Ch 1**:11, **6**:38, **15**:12, **34**:31, **Est 4**:13, **7**:3, 7, **8**:11, **9**:16, 31, **Job 2**:4, 6, **3**:20, **6**:7, 11, **7**:11, 15, **9**:21, **10**:1, **11**:20, **12**:10, **13**:14, **14**:22, **16**:4, **18**:4, **19**:2, **21**:25, **23**:13, **24**:12, **27**:2, 8, **30**:16, 25, **31**:30, 39, **32**:2, **33**:18, 20, 22, 28, 30, **36**:14, **41**:21, **Ps 3**:2, **6**:3, 4, **7**:2, 5, **10**:3, **11**:1, 5, **13**:2, **16**:10, **17**:9, 13, **19**:7, **22**:20, 29, **23**:3, **24**:4, **25**:1, 13, 20, **26**:9, **27**:12, **30**:3, **31**:7, 9, 13, **33**:19, 20, **34**:2, 22, **35**:3, 4, 7, 9, 12, 13, 17, 25, **38**:12, **40**:14, **41**:2, 4, **42**:1, 2, 4, 5, 6, 11, **43**:5, **44**:25, **49**:8, 15, 18, **54**:3, 4, **55**:18, **56**:6, 13, **57**:1, 4, 6, **59**:3, **62**:1, 5, **63**:1, 5, 8, 9, **66**:9, 16, **69**:1, 10, 18, **70**:2, **71**:10, 13, 23, **72**:13, 14, **74**:19, **77**:2, **78**:18, 50, **84**:2, **86**:2, 4, 13, 14, **88**:3, 14, **89**:48, **94**:17, 19, 21, **97**:10, **103**:1, 2, 22, **104**:1, 35, **105**:18, 22, **106**:15, **107**:5, 9, 18, 26, **109**:20, 31, **116**:4, 7, 8, **119**:20, 25, 28, 81, 109, 129, 167, 175, **120**:2, 6,

121:7, **123**:4, **124**:4, 5, 7, **130**:5, 6, **131**:2, **138**:3, **139**:14, **141**:8, **142**:4, 7, **143**:3, 6, 8, 11, 12, **146**:1, **Pro 1**:18, 19, **2**:10, **3**:22, **6**:16, 26, 30, 32, **7**:23, **8**:36, **10**:3, **11**:17, 25, 30, **12**:10, **13**:2, 3, 4, 8, 19, 25, **14**:10, 25, **15**:32, **16**:17, 24, 26, **18**:7, **19**:2, 8, 15, 16, 18, **20**:2, **21**:10, 23, **22**:5, 23, 25, **23**:2, 7, 14, **24**:12, 14, **25**:13, 25, **27**:7, 9, **28**:17, 25, **29**:10, 17, 24, **31**:6, **Ecc 2**:24, **4**:8, **6**:2, 3, 7, 9, **7**:28, **Sng 1**:7, **3**:1, 2, 3, 4, **5**:6, **6**:12, **Isa 1**:14, **3**:9, **5**:14, **10**:18, **15**:4, **19**:10, **26**:8, 9, **29**:8, **32**:6, **38**:15, 17, **42**:1, **43**:4, **44**:20, **46**:2, **47**:14, **49**:7, **51**:23, **55**:2, 3, **56**:11, **58**:3, 5, 10, 11, **61**:10, **66**:3, **Jer 2**:34, **3**:11, **4**:10, 19, 30, 31, **5**:9, 29, **6**:16, **11**:21, **13**:17, **14**:19, **15**:1, 9, **17**:21, **18**:20, **19**:7, 9, **20**:13, **21**:7, 9, **22**:25, 27, **26**:19, **31**:12, 14, 25, **34**:16, 20, 21, **37**:9, **38**:2, 16, 17, 20, **39**:18, **40**:14, 15, **42**:20, **43**:6, **44**:7, 14, **45**:5, **46**:26, **48**:6, **49**:37, **50**:19, **51**:6, 14, 45, **La 1**:11, 16, 19, **2**:12, 19, **3**:17, 20, 24, 25, 51, 58, **5**:9, **Eze 3**:19, 21, **4**:14, **7**:19, **13**:18, 19, 20, **14**:14, 20, **16**:5, 27, **17**:17, **18**:4, 20, 27, **22**:25, 27, **23**:17, 18, 22, 28, **24**:21, 25, **25**:6, 15, **27**:13, 31, **32**:10, **33**:5, 6, 9, **36**:5, **47**:9, **Hos 4**:8, **9**:4, **Am 2**:14, 15, **6**:8, **Jon 1**:14, **2**:5, 7, **4**:3, 8, **Mic 6**:7, **7**:1, 3, **Hab 2**:4, 5, 10, **Hag 2**:13, **Zec 11**:8

Psuchē ψυχή *5590*

♦Dipsuchos δίψυχος *1374*

Mat 2:20, **6**:25, **10**:28, 39, **11**:29, **12**:18, **16**:25, 26, **20**:28, **22**:37, **26**:38, **Mar 3**:4, **8**:35, 36, 37, **10**:45, **12**:30, **14**:34, **Luk 1**:46, **2**:35, **6**:9, **9**:24, **10**:27, **12**:19, 20, 22, 23, **14**:26, **17**:33, **21**:19, **Joh 10**:11, 15, 17, 24, **12**:25, 27, **13**:37, 38, **15**:13, **Act 2**:27, 41, 43, **3**:23, **4**:32, **7**:14, **14**:2, 22, **15**:24, 26, **20**:10, 24, **27**:10, 22, 37, **Ro 2**:9, **11**:3, **13**:1, **16**:4, **1Co 15**:45, **2Co 1**:23, **12**:15, **Eph 6**:6, **Php 1**:27, **2**:30, **Col 3**:23, **1Th 2**:8, **5**:23, **Heb 4**:12, **6**:19, **10**:38, 39, **12**:3, **13**:17, **Jas ♦1**:8, 21, **♦4**:8, **5**:20, **1Pe 1**:9, 22, **2**:11, 25, **3**:20, **4**:19, **2Pe 2**:8, 14, **1Jn 3**:16, **3Jn** 2, **Jud** 15, **Rev 6**:9, **8**:9, **12**:11, **16**:3, **18**:13, 14, **20**:4

N^eshâmâh נשׁמה 5397

Breath, Spirit

[For *breath* of Yehuwah, go to p29]

Gen 2:7, **7**:22, **Deu 20**:16, **Jos 10**:40, **11**:11, 14, **1Ki 15**:29, **17**:17, **Job 26**:4, **27**:3, **34**:14, **Ps 150**:6, **Pro 20**:27, **Isa 2**:22, **42**:5, **57**:16, **Dan 10**:17

R^evâḥâh רוחה 7309

Breathing

Exd 8:15, **La 3**:56

Kilyâh כליה 3629

Mind, Heart

[Except *kidneys*]

Ps 7:9, **16**:7, **26**:2, **73**:21, **139**:13, **Pro 23**:16, **Jer 11**:20, **12**:2, **17**:10, **20**:12, **La 3**:13

Nous νους *3563*

Luk 24:45, **Ro 1**:28, **7**:23, 25, **11**:34, **12**:2, **14**:5, **1Co 1**:10, **2**:16, **14**:14, 15, 19, **Eph 4**:17, 23, **Php 4**:7, **Col 2**:18, **2Th 2**:2, **1Ti 6**:5, **2Ti 3**:8, **Tit 1**:15, **Rev 13**:18, **17**:9

Dianoia διάνοια *1271*

Mind, Imagination

♦Ennoia ένοια *1771*

♣Epinoia επίνοια *1963*

Mat 22:37, **Mar 12**:30, **Luk 1**:51, **10**:27, **Act ♣8**:22, **Eph 2**:3, **4**:18, **Col 1**:21, **Heb ♦4**:12, **8**:10, **10**:16, **1Pe 1**:13, **♦4**:1, **2Pe 3**:1, **1Jn 5**:20

Gnōmē γνώμη *1106*

Mind, Judgment

Act 20:3, **1Co 1**:10, **7**:25, 40, **2Co 8**:10, **Phm** 14, **Rev 17**:13, 17

Enthumesis ενθύμεσις *1761*

Thought

♦Enthumeomai ενθυμέομαι *1760*

Mat ♦1:20, **9**:4♦, **12**:25, **Act 17**:29, **♦10**:19, **Heb 4**:12

M^ezimmâh מזמה 4209

Thought, Intent, Discretion

[For *intents* of Yehuwah, go to p7]

Job 21:27, **42**:2, **Ps 10**:2, 4, **21**:11, **37**:7, **139**:20, **Pro 1**:4, **2**:11, **3**:21, **5**:2, **8**:12, **12**:2, **14**:17, **24**:8, **Jer 11**:15, **23**:20

Yêtser יצר 3336

Imagination

Gen 6:5, **8**:21, **Deu 31**:21, **1Ch 28**:9, **29**:18, **Ps 103**:14, **Isa 26**:3, **29**:16, **Hab 2**:18

Ḥâshav חשׁב 2803

Account, Devise

[Only that of man; for that of Yehuwah go to p12; except *artistic*, *reckon*, *count* (of price)]

Nu 23:9, **1Sa 1**:13, **18**:25, **2Sa 14**:13, **19**:19, **2Ki 12**:15, **22**:7, **Neh 6**:2, 6, **13**:13, **Est 8**:3, **9**:24, 25, **Job 6**:26, **35**:2, **Ps 10**:2, **21**:11, **35**:4, 20, **36**:4, **41**:7, **44**:22, **52**:2, **73**:16, **77**:5, **88**:4, **119**:59, **140**:2, 4, **Pro 16**:9, 30, **17**:28, **24**:8, **Isa 2**:22, **10**:7, **29**:16, 17, **32**:15, **33**:8, **53**:3, 4, **Jer 11**:19, **18**:18, **23**:27, **48**:2, **49**:30, **Eze 11**:2, **Hos 7**:15, **8**:12, **Mic 2**:1, **Nah 1**:9, 11, **Zec 7**:10, **8**:17, **Mal 3**:16

XIII Bataḥ

Trust, Believe, Joy, Rejoice

Bâtaḥ בטח 982

Hope, Trust, Confidence

Deu 28:52,**Jdg 9**:26, **18**:7, 10, 27, **20**:36, **2Ki 18**:5, 19, 20, 21, 22, 24, 30, **19**:10, **1Ch 5**:20, **2Ch 32**:10, **Job 6**:20, **11**:18, **39**:11, **40**:23, **Ps 4**:5, **9**:10, **13**:5, **21**:7, **22**:4, 5, 9, **25**:2, **26**:1, **27**:3, **28**:7, **31**:6, 14, **32**:10, **33**:21, **37**:3, 5, **40**:3, **41**:9, **44**:6, **49**:6, **52**:7, 8, **55**:23, **56**:3, 4, 11, **62**:8, 10, **78**:22, **84**:12, **86**:2, **91**:2, **112**:7, **115**:8, 9, 10, 11, **118**:8, 9, **119**:42, **125**:1, **135**:18, **143**:8, **146**:3, **Pro 3**:5, **11**:15, 28, **14**:16, **16**:20, **28**:1, 25, 26, **29**:25, **31**:11, **Isa 12**:2, **26**:3, 4, **30**:12, **31**:1, **32**:9, 10, 11, **36**:4, 5, 6, 7, 9, 15, **37**:10, **42**:17, 10, **50**:10, **59**:4, **Jer 5**:17, **7**:4, 8, 14, **9**:4, **12**:5, **13**:25, **17**:5, 7, **28**:15, **29**:31, **39**:18, **46**:25, **48**:7, **49**:4, 11, **Eze 16**:15, **33**:13, **Hos 10**:13, **Am 6**:1, **Mic 7**:5, **Hab 2**:18, **Zep 3**:2

Betaḥ בטח 983

Safety, Secure, Trust

[Also look under Shâkan on p88 and Yâshav (Dwell) on p89]

Gen 34:25, **Jdg 8**:11, **18**:7, **1Sa 12**:11, **Job 11**:18, **24**:23, **Ps 16**:9, **78**:53, **Pro 3**:23, 29, **10**:9, **Isa 14**:30, **32**:17, **47**:8, **Jer 49**:31, **Eze 30**:9, **34**:25, 27, 28, **39**:6, 26, **Hos 2**:18, **Mic 2**:8, **Zep 2**:15

Mivtaḥ מבטח 4009

Trust, Confidence

♦Gâlal גלל 1556

Job 8:14, **18**:14, **31**:24, **Ps ♦22**:8, **♦37**:5, **40**:4, **65**:5, **71**:5, **Pro 14**:26, **♦16**:3, **21**:22, **22**:19, **25**:19, **Isa 32**:18, **Jer 2**:37, **17**:7, **48**:13, **Eze 29**:16

Kesel כסל 3689

Trust

[Not *sides*]

Ps 49:13, **78**:7, **Pro 3**:26, **Ecc 7**:25

Âman אמן 539

Believe

[Except *faithful, establish*; go to Emûnâh on p10 and p79]

Gen 15:6, **42**:20, **45**:26, **Exd 4**:1, 5, 8, 9, 31, **14**:31, **19**:9, **Nu 14**:11, **20**:12, **Deu 1**:32, **9**:23, 66, **Jdg 11**:20, **1Sa 27**:12, **1Ki 10**:7, **2Ki 17**:14, **2Ch 9**:6, **20**:20, **32**:15, **Est 2**:7, **Job 4**:18, **9**:16, **12**:20, **15**:15, 22, 31, **24**:22, **29**:24, **39**:12, 24, **Ps 27**:13, **78**:22, 32, 37, **89**:28, **106**:12, 24, **116**:10, **119**:66, **Pro 14**:15, **26**:25, **Isa 7**:9, **28**:16, **43**:10, **53**:1, **Jer 12**:6, **15**:18, **40**:14, **La 4**:12, **Hos 5**:9, **Jon 3**:5, **Mic 7**:5, **Hab 1**:5

Pisteuō πιστεύω *4100*

Mat 8:13, **9**:28, **18**:6, **21**:22, 25, 32, **24**:23, 26, **27**:42, **Mar 1**:15, **5**:36, **9**:23, 24, 42, **11**:23, 24, 31, **13**:21, **15**:32, **16**:13, 14, 16, 17, **Luk 1**:20, 45, **8**:12, 13, 50, **16**:11, **20**:5, **22**:67, **24**:25, **Joh 1**:7, 12, 50, **2**:11, 22, 23, 24, **3**:12, 15, 16, 18, 36, **4**:21, 39, 41, 42, 48, 50, 53, **5**:24, 38, 44, 46, 47, **6**:29, 30, 35, 36, 40, 47, 64, 69, **7**:5, 31, 38, 39, 48, **8**:24, 30, 31, 45, 46, **9**:18, 35, 36, 38, **10**:25, 26, 37, 38, 42, **11**:15, 25, 26, 27, 40, 42, 45, 48, **12**:11, 36, 37, 38, 39, 42, 44, 46, **13**:19, **14**:1, 10, 11, 12, 29, **16**:9, 27, 30, 31, **17**:8, 20, 21, **19**:35, **20**:8, 25, 29, 31, **Act 2**:44, **4**:4, 32, **5**:14, **8**:12, 13, **9**:26, 42, **10**:43, **11**:17, 21, **13**:12, 39, 41, 48, **14**:1, 23, **15**:5, 7, 11, **16**:31, 34, **17**:12, 34, **18**:8, 27, **19**:2, 4, 18, **21**:20, 25, **22**:19, **24**:14, **26**:27, **27**:25, **Ro 1**:16, **3**:2, 22, **4**:3, 5, 11, 17, 18, 24, **6**:8, **9**:33, **10**:4, 9, 10, 11, 14, 16, **13**:11, **14**:2, **15**:13, **1Co 1**:21, **3**:5, **9**:17, **11**:18, **13**:7, **14**:22, **15**:2, 11, **2Co 4**:13, **Gal 2**:7, 16, **3**:6, 22, **Eph 1**:13, 19, **Php 1**:29, **1Th 1**:7, **2**:4, 10, 13, **4**:14, **2Th 1**:10, **2**:11, 12, **1Ti 1**:11, 16, **3**:16, **2Ti 1**:12, **Tit 1**:3, **3**:8, **Heb 4**:3, **11**:6, **Jas**

2:19, 23, **1Pe 1**:8, **2**:6, 7, **1Jn 3**:23, **4**:1, 16, **5**:1, 5, 10, 13, **Jud** 5

Pistis πίστις *4102*

Faith

♦Epistōthēs επιστώθης *4104*

{♣Thureon θυρεόν *2375* Shield}

Mat 8:10, **9**:2, 22, 29, **15**:28, **17**:20, **21**:21, **23**:23, **Mar 2**:5, **4**:40, **5**:34, **10**:52, **11**:22, **Luk 5**:20, **7**:9, 50, **8**:25, 48, **17**:5, 6, 19, **18**:8, 42, **22**:32, **Act 3**:16, **6**:5, 7, **11**:24, **13**:8, **14**:9, 22, 27, **15**:9, **16**:5, **17**:31, **20**:21, **24**:24, **26**:18, **Ro 1**:5, 8, 12, 17, **3**:3, 22, 25, 26, 27, 28, 30, 31, **4**:5, 9, 11, 12, 13, 14, 16, 19, 20, **5**:1, 2, **9**:30, 32, **10**:6, 8, 17, **11**:20, **12**:3, 6, **14**:1, 22, 23, **16**:26, **1Co 2**:5, **12**:9, **13**:2, 13, **15**:14, 17, **16**:13, **2Co 1**:24, **4**:13, **5**:7, **8**:7, **10**:15, **13**:5, **Gal 1**:23, **2**:16, 20, **3**:2, 5, 7, 8, 9, 11, *12*, 14, 22, 23, 24, 25, 26, **5**:5, 6, 22, **6**:10, **Eph 1**:15, **2**:8, **3**:12, 17, **4**:5, 13, **6**:16♣, 23, **Php 1**:25, 27, **2**:17, **3**:9, **Col 1**:4, 23, **2**:5, 7, 12, **1Th 1**:3, 8, **3**:2, 5, 6, 7, 10, **5**:8, **2Th 1**:3, 4, 11, **2**:13, **3**:2, **1Ti 1**:2, 4, 5, 14, 19, **2**:7, 15, **3**:9, 13, **4**:1, 6, 12, **5**:8, 12, **6**:10, 11, 12, 21, **2Ti 1**:5, 13, **2**:18, 22, **3**:8, 10, 15, ♦**3**:14, **4**:7, **Tit 1**:1, 4, 13, **2**:2, 10, **3**:15, **Phm** 5, 6, **Heb 4**:2, **6**:1, 12, **10**:22, 38, *39*, **11**:1, 3, 4, 5, 6, 7, 8, 9, 11, 13, 17, 20, 21, 22, 23, 24, 27, 28, 29, 30, 31, 33, 39, **12**:2, **13**:7, **Jas 1**:3, 6, **2**:1, 5, 14, 17, 18, 20, 22, 24, 26, **5**:15, **1Pe 1**:5, 7, 9, 21, **5**:9, **2Pe 1**:1, 5, **1Jn 5**:4, **Jud** 3, 20, **Rev 2**:13, 19, **13**:10, **14**:12

Oligopistos ολιγόπιστος *3640*

Little Faith

Mat 6:30, **8**:26, **14**:31, **16**:8, **Luk 12**:28

Apisteō απιστέω *569*

Not Believe

♦Apistia απιστία *570*

Mat ♦**13**:58, **Mar** ♦**6**:6, ♦**9**:24, **16**:11, ♦14, 16, **Luk 24**:11, 41, **Act 28**:24, **Ro 3**:3♦, ♦**4**:20, ♦**11**:20, ♦23, **1Ti** ♦**1**:13, **2Ti 2**:13, **Heb** ♦**3**:12, ♦19, **1Pe 2**:7

Apistos ἄπιστος *571*

Unbelieving

Mat 17:17, **Mar 9**:19, 41, **Luk 12**:46, **Joh 20**:27, **Act 26**:8, **1Co 6**:6, **7**:12, 13, 14, 15, **10**:27, **14**:22, 23, 24, **2Co 4**:4, **6**:14, 15, **1Ti 5**:8, **Tit 1**:15, **Rev 21**:8

Peithō πείθω *3982*

Believe, Persuade

♦Peismonē πεισμονή *3988*

Mat 27:20, 43, **28**:14, **Luk 11**:22, **16**:31, **18**:9, **20**:6, **Act 5**:36, 37, 40, **12**:20, **13**:43, **14**:19, **17**:4, **18**:4, **19**:8, 26, **21**:14, **23**:21, **26**:26, 28, **27**:11, **28**:23, 24, **Ro 2**:8, 19, **8**:38, **14**:14, **15**:14, **2Co 1**:9, **2**:3, **5**:11, **10**:7, **Gal 1**:10, **5**:7, ♦8, 10, **Php 1**:6, 14, 25, **2**:24, **3**:3, 4, **2Th 3**:4, **2Ti 1**:5, 12, **Phm** 21, **Heb 2**:13, **6**:9, **13**:17, 18, **Jas 3**:3, **1Jn 3**:19

Apeitheō ἀπειθέω *544*

Not believe, Disobey

♦Apeithēs ἀπειθής *545*

♣Apeitheia ἀπείθεια *543*

Luk ♦**1**:17, **Joh 3**:36, **Act 14**:2, **17**:5, **19**:9, ♦**26**:19, **Ro** ♦**1**:30, **2**:8, **10**:21, **11**:30♣, 31, ♣32, **15**:31, **Eph** ♣**2**:2, ♣**5**:6, **Col** ♣**3**:6, **2Ti** ♦**3**:2, **Tit** ♦**1**:16, ♦**3**:3, **Heb 3**:18, ♣**4**:6, ♣11, **11**:31, **1Pe 2**:7, 8, **3**:1, 20, **4**:17

Pepoithēsis πεποίθησις *4006*

Confidence

2Co 1:15, **3**:4, **8**:22, **10**:2, **Eph 3**:12, **Php 3**:4

Hupostasis ὑπόστασις *5287*

Confidence

2Co 9:4, **11**:17, **Heb 1**:3, **3**:14, **11**:1

Parrhēsia παρρησία *3954*

Boldness, Confidence

♦Parrhēsiadzomai παρρησιάζομαι *3955*

♣Apotolmaō ἀποτολμάω *662*

Mar 8:32, **Joh 7**:4, 13, 26, **10**:24, **11**:14, 54, **16**:25, 29, **18**:20, **Act 2**:29, **4**:13, 29, 31, ♦**9**:27, ♦29, ♦**13**:46, ♦**14**:3, ♦**18**:26, ♦**19**:8, ♦**26**:26, **28**:31, **Ro** ♣**10**:20, **2Co 3**:12, **7**:4, **Eph 3**:12, **6**:19, ♦20, **Php 1**:20, **Col 2**:15, **1Th** ♦**2**:2, **1Ti 3**:13, **Phm** 8, **Heb 3**:6, **4**:16, **10**:19, 35, **1Jn 2**:28, **3**:21, **4**:17, **5**:14

Plērophoreō πληροφορέω *4135*

Convinced, Full Assurance

♦Plērophoria πληροφορία *4136*

Luk 1:1, **Ro 4**:21, **14**:5, **Col** ♦**2**:2, **1Th** ♦**1**:5, **2Ti 4**:5, 17, **Heb** ♦**6**:11, ♦**10**:22

Apokaradokia αποκαραδοκία *603* Earnest Expectation

Ro 8:19, **Php 1**:20

Ḥâçâh חסה 2620

Hope, Make Refuge, Trust

Deu 32:37, **Jdg 9**:15, **Ru 2**:12, **2Sa 22**:3, 31, **Ps 2**:12, **5**:11, **7**:1, **11**:1, **16**:1, **17**:7, **18**:2, 30, **25**:20, **31**:1, 19, **34**:8, 22, **36**:7, **37**:40, **57**:1, **61**:4, **64**:10, **71**:1, **91**:4, **118**:8, 9, **141**:8, **144**:2, **Pro 14**:32, **30**:5, **Isa 14**:32, **30**:2, **57**:13, **Nah 1**:7, **Zep 3**:12

Elpis ελπίς *1680*

Act2:26, **16**:19, **23**:6, **24**:15, **26**:6, 7, **27**:20, **28**:20, **Ro 4**:18, **5**:2, 4, 5, **8**:20, 24, **12**:12, **15**:4, 13, **1Co 9**:10, **13**:13, **2Co 1**:7, **3**:12, **10**:15, **Gal 5**:5, **Eph 1**:18, **2**:12, **4**:4, **Php 1**:20, **Col 1**:5, 23, 27, **1Th 1**:3, **2**:19, **4**:13, **5**:8, **2Th 2**:16, **1Ti 1**:1, **Tit 1**:2, **2**:13, **3**:7, **Heb 3**:6, **6**:11, 18, **7**:19, **10**:23, **1Pe 1**:3, 21, **3**:15, **1Jn 3**:3

Elpidzō ελπίζω *1679*

♦Proelpidzō προελπίζω *4276*

♣Apelpidzō ἀπελπίζω *560*

Mat 12:21, **Luk 6**:34, **♣6**:35, **23**:8, **24**:21, **Joh 5**:45, **Act 24**:26, **26**:7, **Ro 8**:24, 25, **15**:12, *24*, **1Co 13**:7, **15**:19, **16**:7, **2Co 1**:10, 13, **5**:11, **8**:5, **13**:6, **Eph ♦1**:12, **Php 2**:19, 23, **1Ti 3**:14, **4**:10, **5**:5, **6**:17, **Phm** 22, **Heb 11**:1, **1Pe 1**:13, **3**:5, **2Jn** 12, 14

Yâḥal יחל 3176

Hope, Wait, Trust

♦Tôwḥelet תּוחלת 8431

[Not all *wait* for yaḥal, only for Yehuwah]

2Ki 6:33, **Job 6**:11, **13**:15, **14**:14, **30**:26, **♦41**:9, **Ps 31**:24, **33**:18, 22, **38**:15, **♦39**:7, **42**:5, **43**:5, **69**:3, **71**:14, **119**:43, 49, 74, 81, 114, 147, **130**:5, 7, **131**:3, **147**:11, **Pro ♦10**:28, **♦11**:7, **♦13**:12, **Isa 42**:4, **51**:5, **La ♦3**:18, 21, 24, **Eze 13**:6, **Mic 7**:7

Tiqwâh תקוה 8615

Hope, Expectation

♦Miqveh מקוה 4723

♣Sêber שׂבר 7664

†Keçel כסל 3689

[Except *pools, yarns of wool* for 4723, *flanks, folly* for 3689]

Josh 2:18, 21, **Ru 1**:12, **Ezr ♦10**:2, **Job 4**:6, **5**:16, **6**:8, **7**:6, **8**:13, **†**, **†14**, **11**:18, 20, **14**:7, 19, **17**:15, **19**:10, **27**:8, **†31**:24, **Ps 9**:18, **62**:5, **71**:5, **†78**:7, **♣119**:116, **♣146**:5, **Pro †3**:26, **10**:28, **11**:7, 23, **19**:18, **23**:18, **24**:14, **26**:12, **29**:20, **Jer ♦14**:8, **♦17**:13, **29**:11, **31**:17, **♦50**:7, **La 3**:29, **Eze 19**:5, **37**:11, **Hos 2**:15, **Zec 9**:12

Sâvar שׂבר 7663

View, Hope

Ru 1:13, **Neh 2**:13, 15, **Est 9**:1, **Ps 104**:27, **119**:166, **145**:15, **Isa 38**:18

Paratithēmi παρατίθημι 3908

Commit

Mat 13:24, 31, **Mar 6**:41, **8**:6, 7, **Luk 9**:16, **10**:8, **11**:6, **12**:48, **23**:46, **Act 14**:23, **16**:34, **17**:3, **20**:32, **1Co 10**:27, **1Ti 1**:18, **2Ti 2**:2, **1Pe 4**:19

Simḥâh שׂמחה 8057

Joy, Joyfulness, Gladness

Gen 31:27, **Nu 10**:10, **Deu 28**:47, **Jdg 16**:23, **1Sa 18**:6, **2Sa 6**:12, **1Ki 1**:40, **1Ch 12**:40, **15**:16, 25, **29**:9, 17, 22, **2Ch 20**:27, **23**:18, **29**:30, **30**:21, 23, 26, **Ezr 3**:12, 13, **6**:22, **Neh 8**:12, 17, **12**:27, 43, 44, **Est 8**:16, 17, **9**:17, 18, 19, 22, **Job 20**:5, **Ps 4**:7, **16**:11, **21**:6, **30**:11, **43**:4, **45**:15, **51**:8, **68**:3, **97**:11, **100**:2, **106**:5, **137**:3, 6, **Pro 10**:28, **12**:20, **14**:10, 13, **15**:21, 23, **21**:15, 17, **Ecc 2**:1, 2, 10, 26, **5**:20, **7**:4, **8**:15, **9**:7, **Sng 3**:11, **Isa 9**:3, **16**:10, **22**:13, **24**:11, **29**:19, **30**:29, **35**:10, **51**:3, 11, **55**:12, **61**:7, **66**:5, **Jer 7**:34, **15**:16, **16**:9, **25**:10, **31**:7, **33**:11, **48**:33, **Eze 35**:15, **36**:5, **Joe 1**:16, **Zep 3**:17, **Zec 8**:19

Sâsôn שׂשׂון 8342

Gladness

Est8:16, 17, **Ps 45**:7, **51**:8, 12, **105**:43, **119**:111, **Isa 12**:3, **22**:13, **35**:10, **51**:3, 11, **61**:3, **Jer 7**:34, **15**:16, **16**:9, **25**:10, **31**:13, **33**:9, 11, **Joe 1**:12, **Zec 8**:19

Mâsôs משׂושׂ 4885

Joy

Job 8:19, **Ps 48**:2, **Isa 8**:6, **24**:8, 11, **32**:13, 14, **60**:15, **62**:5, 18, **66**:10, **Jer 49**:25, **La 2**:15, **5**:15, **Eze 24**:25, **Hos 2**:11

Chara χαρά *5479*

Mat 2:10, **13**:20, 44, **25**:21, 23, **28**:8, **Mar 4**:16, **Luk 1**:14, **2**:10, **8**:13, **10**:17, **15**:7, 10, **24**:41, 52, **3**:29, **15**:11, **16**:20, 21, 22, 24, **17**:13, **Act 8**:8, **12**:14, **13**:52, **15**:3, **Ro 14**:17, **15**:13, 32, **2Co 1**:24, **2**:3, **7**:4, 13, **8**:2, **Gal 5**:22, **Php 1**:4, 25, **2**:2, 29, **4**:1, **Col 1**:11, **1Th 1**:6, **2**:19, 20, **3**:9, **2Ti 1**:4,

Phm 7, **Heb 10**:34, **12**:2, 11, **13**:17, **Jas 1**:2, **4**:9, **1Pe 1**:8, **1Jn 1**:4, **2Jn** 12, **3Jn** 4

Agalliaō αγαλλιάω *21*

♦Agalliasis αγαλλίασις *20*

♣Skirtaō σκιρτάω *4640*

Mat 5:12, **Luk ♦1**:14, **♣**41, **♣44**, 47, **♣6**:23, **10**:21, **Joh 5**:35, **8**:56, **Act 2**:26, **♦**46, **16**:34, **Heb ♦1**:9, **1Pe 1**:6, 8, **4**:13, **Jud ♦**24, **Rev 19**:7

Euphrainō ευφραίνω *2165*

♦Euphrosunē ευφροσύνη *2167*

Luk 12:19, **15**:23, 24, 29, 32, **16**:19, **Act 2**:26, **♦**28, **7**:41, **♦14**:17, **Ro 15**:10, **2Co 2**:2, **Gal 4**:27, **Rev 11**:10, **12**:12, **18**:20

Kauchaomai καυχάομαι *2744*

Joy, Boast

♦Kauchēma καύχημα *2745*

♣Kauchēsis καύχησις *2746*

†Katakauchaomai κατακαυχάομαι *2620*

‡Perpereuoetai περπερεύεται 4068

Ro 2:17, 23, **♣3**:27, **♦4**:2, **5**:2, 3, 11, **†11**:18, **♣15**:17, **1Co 1**:29, 31, **3**:21, **4**:7, **♦5**:6, **♦9**:15, **♦**16, **13**:3, ‡4, **♣15**:31, **2Co ♣1**:12, **♦**14, **5**:12**♦**, **7**:14**♣**, **♣8**:24, **9**:2, **♦**3, **10**:8, 15, 16, 17, **♣11**:10, 12, 16, **♣**17, 18, 30, **12**:1, 5, 6, 9, **Gal ♦6**:4, 13, 14, **Eph 2**:9, **Php ♦1**:26, **♦2**:16, **3**:3, **1Th ♣2**:19, **Jas 1**:9, **†2**:13, **†3**:14, **4**:16**♣**, **Heb ♦3**:6

Sâmaḥ שׂמח /Yisḥû ישׂחו

8055 Rejoice, Be Glad

{♦Gîl גּיל 1523 Be Glad

♣Yâsîsû ישׂישׂו 7797 Rejoice

†'Âlaz עלז 5937 Rejoice

‡'Âlats עלץ 5970 Rejoice}

Lev 23:40, **Deu 12**:7, 12, 18, **14**:26, **16**:11, 14, **24**:5, **27**:7, **33**:18, **Jdg 9**:13, 19, **19**:3, **1Sa 2**:1, **6**:13, **11**:9, 15, **19**:5, **2Sa 1**:20, **1Ki 5**:7, **2Ki 11**:20, **1Ch 16**:10, **29**:9, **2Ch 6**:41, **15**:15, **20**:27, **23**:13, 21, **24**:10, **29**:36, **30**:25, **Ezr 6**:22, **Neh 12**:43, **Est 8**:15, **Job 3**:22**♦**, **21**:12, **22**:19, **31**:25, **Ps 5**:11, **9**:2‡, **14**:7**♦**, **16**:9**♦**, **19**:8, **21**:1, **30**:1, **31**:7**♦**, **32**:11**♦**, **33**:21, **34**:2, **35**:15, 19, 24, 27, **38**:16, **40**:16**♣**, **45**:8, **46**:4, **48**:11**♦**, **53**:6**♦**, **58**:10, **63**:11, **64**:10, **66**:6, **67**:4, **68**:3‡**♣**, **69**:32, **70**:4, **85**:6, **86**:4, **89**:42, **90**:14, 15, **92**:4, **96**:11**♦**, **97**:1**♦**, 8**♦**, 12, **104**:15, 31, 34, **105**:3, 38, **106**:5, **107**:30, 42, **109**:28, **118**:24**♦**, **119**:74, **122**:1, **149**:2, **Pro 5**:18, **10**:1, **12**:25, **13**:9, **15**:20, 30, **17**:21, **23**:15, 24**♦**, 25**♦**, **24**:17**♦**, **27**:9, **29**:2, 3, 6, **Ecc 2**:10, **3**:12, 22, **4**:16, **5**:19, **8**:15, **10**:19, **11**:8, 9, **Sng 1**:4, **Isa 9**:3, 17, **14**:8, 29, **25**:9**♦**, **39**:2, **56**:7, **65**:13, **66**:10**♦♣**, **Jer 31**:13, **41**:13, **50**:11**†**, **La 2**:17, **Eze 7**:12, **25**:6, **35**:14, **Hos 7**:3, **9**:1, **Joe 2**:21**♦**, 23**♦**, **Am 6**:13, **Obd** 12, **Jon 4**:6, **Hab 1**:15, **Zep 3**:14**†**, **Zec 2**:10, **4**:10, **10**:7**♦**

Sâmêaḥ שׂמח /Nismeḥâh נשׂמחה 8056

Glad, Rejoice

{♦Gîl גּיל 1523 Be Glad}

Exd 4:14, **Deu 16**:15, **26**:11, **1Ki 1**:40, 45, **4**:20, **8**:66, **2Ki 11**:14, **1Ch 16**:31**♦**, **2Ch 7**:10, **Est 5**:9, 14, **Ps 35**:26, **113**:9, **126**:3, **Pro 2**:14, **15**:13, **17**:5, 22, 11, **Isa 24**:7, **Jer 20**:15, **La 4**:21, **Mic 7**:8, **Zec 10**:7

Sûs שׂושׂ /Yâsîsû ישׂישׂו 7797

Rejoice

[Also look under Sâmaḥ (Rejoice) above]

Deu 28:63, **30**:9, **Job 3**:22, **39**:21, **Ps 19**:5, **35**:9, **119**:14, 162, **Isa 35**:1, **61**:10, **62**:5, **64**:5, **65**:18, 19, **Jer 32**:41, **La 1**:21, **4**:21, **Eze 21**:10, **Zep 3**:17

Chairō χαίρω *5463*

♦Sunchairō συγχαίρω *4796*

Mat 2:10, **5**:12, **18**:13, **26**:49, **27**:29, **28**:9, **Mar 14**:11, **15**:18, **Luk 1**:14, 28, **♦**58, **6**:23, **10**:20, **13**:17, **15**:5, **♦**6, **♦**9, 32, **19**:6, 37, **22**:5, **23**:8, **Joh 3**:29, **4**:36, **8**:56, **11**:15, **14**:28, **16**:20, 22, **19**:3, **20**:20, **Act 5**:41, **8**:39, **11**:23, **13**:48, **15**:23, 31, **23**:26, **Ro 12**:12, 15, **16**:19, **1Co 7**:30, **♦12**:26, **13**:6**♦**, **16**:17, **2Co 2**:3, **6**:10, **7**:7, 13, 16, **13**:9, 11, **Php 1**:18, **2**:17**♦**, 18**♦**, 28, **3**:1, **4**:4, 10, **Col 1**:24, **2**:5, **1Th 3**:9, **5**:16, **Jas 1**:1, **1Pe 4**:13, **2Jn** 4, 10, 11, **3Jn** 3, **Rev 11**:10, **19**:7

Gîl גּיל /Tâgêl תגל 1523/1524

Be Glad, Joy, (Let) Rejoice

♦Gîlâh גּילה 1525

♣Ḥâdâh חדה 2302

†Ḥedwâh חדוה 2304/2305

[Also look under Sâmaḥ, Sâmêaḥ (Rejoice) above]

Exd ♣18:9, **1Ch †16**:27, 31, **Neh †8**:10, **Ezr †6**:16, **Job ♣3**:6, **Ps 2**:11, **9**:14, **13**:4, 5, **21**:1, **♣**6, **35**:9, **43**:4, **45**:15, **51**:8, **65**:12, **89**:16, **149**:2, **Pro 2**:14, **Sng 1**:4, **Isa 9**:3, **16**:10, **29**:19, **35**:1, 2**♦**, **41**:16, **49**:13, **61**:10, **65**:18**♦**, 19, **Jer 48**:33, **Dan**

1:10, **Hos 9**:1, **10**:5, **Joe 1**:16, **Hab 1**:15, **3**:18, **Zep 3**:17, **Zec 9**:9

ʿÂlaz עלז 5937

Rejoice

♦ʿAllîz עליז 5947

[Also look under Sâmaḥ (Rejoice) above]

2Sa 1:20, **Ps 28**:7, **60**:6, **68**:4, **94**:3, **96**:12, **108**:7, **149**:5, **Pro 23**:16, **Isa ♦13**:3, **♦22**:2, **♦23**:7, 12, **♦24**:8, **♦32**:13, **Jer 11**:15, **15**:17, **51**:39, **Hab 3**:18, **Zep ♦2**:15, **3**:11

ʿÂlats עלץ 5970

Rejoice, Triumph

♦ʿAlîytsût עליצות 5951

[Also look under Sâmaḥ (Rejoice) above]

1Sa 2:1, **1Ch 16**:32, **Ps 5**:11, **25**:2, **Pro 11**:10, **28**:12, **Hab ♦3**:14

Rânan רנן 7442

Rejoice, Sing, Shout

♦Rinnâh הנר 7440

Lev 9:24, **Deu 32**:43, **1Ki ♦8**:28, **♦22**:36, **1Ch 16**:33, **2Ch ♦6**:19, **♦20**:22, **Job 29**:13, **38**:7, **Ps 5**:11, **♦17**:1, **20**:5, **♦30**:5, **32**:11, **33**:1, **35**:27, **♦42**:4, **♦47**:1, **51**:14, **59**:16, **♦61**:1, **63**:7, **65**:8, **67**:4, **71**:23, **78**:65, **81**:1, **84**:2, **♦88**:2, **89**:12, **90**:14, **92**:4, **95**:1, **96**:12, **98**:4, 8, **♦105**:43, **♦106**:44, **♦107**:22, **♦118**:15, **♦119**:169, **♦126**:2, ♦5, ♦6, **132**:9, 16, **♦142**:6, **145**:7, **149**:5, **Pro 1**:20, **8**:3, **♦11**:10, **29**:6, **Isa 12**:6, **♦14**:7, **16**:10, **24**:14, **26**:19, **35**:2, 6, ♦10, **42**:11, **♦43**:14, **44**:23♦, **♦48**:20, **49**:13♦, **♦51**:11, **52**:8, 9, **54**:1♦, **♦55**:12, **61**:7, **65**:14, **Jer ♦7**:16, **♦11**:14, **♦14**:12, **31**:7, 12, **51**:48, **La 2**:19, **Zep 3**:14, ♦17, **Zec 2**:10

Mᵉḥôlâh מחלה 4246

♦Mâḥôl מחול 4234

Dance

Exd 15:20, **32**:19, **Jdg 11**:34, **21**:21, **1Sa 18**:6, **21**:11, **29**:5, **Ps ♦30**:11, **♦149**:3, **♦150**:4, **Jer ♦31**:4, **♦13**, **La ♦5**:15, **Sng 6**:13

Râqad רקד 7540

Dance

1Ch 15:29, **Job 21**:11, **Ps 29**:6, **114**:4, **6**, **Ecc 3**:4, **Isa 13**:21, **Joe 2**:5, **Nah 3**:2

Mâḥâ' מחא 4222

Clap

Ps 98:8, **Isa 55**:12, **Eze 25**:6

Tᵉrûwâh תרועה 8643

Shout, Blow

Lev 23:24, **25**:9, **Nu 10**:5, 6, **23**:21, **29**:1, **31**:6, **Jos 6**:5, 20, **1Sa 4**:5, 6, **2Sa 6**:15, **1Ch 15**:28, **2Ch 13**:12, **15**:14, **Ezr 3**:11, 12, 13, **Job 8**:21, **33**:26, **39**:25, **Ps 27**:6, **33**:3, **47**:5, **89**:15, **150**:5, **Jer 4**:19, **20**:16, **49**:2, **Eze 21**:22, **Am 1**:14, **2**:2, **Zep 1**:16

Rûwaʿ רוע 7321

Shout

Nu 10:7, 9, **Jos 6**:5, 10, 16, 20, **Jdg 7**:21, **15**:14, **1Sa 4**:5, **10**:24, **17**:20, 52, **2Ch 13**:12, 15, **Ezr 3**:11, 13, **Job 30**:5, **38**:7, **Ps 41**:11, **47**:1, **60**:8, **65**:13, **66**:1, **81**:1, **95**:1, 2, **98**:4, 6, **100**:1, **108**:9, **Pro 13**:20, **Isa 15**:4, **16**:10, **42**:11, 13, **44**:23, **Jer 50**:15, **Hos 5**:8, **Joe 2**:1, **Mic 4**:9, **Zep 3**:14, **Zec 9**:9

Sâḥaq שחק /Yisḥâq ישחק

7832 Laugh, Sing, Mock

Jdg 16:25, 27, **1Sa 18**:7, **2Sa 2**:14, **6**:5, 21, **1Ch 13**:8, **15**:29, **2Ch 30**:10, **Job 5**:22, **29**:24, **30**:1, **39**:7, 18, 22, **40**:20, **41**:5, 29, **Ps 2**:4♦, **37**:13, **52**:6, **59**:8, **104**:26, **Pro 1**:26, **8**:30, 31, **26**:19, **29**:9, **31**:25, **Ecc 3**:4, **Jer 15**:17, **30**:19, **31**:4, **La 1**:7, **Hab 1**:10, **Zec 8**:5

Tsâhal צהל 6670

Cry Aloud

Est 8:15, **Ps 104**:15, **Isa 10**:30, **12**:6, **24**:14, **54**:1, **Jer 5**:8, **31**:7, **50**:11

XIV Yadah

Praise, Bless, Worship, Pray

Yâdah ידה 3034

Give Thanks, Praise

♦Y^{e}da ידא 3028

Gen 29:35, **49**:8, **Lev 5**:5, **16**:21, **26**:40, **Nu 5**:7, **2Sa 22**:50, **1Ki 8**:33, 35, **1Ch 16**:4, 7, 8, 34, 35, 41, **23**:30, **25**:3, **29**:13, **2Ch 5**:13, 24, 26, **7**:3, 6, **20**:21, **30**:22, **31**:2, **Ezr 3**:11, **10**:1, **Neh 1**:6, **9**:2, 3, **11**:17, **12**:24, 46, **Job 40**:14, **Ps 6**:5, **7**:17, **9**:1, **18**:49, **28**:7, **30**:4, 9, 12, **32**:5, **33**:2, **35**:18, **42**:5, 11, **43**:4, 5, **44**:8, **45**:17, **49**:18, **52**:9, **54**:6, **57**:9, **67**:3, 5, **71**:22, **75**:1, **76**:10, **79**:13, **86**:12, **88**:10, **89**:5, **92**:1, **97**:12, **99**:3, **100**:4, **105**:1, **106**:1, 47, **107**:1, 8, **108**:3, **109**:30, **111**:1, **118**:1, 19, 21, 28, 29, **119**:7, 62, **122**:4, **136**:1, 2, 3, 26, **138**:1, 2, 4, **139**:14, **140**:13, **142**:7, **145**:10, **Pro 28**:13, **Isa 12**:1, 4, **25**:1, **38**:18, 19, **Jer 33**:11, **50**:14, **La 3**:53, **Dan ♦2**:23, **♦6**:10, **9**:4, 20, **Zec 1**:21

Tôdâh תּוֹדה 8426

Thanksgiving

Lev 7:12, 13, 15, **22**:29, **Jos 7**:19, **2Ch 29**:31, **33**:16, **Ezr 10**:11, **Neh 12**:27, 31, 38, 40, **Ps 26**:7, **42**:4, **50**:14, 23, **56**:12, **69**:30, **95**:2, **100**:4, **107**:22, **116**:17, **147**:7, **Isa 51**:3, **Jer 17**:26, **30**:19, **33**:11, **Am 4**:5, **Jon 2**:9

Eucharisteō ευχαριστέω *2168*

♦Eucharistia ευχαριστία *2169*

♣Anthomologeomai ἀνθομολογέομαι *437*

Mat 15:36, **26**:27, **Mar 8**:6, **14**:23, **Luk ♣2**:38, **17**:16, **18**:11, **22**:17, 19, **Joh 6**:11, 23, **11**:41, **Act ♦24**:3, **27**:35, **28**:15, **Ro 1**:8, 21, **14**:6, **16**:4, **1Co 1**:4, 14, **10**:30, **11**:24, **♦14**:16, 17, 18, **2Co 1**:11, **♦4**:15, **♦9**:11, **♦**12, **Eph 1**:16, **♦5**:4, 20, **Php 1**:3, **♦4**:6, **Col 1**:3, 12, **♦2**:7, **3**:15 2170, 17, **♦4**:2, **1Th 1**:2, **2**:13, **♦3**:9, **5**:18, **2Th 1**:3, **2**:13, **1Ti ♦2**:1, **♦4**:3, **♦**4, **Phm** 4, **Rev ♦4**:9, **♦7**:12, **11**:17

Exomologeō εξομολογέω *1843*

Confess

♦Anthōmologeitō ανθωμολογείτω *437*

Mat 3:6, **11**:25, **Mar 1**:5, **Luk ♦2**:38, **10**:21, **22**:6, **Act 19**:18, **Ro 14**:11, **15**:9, **Php 2**:11, **Jas 5**:16

Hâlal הלל 1984

Praise, Glory

◊Hâllelu-yah הללו־יה Praise Yah

{♦M^{e}'ôd מאד 3966 Greatly}

Gen 12:15, **Jdg 16**:24, **1Sa 21**:13, **2Sa 14**:25, **22**:4, **1Ki 20**:11, **1Ch 16**:4, 10, 25♦, 36, **23**:5, 30, **25**:3, **29**:13, **2Ch 5**:13, **7**:6, **8**:14, **20**:19, 21, **23**:12, 13, **29**:30, **30**:21, **31**:2, **Ezr 3**:10, 11, **Neh 5**:13, **12**:24, **Job 12**:17, **29**:3, **31**:26, **41**:18, **Ps 5**:5, **10**:3, **18**:3, **22**:22, 23, 26, **34**:2, **35**:18, **44**:8, **48**:1♦, **49**:6, **52**:1, **56**:4, 10, **63**:5, 11, **64**:10, **69**:30, 34, **73**:3, **74**:21, **75**:4, **78**:63, **84**:4, **96**:4♦, **97**:7, **102**:8, ◊18, ◊**104**:35, **105**:3, ◊45, ◊**106**:1, 5, ◊48, **107**:32, **109**:30♦, ◊**111**:1, ◊**112**:1♦, ◊**113**:1, 3, ◊9, **115**:17, ◊18, ◊**116**:19, ◊**117**:1, ◊2, **119**:164, 175, ◊**135**:1, ◊3, ◊21, **145**:2, 3♦, ◊**146**:1, 2, ◊10, ◊**147**:1, ◊12, ◊20, ◊**148**:1, 2, 3, 4, 5, ◊7, 13, ◊14, ◊**149**:1, 3, ◊9, ◊**150**:1, 2, 3, 4, 5, ◊6, **Pro 12**:8, **20**:14, **25**:14, **27**:1, 2, **28**:4, **31**:28, 30, 31, **Ecc 2**:2, **7**:7, **Sng 6**:9, **Isa 13**:10, **38**:18, **41**:16, **44**:25, **45**:25, ◊**62**:9, **64**:11, **Jer 4**:2, **9**:23, 24, **20**:13, **25**:16, **31**:7, **46**:9, **49**:4, **50**:38, **51**:7, **Eze 26**:17, **Joe 2**:26, **Nah 2**:4

Allēlouïa ἁλληλουϊα *239*

Alleluiah

Rev 19:1, 3, 4, 6

T^{e}hillâh תהלה 8416

Praise

Exd 15:11, **Deu 10**:21, **26**:19, **1Ch 16**:35, **2Ch 20**:22, **Neh 9**:5, **12**:46, **Ps 9**:14, **22**:3, 25, **33**:1, **34**:1, **35**:28, **40**:3, **48**:10, **51**:15, **65**:1, **66**:2, 8, **71**:6, 8, 14, **78**:4, **79**:13, **100**:4, **102**:21, **106**:2, 12, 47, **109**:1, **111**:10, **119**:171, **145**:21, **147**:1, **148**:14, **149**:1, **Isa 42**:8, 10, 12, **43**:21, **48**:9, **60**:6, 18, **61**:3, 11, **62**:7, **63**:7, **Jer 13**:11, **17**:14, **33**:9, **48**:2, **49**:25, **51**:41, **Hab 3**:3, **Zep 3**:19, 20

Aineō αινέω *134*

♦Epainos έπαινος *1868*

♣Ainos αινος *136*

†Ainesis αἴνεσις 133

Mat ♣21:16, **Luk 2**:13, 20, **♣18**:43, **19**:37, **Act 2**:47, **3**:8, 9, **Ro ♦2**:29, **♦13**:3, **15**:11, **1Co ♦4**:5, **2Co ♦8**:18, **Eph ♦1**:6, **♦**12, **♦**14, **Php ♦1**:11, **♦4**:8, **Heb †13**:15, **1Pe ♦1**:7, **♦2**:14, **Rev 19**:5

Epainō επαινέω *1867*

Laud

Luk 16:8, **Ro 15**:11, **1Co 11**:2, 17, 22

Kaph כפ 3709

Hand

[Only in the act of worship; for hand of Yehuwah, go to p18]

Exd 9:29, 33, **1Ki 8**:22, 38, 54, **2Ch 6**:13, **Ezr 9**:5, **Job 11**:13, **Ps 44**:20, **63**:4, **88**:9, **119**:48, **141**:2, **Isa 1**:15, **La 2**:19

Tsâmar צמר 2167

Sing Praises

Jdg 5:3, **2Sa 22**:50, **1Ch 16**:9, **Ps 7**:17, **9**:2, 11, **18**:49, **21**:13, **27**:6, **30**:4, 12, **33**:2, **47**:6, 7, **57**:7, 9, **59**:17, **61**:8, **66**:2, 4, **68**:4, 32, **71**:22, 23, **75**:9, **92**:1, **98**:4, 5, **101**:1, **104**:33, **105**:2, **108**:1, 3, **135**:3, **138**:1, **144**:9, **146**:2, **147**:1, 7, **149**:3, **Isa 12**:5

Shâvaḥ שבח /Hishavêaḥ השבח 7623

Praise, (Triumph)

1Ch 16:35, **Ps 63**:3, **65**:7, **89**:9, **106**:47, **117**:1, **145**:4, **147**:12, **Pro 29**:11, **Ecc 4**:2, **8**:15

Psallō ψάλλω *5567*

♦Adō άδω *103*

Ro 15:9, **1Co 14**:15, **Eph 5**:19♦, **Col ♦3**:16, **Jas 5**:13, **Rev ♦5**:9, **♦14**:3, **♦15**:3

Shîr שיר 7891

Sing, Singers

Exd 15:1, 21, **Nu 21**:17, **Jdg 5**:1, 3, **1Sa 18**:6, **2Sa 19**:35, **1Ki 10**:12, **1Ch 6**:33, **15**:16, 19, 27, 9, **16**:23, **2Ch 5**:12, 13, **9**:11, **20**:21, **23**:13, **29**:28, **35**:15, 25, **Ezr 2**:41, 65, 70, **7**:7, **10**:24, **Neh 7**:1, 44, 67, 73, **10**:39, **11**:22, 23, **12**:28, 29, 42, 45, 46, 47, **13**:5, 10, **Job 36**:24, **Ps 13**:6, **21**:13, **27**:6, **33**:3, **57**:7, **59**:16, **65**:13, **68**:4, 25, 32, **87**:7, **89**:1, **96**:1, 2, **98**:1, **101**:1, **104**:33, **105**:2, **106**:12, **108**:1, **137**:3, 4, **138**:5, **144**:9, **149**:1, **Pro 25**:20, **Ecc 2**:8, **Isa 5**:1, **26**:1, **42**:10, **Jer 20**:13, **Eze 40**:44, **Zep 2**:14

Aidō ᾄδω *103*

Eph 5:19, **Col 3**:16, **Rev 5**:9, **14**:3, **15**:3

Shîrâh שירה 7892

Song, Musical

Gen 31:27, **Exd 15**:1, **Nu 21**:17, **Deu 31**:19, 21, 22, 30, **32**:44, **Jdg 5**:12, **2Sa 22**:1, **1Ki 4**:32, **1Ch 6**:31, 32, **13**:8, **15**:16, **16**:42, **25**:6, 7, **2Ch 5**:13, **7**:6, **23**:13, 18, **29**:27, 28, **34**:12, **Neh 12**:27, 36, 46, **Ps 28**:7, **33**:3, **40**:3, **42**:8, **69**:30, **96**:1, **98**:1, **137**:3, 4, **144**:9, **149**:1, **Pro 25**:20, **Ecc 7**:5, **12**:4, **Sng 1**:1, **Isa 5**:1, **23**:15, 16, **24**:9, **26**:1, **30**:29, **42**:10, **Eze 26**:13, **33**:32, **Am 5**:23, **6**:5, **8**:3, 10

Mizmôr מזמור 4210

Psalm

Ps 3:1, **4**:1, **5**:1, **6**:1, **8**:1, **9**:1, **12**:1, **13**:1, **15**:1, **19**:1, **20**:1, **21**:1, **22**:1, **23**:1, **24**:1, **29**:1, **30**:1, **31**:1, **38**:1, **39**:1, **40**:1, **41**:1, **47**:1, **48**:1, **49**:1, **50**:1, **51**:1, **62**:1, **63**:1, **64**:1, **65**:1, **66**:1, **67**:1, **68**:1, **73**:1, **75**:1, **76**:1, **77**:1, **79**:1, **80**:1, **82**:1, **83**:1, **84**:1, **85**:1, **87**:1, **88**:1, **92**:1, **98**:1, **100**:1, **101**:1, **108**:1, **109**:1, **110**:1, **139**:1, **140**:1, **141**:1, **143**:1

Zimrâh זמרה 2172

Melody, Psalm

♦Zimrât זמרת 2176

Exd ♦15:2, Psa 81:2, **98**:5, **♦118:14, Isa ♦12**:2, **51**:3, **Am 5**:23

Humneō ὑμνέω *5214*

Sing a Hymn

♦Humnos ὕμνος *5215*

Mat 26:30, **Mar 14**:26, **Act 16**:25, **Eph ♦5**:19, **Col ♦3**:16, **Heb 2**:12

Kinnôr כִּנּוֹר 3658

Harp

♦Nebel נבל 5035 Psaltery [Lyre]

♣Mên מן 4482 Stringed Instrument

†ʿÂshôr עָשׂוֹר 6218 Instrument Of Ten Strings

‡ʿÛgâv עוּגָב 5748 Organ

ΔḤâlîyl חליל 2485 Pipe

{ΔTôph תֹּף 8596 Timbrel}

[Except *bottle, vessel* for 5035; except *tenth day* for 6218]

Gen 4:21‡, **31**:27+, **1Sa 10**:5♦Δ+, **16**:16, **23**, **2Sa 6**:5♦+, **1Ki Δ1**:40, **10**:12♦, **1Ch 13**:8♦+, **15**:16♦, ♦**20**, **21**, **28**♦, **16**:5♦, **25**:1♦, **3**, **6**♦, **2Ch 5**:12♦, **9**:11♦, **20**:28♦, **29**:25♦, **Δ30**:29, **Neh 12**:27♦, **Job 21**:12‡+, **30**:31‡, **Ps 33**:2♦†, **43**:4, **49**:4, **57**:8♦, **71**:22♦, **81**:2♦+, **92**:3♦†, **98**:5, **108**:2♦, **137**:2, ♦**144**:9†, **147**:7, **149**:3+, **150**:3♦, 4‡, **Isa 5**:12♦Δ+, ♦**14**:11, **16**:11, **23**:16, **24**:8+, **30**:32+, **Jer Δ48**:36, **Eze 26**:13, **Amo ♦5**:23, ♦**6**:5

Kithara κιθάρα *2788*

Kitharizō κιθαρίζω *2789*

1Co 14:7♦, **Rev 5**:8, **14**:2♦, **15**:2

Tôph תֹּף 8596

Timbrel

[Also look under Kinnôr (Harp) above]

Gen 31:27, **Exd 15**:20, **Jdg 11**:34, **1Sa 10**:5, **18**:6, **2Sa 6**:5, **1Ch 13**:8, **Job 21**:12, **Ps 81**:2, **149**:3, **150**:4, **Isa 5**:12, **24**:8, **30**:32, **Jer 31**:4, **Eze 28**:13

Bârak̲ בָּרַךְ 1288

Bless

♦B^e^rak̲ בְּרַךְ 1289

[Only of worship, for *blessed be Yehuwah* go to p36; Yehuwah's name *blessed* go to Shêm (Name) on p19; for blessing from Yehuwah go to p91]

Gen 24:48, **Deu 8**:10, **Jos 22**:33, **Jdg 5**:2, 9, **29**:10, 20, **2Ch 6**:13, **20**:26, **31**:8, **Neh 8**:6, **Ps 16**:7, **26**:12, **34**:1, **63**:4, **66**:8, **68**:26, **72**:15, **95**:6, **96**:2, **100**:4, **103**:1, 2, 20, 21, 22, **104**:1, 35, **109**:28, **115**:18, **134**:1, 2, **135**:19, 20, **145**:1, 2, 10, 21, **Dan ♦2**:19, ♦**4**:34

Eulogeō ευλογέω *2127*

♦Eulogia ευλογία *2129*

[Only blessing as worship, for *blessed be Yehuwah* go to p36]

Luk 1:64, **2**:28, **24**:53, **Jas 3**:9, ♦10

Shâḥâh שׁחה 7812

Worship

[Worship of Yehuwah]

Gen 22:5, **24**:26, 48, 52, **Exd 4**:31, **12**:27, **24**:1, **33**:10, **34**:8, **Deu 26**:10, **Josh 5**:14, **Jdg 7**:15, **1Sa 1**:3, 19, 28, **15**:25, 30, 31, **2Sa 12**:20, **15**:32, **2Ki 17**:36, **18**:22, **1Ch 16**:29, **2Ch 7**:3, **20**:18, **29**:28, 29, 30, **32**:12, **Neh 8**:6, **9**:3, 6, **Job 1**:20, **Ps 5**:7, **22**:27, 29, **29**:2, **45**:11, **66**:4, **72**:11, **86**:9, **95**:6, **96**:9, **97**:7, **99**:5, 9, **132**:7, 2, **Isa 27**:13, **36**:7, **49**:7, **66**:23, **Jer 7**:2, **26**:2, **Eze 46**:2, 3, 9, **Zep 2**:11, **Zec 14**:16, 17

Gen 18:2, **19**:1, **23**:7, 12, **27**:29, **33**:3, 6, 7, **37**:7, 9, 10, **42**:6, **43**:26, 28, **47**:31, **48**:12, **49**:8, **Exd 11**:8, **18**:7, **20**:5, **23**:24, **32**:8, **34**:14, **Lev 26**:1, **Nu 22**:31, **25**:2, **Deu 4**:19, **5**:9, **8**:19, **11**:16, **17**:3, **29**:26, **30**:17, **Jos 23**:7, 16, **Jdg 2**:12, 17, 19, **Ru 2**:10, **1Sa 2**:36, **20**:41, **24**:8, **25**:23, 41, **28**:14, **2Sa 1**:2, **9**:6, 8, **14**:4, 22, 33, **15**:5, **16**:4, **18**:21, 28, **24**:20, **1Ki 1**:16, 23, 31, 47, 53, **2**:19, **9**:6, 9, **11**:33, **16**:31, **22**:53, **2Ki 2**:15, **4**:37, **5**:18, **17**:16, 35, **19**:37, **21**:3, 21, **1Ch 21**:21, **29**:20, **2Ch 7**:19, 22, **24**:17, **25**:14, **33**:3, **Est 3**:2, 5, **Ps 81**:9, **106**:19, **Pro 12**:25, **Isa 2**:8, 20, **37**:38, **44**:15, 17, **45**:14, **46**:6, **49**:23, **51**:23, **60**:14, **Jer 1**:16, **8**:2, **13**:10, **16**:11, **22**:9, **25**:6, **Eze 8**:16, **Mic 5**:13, **Zep 1**:5

Proskuneō προσκυνέω *4352*

Mat 2:2, 8, 11, **4**:9, 10, **8**:2, **9**:18, **14**:33, **15**:25, **18**:26, **20**:20, **28**:9, 17, **Mar 5**:6, **15**:19, **Luk 4**:7, 8, **24**:52, **Joh 4**:20, 21, 22, 23, 24, **9**:38, **12**:20, **Act 7**:43, **8**:27, **10**:25, **24**:11, **1Co 14**:25, **Heb 1**:6, **11**:21, **Rev 3**:9, **4**:10, **5**:14, **7**:11, **9**:20, **11**:1, 16, **13**:4, 8, 12, 15, **14**:7, 9, 11, **15**:4, **16**:2, **19**:4, 10, 20, **20**:4, **22**:8, 9

Nâshaq נשׁק 5401

Kiss

♦N^e^shîyqâh נשׁיקה 5390

Ps 85:10, **Sng 1**:2, **Eze 3**:13

Gen 27:26, 27, **29**:11, 13, **31**:28, 55, **33**:4, **41**:40, **45**:15, **48**:10, **50**:1, **Exd 4**:27, **18**:7, **Ru 1**:9, 14, **1Sa 10**:1, **20**:41, **2Sa 14**:33, **15**:5, **19**:39, **20**:9, **1Ki 19**:18, 20, **1Ch 12**:2, **2Ch 17**:17, **Job 31**:27, **Ps 2**:12, **78**:9, **85**:10, **Pro 7**:13, **24**:26, **♦27**:6, **Sng ♦1**:2, **8**:1, **Hos 13**:2

Philēma φίλημα *5370*

Luk 7:45, **22**:48, **Ro 16**:16, **1Co 16**:20, **2Co 13**:12, **1Th 5**:26, **1Pe 5**:14

T^e^phillâh תפלה 8605

Prayer

2Sa 7:27, **1Ki 8**:28, 29, 38, 45, 49, **9**:3, **2Ki 19**:4, **20**:5, **2Ch 6**:19, 20, 29, 35, 39, 40, **7**:12, 15, **30**:27, **33**:18, 19, **Neh 1**:6, 11, 17, **Job 16**:17, **Ps 4**:1, **6**:9, **17**:1, **35**:13, **39**:12, **42**:8, **54**:2, **55**:1, **61**:1, **65**:2, **66**:19, 20, **69**:13, **72**:20, **80**:4, **84**:8, **86**:6, **88**:2, 13, **102**:1, 17, **109**:4, **141**:2, 5, **143**:1, **Pro 15**:8, 29, **28**:9, **Isa 1**:15, **37**:4, **38**:5, **56**:7, **Jer 7**:16, **11**:14, **La 3**:8, 44, **Dan 9**:3, 17, 21, **Jon 2**:7, **Hab 3**:1

Pâlal פלל 6419

Pray

Gen 20:7, 17, 11, **Nu 11**:2, **21**:7, **Deu 9**:20, 26, **1Sa 1**:10, 12, 26, 27, **2**:1, 25, **7**:5, **8**:6, **12**:19, 23, **2Sa 7**:27, **1Ki 8**:28, 29, 30, 33, 35, 42, 44, 48, 54, **13**:6, **2Ki 4**:33, **6**:17, 18, **19**:15, 20, **20**:2, **1Ch 17**:25, **2Ch 6**:19, 20, 21, 24, 26, 32, 34, 38, **7**:1, 14, **30**:18, **32**:20, 24, **33**:13, **Ezr 10**:1, **Neh 1**:4, **2**:4, **4**:9, **Job 42**:8, 10, **Ps 5**:2, **32**:6, **72**:15, **106**:30, **Isa 16**:12, **37**:15, 21, **38**:2, **44**:17, **45**:14, 20, **Jer 7**:16, **11**:14, **14**:11, **29**:7, 12, **32**:16, **37**:3, **42**:2, 4, 20, **Eze 16**:52, **Dan 9**:4, 20, **Jon 2**:1, **4**:2

Proseuchē προσευχή *4335*

♦Euchē ευχή *2171*

Mat 21:13, 22, **Mar 9**:29, **11**:17, **Luk 6**:12, **19**:46, **22**:45, **Act 1**:14, **2**:42, **3**:1, **6**:4, **10**:4, 31, **12**:5, **16**:13, 16, **♦18**:18, **♦21**:23, **Ro 1**:9, **12**:12, **15**:30, **1Co 7**:5, **Eph 1**:16, **6**:18, **Php 4**:6, **Col 4**:2, 12, **1Th 1**:2, **1Ti 2**:1, 5:5, **Phm** 4, 22, **Jas ♦5**:15, 17, **1Pe 3**:7, **4**:7, **Rev 5**:8, **8**:3, 4

Proseuchomai προσεύχομαι *4336*

♦Euchomai εύχομία *2172*

Mat 5:44, **6**:5, 6, 7, 9, **14**:23, **19**:13, **24**:20, **26**:36, 39, 41, 42, 44, **Mar 1**:35, **6**:46, **11**:24, 25, **12**:40, **13**:18, **14**:32, 35, 38, 39, **Luk 1**:10, **3**:21, **5**:16, **6**:12, 28, **9**:18, 28, 29, **11**:1, 2, **18**:1, 10, 11, **20**:47, **22**:40, 41, 44, 46, **Act 1**:24, **6**:6, **8**:15, **9**:11, 40, **10**:9, 30, **11**:5, **12**:12, **13**:3, **14**:23, **16**:25, **20**:36, **21**:5, **22**:17, **♦26**:29, **♦27**:29, **28**:8, **Ro 8**:26, **♦9**:3, **1Co 11**:4, 5, 13, **14**:13, 14, 15, **2Co ♦13**:7, **♦9**, **Eph 6**:18, **Php 1**:9, **Col 1**:3, 9, **4**:3, **1Th 5**:17, 25, **2Th 1**:11, **3**:1, **1Ti 2**:8, **Heb 13**:18, **Jas 5**:13, 14, **♦**16, 17, 18, **♦3Jn** 2, **Jud** 20

Grēgoreuō γρηγορεύω *1127*

Watch

♦Agrupneō ἀγρυπνέω *69*

♣Agrupnia ἀγρυπνία *70*

Mat 24:42, 43, **25**:13, **26**:38, 40, 41, **Mar ♦13**:33, 34, 35, 37, **14**:34, 37, 38, **Luk 12**:37, **♦21**:36, **Act 20**:31, **1Co 16**:13, **2Co ♣6**:5, **♣11**:27, **Eph ♦6**:18, **Col 4**:2, **1Th 5**:6, 10, **Heb ♦13**:17, **1Pe 5**:8, **Rev 3**:2, 3, **16**:15

Pâgaʿ פגע 6293

Entreat, Pray

Gen 23:8, **Ru 1**:16, **Job 21**:15, **Isa 53**:12, **59**:16, **Jer 7**:16, **15**:11, **27**:18, **36**:25

ʿÂtâr עתר 6279

Entreat, Pray

Gen 25:21, **Exd 8**:8, 9, 28, 29, 30, **9**:28, **10**:17, 18, **Jdg 13**:8, **2Sa 21**:14, **24**:25, **1Ch 5**:20, **2Ch 33**:13, 19, **Ezr 8**:23, **Job 22**:27, **33**:26, **Isa 19**:22

B^eʿ^âh בעה 1156

Pray, Request

Dan 2:13, 16, 18, 3, 49, **4**:36, **6**:4, 7, 11, 12, 13, **7**:16

Erotaō εροτάω *2065*

Ask, Pray

Mat 15:23, **16**:13, **19**:17, **21**:24, **Mar 4**:10, **7**:26, **8**:5, **Luk 4**:38, **5**:3, **7**:3, 36, **8**:37, **9**:45, **11**:37, **14**:18, 19, 32, **16**:27, **19**:31, **20**:3, **22**:68, **23**:3, **Joh 1**:19, 21, 25, **4**:31, 40, 47, **5**:12, **8**:7, **9**:2, 15, 19, 21, **12**:21, **14**:16, **16**:5, 19, 23, 26, 30, **17**:9, 15, 20, **18**:19, 21, **19**:31, 38, **Act 1**:6, **3**:3, **10**:48, **16**:39, **18**:20, **23**:18, 20, **Php 4**:3, **1Th 4**:1, **5**:12, **2Th 2**:1, **1Jn 5**:16, **2Jn** 5

Aiteō αιτέω *154*

Desire, Ask, Beg

♦Aitēma αίτημα *155*

[Only *ask* of prayer]

Mat 6:8, **7**:7, 8, 9, 10, 11, **18**:19, **20**:20, 22, **21**:22, **Mar 10**:35, 38, **11**:24, 9, 10, 11, 12, 13, **Joh 4**:10, **11**:22, **14**:13, 14, **15**:7, 16, **16**:23, 24, 26, **Eph 3**:20, **Php ♦4**:6, **Col 1**:9, **Jas 1**:5, 6, **4**:2, 3, **1Jn 3**:22, **5**:14, 15♦, 16

Teḥinnâh תחנה 8467

Supplication

♦Taḥanûnâh תחנונה 8469

Jos 11:20, **1Ki 8**:28, 30, 38, 45, 49, 52, 54, **9**:3, **2Ch 6**:19, ♦21, 29, 35, 39, **33**:13, **Ezr 9**:8, **Job ♦41**:3, **Ps 6**:9, **♦28**:2, ♦6, **♦31**:22, **55**:1, **♦86**:6, **♦116**:1, **119**:170, **♦130**:2, **♦140**:6, **♦143**:1, **Pro ♦18**:23, **Jer ♦3**:21, **♦31**:9, **36**:7, **37**:20, **38**:26, **42**:2, 9, **Dan 9**:3, ♦17, ♦18, 20, ♦23, **Zec ♦12**:10

Deēsis δέησις *1162*

♦Deomai δέομαι *1189*

♣Enteuxis ἔντευξις *1783*

Mat ♦9:38, **Luk 1**:13, **2**:37, **♦5**:12, 33, **♦8**:28, ♦38, **♦9**:38, ♦40, **♦10**:2, **♦21**:36, **♦22**:32, **Act ♦4**:31, **♦8**:22, ♦24, ♦34, **♦10**:2, **♦21**:39, **♦26**:3, **Ro ♦1**:10, **10**:1, **2Co 1**:11, **♦5**:20, **♦8**:4, **9**:14, **♦10**:2, **Gal ♦4**:12, **Eph 6**:18, **Php 1**:4, 19, **4**:6, **1Th ♦3**:10, **1Ti 2**:1♣, ♣4:5, 5:5, **2Ti 1**:3, **Heb 5**:7, **Jas 5**:16, **1Pe 3**:12

Entengchanō εντεγχάνω *1793*

Intercession

♦Huperentagchanō ὑπερενταγχάνω *5241*

Act25:24, **Ro 8**:27, 34, ♦26, **11**:2, **Heb 7**:25

Ḥâlâh חלה 2470

Sought, Entreat

[For *sick*, *weak* go to p153]

Exd 32:11, **1Sa 13**:12, **1Ki 13**:6, **2Ki 13**:4, **2Ch 33**:12, **Job 11**:19, **Ps 45**:12, **119**:58, **Pro 19**:6, **Jer 26**:19, **Dan 9**:13, **Zec 7**:2, **8**:21, 22, **Mal 1**:8, 9

Qârâ' קרא 7121

Call, Called

[Only of men calling on Yehuwah; for Yehuwah calling, go to p110]

Gen 4:26, **12**:8, **13**:4, **21**:33, **26**:25, **Deu 4**:26, **30**:19, **1Sa 12**:17, **2Sa 22**:4, 7, **1Ki 18**:24, **2Ki 5**:11, **1Ch 4**:10, **Job 9**:16, **Ps 4**:1, 3, **14**:4, **18**:3, 6, **20**:9, **50**:15, **53**:4, **55**:16, **72**:17, **79**:6, **80**:18, **86**:5, 7, **91**:15, **102**:2, **105**:1, **116**:2, 4, 17, **118**:5, **145**:18, **Sng 5**:6, **Isa 12**:4, **41**:25, **45**:3, **55**:6, **58**:9, **60**:18, **65**:24, **Jer 3**:19, **7**:27, **10**:25, **25**:29, **29**:12, **33**:3, **La 3**:55, 57, **Hos 2**:16, **11**:7, **Jon 1**:6, **Zep 3**:9, **Zec 13**:9

Zâʿaq זעק 2199

Cry Out, Call

♦Zeʿâqâh זעקה 2201

♣Zeʿiq זעק 2200

Gen ♦18:20, Exd 2:23, Jos 8:16, Jdg 3:9, 15, 4:10, :13, 6:6, 7, 34, 35, 10:10, 14, 12:2, 18:22, 18:23, 1Sa 4:13, 5:10, 7:8, 9, 8:18, 12:8, 10, 14:20, 15:11, 28:12, 2Sa 13:19, 19:4, 28, 20:4, 5, 1Ki 22:32, 1Ch 5:20, 2Ch 18:31, 20:9, 32:20, Neh ♦5:6, 9:4, ♦9, 28, Est 4:1♦, ♦9:31, Job ♦16:18, 31:38, 35:9, Ps 22:5, 107:13, 19, 142:1, 5, Pro ♦21:13, Ecc ♦9:17, Isa 14:31, 15:4, 5♦, ♦8, 26:17, 30:19, 57:13, ♦65:19, Jer 11:11, 12, ♦18:22, 20:8, ♦16, 25:34, 30:15, 47:2, ♦48:4, 20, 31, ♦34, ♦50:46, ♦51:54, La 3:8, Eze 9:8, 11:13, 21:12, ♦27:28, 30, **Dan ♦♣6**:20, Hos 7:14, 8:2, Joe 1:14, Jon 1:5, 3:7, Mic 3:4, Hab 1:2, 2:11, Zec 6:8

Shavʿâh שׁועה 7775

Cry

♦Shevaʿ שׁוע 7773

Exd 2:23, **1Sa 5**:12, **2Sa 22**:7, **Ps 5♦**:2, **18**:6, **34**:15, **39**:12, **40**:1, **102**:1, **145**:19, **Jer 8**:19, **La 3**:56

Qôl קול 6963

Voice

[Only of men in prayer, sorrow, penitence, joy etc.; for the *voice* of Yehuwah, go to p108]

Gen 21:16, 17, **27**:38, **29**:11, **30**:6, **Exd 3**:18, **4**:1, 9, **Nu 20**:16, **Nu 21**:3, **Deu 1**:34, 45, **5**:28, **26**:7, **33**:7, **Jos 10**:14, **Jdg 2**:4, **21**:2, **1Sa 1**:13, **30**:4, **2Sa 3**:32, **15**:23, **19**:4, **22**:7, **1Ki 8**:55, **1Ch 15**:16, 28, **2Ch 5**:13, **15**:14, **20**:19, **30**:27, **Ezr 3**:12, 13, **10**:12, **Neh 4**:20, **9**:4, **Job 9**:16, **Ps 3**:4, **5**:2, 3, **6**:8, **18**:6, **27**:7, **28**:2, 6, **31**:22, **42**:4, **47**:1, **55**:17, **64**:1, **66**:8, 19, **77**:1, **86**:6, **98**:5, 6, **102**:5, **104**:7, **116**:1, **118**:15, **119**:149, **130**:2, **140**:6, **141**:1, **142**:1, **Pro 2**:3, **Sng 2**:14, **8**:13, **Isa 24**:14, **28**:23, **30**:19, **40**:3, 9, **48**:20, **51**:3, **52**:8, **58**:1, **65**:19, **Jer 9**:19, **31**:16, **33**:11, **Eze 11**:13, **33**:4, 5, **Jon 2**:2, 9, **Mic 6**:1, **Zep 1**:10

Phōnē φωνή *5456*

Mat 3:3, 17, **12**:19, **17**:5, **27**:46, 50, **Mar 1**:3, 11, **9**:7, **15**:34, 37, **Luk 3**:4, 22, **9**:35, 36, **23**:46, **Joh 1**:23, **3**:8, 29, **5**:25, 28, 37, **10**:3, 4, 16, 27, **11**:43, **12**:28, 30, **18**:37, **Act 7**:31, **9**:4, 7, **10**:13, 15,

11:7, 9, **13**:27, **22**:9, 14, **26**:14, **1Th 4**:16, **Heb 3**:7, 15, **4**:7, **12**:19, 26, **2Pe 1**:17, 18, **Rev 1**:10, 12, 15, **3**:20, **4**:1, 5, **5**:2, 11, 12, **6**:1, 6, 7, 10, **7**:2, 10, **8**:5, 13, **9**:9, 13, **10**:3, 4, 7, 8, **11**:12, 15, 19, **12**:10, **14**:2, 7, 9, 13, 15, 18, **16**:1, 17, 18, **18**:2, 22, 23, **19**:1, 5, 6, 17, **21**:3

Glōssa γλωσσά /Glōssais γλώσσαις *1100*

Tongue(s)

Mar 16:17, **Act 2**:3, 4, 11, 26, **10**:46, **19**:6, **Ro 3**:13, **14**:11, **1Co 12**:10, 28, 30, **13**:1, 8, **14**:2, 4, 5, 6, 9, 13, 14, 18, 19, 22, 23, 26, 27, 39, **Php 2**:11, **Jas 1**:26, **3**:5, 6, 8, **1Pe 3**:10, **1Jn 3**:18, **Rev 5**:9, 7:9, **10**:11, **11**:9, **13**:7, **14**:6, **17**:15

Dârash דרשׁ 1875

Inquire

[Only of men enquiring of Yehuwah]

1Sa 9:9, **1Ki 22**:5, 7, 8, **2Ki 1**:16, **3**:11, **8**:8, **22**:13, 18, **1Ch 10**:14, **13**:3, **15**:13, **16**:11, **21**:30, **22**:19, **28**:9, **2Ch 1**:5, **12**:14, **14**:4, 7, **15**:2, 12, 13, **16**:12, **17**:4, **18**:4, 6, 7, **19**:3, **20**:3, **22**:9, **26**:5, **30**:19, **31**:21, **34**:3, 21, 26, **Ezr 4**:2, **6**:21, **7**:10, **Job 5**:8, **Ps 9**:10, **10**:4, **14**:2, **22**:26, **24**:6, **34**:4, 10, **38**:12, **53**:2, **69**:32, **77**:2, **78**:34, **105**:4, **119**:2, 10, 45, 94, 155, **Isa 1**:17, **8**:19, **9**:13, **11**:10, **31**:1, **34**:16, **55**:6, **58**:2, **65**:1, 10, **Jer 10**:21, **21**:2, **29**:13, **37**:7, **Eze 14**:3, **20**:1, 3, 31, **36**:37, **Hos 10**:12, **Am 5**:4, 6, 14

Shâ'al שׁאל 7592

Ask, Inquire, Desire

[Only of men enquiring of Yehuwah]

Nu 27:21, **Deu 18**:16, **Jdg 1**:1, **20**:18, 23, 27, **1Sa 1**:17, 20, 27, **10**:22, **14**:37, **22**:10, 13, 15, **23**:2, 4, **28**:6, **30**:8, **2Sa 2**:1, **5**:19, 23, **1Ki 3**:5, 10, 11, 13, **1Ch 14**:10, 14, **2Ch 1**:7, 11, **Ps 2**:8, **21**:4, **27**:4, **105**:40, **122**:6, **Ecc 7**:10, **Isa 7**:11, 12, **30**:2, **58**:2, **65**:1, **Zec 10**:1

Bâqash בקשׁ 1245

Seek, Inquire

[Only of men enquiring of Yehuwah]

Exd 33:7, **Deu 4**:29, **2Sa 12**:16, **21**:1, **1Ch 16**:10, 11, **2Ch 11**:16, **15**:4, 15, **20**:4, **Ezr 8**:21, 22, 23, **Ps 24**:6, **27**:8, **34**:14, **40**:16, **69**:6, **70**:4, **83**:16, **105**:3, 4, **122**:9, **Pro 15**:14, **17**:9, **18**:15, **28**:5, **Ecc 7**:25, 28, **Sng 3**:1, 2, 5:6, **6**:1, **Isa 45**:19, **51**:1, **65**:1, **Jer 5**:1, **29**:13, **50**:4, **Hos 3**:5, 5:6, 15, **7**:10, **Am 8**:12, **Zep 1**:6, **2**:3, **Zec 8**:21, 22, **Mal 3**:1

Ekzeteō εκζετέω *1567*

Luk 11:50, 51, **Act 15**:17, **Ro 3**:11, **Heb 11**:6, **12**:17, **1Pe 1**:10

Tsûm צום 6684

Fast

♦Tsôm צוֹם 6685

Jdg 20:26, **1Sa 7**:6, **31**:13, **2Sa 1**:12, **12**:16, 21, 22, 23, **1Ki ♦21**:9, ♦12, 27, **1Ch 10**:12, **2Ch ♦20**:3, **Ezr ♦8**:21, 23, **Neh 1**:4, **♦9**:1, **Est ♦4**:3, 16, **♦9**:31, **Ps ♦35**:13, **♦69**:10, **♦109**:24, **Isa 58**:3♦, 4, ♦5, ♦6, **Jer 14**:12, **♦36**:6, ♦9, **Dan ♦9**:3, **Joe ♦1**:14, **♦2**:12, 15, **Jon ♦3**:5, **Zec 7**:5, **♦8**:19

Nēsteuō νηστεύω *3522*

♦Asitos ἄσιτος *777*

Mat 4:2, **6**:16, 17, 18, **9**:14, 15, **Mar 2**:18, 19, 20, **Luk 5**:33, 34, 35, **18**:12, **Act 13**:2, 3, **♦27**:33

Qâwâh קוה /Qôwêy קוי 6960

Wait, Looked

Gen 1:9, **49**:18, **Job 3**:9, **6**:19, **7**:2, **17**:13, **30**:26, **Ps 25**:3, 5, 21, **27**:14, **37**:9, 34, **39**:7, **40**:1, **52**:9, **56**:6, **69**:6, 20, **119**:95, **130**:5, **Pro 20**:22, **Isa 5**:2, 4, 7, **8**:17, **25**:9, **26**:8, **33**:2, **40**:31, **49**:23, **51**:5, **59**:9, 11, **60**:9, **64**:3, **Jer 3**:17, **8**:15, **13**:16, **14**:19, 22, **La 2**:16, **3**:25, **Hos 12**:6, **Mic 5**:7

XV Mishkan

Temple, Altar, Feasts, Offerings

Mishkân מִשְׁכָּן 4908/4907

Dwelling Place, Habitation, Tabernacle

Exd 25:9, **26**:1, 6, 7, 12, 13, 15, 17, 18, 20, 22, 23, 26, 27, 30, 35, **27**:9, 19, **35**:11, 15, 18, **36**:8, 13, 14, 20, 22, 23, 25, 27, 28, 31, 32, **38**:20, 21, 31, **39**:32, 33, 40, **40**:2, 5, 6, 9, 17, 18, 19, 21, 22, 24, 28, 29, 33, 34, 35, 36, 38, **Lev 8**:10, **15**:31, **17**:4, **26**:11, **Nu 1**:50, 51, 53, **3**:7, 8, 23, 25, 26, 29, 35, 36, 38, **4**:16, 25, 26, 31, **5**:17, **7**:1, 3, **9**:15, 18, 19, 20, 22, **10**:11, 17, 21, **16**:9, 24, 27, **17**:13, **19**:13, **24**:5, **31**:30, 47, **22**:19, 29, **2Sa 7**:6, **1Ch 6**:32, 48, **16**:39, **17**:5, **21**:29, **23**:26, **2Ch 1**:5, **29**:6, **Ezr ♦7**:15, **Job 18**:21, **21**:28, **39**:6, **Ps 26**:8, **43**:3, **46**:4, **49**:11, **74**:7, **78**:28, 60, **84**:1, **87**:2, **132**:5, 7, **Sng 1**:8, **Isa 22**:16, **32**:18, **54**:2, **Jer 9**:19, **30**:18, **51**:30, **Eze 25**:4, **37**:27, **Hab 1**:6

Ôhel אהל 168

Tabernacle

[Only Yehuwah's; except *tabernacle of meeting*]

Exd 33:8, 9, 10, 11, **Nu 9**:17, **11**:24, **12**:10, **17**:7, **Deu 31**:15, **2Sa 6**:17, **1Ki 1**:39, **2**:28, 29, 30, **1Ch 16**:1, **17**:5, **2Ch 1**:4, **Ps 15**:1, **27**:5, 6, **52**:5, **61**:4, **Isa 16**:5, **Jer 10**:20

Skēnē σκηνή *4633*

♦Skēnōma σκηνωμα *4638*

Mat 17:4, **Mar 9**:5, **Luk 9**:33, **16**:9, **Act 7**:43, 44, ♦46, **15**:16, **Heb 8**:2, 5, **9**:2, 3, 6, 8, 11, 21, **11**:9, **13**:10, **2Pe ♦1**:13, ♦14, **Rev 13**:6♣, **15**:5, **21**:3♣

Hêykâl היכל 1964/1965

Temple, Tabernacle

1Sa 1:9, **3**:3, **2Sa 22**:7, **1Ki 6**:3, 5, 17, 33, **7**:21, 50, **21**:1, **18**:16, **20**:18, **23**:4, **24**:13, **2Ch 3**:17, **4**:7, 8, 22, **26**:16, **27**:2, **29**:16, **36**:7, **Ezr 3**:6, 10, **4**:1, ♦14, ♦**5**:14, ♦15, ♦**6**:5, **Neh 6**:10, 11, **Ps 5**:7, **11**:4, **18**:6, **27**:4, **29**:9, **45**:8, 15, **48**:9, **65**:4, **68**:29, **79**:1, **138**:2, **144**:12, **Pro 30**:28, **Isa 6**:1, **13**:22, **39**:7, **44**:28, **66**:6, **Jer 7**:4, **24**:1, **50**:28, **51**:11, **Eze 8**:16, **41**:1, 4, 15, 20, 21, 23, 25, **42**:8, **Dan 1**:4, ♦**4**:4, ♦29, ♦**5**:2, ♦3, ♦5, ♦**6**:18, **Hos 8**:14, **Joe 3**:5, **Am 8**:3, **Jon 2**:4, 7, **Mic 1**:2, **Nah 2**:6, **Hab 2**:20, **Hag 2**:15, 18, **Zec 6**:12, 13, 14, 15, **8**:9, **Mal 3**:1

Hieron ἱερόν *2411*

Mat 4:5, **12**:5, 6, **21**:12, 14, 15, 23, **24**:1, **26**:55, **Mar 11**:11, 15, 16, 27, **12**:35, **13**:1, 3, **14**:49, **Luk 2**:27, 37, 46, **4**:9, **18**:10, **19**:45, 47, **20**:1, **21**:5, 37, 38, **22**:52, 53, **24**:53, **Joh 2**:14, 15, **5**:14, **7**:14, 28, **8**:2, 20, 59, **10**:23, **11**:56, **18**:20, **Act 2**:46, **3**:1, 2, 3, 8, 10, **4**:1, **5**:20, 21, 24, 25, 42, **19**:27, **21**:26, 27, 28, 29, 30, **22**:17, **24**:6, 12, 18, **25**:8, **26**:21, **1Co 9**:13

Naos ναός *3485*

Mat 23:16, 17, 21, 35, **26**:61, **27**:5, 40, 51, **Mar 14**:58, **15**:29, 38, **Luk 1**:9, 21, 22, **23**:45, **Joh 2**:19, 20, 21, **Act 17**:24, **19**:24, **1Co 3**:16, 17, **6**:19, **2Co 6**:16, **Eph 2**:21, **2Th 2**:4, **Rev 3**:12, **7**:15, **11**:1, 2, 19, **14**:15, 17, **15**:5, 6, 8, **16**:1, 17, **21**:22

Bayit בית 1004

House

[Only that of Yehuwah's; except in regard to the service and work to build, repair the house of Yehuwah]

2Sa 7:13, **12**:20, **1Ki 5**:5, **6**:1, 12, **8**:10, 11, 13, 18, 19, 20, 27, 29, 31, 33, 38, 42, 43, 44, 48, 63, 64, **9**:1, 3, 7, **1Ch 17**:12, 14, **22**:1, 6, 7, 8, 10, 11, 14, 19, **28**:3, 6, 10, 12, 13, 20, 21, **29**:2, 3, 7, 8, 16, **2Ch 2**:1, 4, 12, **3**:1, **5**:13, 14, **6**:2, 5, 7, 8, 9, 10, 18, 20, 22, 24, 29, 32, 33, 34, 38, **7**:1, 2, 3, 12, 21, **20**:5, 9, 28, **36**:14, **Ps 5**:7, **23**:6, **26**:8, **27**:4, **31**:2, **36**:8, **42**:4, **52**:8, **55**:14, **65**:4, **66**:13, **84**:4, 10, **92**:13, **93**:5, **116**:19, **118**:26, **122**:1, 9, **127**:1, **134**:1, **135**:2, **Sng 2**:4, **Isa 2**:2, 3, **38**:20, **56**:5, 7,

60:7, **66**:20, **Jer 17**:26, **33**:11, **Eze 8**:14, 16, **10**:19, **11**:1, **44**:4, 5, **Hos 8**:1, **Joe 3**:18, **Mic 4**:1, **Hag 1**:14, **2**:7, 9, **Zec 8**:9, **9**:8, **14**:20, 21, **Mal 3**:10

Mizbeaḥ מזבח 4196

Altar

Gen 8:20, **12**:7, 8, **13**:4, 18, **22**:9, **26**:25, **33**:20, **35**:1, 3, 7, **Exd 17**:15, **20**:24, 25, 26, **21**:14, **24**:4, 6, **27**:1, 5, 6, 7, **28**:43, **29**:12, 13, 16, 18, 20, 21, 25, 36, 37, 38, 44, **30**:1, 18, 20, 27, 28, **31**:8, 9, **32**:5, **34**:13, **35**:15, 16, **37**:25, **38**:1, 3, 4, 7, 30, **39**:38, 39, **40**:5, 6, 7, 10, 26, 29, 30, 32, 33, **Lev 1**:5, 7, 8, 9, 11, 12, 13, 15, 16, 17, **2**:2, 8, 9, 12, **3**:2, 5, 8, 11, 13, 16, **4**:7, 10, 18, 19, 25, 26, 30, 31, 34, 35, **5**:9, 12, **6**:9, 10, 12, 13, 14, 15, **7**:2, 5, 31, **8**:11, 15, 16, 19, 21, 24, 28, 30, **9**:7, 8, 9, 10, 12, 13, 14, 17, 18, 20, 24, **10**:12, **14**:20, **16**:12, 18, 20, 25, 33, **17**:6, 11, **21**:23, **22**:22, **Nu 3**:26, 31, **4**:11, 13, 14, 26, **5**:25, 26, **7**:1, 10, 11, 84, 88, **16**:38, 39, 46, **18**:3, 5, 7, 17, **23**:1, 2, 4, 14, 29, 30, **Deu 7**:5, **12**:3, 27, **16**:21, **26**:4, **27**:5, 6, **33**:10, **Jos 8**:30, 31, **9**:27, **22**:10, 11, 16, 19, 23, 26, 28, 29, 34, **Jdg 2**:2, **6**:24, 25, 26, 28, 30, 31, 32, **13**:20, **21**:4, **1Sa 2**:28, 33, **7**:17, **14**:35, **2Sa 24**:18, 21, 25, **1Ki 1**:50, 51, 53, **2**:28, 29, **3**:4, **6**:20, 22, **7**:48, **8**:22, 31, 54, 64, **9**:25, **12**:32, 33, **13**:1, 2, 3, 4, 5, 32, **16**:32, **18**:26, 30, 32, 35, **19**:10, 14, **2Ki 11**:11, 18, **12**:9, **16**:10, 11, 12, 13, 14, 15, **18**:22, **21**:3, 4, 5, **23**:9, 12, 15, 16, 17, 20, **1Ch 6**:49, **16**:40, **21**:18, 22, 26, 29, **22**:1, **28**:18, **2Ch 1**:5, 6, **4**:1, 19, **5**:12, **6**:12, 22, **7**:7, 9, **8**:12, **14**:3, **15**:8, **23**:10, 17, **26**:16, 19, **28**:24, **29**:18, 19, 21, 22, 24, 27, **30**:14, **31**:1, **32**:12, **33**:3, 4, 5, 15, 16, **34**:4, 5, 7, **35**:16, **Ezr 3**:2, 3, **10**:34, **Ps 26**:6, **43**:4, **51**:19, **84**:3, **118**:27, **Isa 6**:6, **17**:8, **19**:19, **27**:9, **36**:7, **56**:7, **60**:7, **Jer 11**:13, **17**:1, 2, **La 2**:7, **Eze 6**:4, 5, 6, 13, **8**:5, 16, **9**:2, **40**:46, 47, **41**:22, **43**:13, 18, 22, 26, 27, **45**:19, **47**:1, **Hos 8**:11, **10**:1, 2, 8, **12**:11, **Joe 1**:13, **2**:17, 8, **Am 3**:14, **9**:1, 15, **Zec 14**:20, **Mal 1**:7, 10, **2**:13

Miqdâsh מקדש 4720

Holy Place, Sanctuary

Exd 15:17, **25**:8, **Lev 12**:4, **16**:33, **19**:30, **20**:3, **21**:12, 23, **26**:2, 31, **Nu 3**:38, **10**:21, **18**:1, 29, **19**:20, **Jos 24**:26, **1Ch 22**:19, **28**:10, **2Ch 20**:8, **26**:18, **29**:21, **30**:8, **36**:17, **Neh 10**:39, **Ps 68**:35, **73**:17, **74**:7, **78**:69, **96**:6, **Isa 8**:14, **16**:12, **60**:13, **63**:18, **Jer 17**:12, **51**:51, **La 1**:10, **2**:7, 20, **Eze 5**:11, **8**:6, **9**:6, **11**:16, **21**:2, **23**:38, 39, **24**:21, **25**:3, **28**:18, **37**:26, 28, **43**:21, **44**:1, 5, 7, 8, 9, 11, 15, 16, **45**:3, 4, 18, **47**:12, **48**:8, 10, 21, **Dan 8**:11, **9**:17, **11**:31, **Am 7**:9, 13

Pâroket פרכת 6532

Veil

Exd 26:33, 35, 27:21, 30:6, 35:12, 36:35, 38:27, 39:34, 40:3, 21, 22, 26, Lev 4:6, 17, 16:2, 12, 15, 21:23, 24:3, Nu 4:5, 18:7 2Ch 3:14

Masweh מסוה 4533

Veil

♦Tsâʿîph צעיף 6809

♣Tsammâh צמה 6777

Gen ♦**24**:65, ♦**38**:14, ♦19, **Exd 34**:33, 34, 35, **Sng** ♣**4**:1, ♣3, ♣**6**:7, **Isa** ♣**47**:2

Katapétasma καταπέτασμα *2665*

♦Kaluma κάλυμμα 2571

Mar 15:38, **Luk 23**:45, **2Co** ♦3:13, ♦14, ♦15, ♦16, **Heb 6**:19, **9**:3, **10**:20

D^{e}vîr דביר 1687

Sanctuary

1Ki 6:5, 16, 19, 20, 21, 22, 23, 31, **7**:49, **8**:6, 8, **2Ch 3**:16, **4**:20, **5**:7, 9, **Ps 28**:2

Arôn ארון 727

Ark

{♦Nisâʾ נשא /Lâsêʾt לשאת 5375 Bear, Carry

♣ʿÂleh עלה /Heʿelîtî העליתי 5927 Brought Up

†Berît ברית 1285 Covenant}

Gen 50:26, **Exd 25**:10, 14♦, 15, 16, 21, 22, **26**:33, 34, **30**:6, 26, **31**:7, **35**:12, **37**:1, 5♦, **39**:35, **40**:3, 5, 20, 21, **Lev 16**:2, **Nu 3**:31, **4**:5, **7**:89, **10**:33†, 35, **14**:44†, **Deu 10**:1, 2, 3, 5, 8†, **31**:9♦†, 25♦†, 26†, **Jos 3**:3♦†, 6♦†, 8♦†, 11†, 13♦, 14♦†, 15♦, 17♦†, **4**:5, 7†, 9♦†, 10♦, 11, 16♦♣, 18♦♣†, **6**:4♦, 6♦♦†, 7, 8♦†, 9, 11, 12♦, 13♦, **7**:6, **8**:33♦†, **Jdg 20**:27†, **1Sa 3**:3, **4**:3†, 4♦†, 5†, 6, 11, 13, 17, 18, 19, 21, 22, **5**:1, 2, 3, 4, 7, 8, 10, 11, **6**:1, 2, 3, 8, 11, 13, 15, 18, 19, 21, **7**:1, 2, **14**:18, **2Sa 6**:2♣, 3♦, 4♦, 6, 7, 9, 10, 11, 12♣, 13♦, 15♣, 16, 17♣, **7**:2, **11**:11, **15**:24♦♣†, 25, 29, **1Ki 2**:26♦, **3**:15†, **6**:19†, **8**:1♣†, 3♦, 4♣, 5, 6†, 7, 9†, 21†, **12**:9, 10, **1Ch 6**:31, **13**:3, 5, 6♣, 7, 9, 10, 12, 13, 14, **15**:1, 2♦, 3♣, 12♣, 14♣, 15♦, 23, 24, 25♣†, 26♦†, 27♦, 28♣†, 29†, **16**:1, 4, 6†, 37†, **17**:1†, **22**:19†, **28**:2†, 18†, **2Ch 1**:4♣, **5**:2♣†, 4♦, 5, 6, 7†, 8, 9, 10†, **6**:11†, 41, **8**:11, **24**:8, 10, 11, **35**:3, **Ps 132**:8, **Jer 3**:16†

Kibōtos κιβωτός *2787*

Mat 24:38, **Luk 17**:27, **Heb 9**:4, **11**:7, **1Pe 3**:20, **Rev 11**:19

Kappôret כפרת 3727

Mercy Seat

Exd 25:17, 18, 19, 20, 21, 22, **26**:34, **30**:6, **31**:7, **35**:12, **37**:6, 7, 8, 9, **39**:35, **40**:20, **Lev 16**:2, 13, 14, 15, **Nu 7**:89, **1Ch 28**:11

Tsîyôn ציון 6726

Zion

{♦Har-Tsîyôn הר־ציון 2022/6726 Mount Zion

♣Bat-Tsîyôn בת־ציון 1323/6726 Daughter of Zion}

2Sa 5:7, **1Ki 8**:1, **2Ki** ♣**19**:21, ♦31, **1Ch 11**:5, **2Ch 5**:2, **Ps 2**:6, **9**:11, ♣14, **14**:7, **20**:2, ♦**48**:2, ♦11, 12, **50**:2, **51**:18, **53**:6, **65**:1, **69**:35, ♦**74**:2, **76**:2, ♦**78**:68, **84**:7, **87**:2, 5, **97**:8, **99**:2, **102**:13, 16, 21, **110**:2, ♦**125**:1, **126**:1, **128**:5, **129**:5, **132**:13, ♦**133**:3, **134**:3, **135**:21, **137**:1, 3, **146**:10, **147**:12, **149**:2, **Sng** ♣**3**:11, **Isa** ♣**1**:8, 27, **2**:3, ♣**3**:16, 17, **4**:3, ♣4, 5, ♦**8**:18, ♦**10**:12, 24, ♣♦32, **12**:6, **14**:32, ♣♦**16**:1, **18**:7, ♦**24**:23, **28**:16, ♦**29**:8, **30**:19, ♦**31**:4, 9, **33**:5, 14, 20, **34**:8, **35**:10, ♣**37**:22, ♦32, **40**:9, **41**:27, **46**:13, **49**:14, **51**:3, 11, 16, **52**:1, ♣2, 7, 8, **59**:20, **60**:14, **61**:3, **62**:1, ♣11, **64**:10, **66**:8, **Jer 3**:14, **4**:6, ♣31, ♣**6**:2, ♣23, **8**:19, **9**:19, **14**:19, **26**:18, **30**:17, **31**:6, 12, **50**:5, 28, **51**:10, 24, 35, **La 1**:4, ♣6, 17, ♣**2**:1, ♣4, 6, ♣8, ♣10, ♣13, ♣18, **4**:2, 11, ♣22, **5**:11, ♦18, **Joe 2**:1, 15, 23, 32, **3**:16, ♦17, 21, **Am 1**:2, **6**:1, **Obd** ♦17, ♦21, **Mic** ♣**1**:13, **3**:10, 12, **4**:2, ♦7, ♣8, ♣10, 11, ♣13, **Zep** ♣**3**:14, 16, **Zec 1**:14, 17, **2**:7, ♣10, **8**:2, 3, ♣**9**:9, 13

Siōn Σιών *4622*

Mat 21:5, **Joh 12**:15, **Ro 9**:33, **11**:26, **Heb 12**:22, **1Pe 2**:6, **Rev 14**:1

Har הר /Harîm הרים 2022

Mountain, (Heights)

[Only that of Yehuwah. For *Mount Zion* see Tsîôn above]

Gen 22:14, **Exd 3**:1, 12, **4**:27, **15**:17, **18**:5, **19**:2, 3, 11, 12, 13, 14, 16, 17, 18, 20, 23, **20**:18, **24**:4, 12, 13, 15, 16, 17, 18, **25**:40, **26**:30, **27**:8, **31**:18, **32**:1, 15, 19, **33**:6, **34**:2, 3, 4, 29, 32, **Lev 7**:38, **25**:1, **26**:46, **27**:34, **Nu 3**:1, **10**:33, **28**:6, **Deu 1**:6, **4**:11, **5**:4, 5, 22, 23, **9**:9, 10, 15, 21, **10**:1, 3, 4, 5, 10, **1Ki 19**:8, **2Ch 33**:15, **Neh 9**:13, **Ps 3**:4, **11**:1, **15**:1, **24**:3, **43**:3, **48**:1, **68**:15, 16, **78**:54, **99**:9, **121**:1, **125**:2, **Isa 2**:2, **14**:25, **25**:6, 7, 10, **27**:13, **28**:21, **30**:29, **56**:7, **57**:7, 13, **65**:9, 11, 25, **66**:20, **Jer 31**:23, **Eze 20**:40, **28**:14, 16, **Dan 9**:16, 20, **11**:45, **Joe 3**: 18, **Am 9**:13, **Obd** 16, **Mic 4**:1, **Zep 3**:11, **Zec 14**:4

Ps 18:7, **46**:2, 3, **65**:6, **68**:16, **72**:3, 16, **80**:10, **83**:14, **90**:2, **95**:4, **97**:5, **98**:8, **104**:32, **114**:4, 6, **144**:5, **Sng 2**:8, 17, **Isa 2**:14, **13**:4, **17**:13, **18**:3, **30**:17, 25, **34**:3, **40**:4, **41**:15, **42**:11, 15, **44**:23, **49**:11, 13, **52**:7, **54**:10, **55**:12, **64**:1, **Jer 3**:23, **4**:24, **13**:16, **51**:25, **Joe 2**:2, 5, **Mic 1**:4, **Nah 1**:15, **Hab 3**:10, **Zec 4**:7

Lᵉhârêy Yisrâ’êl להרי ישׂראל 2022/3478

The Mountains Of Israel

Jos 11:16, 21, **Eze 6**:2, 3, **19**:9, **33**:28, **34**:13, 14, **35**:12, **36**:1, 4, 8, **37**:22, **38**:8, **39**:2, 4, 17

Oros ορος *3735*

Mat 4:8, **5**:1, 14, **8**:1, **14**:23, **15**:29, **17**:1, 9, 20, **18**:12, **21**:1, 21, **24**:3, 16, **26**:30, **28**:16, **Mar 3**:13, **5**:5, 11, **6**:46, **9**:2, 9, **11**:1, 23, **13**:3, 14, **14**:26, **Luk 3**:5, **4**:29, **6**:12, **8**:32, **9**:28, 37, **19**:29, 37, **21**:21, 37, **22**:39, **23**:30, **Joh 4**:20, 21, **6**:3, 15, **8**:1, **Act 1**:12, **7**:30, 38, **1Co 13**:2, **Gal 4**:24, 25, **Heb 8**:5, **11**:38, **12**:20, 22, **2Pe 1**:18, **Rev 6**:14, 15, 16, **8**:8, **14**:1, **16**:20, **17**:9, **21**:10

‘Amî עמי 5971

My People

[Only for the people of Yehuwah]

Exd 3:7, 10, **5**:1, **7**:4, 16, **8**:1, 8, 20, 21, 22, 23, **9**:1, 13, 17, **10**:3, 4, **Lev 26**:12, **1Sa 2**:29, **9**:16, 17, **2Sa 3**:18, **5**:2, **7**:7, 8, 10, 11, **1Ki 6**:13, **8**:16, **14**:7, **16**:2, **2Ki 20**:5, **1Ch 11**:2, **17**:6, 7, 9, 10, **2Ch 1**:11, **6**:5, 6, **7**:13, 14, **Ps 14**:4, **50**:7, **53**:4, **81**:8, 11, 13, **Isa 1**:3, **3**:12, 15, **5**:13, **10**:2, 24, **19**:25, **22**:4, **26**:20, **32**:13, 18, **40**:1, **43**:20, **47**:6, **51**:4, 16, **52**:4, 5, 6, **53**:8, **57**:14, **58**:1, **63**:8, **65**:10, 19, 22, **Jer 2**:11, 13, 31, 32, **4**:11, 22, **5**:26, 31, **6**:14, 26, 27, **7**:12, 23, **8**:7, 11, 19, 21, 22, **9**:1, 2, 7, **11**:4, **12**:14, 16, **13**:11, **14**:17, **15**:7, **18**:15, **23**:2, 13, 22, 27, 32, **24**:7, **29**:32, **30**:3, 22, **31**:1, 14, 33, **32**:38, **33**:24, **50**:6, **51**:45, **Eze 11**:20, **13**:9, 10, 18, 19, 21, 23, **14**:8, 9, 11, **21**:12, **25**:14, **33**:31, **34**:30, **36**:8, 12, 28, **37**:12, 13, 23, 27, **38**:14, 16, **39**:7, **44**:23, **45**:8, 9, **46**:18, **Hos 1**:9, 10, **2**:1, 23, **4**:6, 8, 12, **6**:11, **11**:7, **Joe 2**:26, 27, **3**:2, 3, **Am 7**:8, 15, **8**:2, **9**:10,

14, **Obd** 13, **Mic 1**:9, **2**:4, 8, 9, **3**:2, 3, 5, **6**:3, 5, 16, **Zep 2**:8, 9, **Zec 2**:11, **8**:7, 8, **13**:9

Laon Mou λαόν μου *2992/3450*

Mat 2:6, **Act 7**:34, **Ro 9**:25, 26, **2Co 6**:16, **Heb 8**:10, **Rev 18**:4

---{

Laon λαόν 2992}
[Only of Yehuwah's people]
Mat 1:21, **Luk 1**:68, 77, **2**:32, **7**:16, **Act 23**:5, **Ro 11**:1, 2, **15**:10, **Heb 10**:30, **Rev 21**:3

ʿAm עם 5971

People
[Only the *people* of Yehuwah; for *my people* see above]
Exd 5:23, **18**:1, **15**:16, **32**:11, 12, 14, 13, 16, **Nu 16**:41, **Deu 9**:26, 29, **21**:8, **26**:15, **27**:9, **32**:36, 43, **Jdg 5**:11, **11**:23, **Ru 1**:6, **1Sa 12**:22, **13**:14, **15**:1, **2Sa 1**:12, **5**:12, **6**:21, **7**:23, 24, **1Ki 3**:8, 9, **8**:30, 33, 34, 36, 38, 41, 43, 44, 50, 51, 52, 56, 59, 66, **9**:6, **1Ch 14**:2, **17**:21, 22, **21**:3, 17, **22**:18, **23**:25, **29**:18, **2Ch 2**:11, **6**:21, 24, 25, 27, 29, 32, 33, 34, 39, **7**:10, **20**:7, **31**:8, 10, **32**:17, **35**:3, **36**:15, 16, 23, **Ezr 1**:3, **Neh 1**:10, **9**:32, **Ps 3**:8, **14**:7, **28**:9, **29**:11, **44**:12, **50**:4, **53**:6, **60**:3, **68**:7, 35, **72**:2, **77**:15, 20, **78**:20, 62, 71, **79**:13, **80**:4, **83**:3, **85**:2, 6, 8, **94**:5, 14, **100**:3, **105**:24, 25, 43, **106**:4, 40, **110**:3, **111**:6, 9, **113**:8, **116**:14, **125**:2, **135**:12, 14, **136**:16, **148**:14, **149**:4, **Isa 2**:6, **3**:14, **5**:25, **11**:11, 16, **14**:32, **25**:8, **28**:5, **30**:26, **49**:13, **51**:22, **52**:9, **56**:3, **63**:14, **64**:9, **Jer 31**:7, **32**:21, **Eze 36**:20, **Dan 9**:15, 16, 19, **Joe 2**:17, 18, 19, **3**:16, **Mic 6**:2, **7**:14, **Nah 3**:18, **Hab 3**:13, **Zep 2**:10, **Zec 9**:16

ʿIvrîy עברי 5680

Hebrew
Gen 14:13, **39**:14, 17, **40**:15, **41**:12, **43**:32, **Exd 1**:15, 16, 19, **2**:6, 7, 11, 13, **3**:18, **5**:3, **7**:16, **9**:1, 13, **10**:3, **21**:2, **Deu 15**:12, **1Sa 4**:6, 9, **13**:3, 7, 19, **14**:11, 21, **29**:3, **Jer 34**:9, 14, **Jon 1**:9

S^e^gullâh סגלה 5459

Special Treasure
Exd 19:5, **Deu 7**:6, **14**:2, **26**:18, **1Ch 29**:3, **Ps 135**:4, **Ecc 2**:8, **Mal 3**:17

Qâhâl קהל 6951

Congregation, Assembly
♦Maqhêl מקהל 4721
Gen 28:3, **35**:11, **48**:4, **49**:6, **Exd 12**:6, **16**:3, **Lev 4**:13, 21, **16**:17, 33, **Nu 10**:7, **14**:5, **15**:15, **16**:3, 33, 47, 20, **20**:4, 6, 10, 12, **22**:4, **Deu 5**:22, **9**:10, **10**:4, **18**:16, **23**:1, 2, 3, 8, **31**:30, **Jos 8**:35, **Jdg 20**:2, **21**:5, 8, **1Sa 17**:47, **1Ki 8**:14, 22, 55, 65, **12**:3, **1Ch 13**:2, 4, **28**:8, **29**:1, 10, 20, **2Ch 1**:3, 5, **6**:3, 12, 13, **7**:8, **20**:5, 14, **23**:3, **24**:6, **28**:14, **29**:23, 28, 31, 32, **30**:2, 4, 13, 17, 23, 24, 25, **31**:18, **Ezr 2**:64, **10**:1, 8, 12, 14, **Neh 5**:13, **7**:66, **8**:2, 17, **13**:1, **Job 30**:28, **Ps 22**:22, 25, **26**:5, ♦12, **35**:18, **40**:9, 10, ♦**68**:26, **89**:5, **107**:32, **149**:1, **Pro 5**:14, **21**:16, **26**:26, **Jer 26**:17, **31**:8, **44**:15, **50**:9, **La 1**:10, **Eze 16**:40, **17**:17, **23**:24, 46, 47, **26**:7, **27**:27, 34, **32**:3, 22, 23, **38**:4, 7, 13, 15, **Joe 2**:16, **Mic 2**:5

Sunagō συνάγω *4863*

Gather Together, Assemble
Mat 2:4, **3**:12, **6**:26, **12**:30, **13**:2, 30, 47, **18**:20, **22**:10, 34, 41, **24**:28, **25**:24, 26, 32, 35, 38, 43, **26**:3, 57, **27**:17, 27, 62, **28**:12, **Mar 2**:2, **4**:1, **5**:21, **6**:30, **7**:1, **Luk 3**:17, **11**:23, **12**:17, 18, **15**:13, **17**:37, **22**:66, **Joh 4**:36, **6**:12, 13, **11**:47, 52, **15**:6, **18**:2, **20**:19, **Act 4**:5, 26, 27, 31, **11**:26, **13**:44, **14**:27, **15**:6, 30, **20**:7, 8, **1Co 5**:4, **Rev 13**:10, **16**:14, 16, **19**:17, 19, **20**:8

Ekklēsia εκκλησία *1577*

Church [Called Out]
Mat 16:18, **18**:17, **Act 5**:11, **7**:38, **8**:1, 3, **9**:31, **11**:22, 26, **12**:1, 5, **13**:1, **14**:23, 27, **15**:3, 4, 22, 41, **16**:5, **18**:22, **19**:32, 39, 41, **20**:17, 28, **Ro 16**:1, 4, 5, 16, 23, **1Co 1**:2, **4**:17, **6**:4, **7**:17, **10**:32, **11**:16, 18, 22, **12**:28, **14**:4, 5, 12, 19, 23, 28, 33, 34, 35, **15**:9, **16**:1, 19, **2Co 1**:1, **8**:1, 18, 19, 23, 24, **11**:8, 28, **12**:13, **Gal 1**:2, 13, 22, **Eph 1**:22, **3**:10, 21, **5**:23, 24, 25, 27, 29, 32, **Php 3**:6, **4**:15, **Col 1**:18, 24, **4**:15, 16, **1Th 1**:1, **2**:14, **2Th 1**:1, 4, **1Ti 3**:5, 15, **5**:16, **Phm** 2, **Heb 2**:12, **12**:23, **Jas 5**:14, **3Jn** 6, 9, 10, **Rev 1**:4, 11, 20, **2**:1, 7, 8, 11, 12, 17, 18, 23, 29, **3**:1, 6, 7, 13, 14, 22, **22**:16

Sōma σώμα *4983*

Body
♦Susōma σύσομος *4954*
Mat 5:29, 30, **6**:22, 23, 25, **10**:28, **26**:12, 26, **27**:52, 58, 59, **Mar 5**:29, **14**:8, 22, **15**:43, **Luk 11**:34, 36, **12**:4, 22, 23, **17**:37, **22**:19, **23**:52, 55, **24**:3, 23, **Joh 2**:21, **19**:31, 38, 40, **20**:12, **Act 9**:40, **Ro 1**:24, **4**:19, **6**:6, 12, **7**:4, 24, **8**:10, 11, 13, 23, **12**:1, 4, 5, **1Co 5**:3, **6**:13, 15, 16, 18, 19, 20, **7**:4, 34, **9**:27, **10**:16, 17, **11**:24, 27, 29, **12**:12, 13, 14, 15, 16, 17, 18, 19, 20, 22, 23, 24, 25, 27, **13**:3, **15**:35, 37, 38, 40, 44, **2Co 4**:10, **5**:6, 8, 10, **10**:10, **12**:2, 3, **Gal 6**:17, **Eph 1**:23, **2**:16, ♦**3**:6,

4:4, 12, 16, **5**:23, 28, 30, **Php 1**:20, **3**:21, **Col 1**:18, 22, 24, **2**:11, 17, 19, 23, **3**:15, **1Th 5**:23, **Heb 10**:5, 10, 22, **13**:3, 11, **Jas 2**:16, 26, **3**:2, 3, 6, **1Pe 2**:24, **Jud** 9, **Rev 18**:13

Ts^e^va'ah צבאה /Ts^e^vâ'ôt צבאות 6635

Host, Go To War, (Hosts, Armies)

[Except *Yehuwah of hosts,* go to p21]

Gen 2:1, **21**:22, 32, **26**:26, **Exd 6**:26, **7**:4, **12**:17, 41, 51, **Nu 1**:3, 20, 22, 24, 45, 52, **2**:3, 4, 9, 10, 11, 16, 18, 19, 24, 25, 26, 32, **4**:3, **8**:25, **10**:14, 15, 16, 18, 19, 20, 22, 23, 24, 25, 26, 27, 28, **26**:2, **31**:3, 4, 5, 6, 14, 21, 27, 28, 32, 36, 48, 53, **32**:27, **33**:1, **Deu 4**:19, **17**:3, **20**:9, **24**:5, **Jos 4**:13, **5**:14, 15, **22**:12, 33, **Jdg 4**:2, 7, **8**:6, **9**:29, **1Sa 1**:3, **12**:9, **14**:50, **17**:55, **26**:5, **28**:1, **2Sa 2**:8, **3**:23, **8**:16, **10**:7, 16, 18, **17**:25, **19**:13, **20**:23, **1Ki 1**:19, 25, **2**:5, 32, 35, **4**:4, **11**:15, 21, **16**:16, **22**:19, **2Ki 4**:13, **5**:1, **17**:16, **21**:3, 5, **23**:4, 5, **25**:19, **1Ch 5**:18, **7**:4, 11, 40, **12**:8, 14, 21, 23, 24, 25, 33, 36, 37, **18**:15, **19**:8, 16, 18, **20**:1, **25**:1, **26**:26, **27**:3, 5, 34, **2Ch 17**:18, **18**:18, **25**:5, 7, **26**:11, 13, 14, **28**:9, 12, **33**:3, 5, 11, **Neh 9**:6, **Job 7**:1, **10**:17, **14**:14, **Ps 33**:6, **44**:9, **60**:10, **68**:11, 12, **103**:21, **108**:11, **148**:2, **Isa 13**:4, **18**:7, **24**:21, **34**:2, 4, **40**:2, 26, **45**:12, **Jer 3**:19, **8**:2, **19**:13, **33**:22, **51**:3, **52**:25, **Dan 8**:10

Shabbât שׁבת /Shabbatôt שׁבתות 7676

Sabbath(s)

♦Shabbâtôn שׁבתון 7677

Exd 16:23♦, 25, 26, 29, **20**:8, 10, 11, **31**:13, 14, 15♦, 16, **35**:2♦, 3, **Lev 16**:31♦, **19**:3, 30, **23**:3♦, 11, 15, 16, ♦24, 32♦, 38, ♦39, **24**:8, **25**:2, 4♦, ♦5, 6, 8, **26**:2, 34, 35, 43, **Nu 15**:32, **28**:9, 10, **Deu 5**:12, 14, 15, **2Ki 4**:23, **11**:5, 7, 9, **16**:18, **1Ch 9**:32, **23**:31, **2Ch 2**:4, **8**:13, **23**:4, 8, **31**:3, **36**:21, **Neh 9**:14, **10**:31, 33, **13**:15, 16, 17, 18, 19, 21, 22, **Isa 1**:13, **56**:2, 4, 6, **58**:13, **66**:23, **Jer 17**:21, 22, 24, 27, **La 2**:6, **Eze 20**:12, 13, 16, 20, 21, 24, **22**:8, 26, **23**:38, **44**:24, **45**:17, **46**:1, 3, 4, 12, **Hos 2**:11, **Am 8**:5

Ḥâg חג 2282

Feast

[Also look under Matsôt (Unleavened Bread) and Sukôt (Booths) below]

Exd 10:9, **12**:14, **13**:6, **23**:15, 16, 18, **32**:5, **34**:18, 22, 25, **Lev 23**:6, 34, 39, 41, **Nu 28**:17, **29**:12, **Deu 16**:10, 13, 14, 16, **31**:10, **Jdg 21**:19, **1Ki 8**:2, 65, **12**:32, 33, **2Ch 5**:3, **7**:8, 9, **8**:13, **30**:13, 21, **35**:17, **Ezr 3**:4, **6**:22, **Neh 8**:14, 18, **Ps 81**:3, **118**:27, **Isa 29**:1, **30**:29, **Eze 45**:17, 21, 23, 25, **46**:11, **Hos 2**:11, **9**:5, **Am 5**:21, **8**:10, **Nah 1**:15, **Zec 14**:16, 18, 19, **Mal 2**:3

Mô'êd מעד 4150

Feast Day, Set Time

[Except *tabernacle of meeting*]

Gen 1:14, **17**:21, **18**:14, **21**:2, **Exd 9**:5, **13**:10, **23**:15, **34**:18, **Lev 23**:2, 4, 37, 44, **Nu 9**:2, 3, 7, 13, **10**:10, **15**:3, **28**:2, **29**:39, **Deu 16**:6, **31**:10, **Jos 8**:14, **Jdg 20**:38, **1Sa 9**:24, **13**:8, 11, **20**:35, **2Sa 20**:5, **24**:15, **2Ki 4**:16, 17, **1Ch 23**:31, **2Ch 2**:4, **8**:13, **30**:22, **31**:3, **Ezr 3**:5, **Neh 10**:33, **Job 30**:23, **Ps 74**:4, 8, **75**:2, **102**:13, **104**:19, **Isa 1**:14, **14**:13, **33**:20, **Jer 8**:7, **46**:17, **La 1**:4, 15, **2**:6, 7, 22, **Eze 36**:38, **44**:24, **45**:17, **46**:9, 11, **Dan 8**:19, **11**:27, 29, 35, **12**:7, **Hos 2**:9, 11, **9**:5, **12**:9, **Hab 2**:3, **Zep 3**:18, **Zec 8**:19

Sh^e^lîshîy שׁלישׁי 7992

Third

Gen 1:13, **2**:14, **6**:16, **22**:4, **31**:22, **32**:19, **34**:25, **40**:20, **42**:18, **Exd 19**:1, 11, 16, **28**:19, **39**:12, **Lev 7**:17, 18, **19**:6, 7, **Nu 2**:24, **7**:24, **15**:6, 7, **19**:12, 19, **28**:14, **29**:20, **31**:19, **Deu 23**:8, **26**:12, **Jos 9**:17, **19**:10, **Jdg 20**:30, **1Sa 3**:8, **17**:13, **19**:21, **20**:5, 12, **30**:1, **2Sa 1**:2, **3**:3, **18**:2, **23**:18, **1Ki 3**:18, **6**:6, 8, **12**:12, **18**:1, **22**:2, **2Ki 1**:13, **11**:5, 6, **19**:29, **20**:5, 8, **1Ch 2**:13, **3**:2, 15, **8**:1, 39, **12**:9, **23**:19, **24**:8, 23, **25**:10, **26**:2, 4, 11, **27**:5, **2Ch 10**:12, **15**:10, **23**:4, 5, **27**:5, **31**:7, **Neh 10**:32, **Est 5**:1, **8**:9, **Job 42**:14, **Isa 15**:5, **19**:24, **37**:30, **Jer 38**:14, **48**:34, **Eze 5**:2, **5**:12, **10**:14, **21**:14, **31**:1, **42**:3, **46**:14, **Hos 6**:2, **Zec 6**:3, **13**:8, 9

Shevîy'îy שׁביעי 7637

Seventh

Gen 2:2, 3, **8**:4, **Exd 12**:15, 16, **13**:6, **16**:26, 27, 29, 30, **20**:10, 11, **21**:2, **23**:11, 12, **24**:16, **31**:15, 17, **34**:21, **35**:2, **Lev 13**:5, 6, 27, 32, 34, 51, **14**:9, 39, **16**:29, **23**:3, 8, 16, 24, 27, 4, 39, 41, **25**:4, 9, 20, **Nu 6**:9, **7**:48, **19**:12, 19, **28**:25, **29**:1, 7, 12, 32, **31**:19, 24, **Deu 5**:14, **15**:12, **16**:8, **Jos 6**:4, 15, 16, **19**:40, **Jdg 14**:15, 17, 18, **2Sa 12**:18, **1Ki 8**:2, **18**:44, **20**:29, **2Ki 11**:4, **18**:9, **25**:25, **1Ch 2**:15, **12**:11, **24**:10, **25**:14, **26**:3, 5, **27**:10, **2Ch 5**:3, **7**:10, **23**:1, **31**:7, **Ezr 3**:1, 6, **7**:8, **Neh 7**:73, **8**:2, 14, **10**:31, **Est 1**:10, **Jer 28**:17, **41**:1, **Eze 20**:1, **45**:25, **Hag 2**:1, **Zec 7**:5, **8**:19

Sh^{e}mînîy שְׁמִינִי 8066

Eighth

Exd 22:30, **Lev 9**:1, **12**:3, **14**:10, 23, **15**:14, 29, **22**:27, **23**:36, 39, **25**:22, **Nu 6**:10, 7:54, **29**:35, **1Ki 6**:38, **8**:66, **12**:32, 33, **1Ch 12**:12, **24**:10, **25**:15, **26**:5, **27**:11, **2Ch 7**:9, **Neh 8**:18, **Eze 43**:27, **Zec 1**:1

ʿAsîrîy עֲשִׂירִי 6224

Tenth

Gen 8:5, **Exd 16**:36, **Lev 5**:11, **6**:20, **27**:32, **Nu 5**:15, 7:66, **28**:5, **Deu 23**:2, 3, **2Ki 25**:1, **1Ch 12**:13, **24**:11, **25**:17, **27**:13, **Ezr 10**:16, **Est 2**:16, **Isa 6**:13, **Jer 32**:1, **39**:1, **52**:4, **Eze 24**:1, **29**:1, **33**:21, **Eze 45**:11, **Zec 8**:19

ʿAtsârâh עצרה 6116

Solemn Assembly

Lev 23:36, **Nu 29**:35, **Deu 16**:8, **2Ki 10**:20, **2Ch 7**:9, **Neh 8**:18, **Isa 1**:13, **Jer 9**:2, **Joe 1**:14, **Joe 2**:15, **Am 5**:21

Peçaḥ פסח 6453

Passover

Exd 12:11, 21, 27, 43, 48, **34**:25, **Lev 23**:5, **Nu 9**:2, 4, 5, 6, 10, 12, 13, 14, **28**:16, **33**:3, **Deu 16**:1, 2, 5, 6, **Jos 5**:10, 11, **2Ki 23**:21, 22, 23, **2Ch 30**:1, 2, 5, 15, 17, 18, **35**:1, 6, 7, 8, 9, 11, 13, 16, 17, 18, 19, **Ezr 6**:19, 20, **Eze 45**:21

Pascha πάσχα *3957*

Mat 26:2, 17, 18, 19, **Mar 14**:1, 12, 14, 16, **Luk 2**:41, **22**:1, 7, 8, 11, 13, 15, **Joh 2**:13, 23, **6**:4, **11**:55, **12**:1, **13**:1, **18**:28, 39, **19**:14, **Act 12**:4, **1Co 5**:7, **Heb 11**:28

Matstsâh מצה / Matsôt מצות

4682 Unleavened, Unleavened Bread

Ḥag haMatsôt חג המצות 2282/4682

Feast Of Unleavened Bread

Gen 19:3, **Exd 12**:8, 15, 17, 18, 20, 39, **13**:6, 7, **23**:15, **29**:2, 23, **34**:18, **Lev 2**:4, 5, **6**:16, **7**:12, **8**:2, 26, **10**:12, **23**:6, **Nu 6**:15, 17, 19, **9**:11, **28**:17, **Deu 16**:3, 8, 16, **Jos 5**:11, **6**:19, 20, 21, **1Sa 28**:24, **2Ki 23**:9, **1Ch 23**:29, **2Ch 8**:13, **30**:13, 21, **35**:17, **Ezr 6**:22

Adzumōn αζύμων *106*

Mat 26:17, **Mar 14**:1, 12, **Luk 22**:1, 7, **Act 12**:3, **20**:6, **1Co 5**:7, 8

Kippurîm כפרים 3725

Atonement

Exd 30:10, **Lev 23**:27, 28, **25**:9, **Nu 5**:8, **29**:11

Sukkôt סכות 5521

Booths

Ḥag haSukkôt חג הסכות 2282/5521

Feast Of Tabernacles

Gen 33:17, **Lev 23**:34, 42, 43, **Deu 16**:13, 16, **31**:10, **2Sa 11**:11, **22**:12, **1Ki 20**:12, 16, **2Ch 8**:13, **Ezr 3**:4, **Neh 8**:14, 15, 16, 17, **Job 36**:29, **Ps 18**:11, **31**:20, **Isa 1**:8, **4**:6, **Am 9**:11, **Jon 4**:5, **Zec 14**:16, 18, 19

Ḥatsots^{e}râh חצצרה 2689

Trumpets

Nu 10:2, 8, 9, 10, **31**:6, **2Ki 11**:14, **12**:13, **1Ch 13**:8, **15**:24, 28, **16**:6, 42, **2Ch 5**:12, 13, **13**:12, 14, **15**:14, **20**:28, **23**:13, **29**:26, 27, 28, **Ezr 3**:10, **Neh 12**:35, 41, **Ps 98**:6, **Hos 5**:8

Shôphar שׁופר 7782

Trumpet

Exd 19:16, 19, **20**:18, **Lev 25**:9, **Jos 6**:4, 5, 6, 8, 9, 13, 16, 20, **Jdg 3**:27, **6**:34, **7**:8, 16, 18, 19, 20, 22, **1Sa 13**:3, **2Sa 2**:28, **6**:15, **15**:10, **18**:16, **20**:1, 22, **1Ki 1**:34, 39, 41, **2Ki 9**:13, **1Ch 15**:28, 14, **Neh 4**:18, 20, **Job 39**:24, 25, **Ps 47**:5, **81**:3, **98**:6, **150**:3, **Isa 18**:3, **27**:13, **58**:1, **Jer 4**:5, 19, 21, **6**:1, 17, **42**:14, **51**:27, **Eze 33**:3, 4, 5, 6, **Hos 5**:8, **8**:1, **Joe 2**:1, 15, **Am 2**:2, **3**:6, **Zep 1**:16, **Zec 9**:14

Salpigx σάλπιγξ /Salpngos σάλπγγος *4536*

Mat 24:31, **1Co 14**:8, **15**:52, **1Th 4**:16, **Heb 12**:19, **Rev 1**:10, **4**:1, **8**:2, 6, 13, **9**:14

Yôvêl יובל 3104

Jubilee, Trumpet

Exd 19:13, **Lev 25**:10, 11, 12, 13, 15, 28, 30, 31, 33, 40, 50, 52, 54, **27**:17, 18, 21, 23, 24, **Nu 36**:4, **Jos 6**:4, 5, 6, 8, 13

ʻÂsâh עשׂה 6213

Offer

[For *do*, *make* of Yehuwah, go to p33; for *do* of man (regarding the commandments), go to p175]

Exd 29:36, 38, 39, 41, **Lev 5**:10, **6**:22, **9**:7, 16, 22, **14**:19, 30, **15**:15, 30, **16**:9, 24, **17**:9, **22**:23, 24, **23**:19, **Nu 6**:11, 16, 17, **8**:12, **15**:3, 14, 24, **28**:4, 8, 15, 20, 21, 23, 24, **29**:2, **Deu 12**:27, **1Ki 3**:15, **8**:64, **2Ki 5**:17, **2Ch 7**:7, **Ps 66**:15, **Jer 33**:18, **Eze 43**:25, 27, **45**:17, 22, 23, 24, **46**:2, 7, 12, 13, 14, 15

Zevaḥ זבח 2077

Sacrifice, Offering

{♦Hashlamîm השׁלמים 8002 Peace Offering
♣ʻÔlâh עולה 5930 Burnt Offering}

[For more ʻÔlâh see below]

Gen 31:54, **46**:1, **Exd 10**:25♣, **12**:27, **18**:12♣, **23**:18, **24**:5†♣♦, **29**:28♦, **34**:15, 25, **Lev 3**:1♦, 3♦, 6♦, 9♦, **4**:10♦♣, 26♦, 31♦, 35♦, **7**:11♦, 12, 13♦, 15♦, 16, 17, 18♦, 20♦, 21♦, 29♦♦, 32♦, 34♦, 37♣♦, **9**:18♦, **10**:14♦, **17**:5♦, 7, 8♣, **19**:5♦, 6, **22**:21♦, 29, **23**:19♦, 37♣, **Nu 6**:17♦, 18♦, **7**:17♦, 88♦, **10**:10♣♦, **15**:3♣, 5♣, 8♣♦, **25**:2, **Deu 12**:6♣, 11♣, 27♣, **18**:3, **32**:38, **33**:19, **Jos 22**:23†♣†♦, 26♣, 27♣♦, 28♣, 29♣, **Jdg 16**:23, **1Sa 1**:21, **2**:13, 19, 29, **3**:14, **6**:15†♣, **9**:12, 13, **10**:8†♣♦, **11**:15♦, **15**:22♣, **16**:3, 5, **20**:6, 29, **2Sa 15**:12, **1Ki 8**:62, 63♦, **12**:27, **2Ki 5**:17♣, **10**:19, 24♣, **16**:15♣♣♣, **1Ch 29**:21♣, **2Ch 7**:1♣, 4, 5, 12, **29**:31♣, **30**:22♦, **33**:16♦, **Neh 12**:43, **Ps 4**:5, **27**:6, **40**:6♣, **50**:5, 8♣, **51**:16♣, 17, 19♣♣, **106**:28, **107**:22, **116**:17, **Pro 7**:14♦, **15**:8, **17**:1, **21**:3, 27, **Ecc 5**:1, **Isa 1**:11♣, **19**:21, **34**:6, **43**:23♣, 24, **56**:7♣, **57**:7†, **Jer 6**:20♣, **7**:21♣, 22♣, **17**:26♣, **33**:18♣, **46**:10, **Eze 20**:28, **39**:17, 19, **40**:42♣♣, **44**:11♣, **46**:24, **Dan 9**:27, **Hos 3**:4, **4**:19, **6**:6♣, **8**:13, **9**:4, **Am 4**:4, **5**:25, **Jon 1**:16, **Zep 1**:7, 8

Zavaḥ זבח 2076

Sacrifice, Offer

{♦Hashlamîm השׁלמים 8002 Peace Offering
♣ʻÔlâh עולה 5930 Burnt Offering}

[For more ʻÔlâh see below]

Gen 31:54, **46**:1, **Exd 3**:18, **5**:3, 8, 17, **8**:8, 25, 26, 27, 28, 29, **13**:15, **20**:24♣♦, **22**:20, **23**:18, **24**:5♣♦, **32**:8, **34**:15, **Lev 9**:4♦, **17**:5♦, 7, **19**:5♦, **22**:29, 40, **Deu 12**:15, 21, **15**:21, **16**:2, 4, 5, 6, **17**:1, **18**:3, **27**:7♦, **32**:17, **33**:19, **Jos 8**:31♣♦, **Jdg 2**:5, **16**:23, **1Sa 1**:3, 4, 21, **2**:13, 15, 19, **6**:15♣, **10**:8♣♦, **11**:15♦, **15**:15, 21, **16**:2, 5, **28**:24, **2Sa 6**:13, **15**:12, **1Ki 1**:9, 19, 25, **3**:2, 3, 4♣, **8**:5, 62, 63♦, **11**:8, **12**:32, **13**:2, **19**:21, **22**:43, **2Ki 12**:3, **14**:4, **15**:4, 35, **16**:4, **17**:35, 36, **23**:20, **1Ch 15**:26, **21**:28, **29**:21♣, **2Ch 5**:6, **7**:4, 5, **11**:16, **15**:11, **18**:2, **28**:4, 23, **30**:22♦, **33**:16♦, 17, 22, **34**:4, **Ezr 4**:2, **Neh 4**:2, **12**:43, **Ps 4**:5, **27**:6, **50**:14, 23, **54**:6, **106**:37, 38, **107**:22, **116**:17, **Ecc 9**:2, **Isa 57**:7, **65**:3, **66**:3, **Eze 16**:20, **20**:28, **34**:3, **39**:17, 19, **Hos 4**:13, 14, **8**:13, **11**:2, **12**:11, **13**:2, **Jon 1**:16, **2**:9, **Hab 1**:16, **Zec 14**:21, **Mal 1**:8, 14

Thuō θυω *2380*

Mat 22:4, **Mar 14**:12, **Luk 15**:23, 27, 30, **22**:7, **Joh 10**:10, **Act 10**:13, **11**:7, **14**:13, 18, **1Co 5**:7, **10**:20

Qorbân קרבן 7133

Offering

{♦Qârav קרב 7126 Bring}

[For more Qârav go to p171]

Lev 1:2♦, 3♦, ♦5, 10♦, 14♦, ♦13, ♦15, **2**:5, 7, 12♦, 13♦, **3**:1♦♦, 2, 6♦, 7♦, 8, 9♦, 12♦, 14♦, ♦**4**:14, 23, 28, **6**:20♦, ♦**7**:3, ♦12, 13, 14♦, 15, 16♦, ♦25, 29♦, ♦35, 38♦, ♦**8**:6, ♦13, ♦22, ♦24, **9**:7, ♦**10**:1, ♦**12**:7, ♦**16**:1, ♦20, **17**:4♦, ♦**21**:6, ♦8, ♦17, ♦18, ♦21, **22**:18♦♦, 20, ♦22, ♦24, ♦25, 27, ♦**23**:8, 14, ♦25, ♦27, ♦36, **27**:9♦, 11♦, **Nu** ♦**3**:4, ♦**5**:9, 15, **6**:21, ♦**7**:2, 3♦, 10♦, 11♦, 12♦, 13, 17, ♦18, ♦19, **9**:7♦, 13♦, ♦**15**:7, ♦10, ♦13, 25, ♦**16**:35, **18**:9, ♦**26**:61, **28**:2♦, **31**:50♦, **Neh 10**:34, **13**:31, **Ps** ♦**72**:10, **Eze 20**:28, **40**:43, ♦23, ♦**44**:7, ♦15, **Hag** ♦**2**:14

Ḥattâ't חטאת 2403

Sin Offering

♦Ḥattâ'âh חטאה 2402
♣Ḥattâyâ חטיא 2409
{†Qârav קרב 7126 Bring}

[For more Qârav see Qorban (Offering) above; also go to p171]

Exd 29:14, 36, **30**:10, **Lev 4**:3†, 8, 20, 21, 24, 25, 29, 32†, 33, 34, **5**:6, 7, 8†, 9, 11†, 12, **6**:17, 25, 30, **7**:7, 37, **8**:2, 14, **9**:2†, 3, 7, 8†, 10, 15†, 22, **10**:16, 17, 19†, **12**:6, 8, **14**:13, 19, 22, 31, **15**:15, 30, **16**:3, 5, 6†, 9†, 11†, 15, 27, **23**:19, **Nu 6**:11, 14†, 16†, **7**:22, 28, 34, 40, 46, 52, 58, 64, 70, 76, 82, 87, **8**:8, 12, **15**:24, 25, 27†, **18**:9, **28**:15, 22, **29**:5, 11, 16, 31, **2Ch 29**:21, 23, 24, **Ezr 6**:17♦♣, **8**:35, **Ps 40**:6, **Eze 40**:39, **42**:13, **43**:19, 21, 22†, 25, **44**:27†, 29, **45**:17, 19, 22, 23, 25, **46**:20

Âshâm אשׁם 817

Trespass Offering

{♦Qârav קרב 7126 Bring}

[For more Qârav see Qorban (Offering) above; also go to p171]
Lev 5:6, 15, 16, 18, 19, **6**:5, 6, 17, **7**:1, 2, 5, 7, 37, **14**:12♦, 13, 14, 17, 21, 24, 25, 28, **19**:21, 22, **Nu 6**:12, **18**:9, **1Sa 6**:3, 4, 8, 17, **Ezr 10**:19, **Eze 40**:39, **42**:13, **44**:29, **46**:20

Minḥâh מנחה 4503

Present, Grain Offering

{♦Qârav קרב 7126 Bring
♣'Âlâh עלה 5927 Offer}

[For more Qârav see Qorban (Offering) above and also go to p171; for more 'Âleh see Ôlâh below and go to p171]

Gen 4:3, 4, 5, **32**:13, 18, 20, 21, **33**:10, **43**:11, 15, 25, 26, **Exd 29**:41, **30**:9, **40**:29, **Lev 2**:1♦, 3, 4♦, 5, 6, 7, 8♦, 9, 10, 11♦, 13, 14♦, 15, **5**:13, **6**:14♦, 15, 20, 21♦, 23, **7**:9♦, 10, 37, **9**:4, 17♦, **10**:12, **14**:10, 20, 21, 31, **23**:13, 16♦, 18♦, 37♦, **Nu 4**:16, **5**:15, 18, 25♦, 26, **6**:15, 17, **7**:13, 19♦, 25, 87, **8**:8, **15**:4♦, 6, 9♦, 24, **16**:15, **18**:9, **28**:5, 8, 9, 12, 13, 20, 26, 28, 31, **29**:3, 6, 9, 11, 14, 16, 18, 39, **Jos 22**:23, 29, **Jdg 3**:15, 17, 18, **6**:18, **13**:19♣, 23, **1Sa 2**:17, 29, **3**:14, **10**:27, **26**:19, **2Sa 8**:2, 6, **1Ki 4**:21, **8**:64, **10**:25, **18**:29, 36, **2Ki 3**:20♣, **8**:8, 9, **16**:13, 15, **17**:3, 4, **20**:12, **1Ch 16**:29, **18**:2, 6, **21**:23, **23**:29, **2Ch 7**:7, **9**:24, **17**:5, 11, **26**:8, **32**:23, **Ezr 9**:4, 5, **Neh 10**:33, **13**:5, 9, **Ps 20**:3, **40**:6, **45**:12, **72**:10, **96**:8, **141**:2, **Isa 1**:13, **19**:21, **39**:1, **43**:23, **57**:6, **66**:3♣♣, 20, **Jer 14**:12♣, **17**:26, **33**:18, **41**:5, **Eze 42**:13, **44**:29, **45**:15, 17, 24, 25, **46**:5, 7, 11, 14, 15, 20, **Dan 9**:21, 27, **Hos 10**:6, **Joe 1**:9, 13, **2**:14, **Am 5**:22, 25, **Zep 3**:10, **Mal 1**:10, 11, 13, **2**:12, 13, **3**:3, 4

'Ôlâh עולה 5930

Burnt Offering, Ascend

{◊Hashlamîm השלמים 8002 Peace Offering
♦Qârav קרב 7126 Bring
♣'Âleh עלה 5927 Offer}

[Also look under Zevaḥ and Zavaḥ (Sacrifice) above; for more Qârav see Qorban (Offering) above and also go to p171; for more 'Âleh go to p171]

Gen 8:20, **22**:2♣, 3, 6, 7, 8, 13♣, **Exd 29**:18, 25, 42, **30**:9♣, 28, **31**:9, ◊**32**:6♣, **35**:16, **38**:1, **40**:6, 10, 29♣, **Lev 1**:3, 4, 6, 9, 10, ♣12, 13, 14, 17, **3**:5, **4**:7, 18, 24, 25, 29, 30, 33, 34, **5**:7, 10, **6**:9, 10, ◊12, 25, **7**:2, 8♦, ◊14, ◊33♦, **8**:18♦, 21, 28, **9**:2♦, 3, 7, 12, 13, 14, 16, 17, ◊22, 24, **10**:19♦, **12**:6, 8, **14**:13, 19, 20♣, 22, 31, **15**:15, 30, **16**:3, 5, 10, 24♣, **22**:18♦♦, **23**:12, 18, **Nu 6**:11, ◊14, 16♦, **7**:15, 87, **8**:12, **15**:3, 24, ♣**23**:2, 3, ♣4, 6, ♣14, 15, 17, ♣30, **28**:3, 6, 10, 11♦, 13, 14, 15, 19♦, 23, 24, 27♦, 31, **29**:2, 6, 8♦, 11, 13♦, 16, 36♦, 38, ◊39, **Deu 12**:13♣, 14♣, **27**:6♣, ◊7, **Jdg 6**:26♣, ♣28, **11**:31♣, **13**:16♣, 23, ◊**20**:26♣, **21**:4♣, **1Sa** ♣**1**:21, ♣**2**:19, ♣28, **6**:14♣, **7**:9♣, 10♣, ◊**13**:9, 10, 12, **2Sa** ◊**6**:17♣, ◊18♣, **24**:22♣, 24♣, ◊25♣, **1Ki** ◊**3**:15, ◊**8**:64, ◊**9**:25♣, **10**:5, ♣**12**:27, ♣32, ♣33, ♣**18**:29, 33, ♣36, 38, **2Ki 3**:27♣, **10**:25, **16**:12, ◊13, **17**:36, **1Ch 6**:49, ◊**16**:1, ◊2♣, 40♣, **21**:23, 24♣, ◊26♣, 29, **22**:1, **23**:31♣, **2Ch 1**:6, **2**:4, **4**:6, ◊**7**:7, **8**:12♣, ♣13, **9**:4, **13**:11, **23**:18♣, **24**:14♣, **29**:7♣, 18, ♣21, 24, 27♣, 28, 29♣, 32, 34, ◊35, **30**:15, ◊22, ◊**31**:2, 3, **35**:12♦, 14♣, 16♣, **Ezr 3**:2♣, 3♣, 4♣, 5, 6♣, **8**:35♦, **Job 1**:5♣, **42**:8♣, **Ps 66**:15♣, **Isa** ♣**57**:6, **Jer 14**:12♣, **Eze 40**:38, 39, **43**:18♣, 24♦♣, 27, ◊**45**:15, ◊17, 23, 25, ◊**46**:2, 4♦, ◊12, 13, 15, **48**:35, **Am** ◊**5**:22♣, **Mic 6**:6

Holokautōma ολοκαύτωμα *3646*

Mar 12:33, **Heb 10**:6, 8

Ishshâh אשה 801

Offering Made By Fire

{♦Rêyaḥ-Nîḥôaḥ ריח־ניחח 7381/5207 Sweet Aroma}

Exd 29:18♦, 25♦, 41♦, **30**:20, **Lev 1**:9♦, 13♦, 17♦, **2**:2♦, 3, 9♦, 10, 11, 16, **3**:3, 5♦, 9, 11, 14, 16♦, **4**:35, **5**:12, **6**:17, 18, **7**:5, 25, 30, 35, **8**:21♦, 28♦, **10**:12, 13, 15, **21**:6, 21, 22, 27, **23**:8, 13♦, 18♦, 25, 27, 36, 37, **24**:7, 9, **Nu 15**:3♦, 10♦, 13♦, 14♦, 25, **18**:17♦, **28**:2♦, 3, 6♦, 8♦, 13♦, 19, 24♦, **29**:6♦, 13♦, 36♦, **Deu 18**:1, **Jos 13**:14, **1Sa 2**:28

Q^{e}tôret קטרת 7004

Incense

Exd 25:6, **30**:1, 7, 8, 9, 27, 35, 37, **31**:8, 11, **35**:8, 15, 28, **37**:25, 29, **39**:38, **40**:5, 27, **Lev 4**:7, **10**:1, **16**:12, 13, **Nu 4**:16, **7**:14, 86, **16**:7, 17, 18, 35, 40, 46, 47, **1Sa 2**:28, **1Ch 6**:49, **28**:18, **2Ch 2**:4, **13**:11, **26**:16, 19, **29**:7, **Ps 66**:15, **141**:2, **Pro 27**:9, **Isa 1**:13, **Eze 8**:11, **16**:18, **23**:41

Rêyaḥ-Nîḥôaḥ ריח־ניחח

7381/5207 Sweet Aroma

[Also look under 'Ishshâh (Offering made by fire) above]

Gen 8:21, **Lev 26**:31, **Eze 6**:13, **16**:19, **20**:28, 41

N^{e}dâvâh נדבה 5071

Freewill Offering

Exd 35:29, **36**:3, **Lev 7**:16, **22**:18, 21, 23, 38, **Nu 15**:3, **29**:39, **Deu 12**:6, 17, **16**:10, **23**:23, **2Ch 31**:14, **35**:8, **Ezr 1**:4, **3**:5, **8**:28, **Ps 54**:6, **68**:9, **110**:3, **119**:108, **Eze 46**:12, **Hos 14**:4, **Am 4**:5

Maʿasêr מעשׂ 4643

Tithe

Gen 14:20, **Lev 27**:30, 31, 32, **Nu 18**:21, 24, 26, 28, **Deu 12**:6, 11, 17, **14**:23, 28, **26**:12, **2Ch 31**:5, 6, 12, **Neh 10**:37, 38, **12**:44, **13**:5, 12, **Eze 45**:11, 14, **Am 4**:4, **Mal 3**:8, 10

Apodekatoō ἀποδεκατόω *586*

Mat 23:23, **Luk 11**:42, **18**:12, **Heb 7**:5

Teˆrûmâh תְּרוּמָה 8641

Heave Offering, Offering

Exd 25:2, 3, **29**:27, 28, **30**:13, 14, 15, **35**:5, 21, 24, **36**:3, 6, **Lev 7**:14, 32, 34, **10**:14, 15, **22**:12, **Nu 5**:9, **6**:20, **15**:19, 20, 21, **18**:8, 11, 19, 24, 26, 27, 28, 29, **31**:29, 41, 52, **Deu 12**:6, 11, 17, **2Sa 1**:21, **2Ch 31**:10, 12, 14, **Ezr 8**:25, **Neh 10**:37, 39, **12**:44, **13**:5, **Pro 29**:4, **Isa 40**:20, **Eze 20**:40, **44**:30, **45**:1, 6, 7, 13, 16, **48**:8, 9, 10, 12, 18, 20, 21, **Mal 3**:8

Tenûphâh תְּנוּפָה 8573

Wave Offering

Exd 29:24, 26, 27, **35**:22, **38**:24, 29, **Lev 7**:30, 34, **8**:27, 29, **9**:21, **10**:14, 15, **14**:12, 21, 24, **23**:15, 17, 20, **Nu 6**:20, **8**:11, 13, 15, 21, **18**:11, 18, **Isa 19**:16, **30**:32

Dâm דם 1818

Blood

[Only of sacrifice]

Exd 12:7, 13, 22, 23, **23**:18, **24**:6, 8, **29**:12, 16, 20, 21, **30**:10, **34**:25, **Lev 1**:5, 11, 15, **3**:2, 8, 13, 17, **4**:5, 6, 7, 16, 17, 18, 25, 30, 34, **5**:9, **6**:27, 30, **7**:2, 14, 26, 27, 33, **8**:15, 19, 23, 24, 30, **9**:9, 12, 18, **10**:18, **12**:4, 7, **14**:6, 14, 17, 25, 28, 51, 52, **15**:19, 25, **16**:14, 15, 18, 19, 27, **17**:4, 6, 10, 11, 12, 13, 14, **19**:16, 26, **Nu 18**:17, **19**:4, 5, **Deu 12**:27, **2Ki 16**:13, 15, **2Ch 29**:22, 24, **30**:16, **Ps 50**:13, **Isa 1**:11, **34**:6, **Eze 43**:18, 20, **44**:7, 15, **45**:19, **Zec 9**:11

Aimatos αἵματος *129*

♦Haimatekchusia αἱματεκχυσία *130*

Mat 26:28, **Mar 14**:24, **Luk 22**:44, **Joh 6**:53, 54, 55, 56, **19**:34, **Act 20**:28, **Ro 3**:25, **5**:9, **1Co 10**:16, **11**:25, 27, **Eph 1**:7, **2**:13, **Col 1**:20, **Heb 9**:7, 12, 13, 14, 18, 19, 20, 21, 22♦, 25, **10**:4, 19, 29, **11**:28, **12**:4, 24, **13**:11, 12, 20, **1Pe 1**:2, 19, **1Jn 1**:7, **5**:6, 8, **Rev 1**:5, **5**:9, **7**:14, **12**:11, **19**:13

Êzôv אזוב 231

Hyssop

Exd 12:22, **Lev 14**:4, 6, 49, 51, 52, **Nu 19**:6, 18, **1Ki 4**:33, **Ps 51**:7

Staurō σταυρω *4716*

Cross

Mat 10:38, **16**:24, **27**:32, 40, 42, **Mar 8**:34, **15**:21, 30, 32, **Luk 9**:23, **14**:27, **23**:26, **Joh 19**:17, 19, 25, 31, **1Co 1**:17, 18, **Gal 5**:11, **6**:12, 14, **Eph 2**:16, **Php 2**:8, **3**:18, **Col 1**:20, **2**:14, **Heb 12**:2

Staurou σταυρου *4717*

Crucify

♦Anastaurountas ανασταυρουντας *388*

Mat 20:19, **23**:34, **26**:2, **27**:22, 23, 26, 31, 35, 38, **28**:5, **Mar 15**:13, 14, 15, 20, 24, 25, 27, **16**:6, **Luk 23**:21, 23, 33, **24**:7, 20, **Joh 19**:6, 10, 15, 16, 18, 20, 23, 41, **Act 2**:36, **4**:10, **1Co 1**:13, 23, **2**:2, 8, **2Co 13**:4, **Gal 3**:1, **5**:24, **6**:14, **Heb ♦6**:6, **Rev 11**:8

Seh שֶׂה שׂי 7716

Lamb, Sheep

Gen 22:7, 8, **30**:32, **Exd 12**:3, 4, 5, **13**:13, **22**:1, 4, 9, 10, **34**:19, 20, **Lev 5**:7, **12**:8, **22**:23, 28, **27**:26, **Nu 15**:11, **Deu 14**:4, **17**:1, **18**:3, **22**:1, **Jos 6**:21, **Jdg 6**:4, **1Sa 14**:34, **15**:3, **17**:34, **22**:19, **Ps 119**:176, **Isa 7**:25, **43**:23, **53**:7, **66**:3, **Jer 50**:17, **Eze 34**:17, 20, 22, **45**:15

Probaton πρόβατον *4263*

Mat 7:15, **9**:36, **10**:6, 16, **12**:11, 12, **15**:24, **18**:12, **25**:32, 33, **26**:31, **Mar 6**:34, **14**:27, **Luk 15**:4, 6, **Joh 2**:14, 15, **10**:2, 3, 4, 7, 8, 11, 12, 13, 15, 16, 26, 27, **21**:16, 17, **Act 8**:32, **Ro 8**:36, **Heb 13**:20, **1Pe 2**:25, **Rev 18**:13

Arnion αρνίον *721*

♦Amnos αμνός *286*

♣Arēn ἀρήν *704*

Luk ♣10:3, **Joh ♦1**:29, ♦36, **Act ♦8**:32, **1Pe ♦1**:19, **Rev 5**:6, 8, 12, 13, **6**:1, 16, **7**:9, 10, 14, 17, **12**:11,

13:8, 11, **14**:1, 4, 10, **15**:3, **17**:14, **19**:7, 9, **21**:9, 14, 22, 23, 27, **22**:1, 3

Yônâh יונה 3123

Dove, Pigeon

Gen 8:8, 9, 10, 11, 12, **Lev 1**:14, **5**:7, 11, **12**:6, 8, **14**:22, 30, **15**:14, 29, **Nu 6**:10, **2Ki 6**:25, **Ps 55**:6, **68**:13, **Sng 1**:15, **2**:14, **4**:1, **5**:2, 12, **6**:9, **Isa 38**:14, **59**:11, **60**:8, **Jer 48**:28, **Eze 7**:16, **Hos 7**:11, **11**:11, **Nah 2**:7

Peristera περιστερά *4058*

Mat 3:16, **10**:16, **21**:12, **Mar 1**:10, **11**:15, **Luk 2**:24, **3**:22, **Joh 1**:32, **2**:14, 16

ʿÔrêv ערב 6158

Raven

Gen 8:7, **Lev 11**:15, **Deu 14**:14, **1Ki 17**:4, 6, **Job 38**:41, **Ps 147**:9, **Pro 30**:17, **Sng 5**:11, **Isa 34**:11

Index Of Hebrew Words

Hebrew word	Strong's No.	Page No.
Av אב	1	27
Avâd אבד	6	166
Ôvêd אבד	8	166
Avêdâh אבידה	9	166
Avaddon אבדון	11	166
Avdân אבדן	12	166
Evyôn אביון	34	154
Âvîr אביר	46	22
Abbîr אביר	47	44
Âval אבל	56	156
Êvel אבל	60	156
Agâm אגם	98	96
Âdôn אדן	113	22
Addîr אדיר	117	36
Ôdem אדם	124	40
Adônây אדני	136	21
Âdar אדר	142	36
Âhav אהב	157	3
Ahav אהב	158	3
Ahavâh אהבה	160	3
Ôhel אהל	168	195
Âvâh אוה	183	7, 136
Avâh אוה	185	7, 136
Ôwy אוי	188	163
Ôwyâh אויה	190	163
Ĕwîyl אויל	191	117
Ûl אול	193	47
Ĕwilîy אולי	196	117
Ivelet אולת	200	117
Ôn און	202	53
Âwen און	205	132
Ôtsâh וצה	214	41
Ôr אור	215	41
Ôr אור	216	41
Ûr אור	217	41
Ôrâh אורה	219	41
Ôt אות	226	32 f.
Êzôv אזוב	231	203
Âzan אזן	238	174
Âzen אזן	241	12, 19
'Aziqqîym אזקים	246	160
Ezrôwaʻ אזרוע	248	18, 50
Aḥuzzâh הזאח	272	87
Âḥar אחר (Al-Tahar אל־תהר)	309	66
Oyev איב	341	162
Êd איד	343	168
Ayil איל	352	46, 48
Eyâl איל	353	47
Ayâl איל	354	49
Eyâlût אילות	360	47
Êl אל	410	20 f.
Âlâh אלה	421	156
Âlâh אלה	423	160
Êlâh אלה	424	48
Allâh אלה	427	48
Elôhîm אלהים	430	20 f.
Elohîm האלהים	430	20
Elôahh אלה	433	20
Allôn אלון	437	48
Elîyl אליל	457	145
Êmûn אמון	529	10
Emûnâh אמונה	530	1, 10
Ammîyts אמיץ	533	46
Âmal אמל	535	153
Ûmlal אמלל	536	153
Amêlâl אמלל	537	153
Âman אמן	539	10, 78 f., 184
Amên אמן	543	10
Ômen אמן	544	10
Amânâh אמנה	548	10
Ômnam אמנם	551	11
Ômnâm אמנם	552	10
Âmats אמץ	553	46
Amstâh אמצה	556	46
Êmer אמר	561	102
Ômer אמר	562	102
Imrâh אמרה	565	102
Emet אמת	571	1, 10
'Ânaq אנק	602	155
Anâqâh אנקה	603	155
Âçaph אסף	622	63
Aph אף	639	1, 147
Aph אף (Âreḵ Apayîm ארך־אפים)	639	3
Aph אף	639	147
Arûkâh ארוכה	724	74

Arôn ארון ....727...........196
Erez ארז ....730.............49
Ôraḥ ארח ....734...........177
Arî ארי ....738.............49
Ârak̲ ארך ....748.............91
Arar ארר ....779...........160
Âras ארשׁ ....781.............11
Êsh אשׁ ....784.............42
Ishshâh אשׁה ....801...........202
Âsham אשׁם ....816...........131
Âshâm אשׁם ....817....131, 201
Ashar אשׁר ....833.............92
Asher אשׁר ....835.............92
Ashêrâh אשׁרה ....842...........145
Âtâh אתה ....857.............64
Be'er באר ....875...........169
Bâvâh בבה ....892.............18
Bâbel בבל ....894/895.....138
Bâgad בגד ....898...........131
Bâdal בדל ....914...........124
Behâlâh בהלה ....928...........151
Vô' בוֹא ....935......64, 170
Bôr בוֹר ....953...........169
Bôr בור..................................953.............95
Bûsh בוּשׁ (Lô-Abûsh לא־אבוּשׁ) ....954.......51
Bûsh בוּשׁ ....954...........151
Baz בז ....957.............88
Bâzâh בזה ....959...........141
Bâzâh בזה (Lô-Bâzâh לא־בזח) ......959.......13
Bâzaz בזז ....962.............88
Bâḥan בחן ....974...........126
Bôḥan בחן ....976...........126
Bâḥar בחר ....977.............80
Bâtaḥ בטח ....982...........184
Betaḥ בטח ....983...88 f., 184
Bîn בין ....995.........112 f.
Bînâh בינה ....998.........112 f.
Bayit בית ....1004..........195
Bâkâ בכה ....1056..........156
Bâkâh בכה ....1058..........156
Bekôr בכור ....1060............48
Bikrîm בכרים ....1061............98
Bekîy בכי ....1065..........156
Bâkar בכר..............................1069............48
Bâlâh בלה ....1086..........155
Bâlah בלה ....1089..........151
Ballâhâh בלהה ....1091..........151
Belîya'al בליעל ....1100..........133
Bâmâh במה ....1116..........145
Bâmôt במות ....1120..........145
Bânâh בנה ....1129............81
Beser בסר ....1154..........100
Bôser בסר ....1155..........100
Be'âh בעה ....1156..........192
Bi'ûthîm בעותים ....1161..........151
Ba'al בעל ....1168..........146
Ba'al Berîyt בעל ברית ....1170..........146
Ba'al Zebûb בעל זבוב ....1176..........146
Ba'al Pe'ôr בעל פעור ....1187..........146
Ba'ar בער ....1198..........117
Be'eshterâh בעשתרה ....1203..........146
Bâ'at בעת ....1204..........151
Be'âthâh בעתה ....1205..........151
Bâtsa' בצע ....1214............53
Betsa' בצע ....1215............53
Bâtsar בצר ....1219............45
Batstsôret בצרת ....1226..........164
Bâqash בקשׁ ....1245..........194
Bar בר ....1249..........124
Bâr בר ....1250............98
Bor בר ....1252..........124
Bôr בר ....1253..........124
Bârâ' ברא ....1254............75
Bârâd ברד ....1259............43
Berît ברית ....1285...1, 11, 107, 196
Bôrît ברית ....1287..........124
Bârak̲ ברך ....1288...19, 36, 91, 191
Berak̲ ברך ....1289....19, 36, 191
Berâk̲âh ברכה ....1293............91
Bârâq ברק ....1300............43
Bâreqat ברקת ....1304............41
Bârar ברר ....1305..........124
Beshem בשׁם ....1314..........101
Bâsar בשׂר ....1319..........107
Bat בת ....1323..........197
Gâ'âh גאה ....1342....36, 143
Ga'avâh גאוה ....1346....36, 143
Ga'ôn גאוֹן ....1347....36, 143
Gê'ût גאות ....1348....36, 143
Ga'ayôn גאיון ....1349..........143
Gâ'al גאל ....1350............66
Gô'al גאל ....1350............19
Ge'ûlâh גאולה ....1353............66
Gâvahh גבה ....1361....37, 143
Gâvâhh גבה ....1362..........143
Gâvôahh גבה ....1364....37, 143
Gavhût גבהות ....1365....37, 143

Gibbôr גבור ....1368.....22, 44
Gebûrâh גבורה ....1369/1370...44
Gebîr גביר ....1376..........44
Gâvîsh גביש ....1378..........41
Gâvar גבר ....1396..........44
Gibbâr גבר ....1401..........44
Gâdôl גדול ....1419.....19, 54
Gedûlâh גדולה ....1420..........54
Giddûph גדוף ....1421..........161
Gedûphâh גדופה ....1422..........161
Gâdal גדל ....1431..........54
Yigdôl יגדל ....1431..........19
Gôdel גדל ....1433..........55
Gâdaʻ גדע ....1438..........165
Gôlâh גלה ....1473..........160
Gûr גור ....1481..........89
Gôrâl גורל ....1486..........87
Gâzal גזל ....1497..........158
Gâzêl גזל ....1498..........158
Gîl גיל ....1523..........187
Gîlâh גילה ....1525..........187
Gâlâh גלה ....1540. .114, 159
Gullôt גלת ....1543..........95
Gillûl גלול ....1544..........145
Gâlût גלות..........1546..........160
Gâlal גלל ....1556..........184
Gemûl גמול ....1576..........67
Gâmal גמל ....1580..........92
Gan גן ....1588..........98
Gânav גנב ....1589..........144
Gannâv גנב ....1590..........144
Genêvâh גנבה ....1591..........144
Gannâh גנה ....1593..........98
Ginnâh גנה ....1594..........98
Gânan גנן ....1598..........70
Gâʻar גער ....1605..........115
Gʻârâh גערה ....1606..........115
Gephen גפן ....1612..........100
Gophrît גפרית ....1614..........168
Gârâh גרה ....1624..........154
Gôren גרן ....1637..........98
Gâras גרס ....1638..........165
Gârash גרש ....1644..........69
Geshem גשם ....1653..........95
Gat גת ....1660..........100
Dâ'ag דאג (Lô-Yid'âg לא־ידאג) .....1672....51
Dâ'ag דאג ....1672..........150
De'âgâh דאגה ....1674..........155
Devîr דביר ....1687..........196
Dâvaq דבק ....1692..........180
Dâvâr דבר ....1697..........102
Dever דבר ....1698..........153
Devash דבש ....1706..........99
Dâgâh דגה..........1711..........97
Dâgôn דגון ....1712..........146
Dâgal דגל ....1713..........27
Degel דגל ....1714..........27
Dôd דוד ....1730..........4
Dumîyâh דמיה ....1747..........94
Dûsh דוש ....1758..........166
Dûsh דוש ....1759..........166
Deḥal דחל ....1763..........151
Dâḥaq דחק ....1766..........159
Dîn דין ....1777..........149
Dakkâ' דכא ....1793..........129
Dal דל ....1800..........154
Dallâh דלה ....1803..........154
Dalleqet דלקת ....1816..........154
Dâm דם ....1818..........203
Demîy דמי (Al-Damîy אל־דמי) ......1824....65
Dâmam דמם ....1826..........94
Demâmâh דממה ....1827..........94
Daʻat דעת ....1847..........113
Derôr דרור ....1865..........69
Dereḵ דרך ....1870..........177
Dârash דרש ....1875..........194
Deshen דשן ....1880.....94, 98
Hâval הבל ....1891..........119
Hevel הבל ....1892..........119
Hâgâh הגה ....1897. .115, 155
Hâdaph הדף ....1920..........69
Hâdar הדר ....1921..........36
Hâdâr הדר ....1926..........36
Hôd הוד ....1935..........36
Havâh הוה ....1942..........133
Hawâh הוה ....1942..........168
Hôn הון ....1952..........53
Eheyeh אהיה ....1961..........22
Hêykâl היכל 1964/1965. 195
Hâlak הלך ....1980..........177
Hâlal הלל ....1984..........189
Hâmâh המה ....1993..........67
Hâphaḵ הפך ....2015..........140
Haphaḵpaḵ הפכפך ....2019. .135, 139
Hatstsâlâh הצלה ....2020..........60
Har הר ....2022..........197
Harîçût הריסות ....2035..........165
Hârâç הרס ....2040..........165

Hâtal התל ....2048..........161
Hâtôl התל ....2049..........161
Hâtat התת ....2050. .132, 161
Vâzâr וזר ....2054..........131
Ze'êv זאב ....2061..........144
Zavaḥ זבח ....2076..........201
Zevaḥ זבח ....2077..........201
Zêd זד ....2086..........143
Zâhâv זהב ....2091............39
Zîz זיז ....2123............56
Zîyqâh זיק..............................2131..........160
Zekûkît זכוכית ....2137............41
Zâkar זכר ....2142....11, 176
Zâlal זלל ....2151..........144
Zal'âphâh זלעפה ....2152..........147
Zimmâh זמה ....2154..........134
Zâmam זמם ....2161..........104
Zâmâm זמם ....2162..........104
Tsâmar צמר ....2167..........190
Zimrâh זמרה ....2172..........190
Zimrât זמרת ....2176..........190
Zânâh זנה ....2181..........143
Zânûn זנון ....2183..........143
Zenûth זנות ....2184..........143
Zânaḥ זנח (Al-Tiznaḥ אל־תזנח) ......2186...15
Zânaḥ זנח ....2186............15
Za'avâh זעוה ....2189..........157
Zâ'am זעם ....2194..........147
Za'am זעם ....2195..........147
Zâ'aph זעף ....2196..........147
Za'aph זעף ....2197..........147
Zâ'êph זעף ....2198..........147
Zâ'aq זעק ....2199..........193
Ze'iq זעק ....2200..........193
Ze'âqâh זעקה ....2201..........193
Zâqaph זקף ....2210......46, 90
Zâqaq זקק ....2212..........124
Zerô'ah זרועה ....2220......18, 50
Zâraḥ זרח ....2224............42
Zeraḥ זרח ....2225............42
Zerem זרם ....2230............43
Zâra' זרע ....2232............96
Zera' זרע ....2233....96, 110
Ḥâvav חבב ....2245..............3
Ḥevel חבל ....2256....86, 155
Ḥâvash חבש ....2280............74
Ḥâg חג ....2282..........199
Ḥâdâh חדה ....2302..........187
Ḥedwâh חדוה 2304/2305. 187
Ḥâdash חדש ....2318............74
Ḥûl חול ....2342....75, 155
Tâḥôs תחוס ....2347..............2
Ḥûs חוס ....2347..............3
Ḥûshâh חושה ....2363............66
Ḥâzâh חזה ....2372....13, 172
Ḥâzôn חזון ....2377..........108
Ḥâzût חזות ....2380..........108
Ḥizzâyôn חזיון ....2384..........108
Ḥăzîz חזיז ....2385............43
Ḥazîr חזיר ....2386..........137
Ḥâzaq חזק ....2388............46
Ḥâzâq חזק ....2389......18, 46
Ḥâzêq חזק ....2390............46
Ḥêzeq חזק ....2391............46
Ḥôzeq חזק ....2392......18, 46
Ḥezqâh חזקה ....2393......18, 46
Ḥozqâh חזקה ....2394............46
Ḥâḥîy חחי..............................2397..........160
Ḥâtâ' חטא ....2398..........130
Ḥêt חט ....2399..........131
Ḥattâ חטא ....2400..........131
Ḥatâ'âh חטאה ....2401..........130
Ḥattâ'âh חטאה ....2402..........201
Ḥatâ'âh חטאה ....2403..........130
Ḥattâ't חטאת ....2403..........201
Ḥittâh חטה ....2406............98
Ḥaṭîy חטי ....2408..........130
Ḥattâyâ חטיא ....2409..........201
Ḥôter חטר ....2415............26
Ḥay חי ....2416............75
Ḥay חי ....2417............75
Ḥâyâh חיה ....2421............75
Ḥâyay חיי ....2425............75
Ḥîl חיל ....2427. .128, 155
Ḥayîl חיל ....2428......44, 46
Ḥâkâh חכה ....2442............93
Ḥâkam חכם ....2449..........112
Ḥakam חכם ....2450..........112
Ḥokmâh חכמה 2451/2452. 112
Ḥokmôt חכמות ....2454..........112
Ḥâlâv חלב ....2461............99
Ḥâlâh חלה ....2470. .153, 193
Ḥalôm חלום ....2472..........109
Ḥalḥâlâh חלחלה ....2479..........153
Ḥalîy חלי ....2481............40
Ḥolîy חלי ....2483..........153
Ḥâlîyl חליל ....2485..........191
Ḥâlîylâh חלילה ....2486..........125

Ḥalîtsâh חליצה ....2488...........88
Ḥêlekâ’ חלכא ....2489..........154
Ḥâlal חלל ....2490..........137
Ḥâlam חלם ....2492............74
Ḥâlam חלם ....2492..........109
Ḥêlem חלם ....2493..........109
Ḥâlaph חלף ....2498....74, 165
Ḥâlâts חלץ ....2502............60
Ḥâlâts חלץ ....2504............50
Ḥeleq חלק ....2506.........86 f.
Ḥălaqlaqqâh חלקלקה ....2519..........118
Ḥâlash חלש ....2522..........153
Ḥallâsh חלש ....2523..........153
Ḥôm חם ....2527..........165
Ḥamâh חמה ....2528..........147
Ḥâmad חמד ....2530......7, 136
Ḥemed חמד ....2531............54
Ḥemdâh חמדה ....2532............54
Ḥêmâh חמה ....2534..........147
Ḥammâh חמה ....2535............30
Ḥâmôts חמוץ ....2541..........159
Ḥâmal חמל ....2550..............2
Ḥemlâh חמלה ....2551..............2
Ḥammân חמן ....2553..........145
Ḥâmêts חמץ ....2557..........131
Ḥên חן ....2580..............3
Ḥannûn חנון ....2587...........1 f.
Ḥannôt חנות ....2589..............2
Ḥânan חנן ....2603/2604.....1
Ḥaçad חסד ....2616..............1
Ḥeçed חסד ....2617..............1
Ḥâçâh חסה ....2620..........186
Ḥâçîd חסיד ....2623..........123
Ḥaçîn חסין ....2626............54
Ḥêçen חסן ....2632............54
Ḥoçen חסן ....2633............54
Ḥâçon חסן ....2634............54
Ḥâçêr חסר ....2637..........155
Ḥâçêr חסר ....2638..........155
Ḥuppâh חפה ....2646............70
Ḥâphaz חפז (Al-Taḥphezû אל־תחפזו) ....
....2648............51
Ḥâphaz חפז ....2648............66
Ḥâphêts חפץ ....2654..............5
Ḥâphets חפץ ....2655..............5
Ḥêphets חפץ ....2656..............5
Ḥâphêr כפר (Lô-Taḥphîrî לא־תחפירי) ....
....2659............51
Ḥâphêr כפר ....2659..........152
Ḥêts חץ ....2671............50
Ḥatsotserâh חצצרה ....2689..........200
Ḥôq חק ....2706..........106
Ḥuqêy חקי ....2706..........105
Ḥuqqâh חקה ....2708..........106
Ḥuqqôt חקות ....2708..........105
Ḥerev חרב ....2719............17
Ḥorev חרב ....2721..........164
Ḥôrev חרב ....2721..........165
Ḥorvâh חרבה ....2723..........164
Ḥârad חרד (Ên-Maḥarîd אין־מחריד) 2729...51
Ḥârad חרד ....2729. .128, 150
Ḥârêd חרד ....2730. .128, 150
Ḥarâdâh חרדה ....2731. .128, 150
Ḥârâh חרה ....2734..........147
Ḥârûz חרוז...........................2737............40
Ḥârôn חרון ....2740..........148
Ḥerôn חרון ....2740..........147
Ḥarḥûr חרחר ....2746..........154
Ḥâram חרם ....2763..........167
Ḥêrem חרם ....2764..........160
Ḥârash חרש (Al-Teḥerash אל־תחרש) ....
....2790............65
Ḥâshav חשב ....2803....12, 182
Heḥesheh החשה ....2814............65
Ḥâshâh חשה (Lô-Eḥesheh לא־אחשה) ....
....2814............65
Ḥâshak̲ חשך (Lô-Ḥâshak̲ לא־חשך) 2820....14
Ḥâshak̲ חשך ....2820............14
Ḥâshak̲ חשך ....2821..........137
Ḥôshek̲ חושך ....2822..........137
Ḥashêyk̲âh חשיכה ....2825..........137
Ḥâshaq קשח ....2836..............4
Ḥâtat חתת (Al-Têḥat אל־תחת) ......2865....51
Ḥâtat חתת ....2865..........150
Ḥâtat חתת ....2865..........127
Tâhôr טהר ....2889..........124
Tehôr טהור ....2890..........124
Tâher טהר ....2891..........124
Tohorâh טהרה ....2893..........126
Tov טוב ....2895..............6
Tôv טוב ....2896..............6
Tûv בוט ....2898..............6
Tûl טול (Lô-Yûmâl לא־יומל) ..2904............51
Tûl טול ....2904..........152
Tuḥâh טחה ....2910..........181
Tâmê’ טמא ....2930..........135
Yâ’al יאל ....2973..........117
Yâ’al יאל ....2974..............7

Yâ'ash יאשׁ ....2976..........152
Yâgôn יגון ....3015..........155
Yâgôr יגור ....3016..........151
Yâgôr יגר ....3025..........151
Yâd יד ....3027.....18, 49, 59 f.
Yeda ידא ....3028..........189
Yâdah ידה ....3034..........189
Yedîd ידיד ....3039.............4
Yâda' ידא ....3045....12, 114
Yâhh יה ....3050............21
Yehâv יהב ....3053..........159
Yehuwah יהוה ....3068............21
Yahalôm יהלם ....3095............40
Yôvêl יובל ....3104..........200
Yôm יום ....3117............29
Yônâh יונה ....3123..........204
Yônêq יונק ....3126............27
Yôneqet יונקת ....3127............26
Yôreh יורה ....3138............95
Yôtêr יותר ....3148............52
Yâḥal יחל ....3176..........186
Yâtav יטב ....3190............92
Yayin יין ....3196............99
Yâkaḥ יכח ....3198..........149
Yâmîn ימין ....3225......18, 50
Yâçad יסד ....3245............81
Yeçôd יסוד ....3247............81
Yeçûdâh יסודה ....3248............81
Yâçar יסר ....3256..........115
Yâ'ats יעץ ....3289..........103
Ya'aqôv יעקב ....3290............20
Ya'ar יער ....3293............96
Ya'ărâh יערה ....3295............96
Yâphâh יפה ....3302............36
Yâpheh יפה ....3303............36
Yephêh-Phîyâh יפה־פיה ....3304............36
Yâphaḥ יפח ....3306. .153, 156
Yophîy יפי ....3308............36
Yâpha' יפע ....3313............42
Hôtsî' הוציא ....3318............62
Yâtsâ' יצאה ....3318............65
Yâtsag יצג ....3322............46
Yâtsar יוצר ....3335............34
Yêtser יצר ....3336..........182
Yeqev יקב ....3342..........100
Yaqûsh יקושׁ ....3353..........138
Yâqar יקר ....3365............38
Yeqâr יקר ....3366............38
Yâqâr יקר ....3368............38
Yâqosh יקשׁ ....3369..........138
Nôrâ' נורא ....3372............34
Yirâ' ירא (Al-Tîrâ' אל־תירא) . 3372............51
Yirâ' ירא ....3372. .127, 150
Yarê' ירא ....3373. .127, 150
Yir'âh יראה ....3374..........127
Yârad ירד ....3381............65
Yârâh ירה ....3384..........116
Yârêaḥ ירח ....3394............30
Yârat ירט ....3399..........135
Yêrâqôn ירקון ....3420..........165
Yârash ירשׁ ....3423.........85 f.
Yerêshâh ירשׁה ....3424............87
Yerushshâh ירשׁה ....3425............87
Yâshav ישׁב 3427 12, 87, 89
Yeshû'âh ישׁוע ....3444............59
Yâsha' ישׁע ....3467......19, 59
Yesha' ישׁע ....3468............59
Yâshphêh ישׁפה ....3471............40
Yâshar ישׁר ....3474..........122
Yôsher ישׁר ....3476..........122
Yâshâr ישׁר ....3477..........122
Yisra'êl ישׂראל ....3478............21
Yisrâ'êl ישׂראל ....3478..........197
Kâ'âv כאב ....3510..........155
Ke'êv כאב ....3511..........156
Kâ'âh כאה ....3512..........156
Kâvad כבד ....3513............35
Kâvôd כבוד ....3519............34
Kabbîr כביר ....3524............44
Kôkâv כוכב ....3556............30
Kûl כול ....3557............72
Kûn כון ....3559............78
Kôshârâh כושרה......................3574..........160
Kâzav כזב ....3576..........118
Kâzâv כזב ....3577..........118
Kôaḥ כח ....3581............47
Kîyûn כיון ....3594..........146
Kelev כלב ....3611..........163
Kâlâh כלה ....3615....82, 166
Kâlôt כלות (Lô-Kilîtî לא־כליתי) ....3615.....15
Kâlôt כלות ....3615............15
Kâlâh כלה ....3617..........166
Kilyâh כליה ....3629..........182
Killayôn כליון ....3631..........166
Kâlam כלם (Lô-Tikalmî לא־תכלמי) .3637. .51
Kâlam כלם ....3637..........151
Kemôsh כמישׁ ....3645..........146
Kinnôr כנור ....3658..........191

Kâna’ כנא ....3665.........128
Kânaph כנף ....3670...........70
Kânâph כנף ....3671...........17
Kiççê’ כסא ....3678...........26
Kâçâh כסה ....3680......16, 70
Kesîyl כסיל ....3684.........117
Kesîylût כסילות ....3687.........117
Kâsal כסל ....3688.........117
Keçel כסל ....3689.........186
Kesel כסל ....3689.........184
Kislâh כסלה ....3690.........117
Keçeph כסף ....3701...........40
Kâ‘aç כעס ....3707.......147 f.
Ka‘as כעשׂ ....3708.........148
Kaph כפ ....3709....18, 190
Kapêr כפר ....3722.............9
Kôpher כפר ....3724...........60
Kippurîm כפרים ....3725.........200
Kappôret כפרת ....3727.........197
Kerûb כרוב ....3742...........31
Kerem כרם ....3754.........100
Kârat כרת ....3772....11, 80, 165
Kârat רתכ (Lo-Yikârêt (לא־יכרת ....3772....80
Kâshal כשל (Lô-Tikâshêl (לא־תכשל ....
....3782...........51
Kâshal כשל ....3782.........152
Kâshaph כשף ....3784.........146
Kethem כתם ....3800...........40
Kâthêph כתף ....3802...........50
Lêv לב ....3820..19, 122, 180
Lêvâv לבב ....3824. .122, 181
Lebônâh לבונה ....3828.........101
Lâvî’ לביא ....3833...........49
Lûwaḥ לוח ....3871.........107
Livyâthân לויתן ....3882.........163
Lûts לוץ ....3887.........161
Lâḥam לחם ....3898...........67
Lôt לט ....3910.........101
Lâmad למד ....3925.........116
Limmûd למוד ....3928.........116
Lâ‘av לעב ....3931.........142
Lâ‘ag לעג ....3932.........141
La‘ag לעג ....3933.........141
Lâ‘êg לעג ....3934. .142, 161
Lâqat לקט ....3950...........98
Me’ôd מאד ....3966.........189
Mâ’ôr מאור ....3974...........42
Mâ’ên מאן ....3985.........141
Mê’ên מאן ....3987.........141
Mâ'as מאס (Lô’ Mâ’as (לא־מאס ....3988....13
Mâ’as מאס ....3988.........141
Mâ'as מאס ....3988...........13
Mabbûwa‘ מבוע ....4002...........95
Mivtaḥ מבטח ....4009.........184
Migdôl מגדל ....4024...........17
Migdâl מגדל ....4026...........17
Mâgan מגן ....4042...........17
Mâgen מגן ....4043........16 f.
Midbâr מדבר ....4057.........164
Mehûmâh מהומה ....4103.........168
Mâhîyr מהיר ....4106.............8
Môt מוט ....4131...........80
Môt מוט (Bal-Yimmôt (בל־ימות .....4131....80
Môṭâh מוטה ....4133.........159
Mûḵ מוך ....4134.........154
Mûl מול ....4135. .127, 167
Mûçâr מוסר ....4148.........115
Mô‘êd מעד ....4150.........199
Môphet מופת ....4159...........32
Môqesh מוקשׁ ....4170.........138
Môrâ’ מורא ....4172...........34
Môrag מורג ....4173.........166
Môrâsh מורשׁ ....4180...........87
Môrâshâh מורשה ....4181...........87
Mûsh מוש (Al-Tâmush (אל־תמשׁ ...4185....14
Môwshâ‘ôt מושעות ....4190...........59
Mâwet מות ....4194.........169
Môtâr מותר ....4195...........52
Mizbeaḥ מזבח ....4196.........196
Mâzôr מזור ....4204.........154
Mâzôr מזור ....4205.........154
Mâzîyaḥ מזיח ....4206...........47
Mezimmâh מזמה ....4209.....7, 182
Mizmôr מזמור ....4210.........190
Mâḥâ’ מחא ....4222.........188
Mâḥâh מחה ....4229.........167
Mâḥôl מחול ....4234.........188
Maḥazeh מחזה ....4236.........108
Miḥyâh מחיה ....4241...........75
Maḥaleh מחלה ....4245.........153
Meḥôlâh מחלה ....4246.........188
Maḥlûy מחלי ....4251.........153
Maḥaloqet מחלקת ....4256...........87
Maḥmâd מחמד ....4261...........54
Maḥmûd מחמוד ....4262...........54
Maḥmâl מחמל ....4263...........54
Maḥaçeh מחסה ....4268...........16
Mâḥats מחץ ....4272...........68

Maḥashebôt מחשבת ....4284...........12
Meḥittâh מחתה ....4288.........168
Matteh מטה ....4294...........26
Mâtar מתר ....4305...........95
Mâtâr מתר ....4306...........95
Mîshôr מישור ....4334.........122
Mêshâr מישר ....4339.........122
Mak'ôv מכאוב ....4341.........156
Makbîr מכביר ....4342...........55
Makkâh מכה ....4347.........154
Mâlê' מלא ....4390....83, 122
Mille' מלא ....4390.........124
Melô' מלא ....4393...........83
Millû' מלא ....4394.........124
Melê'âh מלאה ....4395...........97
Mal'âk̲ מלאך ....4397...........30
Melûkâh מלוכה ....4410...........24
Milḥâmâh מלחמה ....4421...........69
Mâlat מלט ....4422...........61
Mâlak̲ מלך ....4427...........25
Melek̲ מלך ....4428...........22
Molek̲ מלך ....4432.........146
Malkû מלכו ....4437...........24
Malkût מלכות ....4438...........24
Milkôm מלכום ....4445.........146
Meleket מלכת ....4446.........146
Mamlâkâh ממלכה ....4467...........24
Memshâlah ממשלה ....4475...........25
Mân מן ....4478...........99
Mên מן ....4482.........191
Mânâh מנה ....4490...........87
Menôwaḥ מנוח ....4494...........93
Menûḥah מנוחה ....4496...........93
Mânôç מנוס ....4498...........16
Minḥâh מנחה ....4503.........202
Yimenâ' ימנע (Lô-Yimenâ' לא־ימנע) ....
....4513...........15
Yimenâ' ימנע ....4513...........15
Massâh מסה 4531/4532. 139
Masweh מסוה ....4533.........196
Maççekâh מסכה ....4541.........145
Miçpêd מספד ....4553.........157
Mê'âh מעה ....4578.........181
Mâ'ôz מעוז ....4581...........47
Mâ'ôn מעון ....4583...........16
Me'onâh מעונה ....4585...........16
Ma'yân מעין ....4599...........95
Mâ'al מעל ....4603.........133
Ma'al מעל ....4604.........133
Ma'alâl מעלל ....4611.........178
Ma'allêy ילמע' ....4611...........33
Ma'aseh מעשה ....4637....33, 178
Ma'ashaqqâh מעשקה ....4642.........159
Ma'asêr מעש ....4643.........203
Miphlâ'ôt מפלאות ....4652...........32
Miphlât מפלט ....4655...........60
Miph'âlôt מפלעות ....4659...........33
Metsâd מצד ....4679...........17
Matstsâh מצה ....4682.........200
Matstsâh מצה ....4683.........158
Mâtsûd מצוד ....4686.........16 f.
Mitsvâh מצוה ....4687.........105
Mâtsôr מצור ....4692...........17
Mêtsaḥ מצח ....4696...........50
Mitsnephet מצנפת ....4701...........26
Miqdâsh מקדש ....4720.........196
Maqhêl מקהל ....4721.........198
Miqveh מקוה ....4723.........186
Mâqôr מקור ....4726...........95
Mârâh מרה ....4751.........157
Môr מור ....4753.........101
Mar'âh מראה ....4759.........109
Mar'âshâh מראשה ....4761...........38
Marveh מרבה ....4766...........91
Marbît מרבית ....4768...........56
Marvît מרבית ....4768...........91
Margôa' מרגוע ....4771...........93
Margê'âh מרגעה ....4774...........93
Mârad מרד ....4775.........140
Merad מרד ....4776.........140
Mered מרד ....4777.........140
Mârâd מרד ....4779.........140
Mardût מרדות ....4780.........140
Mârâh מרה ....4784.........140
Môrâh מרה ....4786.........156
Morrâh מרה ....4787.........157
Mârûd מרוד ....4788.........157
Mârôm מרום ....4791...........30
Merîy מרי ....4805.........140
Merîvâh מריבה ....4808.........158
Merîrût מרירות ....4814.........157
Merîrîy מרירי ....4815.........157
Môrek̲ מרך ....4816.........153
Mirmâh מרמה ....4820.........139
Mêrêa' מרע ....4828.............4
Mir'eh מרעה ....4829...........96
Mir'ît מרעית ....4830...........96
Marpê' מרפא ....4832...........73

Merûtsâh מרצה ....4835..........157
Mirqaḥat מרקחת ....4842..........101
Mârar מרר ....4843..........156
Merôr מרור ....4844..........157
Merêrâh מררה ....4845..........157
Merôrâh מרורה ....4846..........157
Mirsha'at מרשׁעת ....4849..........133
Massâ' משׂא ....4853..........159
Mashshâ' משׁא ....4855..........144
Massô' משׂא ....4856...........13
Massâ'âh משׂאה ....4858..........159
Mish'âlôt משׁאלת ....4862.............6
Mishbât משׁבת ....4868..........168
Misgâv משׂגב ....4869...........16
Mâshâh משׁה ....4871...........62
Meshô'âh משׁואה ....4875..........168
Mashû'âh משׁואה ....4876..........168
Meshûbâh משׁבה ....4878..........140
Mâsôs משׂושׂ ....4885..........186
Mâshaḥ משׁח ....4886...........28
Meshaḥ משׁח ....4887..........101
Mishḥâh משׁחה ....4888..........101
Mashḥît משׁחית ....4889..........166
Misḥâq משׂחק ....4890..........161
Masţêmâh משׂטמה ....4895..........161
Mâshîyaḥ משׁיח ....4899...........28
Mishkân משׁכן 4908/4907. 195
Mâshal משׁל ....4910...........25
Mashmân משׁמן ....4924...........97
Mishmeret משׁמרת ....4931.......105 f.
Mish'ân משׁען ....4937...........73
Mish'ênâh משׁענה ....4938...........26
Mishpât משׁפט ....4941....105 f., 120 f.
Nâ'aph נאף ....5003..........143
Ni'ûph נאף ....5004..........143
Na'aphûph נאפוף ....5005..........143
Nâ'ats נאץ ....5006..........142
Ne'âtsâh נאצה ....5007..........142
Nâ'aq נאק ....5008..........155
Ne'âqâh נאקה ....5009..........155
Nâ'ar נאר ....5010..........140
Nâvat נבט ....5027....13, 173
Nâvî נבי ....5030..........109
Nebel נבל ....5035..........191
Nâbâl נבל ....5036..........117
Nebâlâh נבלה ....5039..........117
Nablût נבלות ....5040..........134
Nâgahh נגה ....5050...........42
Nôgahh נגה ....5051...........42
Negôhôt נגהות ....5054...........42
Nâgîd נגיד ....5057...........23
Nega' נגע ....5061..........154
Nâgash נגשׁ ....5066..........171
Nâdav נדב ....5068..........180
Nedâvâh נדבה ....5071..........202
Nâdar נדר ....5087..........180
Nêder נדר ....5088..........180
Nâhag נהג ....5090...........72
Nâhal נהל ....5095...........72
Nâhâr נהר ....5104...........95
Nûv נוב ....5107...........62
Nôv נוֹב ....5108...........62
Nâweh נוה ....5116...........90
Nûwaḥ נוח ....5117...........93
Nûwaḥ נוח ....5118...........93
Nûç נס ....5127...........61
Nûts נוץ ....5132...........62
Nezem נזם ....5141...........40
Nezer נזר ....5145...........26
Nâḥâh נחה ....5148...........72
Niḥûm נחום ....5150...........72
Naḥal נחל ....5157...........85
Naḥal נחל ....5158...........95
Naḥalâh נחלה ....5159.........85 f.
Nâḥam נחם ....5162....72, 171
Nâḥash נחשׁ ....5172..........146
Nâḥâsh נחשׁ ....5175..........163
Neḥôshet נחשׁת......................5178...........40
Naḥat נחת ....5183...........94
Nâtâh נטה (Al-Tat אל־תט) .....5186...........14
Nâtâh נטה ....5186....12, 174
Nâtêh נטה ....5186...........49
Nâtûwâh נטויה ....5186...........18
Nâtûyâh נטויה ....5186...........18
Nâta' נטע ....5193...........80
Nâtâ'h נטעה ....5193...........81
Nâtash נתשׁ (Lô-Yitesh לא־יתשׁ) ....5203...14
Nâtash נתשׁ ....5203....14, 140
Nîḥôaḥ ניחח ....5207..........202
Nâkâh נכה ....5221...........68
Nekeç נכס ....5233...........53
Nâmal נמל ....5243. .127, 167
Nês נס ....5251...........27
Nâçâh נסה ....5254..........139
Neçîk̲ נסך ....5257...........23
Nâ'îym נעים ....5273...........93
Nâ'em נעם ....5276...........93
No'am נעם ....5278...........35

Na‘amân נעמן ....5282...........93
Nôphek נפך ....5306...........41
Nâphal נפל (Lô-Nâphal לא־נפל) ....5307.....80
Nephesh נפש ....5315..........181
Nêtsaḥ נצח ....5331...........38
Nâtsîr נציר ....5336...........71
Nâtsal נצל ....5337...........60
Netsal נצל ....5338...........60
Nâtsar נצר ....5341....71, 176
Nêtser נצר ....5342...........26
Neqê' נקא ....5343..........124
Nâqav נקב ....5344..........160
Nâqâh נקה ....5352..........125
Nâqîy נקי ....5355..........125
Nâqam נקם ....5358...........67
Nâqâm נקם ....5359...........67
Neqâmâh נחמה ....5360...........67
Nâqash נקשׁ ....5367..........138
Nâsâ’ ישׂא ....5375.......131 f.
Nâsâ’ נשׂא 5375. 9, 18, 64, 90, 196
Nâsî’ נשׂיא ....5387...........23
Neshîyqâh נשׁיקה ....5390..........191
Nâshak נשׁך ....5391..........159
Neshek נשׁך ....5392..........144
Nâshal נשׁל ....5394...........69
Neshâmâh נשׁמה ....5397....29, 182
Nâshaq נשׁק ....5400...........42
Nâshaq נשׁק ....5401..........191
Neshar נשׁר ....5403...........49
Nesher נשׁר ....5404...........49
Nâtan נתן ....5414...........83
Yitên יתן ....5414.......85 ff.
Nâtha‘ נתע ....5421..........166
Nâthats נתץ ....5422..........166
Nâthaq נתק ....5423..........166
Nâtar נתר ....5425...........69
Nether נתר ....5427..........124
Sâvâ’ סבא ....5433..........144
Sôve’ סבא ....5435..........144
Sâval סבל ....5445...........73
Segullâh סגלה ....5459..........198
Sôd סוֹד ....5475..........104
Sûphâh סוּפה ....5492...........43
Sûr סוּר (Lô-Hêçîr לא־הסיר) ...5493...........14
Sûr סוּר ....5493....14, 141
Sôḥêrâh סחרה ....5507...........17
Sîgîm סיגים ....5509..........136
Sukkôt סכּוֹת ....5521..........200
Sâkak סכך ....5526...........70
Sâkal סכל ....5528..........117
Sekel סכל ....5529....92, 117
Sâkâl סכל ....5530..........117
Siklût סכלוּת ....5531..........117
Sâkan סכן ....5532...........52
Sâkat סכת ....5535..........174
Sâlaḥ סלח ....5545.............9
Sallâḥ סלּח ....5546.............9
Selîḥâh סליחה ....5547.............9
Sâlâl סלל ....5549...........91
Sela‘ סלע ....5553.........16 f.
Semâdar סמדר ....5563..........100
Sâmak סמך ....5564...........46
Sâ’ad סאד ....5582...........46
Sâ‘ar סער ....5590...........43
Sa‘ar סער ....5591...........43
Sâphad ספד ....5594..........156
Sâphâh ספה ....5595..........167
Sâphîyaḥ ספיח ....5599...........97
Sappîr ספיר ....5601...........41
Sâtar סתר (Al-Taçtêr אל־תּסתּר) .....5641...14
Sâtar סתר ....5641......14, 71
Sêter סתר ....5643...........16
‘Âvad עבד ....5647..........179
‘Abâdîm עבדים ....5650..........159
‘Âvôdâh עבדה ....5656..........179
‘Âvar עבר ....5674..........131
‘Evrâh עברה ....5678..........148
‘Ivrîy עברי ....5680....21, 198
‘Abôt עבת.............................5688..........160
‘Êdâh עדה ....5713..........106
‘Êdût עדוּת ....5715..........106
‘Âdan עדן ....5727...........94
‘Eden עדן ....5729...........94
‘Êdan עדן ....5730...........94
‘Êden עדן ....5731...........94
‘Ûgâv עוּגב ....5748..........191
‘Ûd עוּד ....5749..........107
‘Âwâh עוה ....5753..........132
‘Ûz עוּז ....5756...........61
‘Ôlâm עלם ....5769.......1, 11, 19, 24, 57
‘Âwôn עון ....5771......130 ff.
‘Ûr עוּר ....5782...........63
‘Az עז ....5794...........47
‘Ôz עז ....5797...........47
‘Âzav עזב ....5800..........141
‘Azov עזב (Lô-Ta‘azov לא־תעזב) ...5800...14
‘Azov עזב ....5800...........14
‘Ezûz עזוּז ....5807...........47

'Izzûz עזוז ....5808...........47
'Âzaz עזז ....5810...........47
'Âzar עזר ....5826......66, 72
'Êzer עזר ....5828......17, 72
'Ezrât עזרת ....5833......66, 72
'Âtar עטר ....5849...........26
'Atârâh עתרה ....5850...........26
'Ayin עין 5869 3, 18, 134
'Âl על ....5920...........37
'Ôwl עול ....5923..........159
'Âleh עלה ....5927...37, 62, 171, 196, 202
'Ôlâh עולה ....5930.......201 f.
'Âlaz עלז ....5937.......187 f.
'Illay עלי ....5943...........20
'Elyôn עליון ....5945/5946...20
'Allîz עליז ....5947..........188
'Alîlâh עלילה ....5949..........178
'Alîlôt עלילות ....5949...........33
'Alîlîyâh עליליה ....5950...........33
'Alîytsût עליצות ....5951..........188
'Âlal עלל ....5953..........161
'Âlam עלם ....5957...........57
'Âlats עלץ ....5970.......187 f.
'Am עם ....5971.......197 f.
'Âmad עמד ....5975...........79
'Âmâl עמל ....5999..........132
'Ômer עמר ....6016...........98
'Ânag ענג ....6026...........94
'Ôneg ענג ....6027...........94
'Ânâh ענה ....6030...........63
'Ânâh ענה ....6031..........157
'Ânâv ענו ....6035..........129
'Ânvâh ענוה ....6037..........129
'Ânâvâh ענוה ....6038..........129
'Ânîy עני ....6041..........154
'Ânân ענן ....6051........42 f.
'Anâq ענק.............................6060...........40
'Âçîç עסיס ....6071...........99
'Atsav עצב ....6088..........155
'Etsev עצב ....6089..........155
'Ôtsev עצב ....6090..........155
'Âtsâv עצב ....6091..........145
'Âtsêv עצב ....6092..........178
'Itstsâvôn עצבון ....6093..........155
'Atstsevet עצבת ....6094..........155
'Êtsâh עצה ....6098..........103
'Âtsûm עצום ....6099...........44
'Âtsâm עצם ....6105...........44
'Otsem עצם ....6108...........44
'Otsmâh עצמה ....6109...........44
'Atsârâh עצרה ....6116.........200
'Iqqêsh עקש ....6141.........133
'Iqqeshût עקשות ....6143.........133
'Ôrêv ערב ....6158.........204
'Arâvâh ערבה ....6160.........164
'Ormâh ערמה ....6195.........113
'Arâphêl ערפל ....6205.........138
'Ârats ערץ (Al-Ta'arots אל־תערץ) ..6206...51
'Ârats ערץ ....6206. .127, 150
'Âsâh עשה ....6213. .33, 175, 201
'Âshûq עשוק ....6217.........158
'Âshôr עשור ....6218.........191
'Âshîr עשיר ....6223...........53
'Asîrîy עשירי ....6224.........200
'Âshan עשן ....6225.........147
'Âshân עשן ....6227.........168
'Âshaq עשק ....6231.........158
'Ôsheq עשק ....6233.........159
'Âshar עשר ....6238...........53
'Ôsher עשר ....6239...........53
'Ashtârôt עשתרת ....6252.........146
'Ashtoret עשתרת ....6253.........146
'Ashterot Qarnayim עשתרת קרנים ..6255.146
'Âthâq עתק ....6277.........143
'Âtâr עתר ....6279.........192
Pâ'ar פאר ....6286...........35
Pag פג ....6291.........101
Pâga' פגע ....6293.........192
Pâdâh פדה ....6299...........66
Pedût פדות ....6304...........66
Pâda' פדא ....6308...........66
Peh פה ....6310.........106
Pûgat פגת ....6314...........93
Pûrâh פורה ....6333.........100
Paḥ פח ....6341.........138
Pâḥad פחד ....6342.....51, 128, 150
Paḥat פחת ....6354.........169
Piṭdâh פטדה ....6357...........40
Pâlâ' פלא ....6381...........32
Pele' פלא ....6382...........32
Pâlî פלי ....6383...........32
Pâlâh פלה ....6395...........32
Pâlat פלט ....6403...16 f., 60
Pâllêt פלט ....6405...........60
Pâlît פלט ....6412...........60
Pelêtâh פלטה ....6413...........61
Pâlal פלל ....6419.........192

Penêh פנה ....6437......13, 80
Pânêy פני ....6440....17, 171
Pânîn פנין ....6443...........41
Peçaḥ פסח ....6453.........200
Pesîyl פסיל ....6456.........145
Pâsas פסס ....6461.........152
Pô‘al פעל ....6467....33, 178
Pe‘ullâh פעלה ....6468.........178
Peùllôt פעלות ....6468...........33
Pâqad פקד ....6485...........67
Pequddâh פקדה ....6486...........67
Pîqqûd פקוד ....6490.........106
Pâqaḥ פקח ....6491...........18
Pârâ’ פרא ....6500...........97
Pârâh פרה ....6509...........97
Pâraḥ פרח ....6524...........97
Peraḥ פרח ....6525...........97
Peret פרט ....6528.........100
Perîy פרי ....6529...........97
Perîyts פריץ ....6530.........144
Pâroket פרכת ....6532.........196
Pârats פרץ ....6555...........87
Perets פרץ ....6556...........87
Pârar פרר ....6565.........140
Pâsha’ פשא ....6586.........131
Pesha’ פשא ....6588.......130 f.
Pethîy פתי ....6612.........117
Pethayût פתיות ....6615.........117
Pâthal פתל ....6617.........134
Pethaltôl פתלתל ....6618.......133 f.
Pethen פתן ....6620.........163
Tse’etsâ צאצא ....6631...........97
Tsâvâ’ צבא ....6635.........146
Tseva’ah צבאה ....6635.....21, 146, 199
Tsevî צבי ....6643...........93
Tsâdeq צדק ....6662.........120
Tsaddîq צדק ....6663.........121
Tsedeq צדק ....6664.........120
Tsidqâh צדקה ....6665.........120
Tsedâqâh צדקה ....6666.........120
Tsâhal צהל ....6670.........188
Tsâvâh צוה ....6680......102, 104 ff.
Tsûm צום ....6684.........194
Tsôm צום ....6685.........194
Tsits ציץ ....6692...........97
Tsûts ציץ ....6692...........97
Tsôq צוק ....6695.........157
Tsûqâh צוקה ....6695.........157
Tsûr צור ....6697...........16
Tsaḥtsâḥâh צחצחה ....6710.........164
Tsâḥaq צחק ....6711.........161
Tseḥôq צחק ....6712.........161
Tsîyâh ציה ....6723.........164
Tsîyôn ציון ....6726.........197
Tsêl צל ....6738...........70
Tsâlaḥ צלח ....6743...........52
Tsâmê’ צמא ....6770.........152
Tsâmê’ צמא ....6771.........152
Tsim’âh צמאה ....6773.........152
Tsimmâ’ôn צמאון ....6774.........164
Tsammâh צמה ....6777.........196
Tsammûq צמוק ....6778.........100
Tsâmaḥ צמח ....6779...........91
Tsemaḥ צמח ....6780...........26
Tsîmḥâh צמחה ....6780...........91
Tsammîym צמים ....6782.........144
Tsinnâh צנה ....6793...........17
Tsâ‘îph צעיף ....6809.........196
Tsâphan צפן ....6845...........71
Tsepha‘ צפע ....6848.........163
Tsârâh צרה ....6869.........157
Tsâraph’ צרף ....6884.........124
Qâvav קבב ....6895.........160
Aqabêts אקבצ ....6908...........63
Qâvats קבץ ....6908...........70
Qâdosh קדש ....6918.........123
Qedôsh קדוש ....6918...........22
Qaddaḥat קדחת ....6920.........154
Qâdâsh קדש ....6942.........123
Qâdesh קדש ....6944....19, 122
Qedêshâh קדשה ....6948.........143
Qâhâl קהל ....6951.........198
Qâwâh קוה ....6960.........194
Qût קוט ....6962.........141
Qôl קול ....6963. .108, 193
Haqîmôt הקימת ....6965...........11
Qûm קום ....6965......64, 78
Qûts קוץ ....6973. .137, 141
Qûts קוצ ....6974...........63
Qôts קוץ ....6975.........164
Qûr קור ....6979.........167
Qetev קטב ....6986.........168
Qotev קטב ....6987.........168
Qetôret קטרת ....7004.........202
Qâlal קלל ....7043.........160
Qelâlâh קללה ....7045.........160
Qâlas קלס ....7046.........161
Qeles קלס ....7047.........161

Qallâsâh קלסה ....7048..........161
Qânâ קנא ....7065......8, 139
Qânâh קנה ....7067.............8
Qin'âh קנאה ....7068......8, 140
Qannô' קנוֹא ....7072.............8
Qâsam קסם ....7080..........146
Qesem קסם ....7081..........146
Qâphad קפד ....7088..........165
Qephâdâh קפדה ....7089..........165
Qâtsîr קציר ....7105...........98
Qâtsaph קצף ....7107..........148
Qetsaph קצף 7108/7109. 147
Qetseph קצף ....7110.......147 f.
Qâtsar קצר ....7114....98, 150
Qôster קצר ....7115..........157
Qârâ' קרא ....7121. .110, 193
Qârav קרב ....7126....65, 171, 201 f.
Qorbân קרבן ....7133..........201
Qârôv קרב ....7138....65, 171
Qeraḥ קרח ....7140...........41
Qeren קרן ....7161...........48
Qerets קרץ ....7171..........168
Qâshav קשב ....7181....12, 174
Qashshâv קשב ....7183............12
Qâshâh קשה ....7185..........142
Qâsheh קשה ....7186. .143, 159
Qôshet קשט ....7189............10
Qeshet קשת ....7198............50
Râ'âh ראה ....7200....13, 172
Rô'î ראי ....7210............13
Rô'sh ראשׁ ....7218......23, 50
Rê'shît ראשית ....7225............38
Rav רב ....7227/7229...55
Rôv רב ....7230............56
Ravah רבה ....7235............56
Revû רבו ....7238............55
Râvîv רביב ....7241............96
Râvîyd רביד...........................7242............40
Râgaz רגז ....7264. .128, 151
Râdad רדד ....7286............88
Râdâh רדה ....7287............25
Râdaph רדפ ....7291..........158
Râhav רהב ....7292............47
Râhâh רהה (Al-Tirah אל־תּרה) ......7297....51
Râwâh רוה ....7301............94
Revaḥ רוח ....7305............60
Rûwaḥ רוּח ....7307/7308...28
Revâḥâh רוחה ....7309..........182
Rûm רוּם ....7311......37, 90
Rûwa' רוּע ....7321..........188
Rûsh רוּשׁ ....7326..........154
Râḥav רחב ....7337............91
Râḥâv רחב ....7342............91
Râḥûm רחום ....7349..........1 f.
Râḥam רחם ....7355..........1 f.
Raḥamey רחמי ....7356..........1 f.
Rîv ריב ....7378............67
Rîv ריב ....7379..........158
Rêyaḥ-Nîḥôaḥ ריח־ניחח 7381/5207. 202
Rîq ריק ....7385..........119
Rêyq ריק ....7386..........119
Rak̲ רך ....7390..........153
Rôk̲ רך ....7391..........153
Râkak̲ רכך ....7401..........153
Yêrak̲ ירך (Al-Yêrak̲ Levav אל־ירך לבב) ....
....7401............51
Rimmôn רמון ....7416..........100
Remîyâh רמיה ....7423..........139
Râmam רמם ....7426............37
Yerômû ירוֹמוּ ....7426............90
Rinnâh הנר ....7440..........188
Rânan רנן ....7442..........188
Ra' רע ....7451..........134
Rea' רע ....7453..............4
Rôa' רע ....7455..........134
Râ'êv רעב ....7456..........152
Râ'êv רעב ....7457..........152
Râ'ad רעד ....7460..........128
Ra'ad רעד ....7461..........128
Rô'êh רעה ....7462............71
Rô'î רעי ....7473............71
Ra'yâtî רעיתי ....7474..............4
Râ'am רעם ....7481............43
Râ'ash רעשׁ ....7493. .128, 151
Râphâ' רפא ....7495............73
Râphâh רפה (Al-Tereph אל־תּרף) . .7503....14
Râphâh רפה ....7503....14, 153
Râpheh רפה ....7504..........153
Râtsâh רצה ....7521..............5
Râtsôn רצוֹן ....7522..............5
Râtsaḥ רצח ....7523..........145
Retsaḥ רצח ....7524..........145
Râqad רקד ....7540..........188
Raqqâh רקה ....7541............50
Râqaḥ רקח ....7543..........101
Reqaḥ רקח ....7544..........101
Rôqaḥ רקח ....7545..........101
Raqqûaḥ רקח ....7547..........101

Râqîya‘ רקיע ....7549...........30
Râqam רקם ....7551...........34
Râsha‘ רֹשע ....7561.........133
Reshâ‘ רֹשע ....7562.........133
Râshâ‘ רֹשע ....7563.........132
Rattôq רתוק..........................7569.........160
Rethûqâh רתקה......................7577...........40
Shâ’ag שׁאג ....7580...........46
Sh’âgâh שׁאגה ....7581...........46
Shâ’âh שׁאה ....7582.........167
She’ôl שׁאול ....7585.........169
Shâ’ôn שׁאון ....7588.........158
She’îyah שׁאיה ....7591.........167
Shâ’al שׁאל ....7592.........194
Shâ’an שׁאן ....7599...........94
Sha’anân שׁאנן ....7600...........94
Se’ôr שׂאר ....7603.........131
She’êrît שׁארית ....7611...........61
She’t שׁאת ....7612.........168
She’êt שׂאת ....7613...........37
Shâvâh שׁבה..........................7617.........159
Shevû’âh שׁבועה ....7621.........109
Shevût שׁבות.........................7622.........160
Shâvaḥ שׁבח ....7623.........190
Shêbet שׁבט ....7626...........26
Shêvet שׁבט ....7626...........26
Shevîy שׁבי............................7628.........160
Shevîy‘îy שׁביעי ....7637.........199
Sâva‘ שׂבע ....7646...........94
Sôva‘ שׂבע ....7648...........94
Shâva‘ שׁבע ....7650.......109 f.
Sâvar שׂבר ....7663.........186
Sêber ברשׂ ....7664.........186
Shâvar שׁבר ....7665.........165
Shever שׁבר ....7667.........168
Shivrôn שׁבון ....7670.........165
Shâvat שׁבת ....7673...........93
Shevet שׁבת ....7674...........93
Shabbât שׁבּת ....7676.........199
Shabbâtôn שׁבתון ....7677.........199
Sâggî’ שׂגיא ....7689...........36
Shêdîm שׁדים ....7700.........162
Shod שׁד ....7701.........168
Shâdad דדשׁ ....7703...........88
Shadday שׁדי ....7706...........22
Shedêphâh שׁדפון ....7711.........165
Seh שׂי שׂה ....7716.........203
Shâhêd שׁהד ....7717.........106
Shôham שׁהם ....7718...........41
Shô’ שׁוא ....7721...........42
Shô’ שׁוֹא ....7722.........168
Shâv’ שׁוא ....7723.........119
Shûv שׁוּב (Al-Tâshêv אל־תּשׁב) ......7725....14
Shûv שׁוּב ....7725.....65, 70, 74, 170
Shôbâb שׁובב ....7726.........140
Shôbêb שׁובב ....7728.........140
Shûvâh שׁוּבה ....7729...........74
Shûd שׁוּד ....7736.........168
Shûḥâh שׁוּחה ....7745.........169
Sheva‘ שׁוע............................7773.........193
Shav‘âh שׁועה........................7775.........193
Shôphar שׁופר ....7782.........200
Sûs שׂוּשׂ ....7797.........187
Yâsîsû יְשׂישׂוּ ....7797.........187
Shezav שׁזב ....7804...........61
Shâḥâh שׁחה ....7812.........191
Sheḥût שׁחוּת ....7816.........169
Sâḥat שׂחט ....7818.........100
Shâḥîs שׁחיס ....7823...........97
Sheḥît שׁחית ....7825.........169
Shaḥal שׁחל ....7826...........49
Shaḥephet שׁחפת ....7829.........154
Shaḥats שׁחץ ....7830.........143
Sâḥaq שׂחק ....7832.........188
Shâḥat שׁחת ....7843.........166
Shaḥat שׁחת ....7845.........169
Shâtam שׂטם ....7852. .142, 161
Shâtan שׂטן ....7853.........162
Shâtân שׂטן ....7854.........162
Sîyaḥ שׂיח ....7878.........115
Shîr שׁיר ....7891.........190
Shîrâh שׁירה ....7892.........190
Shikkôr שׁכּר ....7910.........144
Shâkaḥ שׁכח (Al-Tishkaḥ אל־תּשׁכח) ....
....7911...........13
Shâkaḥ שׁכח ....7911....13, 140
Sâkal שׂכל ....7919.........113
Sekel שׂכל ....7922/7924.112 f.
Sheḵem שׁכם ....7926...........50
Shâkan שׁכן ....7931......19, 88
Shal’anân שׁלאנן ....7946...........94
Shâlâh שׁלה ....7951...........52
Shalhebet שׁלהבת ....7957...........43
Shalwâh שׁלוה ....7962...........52
Shâlôm שׁלוֹם ....7965...........77
Shillûm שׁלּוּם ....7966...........77
Shâlaḥ שׁלח ....7971....18, 110

Sholtân שׁלטן ....7985...........25
Shelîshîy שׁלישׁי ....7992.........199
Shâlak̲ שׁלך (Al-Tashlîk̲ אל־תשׁליך) ....
....7993...........14
Shâlak̲ שׁלך ....7993....14, 141
Shâlal שׁלל ....7998...........88
Shâlam שׁלם ....7999...........77
Hashlamîm השׁלמים ....8002.......201 f.
Shâlem שׁלם ....8003...........77
Shillumâh שׁלומה ....8011...........77
Shêm שׁם ....8034...........19
Shâmad שׁמד ....8045.........167
Shemad שׁמד ....8046.........167
Shâmah שׁמה ....8047.........163
Sâmaḥ שׂמח ....8055.........187
Sâmêaḥ שׂמח ....8056.........187
Simḥâh שׂמחה ....8057.........186
Shâmayîm שׁמים ....8064....12, 29,
146
Shemînîy שׁמיני ....8066.........200
Shâmêm שׁמם ....8074.........163
Shemen שׁמן ....8081.........101
Shâmaʿ שׁמע ....8085....12, 174
Shâmar שׁמר ....8104....70, 175
Shemesh שׁמשׁ ....8121/8122...30
Shên שׁן ....8127....40, 163
Shânê’ שׂנא ....8130. .142, 161
Shâçâh שׁסה ....8154...........88
Shâʿâh שׁעה ....8159....13, 173
Shâʿaʿ שׁעע ....8173.............6
Shôʿâr שׁער ....8182.........144
Sheʿôrâh שׂעורה ....8184...........98
Shaʿarûrâh שׁעררת ....8186.........137
Shaʿashûaʿ שׁעשׁוע ....8191.............6
Shâphat שׁפט ....8199.........148
Shephîphôn שׁפיפן ....8207.........163
Shâphêl שׁפל 8213/8214. 128
Shâphâl שׁפל ....8217.........128
Shiqqûts שׁקוץ ....8251.........137
Shâqat שׁקט ....8252...........93
Shâqat שׁקט (Lô-Eshqôt לא־אשׁקות) ....
....8252...........65
Sheqet שׁקט ....8253...........93
Shâqaph שׁקף ....8259...........13
Shâqats שׁקץ ....8262.........137
Sheqets שׁקץ ....8263.........137
Shâqar שׁקר ....8266.........118
Sheqer שׁקר ....8267.........118
Sar שׂר ....8269...........23
Sharsherâh שׁרשׁרה ....8333.........160
Sâsôn שׂשׂון ....8342.........186
Ta’avah תאוה ....8378......7, 136
Te’ûn תאן ....8383.........118
Te’ên תאן ....8384.........101
Tebûnâh נהותב ....8394.........113
Tebûnâh תבונה ....8394.........112
Têbêl תבל ....8398.........138
Tavlît תבלית ....8399.........155
Tôhû תהו ....8414.........118
Tehillâh תהלה ....8416.........190
Tahpûkâh תהפכה ....8419.........135
Tûgâh תוגה ....8424.........155
Tôdâh תודה ....8426.........189
Tôwḥelet תוחלת ....8431.........186
Tôkaḥat תוכחת ....8433.........116
Tôʿêvâh תועבה ....8441.........137
Tôʿâh תועה ....8442.........132
Tôrâh תרה ....8451.........104
Tûshîyâh תושׁיה ....8454.........112
Taḥbûlâh תחבולה ....8458.........113
Teḥinnâh תחנה ....8467.........193
Taḥanûnâh תחנונה ....8469.........193
Tîrôsh תירושׁ ....8492.........100
Tal’ûvâh תלאובה ....8514.........164
Tôm תם ....8537.........122
Tûmmâh תמה ....8538.........122
Tâmah תמה ....8539...........32
Temahh תמה ....8540...........32
Timmâhôn תמהון ....8541...........32
Tamîm תמים ....8549.........122
Tâmak̲ תמך ....8551...........47
Tâmam תמם ....8552.........122
Tenûvâh תנובה ....8570...........56
Tenûphâh תנופה ....8573.........203
Tanḥûm תנחותם ....8575...........72
Tannîn תנין ....8577.........163
Tâʿav תעב ....8581.........137
Tâʿâh תעה ....8582.........131
Teʿûdâh תעודה ....8584.........106
Ta’atsumôt תעצמות ....8592...........47
Tôph תף ....8596.........191
Tiph’eret תפארת ....8597...........35
Tâphêl תפל ....8602.........117
Tiphlâh תפלה ....8604.........117
Tephillâh תפלה ....8605.........192
Tiqwâh תקוה ....8615.........186
Terûmâh תרומה ....8641.........203
Terûwâh תרועה ....8643.........188

Tarshîsh תרשׁישׁ ....8658...........41
Teshû'âh תשׁועה ....8668...........60
Teshûkâh תשׁוכה ....8669..............6

Index Of Greek Words

Greek word Strong's No. Page No.
Abaddōn Ἀβαδδών................3................163
Abarēs ἀβαρής.......................4................159
Abba Ἀββᾶ..........................5.................27
Abussos ἄβυσσος.................12................55
Agathoergeō αγαθοεργέω.......14.................7
Agathopoieō αγαθοποιέω.......15.................7
Agathopoiïa ἀγαθοποιΐα.........16.................7
Agathopoios ἀγαθοποιός........17.................7
Agathos αγαθός....................18.................7
Agathōsunē αγαθωσύνη.........19.................7
Agalliasis αγαλλίασις............20..............187
Agalliaō αγαλλιάω................21..............187
Aganakteō ἀγανακτέω...........23..............148
Aganaktēsis ἀγανάκτησις.......24..............148
Agapaō αγαπάω....................25.................4
Agapē αγαπη........................26.................4
Agapētos αγαπητός...............27.................4
Angareuō ἀγγαρεύω..............29..............157
Angelia αγγελία.....................31..............103
Angelos αγγελος....................32................31
Agenēs ἀγενής.......................36..............136
Hagiadzō ἁγιάζω..................37..............123
Hagiasmos ἁγιασμός.............38..............123
Hagios ἅγιος.........................40........22, 123
Hagiotēs ἁγιότης..................41..............123
Hagiōsunē ἁγιωσύνη.............42..............123
Ankalē ἀγκάλη......................43................18
Hagneia ἁγνεία......................47..............123
Hagnidzō ἁγνίζω..................48..............123
Hagnismos ἁγνισμός.............49..............123
Agnoeō ἀγνοέω.....................50..............117
Agnoēma ἀγνόημα................51..............131
Agnoia ἄγνοια.......................52..............118
Hagnos ἁγνός........................53..............123
Hagnotēs ἁγνότης.................54..............123
Hagnōs ἁγνῶς.......................55.................9
Agnōsia ἀγνωσία..................56..............118
Agoradzō αγοράζω...............59................66
Agoraîos ἀγοραῖος.................60..............136
Agrammatos ἀγράμματος.......62..............117
Agreuō ἀγρεύω.....................64................48
Agrielaios αγριέλαιος............65..............100
Agrios ἄγριος........................66................67
Agros ἀγρός..........................68................96
Agrupneō ἀγρυπνέω.............69..............192
Agrupnia ἀγρυπνία...............70..............192
Agō αγώ..............................71................62
Agōgē ἀγωγή........................72..............126
Agōn αγων...........................73................69
Agōn αγών...........................73................68
Agōnia αγωνία......................74................68
Agonidzomai αγονίζομαι........75................68
Adelphē ἀδελφή....................79.................5
Adelphoi αδελφοί..................80.................5
Adelphotēs ἀδελφότης...........81.................5
Adēlos ἄδηλος.......................82..............118
Adēlotēs ἀδηλότης................83..............118
Adēlōs ἀδήλως.....................84..............118
Adēmoneō ἀδημονέω............85..............156
Haidēs ᾅδης.........................86..............169
Adiakritos αδιάκριτος............87.................5
Adiakritos ἀδιάκριτος............87..............121
Adialeiptos ἀδιάλειπτος..........88................58
Adialeiptōs ἀδιαλείπτως.........89................58
Adiaphthoria αδιαφθορία.......90................39
Adikeō αδικέω......................91..............132
Adikēma αδίκημα..................92..............132
Adikia αδικία........................93..............132
Adikos αδίκος.......................94..............134
Adikōs ἀδίκως......................95..............134
Adokimos ἀδόκιμος..............96..............134
Adolos ἄδολος......................97.................9

Hadrotēs ἁδρότης..................100..............56
Adunatēsei αδυνατήσει..........101..............45
Adunatos αδύνατος................102............152
Adō ᾄδω................................103............190
Aidō ᾄδω...............................103............190
Aei ἀεί...................................104..............58
Aetos αετός...........................105..............49
Adzumōn αζύμων..................106............200
Athanasia αθανασία...............110..............39
Athemitos ἀθέμιτος...............111............137
Atheos ἄθεος.........................112............134
Áthesmos ἄθεσμος................113............133
Atheteō ἀθετέω......................114............142
Athetēsis ἀθέτησις.................115..............66
Athleō ἀθλέω.........................118..............68
Athlēsis ἄθλησις....................119..............68
Athumeō ἀθυμέω...................120............151
Athōos ἄθωος........................121............124
Aïdios αΐδιος.........................126..............58
Aidōs αἰδώς...........................127............128
Aimatos αίματος....................129............203
Haimatekchusia αίματεκχυσία130............203
Ainesis αἴνεσις......................133............190
Aineō αινέω..........................134............190
Ainigma αἴνιγμα....................135............138
Ainos αινος...........................136............190
Haireomai αἱρέομαι...............138..............81
Aisthēsis αίσθησις.................144............114
Aisthētērion αἰσθητήριον.......145............114
Aischrokerdēs αἰσχροκερδής..146............136
Aischrokerdōs αἰσχροκερδῶς. 147............136
Aischrologia αἰσχρολογία......148............136
Aischros αἰσχρός..................150............136
Aischrotēs αισχρότης............151............136
Aischunē αισχύνη.................152............152
Aischunomai αισχύνομαι.......153......52, 152
Aiteō αιτέω...........................154............192
Aitēma αίτημα......................155............192
Aition αἴτιον.........................158............132
Aitios αίτιος..........................159..............24
Aichmalōsia αἰχμαλωσία........161............160
Aichmalōteuō αἰχμαλωτεύω...162............160
Aichmalōtidzō αιχμαλωτίζω...163............160
Aichmalōtos αἰχμάλωτος........164............160
Aiōn αιών.............................165 57, 76, 138
Aiōnios αιώνιος....................166........58, 75
Akatharsia ακαθαρσία............167............136
Akathartēs ἀκαθάρτης...........168............136
Akathartos ἀκάθαρτος...........169............136
Akakos άκακος......................172............124
Akantha ἄκανθα....................173............164
Akanthinos ἀκάνθινος...........174............164
Akarpos ἄκαρπος..................175............165
Akarpos άκαρπος..................175..............97
Akatagnōstos ακατάγνωστος..176............125
Akatagnōstos ἀκατάγνωστος..176............125
Akatakritos ἀκατάκριτος........178............125
Akataluton ακατάλυτον.........179..............39
Akatastasia ἀκαταστασία........181............158
Akatastatos ἀκατάστατος.......182............153
Akataschetos ἀκατάσχετος.....183............134
Akeraios ακέραιος.................185............124
Aklinēs ἀκλινής....................186..............79
Akmadzō ἀκμάζω.................187..............98
Akoē ακοή............................189............108
Akouō ακούω........................191......12, 174
Akribeia ἀκρίβεια..................195................8
Akribestatos ἀκριβέστατος.....196................8
Akribōs ἀκριβῶς...................199................8
Akroatēs ἀκροατής................202............108
Akrobustia ἀκροβυστία.........203............133
Akrogōniaios ακρογωνιαίος...204..............16
Akrothinion ἀκροθίνιον.........205..............88
Akuroō ἀκυρόω....................208............140
Alazoneia ἀλαζονεία.............212............143
Alazōn ἀλαζών.....................213............143
Alalētos ἀλάλητος................215..............39
Halas ἅλας............................217............126
Aleiphō αλείφω.....................218..............28
Alētheia αλήθεια..................225..............10
Alētheuō αληθεύω................226..............10
Alēthēs ἀληθής.....................227..............11
Alēthinos αληθινός...............228..............11
Alēthōs ἀληθως....................230..............11
Halisthēsetai αλιστήσεται.......233............126
Alisgema ἀλίσγεμα................234............136
Allēlouïa ἀλληλουϊα..............239............189
Hallomai ἅλλομαι.................242..............79
Alogos ἄλογος......................249............137
Hals ἅλς...............................251............126
Alupoteros ἀλυπότερος..........253............156
Halusis ἅλυσις.......................254............160
Alusitelēs ἀλυσιτελής............255............119
Amathēs ἀμαθής...................261............117
Amarantinos ἀμαράντινος......262..............39
Amarantos αμάραντος...........263......39, 124
Amarantos ἀμάραντος...........263..............39
Hamartanō αμαρτάνω............264............131

Hamartēma αμάρτημα...........265...........130
Hamartia αμάρτια..................266...........130
Hamartōlos αμαρτωλός..........268...........134
Ameleō ἀμελέω.....................272...........141
Amemptos ἀμεμπτος.............273...........125
Amemtōs αμέμτως................274...........125
Ametatheton αμετάθετον........276.............39
Ametakinētos αμετακίνητος...277.............79
Ametamelētos ἀμεταμέλητος. 278...........142
Ametanoētos ἀμετανόητος.....279...........142
Amēn αμήν...........................281.............10
Amiantos ἀμίαντος................283...........124
Amnos αμνός.........................286...........203
Ampelos ἄμπελος..................288...........100
Ampelourgos ἀμπελουργός....289...........100
Ampelōn ἀμπελών.................290...........100
Amōmētos αμωμητος............298...........125
Amōmos ἄμομος...................299...........125
Anabainō αναβάινω...............305.............61
Anablepō αναβλέπω..............308...........173
Anablepsis ἀνάβλεψις...........309...........173
Anaboaō ἀναβοάω.................310...........108
Anangelei αναγγελεί..............312...........107
Anegennaō ανεγεννάω...........313...........126
Anankaîos ἀναγκαῖος............316...........155
Anankē ἀνάγκη......................318...........155
Anadeiknumi ἀναδείκνυμι......322.............81
Anadzaô anάζαω....................326.............76
Anazōnnumi ἀναζώννυμι.......328.............47
Anazōpureō ἀναζωπυρέω.......329.............64
Anathallō ἀναθάλλω..............330.............97
Anathema ἀνάθεμα................331...........161
Anatheōreō ἀναθεωρέω..........333...........173
Anaitios ἀναίτιος...................338...........125
Anakainidzō ἀνακαινίζω........340.............74
Anakainō ανακαινώ...............341.............74
Anakainōsei ανακαίνωσει.......342.............74
Anakaluptō ανακαλύπτω........343...........114
Anakephalaiomai ἀνακεφαλαίομαι 346......70
Anakrazō ἀνακράζω...............349...........108
Anakrinō κρίνω.....................350...........114
Analambanō ἀναλαμβάνω......353.............62
Analēpsis ἀνάληψις...............354.............62
Analiskō ἀναλίσκω................355...........167
Analogizomai ἀναλογίζομαι...357...........173
Analos ἄναλος.......................358...........136
Anamartētos ἀναμάρτητος.....361...........125
Anamimnēskō ἀναμιμνήσκω..363...........176
Anamasin ανάμνασιν.............364...........176
Ananeousthai ανανεούσθαι....365.............74
Anantirrhētos ἀναντίῤῥητος...368...........125
Anantirrhētōs ἀναντιῤῥήτως...369...........125
Anaxios ἀνάξιος....................370...........136
Anaxiōs ἀναξίως...................371...........136
Anapausis ανάπαυσις............372.............93
Anapausō αναπαύσω.............373.............93
Anapeithō ἀναπείθω..............374...........108
Anaplērō αναπληρώ..............378.............83
Anapologētos ἀναπολόγητος..379...........134
Anaptō ἀνάπτω......................381.............43
Anarithmētos ἀναρίθμητος.....382.............57
Anastasis ανάστασις..............386.............76
Anastatoō ἀναστατόω............387...........158
Anastaurountas ανασταυρουντας...388....203
Anastenazō ἀναστενάζω.........389...........156
Anastrophē ἀναστροφή.........391...........126
Anatithemai ἀνατίθεμαι.........394...........108
Anatolē ἀνατολή...................395.............30
Anatrepō ἀνατρέπω...............396...........160
Anaphainō ἀναφαίνω.............398...........115
Anapherō ἀναφέρω................399.............73
Anaphōneō ἀναφωνέω...........400...........108
Anachusis ἀνάχυσις...............401...........134
Anapsuxis ανάψυχις...............403.............76
Anapsychō ἀναψύχω.............404.............74
Anenklētos ἀνέγκλητος..........410...........125
Anekdiēgētos ἀνεκδιήγητος...411.............39
Aneklalētos ἀνεκλάλητος.......412.............39
Anekleiptos ἀνέκλειπτος.......413.............39
Aneleēmōn ἀνελεήμων..........415...........134
Anexichniastos ανεξιχνίαστος419.............39
Anexikakos ανεξίκακος.........420...............9
Anexereunēta ανεξερεύνητα...421.............39
Anepaischunton ανεπαίσχυντον....422.......52
Anepilēptos ἀνεπίληπτος........423...........125
Anesis ἄνεσις........................425.............93
Anexomai ανέξομαι...............430...............9
Anēmeros ἀνήμερος...............434...........134
Athistemi ανθίστεμι...............436.............68
Anthōmologeitō ανθωμολογείτω. .437.....189
Anthomologeomai ἀνθομολογέομαι. 437. 189
Anthrōpoktonos ἀνθρωποκτόνος. .443.....145
Aniēmi ἀνίημι........................447.............69
Anileōs ανίλεως.....................448...............2
Anastēnai αναστήναι.............450.............76
Anoētos ἀνόητος...................453...........117
Anoia ἄνοια...........................454...........117
Anoikodomeō ἀνοικοδομέω...456.............82

Anomia ανομία......................458...........132
Anomos άνομος.....................459...........134
Anorthō ανορθώ....................461.............79
Anosios ανόσιος....................462...........134
Anochē ανοχή.......................463...............3
Anochē ἀνοχή.......................463...............9
Antagōnidzomai ἀνταγωνίζομαι....464.......68
Antanaplēroō ἀνταναπληρόω. 466.............83
Antapodounai ανταποδουναι. .467.............67
Antapodoma ανταπόδομα.......468.............67
Antapodosis ανταπόδοσις.......469.............67
Antepō ἀντέπω......................471...........161
Antechomenon αντέχομενον. .472.............73
Antidikos ἀντίδικος...............476...........162
Antithesis ἀντίθεσις...............477.............68
Antikathistēmi ἀντικαθίστημι.478.............68
Antikeimai ἀντίκειμαι...........480.............68
Antilambanomai αντιλαμβάνομαι. 482.......72
Antilegō ἀντιλέγω.................483...........161
Antilēpsis ἀντίληψις..............484.............72
Antilogia ἀντιλογία...............485...........158
Antiloidoreō ἀντιλοιδορέω.....486...........161
Antilutron αντίλυτρον...........487.............66
Antimisthia ἀντιμισθία..........489.............92
Antipiptō ἀντιπίπτω...............496.............68
Antistrateuomai ἀντιστρατεύομαι. 497.......68
Antitassomai ἀντιτάσσομαι....498.............68
Antichristos ἀντίχριστος.........500...........162
Anudroi άνυδροι....................504.............96
Anupokritos ανυπόκριτος.......505...............9
Anupotaktos ἀνυπότακτος......506...........134
Anō άνω..............................507.............37
Anōthen άνω.........................509.............37
Anōphelēs ἀνωφελής.............512...........119
Axios άξιος..........................514...........125
Axioō αξιόω.........................515...........125
Axiōs αξίως..........................516...........125
Aoratos αόρατος....................517.............39
Apangellō απαγγέλω.............518...........107
Apaideutos ἀπαίδευτος...........521...........117
Apallassō απαλλάσσω...........525.............61
Apalos ἀπαλός.......................527...........153
Aparabatos απαράβατος.........531.............39
Aparneomai ἀπαρνέομαι........533...........142
Aparchē απαρχή....................536.............98
Apataō απατάω......................538...........139
Apatē ἀπάτη..........................539...........139
Apaugasma απαύγασμα..........541.............42
Apeitheia ἀπείθεια.................543...........185
Apeitheō ἀπειθέω..................544...........185
Apeithēs ἀπειθής...................545...........185
Apeipomēn ἀπειπόμην...........550...........142
Apeirastos ἀπείραστος...........551...........139
Apeiros ἄπειρος....................552...........117
Apeleutheros απελεύθερος.....558.............69
Apeleutheros ἀπελεύθερος.....558...........125
Apelpidzō ἀπελπίζω..............560...........186
Aperitmētos ἀπερίτμητος.......564...........133
Apechomai απέχομαι.............567...........176
Apisteō απιστέω....................569...........185
Apistia απιστία......................570...........185
Apistos άπιστος.....................571...........185
Haplotēs απλότης..................572...............8
Haploûs ἁπλοῦς.....................573...............8
Haplōs απλώς........................574...............8
Apoblepō ἀποβλέπω..............578...........173
Apodeiknumi αποδείκνυμι.....584...........115
Apodeixis απόδειξις..............585...........115
Apodekatoō ἀποδεκατόω.......586...........203
Apodektos απόδεκτος............587...........125
Apodechomai ἀποδέχομαι......588.............85
Apodō αποδώ........................591.............85
Apodokimadzō ἀποδοκιμάζω. 593...........142
Apodochē ἀποδοχή...............594...........125
Apothesis ἀπόθεσις...............595...........177
Apothēsauridzō αποθησαυρίζω.....597.......41
Apokathistēmi αποκαθίστημι. 600.............74
Apokaluptō αποκαλύπτω........601...........114
Apokalupsis αποκάλυπσις......602...........114
Apokaradokia αποκαραδοκία. 603...........185
Apokatallaxē αποκαταλλάξη. .604.............78
Apokatastasis αποκατάστασις 605.............76
Apokeimai απόκειμαι............606.............41
Apokruptō ἀποκρύπτω...........613...........104
Apokruphos ἀπόκρυφος.........614...........104
Apokteinō ἀποκτείνω............615...........145
Apokueō ἀποκυέω.................616.............45
Apolabōmen απολάβωμεν......618.............86
Apolausis ἀπόλαυσις.............619...........137
Apollumi απόλλυμι...............622...........167
Apollyōn Ἀπολλύων.............623...........163
Apologeomai ἀπολογέομαι....626...........121
Apologia ἀπολογία................627...........121
Apolousai απολούσαι............628.............66
Apolutrōsis απολύτρωσις.......629.............66
Apoluō απολύω.....................630...............9
Aponemontes απονέμοντες....632.............85
Apoplanaō ἀποπλανάω..........635...........131

Aporeō ἀπορέω......................639...........151
Aporia ἀπορία........................640...........151
Apostasia ἀποστασία.............646...........141
Apostellō αποστέλλω............649............111
Apostereō ἀποστερέω............650...........139
Apostolē αποστολή................651............111
Apostolos απόστολος............652............111
Apostugountes αποστυγουντες.......655....176
Opotithēmi οποτίθημι............659...........141
Apotolmaō ἀποτολμάω.........662...........185
Apotomia ἀποτομία...............663...........149
Apotomōs ἀποτόμως.............664...........149
Apopheugō αποφεύγω...........668.............61
Apopsuchō ἀποψύχω.............674...........153
Aprositos ἀπρόσιτος..............676.............39
Aproskopos ἀπρόσκοπος........677...........125
Aprosōpolēptōs ἀπροσωπολήπτως. 678....121
Aptaistos ἄπταιστος...............679.............71
Aptaistos άπταιστος...............679.............80
Apoleia απόλεια....................684...........168
Ara αρά..................................685...........161
Argos ἀργός...........................692...........165
Argureos ἀργύρεος..................693.............40
Argurion αργύριον..................694.............40
Arguros άργθρος....................696.............40
Areskeia αρέσκεια..................699...............6
Areskō αρέσκω......................700...............6
Arestos αρεστος.....................701...........125
Aretē αρέτη...........................703...........125
Arēn ἀρήν..............................704...........203
Arkeō αρκέω..........................714.............53
Harmozō ἁρμόζω....................718.............11
Arneomai ἀρνέομαι................720...........142
Arnion αρνίον........................721...........203
Harpagē ἁρπαγή.....................724...........144
Harpagmos ἁρπαγμός............725...........144
Harpadzō αρπάζω..................726.............62
Harpax ἅρπαξ........................727...........144
Arrhabōn αρραβων................728...........110
Arrhabōn ἀῤῥαβών................728.............66
Arrhētos ἄῤῥητος...................731.............39
Arrhōstous αρρώστους..........732...........153
Artemis Ἄρτεμις....................735...........146
Artios άρτιος..........................739.............82
Artos άρτος............................740.............99
Archangelos ἀρχάγγελος........743.............31
Archē αρχή............................746.............38
Archēgon αρχηγόν.................747.............24
Archiereus αρχιερεύς.............749.............28
Archipoimēn ἀρχιποίμην........750..............72
Architektōn ἀρχιτέκτων..........753..............82
Archō ἄρχω...........................757..............25
Arkōn άρκων.........................758..............24
Arōma ἄρωμα........................759............101
Asaleutos ἀσάλευτος.............761..............39
Asbestos ἄσβεστος................762..............39
Asebeia ασέβεια....................763............133
Asebeō ασεβέω......................764............133
Asebēs ασεβής.......................765............133
Aselgeia ἀσέλγεια..................766............134
Astheneia ασθένεια................769............153
Astheneō ασθένεω.................770............153
Asthenēma ασθένημα............771............153
Asthenēs ασθενής..................772............153
Asitos ἄσιτος.........................777............194
Asmenōs ἀσμένως.................780................8
Asophos ἄσοφος....................781............117
Aspilos ἄσπιλος.....................784............125
Asteîos ἀστεῖος......................791..............36
Astēr ἀστήρ...........................792..............30
Astēriktos ἀστήρικτος............793............153
Astorgos ἄστοργος................794............162
Astocheō ἀστοχέω.................795............132
Astrapē αστραπή....................796..............43
Astraptō ἀστράπτω................797..............42
Astron ἄστρον.......................798..............30
Asunetos ἀσύνετος.................801............117
Asunthetos ἀσύνθετος............802............142
Asphaleia ἀσφάλεια...............803..............10
Asphalēs ἀσφαλής.................804..............10
Asphalizō ἀσφαλίζω..............805..............10
Asphalōs ἀσφαλῶς................806..............10
Aschēmoneō ἀσχημονέω........807............134
Aschēmosunē ἀσχημοσύνη....808............134
Aschēmōn ἀσχήμων..............809............134
Asōtia ἀσωτία........................810............134
Asōtōs ἀσώτως......................811............134
Atakteō ἀτακτέω....................812............134
Ataktos ἄτακτος.....................813............134
Ataktōs ἀτάκτως....................814............134
Atimazō ἀτιμάζω...................818............142
Atimia ἀτιμία.........................819............152
Atimos ἄτιμος.........................820............142
Atimoō ἀτιμόω.......................821............152
Atopos ἄτοπος........................824............133
Augadzo αυγάζω....................826..............42
Authadēs αὐθάδης..................829............143
Auxanō αυξάνω.....................837..............91

Auxēsis αὔξησις....................838.............91
Autarkeia αὐτάρκεια..............841.............53
Autarkēs αὐτάρκης................842.............53
Autoptēs αὐτόπτης.................845...........107
Auchmēros αὐχμηρός.............850...........138
Aphanidzō ἀφανίζω..............853...........167
Aphanismos ἀφανισμός..........854...........167
Aphelotēs ἀφελότης..............858...............8
Aphesis ἄφεσις......................859...............9
Aphtharsia αφθαρσία.............861.............39
Aphthartos ἄφθαρτος.............862.............39
Aphiēmi αφίημι.....................863...............9
Aphilagathos ἀφιλάγαθος.......865...........142
Aphilarguros ἀφιλάργυρος.....866...............9
Aphobos αφόβος....................870.............51
Aphrosunē ἀφροσύνη............877...........117
Aphrōn ἄφρων.......................878...........117
Aphōnos ἄφωνος...................880...........118
Acheiropoiētos ἀχειροποίητος886.............39
Achreîos ἀχρεῖος...................888...........119
Achreioō ἀχρειόω.................889...........119
Achrēstos ἄχρηστος...............890...........119
Apseudēs ἀψευδής.................893.11, 39, 118
Baal Βάαλ............................896...........146
Babulōn Βαβυλών.................897...........138
Bathos βάθος.........................899.............55
Baptidzō βαπτίζω..................907...........126
Basileia βασιλεία...................932.............24
Basileios βasίλειος.................934.............24
Basileus βασιλευς..................935.............22
Basileuō βασιλεύω................936.............25
Bastasei βαστάσει..................941.............73
Battologeō βαττολογέω.........945...........119
Bdelugma βδέλυγμα..............946...........137
Bdeluktos βδελυκτός.............947...........137
Bdelusso βδελύσσο...............948...........137
Bebaios βέβαιος....................949.............79
Bebaiōsai βεβαιωσαι.............950.............79
Bebaiōsis βεβαίωσις..............951.............79
Bebēlos βέβηλος...................952...........133
Beelzeboul Βεελζεβούλ.........954...........146
Blasphēmeō βλασφημέω.......987...........142
Blasphēmia βλασφημία.........988...........142
Blasphēmos βλάσφημος.........989...........142
Blepō βλέπω.........................991......13, 173
Boētheia βοήθεια...................996.............72
Boētheō βοηθέω....................997.............72
Boēthos βοηθός.....................998.............72
Boulē βουλή.........................1012.........103
Brabeion βραβείον................1017...........39
Brabeuetō βραβευέτω............1018...........25
Brachiōn βραχίων.................1023...........18
Brontē βροντή......................1027...........43
Gehena γέενα........................1067.........169
Bakkûrâh בכרה.....................1073...........98
Gennēma γέννημα................1080.........126
Gennēma γεννημα.................1081...........97
Gleukos γλεύκος...................1098.........100
Glōssa γλωσσά.....................1100.........194
Gnēsios γνήσιος...................1103...........11
Gnōmē γνώμη.......................1106.........182
Gnōridzō γνωρίζω................1107.........114
Gnōsis γνωσις......................1108.........113
Graphē γραφή......................1124.........103
Grēgoreuō γρηγορεύω..........1127.........192
Gumnadzō γθμνάζω.............1128.........177
Daimoniízomai δαιμονίζομαι. 1139.........162
Daimonion αιμόνιον.............1140.........162
Daimōn δαίμων....................1142.........162
Deēsis δέησις.......................1162.........193
Deiknuō δεικνύω..................1166.........108
Deilia δειλία.........................1167...........51
Deiliaō δειλιάω....................1168...........51
Dektos δεκτός......................1184.........125
Dexian δεξιάν.......................1188...........18
Deomai δέομαι.....................1189.........193
Despotēs δεσπότης...............1204...........24
Doute δουτε.........................1205.........170
Dechetai δέχεται...................1209...........85
Dēsē δήση...........................1210...........88
Dēlos δηλος.........................1212.........108
Dēloō δηλόω........................1213.........108
Diabolos διάβολος................1228.........162
Diangellō διαγγέλω..............1229.........107
Diadēma διάδημα.................1238...........26
Diathēkē διαθήκη.................1242...........11
Diairesis διαίρεσις................1243...........52
Diakatharidzō διακαθαρίζω....1245.........124
Diakoneō διακονέω..............1247.........179
Diakonia διακονία................1248.........179
Dialegomai διαλέγομαι..........1256.........108
Diallassō διαλλάσσω............1259...........78
Diamarturomai διαμαρτύρομαι.......1263..107
Dianoia διάνοια....................1271.........182
Diarpazō διαρπάζω..............1283...........88
Diasōzō διασώζω.................1295...........59
Diatassō διατάσσω...............1299...........81
Diatērō διατήρω...................1301.........176

Diatithemai διατίθεμαι...........1303...........11
Diatribō διατρίβω..................1304...........90
Diapherete διαφέρετε.............1308...........52
Diaphēmidzō διαφημίζω.........1310..........108
Diaphoros διάφορος..............1313...........52
Didaktikos διδακτικός............1317..........116
Didaktos διδακτός.................1318..........116
Didaskalia διδασκαλία............1319..........116
Didaskale διδάσκαλε.............1320...........24
Didaskō διδάσκω....................1321..........116
Dounai δούναι.......................1325...........84
Diegeirō διεγείρω..................1326...........64
Dikaios δίκαιος......................1342..........121
Dikaiosunē δικαιοσύνη...........1343..........120
Dikaioō δικαιόω.....................1344..........121
Dikaiōma δικαίωμα...............1345..........121
Dikaiōs δικαίως.....................1346..........121
Dikaiōsis δικαίωσις...............1347..........121
Dipsō διψσώ..........................1372..........152
Dipsei δίψσει.........................1373..........152
Dipsuchos δίψυχος................1374..........182
Diogmos διογμός...................1375..........158
Dioktēs διόκτης.....................1376..........158
Dioko διόκο...........................1377..........158
Dogma δόγμα........................1378..........105
Dogmatidzesthe δογματίζεσθε........1379..106
Dokei δοκεί...........................1380..........114
Dokimadzō δοκιμάζω............1381..........126
Dokimē δοκιμή......................1382..........126
Dokimion δοκίμιον................1383..........126
Dokimos δόκιμος...................1384..........126
Dolioi δόλιοι..........................1386..........139
Edoliousen εδολιούσεν...........1387..........139
Dolos δόλος...........................1388..........139
Dolountes δολούτες...............1389..........139
Doma δόμα............................1390...........84
Doxa δόξα.............................1391...........35
Doxadzō δοξάζω....................1392...........35
Douleuō δουλεύω...................1398..........179
Doulos δουλος.......................1401..........179
Drákōn δράκων.....................1404..........163
Dunatai δύναται.....................1410...........45
Dunamis δύναμις...................1411......35, 45
Dunamō δυναμώ....................1412...........45
Dunastēs δυνάστης................1413...........45
Dunateō δυνατέω...................1414...........45
Dunatos δυνατός....................1415...........45
Dusnoētos δυσνόητος.............1425..........113
Dōrea δωρεά.........................1431.............3
Dōrean δωρεάν.....................1432.............3
Egeirō εγείρω........................1453...........76
Enekainisen ενεκαίνισεν.........1457..........123
Engkataleipō εγκαταλείπω.....1459............14
Engkrateia εγκράτεια.............1466..........129
Engkrateuomai εγκρατεύομαι.1467..........129
Engkratēs εγκρατής...............1468..........129
Hedraios εδραίος...................1476............79
Hedraiōma εδραίωμα.............1477............79
Eidōleîon είδωλεϊον...............1493..........145
Eidōlothuton είδωλόθυτον......1494..........145
Eidōlolatreia είδωλολατρεία...1495..........145
Eidōlolatrēs είδωλολάτρης.....1496..........145
Eidōlon εἴδωλον....................1497..........145
Eikē εἰκῆ...............................1500..........119
Eilikrineia ειλικρίνεια............1505.............9
Eilikrinēs ειλικρινής..............1506.............9
Eimi είμι................................1510...........22
Eirēneuō ειρηνεύω.................1514...........77
Eirēnē ειρήνη........................1515........1, 77
Eirēnikos ειρηνικός...............1516...........77
Eirēnopoieō ειρηνοποιέω.......1517...........77
Eirēnopoios ειρηνοποιός........1518...........77
Eisachouō εισαχουω..............1522...........12
Eisdexomai εισδέξομαι..........1523...........12
Eiselthein εισελθείν...............1525..........171
Eiserchomai εισέρχομαι.........1525...........65
Eiserchomenē εισερχομένη....1525...........86
Eisodos είσοδος.............1529...64 f., 86, 171
Ekastote εκάstote...................1539...........58
Ekbalō εκβάλω......................1544...........88
Ekbasis έκβασις.....................1545...........61
Ekdechomai εκδέχομαι...........1551...........93
Ekdiegeomai εκδιεγέομαι.......1555..........108
Ekdikeō εκδικέω....................1556...........67
Ekdikēsis εκδίκησις...............1557...........67
Ekdikos έκδικος.....................1558...........67
Ekdiōxantōn εκδιωξάντων......1559..........158
Ekzeteō εκζετέω....................1567..........194
Ekthambeiste εκθαμβείτε.......1568...........32
Ekthamboi έκθαμβοι.............1569...........32
Ekatharē εκαθάρη..................1571..........124
Ekkakein εκκακείν.................1573...........51
Enkakeō ἐκκακέω (Mē Enkakein μή εκκακείν)..............................1573...........51
Ekklēsia εκκλησία.................1577..........198
Eklinō εκλίνω........................1578..........176
Exekremato εξεκρέματο.........1582..........174
Eklampsousin εκλάμψοθσιν...1584...........42

Exelexatō εξελέξατω..............1586...........81
Ekleipō ἐκλείπω.....................1587..........152
Eklektos εκλεκτός..................1588...........81
Eklogē εκλογή........................1589...........81
Ekluou εκλύου........................1590..........153
Eknēpsate εκνήψατε...............1594..........171
Hekousion εκουσιον...............1595.............8
Ekpeiradzō εκπειράζω...........1598..........139
Ekplepērōken εκπλεπήρωκεν. 1603...........83
Exeplēssonto εξεπλήσσοντο...1605...........33
Ekpoureuomai εκπουρευομαι. 1607..........111
Ektarassousin εκταράσσουσιν 1613..........151
Ekteinō εκτεινω.....................1614...........49
Ektelesai εκτελέσαι................1615...........82
Ekteneia εκτενεια...................1616.............7
Ektenesteron εκτενέστερον....1617.............7
Ektenē εκτενή.........................1618.............7
Ektenos εκτενός......................1619.............7
Exetitheto εξετίθετο...............1620..........115
Ektrephō εκτρέφω..................1625...........94
Ekpheugō εκφευγω.................1628...........61
Ekphobein εκφοβειν...............1629..........150
Ekphobos έκφοβος.................1630..........150
Ekcheō εκχέω.........................1632...........96
Hekousa εκουσα.....................1635.............8
Elaias ελαιας...........................1636..........100
Elaion έλαιον..........................1637..........101
Elattonēsen ελαττόνησεν........1641...........97
Elattō ελαττω.........................1642..........129
Elaphria ελαφρία....................1644...........42
Elaphron ελαφρόν..................1645...........42
Elachistos ελάχιστος...............1646..........129
Elachistoterō ελαχιστοτέρω....1647..........129
Elengxin έλεγξιν.....................1649..........116
Elengchos έλεγχος..................1650..........115
Elengchō ελέγχω....................1651..........116
Eleēson ελέησον.....................1653.............2
Eleēmosunē ελεημοσύνη........1654.............2
Eleēmones ελεήμονες.............1655.............2
Eleos έλεος............................1656.............2
Eleutheria ελευθερία..............1657...........69
Eleutheros ελεύθερος.............1658...........69
Eleutherō ελευθερώ...............1659...........69
Eleuseōs ελευσεως.................1660...........64
Ellogeō ελλογέω.....................1677..........121
Elpidzō ελπίζω.......................1679..........186
Elpis ελπίς.............................1680..........186
Emblepō εμβλέπω..................1689..........173
Emmenō εμμένω....................1696...........89
Empaigmos ἐμπαιγμός...........1701..........157
Empaizō ἐμπαίζω...................1702..........157
Empaiktēs ἐμπαίκτης.............1703..........157
Empiplēmi εμπίπλημι.............1705...........83
Emplekō εμπλέκω.................1707..........138
Emprosthen έμπροσθεν..........1715..........172
Emphanes εμφανές................1717..........115
Emphanidzo εμφανίζω...........1718..........115
Emphobos έμφοβος...............1719..........150
Emphutos έμφυτος................1721...........90
Enantion εαντίον...................1726..........172
Endeiknumi ενδείκνθμι..........1731..........108
Endeixis ένδειξις....................1732..........108
Endikos ένδικος.....................1738..........121
Endoxadzō ενδοξάζω.............1740...........35
Endoxos ένδοξος...................1741...........35
Endunamō ενδυναμώ.............1743...........45
Energeia ενέργεια..................1753...........45
Energeō ενεργέω...................1754...........45
Energema ενέργημα...............1755...........34
Energes ενεργής....................1756...........45
Eneulogeō ενεθλογέω............1757...........92
Enechōενέχω........................1758..........134
Enthumeomai ενθυμέομαι......1760..........182
Enthumesis ενθύμεσις...........1761..........182
Enischuōn ενισχύων..............1765...........48
Ennoia ένοια.........................1771..........182
Ennomos ένομος...................1772..........126
Enoikeō ενοικέω...................1774...........89
Henotēs ενότης.....................1775...........90
Enochleō ἐνοχλέω................1776..........158
Enochos ἔνοχος....................1777..........134
Entalma ένταλμα..................1778..........105
Entellomai εντέλλομαι...........1781..........105
Enteuxis έντευξις..................1783..........193
Entimos έντιμος....................1784...........38
Entolē εντολή.......................1785..........105
Entrepō εντρέπω..................1788. .128, 151
Entrephō εντρέφω.................1789...........94
Entromos έντρομος...............1790..........128
Entropē εντρόπη...................1791..........151
Entengchanō εντεγχάνω.........1793..........193
Enupniadzomai ενυπνιάζομαι. 1797..........109
Enupnion ενύπνιον................1798..........109
Enopion ενόπιον...................1799..........172
Enotidzomai ενοτίζομαι..........1801..........174
Exangellō εξαγγέλω..............1804..........107
Exagoradzō εξαγοράζω.........1805...........66
Exagō εξάγω........................1806...........62

Exaireō εξαιρέω......................1807............60
Exelētai εξέληται....................1807............66
Exaiphnēs εξαίφνης................1810............33
Exakaloutheō εξακαλουθέω...1811..........175
Exaleiphō εξαλειφω................1813..........126
Exanastasis εξανάστασις........1815............76
Exanistēmi εξανίστημι............1817............76
Expataō εξπατάω....................1818..........139
Exapina εξάπινα.....................1819............33
Exaporeomai εξαπορέομαι.....1820. .151, 157
Exapostellō εξαποστέλλω.......1821...........111
Exartidzō εξαρτίζω.................1822............82
Exastraptō εξαστράπτω..........1823............42
Exautes εξαυτες......................1824............33
Exegeirō εξεγείρω..................1825............76
Exēlthen εξεήλθεν..................1831............63
Exēlthen εξήλθεν....................1831............64
Exēgeomai εξηγέομαι.............1834..........108
Exēchētai εξήχηται.................1837....64, 108
Exestēsan εξέστησεν..............1839............32
Exischusēte εξισχύωσητε.......1840............48
Exolothreuō εξολοθρεύω........1842..........167
Exomologeō εξομολογέω.......1843..........189
Exoudenēthē οεξουδενηθή.....1847..........142
Exoutheneō εξουθενέω...........1848..........142
Exousia εξουσία.....................1849......25, 45
Exousiadzo εξουσιάζω............1850............25
Exupnidzō εξυπνίζω...............1851............76
Heortadzō εορτάζω.................1858............94
Heortē εορτή...........................1859............94
Epangelia επαγγελία...............1860..........103
Epangelō επαγγέλλω..............1861..........103
Epangelma επάγγελμα............1862..........103
Epagonidzomai επαγονίζομαι.1864............68
Epainō επαινέω.......................1867..........190
Epainos έπαινος......................1868..........190
Epaischunomai επαισχύνομαι.1870....52, 152
Epakoloutheō επακολουθέω...1872..........175
Epēkousa επήκουσά...............1873............12
Epanapauomai επαναπαυομαι 1879............89
Epanorthosis επανόρθοσις......1882............89
Epanō επάνω..........................1883............37
Epeidon επειδον.....................1896............13
Epeisagōgē επεισαγωγή..........1898............70
Apekteinomenos απεκτεινόμενος...1901....48
Ependuomai επενδύομαι........1902..........126
Epelthē επέλθη.......................1904............65
Epechō επέχω.........................1907..........174
Epiblepsen επιβλέψεν.............1914............13
Epignōskō επιγινώσκω...........1921..........114
Epignōsis επίγνωσις...............1922..........113
Epieikeia επιείκεια.................1932..............5
Epieikēs επιείκης...................1933..............5
Epithumeō ἐπιθυμέω..............1937......7, 136
Epithumia επιθυμία................1939......7, 136
Epikataratos επικατάρατος.....1944..........161
Epikouria επικουρία...............1947............72
Epilambanomai επιλαμβάνομαι....1949...48, 62
Epilegomai επιλέγομαι...........1951..........110
Epilusis επίλυσις....................1955..........115
Epiluō επίλυω.........................1956..........115
Epimartureō επιμαρτυρέω......1957..........106
Epimeleia επιμέλεια...............1958............73
Epemelēthē επεμελήθη...........1959............73
Epimelos επιμελός.................1960..............8
Epimenō επιμένω...................1961............89
Epinoia επίνοια......................1963..........182
Epiplesso επιπλέσσω.............1969..........116
Epipotheō επιποθέω...............1971..............7
Epipothēsis επιπόθησις...........1972..............7
Epipothētos επιπόθητος..........1973..............7
Epipothia επιποθία.................1974..............7
Epiporeuomai επιπορεθομαι...1975..........170
Episkenōsē επισκενωση.........1981............93
Episkopeō επισκοπέω.............1983............71
Episkopē επισκοπή.................1984............71
Episkopos επίσκοπος.............1985............71
Epistamai επίσταμαι..............1987..........114
Epistata επιστάτα...................1988............24
Epistēmōn επιστημων............1990..........113
Episteridzō επιστερίζω...........1991............79
Epistrephō επιστρέφω............1994..........171
Epistrophe επιστροφή............1995..........171
Episunagō επισυνάγω............1996............70
Episunagogē επισυναγογή......1997............70
Epitagē επιταγή......................2003..........105
Epitassō επιτάσσω.................2004..........105
Epiteleo επιτελέω...................2005............82
Epitimaō επιτιμάω.................2008..........116
Epetuchen επέτυχεν...............2013............85
Epiphainō επιφαίνω...............2014..........115
Epiphaneia επιφάνεια.............2015..........115
Epiphauō επιφαύω.................2017..........115
Epicheō επιχέω......................2022............96
Epichorēgeō επιχορηγέω........2023............73
Epichorēgia επιχορηγία..........2024............73
Epichriō επιχρίω....................2025............28

Epoikodomeō εποικοδομέω....2026...........82
Epopteuō εποπτευω...............2029.........173
Epoptαι επόπται......................2030.........107
Epouranios επουράνιος..........2032...........29
Ergadzomai εργάζομαι...........2038....34, 178
Ergatēs εργάτης......................2040.........178
Ergon έργον............................2041....34, 178
Eremos έρημος.......................2048.........164
Erēmoutai ερημούται.............2049.........164
Erēmōsis ερήμωσις................2050.........164
Eridzō ερίζω..........................2051.........158
Eritheia εριθεια......................2052.........158
Eris ερίς................................2054.........158
Erchomai έρχομαι..................2064....64, 170
Erotaō εροτάω.......................2065.........192
Esōteros εσώτερος..................2082...........86
Heterozugountēs ετεροζυγοθντης...2086..159
Hetoimasia ετοιμασία............2091...........79
Hetoimos ετοιμος..................2092...........79
Hetoimōs ετοιμως..................2093...........79
Eu ευ.....................................2095...........93
Euangelidzō ευαγγελίζω.........2097.........107
Euangelion ευαγγέλιον..........2098.........103
Euaresteō ευαρεστέω.............2100.........125
Euarestos ευάρεστος..............2101.........125
Euarestōs ευαρέστως.............2102.........125
Eudokeō ευδοκέω...................2106.............6
Eudokia ευδοκία....................2107.............6
Euergesia ευεργεσία..............2108.............7
Euergeteō ευεργετέω.............2109.............7
Euergetēs ευεργέτης..............2110.............7
Euthetos ευθετος...................2111.........125
Eutheōs ευθέως......................2112...........33
Euthumeō ευθυμέω................2114...........52
Euthumos ευθυμος.................2115...........52
Euthos ευθος.........................2117...........33
Euthutēs ευθύτης...................2118.........120
Eulabeia ευλάβεια.................2124.........127
Eulabeomai εύλαβεομαι.........2125.........127
Eulogeō ευλογέω...................2127....92, 191
Eulogia ευλογία.....................2129....92, 191
Eudoutai ευδούται.................2137...........52
Eupeithēs ευπειθής................2138.............5
Eupoiia ευποιία......................2140.............7
Euporeo ευπορέο...................2141...........48
Euprosdektos ευπρόσδεκτος...2144....48, 125
Eusebeia ευσεβεία.................2150.........123
Eusebeō ευσεβέω...................2151.........123
Eusebēs ευσεβής....................2152.........123
Eusebōs ευσεβώς...................2153.........123
Eusplangchnos εύσπλαγχνος..2155.............2
Euschēmonos ευσχημόνος......2156.........126
Euschēmon ευσχήμον............2158...........37
Eutonos ευτόνος.....................2159...........47
Euphemia ευφεμία.................2162.............7
Euphēmos ευφημος...............2163.............7
Euphrainō ευφραίνω..............2165.........187
Euphrosunē ευφροσύνη..........2167.........187
Eucharisteō ευχαριστέω.........2168.........189
Eucharistia ευχαριστία...........2169.........189
Euchē ευχή............................2171.........192
Euchomai εύχομία..................2172.........192
Euchrestos εύχρεστος............2173...........52
Eupsucheo ευψυχέο...............2174...........73
Echthra έχθρα........................2189.........162
Echthros εχθρός.....................2190.........162
Zaô ζάω................................2198...........76
Zeō ζέω.................................2204.............8
Zēlos ζήλος...........................2205......8, 140
Zēloō ζηλόω..........................2206.............8
Zēlōtēs ζηλωτής....................2207.............8
Zēmiōthē ζημιώθη.................2210.........154
Zēteō ζητέω..........................2212.........174
Zophos ζόφος........................2217.........138
Zugos ζυγός..........................2218.........159
Zumē ζύμη............................2219.........131
Zōē ζωή................................2222...........75
Zōogonēsei ζωογονήσει..........2225...........75
Zōopoiei ζωοποιέι.................2227...........75
Hēgeomai ηγέομαι.................2233...........24
Hēgeomai ήγέομαι.................2233.........121
Hēkō ήκω.............................2240....64, 170
Hēmera ημέρα.......................2250...........29
Ēpios ήπιος............................2261.............5
Tharseite θαρσείτε.................2293...........52
Tharsos θάρσος.....................2294...........52
Thaumadzō θαυμάζω.............2296...........32
Thaumasios θαυμάσιος..........2297...........32
Thaumastos θαυμαστός..........2298...........32
Theasasthai θεάσασθαι..........2300.........173
Theios θειος..........................2304...........38
Thelēma θέλημα....................2307.........104
Thelēsis θέλησις....................2308.........104
Thelō θέλω............................2309.............8
Themelios θεμέλιος................2310...........81
Themeliōsai θεμελιώσαι.........2311...........81
Theodidaktos θεοδίδακτος......2312.........116
Theomacheō θεομαχέω..........2313.........143

Theomachos θεομάχος..........2314..........143
Theopneustos θεόπνευθστος...2315..........114
Theopneustos θεόπνευστος....2315..........114
Theos θεὸς.............................2316...........21
Theosebeia θεοσέβεια............2317..........128
Theosebēs θεοσεβής..............2318..........128
Theostugēs θεοστυγής...........2319..........162
Therapeia θεραπεία...............2322...........74
Therapeuse θεράπευσε...........2323...........74
Theridzō θεριζω......................2325...........98
Therismos θερισμός...............2326...........98
Theristēs θεριστής.................2327...........98
Theoreō θεορέω.....................2334..........173
Thērion θηρίον.......................2342..........163
Thēsauridzō θησαυρίζω.........2343...........41
Thēsauros θησαυρός..............2344...........41
Thlibō θλίβω..........................2346..........157
Thlipsis θλίψις.......................2347..........157
Thrēneō θρηνέω....................2354..........156
Thriambeuō θριαμβεύω..........2358...........38
Throeō θροέω (Mē Throeisthe μή θροείσθε)
....2360...........51
Thronou θρόνου.....................2362...........26
Thumos θυμός........................2372..........148
Thureon θυρεόν.....................2375..........185
Thuō θυω..............................2380..........201
Iama ίαμα..............................2386...........74
Iaomai ιάομαι........................2390...........74
Iasis ίασις..............................2392...........74
Idou ίδου...............................2400..........173
Hieron ἱερόν..........................2411..........195
Hieroprepēs ἱεροπρεπής.........2412..........123
Hieros ἱερός..........................2413..........123
Hierourgeō ιερουργέω............2418..........179
Hikanos ικανός.......................2425...........53
Hikanotēs ικανότης................2426...........53
Hikanō ικανώ........................2427...........53
Hilaskomai ιλάσκομαι............2433.............2
Hilasmos ιλασμός..................2434.............2
Hilastērion ιλαστήριον...........2435.............2
Hileōs ίλεως..........................2436.............2
Isotimos ισότιμος..................2472...........38
Histēmi ίστημι......................2476...........80
Ischuros ισχυρός....................2478...........47
Ischus ισχύς..........................2479...........47
Ischuō ισχύω.........................2480...........48
Kathairesin καθαίρεσιν...........2506..........168
Kathaireō καθαιρέω................2507..........168
Katharidzō καθαρίζω.............2511..........124
Katharismos καθαρισμός........2512..........124
Katharos καθαρός..................2513..........124
Katharotēs καθαρότης............2514..........124
Kainos καινός........................2537..........126
Kainotēs καινότης..................2538..........126
Kakopatheia κακοπάθεια........2552..........158
Kakopatheō κακοπαθέω.........2553..........158
Kakōsen κακώσεν..................2559..........135
Kakōs κακως.........................2560..........135
Kakōsis κάκωσις....................2561..........135
Kaleō καλέω.........................2564..........110
Kallielaios καλλιέλαιος..........2565..........100
Kalodidaskalos καλοδιδάσκαλος....2567. .116
Kala καλά.............................2570...........92
Kaluma κάλυμμα...................2571..........196
Kamnōnta κάμνωντα.............2577..........153
Kardia καρδία........................2588..........181
Karpos καρπός.......................2590...........97
Karpophorei καρποφορει........2592...........97
Karpophoros καρποφόρος......2593...........97
Ekarterēse εκαρτέρησε..........2594...........80
Katabainon καταβαίνον..........2597...........37
Katabolēs καταβολής.............2602...........81
Katangellō καταγγέλλω..........2605..........107
Kataischunō καταισχύνω........2617....52, 152
Katakauchaomai κατακαυχάομαι...2620. .187
Katakrina κατάκριμα.............2631..........149
Katakrinō κατακρίνω.............2632..........149
Katalambanō καταλαμβάνω...2638...........48
Katallagē καταλλαγή.............2643...........78
Katallassō καταλλάσσω.........2644...........78
Katanoeō κατανοέω...............2657..........115
Kataxioō καταξιόω................2661..........125
Katapausin κατάπαυσιν..........2663...........93
Katapausen κατέπαυσεν.........2664...........93
Katapétasma καταπέτασμα.....2665..........196
Katara κατάρα.......................2671..........161
Kataomai κατάομαι................2672..........161
Katargeō καταργέω................2673..........168
Katartidzō καταρτίζω............2675...........82
Katartisis κατάρτισις.............2676...........82
Katartismos καταρτισμός.......2677...........82
Kataskeuasei κατασκευάσει...2680...........82
Kataphugontes καταφύγοντες.2703...........61
Kataphroneō καταφρονέω......2706..........142
Katenōpion κατενώπιον..........2714..........172
Katergadzomai κατεργάζομαι.2716...........45
Katechete κατέχετε................2722...........85
Katēgoreō κατήγορεω............2723..........149

Katēgoria κατηγορία..............2724..........149
Katēgorois κατηγορόις...........2725..........149
Katēcheō κατηχέω..................2727..........116
Katischuō κατισχύω..............2729............47
Katoikei κατοικει....................2730............89
Katoikētērion κατοικητήριον..2732............89
Kauchaomai καυχάομαι..........2744..........187
Kauchēma καύχημα...............2745..........187
Kauchēsis καύχησις...............2746..........187
Kenodoxia κενοδοξία.............2754..........119
Kenodoxos κενόδοξος............2755..........119
Kenos κενός..........................2756..........119
Kenophōnia κενοφωνία..........2757..........119
Kenoō κενόω..........................2758..........119
Kerdēsē κερδήση...................2770............53
Kephalē κεφαλή.....................2776............23
Kērugma κήρυγμα.................2782..........107
Kērux κήρυξ..........................2783..........107
Kērussō κηρύσσω..................2784..........107
Kibōtos κιβωτός....................2787..........197
Klaiō κλαίω...........................2799..........156
Klemma κλέμμα....................2809..........144
Kleos κλέος...........................2811............35
Kleptēs κλέπτης.....................2812..........144
Kleptō κλέπτω.......................2813..........144
Kleronomeō κληρονομεω.......2816............85
Klēronomia κληρονομία.........2817............86
Klēronomos κληρονόμος........2818............85
Klēron κληρον.......................2819............86
Eklērōthēmen εκληρώθημεν...2820............86
Klētos κλητός........................2822..........110
Ekoinōnei εκοινώνει..............2841............90
Koinōnia κοινωνία.................2842............90
Komidzō κομίζω....................2865............85
Kopiō κοπιώ..........................2872..........178
Kopos κόπος..........................2873..........178
Koptō κόπτω.........................2875..........156
Kosmokratōr κοσμοκράτωρ...2888............47
Krataios κραταιος..................2900............47
Krataiō κραταιώ....................2901............47
Krateō κρατέω.......................2902............48
Krateō κρατέω.......................2902............85
Kratos κράτος........................2904............47
Kreissōn κρεισσων................2908............52
Kreittōn κρείττων..................2909............52
Krima κρίμα..........................2917..........149
Krinō κρίνω...........................2919..........149
Krisis κρίσις..........................2920..........149
Kritērion κριτήριον...............2922..........149
Kritēs κριτής..........................2923..........149
Kritikos κριτικός....................2924..........149
Kruptos κρυπτός....................2927..........104
Kruptō κρύπτω......................2928..........104
Krustallizō κρυσταλλίζω........2929............41
Krustallos κρύσταλλος...........2930............41
Kruphē κρυφῆ.......................2931..........104
Ktidzō κτίζω.........................2936............75
Ktisis κτίσις..........................2937............75
Kunarion κυνάριον................2952..........163
Kurieuō κυριεύω...................2961............25
Kurios κύριος........................2962.........21 f.
Kuriotētos κυριότητος...........2963............25
Kekuromenēn κεκυρωμένην...2964............79
Kuōn κύων...........................2965..........163
Laîlaps λαῖλαψ......................2978............43
Labanō λαμβάνω..................2983............85
Lampō λάμπω.......................2989............42
Laon λαόν.............................2992..........198
Latreia λατρεία.....................2999..........179
Latreuō λατρεύω..................3000..........179
Leipō λείπω..........................3007..........155
Leitourgeō λειτουργέω...........3008..........179
Leitourgia λειτουργία.............3009..........179
Leitourgikos λειτουργικός......3010..........179
Leitourgos λειτουργός............3011..........179
Leōn λέων.............................3023............49
Lēistēs ληστής.......................3027..........144
Libanos λίβανος....................3030..........101
Limos λιμός..........................3042..........152
Logidzomai λογίζομαι...........3049..........121
Logikos λογικός....................3050..........103
Logos λόγος..........................3056..........103
Loidoreō λοιδορέω................3058..........161
Loidoria λοιδορία..................3059..........161
Loidoros λοίδορος.................3060..........161
Loimos λοιμός.......................3061..........154
Louō λούω............................3068..........126
Lukos λύκος..........................3074..........144
Lupeō λυπέω.........................3076..........156
Lupē λύπη.............................3077..........156
Lusis λύσις............................3080............69
Lutron λύτρον.......................3083............66
Lutrō λυτρώ..........................3084............66
Lutrōsis λύτρωσις..................3085............66
Lutrōtēs λυτρωτής.................3086............66
Luō λύω...............................3089............69
Mathēteuō μαθητεύω............3100..........116
Makariousi μακαριουσι..........3106............92

Makarios μακάριος................3107......36, 92
Makarismos μακαρισμός........3108...........92
Makrothumeō μακροθυμέω....3114.............3
Makrōthumia μακροθυμία......3115.............3
Margarítēs μαργαρίτης...........3135...........41
Martureō μαρτυρέω...............3140.........107
Marturia μαρτυρία.................3141.........106
Marturion μαρτύριον.............3142.........106
Marturomai μαρτύρομαι.........3143.........107
Martus μάρτυς.......................3144.........107
Mataiologia ματαιολογία........3150.........119
Mataiologos ματαιολόγος.......3151.........119
Mataios μάταιος....................3152.........119
Mataiotēs ματαιότης..............3153.........119
Mataioō ματαιόω...................3154.........119
Matēn μάτην..........................3155.........119
Makaira μάκαιρα...................3162...........17
Megaleios παγαλειος.............3167...........37
Megaleiotēs μεγαλειότης........3168...........37
Megaloprepēs μεγαλοπρεπής. 3169...........37
Megalunō μεγαλύνω..............3170...........37
Megalōs μεγάλως..................3171...........55
Megalōsunē μεγάλωσύνη.......3172...........37
Megas μέγας..........................3173...........55
Megethos μέγεθος..................3174...........55
Megistos μέγιστος.................3176...........55
Methuskō μεθύσκω...............3182.........144
Methusos μέθυσος.................3183.........144
Methuō μεθύω.......................3184.........144
Meidzoteros μειζότερος..........3186...........55
Meidzōn μείζων.....................3187...........55
Mellei μέλλει.........................3195...........65
Melei μέλει............................3199...........73
Menō μένω............................3306...........89
Meris μερίς............................3310...........86
Mesitēs μεσίτης.....................3316...........28
Metamellomai μεταμέλλομαι. 3339.........126
Metanoeō μετανοέω..............3340.........171
Metanoia μετάνοια................3341.........171
Metochos μέτοχος.................3353...........86
Metriopatheō μετριοπαθέω.....3356.............2
Miainō μιαίνω.......................3392.........136
Mimeomai μιμέομαι..............3401.........175
Mimētai μιμηταί....................3402.........175
Memnēsthe μέμνησθε............3403....12, 176
Miseō μισέω.........................3404.........162
Misthapodosia μισθαποδοσία. 3405...........92
Misthapodotēs μισθαποδότης. 3406...........92
Misthos μισθός......................3408...........92
Emnēsthē εμνήσθη................3415....12, 176
Mneia μνεία..........................3417.........176
Mnemoneuō μνεμονεύω.........3421.........176
Mnēmosunon μνημόσυνον.....3422.........176
Monogenēs μονογενής...........3439...........27
Muridzō μυρίζω.....................3462...........28
Musterion μυστήριον.............3466.........104
Mōmaomai μωμάομαι............3469.........134
Mōria μωρία.........................3472.........117
Mōrologia μωρολογία............3473.........117
Mōros μωρός........................3474.........117
Naos ναός..............................3485.........195
Nephelē νεφέλη.....................3507...........43
Nēsteuō νηστεύω...................3522.........194
Nēphaleos νηφάλεος..............3524.........129
Nikaō νικάω..........................3528...........38
Nikē νίκη..............................3529...........38
Nikos νίκος...........................3534...........38
Noieō νοιέω..........................3539.........113
Nomos νόμος........................3551.........104
Nouthesia νουθεσία...............3559.........116
Noutheteō νουθετέω..............3560.........116
Nous νους.............................3563.........182
Xērainō ξηραίνω...................3583.........165
Hodēgēsei οδηγήσει...............3594...........62
Hodos οδός...........................3598.........177
Oikodomeō οικοδομέω..........3618...........82
Oikodomē οικοδομή..............3619...........82
Oikonomia οικονομία............3622.........180
Oikonomos οικονόμος...........3623.........180
Oikteirō οικτείρω..................3627.............2
Oiktirmos οικτιρμός..............3628.............2
Oiktirmōn οικτίρμον.............3629.............2
Oinos οίνος...........................3631.........100
Oknēros οκνηρός...................3636.........135
Olethros όλεθρος...................3639.........168
Oligopistos ολιγόπιστος.........3640.........185
Oligōreō ὀλιγωρέω................3643.........142
Olothreuō ολοθρεύω..............3645.........167
Holokautōma ολοκαύτωμα.....3646.........202
Holoklēria ολοκληρία............3647...........82
Holoklēros ολόκληρος............3648...........82
Holotelēs ολοτελής................3651...........82
Omosē ομόση........................3660.........110
Homothumadon ὁμοθυμαδόν. 3661.............9
Homologeō ομολογέω...........3670.........110
Homologia ομολογία.............3671.........110
Homophrōnes ομόφρωνες......3675.............9
Oneididzō ονειδίζω...............3679.........161

Oneidismos ονειδισμός..........3680..........161
Oneidos όνειδος......................3681..........161
Onoma όνομα.........................3686............19
Hoplon όπλον.........................3696............51
Horama ὅραμα.......................3705..........109
Horasis ὅρασις.......................3706..........109
Horaō ὁράω...........................3708. .172, 174
Orgē οργή.............................3709..........148
Orgidzō οργίζω......................3710..........148
Orgilon οργίλον.....................3711..........148
Orekomai ορέγομαι................3713.............7
Horkos ορκος........................3727..........110
Oros ορος.............................3735..........197
Hosios ὅσιος.........................3741....22, 123
Hosiotēs ὁσιότης...................3742..........123
Hosiōs ὁσίως.........................3743..........123
Hosos ὁσος...........................3745............57
Ouranios ουράνιος................3770............27
Ouranios ουράνος.................3770............30
Ouranos ουρανός...................3772 24, 27, 29
Opheiletēs ὀφειλέτης............3781..........134
Opheilē ὀφειλή......................3782..........134
Opheilēma ὀφείλημα.............3783..........134
Ophelos ὄφελος.....................3786............52
Ophis ὄφις.............................3789..........163
Ochleō ὀχλέω........................3791..........158
Ochlos ὄχλος.........................3793............57
Ochurōma Ὀχύρωμα.............3794............17
Pagideusōsin παγιδεύσωσιν....3802..........138
Pagis παγίς............................3803..........138
Pathēma πάθημα....................3804..........158
Pathētos παθητός...................3805..........158
Paideia παιδεία......................3809.......115 f.
Paideuō παιδεύω....................3811..........116
Pais παίς...............................3816............28
Paiō παίω..............................3817............68
Panoplia πανοπλία.................3833............50
Panourgia πανουργία.............3834..........139
Panourgos πανουργος............3835..........139
Pantokratōr παντοκράτωρ......3841............22
Pantote πάντοτε.....................3842............58
Pantos πάντος........................3843............58
Parabainō παραβαίνω............3845..........132
Parabasis παράβασις..............3847..........132
Parabatēs παραβάτης.............3848..........132
Parangellō παραγγέλω...........3853..........105
Paradoxos παράδοξας............3861............35
Paradosis παράδοσις..............3862..........126
Parakaleō παρακαλέω............3870............73
Paraklēsis παράκλησις...........3874............73
Paraklētos παράκλητος..........3875............29
Parakoēs παρακοης................3876..........132
Parakoutheō παρακολουθέω3877..........175
Parakouō παρακούω..............3878..........132
Parelabon παρέλαβον............3880............86
Paramenō παραμένω.............3887............89
Paramutheomai παραμυθέομαι......3888.....73
Paramuthia παραμυθία...........3889............73
Paramuthion παραμύθιον.......3890............73
Paranomia παρανομία............3892..........132
Leḥem לחם ....3899............99
Paraptōma παράπτωμα..........3900..........134
Paratithēmi παρατίθημι..........3908..........186
Paraphroneō παραφρονέω......3912..........117
Paraphronia παραφρονία........3913..........117
Parelthē παρέλθη (Mē Parelthē μή παρέλθη)
....3928............38
Parechō παρέχω....................3930............84
Paristemi παριστεμι..............3936............79
Paroinon πάροινον.................3943..........100
Parorgidzō παροργίζω...........3949..........148
Parorgismos παροργισμός......3950..........148
Parousia παρουσία.................3952............65
Parrhēsia παρρησία................3954..........185
Parrhēsiadzomai παρρησιάζομαι....3955...185
Pascha πάσχα........................3957..........200
Paschō πάσχω........................3958..........157
Patassō πατάσσω...................3960............68
Patēr πατήρ...........................3962............27
Patroparadotos πατροπαράδοτος....3970...126
Peithō πείθω..........................3982..........185
Peinaō πεινάω.......................3983..........152
Peira πειρα...........................3984..........139
Peiradzō πειράζω...................3985..........139
Peirasmos πειρασμός.............3986. .139, 176
Peismonē πεισμονή...............3988..........185
Pempō πέμπω........................3992..........111
Penēs πένης..........................3993..........154
Pepoithēsis πεποίθησις..........4006..........185
Perielampsen περιέλαμψεν.....4034............42
Peripateō περιπατέω.............4043..........177
Peripoiēsin περιποίησιν.........4047............85
Perisseuma περήσσευμα.........4051............56
Perisseuō περισσεύω.............4052............56
Perissos περισσός.................4053............56
Perissoteron περισσότερον.....4054............56
Perissoteros περισσότερος......4055............56
Perissoterōs περισσοτέρως.....4056............56

Peristera περιστέρα................4057...........56
Peristera περιστερά................4058..........204
Peritemnō περιτέμνω.............4059..........127
Peritomē περιτομή.................4061..........127
Periphroneō περιφρονέω........4065..........142
Peripsōma περίψωμα.............4067..........136
Perpereuoetai περπερεύεται....4068..........187
Petra πετρα...........................4073...........16
Pēgē πηγή.............................4077...........95
Pinō πίνω.............................4095...........95
Pisteuō πιστεύω.....................4100..........184
Pistis πίστις...........................4102..........185
Pistos πιστος..........................4103...........10
Epistōthēs επιστώθης.............4104..........185
Planaō πλανάω......................4105..........139
Planē πλάνη..........................4106..........139
Planos πλάνος........................4108..........139
Plax πλάξ.............................4109..........107
Pleonadzō πλεονάζω.............4121...........56
Pleonekteō πλεονεκτέω..........4122..........140
Pleonéktēs πλεονέκτης..........4123..........140
Pleonexia πλεονεξία..............4124..........140
Plēthos πληθος......................4128...........57
Plēthunō πληθύνω.................4129...........56
Eplēsthēsan επλήσθησαν........4130...........83
Plērophoreō πληροφορέω.......4135..........185
Plērophoria πληροφορία.........4136..........185
Plērōsai πληρώσαι.................4137...........83
Plērōma πλήρωμα..................4138...........83
Plousios πλούσιος..................4145...........53
Plousiōs πλουσίως.................4146...........53
Ploutidzō πλουτίζω................4148...........53
Ploutos πλουτος.....................4149...........53
Pneuma πνευμα.....................4151...........28
Pneumatikos πνευματικός......4152...........29
Poiēma ποιημα......................4161...........34
Poiēsis ποιησις.......................4162..........178
Poiētēs ποιητής......................4163..........178
Poimanei ποιμάνει..................4165...........72
Poimena ποιμένα...................4166...........72
Polus πολύς..........................4183.........56 f.
Polusplangchnos πολύσπλαγχνος....4184.....2
Polutimou πολυτίμου.............4186...........39
Ponēria πονηρία....................4189..........135
Ponēros πονηρός...................4190..........135
Ponēroteros πονηρότερος.......4191..........135
Pourtheō πουρθέω.................4199..........167
Porneia πορνεία....................4202..........143
Porneuō πορνεύω..................4203..........144
Pornē πόρνη..........................4204..........144
Pornos πόρνος.......................4205..........144
Posos πόσος...........................4214...........57
Potamos ποταμός..................4215...........95
Praüs πραΰς..........................4239.............5
Praütēs πραΰτης....................4240.............5
Presbeuō πρεσβεύω...............4243...........111
Probaton πρόβατον...............4263..........203
Problepō προβλέπω...............4265...........13
Prognosis πρόγνοσις..............4268..........113
Proelpidzō προελπίζω............4276..........186
Proepangellomai προεπαγγέλλομαι...4279
....103
Proereō προερέω...................4280..........108
Proetoimadzō προετοιμάζω....4282..........104
Proeuangelidzomai προευαγγελίζομαι...........
....4283..........107
Proechometha προεχόμεθα.....4284...........52
Proēgoumenoi προηομενοι.....4285...........52
Prothesis πρόθεσις.................4286..........104
Prothesmias προθεσμίας.........4287..........104
Prothumia προθυμία..............4288.............8
Prothumos πρόθυμος.............4289.............8
Prothumōs προθύμως............4290.............8
Proistēmi προίστημι..............4291...........25
Prokatēngeilen προκατήγειλεν........4293. 108
Prokeimai προκειμαι.............4295..........108
Prokēruxantos προκηρύχαντος........4296.107 f.
Prokopēn προκοπήν...............4297...........56
Prokoptō προκόπτω...............4298...........56
Prokekurōmenēn προκεκυρωμένην.4300...79
Promarturomai προμαρτύρομαι.....4303...107
Prooridzō προορίζω...............4309..........104
Prosagō προσάγω..................4317...........86
Prosagōgē προσαγωγή...........4318...........86
Prosdechomai προσδέχομαι....4327..........173
Prosdokao προσδοκάο...........4328..........173
Prosēlthon προσήλθον...........4334....64, 170
Proseuchē προσευχή.............4335..........192
Proseuchomai προσεύχομαι....4336..........192
Proskartereō προσκαρτερέω...4342...........80
Proskarterēsei προσκαρτερήσει.......4343...80
Proskuneō προσκυνέω...........4352..........191
Proslambanō προσλαμβάνο....4355...........85
Prosochthidzō προσοχθίζω.....4360..........148
Prosopon προσόπον...............4383...........17
Protithemai προτίθεμαι.........4388..........104
Protrepomai προτρέπομαι.......4389...........73

Prophēteia προφητεία............4394.........109
Prophēteuō προφητεύω..........4395.........109
Prophētikos προφητικός.........4397..........109
Prōteuō πρωτεύω...................4409...........38
Prōtos πρωτός........................4413...........38
Prototokos προτοτόκος...........4416...........48
Pterugas πτέρυγας.................4420...........17
Pturō πτύρω (Mē Pturomenoi μή πτυρόμενοι)
....4426...........51
Ptōcheia πτωχεία...................4432..........154
Ptōcheuō πτωχεύω.................4433..........154
Ptōchos πτωχός......................4434..........154
Puthōn πύθων........................4436..........147
Pukteuō πυκτεύω...................4438............68
Pur πυρ.................................4442...........43
Pepurōmenēs πεπυρωμένης....4448...........43
Rhabdos ράβδος....................4464...........26
Rhapizō ῥαπίζω....................4474...........68
Rhapisma ῥάπισμα................4475...........68
Rhemphan Ῥεμφάν................4481..........146
Rhēma ρημα..........................4487..........103
Rhētōs ρητώς.........................4490..........103
Ridza ρίζα.............................4491...........89
Erridzō ερριζωμένοι..............4492...........90
Rhomphaia ρομφαία..............4501...........17
Rhusetai ρύσεται...................4506...........61
Ruparia ρυπαρία....................4507..........136
Ruparos ρυπαρός...................4508..........136
Rupos ρυπαρός......................4509..........136
Rhōnnumi ρώννυμι................4517...........61
Saleuō σαλεύω......................4531..........151
Salpigx σάλπιγξ....................4536.........200
Sarkikós σαρκικός.................4559..........136
Sárkinos σάρκινος.................4560..........136
Sárx σάρξ.............................4561..........136
Satân Σατᾶν.........................4566..........162
Satanas Σατανᾶς....................4567..........162
Semnos σεμνός......................4586..........128
Semnotēs σεμνότης................4587..........128
Sēmainō σημαίνω..................4591...........33
Semeion σεμειον...................4592.........32 f.
Sthenōsai σθενώσαι...............4599...........79
Siōn Σιών.............................4622..........197
Skēnē σκηνή..........................4633..........195
Skenōsei σκενώσει.................4637...........89
Skēnōma σκηνωμα................4638..........195
Skirtaō σκιρτάω....................4640..........187
Skoteinos σκοτεινός..............4652..........138
Skotos σκότος.......................4655..........138
Skotoō σκοτόω......................4656..........138
Skŷlon σκῦλον......................4661............88
Smaragdinos σμαράγδινος......4664............41
Smurna σμύρνα.....................4666..........101
Smurnidzō σμυρνίζω.............4669..........101
Sophia σοφία........................4678..........112
Sophidzō σοφίζω..................4679..........112
Sophos σοφος........................4680..........112
Speirō σπείρω.......................4687............96
Sperma σπέρμα.....................4690............97
Splangchnidzomai σπλαγχνίζομαι...4697.....2
Splangchnon σπλάγχνον.........4698.............2
Spora σπορά.........................4701............97
Spoudadzō σπουδάζω............4704.............8
Spoudaios σπουδαίος.............4705.............8
Spoudaioteron σπουδαιότερον........4706.....8
Spoudē σπουδή.....................4710.............8
Staurō σταυρω......................4716..........203
Staurou σταυρου...................4717..........203
Stenochōreō στενοχωρέω.......4729..........157
Stenochōria στενοχωρία.........4730..........157
Stereos στερεός.....................4731............79
Stereōthēsan στερέωθησαν.....4732............79
Stereōma στερέωμα...............4733............79
Stephanon στέφανον..............4735............26
Stēkete στήκετε.....................4739............79
Stērigmos στηριγμός.............4740............79
Stēridzai στηρίζαι.................4741............79
Strateia στρατεία..................4752............69
Strateuma στράτευμα............4753............69
Strateuomai στράτευμα..........4754............69
Stratia στρατία......................4756............69
Stratiotes στρατιότες.............4757............51
Stratologēsanti στρατολογήσαντι....4758...69
Sugkakopathēsen συγκακοπαθήσεν........4777
....158
Sugklēronomos συγκληρονόμος.....4789...85
Sunkoinōnē συγκοινωνή.........4790............86
Sunkoinōnos συγκοινωνός.....4791............86
Sunchairō συγχαίρω...............4796..........187
Suzaô συζάω........................4800............76
Sunedzōopoiēse συνεζωοποίησε.....4806...75
Sukē σύκα.............................4808..........101
Suka σύκα.............................4810..........101
Sulagōgeō συλαγωγέω...........4812............88
Sylaō συλάω.........................4813............88
Sumbasileuō συμβασιλεύω.....4821............25
Sumbibadzō συμβιβάζω.........4822............82
Summartureō συμμαρτυρέω...4828..........107

Summetochos συμμέτοχος.....4830...........86
Summorphos συμμορπφός.....4832.........126
Sumpatheō συμπαθέω...........4834.............2
Sumpathēs συμπαθής............4835.............2
Sumparakaleō συμπαρακαλέω........4837...73
Sumpherei συμφέρει..............4851...........52
Sumphōneō συμφωνεώ..........4856.............9
Sunagō συνάγω.....................4863....70, 198
Sunakolouthēsai συνακολουθήσαι. .4870. 175
Sunanapausōmai συναναπαύσωμαι.4875...93
Sunantilambanomai συναντιλαμβάνομαι........
....4878...........72
Sundoxadzō συνδοξάζω.........4888............35
Sunegeirō συνεγείρω.............4891...........76
Sunepimartureō συνεπιμαρτυρέω...4901. .107
Sunergeō συνεργέω...............4903...........72
Sunetos συνετός....................4908.........113
Sunechō συνέχω....................4912...........48
Suniēmi συνίημι....................4920.........113
Sunoikountes συνοικουντες....4924...........89
Suntribō συντρίβω.................4937.........168
Suntrimma συντρίμμ.............4938.........168
Sunupourgeō συνυπουργέω....4943...........72
Susōma σύσομος...................4954.........198
Sōzō σώζω...........................4982...........59
Sōma σώμα..........................4983.........198
Sōtēr σωτήρ..........................4990...........20
Sōtēria σωτηρία.....................4991...........60
Sōtērion σωτήριον.................4992...........60
Sōphroneō σωφρονέω...........4993.........129
Sōphronidzō σωφρονίζω........4994.........129
Sōphronismos σωφρονισμός. .4995.........129
Sōphronōs σωφρόνως............4996.........129
Sōphrosunē σωφροσύνη.........4997.........129
Sōphrōn σώφρων...................4998.........129
Tapeinos ταπιενός..................5011.........129
Tapeinophrosunē ταπιενοφροσύνη..5012..129
Tapeinoō ταπιενόω................5013.........129
Tapeinōsis ταπείνωσις............5014.........129
Tarassō ταράσσω...................5015.........151
Tarassō ταράσσω (Mē Tarassesthō μή ταρασσέσθω).........................5015...........51
Tassō τάσσω.........................5021...........81
Teknon τέκνον.......................5043.........127
Teleios τέλειος.......................5046...........82
Teleiotēs τελειότης.................5047...........82
Teleiōsai τελεώσαι.................5048...........82
Teleiōs τελείως.......................5049...........82
Teleiōsis τελείωσις.................5050...........82
Teleiōtēs τελειωτής.................5051...........82
Telesphoreō τελεσφορέω........5052...........82
Teras τέρας............................5059...........32
Technitēs τεχνίτης.................5079...........81
Tērēsei τηρήσει......................5083....71, 176
Timēsate τιμήσατε.................5091...........38
Timē τιμή..............................5092...........38
Timios τίμιος.........................5093...........38
Tosoutos τοσουτος.................5118...........57
Trephō τρέφω........................5142...........94
Trechō τρέχω.........................5143.........177
Tromos τρόμος.......................5156.........128
Trōgōn τρώγων......................5176...........94
Tuchōsin τύχωσιν...................5177...........85
Tuptō τύπτω..........................5180...........68
Typhoō τυφόω.......................5187.........143
Hugiainō ὑγιαίνω...................5198...........78
Hugiēs ὑγιής..........................5199...........78
Hudōr ΄ύδωρ.........................5204...........96
Huiothesia ὑιοθεσία...............5206.........127
Huios υιός.............................5207...........27
Huios ὑιός.............................5207....27, 127
Humneō ὑμνέω......................5214.........191
Humnos ὕμνος.......................5215.........191
Hupakoē ὑπακοή....................5218.........175
Hupakouō ὑπακούω...............5219.........175
Huparxis ὕπαρξις...................5223...........87
Huperanō ὑπεράνω................5231...........37
Huperauxanō ὑπεραυξάνω......5232...........53
Huperballō ὑπερβάλλω..........5235...........53
Huperbolē ὑπερβωλή.............5236...........53
Huperentagchanō ὑπερενταγχάνω...5241. 193
Huperechō ὑπερέχω...............5242...........53
Huperēphania ὑπερηφανία.....5243.........143
Huperēphanos ὑπερήφανος....5244.........143
Hupernikaō ὑπερνικάω...........5245...........53
Huperochē ὑπεροχή...............5247...........25
Hupereperisseusen ὑπερεπερίσσευσεν...........
....5248...........56
Huperpleonadzō ὑπερπλεονάζω......5250....53
Huperupsōsen ὑπερύψωσεν....5251...........37
Hupodikos ὑπόδικος..............5267.........134
Hupokrisis ὑπόκρισις.............5272.........139
Hupokrita ὑποκριτά...............5273.........139
Hupomenō ὑπομένω..............5278...........80
Hupomnēsei ὑπομνήσει.........5279.........176
Hupomonē ὑπομονή..............5281...........80
Hupostasis ὑπόστασις............5287.........185
Hupotagē ὑποταγή................5292.........175

Hupotassō υποτάσσω.............5293..........175
Hupopherō ὑποφέρω..............5297............73
Hustereisthai ὑστερείσθαι.......5302..........155
Husterēma ὑστέρημα.............5303..........155
Hupsēlos ὑψηλος...................5308............37
Hupsistos ὕψιστος.................5310............20
Hupsos ὑψος..........................5311............37
Hupsōse ὑψσωσε...................5312......37, 91
Phagō φάγω...........................5315............94
Phainetai φαίνεται.................5316............42
Phaneroō φανερόω................5319..........115
Phanerōsis φανέρωσις............5321..........115
Pharmakeia φαρμακεία..........5331..........146
Pharmakeus φαρμακεύς..........5332..........147
Phármakos φάρμακος.............5333..........146
Phaskō φάσκω.......................5335............79
Phaûlos φαῦλος.....................5337..........135
Phengos φέγγος......................5338............42
Pheugō φεύγω.......................5343............61
Phēmē φήμη..........................5345............37
Phthartos φθαρτός.................5349..........136
Phtheirō φθείρω....................5351..........136
Phthonéō φθονέω..................5354..........140
Phthonos φθόνος...................5355..........140
Phthora φθορά......................5356..........136
Philadelphia φιλαδελφία.........5360..............4
Philadelphos φιλάδελφος........5361..............4
Philantrōpia φιλαντρωπία.......5363..............4
Phileō φιλέω.........................5368..............4
Philēma φίλημα.....................5370..........192
Philonexia φιλονεξία.............5381..............4
Philoxenon φιλόξενος............5382..............4
Philos φίλος..........................5384..............5
Philostorgos φιλόστοργος.......5387..............4
Philoteomai φιλοτέομαι..........5389..........178
Phoberos φοβερός.................5398............34
Phobeō φοβέω.......................5399. .128, 150
Phobeō φοβέω (Mē Phobou μή φοβου)..........
....5399............51
Phobos φόβος.......................5401. .127, 150
Phoneus φονεύς.....................5406..........145
Phortízō φορτίζω..................5412..........159
Phortion φορτίον...................5413..........159
Phrazō φράζω.......................5419..........115
Phrēn φρήν...........................5424..........112
Phroneō φρονέω....................5426..............9
Phronimos φρόνιμος..............5429..........112
Phronimōs φρονίμως.............5430..........112
Phroureō φρουρέω.................5432............71
Phulassō φυλάσσω................5442....71, 176
Phōnē φωνή..........................5456..........193
Phōs φως..............................5457............42
Phōstēr φωστήρ.....................5458............42
Phōsphoros φωσφόρος...........5459............42
Phōteinos φωτεινός...............5460............42
Phōtidzō φωτίζω...................5461............42
Phōtismos φωτισμός..............5462............42
Chairō χαίρω.........................5463..........187
Chara χαρά...........................5479..........186
Charidzomai χαρίζομαι..........5483..............9
Charis χαρις..........................5485..............1
Charisma χάρισμα.................5486..............3
Charitōmenē χαριτωμένη........5487..............1
Cheir χείρ.............................5495......18, 49
Chortadzō χορταζω................5526............83
Chrēsteuetai χρηστεύεται.......5541..............6
Chrēstos κρηστός..................5543..............6
Chrēstotēs χρηστότης............5544..............6
Chrisma χρίσμα.....................5545............28
Chriō χρίω............................5548............28
Chroniei χρονιει....................5549............66
Chruseos χρύσεος..................5552............40
Psallō ψάλλω........................5567..........190
Pseudadelphos ψευδάδελφος..5569..........118
Pseudapostolos ψευδαπόστολος.....5570. .118
Pseudēs ψευδής.....................5571..........118
Pseudodidaskalos ψευδοδιδάσκαλος..............
....5572..........118
Pseudologos ψευδολόγος.......5573..........118
Pseudomai ψεύδομαι.............5574..........118
Pseudomartur ψευδομάρτυρ...5575..........118
Pseudomartureō ψευδομαρτυρέω...5576. .118
Pseudomarturia ψευδομαρτυρία.....5577. .118
Pseudoprophētēs ψευδοπροφήτης. .5578. .118
Pseudos ψεῦδος.....................5579..........118
Pseudochristos ψευδόχριστος.5580..........118
Pseudōnumos ψευδώνυμος.....5581..........118
Pseûsma ψεῦσμα...................5582..........118
Pseustēs ψεύστης..................5583..........118
Psuchē ψυχή..........................5590..........182
Psuchikos ψυχικός.................5591..........137
Hōsanna ωσαννά...................5614............59
Ōpheliea ωφέλιεα..................5622............52
Ōphelei ωφελεί.....................5623............52
Ōphelimos ωφέλιμος.............5624............52

About the Author

David P. Quinton first read through the Bible at the age of fifteen, and he made his first lists of scriptures on the "covenant promises" of Yah (one day to be published!) by the age of eighteen. Since then he has not ceased all his life to research, categorise and make lists of anything he sees as vital. Sometimes, as with this concordance, these lists have taken years of perseverance to complete. He has spent the last 18 years looking at the culture and language of the Senoi people, an indigenous tribe of Malaysia, and has already published a book, The Temiars Of The Puyan River (2022), covering their way of life, beliefs, history and knowledge of the natural environment. Currently, he is preparing to publish a dictionary and grammar of their language, Temiar.

You can visit his website at **thesenoistory.com** for more info!

www.ingramcontent.com/pod-product-compliance
Lightning Source LLC
Chambersburg PA
CBHW061118070526
44583CB00028B/3330
9781739134471